FACHBUCHREIHE
für wirtschaftliche Bildung

Erfolg im Einzelhandel

Jahrgangsstufe 10
Landesausgabe Bayern

6. Auflage

VERLAG EUROPA-LEHRMITTEL
Nourney, Vollmer GmbH & Co. KG
Düsselberger Straße 23
42781 Haan-Gruiten

Europa-Nr.: 99426

Verfasser

Joachim **Beck** †

Steffen **Berner**

6. Auflage 2020

Druck 5 4 3 2 1

Alle Drucke derselben Auflage sind parallel einsetzbar, da bis auf die Behebung von Druckfehlern untereinander unverändert.

ISBN 978-3-8085-4385-6

Alle Rechte vorbehalten. Das Werk ist urheberrechtlich geschützt. Jede Verwertung außerhalb der gesetzlich geregelten Fälle muss vom Verlag schriftlich genehmigt werden.

© 2020 Verlag Europa-Lehrmittel, Nourney, Vollmer GmbH & Co. KG, 42781 Haan-Gruiten
http://www.europa-lehrmittel.de

Umschlag, Grafik, Satz: Punkt für Punkt GmbH · Mediendesign, 40549 Düsseldorf
Umschlagkonzept: tiff.any GmbH, 10999 Berlin
Umschlagfoto: © adisa – stock.adobe.com
Druck: Dardedze Holografija, LV-1063 Riga (Lettland)

Vorwort zur 6. Auflage

Erfolg im Einzelhandel – Jahrgangsstufe 10 ist ein umfassendes Lehr- und Lernbuch, das nunmehr in der 6. Auflage vorliegt. Es richtet sich an Auszubildende, Lehrer/innen und Ausbilder/innen in den Berufen

> **Verkäufer/Verkäuferin**
> **Kaufmann im Einzelhandel/Kauffrau im Einzelhandel**

sowie an alle in der **beruflichen Weiterbildung Tätigen im Einzelhandel**. Zugleich kann es **Fachleuten in der Einzelhandelspraxis** als wertvolles Nachschlagewerk und zur Vertiefung bekannter Inhalte dienen.

Die vorliegende 6. Auflage wurde umfassend überarbeitet, aktualisiert und erweitert.

Konzeption

Erfolgfolg im Einzelhandel ist eine dreibändige Fachbuchreihe, die nach dem **„All-in-One-Prinzip"** gestaltet ist. Für jedes Ausbildungsjahr benötigt man im berufsfachlichen Unterricht daher nur ein einziges Buch.

Mit **Erfolg im Einzelhandel** liegt ein Schulbuch vor, das inhaltlich alles bietet, was man während der Berufsschulzeit und den Prüfungen an Fachwissen benötigt.

Es ist jedoch kein reines Faktenbuch, sondern so konzipiert, um dem im Rahmenlehrplan formulierten Ziel des Erwerbs von **Handlungskompetenz** gerecht zu werden. Das bedeutet: In der Schule wird nicht nur Fachwissen erworben. Die Auszubildenden sollen zudem auch in der Lage sein, die für die Ausübung einer qualifizierten beruflichen Tätigkeit in einer sich sehr schnell wandelnden Arbeitswelt notwendigen beruflichen Fertigkeiten, Kenntnisse und Fähigkeiten zu erwerben. Alle drei Bände sind so verfasst, dass die Nutzer durch die Bearbeitung der Arbeitsaufträge, Projekte und Aufgaben zunehmend selbstständig berufliche Handlungen planen, durchführen und die dabei erzielten Ergebnisse überprüfen können.

Inhalt

Grundlage für die Gliederung der **Inhalte** sind die **Lehrplanrichtlinien** des **Bayerischen Staatsministerium für Unterricht und Kultus**. Die Nummerierung, Bezeichnung und Anordnung der Lernfelder bezieht sich auf den bundeseinheitlichen Rahmenlehrplan.

Die Arbeitsaufträge, Beispiele und Aufgaben wurden so gestaltet, dass sie der beruflichen Wirklichkeit der im Einzelhandel Tätigen möglichst nahekommen. Viele der Situationen spielen in der Stadt Neuburg. Dabei handelt es sich um eine fiktive mittelgroße Kreisstadt, die irgendwo in Bayern sein könnte. In Neuburg gibt es ein Warenhaus, mehrere Kaufhäuser, Fachgeschäfte, Fachmärkte und natürlich auch Discounter. Eben eine „Einzelhandelslandschaft", wie man sie auch aus der Realität kennt.

In diesen Beispielunternehmen „arbeiten" die im Buch immer wieder auftretenden Geschäftsinhaber, Filialleiter, Verkaufsmanager, Mitarbeiter und Auszubildenden. Es wurde bewusst darauf verzichtet, alle Inhalte an einem einzigen Beispielunternehmen darzustellen, weil dies auf Dauer für einen Leser ermüdend wirken könnte. Außerdem sollen Auszubildende aus möglichst vielen unterschiedlichen Branchen angesprochen werden.

Autor und Verlag ist ein Feedback wichtig. Wir freuen uns auf eine positive Aufnahme dieses Buches, aber auch auf Hinweise, die zu einer Verbesserung des Buches führen. Ihre Anregungen und Stellungnahmen sind uns unter lektorat@europa-lehrmittel.de sehr willkommen.

Frühjahr 2020 **Autor und Verlag**

Aufbau und Struktur der Kapitel

■ SITUATION

In den Situationen wird in das jeweilige Kapitel eingeführt. Dies kann sehr einfach, z. B. nur durch eine Abbildung, der Fall sein. Aber auch zum Teil ausführliche Arbeitsaufträge sollen es ermöglichen, die Lerninhalte zu einem erheblichen Teil selbstständig zu erarbeiten.

■ INFORMATION

Der Informationsteil erklärt den in den Situationen angesprochenen Sachverhalt. Viele Beispiele, Fotos, Schaubilder und Tabellen gestalten diesen Teil besonders anschaulich. Die Bearbeitung des Informationsteils ist notwendig zur Lösung der Arbeitsaufträge und Aufgabenstellungen im Aktionsteil.

Wichtige Hinweise sind besonders gekennzeichnet. Dies ist an den blau hinterlegten Texten mit einem großen weißen Ausrufezeichen zu erkennen.

Die ebenfalls blau hinterlegten „Infoboxen" enthalten ergänzende Informationen, die oft über das für die Prüfungen notwendige Wissen hinausgehen und außerdem zum Nachdenken und Diskutieren anregen sollen.

■ AKTION

Der Aktionsteil dient zur Ergebnissicherung. Er ist so konzipiert, dass nicht nur die Unterrichtsinhalte gesichert werden sollen, sondern dass die Auszubildenden die erarbeiteten Unterrichtsinhalte auch selbstständig zur Anwendung bringen können, so wie es das Lernfeldkonzept fordert (Handlungsprodukte). Daher ist in vielen Aufgabenstellungen Aktivität und Fantasie gefragt. Hierbei steht eigenständiges Handeln im Vordergrund, z. B. eigene Ideen vortragen, Verkäufe simulieren und bestimmte Sachverhalte vor der Klasse präsentieren.

Inhaltsverzeichnis

■ Einzelhandelsprozesse
Lernfeld 1: Das Einzelhandelsunternehmen repräsentieren

1	Präsentation des Ausbildungsbetriebes	12
2	Unternehmensleitbild und Zielsystem des Unternehmens	14
2.1	Unternehmensleitbild	14
2.2	Unternehmensziele	17
3	Der Einzelhandel in der Gesamtwirtschaft	23
3.1	Bedürfnisse	23
3.2	Güterarten	29
3.3	Wirtschaftliches Handeln nach dem ökonomischen Prinzip	31
3.4	Gesamtwirtschaftliche Bedeutung des Einzelhandels	35
3.4.1	Wertschöpfungsprozess	35
3.4.2	Produktionsfaktoren im Einzelhandel	38
3.4.3	Wirtschaftskreislauf	42
3.4.4	Stellung des Einzelhandels in der Gesamtwirtschaft	47
3.5	Markt und Preisbildung	52
3.6	Leistungen des Einzelhandels	66
3.7	Betriebsformen im Einzelhandel	72
3.7.1	Herkömmliche Betriebsformen im Ladenhandel	73
3.7.2	Betriebsformen für spezielle Kundenansprüche	78
3.7.3	Handel ohne festen Standort (ambulanter Handel, Wanderhandel)	80
3.7.4	Bestellhandel	81
3.8	Verkaufsformen im Einzelhandel	87
3.9	Sortiment des Einzelhändlers	90
3.9.1	Sortimentsbildung	90
3.9.2	Sortimentsgliederung	93
3.10	Standort des Einzelhandelsbetriebes	97
3.11	Organisation im Einzelhandelsbetrieb	104
3.11.1	Aufbauorganisation	104
3.11.2	Leitungssysteme	107
3.11.3	Ablauforganisation	113
4	Berufsausbildung im Einzelhandel	116
4.1	Duales Ausbildungssystem	116
4.2	Ausbildungsvertrag	122
4.3	Jugendarbeitsschutz	126
5	Soziale Sicherung	131
5.1	Sozialversicherung	131
5.2	Private Vorsorge	144

6	Betriebliche Mitwirkung und Mitbestimmung	151
7	Tarifverträge	159

■ Einzelhandelsprozesse
Lernfeld 5: Werben und den Verkauf fördern

1	**Werbung**	166
1.1	Werbegrundsätze	167
1.2	Werbearten	168
2	**Durchführung von Werbemaßnahmen**	173
2.1	Werbeziele und Werbeobjekte	173
2.2	Werbeträger und Werbemittel	178
2.3	Gestaltung einer Werbebotschaft	185
3	**Werbeplanung und Werbeerfolgskontrolle**	191
3.1	Die 6 W der Werbeplanung	191
3.2	Werbeerfolgskontrolle	194
4	**Grenzen der Werbung**	196
4.1	Wettbewerbsrecht	196
4.2	Ethische Grenzen der Werbung	206
5	**Werbung und Verbraucherschutz**	209
6	**Verkaufsförderung**	214
7	**Verkauf unter Beachtung ökonomischer und ökologischer Verpackungsgesichtspunkte**	216
8	**Warenzustellung beim Kunden**	224

■ Einzelhandelsprozesse
Lernfeld 6: Waren beschaffen

1	**Beschaffungsprozesse**	228
2	**Kooperationsformen im Einkauf**	233
3	**Kaufverträge mit Lieferanten**	241
3.1	Anfrage	241
3.2	Angebot	243
3.3	Bestellung und Auftragsbestätigung	253
4	**Kaufvertragsarten**	256
4.1	Arten des Kaufs nach Vertragspartnern und Zweck des Vertrages	256
4.2	Weitere Arten von Kaufverträgen und ihre Besonderheiten	257

5	**Bestellung von Sortimentsware**	**262**
5.1	Bestellzeitplanung	262
5.2	Bestellmengenplanung	268
6	**Bestellung nicht im Sortiment geführter Ware (Neulistung)**	**273**
6.1	Beschaffungsmarketing und quantitativer Angebotsvergleich	273
6.2	Qualitativer Angebotsvergleich	285

■ Einzelhandelsprozesse

Lernfeld 7: Waren annehmen, lagern und pflegen

1	**Warenannahme**	**292**
1.1	Warenlogistik – mehr als Transport von A nach B	292
1.2	Wareneingang	296
2	**Pflichtverletzungen des Lieferers bei der Erfüllung von Kaufverträgen**	**304**
2.1	Mangelhafte Warenlieferung (Schlechtleistung)	304
2.2	Lieferungsverzug (Nicht-Rechtzeitig-Lieferung)	314
3	**Lagerhaltung**	**320**
3.1	Aufgaben der Lagerhaltung	320
3.2	Warenlagerung außerhalb des Verkaufsraumes	323
3.3	Warenlagerung im Verkaufsraum	331
3.4	Inventurdifferenzen und Warensicherung	334
3.5	Sicherheit im Lager	336
3.6	Umweltschutz im Lager	339
4	**Bestandsoptimierung in der Lagerhaltung**	**341**
4.1	Wirtschaftliche Lagerhaltung durch Kostenkontrolle	342
4.2	Lagerkontrolle	343
4.3	Bedeutung von Lagerkennziffern (Lagerbewegungskennzahlen) für eine wirtschaftliche Lagerhaltung	345

■ Kaufmännische Steuerung und Kontrolle

Lernfeld 3: Kunden im Servicebereich Kasse betreuen

1	**Rechtliche Grundtatbestände**	**354**
1.1	Rechtsfähigkeit natürlicher und juristischer Personen	354
1.2	Geschäftsfähigkeit	356
2	**Rechtsgeschäfte**	**361**
2.1	Zustandekommen und Arten der Rechtsgeschäfte	362
2.2	Vertragsfreiheit und ihre Grenzen	363
2.3	Formvorschriften für Rechtsgeschäfte	365

2.4	Nichtigkeit von Rechtsgeschäften	367
2.5	Anfechtbarkeit von Rechtsgeschäften	370
2.6	Allgemeine Geschäftsbedingungen	373
3	**Kaufvertrag beim Warenverkauf**	**378**
3.1	Zustandekommen eines Kaufvertrags	378
3.2	Verpflichtungs- und Erfüllungsgeschäft am Beispiel des Kaufvertrags	382
4	**Besitz und Eigentum**	**385**
5	**Servicebereich Kasse**	**389**
5.1	Anforderungen beim Kassieren	389
5.2	Kassensysteme	392
5.3	Kassenorganisation	398
6	**Zahlungsarten beim Warenverkauf**	**405**
6.1	Barzahlung	405
6.2	Bargeldlose Zahlung mit Überweisung und Lastschrift	408
6.3	Bargeldlose Zahlung mit kartengesteuerten Zahlungssystemen	414
7	**Dreisatz**	**425**
7.1	Dreisatz mit geradem Verhältnis	425
7.2	Dreisatz mit ungeradem Verhältnis	427
8	**Durchschnittsrechnen**	**430**
8.1	Einfacher Durchschnitt	430
8.2	Gewogener Durchschnitt	433
9	**Prozentrechnen**	**436**
9.1	Einführung in die Prozentrechnung	436
9.2	Berechnung des Prozentwertes	437
9.3	Berechnung des Prozentsatzes	439
9.4	Berechnung des Grundwertes	443
9.5	Prozentrechnung vom vermehrten Grundwert (auf Hundert)	444
9.6	Prozentrechnung vom verminderten Grundwert (im Hundert)	446
9.7	Aufgaben aus der gesamten Prozentrechnung	448
10	**Zinsrechnen**	**450**
10.1	Einführung in die Zinsrechnung	450
10.2	Berechnen der Zinsen mithilfe der allgemeinen Zinsformel (Jahres-, Monats-, Tageszinsen)	451
10.3	Tageszinsen mit Zinstageberechnung	454
11	**Kassenabrechnung**	**456**
11.1	Bedeutung von Belegen	457
11.2	Belegarten	458
11.3	Umsatzsteuer beim Warenverkauf	461
11.4	Kassenkontrolle und Kassenabrechnung	463
11.5	Kasse und Warenwirtschaftssystem	466

Kundenorientiertes Verkaufen
Lernfeld 2: Verkaufsgespräche kundenorientiert führen

1	**Kommunikation mit den Kunden**	**476**
1.1	Kommunikationsmodell	476
1.2	Sprache im Verkauf	477
2	**Training der Verkaufstätigkeit**	**484**
2.1	Training mit Rollenspielen	485
2.2	Medieneinsatz	486
2.3	Feedback	486
2.4	Beobachtungsbogen	487
3	**Warenkundliche Grundlagen**	**489**
3.1	Bedeutung des Warenwissens für die Verkaufsberatung	489
3.2	Erwerb von Warenkenntnissen	499
4	**Kontaktaufnahme**	**508**
4.1	Kundenansprüche und Anbietformen	509
5	**Bedarfsermittlung**	**515**
5.1	Bedarfsermittlung beim Beratungsverkauf	515
5.2	Arten der Bedarfsermittlung	518
6	**Kundenerwartungen und Kaufmotive**	**523**
6.1	Einflüsse auf die Kaufmotive	523
6.2	Entwicklung der Kundenerwartungen	525
7	**Warenvorlage**	**528**
7.1	Vier Regeln für eine wirkungsvolle Warenvorlage	529
7.2	Kunden bei der Warendarbietung aktiv beteiligen	530
7.3	Sinne der Kunden ansprechen	531
8	**Verkaufsargumentation**	**533**
8.1	Warenwissen kundenorientiert anwenden	534
8.2	Regeln für die Verkaufsargumentation	536
9	**Kundenservice**	**542**
9.1	Bedeutung der Serviceleistungen im Einzelhandel	542
9.2	Vielfalt der Serviceleistungen	544
10	**Preisargumentation**	**551**
10.1	Ware, Preis und Wert	551
10.2	Führung des Preisgesprächs	553
11	**Ergänzungs- und Zusatzangebote**	**557**
11.1	Bedeutung von Ergänzungs- und Zusatzangeboten	558
11.2	Für Ergänzungs- und Zusatzangebote geeignete Artikel	558

11.3	Richtiger Zeitpunkt für zusätzliche Angebote	558
11.4	Präsentation der Ergänzungs- und Zusatzangebote	559
12	**Verabschiedung des Kunden**	**562**
12.1	Zwischen Kaufentscheidung und Zahlung	562
12.2	Verabschiedung	564

■ Kundenorientiertes Verkaufen
Lernfeld 4: Waren präsentieren

1	**Warenkennzeichnung**	**566**
1.1	Kennzeichnung zur Lagerhaltung und zur Sicherheit	567
1.2	Preisauszeichnung und Etikettierung	567
1.3	Warenkennzeichnung mithilfe von Marken	571
2	**Ladenbau und Ladengestaltung**	**573**
2.1	Gestaltung der Außenfront und der Verkaufsräume	574
2.2	Ladengrundrisse und Verkaufszonen	578
2.3	Warenträger und Platzierung	582
3	**Vorbereitung der Ware für die Präsentation**	**591**
3.1	Warenpflege	592
4	**Präsentationsmöglichkeiten**	**595**
4.1	Präsenter, Displays und Dekorationsmaterial	596
4.2	Schaufenster und Schaukästen	599
4.3	Erlebnisangebote	604
5	**Visual Merchandising**	**608**
	Sachwortverzeichnis	**615**

Einzelhandelsprozesse

Lernfeld 1
Das Einzelhandelsunternehmen repräsentieren

Inhalte

1. Präsentation des Ausbildungsbetriebes
2. Unternehmensleitbild und Zielsystem des Unternehmens
3. Der Einzelhandel in der Gesamtwirtschaft
4. Berufsausbildung im Einzelhandel
5. Soziale Sicherung
6. Betriebliche Mitwirkung und Mitbestimmung
7. Tarifverträge

1 Präsentation des Ausbildungsbetriebes

Wer uns noch nicht kennt, wird uns jetzt kennen lernen!

■ SITUATION

Sie sind seit kurzem Schülerinnen und Schüler einer Einzelhandelsklasse in einer kaufmännischen Berufsschule.
In der Zwischenzeit haben Sie sich näher kennengelernt und in einer Vorstellungsrunde auch kurz über Ihren Ausbildungsbetrieb informiert. Sicher haben Sie dabei festgestellt, dass Sie in sehr unterschiedlichen Unternehmen ausgebildet werden.
In einem Ausbildungsbetrieb arbeiten z. B. nur fünf Mitarbeiter, in einem anderen sind es fünfhundert. In manchen Betrieben spielt die Kundenberatung fast keine, in anderen eine sehr große Rolle.

Auch hinsichtlich des Sortiments wird es in Ihrer Klasse große Unterschiede geben: Ein Unternehmen führt nur wenige Warengruppen, aber dafür in sehr großer Auswahl; viele Ihrer Ausbildungsunternehmen bieten fast alles, aber zum Teil ist dort die Auswahl innerhalb einer Warengruppe gering.

 Erkunden Sie Ihren Ausbildungsbetrieb und stellen Sie ihn anschließend der Klasse vor. (Hinweis: Wenn in Ihrer Klasse mehrere Auszubildende aus einem Unternehmen sind, dann erstellen Sie eine Gruppenpräsentation).

Bitten Sie Kolleginnen und Kollegen aus Ihrem Ausbildungsbetrieb, Ihnen zu helfen.

■ INFORMATION

Zur Lösung der Aufgabe „Ich präsentiere meinen Ausbildungsbetrieb" nutzen Sie die Informationen und Anleitungen auf den folgenden Seiten dieses Buches. Dort finden Sie alles, was man braucht, um eine solche Präsentation zu planen und durchzuführen.

Hier noch einige **Tipps:**

› Führen Sie mit Auszubildenden aus dem 2. und 3. Ausbildungsjahr Interviews, ebenso mit anderen Mitarbeitern und wenn möglich auch mit Kunden (Erlaubnis im Betrieb vorher einholen!),

› bitten Sie Ihren Betrieb um Informationsmaterial *(Imagebroschüre, Statistiken, Mitarbeiterzeitschrift)* und um die Möglichkeit, Fotos zu machen,

› nutzen Sie auch Medien wie Zeitung, Fernsehen oder das Internet, ob Sie dort etwas zu Ihrem Ausbildungsbetrieb finden.

Präsentation des Ausbildungsbetriebes

LF 1

Ihre mündlich vorgetragene Präsentation unterstützen Sie durch die Wahl einer Ihnen geeigneten **Präsentationsform**, wie z. B. einem Plakat, einer Power-Point-Präsentation, einem Video oder durch Folien bzw. mit einem Tafelanschrieb.

Für Ihre Mitschüler erstellen Sie zusätzlich auf einer DIN-A4-Seite eine **Zusammenfassung** zu den wichtigsten „Facts" Ihres Ausbildungsunternehmens.

Dazu soll Ihnen die folgende Vorlage eine Hilfe sein, nach der Sie einen **„Steckbrief"** Ihres Ausbildungsbetriebs gestalten können.

》 **Beispiel:**

Wichtiges zu meinem Ausbildungsunternehmen: Reinbach GmbH	
Branche	Papier, Büro- und Schreibwaren
Rechtsform	Gesellschaft mit beschränkter Haftung (GmbH)
Geschäftsführer	Herr Kurt Reinbach
Mitgliedschaft	Einkaufsverband Büro Aktuell und im Neuburger Handels- und Gewerbeverein sowie der IHK Neuburg.
Standort und Adresse	88888 Neuburg, Berliner Straße 15 Telefon: 08889 554466 Internet: www.reinbach-pbs.de E-Mail: info@reinbach-pbs.de
Mitarbeiterzahl › Vollzeit › Teilzeit › Auszubildende	28 8 16 4
Jahresumsatz	7,8 Millionen €
Sortimentsbeschreibung	Schreibwaren für den privaten, geschäftlichen und schulischen Gebrauch, technischer Zeichen- und Grafikbedarf, Mal- und Zeichenbedarf, Papiere und Folien, Bürobedarf, Druckerpatronen und Toner, Kalender und Zeitplansysteme, Verpackungsmaterialien, Geschenkartikel, Karten und Atlanten. In einem Nachbargebäude große Büromöbelausstellung mit speziellem Firmenservice.
Kundenstruktur	Etwa 50 % Stammkunden, die ihren privaten Bedarf an PBS-Artikeln decken, ca. 30 % Schüler und ca. 20 % Firmenkunden für Bürobedarf und Büromöbel.
Einzugsgebiet	Stadtgebiet Neuburg sowie Umkreis von ca. 15 km.
Werbemaßnahmen	Wöchentliche Anzeigen in den beiden Neuburger Lokalzeitungen. Zum Schuljahresanfang und vor Weihnachten Sonderprospekte. Vor Schuljahresanfang mehrere Rundfunkspots im lokalen Rundfunksender „Antenne 17".
Ladenöffnung	Montag bis Freitag von 8:30 Uhr bis 19:30 Uhr, Samstag von 9:00 Uhr bis 18:00 Uhr.

2 Unternehmensleitbild und Zielsystem des Unternehmens

2.1 Unternehmensleitbild

So sehen wir uns – sieht uns so auch der Kunde?

■ SITUATION

In der KE-1 läuft gerade das erste Projekt im berufsfachlichen Unterricht. Als Projektthema wählte die Klasse „Ich präsentiere meinen Ausbildungsbetrieb".

Eine der Arbeitsaufgaben besteht darin das Unternehmensleitbild des Ausbildungsbetriebes vorzustellen und zu erläutern. Dazu erarbeiten Lisa und Tobias einen Fragenkatalog, der die Grundlage zur Lösung dieses Arbeitsauftrages bildet.

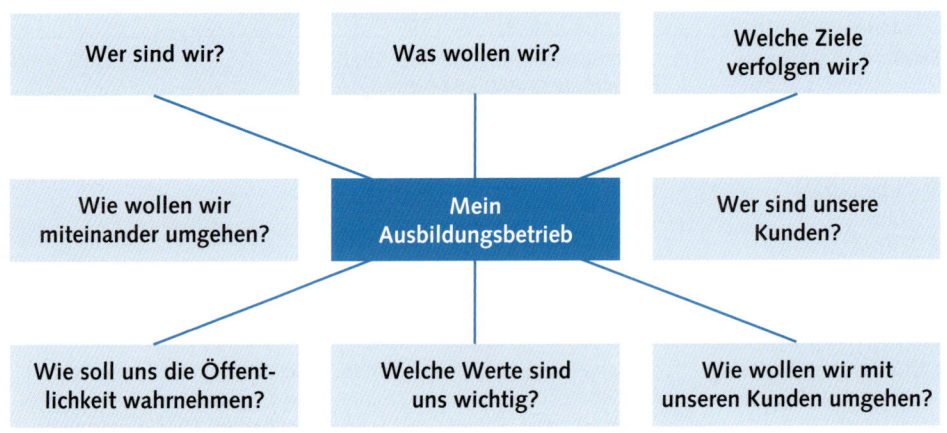

1. Klären Sie den Begriff „Unternehmensleitbild" (man verwendet auch die Begriffe „Unternehmensphilosophie" oder „Unternehmensgrundsätze"). Führen Sie dazu eine Internetrecherche durch.

2. Informieren Sie sich in Ihrem Ausbildungsbetrieb über dessen Leitbild mithilfe des von Lisa und Tobias erstellten Fragenkatalogs. Dokumentieren Sie diese Grundsätze mit einem Plakat.

   (Hinweis: Sollten Sie diese Aufgabe nicht lösen können, da Ihr Ausbildungsbetrieb über kein Leitbild verfügt, wählen Sie durch eine weitere Internetrecherche ein Unternehmen aus, das Unternehmensgrundsätze auf seiner Website veröffentlicht hat. Stellen Sie diese dann der Klasse vor.)

3. Vergleichen Sie die unterschiedlichen Unternehmensleitbilder der Ausbildungsbetriebe in Ihrer Klasse.

Unternehmensleitbild

■ INFORMATION

Ein **Unternehmensleitbild** verdeutlicht schriftlich die allgemeinen **Grundsätze** eines Unternehmens, die sich nach innen an die Mitarbeiterinnen und Mitarbeiter richten und nach außen an seine Kunden bzw. die gesamte Öffentlichkeit.

■ Funktion von Unternehmensleitbildern

Mit der Formulierung von **Zielen, Werten und Aufgaben** will man die **Motivation** der Mitarbeiter stärken, für ihr Unternehmen zu arbeiten. Außerdem möchte die Unternehmensleitung durch diese Grundsätze die **Identifikation** von den Mitarbeitern und Kunden mit dem Unternehmen fördern.

Über Leitbilder **grenzt** sich das Unternehmen auch gegenüber seinen **Mitbewerbern ab** und es soll so das Besondere und Einzigartige dieses Unternehmens verdeutlicht werden.

Für die **tägliche** Arbeit stellen Leitbilder eine wichtige **Orientierungshilfe** dar, indem sie festlegen, wie sich die Mitarbeiter untereinander und den Kunden gegenüber verhalten sollen.

■ Inhalte von Leitbildern

Die **Inhalte** der Leitbilder legt jedes Unternehmen selbst fest. Es entsteht so eine schriftlich festgelegte **Unternehmensphilosophie**[1], die gewissermaßen als „Weltanschauung" das Tun und Handeln aller Mitarbeiter bestimmen soll. Ein Leitbild ist sozusagen der Kompass und die Antriebsquelle für die Arbeit der Mitarbeiter und der Führungskräfte.

Die nachfolgende Abbildung zeigt, welche „Bausteine" die im Unternehmen geltenden Grundsätze bilden.

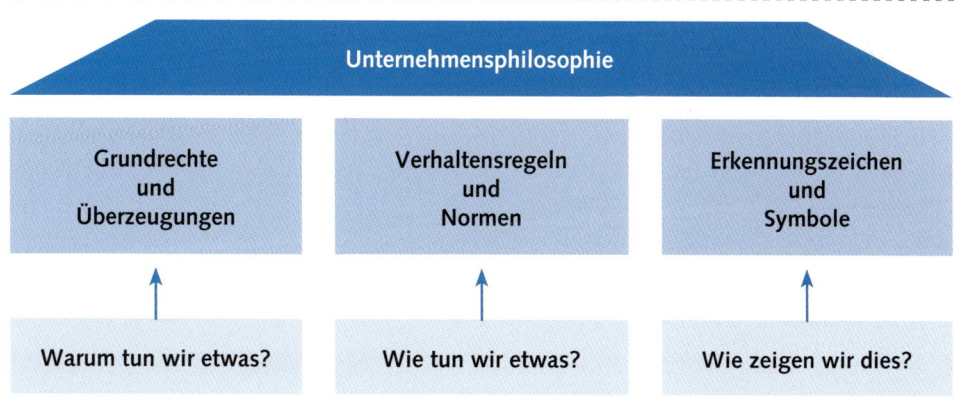

Je stärker die Mitarbeiter bei der Erstellung und Formulierung dieser Grundsätze eingebunden und beteiligt sind, desto eher werden sie sich auch daran halten und sie praktizieren.

Leitbilder von Einzelhandelsbetrieben stellen besonders den Umgang mit den Kunden in den Mittelpunkt (**Kundenorientierung** als Unternehmensphilosophie). Das bedeutet, dass alle betrieblichen Aktivitäten an den Forderungen und Erwartungen der Kunden ausgerichtet werden.

---

[1] Philosophie bedeutet in der Betriebswirtschaftslehre Plan oder Vorstellung und hat nichts mit der Wissenschaft vom Denken zu tun.

Unternehmensleitbild und Zielsystem des Unternehmens

>> Beispiel für ein **Unternehmensleitbild** im **Einzelhandel**, wie es vom Filialunternehmen „dm-drogerie Markt" aufgestellt und veröffentlicht wird:

Grundsätze des Unternehmens

Wir sehen als Wirtschaftsgemeinschaft die ständige Herausforderung, ein Unternehmen zu gestalten, durch das wir

- die Konsumbedürfnisse unserer Kunden veredeln
- den zusammenarbeitenden Menschen Entwicklungsmöglichkeiten bieten und
- als Gemeinschaft vorbildlich in unserem Umfeld wirken wollen.

dm-Kundengrundsätze

Wir wollen uns beim Konsumenten – dem Wettbewerb gegenüber – mit allen geeigneten Marketinginstrumenten profilieren, um eine bewusst einkaufende Stammkundschaft zu gewinnen, deren Bedürfnisse wir mit unserem Waren-, Produkt- und Dienstleistungsangebot veredeln.

dm-Mitarbeitergrundsätze

Wir wollen allen Mitarbeitern helfen, Umfang und Struktur unseres Unternehmens zu erkennen, und jedem die Gewissheit geben, in seiner Aufgabe objektiv wahrgenommen zu werden.

Wir wollen allen Mitarbeitern die Möglichkeit geben,

- gemeinsam voneinander zu lernen
- einander als Menschen zu begegnen
- die Individualität des anderen anzuerkennen, um die Voraussetzungen zu schaffen
- sich selbst zu erkennen und entwickeln zu wollen und
- sich mit den gestellten Aufgaben verbinden zu können.

dm-Partnergrundsätze

Wir wollen mit unseren Partnern eine langfristige, zuverlässige und faire Zusammenarbeit pflegen, damit für sie erkennbar wird, dass wir ein Partner sind, mit dem sie ihre Zielsetzungen verwirklichen können.

(Quelle: dm-drogerie Markt, Unternehmensleitung, Karlsruhe)

■ AKTION

1 Vergleichen Sie das Unternehmensleitbild vom dm-Drogerie-Markt mit einem anderen Unternehmensleitbild aus Ihrer Branche.

2 Warum ist es sinnvoll die Mitarbeiter an der Entwicklung und Formulierung eines Unternehmensleitbildes aktiv zu beteiligen?

3 Der folgende Auszug beschreibt die Unternehmenskultur eines großen Filialunternehmens. Dabei ist immer wieder von den „Werten" die Rede, die das Verhalten im Unternehmen maßgeblich bestimmen. Formulieren Sie in einer Lerngruppe je fünf Werte, die Ihrer Meinung nach als Richtschnur für das Handeln der Mitarbeiter untereinander und für den Umgang mit den Kunden gelten sollten.

Unternehmensziele
LF 1

> „… Unternehmenskultur basiert auf gemeinsamen Werten, die jeder unserer großen Mitarbeiterfamilie mitträgt und jeden Tag aufs Neue lebt. In dieser Zusammenarbeit bilden unsere Werte die Grundlage unseres gemeinsamen Handelns, denn: Werte führen immer auch zu persönlicher Verantwortung. Sie stehen für das, was wir voneinander und unsere Kunden von uns erwarten. …"

2.2 Unternehmensziele

Ziele setzen ist nicht schwer, sie erreichen aber sehr!

■ SITUATION

Sabine Braun und Frank Hofmann sind die Geschäftsführer eines mittelständischen Möbelhauses mit ca. 150 Mitarbeitern. Da die Ertragslage des Unternehmens in den letzten Jahren immer schlechter wurde, beauftragten sie einen Unternehmensberater Vorschläge zur Verbesserung der geschäftlichen Situation zu unterbreiten.

Der Unternehmensberater legte u. a. folgende Empfehlungen vor:

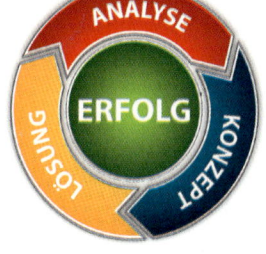

1. Wo immer möglich, Verzicht auf Beratung und Ausbau der Abteilungen mit Selbstbedienung durch das verstärkte Anbieten von Mitnahmemöbeln.

2. Verpachtung der Kunden-Cafeteria und Aufgabe der Mitarbeiterkantine.

3. Keine Einstellung von Auszubildenden in den nächsten fünf Jahren.

4. Freiwilliger Verzicht der Mitarbeiter auf Urlaubsgeld und die Hälfte des Weihnachtsgeldes für drei Jahre.

5. Beim Wareneinkauf sollte allein ein günstiger Beschaffungspreis im Vordergrund stehen. Es wird empfohlen vermehrt im asiatischen Raum einzukaufen.

In der wöchentlichen Teambesprechung mit allen Abteilungsleitern stellt die Geschäftsleitung diese Vorschläge nun zur Diskussion.

 Diskutieren Sie diese Vorschläge in einem Rollenspiel. Bilden Sie dazu eine Gruppe, die diese Maßnahmen für richtig hält, und eine Gruppe, die sich dagegen ausspricht. Die Klasse bildet die Beobachtergruppe und entscheidet nach der Diskussion, welche Gruppe die besseren Argumente vorbrachte.

■ INFORMATION

Aus dem **Unternehmensleitbild** leitet das Unternehmen seine **Ziele** ab. Diese müssen eindeutig formuliert und verbindlich für alle festgelegt werden.

■ Sachziele

Das **Sachziel** beschreibt, was der **Zweck** der unternehmerischen Tätigkeit ist. Bei einem Einzelhandelsbetrieb ist es der An- und Verkauf von Waren und dazu meist verbunden mit einem Angebot an handelsbezogenen Dienstleistungen.

>> **Beispiel:** Das Fachgeschäft WollStoff verkauft Wolle, Stoffe und Nähzubehör. Man berät die Kunden und bietet als Service Nähkurse und Änderungen.

■ Ökonomische (wirtschaftliche) Ziele

Zu den **ökonomischen** Zielen, die ein Unternehmen anstrebt und verwirklichen möchte, gehört eine angemessene Verzinsung des eingesetzten **Kapitals** sowie das Erwirtschaften eines möglichst hohen **Gewinns**. Aber auch Bestrebungen wie die Vergrößerung des **Marktanteils** oder die Steigerung des **Bekanntheitsgrades** zählen zu den wirtschaftlichen Unternehmenszielen.

>> **Beispiel:** Das Fachgeschäft WollStoff verzichtet auf die Teilnahme an der jährlichen Modenschau des Handels- und Gewerbevereins sowie auf Werbung in der örtlichen Presse. Durch die eingesparten Kosten soll sich die Ertragslage verbessern.

■ Ökologische Ziele

Eine **ökologisch** ausgerichtete Zielsetzung eines Unternehmens besteht darin, in allen Bereichen im Unternehmen *(Einkauf, Verkauf, Lagerhaltung)* **Belastungen** der Umwelt **auszuschließen** oder auf ein verträgliches Mindestmaß zu **begrenzen**. Über ihre Sortimentspolitik entscheiden Unternehmen direkt und der Verbraucher indirekt darüber, welche Artikel angeboten werden. Heutzutage werden umweltbelastende Produkte vom **Konsumenten** kaum noch akzeptiert und viele Konsumenten berücksichtigen bei ihren Kaufüberlegungen zunehmend, welche **Wirkungen** die gekauften Waren auf die **Umwelt** haben.

Unternehmensziele

Beispiel: Umweltschutz-Leitbild – Präambel (Auszug)

Wir stehen als Handelsunternehmen zwischen Industrie und Verbrauchern und akzeptieren die besondere Herausforderung und Verantwortung dieser Mittlerrolle – gerade auch im Bereich Umweltschutz. Wir wollen außerdem im Bewusstsein unserer grundsätzlichen gesellschaftspolitischen Verpflichtung zum Schutz der Umwelt handeln. In diesem Sinn werden wir zur Sicherung unser aller Zukunft den Umweltschutz unterstützen.

Wir räumen dieser Aufgabe in unserem Unternehmen hohe Priorität ein.

1. Wir achten konsequent darauf, dass der „Beitrag zum Umweltschutz" ein maßgebliches Kriterium bei sämtlichen unternehmenspolitischen Entscheidungen und Maßnahmen ist.
2. Wir wählen soweit wie möglich für unser Sortiment und den Eigenbedarf solche Produkte aus, die Umweltbelastungen bei der Herstellung, dem Gebrauch oder Verbrauch und der Entsorgung ganz vermeiden oder zumindest so niedrig wie möglich halten.
3. Wir vermeiden Umweltbelastungen in unseren Betriebsstätten, wo immer möglich, und reduzieren die heute noch nicht vermeidbaren Belastungen auf das Mindestmaß.
4. Wir werden die unvermeidlichen Konflikte, die aus der Gesamtverantwortung für unser Unternehmen entstehen, so zu lösen suchen, dass der Umweltschutz so weit wie möglich gefördert wird.
5. Wir führen Maßnahmen und Programme durch, die unsere Mitarbeiter zu umweltbewusstem Verhalten motivieren – sowohl im Betrieb als auch zu Hause.

**Arbeitskreis Umwelt
Kaufhof Warenhaus AG · Köln**

■ Soziale Ziele

Die Verfolgung **sozialer** Ziele bezieht sich vor allem auf das **Verhältnis** zwischen der Unternehmensleitung zu den Mitarbeiterinnen und Mitarbeitern.

Beispiel:

- Schaffung eines guten und harmonischen Betriebsklimas,
- übertarifliche Bezahlung und Gewährung von Zulagen,
- Weiterbildungsmaßnahmen,
- familienfreundliche Arbeitsbedingungen,
- Sicherung der Arbeitsplätze.

Unternehmen übernehmen **soziale Verantwortung** auch in anderen Bereichen *(Sponsoring von Vereinen oder kulturellen Veranstaltungen, Unterstützung sozial tätiger Institutionen)*. Zunehmend legen Unternehmen auch Wert darauf, genau zu wissen, unter welchen Bedingungen die Produkte hergestellt und gehandelt werden, die sie ihren Kunden im Sortiment anbieten. Sie formulieren daher sogenannte **Sozialstandards**, deren Einhaltung sie von ihren Lieferanten verlangen.

» Beispiel: Der IKEA Verhaltens-Kodex

„... Der IKEA Verhaltenskodex legt die Mindestanforderungen an unsere Lieferanten in den Bereichen Arbeitsbedingungen, Sozialstandards, Kinderarbeit und Umwelt fest. Der IKEA Konzern will langfristig mit solchen Lieferanten zusammenarbeiten, die unsere Auffassung von verantwortungsbewusstem Umgang mit Menschen und Umwelt teilen und die zusammen mit IKEA wachsen und weiterkommen wollen. Wir erwarten von ihnen, dass Menschenrechte geachtet und alle Mitarbeiter fair und mit Respekt behandelt werden. Auch müssen sich unsere Lieferanten dazu verpflichten, die Umweltbelastungen durch ihre Arbeit kontinuierlich zu verringern.

IKEA duldet keine Kinderarbeit und arbeitet aktiv gegen jede Form der Kinderarbeit. Unser Ziel ist es sicherzustellen, dass kein Kind an der Herstellung von IKEA Produkten beteiligt ist. Dies gilt für alle Lieferanten von IKEA und deren Sublieferanten weltweit."

(Quelle: www.ikea.de)

■ Unternehmensziel „Nachhaltige Entwicklung"

Ein Unternehmen handelt „nachhaltig", wenn die Verwirklichung seiner ökonomischen, ökologischen und sozialen Ziele dazu führt, dass die Bedürfnisse der heute lebenden Generation befriedigt werden, ohne aber die Möglichkeiten künftiger Generationen zu gefährden, ihre eigenen Bedürfnisse zu befriedigen und ihren Lebensstil frei zu wählen. Dies soll dadurch sichergestellt werden, dass man wirtschaftlichen Erfolg mit dem Schutz der Umwelt und Verantwortung für die Gesellschaft verbindet.

■ INFORMATION

Nachhaltigkeit im **Unternehmensbereich** durch Teilnahme am **„Globalen Pakt"** (engl.: global compact)

Der **„Globale Pakt"** (Pakt = Übereinkunft, Vertrag) ist eine Initiative der **Vereinten Nationen** und fordert **Unternehmen** auf, durch die Unterzeichnung der dort formulierten Leitlinien innerhalb ihres Einflussbereichs einen Katalog von Grundwerten auf dem Gebiet der Menschenrechte, der Arbeitsnormen, des Umweltschutzes und der Korruptionsbekämpfung anzuerkennen, zu unterstützen und in die Praxis umzusetzen.

Für den Bereich **Umweltschutz** bedeutet dies z. B.:
› Unternehmen sollen im Umgang mit Umweltproblemen einen vorsorgenden Ansatz unterstützen,
› Aktivitäten entwickeln, um ein größeres Verantwortungsbewusstsein für die Umwelt zu erzeugen,
› die Entwicklung und Verbreitung umweltfreundlicher Technologien fördern.

In den Bereichen **Menschenrechte** und **Arbeitsnormen** verpflichten sich die Unternehmen:
› den Schutz der internationalen Menschenrechte innerhalb ihres Einflussbereichs zu unterstützen und zu achten,
› für die Beseitigung aller Formen der Zwangsarbeit und Kinderarbeit einzutreten, darauf zu achten, dass es bei Anstellung und Beschäftigung zu keiner Diskriminierung kommt.

(Quelle: http://www.unglobalcompact.org/Languages/german/de-gc-flyer-05.pdf)

Unternehmensziele

Zielharmonie

Wenn es gelingt die wirtschaftlichen Ziele in Einklang mit den anderen unternehmerischen Zielsetzungen zu bringen, spricht man von **Zielharmonie**.

 Beispiel: Ein großer Textil-Filialist findet einen besonders kostengünstig produzierenden Hersteller von T-Shirts in einem ostasiatischen Land und erhält gleichzeitig die Garantie, dass die Produkte aus ökologisch unbedenklichen Rohstoffen gefertigt werden. Es wird außerdem zugesichert, dass in den Produktionsstätten keine Kinder beschäftigt werden.

Wenn mehrere Ziele verfolgt werden und diese sich gegenseitig behindern oder unvereinbar sind, spricht man von einem **Zielkonflikt**. Dabei einen Ausgleich zwischen gegensätzlichen Zielvorstellungen zu finden, kann sehr schwer oder gar unmöglich sein.

Beispiel: Ein Einzelhandelunternehmen möchte die Kosten für die Lagerhaltung senken. Dies will man durch eine drastische Verringerung der Lagerbestände erreichen. Dies führt zwar zu einer Reduzierung der Lagerkosten, aber es kommt nun verstärkt vor, dass von Kunden gewünschte Ware nicht oder nicht ausreichend vorrätig ist. Die Folge: Die Kunden sind verärgert und wechseln zur Konkurrenz.

Kundenorientierung als herausragendes Unternehmensziel

Die beschriebenen unternehmerischen Ziele lassen sich im Einzelhandel nur dann erfolgreich umsetzen, wenn die **Kundenorientierung** des Unternehmens als die **herausragende** Zielsetzung erkannt und praktiziert wird.

Der Wettbewerb wird immer härter und die Artikel unterscheiden sich in Qualität und Preis oft nur geringfügig. Zu einer **langfristigen Kundenbindung** muss der Einzelhändler deshalb alles daran setzen, sich durch ein überzeugendes Sortiment und vor allem durch kundenfreundliches Verhalten gegenüber seinen Konkurrenten zu profilieren.

Dies kann z. B. durch ein besonders ausgeprägtes Serviceangebot sowie durch kundenfreundliches Verhalten bei Sonderwünschen oder Beschwerden geschehen.

Unternehmensleitbild und Zielsystem des Unternehmens

AKTION

1. Benennen Sie das Sachziel Ihres Ausbildungsunternehmens.

2. Formulieren Sie drei Maßnahmen aus Unternehmersicht, um Kosten im Unternehmen im Warenbereich zu reduzieren. Diskutieren Sie mögliche Folgen.

3. Stellen Sie eine Liste mit sozialen Zielen auf, die in Ihrem Ausbildungsbetrieb bereits verwirklicht wurden. Ergänzen Sie diese Liste um mindestens vier weitere Ziele, die Ihnen wichtig erscheinen.

4. Formulieren Sie Umweltleitlinien für Ihren Ausbildungsbetrieb, die gegenüber Kunden als Werbebotschaft zur Verbesserung des Unternehmensimages eingesetzt werden können.

5. Viele große Unternehmen haben einen sogenannten „Code of Conduct" (Verhaltenskodex) aufgestellt. Dabei handelt es sich um die Formulierung sozialer Ziele.

   Führen Sie dazu eine Internetrecherche durch und stellen Sie ein Unternehmen vor, das auch Einzelhandelsbetriebe mit seinen Produkten beliefert.

6. Führen Sie in der Klasse ein „Blitzlicht" zum Thema „Kundenorientierung" durch. Jeder Teilnehmer sagt in einem Satz, was er unter Kundenorientierung versteht.

7. Beschreiben Sie zwei mögliche Zielkonflikte, die in einem Einzelhandelsbetrieb auftreten können. Machen Sie dazu einen Vorschlag, wie solche Zielkonflikte zu lösen sind.

8. Nachhaltiges Wirtschaften lässt sich im Einzelhandel in vielen Tätigkeitsfeldern verwirklichen. Dazu zählen z. B.:
   - Sortimentsgestaltung,
   - Gestaltung der Arbeitsbedingungen,
   - Beratung der Kunden,
   - Betriebsführung,
   - Umgang mit den Mitarbeitern.

   Formulieren Sie zu den aufgeführten Tätigkeitsfeldern jeweils mindestens zwei Maßnahmen, die den Vorstellungen eines nachhaltigen Wirtschaftens entsprechen.

9. Stellen Sie sich vor, es wäre das Jahr 1920. Sie sind Lehrling bzw. Lehrmädchen in einem der vielen für die damalige Zeit typischen „Tante-Emma-Läden". Natürlich gehen Sie auch in die Berufsschule.

   Warum werden Sie dort nichts zum Thema „Unternehmensleitbild" erfahren?

10. Wann macht ein Unternehmensleitbild keinen Sinn?

Bedürfnisse

LF 1

3 Der Einzelhandel in der Gesamtwirtschaft

3.1 Bedürfnisse

Unbegrenzte Bedürfnisse, aber begrenzte finanzielle Mittel

■ SITUATION

Im Einkaufszentrum treffen sich Laura, Chris und Tanja. Alle drei machen eine Ausbildung im Einzelhandel und haben vor wenigen Tagen ihre erste Ausbildungsvergütung erhalten.

Laura: „Schaut mal, endlich kann ich mir den neuesten MP-4-Player von Peppel leisten! Hat zwar über 300 Euro gekostet, aber der kann Sachen! Jetzt hab ich das Neueste vom Neuen! So was hat sonst noch niemand in der Clique!"

Chris: „Sag mal Laura, du hast doch schon seit langem einen MP-4-Player. Wozu denn noch einen?

Also ich habe mir vom ersten Geld in der Buchhandlung ein Lexikon über Waren aller Art gekauft. Ich will so viel wie möglich über die Waren wissen, die wir im Geschäft verkaufen. So kann ich die Kunden besonders gut beraten!"

Tanja: „Bei mir ist leider schon wieder das Konto nahezu leer geräumt. Fast alles ist für Klamotten und Schuhe draufgegangen. In meinem Ausbildungsbetrieb gibt es strenge Bekleidungsvorschriften. Ich muss jeden Tag was anderes anziehen! Und es gibt keinen Zuschuss! Na ja, ich kann die Sachen ja auch privat tragen!"

1. Welche Gründe nennen die Auszubildenden für die von ihnen gekauften Waren?

2. Ordnen Sie die erworbenen Waren den im Informationsteil beschriebenen Bedürfnisarten zu.

3. Beurteilen Sie die Aussage von Chris zum Kauf des MP-4-Players von Laura, und beschreiben Sie mögliche Auswirkungen, wenn die meisten Verbraucher seine Ansicht teilen würden.

■ INFORMATION

Wünsche werden in der Wirtschaftstheorie als **Bedürfnisse** bezeichnet. Darunter wird ein **Mangelempfinden** auf Seiten der Nachfrager (Kunden) verstanden, das es durch entsprechende Angebote (Einzelhandel) zu decken gilt.

23

Als **Marktwirtschaft** bezeichnet man eine Wirtschaftsordnung, in der sich die Produktion und die Verteilung von Gütern (Waren) und Dienstleistungen nach dem Angebot (Hersteller) und der Nachfrage (Kunden) richten. Der Ort, an dem **Angebot und Nachfrage** zusammentreffen wird als **Markt** bezeichnet. Dort bilden sich die Preise, die für die Güter zu bezahlen sind. Aufgabe des Marktes ist die bestmögliche Versorgung der Menschen mit Gütern und Dienstleistungen.

Maßgebend, für wen produziert wird, sind demnach nicht die Vorstellungen und Wünsche des einzelnen Unternehmers, sondern die **Bedürfnisse** der möglichen **Kunden**, für die die Güter produziert werden.

Die vielfältigen **Wünsche** der **Menschen** sind damit die **Antriebskraft** für ihre wirtschaftliche Tätigkeit. Danach muss sich auch jeder Einzelhändler richten, wenn er sein Sortiment zusammenstellt (Kundenorientierung).

> **Beispiel:** Ein Lebensmitteleinzelhändler ist begeisterter Hobbykoch und käme nie auf die Idee, Fertigprodukte in der eigenen Küche zu verwenden. Er kann deshalb aber nicht auf diese Produkte im Sortiment verzichten, denn viele seiner Kunden schätzen die damit verbundene Erleichterung bei der Zubereitung und die Zeitersparnis.

■ Einteilungsmöglichkeiten der Bedürfnisse

Versteckte und manipulierbare Bedürfnisse

Bei versteckten Bedürfnissen handelt es sich um bereits vorhandene, aber verborgene Bedürfnisse, die erst durch die Werbung oder die soziale Umwelt geweckt werden.

Durch **Werbung** werden **Bedürfnisse** allerdings nicht nur **geweckt**, sondern auch **manipuliert**, d. h., Unternehmen versuchen gezielt und kontinuierlich das Konsumverhalten der Verbraucher in ihrem Sinne zu beeinflussen und zu lenken. Deshalb besteht durch die allgegenwärtigen Medien immer mehr die Gefahr des von außen gesteuerten Menschen.

Bedürfnisse werden auch durch gesellschaftliche Faktoren, wie soziale Position oder Schichtzugehörigkeit, manipuliert, indem z. B. bestimmte Güter als Statussymbole gekauft werden (Kleidung, Uhren, Autos).

„Blödsinnig diese Werbung"

Bedürfnisse

Bedeutung der Bedürfnisse für das menschliche Verhalten

Abraham Maslow[1] hat eine Rangordnung der Bedürfnisse aufgestellt, die häufig als **Bedürfnispyramide** bezeichnet wird. Maslows Theorie besagt, dass Menschen zu Handlungen motiviert werden, wenn sie einen Mangel an Erfüllung dieser in der Pyramide beschriebenen Bedürfnissen spüren. Ist ein Bedürfnis der unteren Stufe erfüllt, dann versucht der Mensch das Bedürfnis der nächsten Stufe zu erfüllen.

Kunden, die einen Mangel an Erfüllung der von Maslow beschriebenen Bedürfnisse empfinden, werden zu Handlungen (Kaufhandlungen) motiviert, diesen Mangel zu beseitigen. In der Praxis spielen diese Erkenntnisse eine wichtige Rolle bei der **Konsumentenforschung** und in der **Werbung**.

>> **Beispiel:** Gestaltung von Werbebotschaften:
> Sicherheitsbedürfnis: „Auf diese Steine können Sie bauen!" (Bausparkasse Schwäbisch Hall),
> Soziale Bedürfnisse: „Merci, dass es Dich gibt!" (Merci-Schokolade von Storck),
> Selbstwertgefühl: „Weil ich es mir wert bin!" (L'Oréal)

■ Vom Bedürfnis über den Bedarf zur Nachfrage

Inwieweit ein Mensch sich seine **Bedürfnisse** tatsächlich **befriedigen** kann, hängt ganz entscheidend von seiner **Vermögens-** und **Einkommenssituation** ab. Diese ihm zur Verfügung stehenden finanziellen Mittel bezeichnet man als **Kaufkraft**.

Derjenige Teil der Bedürfnisse, den sich Konsumenten mithilfe ihrer Kaufkraft erfüllen können, wird **Bedarf** genannt. Dabei müssen die Käufer eine Rangfolge der Dringlichkeit ihres Bedarfs aufstellen, denn die privaten Haushalte verfügen nur über begrenzte finanzielle Mittel.

Wird der **Bedarf** dann zu einem tatsächlichen **Kauf** von Gütern und Dienstleistungen, spricht man von **Nachfrage**.

---
[1] Maslow, Abraham, 1908–1970, amerikanischer Sozialpsychologe

Der Einzelhandel in der Gesamtwirtschaft

Zusammenhang zwischen Bedürfnissen, Bedarf und Nachfrage

Wunschzettel
1. am wichtigsten
2. besonders wichtig
3. weniger wichtig

Summe aller Wünsche

= **Bedürfnisse**
(Was möchte ich haben?)

+

Verfügbare finanzielle Mittel

= **Bedarf**
(Was kann ich mir leisten?)

+

Kaufentscheidung

= **Nachfrage**
Was leiste ich mir?)

---

1. nach der Dringlichkeit

Rangfolge = Bedürfnisskala

Existenzbedürfnisse
= lebensnotwendige Bedürfnisse, z. B. Grundnahrungsmittel, Kleidung und Wohnung

Kulturbedürfnisse
= Bedürfnisse zur Aufrechterhaltung des allgemeinen Lebensstandards in einer Gesellschaft, z. B. Konzerte und Kino besuchen, Urlaubsreisen machen

Luxusbedürfnisse
= Bedürfnisse, die den in einer Gesellschaft üblichen Lebensstandard weit übersteigen, z. B. Sportwagen fahren, Designer-Kostüme und teuren Schmuck tragen

◄──────── individuell unterschiedlich ────────►

Gründe: Einkommenssituation, Ausbildung, Alter, sozialer Status, wirtschaftliche Situation eines Landes im Zeitablauf (nach dem 2. Weltkrieg) sowie im internationalen Vergleich (Industrienation ⇔ Entwicklungsland)

2. nach der Art der Befriedigung

materielle Bedürfnisse
⇒ Befriedigung durch wirtschaftliche Güter
  › Dienstleistungen, z. B. Friseurbesuch
  › Sachgüter, z. B. Fahrrad

immaterielle Bedürfnisse
⇒ körperlich nicht greifbare Bedürfnisse, z. B. Liebe, Anerkennung und Geborgenheit

3. nach dem Träger der Bedürfnisbefriedigung

Individualbedürfnisse
⇒ die einzelne Person entscheidet allein über den Konsum bestimmter Güter, die ihren persönlichen Bedürfnissen entsprechen (Anschaffung eines familiengerechten Autos).

Kollektivbedürfnisse
⇒ eine politische Instanz entscheidet über die Bereitstellung von Gütern, die nur gemeinsam mit anderen Menschen konsumiert werden können (Schulen, Krankenhäuser, Kinderspielplätze).

Bedürfnisse

LF 1

■ AKTION

1 Franca Conti hat es geschafft. In 4 Wochen beginnt sie eine Ausbildung zur Kauffrau im Einzelhandel in der nahegelegenen Boutique La Moda. Endlich finanziell unabhängig von den Eltern zu sein, das hatte sie sich schon immer gewünscht. Noch am selben Abend trifft sie sich mit ihrer Freundin Tanja und bespricht mit ihr, was sich nun alles ändern wird. Franca: „Zunächst mal werde ich mich neu einkleiden. Bei meinem Ausbildungsbetrieb habe ich eine Riesenauswahl topmodischer Kleidung, die ich als Mitarbeiterin zudem noch 20 % günstiger bekomme. Für 250 € kann ich mir neben einem Hosenanzug auch noch einige T-Shirts und eine Markenjeans leisten. Ein neuer Fernseher ist auch fällig. Auf jeden Fall muss es ein Flachbildgerät sein. Für 450 € kann man schon was richtig Gutes kaufen. Und endlich ein neues Rad! Mit dem Damenrad meiner Mutter kann ich mich ohnehin nicht mehr sehen lassen. Im Fahrradgeschäft um die Ecke steht ein Mountainbike für 790 €, das mir sehr gut gefällt. Um unabhängiger von meinen Eltern zu sein, werde ich mich zudem in den nächsten Wochen nach einer eigenen Wohnung umschauen. Für 300 € monatlich kann man zurzeit bereits ein kleines Appartement anmieten."

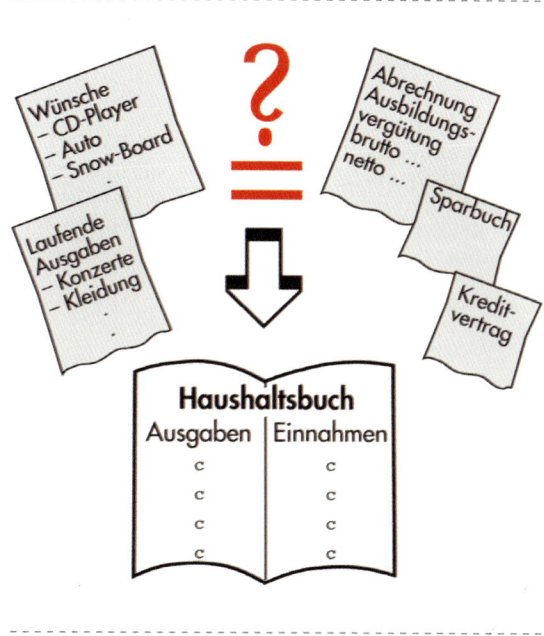

Während Franca noch munter weitererzählt, kommen Tanja schon einige Bedenken.

Schließlich fragt sie mit etwas kritischem Blick ihre Freundin: „Hast du dir überhaupt schon einmal Gedanken gemacht, ob deine Ausbildungsvergütung für die geplanten Anschaffungen ausreicht?"

Franca schüttelt daraufhin überrascht den Kopf.

a) Welche Wünsche äußert Franca in dem Gespräch mit ihrer Freundin?

b) Welche der genannten Wünsche könnte Franca nach einem, zwei oder drei Monaten verwirklichen?

   Gehen Sie bei Ihrer Analyse der Finanzsituation von folgenden Angaben (jeweils monatlich) aus, und unterstellen Sie, dass Franca ihre Wünsche in der oben angeführten Reihenfolge realisieren möchte.

   › Ausbildungsvergütung (brutto) .... 600,00 €
   › Abzüge für Sozialversicherungsbeiträge .... 130,00 €
   › an die Eltern zu zahlendes Haushaltsgeld für Essen, Getränke, Wohnung usw. .... 100,00 €
   › Ausgaben für Freizeitaktivitäten wie Sport, Kino, Konzerte usw. .... 150,00 €
   › bisherige Ersparnisse .... 500,00 e

Der Einzelhandel in der Gesamtwirtschaft

Lösungsschema:			
	1. Monat	2. Monat	3. Monat
Sparguthaben am Monatsanfang			
Einnahmen – Ausgaben			
Überschuss (+) = Sparen o d e r Defizit (–) = Sparguthaben auflösen	*Muster*		
Sparguthaben am Monatsende (finanzielle Mittel)			
Wünsche (Bedürfnisse)			
Mögliche Anschaffungen (Bedarf)			

2 Ordnen Sie den Gliederungspunkten I. bis V. die richtigen Fachbegriffe zu.

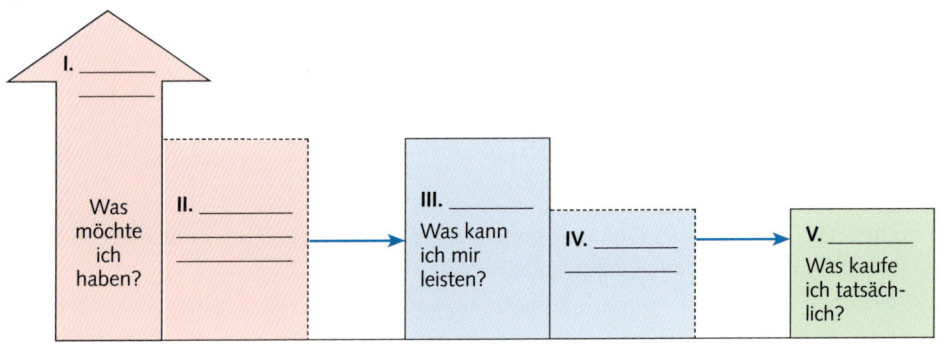

3 Sie haben für vierzehn Tage Urlaub in Kenia gebucht. Notieren Sie Bedürfnisse, die Sie als Tourist aus einem westlichen Land dort haben werden.

4 Auf einer Autoausstellung wurden Besucher nach dem Grund ihres Besuchs gefragt. Unter anderem gab es folgende Antworten:

Pizzabäcker:	„Ich suche einen zuverlässigen Kombi, mit dem ich meine Kunden beliefern kann."
Rentner:	„Ich interessiere mich für ein Wohnmobil, denn jetzt habe ich Zeit mit meiner Frau die schönsten Städte Europas in Ruhe zu besuchen!"
Manager:	„Endlich kann man den neuen Rambolini mit 700 PS hier sehen. Ich habe ihn schon bestellt!"
Feuerwehr-kommandant:	Die Nutzfahrzeugausstellung ist für uns sehr informativ. Für unsere Feuerwehr suchen wir ein neues Tanklöschfahrzeug."

Welche Bedürfnisarten entnehmen Sie diesen Äußerungen?

3.2 Güterarten

Unbegrenzte Bedürfnisse, knappe Güter

■ SITUATION

Beim Gang durch ein Einkaufszentrum hat man den Eindruck, dass es alle Waren im Überfluss gibt.

Wer macht sich schon Gedanken, wie lange die Rohstoffe, die zur Herstellung dieser Waren benötigt wurden, noch zur Verfügung stehen?

Die Tabelle zeigt, wie viele Jahre wichtige Rohstoffe noch in etwa zur Verfügung stehen:

Energiegewinnung		Metalle	
Braunkohle:	530 Jahre	Eisenerz:	170 Jahre
Erdgas:	70 Jahre	Chrom:	150 Jahre
Erdöl:	50 Jahre	Kupfer:	50 Jahre

1. Analysieren Sie die obige Tabelle und begründen Sie, warum viele Güter durchaus knapp sind.
2. Wie wirkt sich die Knappheit der Güter auf deren Preis aus?

■ INFORMATION

Die **Mittel** zur **Erfüllung** der **Bedürfnisse** bezeichnet man als **Güter**. Im **Einzelhandel** sind dies die **Waren** des Sortiments sowie die angebotenen **Dienstleistungen** (immaterielle Güter).

Da das Verhältnis zwischen dem Ausmaß einzelner Bedürfnisse und der Menge der Güter, mit denen diese Bedürfnisse befriedigt werden können, verschieden ist, spricht man vom Gesetz der relativen Knappheit. Die **Knappheit** einzelner **Güter** schlägt sich in den **Preisen** nieder.

Ein Gut wird z. B. knapper, wenn – bei gleichbleibendem Angebot – die Nachfrage steigt.

Der Einzelhandel in der Gesamtwirtschaft

Übersicht zu Güterarten

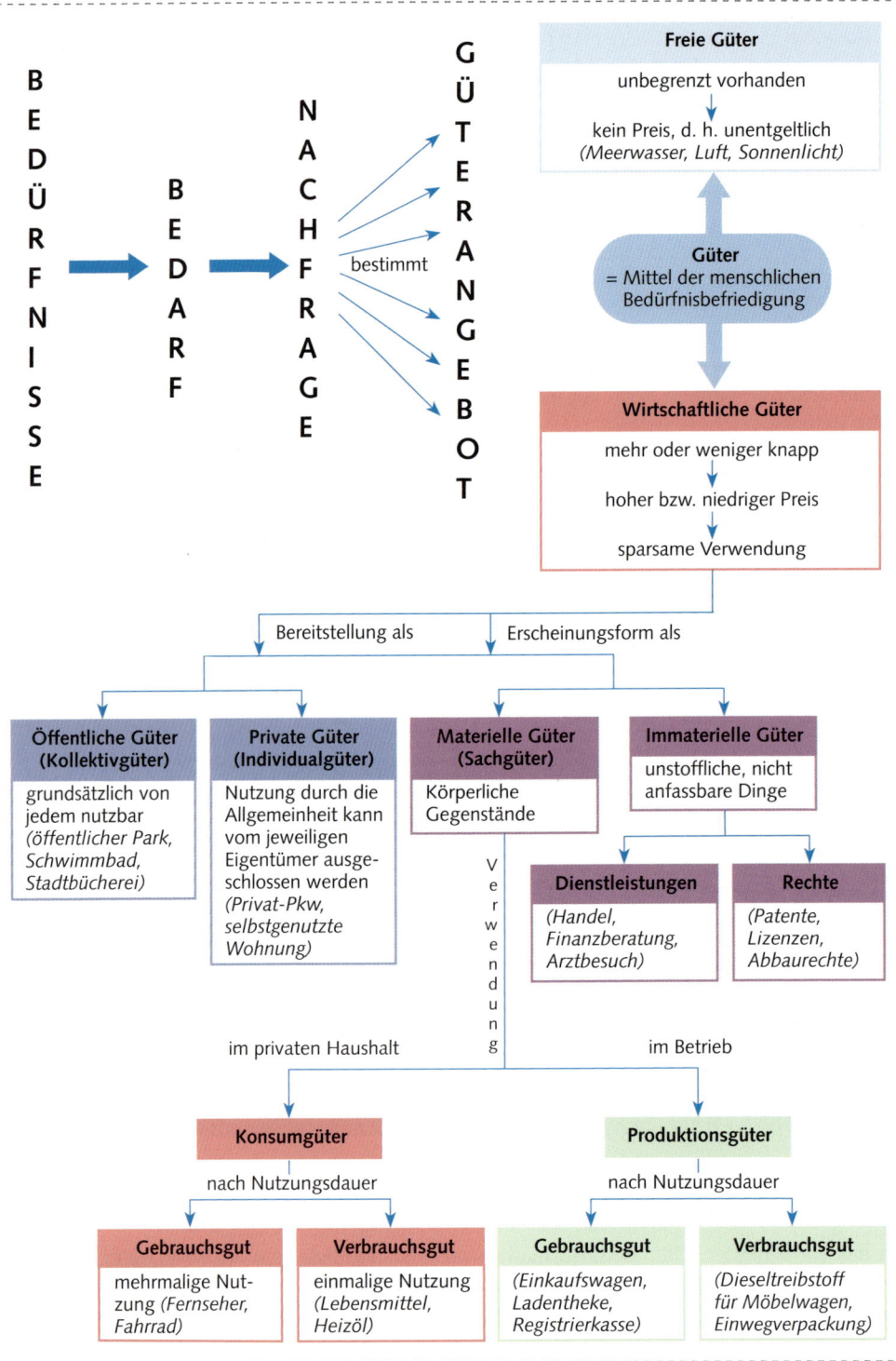

Wirtschaftliches Handeln nach dem ökonomischen Prinzip

LF 1

■ AKTION

1 Welche Güterarten werden in Ihrem Einzelhandelsbetrieb angeboten? Ordnen Sie fünf Artikel Ihres Ausbildungssortiments der in der Information dargestellten Begriffspyramide zu.

2 Wie haben sich in Ihrem Ausbildungsbetrieb das Warensortiment bzw. die angebotenen Dienstleistungen in den letzten Jahren verändert?

3 Nennen Sie mögliche Ursachen für diesen Wandel.

3.3 Wirtschaftliches Handeln nach dem ökonomischen Prinzip

Umsatz ist nicht alles! Wodurch zeichnet sich eine wirtschaftliche Verhaltensweise im Betrieb aus?

■ SITUATION

Beliebte Standorte für Einzelhandelsunternehmen sind von kaufkräftigen Kunden stark besuchte Einkaufsstraßen in zentralen Lagen von Großstädten. Allerdings haben diese Top-Adressen auch ihren Preis.

Der Spitzenreiter unter Deutschlands Einzelhandelsstandorten ist München, wo Preise je qm von über 300 Euro zu zahlen sind. Die Hauptursache für steigende Mieten ist die starke Nachfrage großer Filialunternehmen, die sich aufgrund ihrer großen Finanzkraft die besten Standorte aussuchen können (1-A-Lage).

Abb. Schildergasse in Köln

Einzelhandelsmieten in Deutschland: Die 10 teuersten Einkaufsmeilen		
Rang	Stadt, Straße	Spitzenmiete in EUR (m²)
1	München, Kaufingerstraße	320
2	Frankfurt/Main, Zeil	290
3	Stuttgart, Königstraße	260
4	Düsseldorf, Königsallee	245
5	Berlin, Tauentzienstraße	235
6	Hamburg, Spitalerstraße	220
7	Köln, Schildergasse	215
8	Dortmund, Westenhellweg	210
9	Hannover, Georgstraße	200
10	Münster, Ludgeristraße	150

 Wie kann man als Einzelhändler mit dem knappen Gut „Ladenfläche" ökonomisch umgehen?

LF 1 — Der Einzelhandel in der Gesamtwirtschaft

INFORMATION

Anwendung des ökonomischen Prinzips in privaten Haushalten

Das ökonomische Prinzip beschreibt einen Grundsatz des Wirtschaftens, bei dem mit gegebenen Mitteln der größtmögliche Ertrag (**Maximalprinzip**) oder ein bestimmter Ertrag mit kleinstem Aufwand (**Minimalprinzip**) erzielt wird.

Maximalprinzip (Haushaltsprinzip)

>> **Beispiel:** Wirtschaftliche Entscheidung nach dem Maximalprinzip:

Pro Monat werden 50 € für anfallende Telefonkosten eingeplant	**Ziel**	Möglichst viele und lange Gespräche unter Ausnutzung der günstigeren Tarife am Abend bzw. an Wochenenden führen.
= gegebener Mitteleinsatz		= Maximierung des Erfolgs

Minimalprinzip (Sparprinzip)

>> **Beispiel:** Wirtschaftliche Entscheidung nach dem Minimalprinzip:

Kauf einer Kiste Mineralwasser der Marke „Baden-Quelle"	**Ziel**	Durch Preisvergleiche und Ausnutzung von Sonderangeboten möglichst günstig einkaufen.
= vorgegebener Erfolg		= Minimierung des Mitteleinsatzes

Wirtschaftliches Handeln nach dem ökonomischen Prinzip

■ Anwendung des ökonomischen Prinzips in Unternehmen

Wirtschaftliche Entscheidungen in einem Unternehmen orientieren sich grundsätzlich am **ökonomischen Prinzip**.

» Beispiel:

Maximalprinzip:

Eine Bäckereifiliale möchte beispielsweise mit gegebenen Personalkosten für zwei Mitarbeiter einen möglichst hohen Umsatz erzielen

Minimalprinzip:

Ein Spielwarengeschäft finanziert einen fälligen Kredit zur Vergrößerung der Verkaufsfläche in Höhe von 100.000,00 € mit der Bank, die den günstigsten Zinssatz bietet.

■ AKTION

1 Die Geschäftsführung der Wohnwelt GmbH ist mit der Höhe der monatlichen Telefonrechnung unzufrieden. Sie bekommen den Auftrag, für Gespräche während der Geschäftszeit von 09:00 bis 20:00 Uhr den jeweils günstigsten Anbieter zu ermitteln. Besorgen Sie sich dazu die Tarife der auf dem deutschen Telekommunikationsmarkt tätigen Anbieter.

2 Kaufentscheidungen werden häufig nicht unter dem Gesichtspunkt wirtschaftlicher Vernunft getätigt. Nennen Sie dafür Beispiele!

3 **Projekt:** „Meine erste Wohnung"
Situation: Sie ziehen von zu Hause aus und haben sich eine kleine Wohnung gemietet.

Dazu wollen Sie sich folgende Einrichtungsgegenstände anschaffen:

> Wohnbereich: → 1 Zweisitzer, 2 Sessel, 1 Regal, 1 Tisch, 4 Stühle
> Schlafbereich: → 1 Bett (140 cm x 200 cm), 1 Schlafzimmerschrank
> Küche (Spüle vorhanden): → 1 Küchentisch, 2 Stühle, Geschirrschrank, Kühlschrank, Herd
> Sonstiges: → Garderobe, Kellerregal

Vorgabe: Es stehen Ihnen 3.000,00 € zur Verfügung.

LF 1   Der Einzelhandel in der Gesamtwirtschaft

Arbeitsauftrag:

Besuchen Sie in Gruppen Möbelhäuser an Ihrem Schulort bzw. in der Umgebung. Stellen Sie die geplante Einrichtung unter Berücksichtigung des finanziellen Rahmens zusammen. Dokumentieren Sie die Auswahl der Einrichtungsgegenstände mit Fotos oder einem Video und präsentieren Sie Ihr Ergebnis. Die Gruppe, die mit dem zur Verfügung stehenden Geld nach Meinung der Klasse das beste Ergebnis erzielt hat, bekommt einen Preis (vielleicht wird dieser von einem der Möbelhäuser zur Verfügung gestellt. Fragen kostet nichts!).

4 Zeigen Sie an Beispielen aus Ihrem Ausbildungsbetrieb, wie dort nach dem ökonomischen Prinzip entschieden wird.

5 Die Wohnwelt GmbH unterhält einen Fuhrpark mit fünf Lastkraftwagen für die Auslieferung der gekauften Einrichtungsgegenstände.

Zu Beginn der Woche wird ein Tourenplan erstellt, damit bei der Belieferung der Kunden möglichst geringe Transportkosten anfallen.

a) An welchem ökonomischen Prinzip orientiert sich die Festlegung des Streckenplans? Begründung!

b) Welche Tages-Tourenplanung schlagen Sie für das folgende Beispiel vor, wenn die angegebenen Orte die Tour eines LKWs sind und die Transportkosten möglichst niedrig gehalten werden sollen?

Die eingerahmten Städte der Karte stellen die Zielorte dar, die angefahren werden müssen. Die Zahlenangaben zwischen den Städten geben die jeweiligen Entfernungen an.

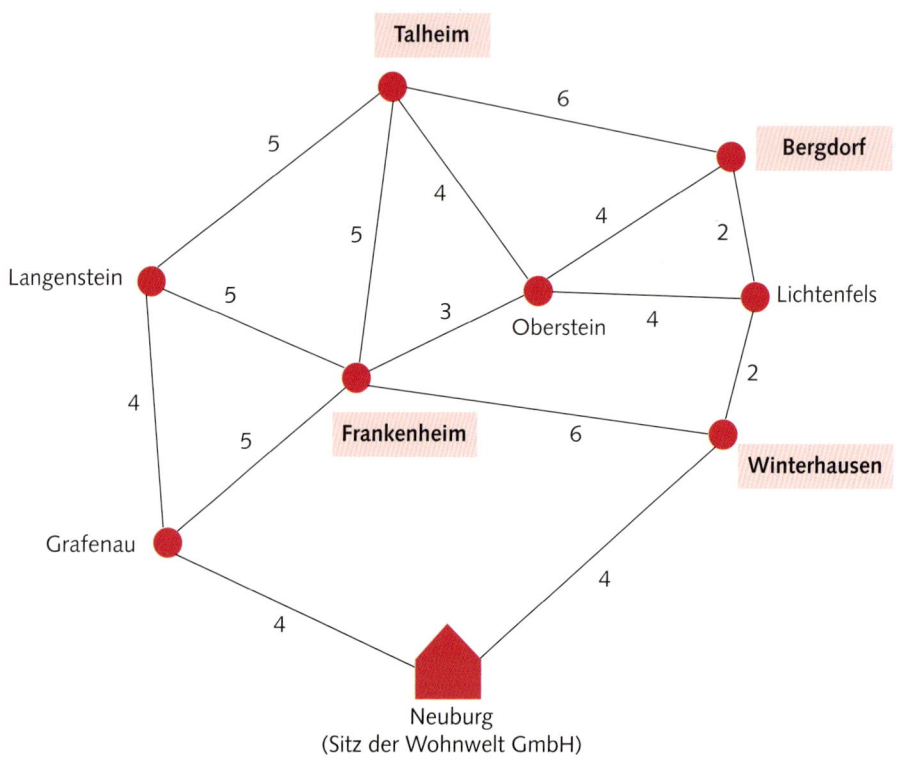

34

Gesamtwirtschaftliche Bedeutung des Einzelhandels   LF 1

3.4 Gesamtwirtschaftliche Bedeutung des Einzelhandels

3.4.1 Wertschöpfungsprozess

■ **SITUATION**

Neulich nach der Schule

„Ey, Danny, ist bei dir der Reichtum ausgebrochen? Ist doch alles neu, oder?"

„Klaro, wir haben doch eine Tour zum Fabrikladen nach Herzogenaurach gemacht. Ich sage dir, Preise, da fällst du vom Hocker! Glatt die Hälfte von dem, was du sonst so im Laden zahlst."

„Sag ich doch immer. Den Handel kannst du vergessen, der macht die Sachen nur teurer!"

 Beurteilen Sie das Gespräch der beiden Auszubildenden und formulieren Sie ein Statement, das der Bedeutung des Einzelhandels als Bestandteil der Gesamtwirtschaft gerecht wird.

■ **INFORMATION**

■ **Wertschöpfungskette**

Nur sehr wenige **Güter** können von den Verbrauchern so genutzt werden, wie sie in der Natur vorkommen *(Quellwasser, Wald- und Feldfrüchte)*. In den meisten Fällen ist es notwendig, dass sie zum Nutzen und Gebrauch einen **Herstellungsprozess** durchlaufen müssen, um dann anschließend als fertige Produkte den Verbrauchern zum Kauf angeboten werden zu können. Dabei entsteht eine **gesamtwirtschaftliche Wertschöpfung**, die sich dadurch auszeichnet, dass die Güter durch produktive Tätigkeiten *(entwickeln, herstellen, lagern, verkaufen)* an Wert gewinnen.

Dies wird auch als **Wertschöpfungskette** bezeichnet und vollzieht sich in unterschiedlichen **Wirtschaftsbereichen**.

LF 1 — Der Einzelhandel in der Gesamtwirtschaft

Nahezu alle **Betriebe** einer **Volkswirtschaft** lassen sich folgenden **drei Wirtschaftsbereichen** zuordnen:

› **Primärer Wirtschaftsbereich:** Urproduktion bzw. Gewinnung der Rohstoffe in der Land- und Forstwirtschaft und dem Bergbau sowie Energieerzeugung.

› **Sekundärer Wirtschaftsbereich:** Weiterverarbeitung der Rohstoffe zu fertigen Produkten in der Industrie und im produzierenden Handwerk.

› **Tertiärer Wirtschaftsbereich:** Verteilung der Produkte über den Groß- und Einzelhandel an die Endverbraucher. Angebot von Dienstleistungen *(Banken, Versicherungen, Verkehrsbetriebe)*.

Der wirtschaftliche Beitrag des **tertiären Wirtschaftsbereichs** zum Bruttoinlandsprodukt beträgt ca. 70 %. Davon entfallen etwa 28 % auf den **Einzelhandel,** der aktuell einen Umsatz von über 423 Milliarden € erzielte (ohne Kfz, Tankstellen sowie Apotheken). Im Einzelhandel arbeiten ca. 3 Millionen Männer und Frauen in etwa 380.000 Betrieben, sei es im Ein-Mann-Kiosk oder im Großkonzern mit mehreren zehntausend Beschäftigten.

Die **Kunden** des **Einzelhandels** sind i. d. R. die **privaten Haushalte.** Sie stellen das letzte Glied in der sogenannten „Handelskette" dar.

Die **Aufgabe** des **Einzelhandels** besteht vor allem darin, die von den Endverbrauchern **nachgefragten Waren** zu **beschaffen,** sie als kundengerechtes Sortiment zu **präsentieren** und an die Endverbraucher zu **verkaufen.**

Dabei unterscheidet man zwischen dem **Versorgungshandel** (Versorgung der Kunden mit den lebensnotwendigen Gütern) und dem **Erlebnishandel** (Angebote höherwertiger und modischer Ware sowie Beratung durch fachkundiges Verkaufspersonal und Präsentation des Sortiments in einer angenehmen Einkaufsatmosphäre).

Jedes einzelne **Handelsunternehmen** hat als **Hauptziel** möglichst viele Waren und Dienstleistungen anzubieten und durch deren Verkauf **Gewinne** zu erzielen.

Die Waren müssen eingekauft, die Dienstleistungen bereitgestellt werden. Dies ist mit **Kosten** verbunden. Um Gewinne zu erzielen, müssen Waren und Dienstleistungen **teurer** verkauft, als eingekauft werden. Diesen **Prozess** bezeichnet man als **unternehmerische Wertschöpfung.**

Gesamtwirtschaftliche Bedeutung des Einzelhandels

AKTION

1 Beschreiben Sie verbal die gesamtwirtschaftliche Wertschöpfungskette am Beispiel eines T-Shirts aus reiner Baumwolle. Visualisieren Sie zusätzlich diesen Wertschöpfungsprozess mithilfe einer aussagekräftigen grafischen Darstellung. Welche Darstellungsform prägt sich besser im Gedächtnis ein? Begründen Sie.

2 Die Lederwarenabteilung des Warenhauses Merkur bietet eine große Auswahl an Brieftaschen und Geldbörsen aus Leder. Viele verschiedene Unternehmen waren beteiligt, um diese Artikel den Kunden in den Verkaufsräumen anbieten zu können.

a) Zu welchen Wirtschaftsbereichen zählen die folgenden Unternehmen?
b) Bringen Sie die beteiligten Unternehmen in die zeitlich richtige Reihenfolge.

> Gerberei Naumann e.K./Rinderhof Neudeck/Merkur Warenhaus AG/
> Lederfärberei Berg & Co/Leder-Wolf GmbH Lederwarenfabrik/
> Ledergroßhandel Lotter KG

3 Vervollständigen Sie die folgenden Aussagen:

a) Der Einzelhandel gehört zum … Wirtschaftsbereich.
b) Ein Landwirt beliefert mehrere Supermärkte mit Gemüse. Sein Betrieb zählt zur …
c) Der Einzelhandel ist zwischen … und … einzuordnen.
d) Die Rohstoffgewinnung erfolgt in …

4 Welche Gemeinsamkeiten gibt es zwischen Groß- und Einzelhandel?

5 Das folgende Schaubild zeigt die Entwicklung der Beschäftigtenzahl in den letzten 138 Jahren. Interpretieren Sie diese Entwicklung.

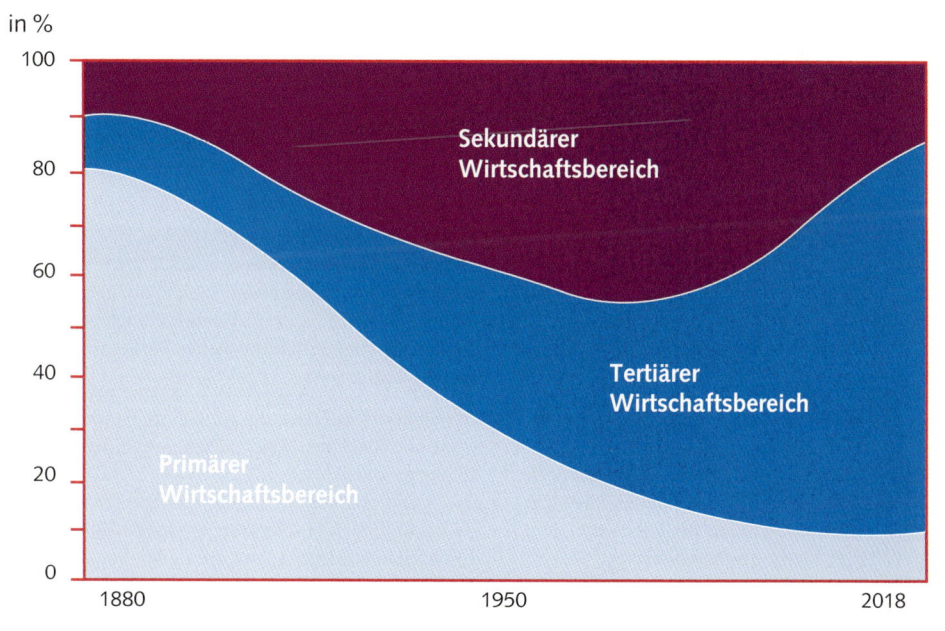

6 Zeigen Sie am Beispiel von Textilien, Lebensmitteln und Haushaltsgeräten, dass die zu diesen Warenbereichen gehörenden Produkte sowohl dem Versorgungshandel, als auch dem Erlebnishandel zuzuordnen sind.

3.4.2 Produktionsfaktoren im Einzelhandel

Vom Faden zur fertigen Bluse – was wird alles benötigt, um eine Ware herzustellen?

■ SITUATION

Die Boutique La Moda bietet ihren anspruchsvollen Kunden ein kleines Sortiment hochwertiger und topmodischer Kleidung an. Beim Eintreffen der neuen Kollektion ist die Auszubildende Franca Conti immer wieder begeistert von den interessanten Zuschnitten und Farbzusammensetzungen sowie den edlen Materialien der eingekauften Waren. Oft fragt sie sich, wer denn diese Kleidungsstücke entwirft und wie sie hergestellt werden.

> Skizzieren Sie am Beispiel einer Seidenbluse den Weg der Herstellung von der Gewinnung und Verarbeitung der verwendeten Rohstoffe bis zum fertigen Endprodukt und überlegen Sie sich, welche Mittel auf jeder Produktionsstufe eingesetzt werden.

■ INFORMATION

Produktionsfaktoren sind die **wirtschaftlichen Leistungselemente**, die zur Herstellung einer Ware oder zum Anbieten einer Dienstleistung benötigt werden.

Im **Einzelhandel** wird allerdings normalerweise nichts produziert, sondern es werden fertige Waren angeboten. Die **Leistungserstellung** eines **Einzelhändlers** besteht daher vor allem in der **Beschaffung**, der **Lagerung** (Präsentation) und dem **Verkauf** seiner Waren. Die dazu eingesetzten **Mittel** (= Faktoren) unterscheidet man in **Elementarfaktoren** und den **dispositiven Faktor**.

■ Elementarfaktoren

Bezeichnung	Beispiele	Bedeutung
Mitarbeiter	› Verkäufer(in), › Kassierer(in), › Lagerarbeiter(in) u. a.	Die Leistung der Mitarbeiter entscheidet in hohem Maß darüber, wie erfolgreich das Unternehmen am Markt ist. Gut ausgebildetes und motiviertes Personal sichert einen Wettbewerbsvorteil.
Standort	› raumorientiert (*Citylage, Wohngebiet*), › verkehrsorientiert (*gute Erreichbarkeit mit Pkw*), › absatzorientiert (*Kundennähe*)	Der Standort und die Lage eines Einzelhandelsunternehmens entscheiden in vielen Fällen über dessen Existenzfähigkeit. Dabei sind sogenannte Standortfaktoren zu beachten, die Bedingungen beschreiben, die für ein Einzelhandelsgeschäft an verschiedenen Orten gelten. Dazu zählen u. a. die Bevölkerungsstruktur (Kaufkraft, Alter, Haushaltsgröße), der Einzugsbereich, die Wettbewerbssituation, die Verkehrs- und Straßenlage (Parkplätze, öffentliche Verkehrsmittel) sowie die Kosten-situation (Miete, Steuern) am Standort.

Gesamtwirtschaftliche Bedeutung des Einzelhandels

Bezeichnung	Beispiele	Bedeutung
Betriebsmittel	› Grundstück und Gebäude zur Lagerung, Verwaltung und Verkauf von Waren, › Klima-, Kühl- und Heizungsanlagen, › Aufzüge, Rolltreppen, Gabelstapler, › Regale, Schränke, Kassen usw.	Jedes Einzelhandelsunternehmen benötigt eine umfangreiche Sachausstattung, um die Waren den Kunden präsentieren und verkaufen zu können. In den Betriebsmitteln ist ein großer Teil des Kapitals gebunden. Je nach Branche, Betriebsform und Größe sind unterschiedliche Investitionen notwendig *(Discounter, Warenhaus)*.
Ware	› Lebensmittel, › Textilien, › Schuhe, › Uhren/Schmuck, › Unterhaltungselektronik usw.	Die Ware sind die Gegenstände, die das Einzelhandelsunternehmen den Kunden als Sortiment anbietet. Sortimentszusammenstellung, Preisgestaltung und Auswahl entscheiden mit über Erfolg oder Misserfolg am Markt.

■ Dispositiver Faktor

Der **dispositive Faktor** umfasst die **Unternehmensführung** und die **Unternehmensleitung** *(selbstständiger Einzelhändler, Management großer Einzelhandelskonzerne, Markt- und Filialleiter)*.

Ihre Aufgaben sind Planung, Leitung, Organisation und Überwachung des Unternehmens.

Dies geschieht u. a. dadurch, dass sie die Elementarfaktoren so einsetzt und kombiniert, dass der Betriebszweck *(Gewinnerzielung)* möglichst optimal erreicht wird.

■ Kombination der betriebswirtschaftlichen Produktionsfaktoren

Durch die **Kombination** und das **Zusammenwirken** der Produktionsfaktoren entsteht die betriebliche **Leistung**. Art und Ausmaß dieser Kombination werden im Einzelhandel maßgeblich von der jeweiligen Verkaufsform bestimmt.

>> **Beispiel:**
› Bei einem Herrenausstatter mit hochwertigen Markenprodukten kommt es auf eine besonders gute und fachmännische Beratung durch das Verkaufspersonal an.
› Ein Lebensmitteldiscounter legt Wert auf preisgünstige Waren und einen kundenfreundlichen Standort.
› Eine Internetbuchhandlung benötigt ein gut funktionierendes logistisches System, um schnell liefern zu können. e in der eigenen Küche zu verwenden. Er kann deshalb aber nicht auf diese Produkte im Sortiment verzichten, denn viele seiner Kunden schätzen die damit verbundene Erleichterung bei der Zubereitung und die Zeitersparnis.

Der Einzelhandel in der Gesamtwirtschaft

Der Erfolg eines Unternehmens ist in einem großen Maß davon abhängig, wie das Führungspersonal (dispositiver Faktor) die Kombination der Produktionsfaktoren vornimmt.

Jeder Einzelhändler, ob kleiner Zeitschriftenhändler oder Großkonzern, wird versuchen dies stets unter Beachtung einer möglichst optimalen Kostenstruktur zu erreichen. Dazu dienen **Rationalisierungsmaßnahmen**. Rationalisierung hat eine Steigerung des betrieblichen Erfolgs zum Ziel, indem man seine vorhandenen Möglichkeiten besser nutzt. So kann der Einzelhändler seinen Umsatz konstant halten und dabei weniger Produktionsfaktoren einsetzen oder mit den vorhandenen Produktionsfaktoren einen besseren geschäftlichen Erfolg erzielen.

> **Beispiel:**
> - Änderung der Verkaufsform von Bedienung zu Selbstbedienung,
> - Aufgabe eigener Abteilungen (Dekoration, Näherei) durch Outsourcing (= Auslagerung) an Fremdfirmen,
> - Optimierung betrieblicher Abläufe durch Änderung der betrieblichen Organisationsstruktur.

■ Substitution der betriebswirtschaftlichen Produktionsfaktoren

Im Einzelhandel und in anderen Branchen nimmt die Anzahl der geringfügig Beschäftigten (400-€-Jobs) ständig zu, während die Stellen für Vollzeitkräfte rückläufig sind. Offensichtlich entscheidet sich das Management der Einzelhandelsbetriebe zunehmend für die kostengünstigeren Teilzeit- und Aushilfskräfte, die damit reguläre Arbeitsplätze ersetzen (**substituieren**).

> **Beispiel:** Von den ca. 2,8 Millionen Beschäftigten im deutschen Einzelhandel ist jeder Dritte ein Minijobber. Der Anteil der Frauen beträgt 75 % bei den geringfügig Beschäftigten.

Dieser Austauschprozess spielt sich infolge des rasanten technischen Fortschritts auch verstärkt zwischen den Elementarfaktoren „ausführende Arbeit" und „Betriebsmitteln" ab. Immer häufiger werden einfache, manuelle Arbeiten durch moderne Maschinen und Geräte ersetzt. Wirtschaftlich vertretbar und geboten ist dies allerdings nur dann, wenn die menschliche Arbeitskraft bei vergleichbarer Leistung wesentlich teurer als das anzuschaffende Betriebsmittel ist.

> **Beispiel:** Durch die Einführung elektronischer Kassensysteme (Scanning) konnte Kassenpersonal eingespart werden. Durch „Selfscanning" soll es in Zukunft noch zu einem vermehrten Personalabbau in diesem Bereich kommen.

Abb. Selbstzahlerkasse

Dem **dispositiven Faktor** kommt nun die verantwortungsvolle Aufgabe zu, die eingesetzten Produktionsfaktoren so zu kombinieren, dass die Gesamtkosten der Produktion bzw. der Dienstleistung möglichst gering sind (**Minimalkostenkombination**) bzw. mit den gegebenen Produktionsfaktoren ein möglichst hoher Ertrag erzielt wird. Dank solcher **Rationalisierungsmaßnahmen** werden durch den Ersatz des Produktionsfaktors „Mitarbeiter" durch „Betriebsmittel" aus **betriebswirtschaftlicher** Sicht erhebliche **Kosten** eingespart. **Gesamtwirtschaft-**

Gesamtwirtschaftliche Bedeutung des Einzelhandels

lich betrachtet kann diese Entwicklung jedoch zu erhöhter **Arbeitslosigkeit** führen und damit zu einer zusätzlichen Belastung für die sozialen Sicherungssysteme.

■ AKTION

1 Welche Produktionsfaktoren werden benötigt, um ein Einzelhandelsunternehmen zu gründen?

2 Auch dieses Jahr beteiligt sich der Textil-Markt am Neuburger Weihnachtsmarkt. Ihre Aufgabe ist es, aus vier Vorschlägen der Geschäftsleitung die Kombination von Stammpersonal und Aushilfskräften zu ermitteln, die die geringsten Kosten verursacht.

	Kosten Stammpersonal: 100 € pro Person und Tag	Kosten Aushilfen: 70 € pro Person und Tag
	Anzahl	Anzahl
Kombination 1	8	1
Kombination 2	4	2
Kombination 3	2	4
Kombination 4	1	8

Verwenden Sie zur Lösung dieses Schema:

	Stammpersonal	Kosten	Aushilfen	Kosten	Gesamtkosten
Kombination 1					
Kombination 2					
Kombination 3					
Kombination 4					

3 Auf welche Problematik will die Karikatur hinweisen?

„Wirklich sehr beeindruckend Herr ROBO-MAX! Ihr Leistungsvermögen ist ja einmalig: 24 Stunden Dauereinsatz, keine Lohnnebenkosten, niemals krank, Urlaub ein Fremdwort und stets freundlich zu meinen Kunden! Sie ersetzen mir drei Verkäuferinnen! Wann können Sie anfangen?"

„Wenn Sie wollen sofort, sofort, sofort, sofort, sofort, sofort,

3.4.3 Wirtschaftskreislauf

Ökonomische Beziehungen – wie können sie vereinfacht dargestellt werden?

■ SITUATION

Julian List arbeitet für die Wohnwelt GmbH und verdient monatlich 2.500,00 € brutto. Davon muss er an das Finanzamt (Staat) 300,00 € Steuern und an die Träger der Sozialversicherung Arbeitslosen-, Kranken-, Pflege- und Rentenversicherungsbeiträge in Höhe von 400,00 € entrichten. Es verbleiben ihm also zunächst 1.800,00 € netto im Monat, zu denen noch 328,00 € Kindergeld kommen, die der Arbeitgeber stellvertretend für das Arbeitsamt (Staat) auf sein Konto überweist. Für den Lebensunterhalt gibt er bei Einzelhandelsgeschäften monatlich 1.500 € aus. Miete muss er nicht bezahlen, weil er eine Etage im elterlichen Zweifamilienhaus bewohnt. Durchschnittlich 42,00 € pro Monat erhält er vom Staat als sogenannte Transferzahlungen (= Leistungen des Staates ohne unmittelbare Gegenleistung; z. B. staatliche Sparprämien). Vom Staat fließen anteilig 530,00 € Konsumausgaben (für Straßen- und Schulbau) an die Unternehmen, die ihrerseits durchschnittlich 200,00 € Steuern und Abgaben an den Staat zu entrichten haben.

1. Stellen Sie die stark vereinfachten Geldbewegungen zwischen der Familie List und den oben angesprochenen Institutionen in Form einer Grafik dar. Verwenden Sie hierfür die folgenden Symbole sowie die sich anschließenden Skizzen im Informationsteil.

Beteiligte	Sektor	Symbol
Familie List	Haushalt	H
Finanzamt Sozialversicherungsträger Arbeitsamt	Staat	ST
Einzelhandelsunternehmen Industriebetriebe Banken	Unternehmen	U_E U_I U_B

Darstellung einer Geldbewegung

allgemein
Vorgang und Betrag

Beispiel
Konsumausgaben 1.500 €

2. Prüfen Sie, ob die Geldein- und -ausgänge für jeden Sektor gleich groß sind, und ergänzen sowie erläutern Sie ggf. fehlende Geldströme.
3. Warum ist die entstandene Kreislaufdarstellung unvollständig?
4. Wozu werden Wirtschaftsordnungen modellhaft dargestellt?

Gesamtwirtschaftliche Bedeutung des Einzelhandels

LF 1

■ INFORMATION

In der Bundesrepublik Deutschland gibt es fast drei Millionen Unternehmen. Deren Produkte und Dienstleistungen werden im Inland von ca. 40 Millionen privaten Haushalten, anderen Unternehmen sowie dem Staat und dem Ausland nachgefragt. In einer **Volkswirtschaft** stehen sich somit **Nachfrager** und **Anbieter** als Wirtschaftssubjekte gegenüber. Ihre Beziehungen zueinander sind sehr vielfältig.

Zwischen ihnen fließen außerdem ständig Ströme von Gütern und Geld hin und her.

Die **Gesamtheit** dieser **Beziehungen** und **Ströme** bezeichnet man als **Wirtschaftskreislauf.** Dabei handelt es sich um eine modellhafte, d. h. eine vereinfachte Darstellung der Wirtschaftsbeziehungen aller beteiligten Wirtschaftssubjekte.

Je nach Schwierigkeitsgrad des Modells wird zwischen einfachem, erweitertem und vollständigem Wirtschaftskreislauf unterschieden.

■ Gemeinsamkeiten beim Betrachten der verschiedenen Kreislaufmodelle

› Zusammenfassung bestimmter Wirtschaftsgruppen mit gleichartigen Interessen zu Sektoren. Dazu zählen:

Haushalte	Die privaten Haushalte stellen den Unternehmen Produktionsfaktoren zur Verfügung. Dies ist vor allem die Arbeitskraft. Außerdem erhalten die Unternehmen von den Haushalten Geld (Kapital) zur Finanzierung der Produktion sowie Grundstücke und Gebäude. Als Gegenleistung erhalten sie dafür Einkommen in Form von Gehältern, Zinsen und Mieten.

Unternehmen	Sie verkaufen Konsumgüter an die privaten Haushalte und erzielen dadurch Umsatzerlöse.
Staat	Bund, Länder und Gemeinden sowie die Träger der gesetzlichen Sozialversicherung.
Ausland	Ausländische Unternehmen, private Haushalte und Staaten.

Zusammenfassende Darstellung der Geldbewegungen als Geldströme und der Güterbewegungen als Güterströme, die jeweils entgegengesetzt verlaufen.

› Wertmäßig entsprechen für jeden Sektor die Geldzuflüsse den -abflüssen.

■ Einfacher Wirtschaftskreislauf

Beim **einfachen** Wirtschaftskreislauf erfolgt die Darstellung der **Wirtschaftsbeziehungen** zwischen **privaten Haushalten** und **Unternehmen**. Staat und Ausland werden nicht berücksichtigt. Außerdem wird davon ausgegangen, dass die Haushalte ihr **gesamtes** Einkommen für Konsumgüter **ausgeben**. Eine Volkswirtschaft, die aber ausschließlich Konsumgüter erzeugt und alles konsumiert, was hergestellt wurde, wächst nicht.

Einfacher Wirtschaftskreislauf

Verkauf von Konsumgütern (Fernsehgerät)

Konsumausgaben (Bargeld)

Unternehmen ⟷ private Haushalte

Einkommen (Gehalt)

Produktionsfaktoren (Arbeitsleistung)

■ Güterstrom (Leistungsstrom) ■ Geldstrom (Wertestrom)

■ Erweiterter Wirtschaftskreislauf

Beim **erweiterten** Wirtschaftskreislauf werden die **Wirtschaftsbeziehungen** um die Sektoren **Banken** und **Staat** ergänzt. Eine Einbeziehung des Auslands findet nicht statt. Dieses Modell kommt den tatsächlichen Beziehungen im Wirtschaftsgeschehen schon recht nahe.

Im Unterschied zum einfachen Wirtschaftskreislauf geben die **privaten Haushalte** ihr Einkommen nicht vollständig aus, sondern sie **sparen** einen Teil und stellen dieses Geld den **Banken** zur Verfügung, damit diese es z. B. an **Unternehmen** für Investitionszwecke weitergeben können. Dadurch kommt es zu einem **Wachstum** der Wirtschaft, weil die Unternehmen nun zusätzliche Investitionen tätigen, um ihre Produktionskapazitäten auszuweiten.

Sowohl die **Unternehmen** als auch die **Haushalte** sind verpflichtet einen Teil ihrer Einnahmen *(Gewinne, Gehälter)* an den **Staat** in Form von **Steuern** und **Abgaben** abzuführen.

Gesamtwirtschaftliche Bedeutung des Einzelhandels

Damit fördert und unterstützt der Staat bestimmte Gruppen der Bevölkerung mit sogenannten Transferzahlungen *(Kindergeld, Arbeitslosengeld I und II)*. Für Unternehmen werden z. B. Steuervergünstigungen oder Zuschüsse bei der Geschäftsgründung gewährt (Subventionen). Aber auch der Staat tätigt Konsumausgaben bei den Unternehmen *(Kauf von neuen Schulmöbeln)*.

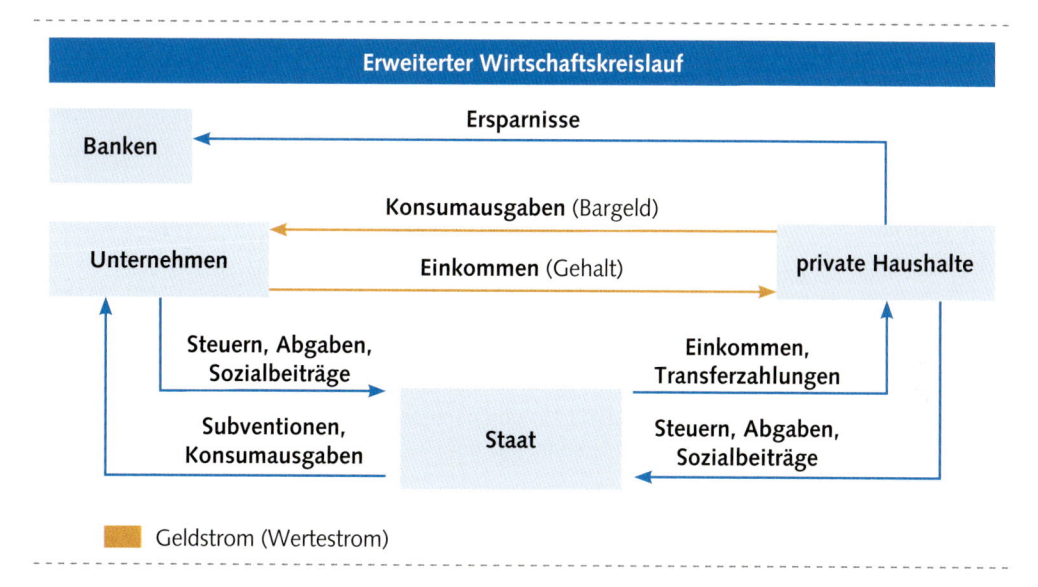

Erweiterter Wirtschaftskreislauf

- Banken ← Ersparnisse ← private Haushalte
- Unternehmen ← Konsumausgaben (Bargeld) ← private Haushalte
- Unternehmen → Einkommen (Gehalt) → private Haushalte
- Unternehmen → Steuern, Abgaben, Sozialbeiträge → Staat
- Staat → Subventionen, Konsumausgaben → Unternehmen
- Staat → Einkommen, Transferzahlungen → private Haushalte
- private Haushalte → Steuern, Abgaben, Sozialbeiträge → Staat

Geldstrom (Wertestrom)

> **Hinweis:** Ein vollständiger Wirtschaftskreislauf liegt dann vor, wenn die Bedingungen des erweiterten Wirtschaftskreislaufes um den Sektor „Ausland" ergänzt werden (Modell: **Offene** Wirtschaft **mit** staatlicher Aktivität).

■ AKTION

1 In einer geschlossenen Volkswirtschaft ohne staatliche Aktivität belaufen sich die Einkommen der privaten Haushalte auf 800 Mrd. €. Davon werden 600 Mrd. € für den Konsum ausgegeben. Die Unternehmen müssen im Gegenwert von 250 Mrd. € veraltete Anlagen ersetzen.

› Welcher Betrag wird in dieser Volkswirtschaft gespart?
› Wie hoch sind die insgesamt im Unternehmenssektor getätigten Investitionen (Bruttoinvestitionen)?

2 Ergänzen Sie die fehlenden Begriffe:
 a) Der .... vollzieht sich zwischen den Wirtschaftssektoren .... und ....
 b) Die .... stellen den .... vor allem den .... Arbeit zur Verfügung. Dafür erhalten sie .... in Form von .... und ....
 c) Den .... Haushalten stellen die .... zur Verfügung. Dafür erhalten sie ....

3 Die ökonomischen Beziehungen in einer Volkswirtschaft sollen durch das vereinfachte Modell eines vollständigen Wirtschaftskreislaufs dargestellt werden.

Angaben in Milliarden Euro:
- Unternehmenssteuern — 500
- Steuerzahlungen der privaten Haushalte — 200
- Ersparnis — 250
- Konsumausgaben der privaten Haushalte — 850
- Vom Staat gezahlte Löhne, Gehälter und Sozialleistungen — 300
- Erlöse der Unternehmen aus Staatsaufträgen — 320
- Von Unternehmen an private Haushalte gezahlte Löhne und Gehälter — 1.000
- Subventionen — 80
- Kredite — 250

a) Zeichnen Sie das Kreislaufschema und prüfen Sie, ob der Kreislauf geschlossen ist.

b) Begründen Sie allgemein, wie sich eine Erhöhung des Einkommens bei den privaten Haushalten auf das im Modell dargestellte Bild der Wirtschaft auswirkt. Die Ersparnis bleibt unverändert.

4 Ordnen Sie den Einzelhandelsbetrieb (U_E) in den nachstehend skizzierten Wirtschaftskreislauf ein, indem Sie die Ströme (1) bis (11) kennzeichnen.

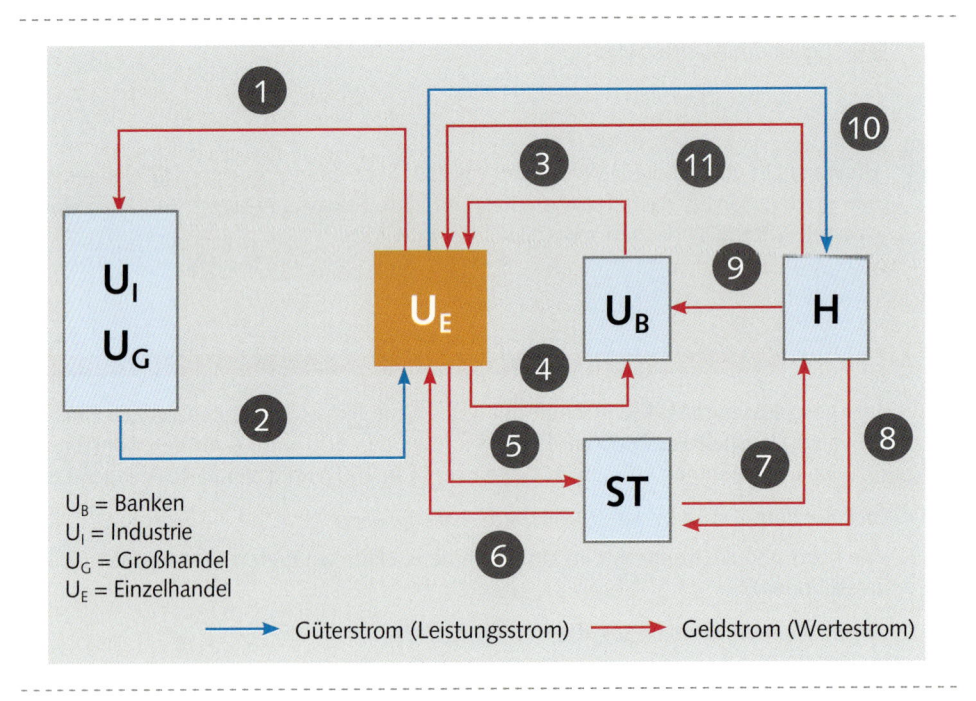

U_B = Banken
U_I = Industrie
U_G = Großhandel
U_E = Einzelhandel

→ Güterstrom (Leistungsstrom)   → Geldstrom (Wertestrom)

Gesamtwirtschaftliche Bedeutung des Einzelhandels

3.4.4 Stellung des Einzelhandels in der Gesamtwirtschaft

Aus für „Tante Emma"! Wie sieht die Handelslandschaft in Zukunft aus?

SITUATION

Nach vielen Jahren kommt Rosi Miller zur 80er-Feier ihres Jahrgangs in ihre Heimatstadt Neuburg zurück. Als Rosemarie Häfele damals den amerikanischen Leutnant Fred Miller heiratete und ihm in die USA folgte, da gab es in Neuburg an fast jeder Ecke einen Bäcker, Metzger und kleine Lebensmittelgeschäfte. In 10 Schuh- und über 20 Textilgeschäften kauften die Neuburger, trotz knapper Mittel, was in den Fünfzigern Mode war. Besonders stolz war man in Neuburg auf das kleine Kaufhaus der Familie Bergmann, deren Vorfahren schon 1863 ihren ersten Laden eröffneten. Heute zeigt Rosis Neffe, Tim Frank, ihr voller Stolz die Neuburger Fußgängerzone und das neue Einkaufszentrum mit einem Waren- und Textilkaufhaus. „Wie bei uns in Texas", sagt Rosi zu Tim, „in jeder Stadt, die Fred und ich auf unserer Deutschlandreise bisher gesehen haben, überall Geschäfte großer Filialbetriebe. Und die Fußgängerzonen gleichen sich wie ein Ei dem anderen."

Frank erzählt seiner Tante dann, alle Schuhgeschäfte gehörten zu großen Konzernen. Von den vielen Textilgeschäften seien gerade noch 7 übrig geblieben. Das alte Kaufhaus sei schon längst abgerissen und habe einem Verbrauchermarkt weichen müssen. In der Innenstadt gäbe es neben drei Discountern nur noch einen selbstständigen Lebensmittelhändler, der wolle aber auch bald aufgeben, da er die Ladenmiete nicht mehr bezahlen könne. Aber, so meint Frank, im nächsten Jahr bekommen wir drei neue Fachmärkte und ein Möbeldiscounter wolle sich an der neuen Bundesstraße ansiedeln.

„Ein bisschen traurig bin ich ja", sagt Tim, „dass nun der Sohn der kürzlich verstorbenen Frau Enderle deren Süßwarenladen geschlossen hat und das Ladenlokal an eine Drogeriekette vermietet wird." Auf ihrem Weg durch die Neuburger Geschäfte kommen die zwei auch an Franks Ausbildungsbetrieb, dem Sportgeschäft Action and Fun vorbei. „Bin ich froh", sagt Tim, „dass ich hier einen Ausbildungsplatz habe. Ob Snowboards, Surfbretter oder Inliner, bei uns finden die Kunden alles, was Spaß macht. Und die Umsätze, die stimmen!" Bevor sie nach Hause kommen, findet Mrs. Miller doch noch etwas, was ihr gefällt. Im stillgelegten alten Bahnhof gibt es jetzt, anstelle einer verdreckten Wartehalle und dem Stehbierausschank, viele kleine Geschäfte. Einen Naturkostladen, mehrere Lebensmittelgeschäfte, die Ausländern gehören und was sie besonders beeindruckt: Ein Geschäft, das ausschließlich Waren für ältere Menschen anbietet.

1. Warum mussten auch in Neuburg in den letzten Jahren viele und vor allem kleine Einzelhandelsbetriebe schließen?
2. Wie ist es zu erklären, dass die Fußgängerzonen vieler Städte fast gleich aussehen?
3. Warum haben das Fachgeschäft, in dem Tim Frank ausgebildet wird und die neue Ladenzeile im alten Bahnhof gute Chancen im Wettbewerb zu bestehen?
4. Welche Gründe könnten Herrn Enderle veranlasst haben das Süßwarengeschäft seiner Mutter zu verkaufen?
5. Welche Betriebsformen finden sich heute und wohl auch in Zukunft in Neuburg?

> 6. Beurteilen Sie die Aussage eines Händlers, der auf die Frage seiner Kunden, warum er denn aufgeben wolle, antwortete: „Ihr Verbraucher seid doch selbst schuld, dass es so weit gekommen ist und außerdem, die Damen und Herren vom Stadtrat und der Verwaltung sind auch nicht ganz unschuldig, dass ich nach 35 Jahren schließen muss."
> 7. Ist die Behauptung zu rechtfertigen: „Die Handelsgiganten sind die „Bösen" und die „Tante-Emma-Läden" die „Guten"?
> 8. Vergleichen Sie die im Text geschilderte Situation in Neuburg mit der Ihres Heimatortes. Fragen Sie Menschen, die schon viele Jahre dort wohnen, wie sich die „Ladenlandschaft" verändert hat.

■ INFORMATION

Der **Einzelhandel** ist in der deutschen Volkswirtschaft einer der **bedeutendsten Wirtschaftsbereiche** (LF 1, Kap. 2). Im Jahr 2019 betrug der Einzelhandelsumsatz in der Bundesrepublik etwa 540 Milliarden €. Diese Leistung wurde von rund 3,09 Millionen Beschäftigten in fast 340.000 Einzelhandelsbetrieben erbracht.

Allerdings nimmt der **Anteil** des Einzelhandelsumsatzes am **BIP** seit Jahren beständig ab. Zu den **Ursachen** für diese Entwicklung gehören vor allem veränderte **Einkaufsgewohnheiten** der Verbraucher. Die folgende Übersicht macht deutlich, dass der Anteil des Einzelhandels an den privaten Konsumausgaben seit Jahren rückläufig ist, während andere Bereiche stetige Zuwächse aufweisen.

Verteilung der Konsumausgaben der privaten Haushalte (in EUR)		
	1998	2018
Gesamtausgaben	1.072,5	1.658,7
Einzelhandel Nahrungs- und Genussmittel, Tabakwaren	158,7	231,9
Einzelhandel Textil, Einrichtung, Haushaltsgeräte u.a.	67,2	75,5
Beherbergungs- und Gaststättendienstleistung	59,7	51,4
Freizeit, Unterhaltung, Kultur	113,9	184,1
Verkehr, Nachrichtenübermittlung	171,0	268,2
Wohnung, Wasser, Strom, Gas, sonstige Brennstoffe	254,2	391,9
Übrige *(Gesundheit, Bildung, Körperpflege, Versicherungen)*	167,8	309,4

Die **Situation** des deutschen **Einzelhandels** wird noch zusätzlich durch ein Überangebot an Verkaufsfläche, ständige Rabattschlachten und einen fortschreitenden Konzentrationsprozess **erschwert**. Die **Folge**:

Das Handelsumfeld und damit auch der Handel selbst wird sich in den nächsten Jahren immer stärker und rascher verändern. Schnell wechselnde **Verbrauchergewohnheiten** führen zu einem immer unberechenbareren Kundenverhalten. Eine härtere **Konkurrenz** für den etablierten Fachhandel durch neue, erfolgreiche **Betriebsformen** wird ebenso die Handelslandschaft verändern wie der Handel über **elektronische Medien**.

Gesamtwirtschaftliche Bedeutung des Einzelhandels

Wie kaum ein anderer Wirtschaftszweig unterliegt der Einzelhandel einem ständigen Wandel (Dynamik der Betriebsformen). Die Zahl der Einzelhandelsbetriebe ist seit Jahrzehnten rückläufig. Gab es vor dreißig Jahren noch über 170.000 Lebensmittelgeschäfte, so sind es 2016 weniger als 50.000.

Von den ca. 40.000 Einzelhandelsbetrieben, die vorwiegend Textilien verkaufen, gibt es nur 26 Unternehmen, mit einem Umsatz von über 100 Millionen €. Sie allein erzielen aber fast 45 % des gesamten Branchenumsatzes.

↖ gewinnen	→ stagnieren	↙ verlieren
› Fachmärkte › Covenience Store › Discounter › Verbrauchermärkte › spezialisierter Fachhandel › spezialisierter Versandhandel	› Supermärkte › traditioneller Versandhandel › Kaufhäuser	› traditionelle Fachgeschäfte › kleiner Lebensmitteleinzelhandel › Warenhäuser

Ursachen für den Wandel der Betriebsformen	
› Unternehmenskonzentration	Der Konzentrationsprozess – besonders im Lebensmittelhandel – und damit ein verbundener Verdrängungswettbewerb schreitet fort. Lieferanten gewähren den „Handelsriesen" Preise und Konditionen, die für einen kleinen Händler unerreichbar bleiben. Großunternehmen haben in ihren Vertriebsstrukturen auch Betriebsformen, die dem selbstständigen Händler direkt Konkurrenz machen (Supermarktfilialen, Regiebetriebe).
› Änderung des Verbraucherverhaltens	Diese Veränderungen begünstigen bestimmte Betriebsformen (Discounter für Preisbewusste, Spezialgeschäfte für das Teure und Außergewöhnliche, Mega-Malls für den Erlebniseinkauf).
› Folgen politischer Entscheidungen	Verlängerung der Ladenöffnungszeiten bringen Personalprobleme (Kosten!) für kleinere Betriebe. Zum Schutz der Innenstädte wurde die Ansiedlung von Großflächenformen außerhalb erschwert. Dies führte mit zum Entstehen der Fachmärkte und -discounter, die weniger Fläche beanspruchen.
› Mobile und informierte Gesellschaft	Ohne Auto wäre es kaum zum Bau der großen Einkaufszentren in den Ballungsräumen gekommen. Auch Fabrikläden und Factory-Outlet-Center verdanken ihre Bedeutung einer mobilen Gesellschaft. Durch die stark verbesserten Informationsmöglichkeiten der Verbraucher (Fülle von Fach- und Testzeitschriften, Vielzahl von „Ratgebern" in Buchform oder in den elektronischen Medien) ist die Bekanntheit vieler Waren gestiegen und dadurch ihr Angebot in Selbstbedienung sehr erleichtert worden.

Aber der **Wandel** zeigt sich nicht nur in einer zahlenmäßigen Zu- oder Abnahme bestimmter Betriebsformen, sondern um den sich veränderten Marktgegebenheiten anzupassen, entstehen innerhalb kurzer Zeit auch immer wieder **neue Formen** und **Vertriebskonzepte** im Einzelhandel. Dabei sind vor allem vier Trends festzustellen.

Der Einzelhandel in der Gesamtwirtschaft

Mit **Trading-Up**-Maßnahmen **(Zielrichtung: Image)** kommt es zu einer qualitativen Verbesserung des Leistungsangebotes. Dies erreicht man z. B. durch größere Auswahl, ein höheres Qualitäts- und Preisniveau, eine anspruchsvollere Ladenausstattung, besser geschultes Personal und durch das Anbieten zusätzlicher Serviceleistungen *(Galeria-Konzept von Kaufhof)*.

Beim **Trading-Down (Zielrichtung: Preis)** sollen vor allem Kosten reduziert werden *(kostengünstige Standortwahl, einfachere Geschäftsausstattung, weniger Verkaufsberater, schlichtere Warenpräsentation, geringere Sortimentsbreite und/oder -tiefe, reduzierte Warenqualität)*. Ein auf eine ganze Branche bezogenes Trading-Down fand z. B. in der Drogeriebranche statt. Die traditionelle klassische Drogerie wurde nahezu völlig durch Drogeriemärkte *(dm, Rossmann)* verdrängt.

Ein dritter seit längerem festzustellender Trend ist das **Side-Trading (Zielrichtung: Kundenorientierung).** Dabei passt sich der Handel an sich verändernde Bedürfnisse einer Zielgruppe an; gewissermaßen „entwickelt" man sich mit dieser Kundengruppe.

Ein Beispiel ist die „Professionalisierung" bei der Ausrüstung *(Material, Kleidung, Zubehör)* im Fahrradhandel. Viele Kunden orientieren sich bei ihren Kaufabsichten an den bekannten Profirennfahrern und wünschen ein entsprechendes Angebot.

Ein weiteres Beispiel sind die gestiegenen Ansprüche von Heimwerkern an Qualität und Leistung der Produkte. Gaben sich solche Kunden früher noch mit relativ einfachen und preisgünstigen Geräten zufrieden, wollen sie heute Geräte wie die Profihandwerker. Hersteller und Handel haben auf diese Wünsche durch Schaffung und Vertrieb neuer Produktlinien reagiert *(blaue Serie bei Bosch-Elektrowerkzeugen)*.

Ein vierter Trend, der die Handelslandschaft maßgeblich prägt, ist die **Zweiteilung** in **Versorgungshandel** einerseits und **Erlebnishandel** andererseits. Der Versorgungshandel zeichnet sich durch ein Angebot an problemlosen, selbsterklärenden Produkten mit dem Preis als Hauptargument für den Verkauf aus.

Beim Erlebnishandel dagegen ist die gesamte Geschäftspolitik darauf ausgerichtet, das Sortiment als etwas Besonderes darzustellen und durch das Anbieten zusätzlicher Serviceleistungen eine einzigartige Stellung zu erlangen *(Qualität, Image, Warenpräsentation, Freude beim Einkaufen vermitteln)*.

In einer Handelslandschaft, in der wenige Große das Geschehen bestimmen, hat der **Fachhändler** durchaus eine **Chance** sich am Markt zu behaupten. Dies kann er unter anderem erreichen durch:

› Profilierung durch Spezialisierung	Beschränkung auf ertragreiche Sortimentsbereiche (hochwertig, modern, luxuriös).
› Konsequente Kundenorientierung	Dienstleistungen rund um das Sortiment (Zustellservice, Betreuung nach dem Kauf, Sonderbestellungen).
› Kompetenz des Verkaufspersonals	Fachkompetenz, Engagement, Freundlichkeit
› Intensivierung von Kooperationen	Mitgliedschaft in Einkaufsverbänden, Mitarbeit in Erfa-Gruppen.
› City-Management	Aufwertung der Innenstadt in Zusammenarbeit mit den Kommunen (Verkehrsentlastung, Parkmöglichkeiten, Erlebnisorientierung durch Aktionen, gemeinsame Werbung).

Gesamtwirtschaftliche Bedeutung des Einzelhandels

■ AKTION

1 Vervollständigen Sie die folgenden Behauptungen über die Probleme des Handels!

Die ? nimmt besonders im Lebensmittelhandel immer mehr zu. An guten Standorten explodieren die ? . Immer mehr ? bedrängen den Fachhandel. Die Haushalts- ? haben sich verändert. Der Seniorenmarkt wird immer ? . Junge Kunden haben immer ? Geld zur Verfügung. Der Trend zum Essen ? hält an. Die ? der Hersteller begünstigt die Großunternehmen. Das Verbraucherverhalten ? sich schneller als früher.

Lösungshilfe:
Größe, mehr, ändert, Konzentration, Mieten, wichtiger, außer Haus, Preisgestaltung, Discounter.

2 Die Abbildung ermöglicht eine Zuordnung bestimmter Betriebsformen nach den Unterscheidungsmerkmalen „Preis", „Qualität, Prestige" sowie den zukünftigen Wachstumschancen dieser Betriebsform. Ordnen Sie die folgenden Betriebsformen den Ihrer Meinung nach entsprechenden „Platzziffern" zu: Luxusboutiquen – kleiner traditioneller Einzelhandel – Discounter – spezialisierter Versandhandel – traditionelle Warenhäuser – Fachmärkte.

Positionierung der unterschiedlichen Betriebsformen

Qualität/Prestige ↑
Hauptunterscheidungsmerkmale
↓ Preis

kaum — geringe — große Wachstumschancen

- ③ auf Luxus, Prestige, Individualismus ausgerichtete Betriebsformen
- ⑤
- ①
- ②
- ⑥ auf ein möglichst niedriges Preisniveau ausgerichtete Betriebsformen
- ④

3 Vergleichen Sie die beiden Katalogtexte eines Möbelversandhauses. Welcher Wandel in den Bedürfnissen der Verbraucher lässt sich daraus erkennen?

Aus einem älteren Katalog der 70er-Jahre:

„… Es gab Zeiten, da hatten die meisten Möbelkäufer eigentlich nur die Wahl zwischen zwei Möglichkeiten: entweder sie investierten eine Menge Geld in ihren Geschmack. Oder sie schonten ihre Brieftasche und nahmen dafür mit minderer Qualität und Design von der Stange vorlieb. Gute und schöne Möbel für wenig Geld? Unmöglich, hieß es. Aber sehen Sie das Wort „unmöglich" haben wir noch nie akzeptiert. Und so haben wir es uns einfach zur Aufgabe gemacht, gute und schöne skandinavische Möbel zu niedrigen Preisen zu verkaufen. …"

Aus einem neuen Katalog:

„Wir finden, das Leben sollte viel ungezwungener und entspannter sein. Daran hat ein Zuhause, indem du dich Tag für Tag wohlfühlst, einen ganz großen Anteil.
Ein Zuhause, in dem du deinen eigenen Stil ausleben kannst.
In dem dein Wohlbefinden das Allerwichtigste ist. Und in dem deine liebsten Menschen immer willkommen sind – ob werktags, feiertags oder auch mal mitten in der Nacht.
Deshalb entwickeln wir Textilien zum Selbstbemalen. Und Sofabezüge, die keine Angst vor Flecken haben. Und Matratzen, auf denen jeder seine perfekte Einschlafposition findet.
Damit alle sich wohlfühlen können, jeder auf seine Art."

Quelle: IKEA-Kataloge

3.5 Markt und Preisbildung

Pressenotiz: „Heizöl schon wieder teurer!"
Wie bilden sich eigentlich Preise für ein Gut?

■ SITUATION

In den modernen Industriegesellschaften hat sich Erdöl zu einem Rohstoff von großer Bedeutung entwickelt. Erdöl ist nicht nur die Ausgangsbasis für Treibstoffe, sondern auch Rohstoff für immer mehr Produkte, vom Surfbrett bis zum Joghurtbecher. Steigt oder fällt der Ölpreis, spürt man das nicht nur an der Heizöl- oder Tankrechnung; die gesamte Wirtschaft eines Landes ist davon betroffen.

Am Haupthandelsplatz für Rohöl in Rotterdam liegen einem Makler für die Sorte „Arabian Light" folgende Kaufaufträge vor:

Händler	gewünschte Menge	höchstens bereit zu bezahlen
A	190.000 Barrel[1]	90,00 €/Barrel
B	120.000 Barrel	108,00 €/Barrel
C	110.000 Barrel	126,00 €/Barrel
D	60.000 Barrel	144,00 €/Barrel
E	120.000 Barrel	162,00 €/Barrel

[1] Anmerkung: 1 Barrel = 1 Fass Rohöl = 159 Liter

Hinweis: Der tatsächliche Ölpreis ist großen Schwankungen ausgesetzt. Die hier zugrunde gelegten Preise sind nicht unbedingt realistisch, sondern nur als Rechenbeispiel zu verstehen.

1. Welche Händler kaufen Rohöl bei einem Preis von 144,00 €/Barrel oder höher?
2. Wie groß ist die nachgefragte Menge bei diesem Preis?
3. Berechnen Sie die Gesamtnachfrage bei folgenden Preisen:

Preis je Barrel in €	Nachfrage in 1.000 Barrel					Gesamtnachfrage
	A	B	C	D	E	
90,00						
108,00						
126,00						
144,00						
162,00						

Markt und Preisbildung

4. Welcher Zusammenhang besteht zwischen Preis und Gesamtnachfrage?
5. Auf der **Anbieterseite** liegen folgende Verkaufsaufträge vor:

Händler	mögliche Verkaufsmenge	folgender Verkaufspreis sollte mindestens erzielt werden
F	60.000 Barrel	162,00 €/Barrel
G	90.000 Barrel	144,00 €/Barrel
H	120.000 Barrel	126,00 €/Barrel
I	100.000 Barrel	108,00 €/Barrel
J	70.000 Barrel	90,00 €/Barrel

Welche Händler verkaufen ihr Rohöl zu einem Preis von 126,00 €/Barrel?

6. Wie groß ist die angebotene Menge zu diesem Preis?
7. Berechnen Sie das Gesamtangebot bei folgenden Preisen:

Preis je Barrel in €	Angebot in 1.000 Barrel					Gesamt-angebot
	F	G	H	I	J	
90,00						
108,00						
126,00						
144,00						
162,00						

8. Welcher Zusammenhang besteht zwischen Preis und Gesamtangebot?
9. Der Makler erhält für seine Tätigkeit eine Provision, die sich nach dem Umsatz bemisst. Er legt deshalb den Preis fest, der den Umsatz maximiert und Angebot sowie Nachfrage nach Rohöl zum Ausgleich bringt.

Ermitteln Sie diesen sogenannten Gleichgewichtspreis rechnerisch anhand der folgenden Tabelle.

Preis je Barrel in €	Gesamtnachfrage in 1.000 Barrel	Gesamtangebot in 1.000 Barrel	Umsatz in 1.000 Barrel
90,00	600	70	70
108,00			
126,00			
144,00			
162,00			

10. Warum ist ein Gleichgewichtspreis von 90,00 €/Barrel bzw. 162,00 €/Barrel nicht möglich?

■ INFORMATION

■ Funktion und Arten des Marktes

Der Begriff „Markt" ist aus dem täglichen Leben nicht mehr wegzudenken. Nicht nur beim Einkauf auf dem Wochenmarkt wird man mit dieser Bezeichnung konfrontiert. Auch bei der Lektüre der Tageszeitung erfährt der interessierte Leser viel über den Aktien-, Immobilien- sowie Geld- und Kapitalmarkt. Mit Spannung erwarten viele Bundesbürger die monatliche Bekanntgabe der Arbeitsmarktdaten und verfolgen während der Urlaubszeit ebenso genau die Kursentwicklung der Währungen von wichtigen Reiseländern, um zu einem möglichst günstigen Zeitpunkt umzutauschen. Aus den genannten Beispielen lässt sich leicht erkennen, dass es beim Markt nicht nur um einen geographisch genau festgelegten Ort (Wochenmarkt) geht, sondern grundsätzlich um jedes **Zusammentreffen von Angebot und Nachfrage** zum Zwecke des Güteraustauschs.

Eine wichtige Aufgabe des Marktes besteht nun darin, dass er über die **Preisbildung** zu einem **Ausgleich von angebotenen und nachgefragten Gütern** führt.

■ Wichtige Marktarten

Erstes Unterscheidungsmerkmal: auf den Märkten gehandelte Güter	
Beispiele	Handelsgegenstand
Konsumgütermarkt	Lebensmittel, Möbel, Textilien, Schuhe, Computer u. a.
Immobilienmarkt	bebaute und unbebaute Grundstücke
Geld- und Kapitalmarkt	kurz- und langfristige Kredite und Geldanlagen
Gebrauchtwagenmarkt	gebrauchte Kraftfahrzeuge
Rohstoffmärkte	Rohöl, Edelmetalle, Baumwolle, Kaffee u. a.
Arbeitsmarkt	Arbeitskräfte

Markt und Preisbildung

LF 1

Zweites Unterscheidungsmerkmal: Beschaffenheit des Marktes	
Annahmen	**Erläuterung**
1. Die gehandelten Güter sind absolut gleichartig (homogen)	Zwischen den angebotenen und den nachgefragten Gütern dürfen keine Unterschiede bestehen; sie müssen völlig gleichartig sein *(ein kg-Barren Feingold)*.
2. Der Markt ist für alle Beteiligten transparent	Alle Marktteilnehmer (Anbieter und Nachfrager) verfügen über alle wesentlichen Informationen zu den gehandelten Gütern (Preise, Liefer- und Zahlungsbedingungen). Durch die Nutzung neuer Informationsmöglichkeiten (Internet) steigt die Übersichtlichkeit der Märkte.
3. Keine Bevorzugung bestimmter Käufer und Verkäufer	Die Marktteilnehmer dürfen sich gegenseitig nicht bevorzugen, d. h. weder persönlich *(freundliche Bedienung)*, räumlich *(geringere Entfernung eines Anbieters)*, zeitlich *(unterschiedliche Lieferzeiten)* noch sachlich *(Werbung, Marketing)*.
4. Sofortige Reaktion der Anbieter und Nachfrager bei Änderungen der Marktsituation	Keine Bindung an einen Lieferanten, wenn ein anderer Anbieter günstiger anbietet.

> **! Hinweis:** Treffen alle vier Annahmen zur Beschreibung eines Marktes zu, dann spricht man vom **vollkommenen Markt**.
>
> **Fehlt** mindestens **eine** der vier Voraussetzungen für den vollkommenen Markt, dann handelt es sich um einen **unvollkommenen Markt**.
>
> Vollkommene Märkte entsprechen nicht der Realität. Am nächsten kommt dieser Idealvorstellung der Handel mit Wertpapieren an der Börse.
>
> Der Normalfall für einen Markt ist der unvollkommene Markt.

Drittes Unterscheidungsmerkmal: Anzahl der Marktteilnehmer	
Monopol	Es herrscht kein Wettbewerb. Auf diesem Markt gibt es entweder nur einen Anbieter (Angebotsmonopol) oder einen Nachfrager (Nachfragemonopol). » Auf einer Insel gibt es nur einen einzigen Lebensmittelladen.
Oligopol	Der Markt wird von wenigen Anbietern bzw. Nachfragern beherrscht. » Lebensmittelgeschäft in einer Kleinstadt mit zwei Mitbewerbern.
Polypol	Es herrscht Wettbewerb. Viele Anbieter bzw. Nachfrager sind Marktteilnehmer. » Lebensmittelgeschäft in einer Großstadt mit zahlreichen Mitbewerbern.

Marktformen und Marktmacht

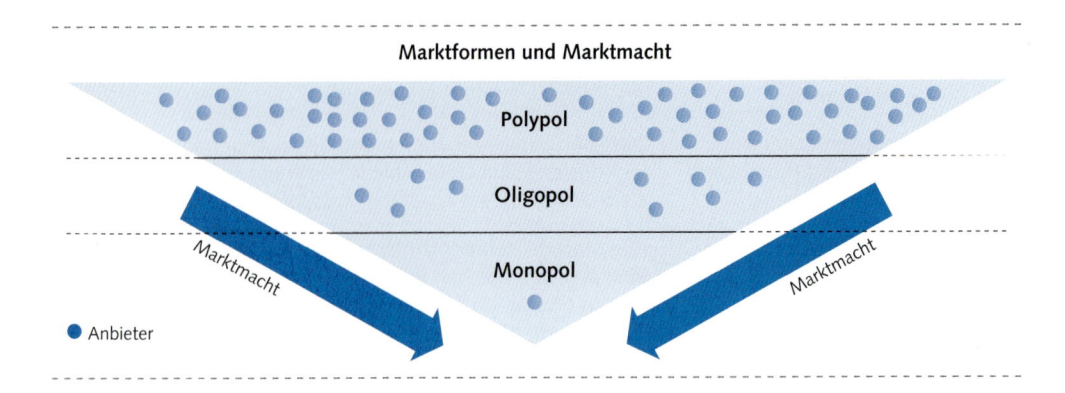

- Polypol
- Oligopol
- Monopol

● Anbieter

Da die Zahl der Konkurrenten sowohl auf der Angebotsseite als auch auf der Nachfrageseite verschieden sein kann, ergibt sich folgendes Marktformenschema:

Anzahl der Nachfrager \ Anzahl der Anbieter	sehr viele	wenige	einer
sehr viele	Polypol	Angebotsoligopol	Angebotsmonopol
wenige	Nachfrageoligopol	beiderseitiges Oligopol	beschränktes Angebotsmonopol
einer	Nachfragemonopol	beschränktes Nachfragemonopol	beiderseitiges Monopol

>> **Beispiele:**

1. **Polypol:** Zahlreiche Lebensmittelgeschäfte in einer Großstadt.
2. **Angebotsoligopol:** Lebensmittelmarkt einer Kleinstadt mit nur wenigen Lebensmittelgeschäften.
3. **Angebotsmonopol:** Einziges Schuhgeschäft einer Kleinstadt.
4. **Nachfragemonopol:** Markt für militärische Ausrüstungsgegenstände in Deutschland.
5. **Beiderseitiges Oligopol:** Markt für Satellitentransporte ins Weltall.
6. **Beiderseitiges Monopol:** Tarifverhandlungen zwischen Arbeitgeberverband und Gewerkschaft einer Branche.

Märkte im Handel

Jahrhunderte lang trugen die Menschen ihre Waren zum Markt, um dort zu handeln. Auf dem **Markt** trafen **Angebot** und **Nachfrage** aufeinander, d. h., es traten **Verkäufer** und **Käufer** auf. Sie verständigten sich, dann wurden **Ware** und **Geld** wechselseitig **ausgetauscht.** Bis heute haben sich derartige Märkte erhalten, z. B. die Verkaufsmesse, der Jahrmarkt oder der Wochenmarkt in der Nachbarschaft, auf dem Blumen und frische Lebensmittel angeboten werden. Solche Märkte bezeichnet man auch als **Punktmärkte,** d. h. es sind Märkte auf denen **alle** Anbieter und Nachfrager an einem völlig überschaubaren **Ort** und zu einem bestimmten **Zeitpunkt** zusammentreffen.

Markt und Preisbildung

Punktmärkte im Einzelhandel

Fischmarkt um 1800

Wochenmarkt heute

Allerdings sieht der Handel mit Waren heutzutage auch vielfach anders aus. **Verkäufer** und **Käufer** müssen **nicht** mehr persönlich zusammenkommen, und auch die Ware muss nicht mehr anwesend sein. Moderne Kommunikationsmittel *(Telefon, E-Mail, Internet)* ermöglichen die Verständigung über große Entfernungen. Entsprechend haben sich auch die Märkte weltweit ausgedehnt. Sie sind nicht mehr an einen bestimmten Platz gebunden. Durch diese Veränderungen hat auch der Begriff „Markt" einen Bedeutungswandel erfahren.

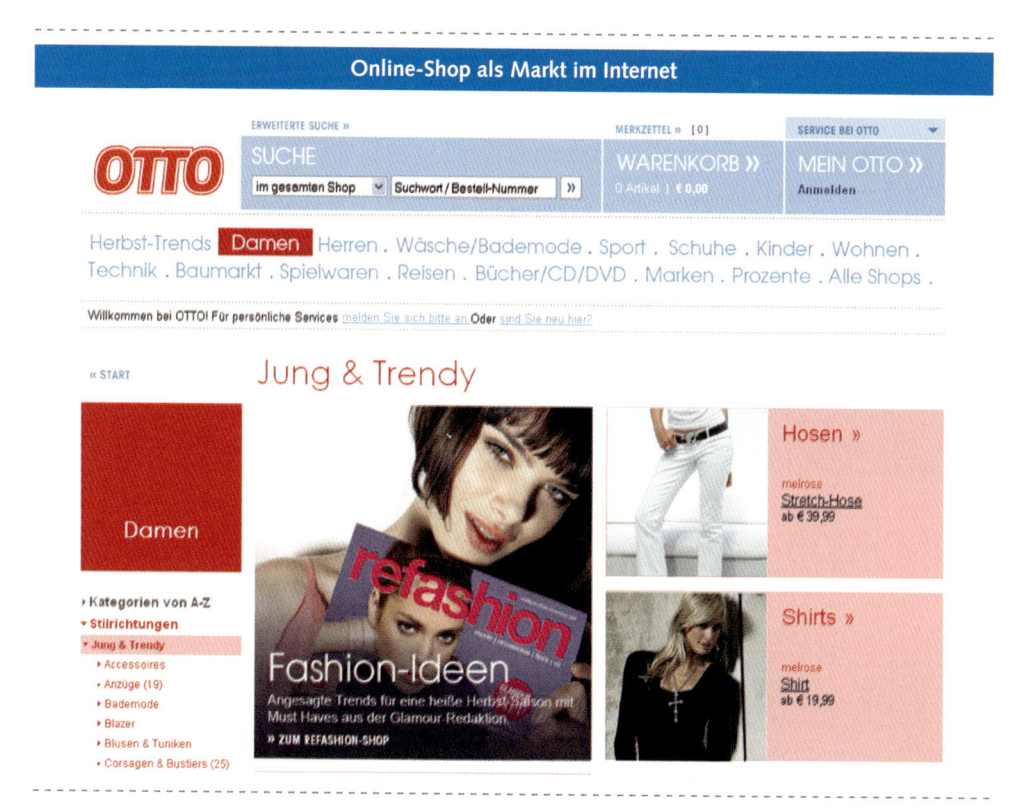

Online-Shop als Markt im Internet

Heute versteht man unter einem **Markt** nicht allein eine Verkaufsveranstaltung an einem bestimmten Ort (Punktmarkt), sondern ganz allgemein **jedes Zusammentreffen** von **Angebot** und **Nachfrage**.

Einerseits führt der weltweite Handel zu einer nur schwer überschaubaren Vielfalt der Märkte. Andererseits kommt es für ein einzelnes Unternehmen gar nicht auf „den Weltmarkt" an, sondern auf den für dieses Geschäft bedeutsamen **Teilmarkt**. Jedes Unternehmen bestimmt durch Art und Umfang seiner Geschäftstätigkeit „seinen" Teilmarkt selbst.

> **Beispiele:** Der Teilmarkt des Tante-Emma-Ladens in einer Siedlung am Rande von Lüneburg umfasst die Bewohner dieser Siedlung, die den Weg in die 10 km entfernte Innenstadt nicht antreten können oder wollen. Auch die Vergesslichen, die kurz vor Feierabend noch schnell einkaufen, gehören dazu.
> - Der Teilmarkt des rollenden Lebensmittelladens „Stop & Shop" erfasst ältere oder aus anderen Gründen wenig mobile Einwohner in 70 unterversorgten ländlichen Gemeinden im Landkreis Bernburg.
> - Der Teilmarkt eines Fachgeschäftes für Brautmoden in Aachen erstreckt sich auf die Heiratswilligen einer ganzen Region.
> - Der Teilmarkt eines in Köln ansässigen Versandhauses für Linkshänderbedarf umfasst die linkshändige Kundschaft in der gesamten Bundesrepublik und darüber hinaus.

Fachkräfte in Beratung und Verkauf müssen den Teilmarkt, auf dem sie tätig sind, gut kennen. Vor allem müssen sie einzuschätzen wissen, ob Verkäufer oder Käufer auf diesem Teilmarkt in einer stärkeren Position sind, denn fast alle Märkte für Konsumgüter haben sich durch massenhafte Produktion von Gütern einerseits und durch weitgehende Sättigung vieler Bedürfnisse andererseits von **Verkäufer-** zu **Käufermärkten** gewandelt.

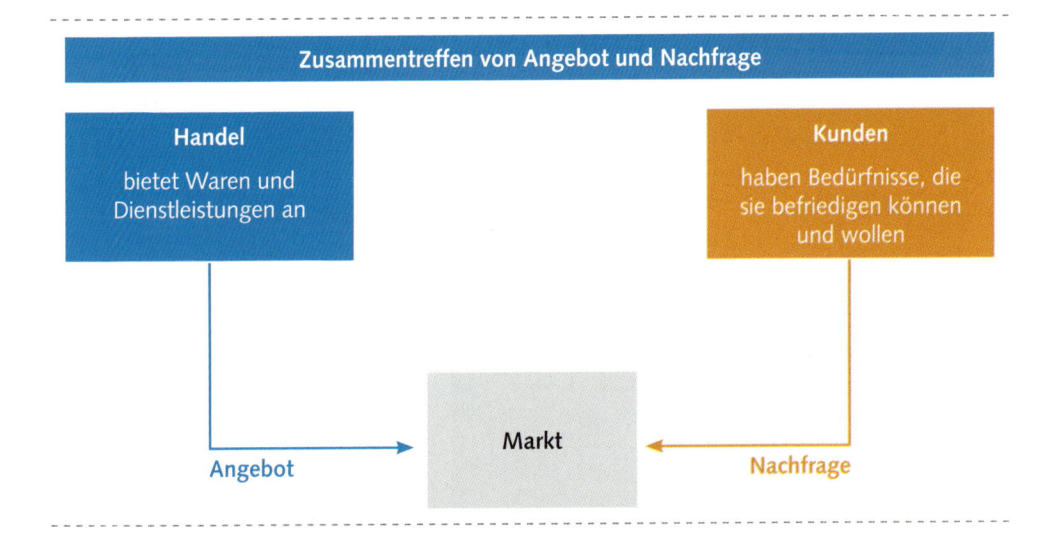

Zusammentreffen von Angebot und Nachfrage

Handel		**Kunden**
bietet Waren und Dienstleistungen an		haben Bedürfnisse, die sie befriedigen können und wollen

Angebot → **Markt** ← Nachfrage

Markt und Preisbildung

■ Preisbildung auf dem vollkommenen Markt

Warum sind bei Molkereiprodukten in letzter Zeit die Preise stark gestiegen, obwohl Milch in Europa ausreichend vorhanden ist? Weshalb treten beim Kauf von Käse und Wurst Preisunterschiede von 50 % und mehr auf?

Diese und ähnliche Fragen belegen die Vielschichtigkeit des Prozesses der **Marktpreisbildung**, der häufig auch durch staatliche Eingriffe und globale Ereignisse beeinflusst wird. Um wichtige Gesetzmäßigkeiten der Preisbildung zu erkennen, bietet es sich wie bei vielen anderen volkswirtschaftlichen Themen an, mit einem stark vereinfachten Modell zu arbeiten.

Unterstellt man, dass sowohl auf der Angebots- als auch auf der Nachfrageseite viele Marktteilnehmer auftreten **(Polypol)** und die Bedingungen des **vollkommenen** Marktes gelten, dann ergeben sich folgende Zusammenhänge:

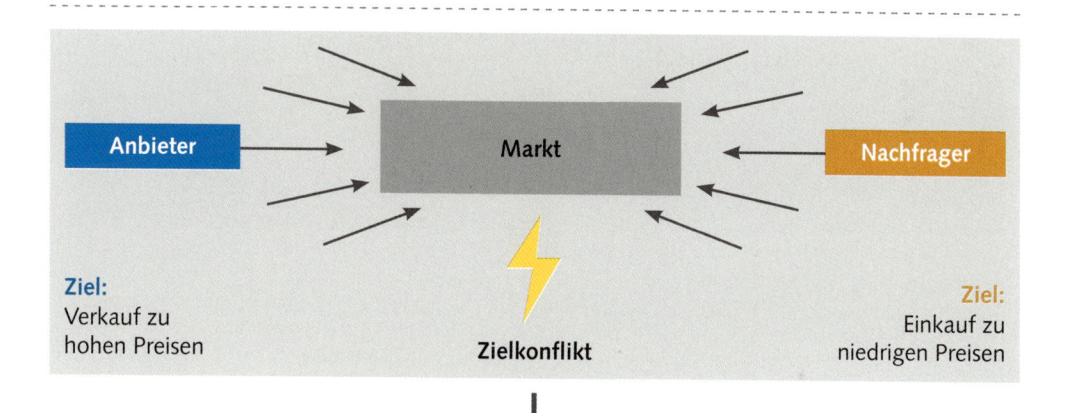

Anbieter → **Markt** ← **Nachfrager**

Ziel:
Verkauf zu
hohen Preisen

Zielkonflikt

Ziel:
Einkauf zu
niedrigen Preisen

↓

Abstimmung von Angebots- und Nachfragemenge durch den Preis

Je höher der Preis, desto größer das Angebot. Je niedriger der Preis, desto kleiner das Angebot.	Je höher der Preis, desto geringer die Nachfrage. Je niedriger der Preis, desto größer die Nachfrage.
Angebotskurve (Preis/Menge, steigend)	*Nachfragekurve* (Preis/Menge, fallend)
Begründung: Ein hoher Preis veranlasst am Markt tätige Anbieter, wegen der zu erwartenden Gewinne mehr zu produzieren und lockt neue Anbieter (Existenzgründer) auf den Markt. Zudem müssen bisher unrentable Betriebe nicht schließen.	**Begründung:** Bei einem niedrigen Preis sind die Nachfrager grundsätzlich eher bereit, ein Produkt zu kaufen. Zudem werden neue Käuferschichten, die nur über ein geringeres Einkommen verfügen, angesprochen und treten hinzu.

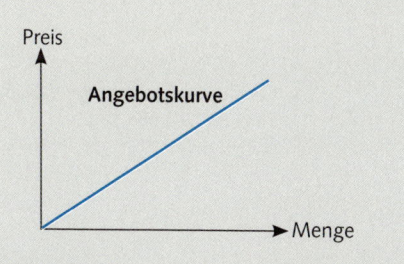

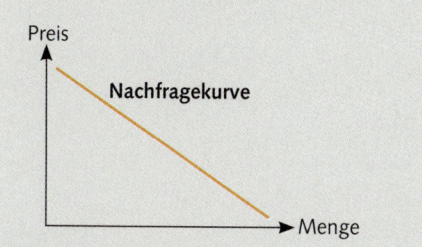

Der Einzelhandel in der Gesamtwirtschaft

Verhältnis von Angebots- und Nachfragemenge

Angebotsüberhang ← Markt- → **Nachfrageüberhang**
ungleichgewichte

A = Angebot
N = Nachfrage
P = Preis

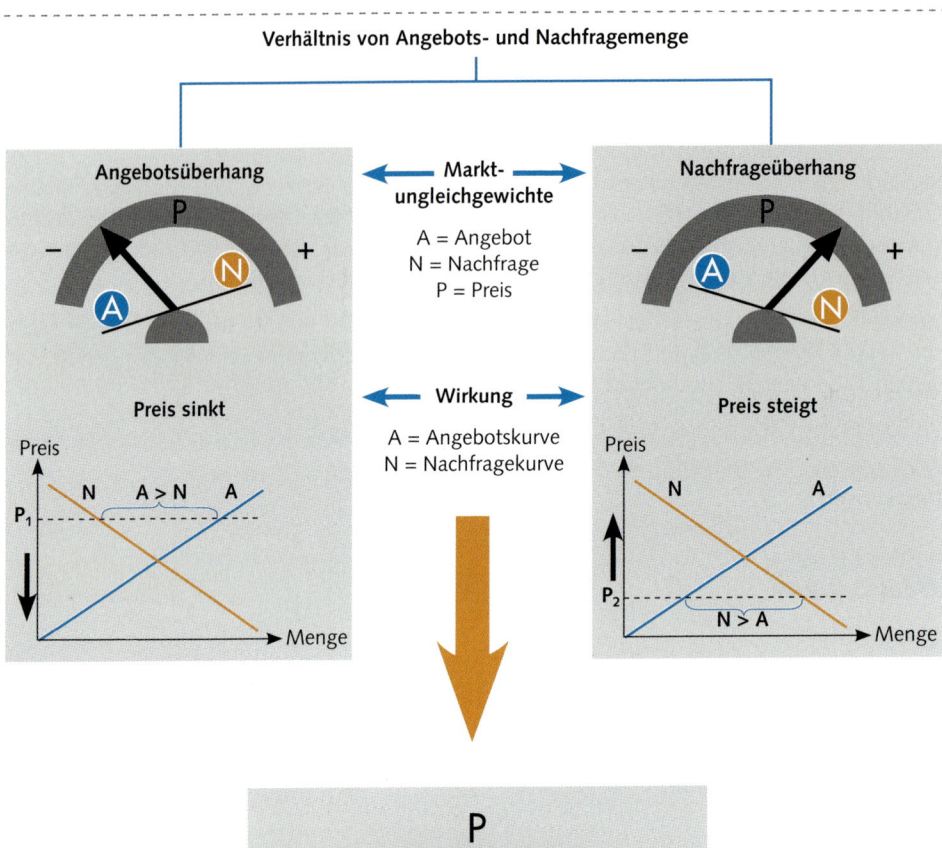

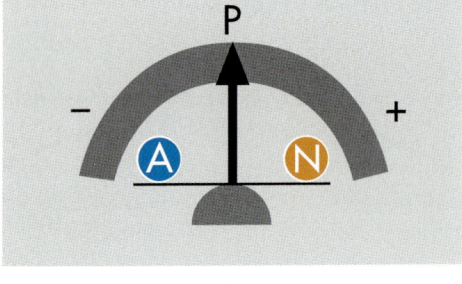

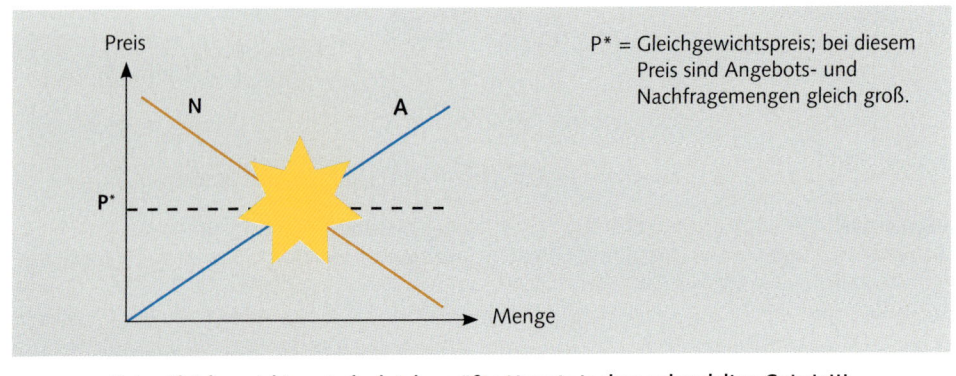

Preis sinkt ← Wirkung → **Preis steigt**

A = Angebotskurve
N = Nachfragekurve

P^* = Gleichgewichtspreis; bei diesem Preis sind Angebots- und Nachfragemengen gleich groß.

Beim Gleichgewichtspreis findet der größte Umsatz in dem gehandelten Gut statt!

Markt und Preisbildung

LF 1

■ Preisbildung auf dem unvollkommenen Markt

In der Realität ergibt sich häufig die Situation, dass viele Unternehmen ähnliche Produkte auf dem Markt anbieten, die sich in der Gunst der Verbraucher aber aus verschiedenen Gründen unterscheiden. Sie werden von den Verbrauchern nicht als identisch angesehen, selbst wenn sie sich nur in der Verpackung oder durch eine Markenbezeichnung unterscheiden. Der Konsument bevorzugt aus persönlichen, sachlichen oder räumlichen Gründen ein bestimmtes Produkt.

Ein **Markt** ist **unvollkommen,** wenn eine Voraussetzung des vollkommenen Marktes nicht gegeben ist.

Unvollkommener Markt am Beispiel einer Metzgerei	
Merkmale des unvollkommenen Marktes	Erläuterung
Keine vollkommen gleichartigen Güter	Die Wurst unterscheidet sich im Geschmack, der Qualität und der Aufmachung.
Fehlende Marktübersicht	Der Kunde weiß nicht, was eine bestimmte Wurstsorte in allen Geschäften der Region kostet.
Der Konsument bevorzugt bestimmte Anbieter, d. h., es bestehen Präferenzen.	Der Verbraucher kauft die Wurst bei dieser bestimmten Metzgerei aus › persönlichen Gründen *(freundliche und fachkundige Bedienung)*, › räumlichen Gründen *(Metzgerei um die Ecke, Filiale im Einkaufszentrum)*, › sachlichen Gründen *(große Auswahl, übersichtliche Warenpräsentation, sauber und hygienisch)*.
Folge: Der Metzger kann für eine bestimmte Wurstsorte einen geringfügig höheren Preis verlangen ohne befürchten zu müssen, dass sehr viele Kunden an die Konkurrenz abwandern.	

Preisbildung auf dem vollkommenen Markt	Preisbildung auf dem unvollkommenen Markt
1,19 €	1,19 € 0,99 € 1,49 €
einheitlicher Preis (Gleichgewichtspreis)	unterschiedliche Preise

Der Einzelhandel in der Gesamtwirtschaft

Der **Anbieter** auf dem **unvollkommenen** Markt kann also **aktive Preispolitik** betreiben und daher auch einen höheren Preis als seine Konkurrenten verlangen, weil er z. B. wegen Standortvorteilen oder einer besonders kompetenten Beratung gegenüber der Konkurrenz bevorzugt wird. Es gibt für ihn aber eine **Preisobergrenze**.

Setzt der Anbieter den Preis über dieser Obergrenze fest, dann ist für die Verbraucher der Preisvorteil, den die Konkurrenten bieten, so groß, dass sie in erheblichem Umfang zur Konkurrenz wechseln.

>> **Beispiel:** Eine Tankstelle wird vor allem deshalb aufgesucht, weil sie bequem auf dem Weg zur Arbeit liegt. Die leicht höheren Preise nehmen die Kunden dafür in Kauf. Ziehen die Preise aber so stark an, dass sie merklich über denen des Konkurrenten liegen, muss die Tankstelle mit kräftigen Umsatzrückgängen rechnen. Die Kunden haben nämlich zahlreiche andere Tankstellen in der Umgebung zur Auswahl, und viele tanken sofort anderswo.

Andererseits kann ein Unternehmen auf einem unvollkommenen Markt nicht alle Kunden dadurch gewinnen, dass es den Preis **unter** den der Konkurrenz senkt. Die meisten Unternehmen scheuen sich davor, die **untere Preisbarriere** zu durchbrechen, weil sie z. B. dann ihre Betriebsgröße erweitern müssten, um die zusätzliche Nachfrage zu befriedigen. Dies wäre mit erheblichen Kosten verbunden, die u. U. durch die zusätzlichen Erträge nicht gedeckt werden können.

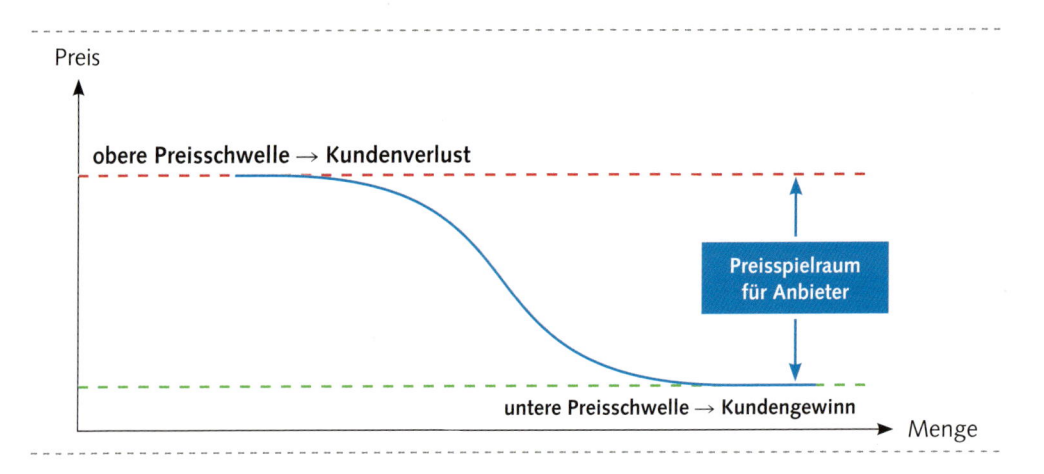

Markt und Preisbildung

LF 1

Funktionen des Gleichgewichtspreises

	Funktionen des Gleichgewichtspreises		
Bestimmungsgrößen für das Angebot	Anbieterziel	Wirkungsweise des Gleichgewichtspreises	Benennung
1. Zielsetzung der Produzenten	Erzielen eines möglichst hohen Gewinnes (erwerbswirtschaftliches Primärziel)	› Steigender Preis zeigt den Produzenten an, wo durch vermehrte Produktion der Gewinn noch verbessert werden kann. › Sinkender Preis zeigt den Produzenten an, wo infolge Marktsättigung der bisherige Gewinn nicht mehr erzielt werden kann.	**Informationsfunktion des Preises**
2. Faktorkosten der Produzenten	Finden eines günstigeren Verhältnisses zwischen Erlösen und Kosten	› Steigender Preis lenkt Produktionsfaktoren in die Produktion der Güter, für die Bedarf, Nachfrage und damit Gewinnchancen bestehen. › Sinkender Preis lenkt Produktionsfaktoren aus derjenigen Produktion heraus, bei der bereits Marktsättigung erreicht ist.	**Lenkungsfunktion des Preises**
3. Wettbewerbssituation der Produzenten	Erhaltung der Wettbewerbsfähigkeit	› Starke Preiskonkurrenz zwingt die Produzenten zu fortschrittlicher Produktionsweise. › Fehlende Preiskonkurrenz behindert Produktionsfortschritt und Wettbewerbsfähigkeit.	**Fortschrittsfunktion des Preises**
4. Zielvorstellung der Nachfrager	Bedarfsdeckung gemäß Dringlichkeit der Bedürfnisse	› Steigende Preise zeigen an, wo noch dringlicher Bedarf vorhanden ist. › Sinkende Preise zeigen an, wo die Dringlichkeit des Bedarfs zurückgegangen ist.	**Informationsfunktion des Preises**
5. Preise der Güter für die Nachfrager	Möglichst preisgünstige Bedarfsdeckung	› Bei Nachfrageüberhang steigen die Preise, bewirken Kaufzurückhaltung, bis die Nachfrage wieder mit dem Angebot im Gleichgewicht ist. › Bei Nachfragelücke sinken die Preise, bewirken Kaufzunahme, bis die Nachfrage wieder mit dem Angebot im Gleichgewicht ist.	**Ausgleichsfunktion des Preises**
6. Verfügbares Einkommen der Nachfrager	Erlangung eines angemessenen Anteils am Bruttoinlandsprodukt	› Steigender Preis bewirkt bei gleichbleibendem Einkommen eine geringere Güterzuteilung. › Sinkender Preis bewirkt bei gleichbleibendem Einkommen eine vermehrte Güterzuteilung.	**Zuteilungsfunktion des Preises**

Da sich mithilfe des Gleichgewichtspreises also ein Ausgleich zwischen den Anbieter- und Nachfragerzielen von *selbst* einstellt, nennt man das Zusammenspiel der Marktkräfte auch **Marktautomatismus** oder **Marktmechanismus**.

Unternehmenspolitik beim Polypol

auf dem vollkommenen Markt

Bei einer großen Zahl von Konkurrenten mit gleichartigen Angeboten und überschaubaren Marktverhältnissen wird der Preis durch das Gesamtangebot und die Gesamtnachfrage, also „vom Markt", vorgegeben.

Der Marktpreis ist ein „Datum" (lat. datum = etwas Vorgegebenes). Das anbietende Unternehmen ist an diesen Preis gebunden; es kann den Marktpreis selbst kaum beeinflussen. Ihre Marktpolitik richtet sich weniger auf den Preis als auf die Absatzmenge.

> **Hinweis:** Bei **vollkommener Konkurrenz** ist der **einzelne Anbieter ein „Mengenanpasser"**; er betreibt **nur Mengenpolitik, keine aktive Preispolitik.**

auf dem unvollkommenen Markt

In der Praxis ist die Konkurrenz selten so vollkommen, dass die Konkurrenten vollständig gleichartige (homogene) Leistungen auf transparenten Märkten anbieten.

Konkurrierende Unternehmen sind eher bestrebt, ihre Leistungen zu individualisieren und von vergleichbaren Konkurrenzleistungen abzuheben. Die konkurrierenden Leistungen werden mit bestimmten Vorzügen (Präferenzen) ausgestattet, die jedoch noch einen Vergleich des Käufers zulassen.

Eine **Leistungsdifferenzierung** ergibt sich, wenn die Waren oder Dienstleistungen sich unterscheiden durch

sachliche Vorzüge:	Ausstattung der Leistung mit besonderen Eigenschaften, z. B. besondere Ausstattung von Kraftfahrzeugen derselben Wagen- und Preisklasse;
werbliche Vorzüge:	Schaffung eines Firmenwertes und von Marken durch besondere Werbemaßnahmen, Public Relations und hervorragenden Kundendienst;
zeitliche Vorzüge:	Wahl eines für die Käufer günstigen Standortes und Bereitstellung von Parkmöglichkeiten.

Solche Vorzüge verschaffen den Unternehmen bei den Käufern eine besondere Anziehungskraft. Anstelle des einheitlichen Gleichgewichtspreises entstehen Preisklassen, innerhalb derer die Preise konkurrierender Leistungen sich unterscheiden.

AKTION

1 Geben Sie Ihrer Klasse/Lerngruppe einen Bericht über den Teilmarkt, auf dem Sie tätig sind bzw. auf dem Sie tätig werden wollen, und nennen Sie dabei mindestens je fünf Kenntnisse und Fertigkeiten, die zur erfolgreichen Arbeit auf diesem Teilmarkt erforderlich sind!

Markt und Preisbildung

2 Märkte gibt es viele, nicht nur den Fischmarkt oder den Supermarkt.
   a) Zählen Sie fünf weitere Marktarten auf.
   b) Beschreiben Sie das Verhalten von Anbietern und Nachfragern auf diesen Märkten anhand eines konkreten Beispiels.

3 Zu Beginn der Spargelzeit findet im Hauptanbaugebiet für Spargel eine Auktion statt, auf der die unterschiedlichen Preisvorstellungen der Käufer und Verkäufer aufeinander treffen.
   a) Zeichnen Sie die Angebots- und Nachfragekurve in ein Koordinatensystem ein
   (y-Achse: Preis je kg Spargel 1 cm = 1 €;
   x-Achse: Menge in kg 1 cm = 200 kg).
   b) Welchen Preis für 1 kg Spargel wird der Auktionator festlegen?
   c) Wie verändert sich der Preis, wenn infolge einer schlechteren Ernte eine um 30 % geringere Angebotsmenge auf den Markt kommt?

Preis für 1 kg Spargel	Angebotene Menge Spargel in kg	Nachgefragte Menge Spargel in kg
4 €	440	2.040
5 €	1.460	1.460
6 €	1.800	1.160
7 €	2.080	880
8 €	2.300	660
9 €	2.480	560
10 €	2.600	540

4 Was versteht man unter Markttransparenz?

5 Unterscheiden Sie zwischen Polypol, Oligopol und Monopol.

6 Beschreiben Sie die Marktverhältnisse auf dem Benzinmarkt.

7 Der große Traum von Familie Eisele (Ehepaar mit drei Kindern) ist ein Ägyptenurlaub. Eine vierzehntägige Reise würde insgesamt etwa 7.000 € kosten. Vor zwei Jahren hat die Familie angefangen zu sparen, um sich den Wunsch erfüllen zu können. Leider ist Herr Eisele vor einem halben Jahr arbeitslos geworden. Die Familie ist seither auf Arbeitslosengeld angewiesen. Ein weiteres Ansparen für die Reise ist nicht mehr möglich, da das Geld gerade reicht, um einigermaßen über die Runden zu kommen. Immerhin befinden sich aber auf dem Sparbuch fast 800 €. Im Mai spaziert die Familie an einem Reisebüro vorbei, das sich auf „Last-Minute-Reisen" spezialisiert hat. Im Schaufenster hängt ein großes Plakat, das zu einem zweiwöchigen Ägyptenurlaub animieren soll. Mit einem ausgesprochen günstigen Preis wird geworben. Ein „All-inclusive-Urlaub" für eine

Familie mit bis zu drei Kindern kostet lediglich 4.500 €. Der bisherige Katalogpreis war mit 7.200 € ausgewiesen.

Familie Eisele ist hin- und hergerissen. Das ganze Wochenende diskutiert sie darüber, ob sie die Reise buchen soll.

a) Welche Argumente werden für Familie Eisele eine Rolle spielen?

b) Weshalb ist der Reiseveranstalter zu diesem „Schnäppchen-Angebot" bereit?

8 Erklären Sie folgende Vorgänge und Erscheinungen in einer Volkswirtschaft:

a) Im Sommer und Herbst fallen die Preise für Obst beträchtlich.

b) Trotz Steigens der Produktionskosten und erheblicher Werbekosten für ein Produkt ist sein Preis gefallen.

c) Trotz Nachfragerückganges steigt der Preis eines Produktes.

9 Ermitteln Sie mithilfe eines Diagramms den Gleichgewichtspreis und die dazugehörige Menge.

Angebotene Menge in Stück	100	150	200	300	400	550	700	900
Preis in € je Stück	10	20	30	40	50	60	70	80
Nachgefragte Menge in Stück	900	700	550	400	300	200	150	100

10 Dem Makler an der Wertpapierbörse liegen folgende Aufträge in Aktien der Telematik AG vor:

Verkaufsaufträge (zum Nennwert 1 €)		Kaufaufträge (zum Nennwert 1 €)	
6.500 Stück	bestens	8.000 Stück	billigst
6.000 Stück	limit 56	7.000 Stück	limit 55
9.000 Stück	limit 56,5	7.500 Stück	limit 55,5
8.000 Stück	limit 57	6.500 Stück	limit 56
10.000 Stück	limit 57,5	4.000 Stück	limit 56,5
		5.000 Stück	limit 57

a) Ermitteln Sie in einer Gesamtaufstellung die Marktlage bei den jeweiligen Preisen (Kursen) und den Gleichgewichtspreis.

b) Warum ist dieser Gleichgewichtspreis der optimale Preis?

3.6 Leistungen des Einzelhandels

Einzelhändler bieten mehr als nur Waren zu verkaufen!

■ SITUATION

Anlässlich des 100-jährigen Bestehens des Neuburger Handels- und Gewerbevereins wurde eine Untersuchung durchgeführt, um zu erfahren, was die Neuburger Einwohner an ihrem örtlichen Einzelhandel besonders schätzen. Hier einige typische Antworten:

Leistungen des Einzelhandels

LF 1

„Als Alleinstehende finde ich es prima, dass man bei uns überall auch kleine Mengen kaufen kann. Ich bevorzuge Naturkost und bin froh, dass wir jetzt auch in Neuburg einen Bio-Supermarkt haben."
(Monika R., 33 Jahre, Grundschullehrerin)

„Für mich mit einer großen Familie und daher wenig Zeit ist es ganz wichtig, dass ich alles in der Nähe bekommen kann und kein Auto brauche. Unsere Kinder sind begeisterte Obstesser und freuen sich auch im Winter über einen knackigen Apfel."
(Ute B., 41 Jahre, Mutter von 5 Kindern)

„Unser Warenhaus hat eine riesige Auswahl. Ich kaufe nicht gerne ein und bin froh, alles unter einem Dach zu finden. Das vielfältige und internationale Angebot in der Lebensmittelabteilung schätze ich besonders."
(Thomas K., 28 Jahre, Programmierer)

„Bei meiner Figur und 25 kg zu viel benötige ich auf jeden Fall fachkundigen Rat beim Anzugskauf. Außerdem muss meist was geändert werden."
(Heinrich M., 54 Jahre, Bankdirektor)

„Also ohne mein Schwätzchen jeden Vormittag mit den netten Verkäuferinnen in unserem Supermarkt wäre mein Tag doch recht langweilig. Ganz prima find ich, dass man mir Sprudel und Bier ins Haus bringt. Die Schlepperei wäre doch zu viel."
(Martha A., 76 Jahre, alleinstehende Rentnerin)

> Welche Handelsfunktionen sind den Befragten besonders wichtig? Informieren Sie sich dazu im Informationsteil.

■ INFORMATION

■ Handelsfunktionen

Die Einzelhändler kaufen Waren bei Herstellern und/oder Großhändlern ein und verkaufen sie in der Regel unverändert, d. h. weder bearbeitet noch zu anderen Waren umgeändert, an ihre Kunden.

Bei der Beschaffung und dem Absatz der Waren erfüllt der Handel Aufgaben, die man als **Handelsfunktionen** bezeichnet.

Der Einzelhandel in der Gesamtwirtschaft

Handelsfunktion	Erklärung	Beispiele
Raumüberbrückung	Der Handel (Groß- und Einzelhandel) überbrückt die räumliche Entfernung zwischen der Güterproduktion und deren Konsum. Der Verbraucher kann an seinem Wohnort i.d.R. die gewünschten Waren erwerben.	› Käse aus Holland › Kaffee aus Kenia › Wein aus Italien › Orangen aus Israel › Jeans aus den USA › Bekleidung aus Frankreich › Computerspiel aus Japan
Zeitüberbrückung	Der Handel überbrückt die Zeit zwischen Produktion bzw. Lieferung der Waren und ihrer Verwendung/Verbrauch durch Lagerung.	› Wintersportbedarf › Weihnachtsartikel › Äpfel, Bananen › Wein
Mengenausgleich	Der Handel kauft große Mengen ein und verkauft in kleinen Mengen. Durch Großaufträge an die Hersteller ist für diese eine kostengünstige Massenfertigung möglich und der Verbraucher kann in den von ihm gewünschten Größenordnungen seinen Bedarf decken.	Diese Funktion erfüllt der Handel bei fast allen Artikeln im Sortiment. Ausnahmen sind Einzelanfertigungen (Modellkleid) oder Auftragsproduktionen (Möbelhandel).
Sortimentsfunktion	Der Kunde wünscht ein vielfältiges Angebot. Der Handel stellt sein Sortiment für seinen Kundenkreis zusammen. Dazu ist der Einkauf bei meist mehreren Lieferanten notwendig.	Einkauf › bei Herstellern › bei Großhändlern › auf Messen › über Importeure › bei Einkaufsverbänden
Servicefunktion	Außer Waren werden häufig Kundendienstleistungen angeboten. Sie können sowohl mit dem Kauf einer Ware verbunden sein (Kürzen einer Hose) oder auch nicht (Reinigung einer Hose).	› Warenzustellung › Änderung › Reparatur › Auswahlsendung › Aufbau und Installation › Parkplätze › Kinderecke
Beratungsfunktion	Oft haben Kunden nur geringe Warenkenntnisse. Im Beratungsgespräch erhalten sie vom Verkaufspersonal Informationen und Hilfestellung, um eine bedarfsgerechte Kaufentscheidung treffen zu können.	› Beratungsgespräch beim Kauf einer Küche › Tipps zum richtigen Gebrauch eines Schnellkochtopfs › Pflegehinweise beim Kauf einer Seidenbluse
Qualitätsfunktion	Bei der Zusammenstellung von Sortimenten prüft der Handel durch Kontrollen, Stichproben und Tests, ob die Waren seinen Ansprüchen genügt.	Eine Elektrofachmarktkette nimmt Artikel nur in ihr Sortiment auf, wenn Funktions- und Sicherheitsüberprüfungen in eigenen Testlabors erfolgreich verlaufen.
Kreditfunktion	In vielen Fällen muss der Kunde die Ware nicht sofort bezahlen. Der Handel räumt ihm einen Kredit ein (Finanzierung).	Ein Möbelhaus wirbt mit einer Ratenzahlung bis zu 72 Monaten für nur 2 % Zinsen.

Leistungen des Einzelhandels

Handelsfunktion	Erklärung	Beispiele
Freizeitfunktion und Sozialfunktion	Viele Kunden möchten beim Einkaufen etwas „erleben". Für die einen soll Einkaufen unterhaltsam sein und für andere *(ältere Menschen)* sind Kontakte zum Personal und/oder anderen Kunden wichtig.	› Modenschau › Sonderveranstaltungen › Aktionen für ältere Menschen oder Familien mit Kindern › Leseecke mit Kaffee in Buchhandlung

Wenn der Handel seine Funktionen erfüllt, leistet er ganz wesentlich mehr als Ware lediglich zu verteilen. Erst dadurch, dass **Handelsleistungen** erbracht werden, wird ein **„Erzeugnis"** zur **„Ware"** und damit konsumreif.

Erzeugnis (Gemüse) **+** **Handelsleistung** (sortieren, abpacken) **=** **Ware** (präsentieren)

■ Absatzwege

Eine Ware kann auf sehr unterschiedliche Weise vom Hersteller zu den Konsumenten gelangen. Nicht immer, aber in den meisten Fällen, ist der Einzelhandel daran beteiligt, wie hier am Beispiel „Kaffee" gezeigt werden soll:

Früher bezogen Einzelhändler (meist Fachgeschäfte für Kaffee, Tee und Kakao) Rohkaffee von Importgroßhändlern in Bremen oder Hamburg und rösteten selbst (Veredelung). Auch hatte der Postversand von Kaffee ab Rösterei eine große Bedeutung. Das hat sich völlig geändert.

Heute sind für Kaffee die folgenden „Handelsketten" üblich:

Der Einzelhandel in der Gesamtwirtschaft

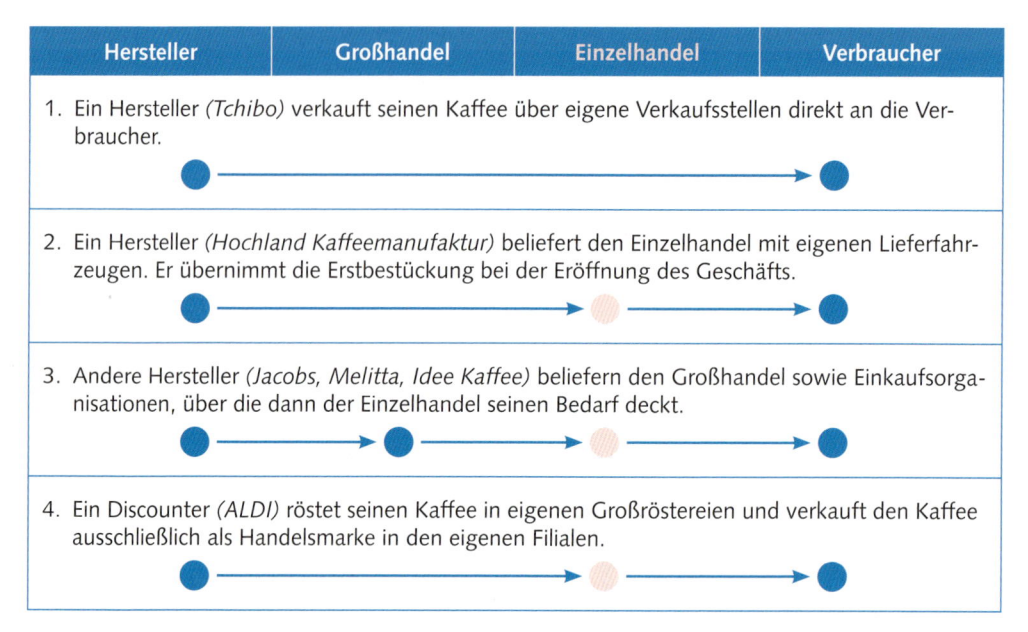

Hersteller	Großhandel	Einzelhandel	Verbraucher

1. Ein Hersteller *(Tchibo)* verkauft seinen Kaffee über eigene Verkaufsstellen direkt an die Verbraucher.

2. Ein Hersteller *(Hochland Kaffeemanufaktur)* beliefert den Einzelhandel mit eigenen Lieferfahrzeugen. Er übernimmt die Erstbestückung bei der Eröffnung des Geschäfts.

3. Andere Hersteller *(Jacobs, Melitta, Idee Kaffee)* beliefern den Großhandel sowie Einkaufsorganisationen, über die dann der Einzelhandel seinen Bedarf deckt.

4. Ein Discounter *(ALDI)* röstet seinen Kaffee in eigenen Großröstereien und verkauft den Kaffee ausschließlich als Handelsmarke in den eigenen Filialen.

Im ersten Fall spricht man von **direktem Absatz** (weil zwischen Hersteller und Konsumenten keine Mittler treten), in allen anderen Fällen von **indirektem Absatz** (weil Groß- und/oder Einzelhandel eingeschaltet sind und diese für Hersteller und Konsumenten Handelsleistungen erbringen).

Abb. Direkter und indirekter Absatz

▪ AKTION

1 Wir haben Kunden im Gespräch miteinander belauscht. Von welchen Handelsfunktionen ist die Rede?

 a) „Ich habe nur eine kleine Wohnung und kann nichts lagern. Da ist es gut, dass dieser Laden gleich in meiner Nachbarschaft liegt."

 b) „Vielleicht sind die Preise woanders niedriger, aber hier kann ich mich auf einen ordentlichen Kundendienst verlassen."

 c) „… und wenn ich am Monatsende ein bisschen knapp bin, kann ich auch anschreiben lassen."

Leistungen des Einzelhandels

LF 1

d) „Ich brauche nicht lange hin und her zu laufen, denn ich finde hier alles unter einem Dach."
e) „Wenn ich mal nicht weiß, was ich stricken soll, finde ich Vorschläge und Strickmuster im Woll-Laden."
f) „Als Alleinstehender brauche ich immer nur kleine Mengen. Die kaufe ich im ‚Tante-Emma-Laden' nebenan."
g) „Ich richte mich bei meinen Einkäufen immer auch nach den Anzeigen, die donnerstags in der Zeitung stehen."
h) „… alles ist tadellos frisch. Ich bin sehr zufrieden."
i) „… und dann eine Auswahl wie in der Großstadt."

2 Erklären Sie die Funktionen des Handels am Beispiel Ihres Ausbildungsbetriebes.

Beschreiben Sie dabei möglichst genau, ob und wie der Betrieb jede einzelne der oben genannten Funktionen erfüllt.

Erstellen Sie eine Tabelle nach folgendem Muster:

Mein Ausbildungsbetrieb:	
Handelsfunktion	wird bei uns erfüllt durch Angebot an:
Raumüberbrückung . . .	

3 Erläutern Sie den Mitgliedern Ihrer Klasse/Lerngruppe, welche anderen Unternehmen in Ihrem Betrieb Handelsfunktionen übernehmen.

4 Nennen Sie drei Beispiele dafür, dass Konsumenten selbst Handelsleistungen erbringen.

5 Sie sind Mitarbeiter(in) im Feinkostgeschäft Bauer. Bei einem Verkaufsseminar erfährt Ihr Chef von Marketingexperten, dass Kunden besonders dann zu Stammkunden werden, wenn sie zu ihrem Geschäft eine emotionale Bindung haben. Nach seiner Rückkehr bittet er Sie ihm Vorschläge zu machen, wie man diese emotionale Bindung verstärken kann. Dazu gibt er Ihnen folgenden Notizzettel:

> Hallo,
> bitte machen Sie mir bis Ende der Woche Vorschläge zur Verstärkung der gefühlsmäßigen Bindung der Kundschaft an unser Geschäft.
> Mir sind folgende Punkte wichtig: Benennung unseres Geschäfts, Ladengestaltung, Warenpräsentation, Sortimentsgestaltung, Werbemaßnahmen.

3.7 Betriebsformen im Einzelhandel

Gibt's Waren nur im Warenhaus und kann man nur im Kaufhaus kaufen?

■ SITUATION

Einzelhandelsbetriebe gibt es in einer Vielzahl unterschiedlicher Formen. Die Tabelle zeigt die Marktanteile der unterschiedlichen Betriebsformen im deutschen Einzelhandel.

Marktanteile von Betriebsformen in Deutschland (HDE, Berlin)	Anteil in %
1. Fachgeschäfte (nicht filialisiert)	16,2
2. Fachmärkte	16,2
3. Discounter	15,3
4. Filialisten des Fachhandels	14,1
5. SB-Warenhäuser/Verbrauchermärkte	10,9
6. Supermärkte/traditioneller LEH	9,8
7. Versandhandel	3,7
8. Kauf- und Warenhäuser	2,4
9. Online-Handel	4,7
10. Sonstige (Convenience, ambulanter Handel)	4,8

1. Notieren Sie auf einem Blatt Papier die Betriebsform Ihres Ausbildungsbetriebs. Erstellen Sie in der Klasse eine „Hitliste" der häufigsten Betriebsformen. Vergleichen Sie mit den Marktanteilen der Betriebsformen in Deutschland und ermitteln Sie den prozentualen Anteil in Ihrer Berufsschulklasse. Welche Gemeinsamkeiten bzw. Unterschiede können Sie feststellen? Präsentieren Sie das Ergebnis als Wandzeitung in der Schule.
2. Nicht jede Ware findet sich in allen Betriebsformen im Sortiment.
   a) Informieren Sie sich in der Sachdarstellung und notieren Sie die Betriebsformen, bei denen Textilien und Bekleidung angeboten werden.
   b) Suchen Sie in der Sachdarstellung die Informationen zur Betriebsform Ihres Ausbildungsbetriebes. Erstellen Sie damit einen „Steckbrief" Ihres Ausbildungsbetriebes. Orientieren Sie sich am folgenden Muster:
   – Sortimentsdimension, – Sortimentsschwerpunkt, – Betriebsgröße
   – Serviceangebot, – Standort, – Verkaufsform.
3. Für welche klassischen Betriebsformen sehen Sie im Internet-Handel eine ernsthafte Konkurrenz?

■ INFORMATION

Betriebsformen geben Auskunft darüber, welche Leistungen ein Handelsbetrieb seinen Kunden anbieten will und wie er vorhat, dieses umzusetzen. So erwartet der Kunde in einem Fachgeschäft ein anderes Sortiment als bei einem Discounter.
Während im **Laden-** und **ambulanten Handel** fast immer ein direkter Kontakt zur Ware möglich ist, wird sie beim **Bestellhandel** *(Versandhaus, Internet)* nur als Abbildung präsentiert.

Betriebsformen im Einzelhandel

LF 1

3.7.1 Herkömmliche Betriebsformen im Ladenhandel

Die unterschiedlichen Ausprägungen der Handelsunternehmen lassen sich nach der Sortimentsdimension (breit/eng und tief/flach) sowie der Sortimentsstruktur, Verkaufsform und der Größe der Verkaufsfläche systematisieren.

■ Merkmal Sortimentsdimension

Fachgeschäft und Spezialgeschäft

Fachgeschäfte sind Betriebe mit einem breit und tief gegliederten **Sortiment** einer bestimmten Branche *(Augenoptiker)* oder Bedarfsgruppe *(Sportartikel)*. In Fachgeschäften ist häufig üblich, dass die Kunden durch das Verkaufspersonal während des gesamten Verkaufsvorgangs bedient werden. Serviceleistungen spielen eine wichtige Rolle.

Fachgeschäfte zeichnen sich durch ein mittleres bis gehobenes, in manchen Fällen auch hohes, Preisniveau aus. Der **Standort** befindet sich meist in vor- und innerstädtischen Zentren sowie in Einkaufszentren. Die **Ladeneinrichtung** wird oft sehr individuell gestaltet und reicht von einfachem, bis zu modernstem und luxuriösestem Design *(Textilfachgeschäft, Sportfachgeschäft, Feinkostgeschäft)*.

Abb. Optikerfachgeschäft

Das **Spezialgeschäft** ist eine Sonderform des Fachgeschäfts und beschränkt sein Sortiment auf einen Ausschnitt eines Fachgeschäfts, ist aber tiefer als jenes gegliedert (**„Die Käsetheke", „Surf and Snow", „Krawattenecke"**).

Waren- und Kaufhaus

Warenhäuser *(Karstadt, Kaufhof)* sind Großbetriebe, die Waren aus vielen Branchen anbieten *(Textilien, Schuhe, Haushaltswaren, Schreibwaren, Uhren u. Schmuck, Lebensmittel u.a.)*. Die bevorzugten **Standorte** sind die Stadtzentren von Großstädten. Aber auch in kleineren Städten gibt es Filialen dieser Handelskonzerne, die aber nicht die Sortimentsbreite und -tiefe, wie die großen „Flaggschiffe" erreichen. Große Warenhäuser haben ein **Sortiment**, das bis zu 300.000 Artikel umfassen kann. Die Zusammenfassung des Warenangebotes und dessen attraktive und zum Teil luxuriöse Präsentation üben eine starke Anziehungskraft auf große Teile der Bevölkerung aus („Alles unter einem Dach").

Abb. Warenhaus

© Kaufhof AG, Köln

73

Allerdings wird die einst starke Marktposition der Warenhäuser durch das vermehrte Auftreten von Verbrauchermärkten, SB-Warenhäusern und Einkaufszentren angegriffen.

Daher versuchen die Warenhauskonzerne sich nicht in erster Linie über den Preis, sondern durch große Auswahl in zahlreichen Fachabteilungen, durch eine moderne und anziehende Ladengestaltung sowie ein reichhaltiges Serviceangebot *(Gastronomie, Frisör, Reise)* zu profilieren. Einkaufen soll so zum Erlebnis werden *(Themenhauskonzept bei Karstadt, Galeria-Konzept bei Kaufhof)*.

Kaufhäuser sind Einzelhandelsbetriebe, die den Warenhäusern ähneln. Ihr **Sortiment** umfasst nicht so viele Warengruppen, ist jedoch auch tief ausgeprägt. Gewöhnlich fehlen Lebensmittelabteilungen.

Kaufhäuser gibt es besonders im Bereich **Bekleidung** und **Textilien** *(C&A, Peek u. Cloppenburg)*.

Auch die großen **Möbelhäuser** mit Verkaufsflächen bis zu 70.000 m² können als Kaufhäuser bezeichnet werden *(IKEA, XXXLutz, Walther AG, Möbel Hofmeister)*. Die **Standorte** sind im textilen Bereich in den Innenstädten, während die Möbelkaufhäuser wegen ihrer Abholmärkte viele Parkplätze benötigen und sich daher meist am Stadtrand befinden.

Abb. Möbelkaufhaus

■ Merkmal Sortimentsstruktur und Verkaufsform

Supermarkt

Supermärkte sind Einzelhandelsbetriebe, die in der Form der **Selbstbedienung** auf einer Verkaufsfläche von mindestens 400 m² neben einem vollen **Lebensmittelsortiment** auch ergänzende problemlose Waren des täglichen Bedarfs anbieten. Haupt- und Nebenstraßen der Städte sind der bevorzugte **Standort** für einen Supermarkt. In geschlossenen Wohngebieten finden sich diese Märkte in Nachbarschaftszentren, in denen sich mehrere Einzelhandelsbranchen zusammenfinden. Aber auch Einkaufszentren sind ein gut geeigneter Standort.

Bei den Supermärkten werden zwei Haupttypen unterschieden:

Servicesupermarkt	Eine oder auch mehrere Bedienungsabteilungen, stilvolle Ladeneinrichtung, umfassendes Frischesortiment. Neben dem Warenkauf gewinnt der „Verzehr vor Ort" an Bedeutung *(Stehcafé, „heiße Theke")*.
Discountsupermarkt	Reine Selbstbedienung, einfache Ladengestaltung und ein sehr begrenztes Frischesortiment. Eine klare Abgrenzung zu Discountgeschäften ist nicht möglich.

Betriebsformen im Einzelhandel

LF 1

Verbrauchermärkte und Selbstbedienungs-Warenhäuser

Verbrauchermärkte (ab 1.500 m² Verkaufsfläche) und die aus ihnen hervorgegangenen **SB-Warenhäuser** (ab 3.000 m² Verkaufsfläche) sind **Großraumläden** mit einem umfassenden Lebensmittelsortiment. Zusätzlich bieten sie ein einem Warenhaus ähnliches Non-Food-Sortiment. Kennzeichen dieser Betriebsform ist ihre z. T. sehr aggressive Preispolitik. Es herrscht das **Selbstbedienungssystem** vor. Verbrauchermärkte und SB-Warenhäuser haben nicht nur mehr Fläche als herkömmliche Selbstbedienungsgeschäfte, sondern zeichnen sich i. d. R. auch durch eine besondere Ausstattung und Warenpräsentation aus.

Die Abbildung unten links zeigt eine Erholungszone in einem Lebensmittelverbrauchermarkt mit Sitzgelegenheit und kostenlosem Getränkeangebot.

Zusätzlich erhöhen z. B. Banken, Restaurants, Reinigungen, Frisöre und Reisebüros die Attraktivität dieser Handelsbetriebe für den Kunden *(E-Center, Kaufland, Marktkauf)*.

Mit zunehmender Fläche steigt jeweils der Non-Food-Anteil am Sortiment.

Verbrauchermärkte und SB-Warenhäuser befinden sich nicht nur „auf der grünen Wiese", sondern auch in innerstädtischen Lagen, wobei eine ausreichende Zahl an Parkmöglichkeiten gewährleistet sein muss.

Abb. Verbrauchermarkt

Abb. Erholungszone im Verbrauchermarkt

Discounter

Discountgeschäfte *(Aldi, Lidl, Netto)* sind Handelsbetriebe, die **Lebensmittel** – und in einem **beschränkten** Umfang auch **Non-Food-Artikel** – zu besonders günstigen Preisen nach dem Prinzip der **Selbstbedienung** anbieten.

Das **Sortiment** ist breit und flach. Discountgeschäfte finden sich in innerstädtischen Zentren, an Einkaufszentren angegliedert und wegen der günstigen Parkmöglichkeiten auch in Stadtrandgebieten. Verstärkt übernehmen Discounter die Rolle von **Nahversorgern**, da in vielen

Abb. Discounter

3.7.2 Betriebsformen für spezielle Kundenansprüche

■ Convenience Store: schnell, bequem und rund um die Uhr!

Ein Convenience Store (convenience = Bequemlichkeit) ist ein moderner „Tante-Emma-Laden". An Standorten mit hoher Verkehrsfrequenz *(Tankstellen, Bahnhöfe, Flughäfen)* bietet er ein breites und flaches Sortiment für den täglichen Bedarf auf einem relativ hohen Preisniveau.

Tankstellen erzielen heute mit dem Shop-Geschäft mehr Umsatz als mit dem Verkauf von Mineralölprodukten. Dies liegt sowohl an den gut erreichbaren Standorten (verkehrsorientiert) als auch daran, dass für diese Betriebe das Ladenschlussgesetz nicht in vollem Umfang gilt.

Abb. Tankstellen-Shop

■ Boutique: klein, aber fein!

Die Boutique ist ein zumeist kleiner Einzelhandelsbetrieb, der ein begrenztes und auf die jeweilige Kundenzielgruppe ausgerichtetes Sortiment anbietet. Meist sind es modische und exklusive Waren aus den Bereichen Bekleidung, Schmuck und Wohnungseinrichtung. Boutiquen finden sich auch als Fachabteilungen in Waren- und Kaufhäusern und wenden sich vor allem an Kunden, die eine individuelle Beratung und ein besonderes Warenangebot schätzen.

Abb. Textilboutique

© vipman4 – stock.adobe.com

■ Hofladen, direkt vom Bauern auf den Tisch!

Landwirtschaftliche Erzeugerbetriebe nutzen zunehmend die Möglichkeiten der **Direktvermarktung** an Konsumenten.

In einem Hofladen bieten sie insbesondere Produkte aus dem eigenen Gemüse- und Obstanbau *(Spargel, Erdbeeren)* und der Milch- und Tierzucht *(Lamm, Gänse, Eier)* an.

Oft handelt es sich um Landwirte, die ökologischen Landbau betreiben oder regionale Spezialitäten anbieten.

Abb. Hofladen

Betriebsformen im Einzelhandel

■ Einkaufszentren (Shopping Center): einkaufen und erleben!

Einkaufszentren sind eigentlich keine eigenständige Betriebsform, sondern eine räumliche Konzentration verschiedener rechtlich selbstständiger Unternehmen in unterschiedlicher Betriebsform *(Warenhaus, Fachgeschäfte, Boutique, Discounter)* sowie weiterer zahlreicher Dienstleistungsbetriebe an einem Standort.

Moderne Einkaufszentren werden zentral verwaltet und sind so konzipiert, dass die Verbraucher sie als Einheit auffassen. Dies wird u.a. auch durch gemeinsame Werbemaßnahmen erreicht.

Sie verfügen über ausreichend Parkplätze und liegen entweder verkehrsgünstig außerhalb von Ballungszentren oder sind von vornherein als innerstädtisches Bauvorhaben geplant.

Einkaufszentren bieten ihren Kunden nicht nur „alles unter einem Dach", sondern auch Dienstleistungen und Aktionen rund ums Einkaufen, das damit zu einem Erlebnis werden soll. Diese Kombination finden die Kunden in besonders ausgeprägter Form in den sogenannten **„Urban Entertainment Centers"** (UEC). Hierbei werden Angebote vorwiegend erlebnisorientierter Einzelhandelsgeschäfte mit Unterhaltungs- und Gastronomieangeboten räumlich zusammengefasst.

Solche Zentren haben sich zu einem überregionalen Anziehungspunkt für Konsumenten entwickelt und haben pro Jahr bis zu mehreren Millionen Besucher. Deutschlands größtes Einkaufszentrum ist das „CentrO" in Oberhausen mit ca. 120.000 m² Verkaufsfläche und ca. 220 Geschäften.

Abb. CentrO – Oberhausen, Mall

Factory-Outlet-Center (FOC): Markenware zu günstigen Preisen!

Für den klassischen Einzelhandel stellen Factory-Outlet-Center eine Herausforderung dar, da bei dieser Betriebsform auf den Handel als Mittler zwischen Hersteller und Verbraucher völlig verzichtet wird. In einem FOC verkaufen unterschiedliche Hersteller eigene Markenartikel fernab ihrer Produktionsbetriebe unter einem Dach.

FOC dürfen daher nicht mit Fabrikläden verwechselt werden. In diesen wird selbsterstellte Ware an Endverbraucher – meist auf dem Fabrikgelände – verkauft.

Bei einem FOC handelt es sich um ein geplantes Einkaufszentrum mit einem Angebot an Markenartikeln, wie es auch in bestehenden Einkaufszentren und in den Innenstädten zu finden ist. Die Hersteller wollen besonders solche Kunden ansprechen, die Markenqualität zu günstigen Preisen einkaufen wollen. Neben den preisreduzierten regulären Waren werden aber auch Waren aus Überschussproduktion, zweite Wahl und bei Modefirmen Stücke aus älteren Kollektionen angeboten.

Kritiker der Ansiedlung von Factory-Outlet-Centern befürchten durch ihre Ansiedlung eine Schwächung des innerstädtischen Einzelhandels. Die Folgen wären eine weitere Verödung der Innenstädte sowie eine Zunahme des Individualverkehrs, da diese Zentren meist nur mit dem eigenen Pkw angefahren werden können.

3.7.3 Handel ohne festen Standort (ambulanter Handel, Wanderhandel)

Der **ambulante Handel** ist nicht an feste Standorte und offene Verkaufsstellen gebunden.

Er findet auf **Straßen** und **Märkte**n statt, aber es werden zunehmend auch die **privaten Haushalte** aufgesucht.

Abb. Verkaufswagen auf Wochenmarkt

Heutige Formen des ambulanten Handels		
	Beispiele	Besonderheiten
Ware zum Kunden	Waren, die hauptsächlich im Haushalt Verwendung finden (*Elektrogeräte, Kunststoffgeschirr, Kochtöpfe*), Kosmetik, Schmuck, Eis und Tiefkühlkost, Weine.	Neben dem Gesichtspunkt „Bequemlichkeit" schätzen besonders Frauen den Einkauf zu Hause im Freundeskreis. Einkaufen wird zum gesellschaftlichen Ereignis (*Hauspartys*).
Kunde zur Ware	Markthandel in Form des Wochenmarktes (*Obst, Gemüse, Milchprodukte, Fisch, Fleisch*) oder als „Jahrmarkt" (*Haushaltswaren, Bekleidung, Süßwaren*).	Viele Verbraucher schätzen Frische und die Sortimentsvielfalt auf überschaubarem Raum. Einzelhändler aus der Lebensmittelbranche nutzen Märkte als zweite Absatzschiene (*Käsestand*).

Betriebsformen im Einzelhandel

3.7.4 Bestellhandel

Beim Bestellhandel sieht der Kunde in der Regel die Ware nicht im Original. Ausnahmen sind z. B. Bestellungen aufgrund von Mustern und Proben. Viele dieser Angebote sind im stationären Handel nicht erhältlich *(CDs, Bücher, Kaffee, Textilien)*.

Angebotsformen des Verkäufers	Bestellmöglichkeiten des Kaufers	Warenzustellung
› Printmedien *(Kataloge, Prospekte, Anzeigen)* › elektronische Medien *(DVD, Radio, Fernsehen, Online-Dienste)* › Außendienstmitarbeiter *(s.a. „Hauspartys" beim ambulanten Handel)*	› schriftlich › per Fax › telefonisch › elektronisch (E-Mail, Internet) › mündlich	› firmeneigene Transportmittel › Deutsche Post AG › private Zustelldienste › Außendienstmitarbeiter

Merkmale des Bestellhandels:

› Einkauf von jedem Ort, an jedem Tag und zu jeder Zeit.
› Spezialangebote für fast jeden Bedarf.
› Häufig Preisgarantie über mehrere Monate *(Versandhandel)*.
› Anonymer Einkauf, Vermeidung möglicher Kaufzwänge.
› Meist Einkauf ohne Risiko durch großzügige Rücknahmebestimmungen.
› Bequeme Zahlungsmöglichkeiten *(Kreditkarten beim Online-Shopping)*.
› Zustellung der Ware ins Haus.

> Im Jahr 2019 wird nach Angaben des Bundesverbandes des Deutschen Versandhandels (BVH) ein Umsatz von über 40 Milliarden EUR erwartet. Ungebrochen ist dabei der Trend zu mehr Online-Bestellungen (64 Prozent des Branchenumsatzes).
>
> Einen deutlichen Schub gibt die Verbreitung von Smartphones und Tablet-Computern, die jederzeit und überall mobiles Einkaufen ermöglichen. Doch der Papierkatalog wird laut BVH nicht verschwinden.
> Quelle: BVH

■ Katalog-Versandhandel

Lange Zeit boten **Versandhändler** ihre Waren hauptsächlich über **Kataloge** den Kunden an. So wurden in den 1970er Jahren über 25 Millionen Kataloge der vier größten Versandhäuser Deutschlands produziert. Zu den heutigen bedeutendsten Katalogversendern gehört das Versandhaus OTTO mit einer Auflage seines tausend Seiten starken Hauptkatalogs von 5 Millionen. Außerdem produziert OTTO bis zu 70 Spezialkataloge. Weltweiter Spitzenreiter ist der IKEA-Katalog, der in 208 Millionen Exemplaren und in 31 Sprachen gedruckt wurde.

Die **Bedeutung von Katalogen** geht allerdings aus mehreren Gründen zurück:

› zunehmende Bedeutung des Online-Bestellhandels
› hohe Herstellungskosten
› schlechte Ökobilanz von Druck-Erzeugnissen

■ Elektronischer Bestellhandel (Electronic-Shopping)

Elektronische Bestellmöglichkeiten werden sowohl von den Versandunternehmen als auch von stationären Handelsunternehmen (*„Virtuelles Warenhaus"*) sowie einer Vielzahl neuer auf diese Medien spezialisierter Anbieter offeriert. Fast jeden Tag kommen neue Anbieter dazu.

	Offline-Shopping
 **RADIO**	Besonders in Spartensendern gibt es zahlreiche Angebote, die ganz speziell auf die jeweilige Hörergruppe (und deren Einkommensverhältnisse!) des Senders zugeschnitten sind (*Golf-Wochenende im Fünf-Sterne-Luxushotel, für die Liebhaber klassischer Musik oder für die Hörer eines Pop-Senders aktuelle CD-Angebote*).
TV	Bequem vom Sofa zu Hause wird Ware im „Fernsehkaufhaus" über das Telefon bestellt. Das Warenangebot ist breit gefächert: Schmuck, Sportartikel, Geschenkartikel, Haushaltsgeräte, aber auch Schuhe und Textilien sind im Sortiment. Teleshopping gibt es in zwei Angebotsformen:

	Angebote innerhalb des Programms privater TV-Kanäle	Angebote in Shopping-Kanälen (Home-Shopping-Europe, QVC)
Bestellung	telefonisch	telefonisch
Sortiment	einzelne Angebote (*CDs, Trimmgeräte, Pflegemittel*)	mehrere hundert Artikel
Programmausstrahlung	Zu bestimmten Sendezeiten, meist am Vormittag und am späten Abend und in der Nacht.	Je nach Sender bis zu 24 Stunden
Konditionen/ Lieferzeiten	Lieferzeit meist bis zu 30 Tagen mit einem großzügigen Rückgaberecht.	Je nach Sender innerhalb 3 bis 10 Tagen, u. U. mit einem kostenlosen Rückgaberecht innerhalb 14 Tage

Betriebsformen im Einzelhandel

	Online-Shopping
Einkaufen im Internet	Im Internet zeigen Händler ihre Warenangebote in einem elektronischen Katalog ihres Online-Shops, der über eine Internetadresse zu erreichen ist (http://www.xyz.de/). Außer Bildern und Texten sind häufig Videoclips und/oder Musikaufnahmen enthalten. © phonlamaiphoto – stock.adobe.com
Internationale, nationale und überregionale Angebote	Waren aus allen Sortimentsbereichen des Versandhandels, Unterhaltungselektronik *(Software, CDs, Fachbücher, PC-Zubehör)*, Büroartikel, Hi-Fi-Geräte, aber auch exklusive Geschenke und hochwertige Nahrungs- und Genussmittel.
Regionale und örtliche Angebote	Annahme von Warenbestellungen und Lieferung in die Wohnung bzw. das Haus der Kunden *(Lebensmittel, Blumen)*.
Beispiel für einen Online-Shop	© Pixel-Shot – stock.adobe.com
Vorteile für Anbieter	Die Angebote können sehr flexibel gestaltet werden. Veränderungen im Sortiment, der Preise und Konditionen sind schnell, problemlos und kostengünstig vorzunehmen. Zeitlich begrenzte Aktionen *(Weihnachtsangebote)* oder auf die jeweilige Zielgruppe ausgerichtete Angebote schaffen zusätzliche Kaufanreize. Durch Bestellungen erhält der Anbieter wichtige Kundendaten.

Der Einzelhandel in der Gesamtwirtschaft

Vorteile für den Kunden	Wer beim virtuellen Händler einkauft, der schätzt nicht nur die damit verbundene Bequemlichkeit, sondern auch die Möglichkeit, unverbindlich und anonym sich über das Warenangebot zu informieren. Erst durch die Bestellung werden persönliche Daten bekannt. Zudem ist ein Kauf unabhängig von Ort und Zeit möglich (kein Ladenschluss, keine lästige Parkplatzsuche). Außerdem bieten viele Anbieter zusätzlich interessante Serviceangebote, die über den reinen Warenkauf hinausgehen *(Pflegetipps, Urlaubsangebote, zur Ware passende Literatur)*. Beispiel: Bestell- und Lieferleistungen eines Online-Händlers:

Ihre Vorteile auf einen Blick:

- ✓ **bequem**
  zu Hause bestellt – nach Hause geliefert
- ✓ **schnell**
  Auslieferung innerhalb von 24 Stunden (in über 95 % aller Fälle)
- ✓ **sicher**
  128-bit-SSL
- ✓ **informativ**
  wir beschreiben und illustrieren unsere Produkte bestmöglich
- ✓ **international**
  wir liefern überall hin

- ✓ **Großes Sortiment**
  über 1.700 Artikel für Ihr Wohlbefinden
- ✓ **Marken-Qualität**
  Alle Produkte entsprechen deutschen und EU-Richtlinien und Gesetzen
- ✓ **Kauf auf Rechnung**
  (Deutschland, Österreich, Schweiz)
- ✓ **14 Tage Rückgaberecht**
  ohne Angabe von Gründen
- ✓ **Hotline**
  0180-50 500 44

Blitz-Info
Shopping
Wie geht's?

Probleme	Die Adresse des Anbieters (Homepage) muss bekannt gemacht werden. Dies kann mit erheblichen Kosten verbunden sein. Um die Risiken bei der Bezahlung klein zu halten, ist die Bezahlung per Nachnahme oder per Bankeinzug zu empfehlen. Vorsicht ist für Kunden bei Bezahlung mit Kreditkarte angeraten. Die Möglichkeit, dass Hacker an die Kreditkartennummer herankommen, ist nicht auszuschließen. Daher sollte man die Kartennummer nur dann angeben, wenn die Übertragung in verschlüsselter Form erfolgt (SSL-Verfahren). Für den Kunden bleibt aber stets das Risiko, ungeeignete Ware zu erhalten.

Ablauf eines elektronischen Einkaufs

Ware auswählen	Auf der Homepage des Verkäufers wird per Mausklick der gewünschte Warenbereich aus dem virtuellen Sortimentsangebot ausgewählt *(Technik/Multimedia)*. Dann erfolgt die Wahl der Warengruppe *(Foto & Optik)*. Nachdem die Warenart ausgewählt wurde *(Kameras)*, erscheint eine Übersicht zu den im Angebot befindlichen Waren. Meist sind dies kleine Abbildungen (Thumbnails), die durch Anklicken vergrößert werden können. Neben der detaillierten Abbildung erhält der Interessent ausführliche Produktbeschreibungen. Bei ernsthaftem Interesse an der Ware legt man sie durch Mausklick in den elektronischen Einkaufswagen (Warenkorb). Sein Inhalt kann jederzeit eingesehen und verändert (Stückzahl, Löschungen) werden. Sind alle Artikel ausgewählt und in den Warenkorb gelegt, erfolgt die Warenbestellung.
Ware bestellen	Durch einen weiteren Mausklick wird ein elektronisches Bestellformular angezeigt, das bereits alle ausgewählten Artikel und den entsprechenden Einkaufswert enthält. Der Käufer ergänzt das Formular mit seinen persönlichen Daten. Dies entfällt, wenn er bereits über eine Kundennummer verfügt.
	Zum Schluss werden die gewünschten Zahlungsbedingungen ausgewählt (Kreditkarte, Rechnung, Abbuchung, Nachnahme, PayPal) und die Bestellung wird abgeschickt.

Betriebsformen im Einzelhandel

LF 1

Beispiel für Bestellformular:

Hinweise zur formalen und inhaltlichen Gestaltung eines Online-Shops	
Seitengestaltung	Die Homepage sollte sofort das Interesse potenzieller Kunden wecken. Die Startseite muss daher als Blickfang wirken. Aber Vorsicht: Zu überladene Startseiten mit einer Fülle von Bildern und Grafiken können leicht wegen mangelnder Übersichtlichkeit abschreckend wirken. Außerdem verlängern sie die Ladezeiten, was ungeduldige Interessenten u. U. wegklicken lässt.
Angebote	Eine übersichtliche und gut strukturierte Warenpräsentation ist Voraussetzung für ein längeres Verweilen auf der Seite. Neben einer Visualisierung der Artikel ist es u. U. noch wirkungsvoller, Sound und Animationen zu integrieren. Mithilfe einfach zu bedienender Suchoptionen sollte die Auswahl der Produkte erfolgen.
Service	Natürlich erwartet ein Kunde Serviceleistungen rund um die angebotene Produktpalette *(ausführliche Produktinformation, Erklärung spezieller Fachbegriffe in Lexika und Glossaren)*. Zusätzliche Serviceangebote erhöhen die Attraktivität des Online-Shops *(Online-Kochbuch mit Rezepten und Kochanleitungen, Software und Spiele evtl. sogar mit kostenlosen Download-Möglichkeiten, Gewinnspiele, Newsletter und die Möglichkeit, über E-Mail direkt Kontakt zum Shop-Betreiber aufnehmen zu können)*.
Zielgruppe	Wer einen Online-Shop betreiben will, muss sich unbedingt darüber im Klaren sein, ob er seine angepeilte Zielgruppe mehrheitlich über das Internet überhaupt erreichen kann.

© vegefox.com – stock.adobe.com

85

LF 1 — Der Einzelhandel in der Gesamtwirtschaft

■ AKTION

1 Projekt „Fragebogen"
Führen Sie bei Passanten auf der Haupteinkaufsstraße eine kleine Befragung durch, die Ihnen Auskunft darüber geben soll, wo die Verbraucher am liebsten einkaufen. Formulieren Sie dazu einen Fragebogen mit nicht mehr als 5 Fragen.

2 Projekt „Einkaufszentrum"
In Ihrer Stadt will der Gemeinderat in Kürze darüber entscheiden, ob im Gewerbegebiet ca. 2 km vom Stadtzentrum entfernt ein kleines Einkaufszentrum entstehen soll. Gedacht ist an mehrere Fachmärkte, einen Lebensmittelsupermarkt mit ca. 800 m² sowie ein Schnellrestaurant einer bekannten Fast-Food-Kette.

Bilden Sie Gruppen, die folgende Aufgabenstellung lösen sollen:

Gruppe A	Sie vertreten eine große Lebensmittelkette, die den Supermarkt betreiben will. Stellen Sie dem Gemeinderat Ihr Konzept hinsichtlich Sortiment und Ladengestaltung vor.
Gruppe B	Sie sind die Vertreter des örtlichen Handels- und Gewerbevereins. Sie haben erhebliche Bedenken gegen den Bau dieses Zentrums. Formulieren Sie diese Bedenken gegenüber der Stadt und machen Sie Vorschläge, wie die Einkaufssituation am Ort auch ohne Einkaufszentrum verbessert werden könnte.
Gruppe C	Sie gehören zum Bau- und Planungsamt der Stadt. Es war Ihre Idee, ein solches Zentrum zu bauen. Versuchen Sie, die Bedenken des örtlichen Handels zu entkräften.
Gruppe D	Damit die Bürger positiv auf den geplanten Bau des Einkaufszentrums reagieren, erhalten Sie als Werbeagentur die Aufgabe, einen Informationsbrief für alle Bürger der Stadt zu entwerfen. Stellen Sie das geplante Zentrum vor und bringen Sie Argumente, die für den Bau sprechen.

Tragen Sie Ihre Konzeption in Form eines Rollenspiels als Mitglied einer Podiumsdiskussion in der Neuburger Stadthalle vor.

3 Projekt „Shopping im Internet"
Suchen Sie im Internet nach Einkaufsmöglichkeiten für: Lebensmittel, Bekleidung und Schuhe, Bücher und Unterhaltungelektronik.
a) Wo gibt es das größte Angebot?
b) Wie wird das Angebot präsentiert?
c) Wie ist die Preisgestaltung im Verhältnis zum entsprechenden Warenangebot des stationären Handels?
d) In welchen Branchen könnte der Einkauf über das Internet zu einer starken Konkurrenz für Ihre Betriebe werden?

4 Aus welchen Elementen würden Sie eine Homepage für Ihren eigenen Ausbildungsbetrieb gestalten?

5 Welche Vorteile, aber auch welche evtl. Nachteile oder gar Gefahren sehen Sie für Anbieter und Käufer beim Handel von Waren und Dienstleistungen über das Internet?

6 In einem Marketingbuch ist zu lesen:

> „… Menschen, die das Internet nutzen, legen mehr Wert auf Informationen und tendieren dazu, Botschaften, die nur den Verkauf zum Ziel haben, abzulehnen …"

Welche Forderungen ergeben sich daraus für die Gestaltung des Internetauftritts eines Online-Händlers?

Verkaufsformen im Einzelhandel

LF 1

3.8 Verkaufsformen im Einzelhandel

Braucht man heute eigentlich noch Verkaufspersonal?

■ SITUATION

Aufregung in der Geschäftsleitung des Warenhauses Merkur. Geschäftsführer Henke liest in der Abteilungsleitersitzung eine E-Mail der Zentrale vor:

MERKUR AG
– Zentralverwaltung –

Geschäftsleitung der Filiale Neuburg
Herrn Henke

Sehr geehrter Herr Henke,

die von Ihnen vorgelegten Zahlen für das Personalkostenbudget des nächsten Jahres können wir so nicht akzeptieren. Sie planen – anlässlich der Erweiterung unserer Neuburger Filiale um mehr als ein Drittel der bisherigen Verkaufsfläche – 20 neue Stellen. Angesichts der sehr angespannten Finanzsituation unseres Gesamtunternehmens können wir höchstens fünf neue Stellen genehmigen.

Mit freundlichen Grüßen
Dr. D. Danz
Vorstand

Sie haben von der Geschäftsleitung den Auftrag, mehrere Abteilungen „unter die Lupe zu nehmen", um festzustellen, wo eventuell durch eine Änderung der Verkaufsform Personal eingespart und an anderer Stelle eingesetzt werden kann. Da dies bei den Kolleginnen und Kollegen sicher zu Ärger und Sorge um den Arbeitsplatz führen wird, legt die Geschäftsleitung großen Wert darauf, dass die Vorschläge gut begründet sind.

Diese Abteilungen sind zu prüfen	Bisherige Verkaufsformen
Bekleidung für Damen, Herren und Kinder	Vorwahl, teilweise Bedienung
Exklusiv (hochwertige Textilien)	Bedienung
Trendy (günstige Mode für junge Leute)	Vorwahl, teilweise Bedienung
Bambino Kinderparadies	Bedienung
Sport-Studio	Vorwahl
Schuh-Oase	Vorwahl
Neptuns Reich	Bedienung
Süße Ecke	Bedienung
Nadel und Faden	Bedienung
Haushaltswaren	Vorwahl, teilweise Bedienung

Der Einzelhandel in der Gesamtwirtschaft

■ INFORMATION

Abb. Bedienung bei offenen Lebensmitteln

Abb. Vorwahl bei Textilien

Die **Verkaufsform** gibt an, auf welche Art und Weise der Einzelhändler sein Sortiment den Kunden anbietet. Je nach Warenart, Betriebsform und Ansprüchen der Kunden erfolgt dieses Angebot in unterschiedlichen Formen.

Es gibt allerdings keine Regeln, aus denen sich ableiten ließe, welche Verkaufsform für einen Einzelhandelsbetrieb die jeweils beste ist. Vor der **Wahl** der **Verkaufsform** ist u. a. zu klären:

› Welche Waren sind für welche Verkaufsform geeignet?
› Was erwarten die Kunden?
› Welche Verkaufsformen passen zum Image des Unternehmens?
› Welche Flächen stehen zur Verfügung?
› Wie viel Personal kann und soll eingesetzt werden?

Verkaufsform	Merkmale	Eignung	Beispiele
Bedienung	Der Verkäufer ermittelt den Bedarf, legt die Ware vor, berät und argumentiert, übernimmt den Transport zur Kasse, kassiert und packt die Ware ein.	Für erklärungsbedürftige, empfindliche, offene sowie diebstahlgefährdete Artikel.	Fachgeschäft Boutique Metzger Bäcker Fischgeschäft
Selbstbedienung	Der Kunde wählt ohne Beratung die Ware im Geschäft aus, übernimmt den Transport zur Kasse, Verkäufer nimmt das Inkasso vor und Kunde verpackt in der Regel die Ware selbst.	Für problemlose Artikel (vorgepackt, nicht erklärungsbedürftig oder durch Informationen selbsterklärend).	Supermarkt Verbrauchermarkt Fachmarkt Convenience-Store
Teil-Selbstbedienung	Ein Teil des Sortiments wird in Bedienung und ein Teil in Selbstbedienung angeboten	Für Artikel, die beide Verkaufsformen erlauben (Trockensortiment/ Frischwaren im Lebensmittelhandel)	Supermarkt Vebrauchermarkt

Verkaufsformen im Einzelhandel

LF 1

Vorwahl	› Erste Möglichkeit: Der Kunde hat freien Zugang zur verkaufswirksam präsentierten Ware und kann sich entweder beraten lassen oder sich selbst bedienen.	Für fast alle Artikel, die frei zugänglich verkauft werden können.	Fachgeschäft, Kaufhaus, Warenhaus, Fachmarkt.
	› Zweite Möglichkeit: Dem Kunden werden im Verkaufsraum Artikelmuster präsentiert. Die Auswahl erfolgt je nach Kundenwunsch mit oder ohne Beratung. Die eigentliche Ware erhält der Kunde meist originalverpackt vom Lager.	Für diebstahlgefährdete Artikel *(Schuhe, Unterhaltungselektronik, Computer und -zubehör)* und sperrige Artikel *(Großgeräte, Möbel).*	Fachgeschäft, Fachmarkt, Kaufhäuser.

■ AKTION

1 Stellen Sie Vorteile und Nachteile der Selbstbedienung jeweils aus der Sicht der Kunden und des Unternehmens gegenüber.

2 Notieren Sie Artikel Ihres Ausbildungsbetriebes, die für mindestens drei der Verkaufsformen geeignet sind.

3 Die folgenden Unternehmen verfolgen unterschiedliche Handelsziele.
Entscheiden Sie sich jeweils für die zu diesen Zielen passende Betriebs- und Verkaufsform:

Unternehmen	Handelsziel	Fläche in qm
Klu	Verkauf sehr hochwertiger und topmodischer Damenoberbekleidung	80
Spottbillig	Verkauf von Lebensmitteln, aggressive Preisstrategie, geringe Kosten.	600
Ambiente	Möbel-Vollsortimenter mit vielen Fachabteilungen	25.000
Papperie	Angebot von Papier- und Schreibwaren in großer Breite und Tiefe	150
Heim & Garten	Garten- und Campingartikel	2.000

4 Welche Verkaufsform wünschen Sie sich als Kunde beim Kauf von:
   a) Skiausrüstung
   b) Leuchtmittel
   c) Mineralwasser
   d) DVD-Player
   Begründen Sie Ihre Meinung.

3.9 Sortiment des Einzelhändlers

3.9.1 Sortimentsbildung

Ketchup zu Nudeln, Deo-Roller neben Dessous?
Worauf der Einzelhändler bei der Planung seines Sortiments achten sollte!

■ SITUATION

Der Mode-Treff ist ein seit vielen Jahren vom Ehepaar Hesser geführtes Textilfachgeschäft in Neuburg mit den Sortimentsschwerpunkten Damenoberbekleidung, Kinderbekleidung sowie Damen- und Herrenwäsche (einschließlich Hemden und Krawatten).

Sabrina Hesser hat vor kurzem ihre Ausbildung an der Textilfachschule in Nagold mit dem Betriebswirt erfolgreich abgeschlossen und übernimmt nun das elterliche Geschäft (Hesser-Moden e. K.).

Leider sind die Umsätze in den letzten zehn Jahren stetig zurückgegangen. Sabrina will durch eine andere Sortimentsstrategie verlorene Marktanteile zurückholen und sich mit ihrem Sortiment deutlich von den anderen Textilunternehmen in Neuburg (Boutique La Moda, Textilmarkt-GmbH, Mann-o-Mann, Warenhaus Merkur) unterscheiden.

1. Welche Überlegungen muss Sabrina anstellen, um eine erfolgreiche Sortimentsplanung durchführen zu können?
2. Entwickeln Sie mithilfe des Informationsteils drei erfolgversprechende Sortimentsstrategien.
3. Sabrina möchte ihrer Kundschaft neben einem attraktiven Sortiment zusätzlich verkaufsfördernde Dienstleistungen anbieten. Bisher konnten die Kunden im Mode-Treff Textilien ändern lassen. Machen Sie Vorschläge.

■ INFORMATION

Alle **Waren** und **Dienstleistungen** eines Handelsbetriebes bilden sein **Sortiment**. Umfang und Gestaltung des Warenangebotes ergeben sich in erster Linie im Hinblick auf die Erwartungen und das Nachfrageverhalten der Kunden.

So ist das Sortiment mehr als nur die Summe aller geführten Waren und spiegelt im Idealfall die Wünsche der Kunden wider.

Die **Sortimentsbildung** erfolgte lange Zeit hauptsächlich unter dem Gesichtspunkt der Warenbeschaffungsmöglichkeiten. Das Ergebnis war eine Handelslandschaft, die von zum Teil sehr stark

Sortiment des Einzelhändlers

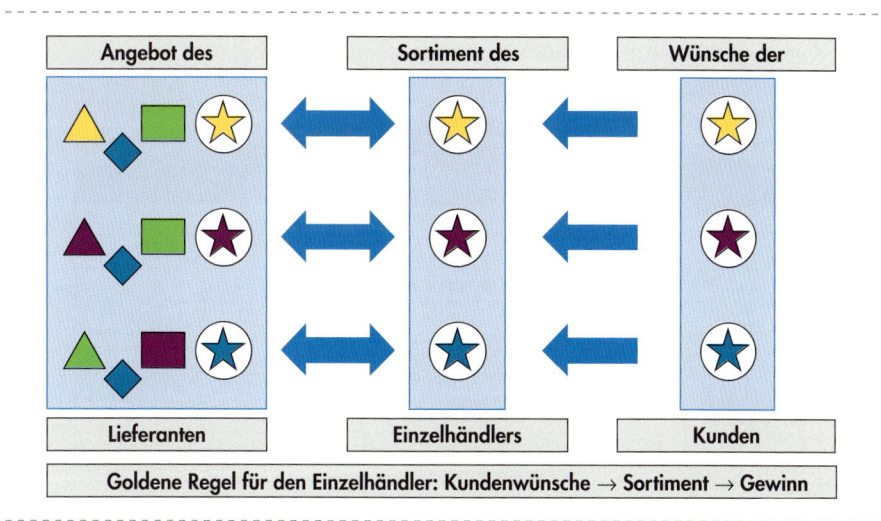

Angebot des	Sortiment des	Wünsche der
Lieferanten	Einzelhändlers	Kunden

Goldene Regel für den Einzelhändler: Kundenwünsche → Sortiment → Gewinn

spezialisierten Fachgeschäften *(Hutgeschäft, Weinhandlung)* geprägt wurde. Die großen Warenhauskonzerne haben diese Struktur in Form einer streng nach Abteilungen gegliederten Warenpräsentation übernommen.

Wenn aber – wie geschehen – der Verkäufermarkt zum Käufermarkt wird, ist eine verstärkte Ausrichtung der Sortimentsbildung am Kunden aus Wettbewerbsgründen unerlässlich. Unter dem Gesichtspunkt „Alles für …" versuchen viele Einzelhandelsunternehmen ein bedarfsorientiertes Sortiment zu gestalten. Durch die Ausnutzung von Verbundeffekten zwischen Waren, die aus Kundensicht zusammengehören, aber bisher noch an unterschiedlichen Stellen im Verkaufsraum angeboten werden, können Kundenwünsche nicht nur besser erfüllt, sondern sogar neue geweckt werden.

>> **Beispiel:** Im Warenhaus Merkur wird eine Abteilung „Young-Girl" gebildet. Die angesprochene Zielgruppe ist zwischen 12 und 16 Jahren alt. Neben Textilien, Schuhen und Accessoires werden Körperpflegeartikel, Modeuhren und -schmuck, CDs und für die Zielgruppe geeignete Bücher und Zeitschriften angeboten.

■ Sortimentsbildung im Versorgungshandel

Versorgungskäufe werden im Rahmen der Basisversorgung getätigt. Es handelt sich dabei meist um gut geplante Einkäufe (Einkaufszettel!) für Güter des täglichen Bedarfs. Die Kaufzeit muss möglichst kurz sein, der Einkauf wird eher als lästige **Notwendigkeit** angesehen und wird auch nicht als Erlebnis empfunden. Ein Sortiment, das diesen Ansprüchen genügt, wird nach wie vor nach Warengruppen ohne besonderen Verbundcharakter gestaltet werden können.

■ Sortimentsbildung im Erlebnishandel

Bei vielen Waren steht nicht der materielle Gebrauchsnutzen im Vordergrund, sondern der in der Vorstellung des Kunden damit verbundene **Zusatznutzen** *(Prestige, Design, Genuss, Zeitgeist)*. Dieser Zusatznutzen konkretisiert sich schon beim Erwerb dieser Ware in der geistigen Vorstellung des Kunden *(„ Mit diesem Kleid werde ich der Mittelpunkt auf der Party sein!")*. Der Kunde stellt also schon beim Kauf einen Bezug zu seinen jeweils individuellen Lebenssituationen her.

Diesen Lebenssituationen werden in der Sortimentsbildung **„Konsumwelten"** gegenübergestellt, in denen Waren thematisch zusammenhängend präsentiert werden.

Konsumwelten				
Thema: **Multimedia**				
Musik	Computer	Software	Audio	Video
Thema: **Haushalt und Wohnen**				
Essen	Küche	Wohnen	Schlafen	Bad
Thema: **Mode und Bekleidung**				
Standard	Trend	Beruf	Freizeit	Kinder
Thema: **Lebensstil**				
Parfümerie	Uhren	Schmuck	Bücher	Reisen
Thema: **Essen und Trinken**				
Lebensmittel mit Erlebnisgastronomie				

Abb. Abteilungsbildung in einem großen Warenhaus

■ Sortimentsbildung nach Warenmerkmalen

Die Sortimentsbildung unter den Gesichtspunkten „Versorgung" und/oder „Erlebnis" sagt nichts über die Eigenschaften der dort angebotenen Waren aus. Eine Sortimentsplanung ist daher auch unter anderen Gesichtspunkten möglich:

Preisorientierte Sortimente	Ökoorientierte Sortimente	Markenorientierte Sortimente
Die Sortimente werden hauptsächlich unter dem Gesichtspunkt Preiswürdigkeit geplant. Neben den Discountgeschäften betreiben sogenannte „Schnäppchenmärkte" *(Sonder- und Restpostenmärkte)* sowie Kaffeefilialisten mit ihren ständig wechselnden Sortimenten im Non-Food-Bereich eine solche Sortimentsstrategie. 	Das gesamte Sortiment wird nach ökologischen Gesichtspunkten zusammengestellt *(Bio-Läden, Textilgeschäfte, Möbelhäuser)*. Es können aber auch nur Teile des Sortiments ökologisch ausgerichtet sein *(Umweltschutzpapier, Bio-Produkte im Supermarkt)*. 	Die Artikel sind durch Marken gekennzeichnet und werden stets in gleicher Art, Qualität und Aufmachung angeboten. Da Markenartikel durch Werbung den Konsumenten bekannt sind, werden sie von vielen Kunden gegenüber anonymen („No-Name-") Waren bevorzugt. 

■ Dienstleistungen als Teil des Sortiments

Meist umfasst das Leistungsangebot eines Handelsunternehmens neben Waren auch Dienstleistungen. Es werden dabei waren- und kundenbezogene Dienstleistungen unterschieden (LF 2; Kapitel 9).

Sortiment des Einzelhändlers

Warenbezogene Dienstleistungen	Kundenbezogene Dienstleistungen
› Änderungsdienste › Reparaturen › Zustellung nach Hause › Verpackung › Auswahlsendung	› Kinderbetreuung › Parkplätze › Gastronomie › Kundenkarten › Finanzierung

■ AKTION

1 Welche Überlegungen müssen bei der Sortimentsplanung im Versorgungshandel besonders berücksichtigt werden?

2 „Die Kunden wollen Erlebnisse, richten Sie sich in Ihrem Sortiment danach!", rät der Referent des Einzelhandelsverbands auf einem Seminar des City-Werbeverbunds den Neuburger Geschäftsleuten.

Wie könnten diese Händler, die bisher hauptsächlich ein Standardsortiment führten, ihre Sortimente in Richtung „Erlebnishandel" verändern?

Reinbach GmbH	Fachgeschäft für Papier und Schreibwaren	**?**
Büchertruhe e. K.	Buchhandlung mit Schwerpunkt Taschenbücher und preiswerte Sortimente	
Bessler e. K.	Fachgeschäft für Uhren-Schmuck und Optik	
Russmann AG	Drogerie mit Haushaltsprodukten	
Manz KG	Supermarkt	

3 Bilden Sie ausgehend von den in Ihrer Klasse vertretenen Branchen eigene „Konsumwelten" mit Waren und Dienstleistungen, die besonders Männer und Frauen Ihrer Altersgruppe ansprechen.

3.9.2 Sortimentsgliederung

Von allem etwas oder von etwas alles? Die Sortimentsgliederung beeinflusst maßgeblich den Geschäftserfolg!

■ SITUATION

Der Einkaufsverband Haus & Heim gehört zu den größten seiner Art und beliefert Fachgeschäfte, Fachmärkte, Warenhausabteilungen und die Filialen eines Discounters mit Haushaltsartikeln sowie Glas- und Porzellanwaren. Im Angebot sind mehr als 20.000 Artikel in drei unterschiedlichen Preislagen (Exklusiv, Standard, Einfach).

> Beschreiben Sie das unterschiedliche Einkaufsverhalten der Einkäufer aus den in der Situation aufgeführten Mitgliedsfirmen mithilfe folgender Sortimentsbegriffe:
> „flach" – „tief" – „breit" – „schmal" – „Kernsortiment" – „Zusatzsortiment" – „Versorgung" – „Erlebnis".

INFORMATION

Sortimentsaufbau

Der Aufbau eines Sortiments wird einmal durch die verschiedenen **Sortimentseinheiten** und zum anderen durch die Anzahl dieser Einheiten beschrieben.

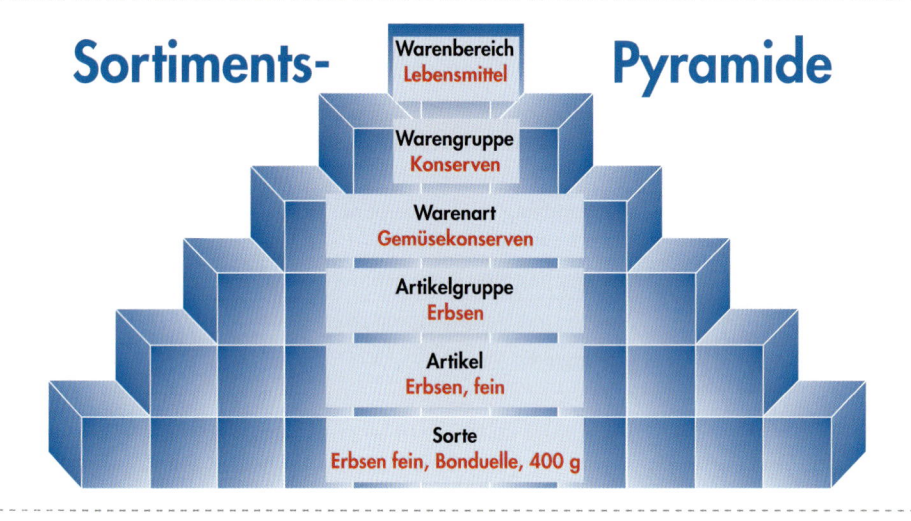

Sortiments-Pyramide

- Warenbereich: Lebensmittel
- Warengruppe: Konserven
- Warenart: Gemüsekonserven
- Artikelgruppe: Erbsen
- Artikel: Erbsen, fein
- Sorte: Erbsen fein, Bonduelle, 400 g

Kleinste Sortimentseinheit ist die **Sorte**. Sie stellt die unterste Ebene der Sortimentspyramide dar. Mit ihr kommt der Kunde unmittelbar in Kontakt und daher bestimmt sie entscheidend das Bild, das ein Kunde vom Unternehmen und dessen Warenangebot hat.

Wie weit ein Unternehmen sein Sortiment gliedert, hängt von den Gegebenheiten der alltäglichen Praxis ab.

Wird mit einem Warenwirtschaftssystem eine genaue Bestandsführung praktiziert, dann ist eine tiefe Gliederung notwendig, um genaues und damit aussagekräftiges Datenmaterial zu erhalten (Renner-Penner-Listen, Bestellvorschlagslisten).

Sortimentsdimension

Besteht das Sortiment aus **vielen Warengruppen**, wird es als **breit** bezeichnet (Warenhäuser, Großversandhäuser). Liegt der Sortimentsschwerpunkt auf **wenigen** oder gar **einer Warengruppe**, handelt es sich um ein **schmales** Sortiment (Wollgeschäft, Hutladen).

Sortiment des Einzelhändlers

Wenn die **Auswahl** an Artikeln und Sorten innerhalb einer Warengruppe groß ist, spricht man von einem **tiefen** Sortiment *(Krawattenshop)*. Ist die Auswahl innerhalb einer Warengruppe gering, liegt ein **flaches** Sortiment vor *(Schreibwarenabteilung in Supermarkt)*.

>> **Beispiel** für Sortimentsdimensionen:

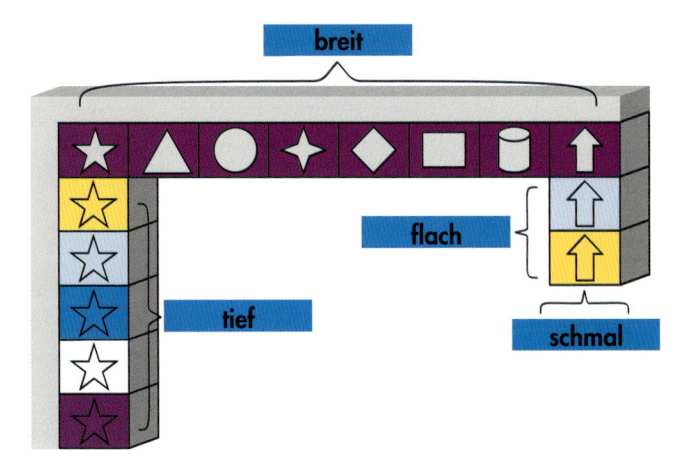

Die Ausprägung der Sortimentsdimension ist stark von der jeweiligen Betriebsform des Unternehmens abhängig.

■ Sortimentsstrukturen

Die Sortimentsstruktur gibt darüber Auskunft, welche Bedeutung bestimmte Warengruppen, Warenarten und Artikel für den Gesamtumsatz haben und wie lange ihre Verweildauer im Sortiment ist.

Präsenzsortiment: Artikel, die ständig im Verkaufsraum angeboten werden (Verkaufssortiment) oder sich im Lager befinden (Lagersortiment).	
Randsortiment: Selten verlangte Waren sowohl aus dem Kern- als auch dem Zusatzsortiment, z. B.: Sondergrößen bei Textilien, brillantbesetzte Armbanduhr.	**Kernsortiment:** Es besteht aus allen Waren, die angeboten werden müssen, damit das Geschäft von den Kunden überhaupt angenommen wird. Die Artikel des Kernsortiments werden unabhängig von Saisoneinflüssen das ganze Jahr über den Kunden angeboten. Mit dem Kernsortiment wird der Hauptumsatz des Unternehmens erzielt. Beispiele: Lebensmittel, Textilien, Schuhe, Möbel
	Zusatzsortiment: Ergänzung des Kernsortiments, z. B.: Lebensmittel → Feinkost (Aufwertung) Lebensmittel → Schreibwaren (Erweiterung)
Saisonsortiment: Waren, die zu bestimmten Jahreszeiten angeboten werden *(Osterhasen, Lebkuchen, Skibekleidung, Schultüten)*.	**Aktionssortiment:** Waren, die bei Verkaufsaktionen angeboten werden *(italienische Spezialitäten anlässlich einer Italienischen Woche)*.

Abb. Sortimentsteile

LF 1 — Der Einzelhandel in der Gesamtwirtschaft

■ AKTION

1 Bereiten Sie eine Präsentation Ihres Ausbildungssortiments vor. Dazu listen Sie alle Warengruppen nebeneinander auf und erstellen am Beispiel einer Warengruppe die entsprechende Sortimentspyramide.

2 Dokumentieren Sie mithilfe von Metaplankarten die Sortimentsdimension Ihrer Ausbildungsbetriebe. Orientieren Sie sich an folgendem Schema:

	Breite	
Tiefe	?	?
	?	?

3 In Ihrer Berufsschule soll eine Juniorenfirma gegründet werden. Ziel ist es, den Schülerinnen und Schülern während der großen Pausen und über den Mittag ein für sie attraktives Warenangebot zu präsentieren.

a) Wie sollte das Kernsortiment gestaltet werden?

b) Welche Waren eignen sich als Zusatzsortimente?

c) Können Sie verkaufsfördernde Dienstleistungen anbieten?

4 Erstellen Sie eine Übersicht zu Waren Ihres Ausbildungsbetriebes, die zum Aktions- und Saisonsortiment gehören.

5 Ein Warenhauskonzern aus Nordrhein-Westfalen eröffnet sein erstes Warenhaus im Großraum Stuttgart. Alle Häuser führen auch im Lebensmittelbereich bundesweit ein einheitliches Sortiment, das durch die zentrale Einkaufsabteilung für das Gesamtunternehmen gestaltet wird. Nach wenigen Monaten wunderte man sich in der Unternehmenszentrale, warum die Umsätze der Weinabteilung weit unter den Planvorgaben lagen. Welchen Fehler machte der Zentraleinkauf?

6 Eine Analyse des Präsenzsortiments im Baumarkt ProDomo ergab, dass mehr als 15 % der Artikel nur sehr selten nachgefragt werden. Aus welchem Grund hat die Geschäftsleitung entschieden, diese Artikel trotzdem im Sortiment zu belassen?

7 Kaufhof und Karstadt verfolgen das „Galeria-Konzept" und haben ihr Sortiment in die folgenden Warenwelten eingeteilt: *Feinschmeckerparadies, Damenwelt, Herrenwelt, Kids World, Sportwelt, Haushaltswelt, Heimtexwelt, Media World, Schönes und Nützliches.*

a) Geben Sie an und begründen Sie, in welchen Warenwelten sich Textilien finden.

b) Welche Warengruppen finden sich in den folgenden Warenwelten:
   › Haushaltswelt
   › Schönes und Nützliches
   › Kids World
   › Sportwelt?

c) Informieren Sie sich durch einen Besuch im GALERIA Karstadt Kaufhof oder auf der Website (GALERIA.de) über das Galeria-Konzept und berichten Sie vor ihrer Arbeitsgruppe/Klasse.

3.10 Standort des Einzelhandelsbetriebes

Wer die Wahl hat, hat die Qual: Wo ist der beste Standort?

■ SITUATION

Herr Lotter hat nach seiner Ausbildung bei der Reinbach GmbH mehrere Jahre als Vertreter für eine Schreibwarengroßhandlung gearbeitet und möchte nun in seiner Heimatstadt Neuburg ein Fachgeschäft für Papier- und Schreibwaren eröffnen. Er geht von einem Flächenbedarf von ca. 120 m² aus. Aufgrund einer Anzeige in der Branchenzeitschrift „Büro-Praxis" liegen ihm nun zwei Angebote vor:

Standort A	Standort B
Älteres Gebäude, Zustand gepflegt, Fußgängerzone, im ersten Stock des Nachbargebäudes private Handelsschule „Mercurius", Miete 40 €/m². Mietdauer 5 Jahre.	Neubau in Seitenstraße der Fußgängerzone mit Parkstreifen und Bushaltestelle zum Bahnhof, Miete: 20 €/m². Mietvertrag auf 10 Jahre.

Skizze

Der Einzelhandel in der Gesamtwirtschaft

Treffen Sie eine Standortentscheidung, indem Sie die beiden Standorte (siehe Skizze) mithilfe von fünf Merkmalen beurteilen und bewerten. Orientieren Sie sich an folgendem Muster:

Standortmerkmal	Standort A	Standort B	Begründung
....	+*	++	....

* Bewertung: Standortmerkmal schlecht erfüllt (– –), einigermaßen erfüllt (–), erfüllt (0), gut erfüllt (+), sehr gut erfüllt (++).

■ INFORMATION

■ Anlässe für die Standortwahl

Der **Standort** und die Lage eines Einzelhandelsunternehmens entscheiden in vielen Fällen über dessen Existenzfähigkeit. Deswegen sollte vor jeder **Standortentscheidung** genau geprüft werden, ob sich die geplanten Umsatzerwartungen dort auch verwirklichen lassen. Es gibt verschiedene Anlässe, sich über eine Standortwahl Gedanken zu machen:

Anlass	Maßnahme	Beispiel
Aufbau einer selbstständigen Existenz	Gründung	Suche nach Geschäftsräumen für ein Wäschegeschäft.
Der bisherige Standort führt zu Umsatzeinbußen	Umsiedlung	Wegen Baus einer Umgehungsstraße verliert eine Tankstelle einen Großteil der Kunden.
Keine Vergrößerung der Verkaufsfläche möglich	Erweiterung	Baurechtliche Vorschriften verbieten eine Vergrößerung in der City.
Gründung von Filialbetrieben	Ausweitung	Ein großes Möbelhaus gründet Niederlassungen in anderen Bundesländern.
Teilung des Unternehmens	Aufspaltung	Ein Textilfachgeschäft spaltet sich in ein Geschäft für Oberbekleidung und ein Geschäft für Kinderbekleidung.

■ Standortplanung

Die Auswahl eines geeigneten Standorts muss mit größter Sorgfalt vorgenommen werden, da sich eine einmal getroffene Entscheidung nur schwer rückgängig machen lässt. Zudem können dabei erhebliche Kosten und u. U. auch ein Imageverlust entstehen. Deshalb ist es notwendig die ins Auge gefassten Standorte genau zu untersuchen, zu bewerten und erst dann eine Entscheidung für den geeigneten Standort zu treffen.

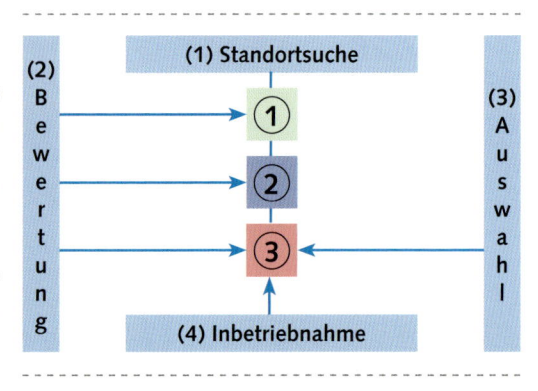

(1) Standortsuche → ①
(2) Bewertung → ②
→ ③ ← (3) Auswahl
(4) Inbetriebnahme

Standort des Einzelhandelsbetriebes

■ Standortarten

Das Sortiment, die Betriebs- und Verkaufsform und die Kundenzielgruppe haben großen Einfluss darauf, welche Standortart bevorzugt wird.

Standortart	Merkmale	Beispiele
Raumorientiert	Günstige Mieten und Grundstückpreise außerhalb der City-Lagen für Großflächen in Selbstbedienung.	› Fachmärkte › Verbrauchermärkte › SB-Warenhäuser
Verkehrsorientiert	Nähe zu Autobahnen und Bundesstraßen, gute Erreichbarkeit mit PKW und/oder öffentlichen Verkehrsmitteln, ausreichend Parkmöglichkeiten.	› Einkaufszentren auf der grünen Wiese › Große Fachmärkte › Möbelmärkte
Absatzorientiert	Nähe zu den Kunden, um diesen den Einkauf zu erleichtern.	› Nachbarschaftsgeschäft mit Lebensmitteln › Textilfachgeschäft in der Innenstadt › Kiosk in Freizeitpark

■ Wichtige Standortfaktoren für den Einzelhandel

Standortfaktoren beschreiben die Bedingungen, die für ein Einzelhandelsgeschäft an verschiedenen Orten gelten. Die Wahl eines optimalen Standorts wird dadurch erschwert, dass neben eindeutig bestimmbaren Faktoren *(Größe des Absatzgebiets, Zahl der Mitbewerber)* auch solche zu berücksichtigen sind, die nicht eindeutig bestimmt werden können *(Einkaufsgewohnheiten, Freizeitverhalten der Verbraucher)*.

Standortfaktor Bevölkerungsstruktur

Die Bevölkerungsstruktur des Einzugsgebietes und das Leistungsangebot des Händlers müssen zueinander passen. Angaben zu folgenden Merkmalen geben darüber Auskunft:

› **Kaufkraft für Ladenhandel** →	Geldbetrag der Verbraucher, der ihnen nach Abzug *(Miete, Energie, Verkehr, Reparaturen, Reisen, Ersparnis)* für Ausgaben im Handel zur Verfügung steht.
› **Altersstruktur** →	Gibt den prozentualen Anteil der Einwohner in einer Altersgruppe *(18 bis 25 Jahre)* an.
› **Einkommen** →	Geldbetrag, der nach Abzug der Steuern und Sozialabgaben zur Verfügung steht *("Besserverdienende")*.
› **Haushaltsgröße** →	Zahl der Personen, die in einem Haushalt leben *(Single-Haushalt, Großfamilie)*.
› **Berufe** →	Anteil der abhängig Beschäftigten, der Selbstständigen und nicht Erwerbstätigen.
› **Bildung** →	Angaben über Schul- und Hochschulabschlüsse

Informationen sind über öffentliche Stellen, Kammern und Verbände zu erhalten, wobei stets die Einhaltung des Datenschutzes zu beachten ist. Um für ein begrenztes Absatzgebiet genaue Daten zu erhalten, muss eine aufwendige **Marktforschung** betrieben werden. Dies ist für einen kleinen Einzelhändler fast nicht möglich, während große Unternehmen mit solchen Untersuchungen von Marktforschungsinstituten *(GFK in Nürnberg)* bis auf Straßenabschnitte genau Zielgruppen-Informationen gewinnen können.

> **Beispiel:** Ein Lebensmittelkonzern plant Nachbarschaftsgeschäfte mit hochwertigem Sortiment *(Convenience, Gesundheit, Frische)* für die Zielgruppe „junge Berufstätige mit gehobenem Einkommen". Einer der möglichen Standorte ist ein citynahes Wohngebiet in Nürnberg.
>
> Die Standortanalyse eines Marktforschungsinstitutes brachte folgende Ergebnisse:
>
> | › **Kaufkraft** | → | überdurchschnittlich (128 %, Nürnberg im Durchschnitt 116 %) |
> |---|---|---|
> | › **Altersstruktur** | → | hoher Anteil der bis 40-Jährigen (52 %) |
> | › **Einkommen** | → | Nettoeinkommen über 2.500 € (20 %) |
> | › **Haushaltsgröße** | → | hoher Anteil an Singles (43 %) |
> | › **Berufe** | → | viele Selbstständige (28 %), berufstätige Frauen (58 %) |
> | › **Bildung** | → | hoher Anteil mit Abitur (46 %) und Hochschulabschluss (27 %) |

Die Untersuchung zeigt, dass der untersuchte Standort für das geplante Sortiment und die angestrebte Kundenzielgruppe genau den Vorstellungen des Lebensmittelkonzerns entspricht.

Standortfaktor Einzugsbereich

Für jeden infrage kommenden Standort müssen die Grenzen des Einzugsbereichs festgestellt werden. Ein Unternehmen mit überörtlicher oder gar überregionaler Bedeutung *(Warenhaus, Einkaufszentrum)* hat einen ganz anderen **Einzugsbereich**, als ein Unternehmen, dessen Kunden hauptsächlich aus dem gleichen Ort oder aus den umliegenden Stadtteilen bzw. Straßenzügen stammen *(Fachgeschäft, Supermarkt)*. Dabei muss berücksichtigt werden, welchen Weg und welche Zeit sind Kunden bereit in Kauf zu nehmen, um bestimmte Waren zu kaufen.

> **Beispiel 1:** Einzugsbereich des Einkaufszentrums CentrO Oberhausen

Das Einkaufszentrum kann erreicht werden von:
- 5 Millionen Menschen in 30 Minuten.
- 15 Millionen Menschen in 1 Stunde.
- 30 Millionen Menschen in 2 Stunden.
- 60 Millionen Menschen, die im Umkreis von 250 km leben.

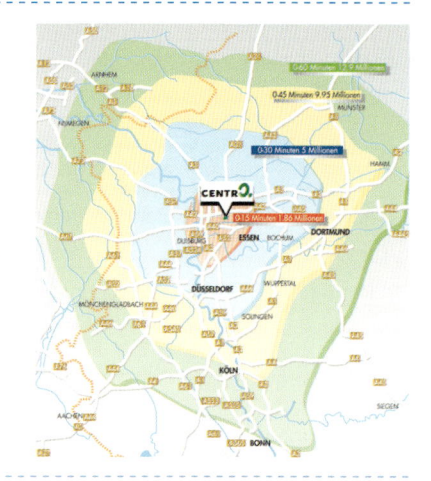

Standort des Einzelhandelsbetriebes

»» Beispiel 2: Notwendiger Einzugsbereich für einen neuen Getränkemarkt in einer Kleinstadt:

› Das Einzugsgebiet sollte mindestens 1.000 Haushalte umfassen, dies entspricht rund 2.500 Einwohnern.
› Interessant sind geschlossene Siedlungsgebiete oder Zufahrtsstraßen zu Siedlungsgebieten.
› Zum nächsten Mitbewerber sollten ca. 1.000 m Luftlinie Abstand sein.

Standortfaktor Wettbewerbssituation

Im Einzelhandel werden die meisten Standortentscheidungen unter dem Gesichtspunkt der Kundennähe *(Absatzorientierung)* getroffen. Jedoch sollte bei der Wahl des Standortes auch stets die jeweilige **Wettbewerbssituation** berücksichtigt werden.

Je nach geplantem Leistungsangebot des Händlers *(Sortiment, Dienstleistungen)* können dabei im Hinblick auf die Wettbewerbssituation **zwei Zielsetzungen** verfolgt werden:

1. „Konkurrenz unerwünscht"	2. „Konkurrenz willkommen"
Das Unternehmen möchte den an diesem Standort möglichen Umsatz alleine erzielen. Dieses Ziel wird häufig von Unternehmen verfolgt, die Waren bzw. Dienstleistungen des täglichen Bedarfs anbieten *(Supermarkt in Wohngebiet, Schuhreparaturservice in Einkaufszentrum, Kiosk in Schulzentrum, Copyshop bei Universität)*. Aber auch „Nebenbetriebe" *(Shop auf Golfplatz oder an einem Skilift)* streben diese Alleinstellung an.	Wenn Waren nicht regelmäßig gekauft werden *(Textilien, Schuhe, Uhren, Brillen)* erhöht sich die Attraktivität des Standorts, wenn Betriebe der gleichen Branche in der Nähe angesiedelt sind. Die Kaufinteressenten dieser Waren wollen ein breites Angebot um vergleichen zu können. Typische Standorte für solche Anbieter sind Fußgängerzonen und belebte Einkaufsstraßen in der City, aber auch geplante Einkaufszentren.

Standortfaktor Verkehrsverhältnisse

Jedes Einzelhandelsunternehmen sollte für die Kunden gut erreichbar sein. So sollten Betriebsformen mit einem kleinen Absatzgebiet *(Nachbarschaftsgeschäfte, Bäckereien, Metzgereien)* gut zu Fuß erreichbar sein, während bei den Großbetriebsformen *(Warenhaus, Verbrauchermarkt, Einkaufszentrum)* vor allem auf gute Erreichbarkeit mit dem PKW und großzügigem Parkplatzangebot zu achten ist.

Ein gut funktionierender **öffentlicher Nahverkehr** mit Haltestellen in der Nähe, wertet einen Standort erheblich auf.

»» Beispiel: Verkehrsverbindungen zum CentrO Oberhausen:

› Direkter Anschluss an 5 Autobahnen
› Straßenbahn- und Bustrasse mit eigener Haltestelle im CentrO
› Taktfrequenz der öffentlichen Verkehrsmittel: 90 Sekunden
› Fahrzeit zum internationalen Flughafen Düsseldorf: 30 Minuten
› 10 500 kostenlose Parkplätze

Standortfaktor Straßenlage in der City

Die Zahl der Passanten, die pro Tag die Innenstadt aufsuchen, hängt u. a. davon ab, ob es sich um eine sogenannte **1A-Lage** *(Fußgängerzone, Haupteinkaufsstraße)* oder eine **1B-Lage** *(Nebenstraße)* handelt. Natürlich spielen auch Größe und Art der Innenstadt eine wichtige Rolle. So ist eine Nebenlage in einer Großstadt mit einem großflächigeren Einkaufskern attraktiver, als ein Geschäft in einer Nebenstraße einer Kleinstadt. Bis auf wenige Ausnahmen befinden sich Großbetriebsformen des Einzelhandels *(Warenhäuser, Kaufhäuser)* ausschließlich in 1A-Lagen.

© Jürgen Fälchle – Fotolia.com

Bedeutung der Straßenlage für Klein- und Mittelbetriebe im Vergleich:

	1A-Lage	1B-Lage
Passantendichte (Frequenz)	Hoch bis sehr hoch, u. U. mehrere tausend pro Tag.	Mittel bis niedrig, u. U. nur wenige hundert pro Tag.
Vorteile	Ein ständiger Strom von potenziellen Kunden kommt am Geschäft vorbei, geringere Werbekosten (Laden und seine Ware ist die beste Werbung).	Durch günstigere Mieten sind größere Flächen möglich. Dadurch volle Sortimentsbreite im Angebot leichter möglich.
Nachteile	Wegen der hohen Mieten z. T. sehr kleine Flächen, die oft nur ein sehr spezialisiertes Sortiment erlauben. Häufig mehrgeschossige Objekte, die nur für bestimmte Branchen geeignet sind (Textil, Spielwaren).	Durch die niedrigere Kundenfrequenz ist man häufig auf Stammkunden angewiesen. Daher Probleme mit Impulskäufen durch Laufkundschaft. Höherer Werbeaufwand nötig.
Eignung für:	Kleinere und mittlere Betriebe, bei denen Mode und Marken eine bedeutende Rolle spielen (Textilien, Freizeit, Sport).	Alteingesessene Unternehmen mit bekanntem Namen und hohem Stammkundenanteil. Aber auch für kleinere Märkte (Lebensmittel, Drogerie) interessant.

Auch die **Bebauung** der jeweiligen Straßenseite kann erheblichen Einfluss auf die Standortqualität haben.

>> **Beispiel:** „Sonnenseite" und „Schattenseite" für ein Sportgeschäft mit Sortimentsschwerpunkt Inline-Skating.

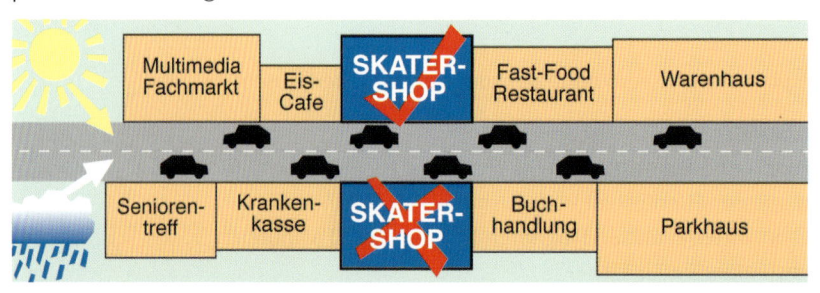

Standort des Einzelhandelsbetriebes

LF 1

Standortfaktor Kosten

Die Aufwendungen des Einzelhandels für Miete, Pacht, Kauf oder Bau eines Geschäfts bzw. Grundstücks sind erheblich. Während in einer Kleinstadt Mieten ab 20 €/m² bezahlt werden müssen, werden in Top-Lagen deutscher Großstädte bis über 150 € je m² verlangt. Für Großflächen gibt es jedoch erhebliche Abschläge und 1B-Lagen können aufgrund der niedrigeren Kundenfrequenz oft schon für 30 bis 50 % des in dieser Stadt üblichen Mietzinses für 1A-Lagen angemietet werden.

■ AKTION

1 Eine Untersuchung zum Thema „Probleme in den Innenstädten" ergab: Von den Unternehmen in Citylage fühlen sich betroffen durch Verunreinigung 68 %, Graffiti 43 %, Drogenszene 42 %, aggressives Betteln 37 %, alkoholisierte Gruppen 35 %, Trick- und Taschendiebstahl 33 %, Vandalismus 20 %.
   a) Welche Möglichkeiten sehen Sie, um die angesprochenen Probleme zu mindern bzw. zu beseitigen?
   b) Entwickeln Sie unter dem Motto „Ab in die Mitte" Maßnahmen, um mehr Menschen in die Innenstadt Ihres Berufsschul-Standortes zu locken.

2 Welche Standortfaktoren waren für die Standortwahl Ihres Ausbildungsbetriebes maßgeblich gewesen?

3 Welche Gründe können einen Einzelhändler veranlassen, sein Geschäft an einen anderen Standort zu verlagern?

Sie haben die Möglichkeit in einer Stadt mit ca. 20.000 Einwohnern ein Fachgeschäft für Damenwäsche, Miederwaren, Badebekleidung und Strümpfe zu eröffnen. Sie möchten ein modisches und hochwertiges Markensortiment anbieten. Leider gibt es für den von Ihnen ins Auge gefassten Standort keine Kaufkraftkennziffern. Worauf müssen Sie achten um Anhaltspunkte zu gewinnen, ob in dieser Stadt ein für Sie geeigneter Kundinnenkreis vorhanden ist?

5 Gruppen-Projekt „Einkaufsstraße" (am Beispiel einer mittelgroßen Kreisstadt):

1. Phase	Jede Gruppe vermerkt auf einem Stadtgang in der von ihr ausgewählten Einkaufsstraße Lage, Anzahl, Betriebsform und Branchenzugehörigkeit der dortigen Einzelhandelsgeschäfte. Berücksichtigen Sie auch die dort ansässigen Dienstleistungsbetriebe (Cafés, Gaststätten, Banken usw.).
2. Phase	Erstellen Sie im Unterricht einen Straßenplan, auf dem die Unternehmen verzeichnet sind. Kennzeichnen Sie mit verschiedenen Farben die wichtigsten Branchen (Lebensmittel, Textil, Schuhe, Unterhaltungselektronik).
3. Phase	Untersuchen Sie das Geschäftsangebot anhand folgender Fragestellungen: › Ist ein ausgewogener Branchenmix vorhanden? › Welche Betriebsformen dominieren? › Besteht ein großer Filialisierungsgrad? › Ist eine Konzentration branchengleicher Geschäfte festzustellen? › Können Vor- bzw. Nachteile der jeweiligen Straßenseite festgestellt werden?
4. Phase	Präsentieren Sie Ihre Ergebnisse vor der Klasse.
5. Phase	Fassen Sie die Ergebnisse aller Gruppen zusammen und schreiben Sie dazu einen Bericht für Ihre Lokalzeitung.

3.11 Organisation im Einzelhandelsbetrieb

3.11.1 Aufbauorganisation

Jede Menge Aufträge, Lieferungen, Reklamationen und dreihundert Mitarbeiter in mehr als 25 Abteilungen, wie klappt so was?

■ SITUATION

Jonas Weigel bekommt nach der Einführungswoche bei der Wohnwelt GmbH von seiner Ausbildungsleiterin, Frau Schöttle, den Ausbildungsplan für seine dreijährige Ausbildung zum Kaufmann im Einzelhandel ausgehändigt.

Wohnwelt GmbH Ausbildungsplan für: Jonas Weigel, Dauer: 36 Monate
Beginn der Ausbildung: 01.08.2020 Ende der Ausbildung: 31.07.2023
Ausbildungsberater: Marion Schöttle, PA, Zimmer 314, App. 281

Abteilung	Dauer	Abteilung	Dauer
Bildergalerie		Personalverwaltung	1
Boutique	3	Rechnungsprüfung	
Datenverarbeitung	1	Sekretariat Geschäftsführer	
Dekoration	2	Telefonzentrale	1
Einkauf	2	Teppichgalerie	2
Empfang	1	TREFF, Möbelmitnahmemarkt	6
Finanzbuchhaltung	1	Warenannahme	2
Kleinmöbel	2	Warenauszeichnung	
Küchenstudio		Werbeabteilung	
Kundenbetreuung	1	Wohnen & Schlafen	6
Kundenbuchhaltung	2	Zentralkasse	1
Leuchtenabteilung		Zentrallager	2
Organisation			

1. Fassen Sie die im Ausbildungsplan aufgeführten Abteilungen unter den Gesichtspunkten:
   › Einkauf
   › Verkauf
   › Lagerhaltung
   › Verwaltung

   zusammen. Stellen Sie Ihr Ergebnis grafisch dar.
2. Welche Informationen können aus einer solchen Darstellung nicht entnommen werden?

Organisation im Einzelhandelsbetrieb

LF 1

■ INFORMATION

Jedes Unternehmen möchte Gewinne erzielen, im Wettbewerb bestehen und sich seinen Kunden kompetent und leistungsfähig präsentieren. Um dies zu gewährleisten, muss das Unternehmen **„gut organisiert"** sein, d. h. der betriebliche Leistungsprozess muss möglichst reibungslos ablaufen.

Das bedeutet, dass man im Betrieb weiß, wer für welche Aufgaben zuständig ist **(Aufbauorganisation)** und wie diese Aufgaben durchgeführt werden **(Ablauforganisation)**.

■ Aufgabenanalyse

Die **Hauptaufgabe** jedes Handelsbetriebes besteht darin, Waren zu verkaufen. Diese Hauptaufgabe wird bis in kleinste **Teilaufgaben** untergliedert.

Gesamtaufgabe: Verkaufen

Hauptaufgaben

- einkaufen
- lagern
  - Warenannahme
  - Warenkontrolle
  - Einsortieren
  - Pflegen
- verkaufen

■ Aufgabensynthese (Stellenbildung)

Die ermittelten **Teilaufgaben** (Einzeltätigkeiten) werden nun in einem weiteren Schritt so zusammengefasst, dass sie von einem Aufgabenträger (Mensch und/oder Maschine) ausgeführt werden können. Eine solche Zusammenfassung wird als **Stelle** bezeichnet.

Die Stelle ist die kleinste organisatorische Einheit im Unternehmen.

Die Beziehungen von Stellen zueinander werden durch Verbindungslinien dargestellt (siehe „Leitungssysteme").

Stellen, die mit Befugnissen *(anordnen, entscheiden)* versehen sind, werden als **Instanzen** bezeichnet.

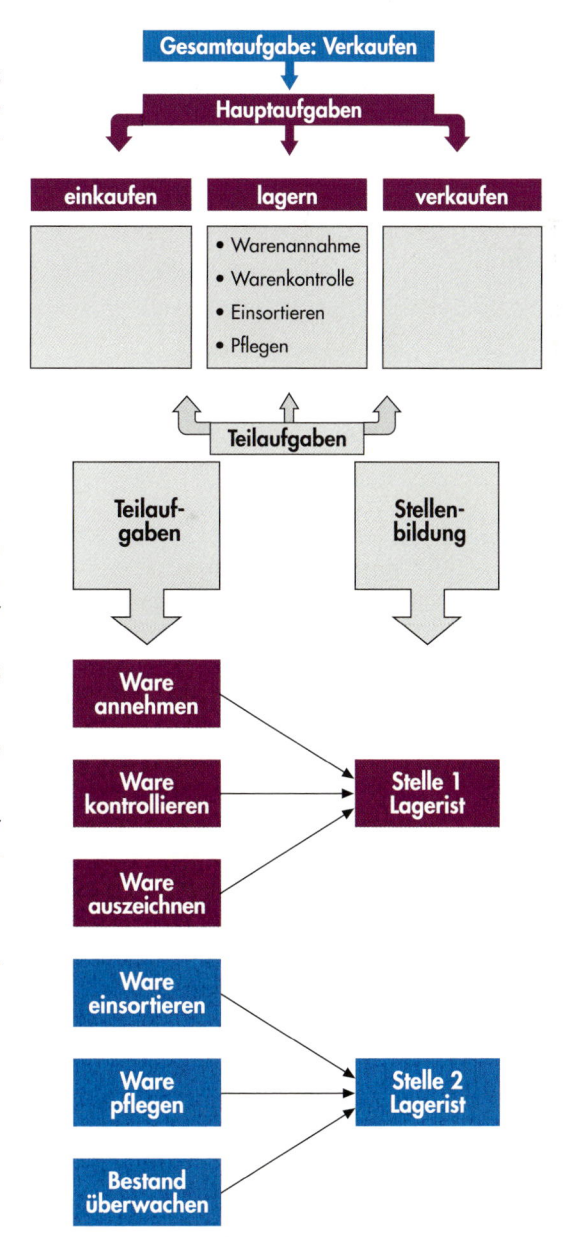

Teilaufgaben → **Stellenbildung**

- Ware annehmen
- Ware kontrollieren → **Stelle 1 Lagerist**
- Ware auszeichnen
- Ware einsortieren
- Ware pflegen → **Stelle 2 Lagerist**
- Bestand überwachen

Abteilungsbildung

Abteilungsleiter Lager K. Hahn
- Lagerist S. Zöpel
- Lagerist E. Braun
- Lagerist M. Menge
- Fuhrpark R. Keller
- Versand H. Kess

So wie **Teilaufgaben** zu **Stellen** zusammengefasst werden, wird unter einer Leitungsperson aus mehreren Stellen eine **Abteilung** gebildet.

Größe und Anzahl der Abteilungen sind von der Betriebsgröße abhängig.

Der Abteilungsleiter ist innerhalb der Abteilung weisungsberechtigt und gegenüber seinen Vorgesetzten verantwortlich (Abb. 1).

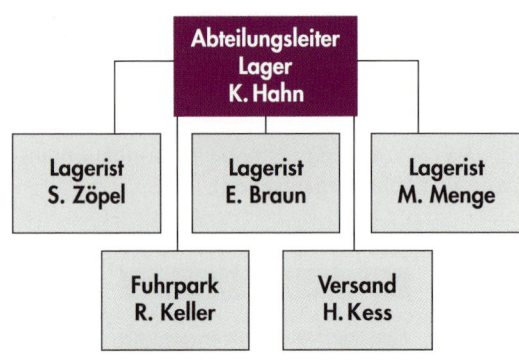

Abb. 1

Bei der **Abteilungsbildung** im Einzelhandel kann nach folgenden Gesichtspunkten vorgegangen werden:

Textil-Markt GmbH – Geschäftsleitung –
- Damenoberbekleidung
- Herrenkonfektion
- Kinderkonfektion
- Junge Mode

Abb. 2

> Gliederung nach **Objekten** (Warengruppen), sie ist meist bei größeren Betrieben anzutreffen (Abb. 2).

„Mann-O-Mann" Klaus Knecht
- Einkauf
- Lager
- Verkauf
- Verwaltung

Abb. 3

> Gliederung nach **Funktionen** (Tätigkeiten) kommt meist bei kleineren Betrieben vor (Abb. 3).

AKTION

1 Wie unterscheidet sich die Aufbauorganisation von der Ablauforganisation?

2 Nicht alles kann in einem Unternehmen organisatorisch geregelt sein. Nennen Sie betriebliche Situationen, in denen eine organisatorische Regelung wenig oder gar keinen Sinn macht.

3 Sigrid Doll, beschäftigt im Fachgeschäft Bessler *(Uhren-Schmuck-Optik)*, und Tanja Möller aus dem Warenhaus Merkur treffen sich jeden Mittwoch nach Arbeitsschluss in Tonis Fitnesscenter. „Weißt du", sagt Sigrid zu ihrer Freundin, „ich beneide dich, du kannst dich ganz auf den Verkauf in deinem Uhren-Shop im Warenhaus konzentrieren, während ich außer verkaufen noch soviel anderes tun muss."

a) Wie unterscheiden sich die Aufgaben der beiden Freundinnen?

b) Warum sind Fachgeschäft und Warenhaus unterschiedlich organisiert?

Organisation im Einzelhandelsbetrieb

3.11.2 Leitungssysteme

Ich will doch nur was umtauschen, ist denn hier niemand zuständig?

■ SITUATION

Mittwoch, 8:00 Uhr, es beginnt die wöchentliche Konferenz der Geschäftsführung mit den Abteilungsleitern im Neuburger Multi-Vision-Fachmarkt. Hier ein Auszug aus der Tagesordnung:
…

TOP 5: Kundenbeschwerden

> Eine Kundin beschwerte sich letzten Freitag, dass die im Prospekt angebotenen Blu-ray-Player von Hatusonics nicht da waren. Es stellte sich später heraus, dass 10 Kartons mit 50 Geräten noch beim Wareneingang standen.
> Ein Kunde reklamierte einen defekten Rasierapparat. Der Verkäufer sagte, er solle am Nachmittag wiederkommen, wenn der Abteilungsleiter da sei, er könne das nicht selbst entscheiden.
> Einem Kunden wurde zugesichert, dass die vor drei Wochen bestellte Spülmaschine letzte Woche zugestellt würde. Gestern rief er an und erfuhr, dass sich die Lieferung noch um zwei Wochen verzögern wird. Darauf rief er sehr verärgert beim Marktleiter an und stornierte den Auftrag.

TOP 6: Personalangelegenheiten

> Diego Blanco, der neue Auszubildende im Computer-Shop, beschwerte sich bei der Ausbildungsleiterin, dass er von seinem Abteilungsleiter seiner Meinung nach zu Unrecht zurechtgewiesen worden sei. Er hatte den im Hause nicht mehr vorhandenen Tintenstrahldrucker „PH 990" im Zentrallager bestellt, um einen Kunden nicht zu verlieren.
> Zum wiederholten Male haben sich die Mitarbeiter Schlör und Seybold aus der Kleingeräteabteilung über ihren Kollegen Weise beschwert. Immer wenn Abteilungsleiterin Meller abwesend sei, gebe er Anordnungen, obwohl er doch wie sie ein ganz normaler Verkäufer sei.
> Das Ergebnis der Mitarbeiterbefragung „Prima-Klima!?" brachte u.a. folgende Ergebnisse:
>> 60 % sind mit der Urlaubsplanung nicht einverstanden. Es werde zu oft willkürlich von den Abteilungsleitern entschieden.
>> 45 % wünschen sich bessere Unterlagen darüber, was zu ihrem Tätigkeitsbereich gehört.
>> 45 % fühlen sich nicht ausreichend und 20 % gar nicht von der Geschäftsleitung über wichtige Angelegenheiten des Unternehmens informiert.
>> 48 % wünschen sich mehr Mitsprache in den Abteilungen.
>> 55 % der leitenden Mitarbeiter fühlen sich mit Aufgaben überlastet und beklagen, dass sie zu wenig Zeit für ihre eigentlichen Führungsaufgaben hätten.

TOP 7: Mitteilungen der Zentrale

> Für das nächste Jahr kündigt der Vorstand eine grundlegende Neuorganisation des Gesamtunternehmens an. Die Selbstverantwortlichkeit der Filialen soll erheblich ausgebaut werden. Die Zentrale wird im Bereich Marketing und Logistik ihre Hauptaufgabe als zentraler Dienstleister für die Filialen sehen. Regionalen Gegebenheiten soll stärker Rechnung getragen werden.

LF 1 Der Einzelhandel in der Gesamtwirtschaft

› Aus der Geschäftsführung erhielten wir von Vorstandsmitglied Dr. Schwörer ein Fax, in dem er sich sehr kritisch zur letzten Monat durchgeführten Jubiläumsaktion „25 Jahre Multi-Vision" äußert. Es habe erhebliche Schwierigkeiten in der Umsetzung der Aktionen in einigen Filialen gegeben. Kompetenzstreitigkeiten zwischen dortigen Marktleitern und den für die Aktionen Verantwortlichen in der Zentrale dürften so nicht mehr vorkommen (Fax kann bei GL eingesehen werden).

1. Erörtern Sie, worin die Ursachen liegen können, dass es zu den Kunden- und Mitarbeiterbeschwerden kommen konnte. Entwickeln Sie Maßnahmen, um solche Vorfälle künftig möglichst zu vermeiden.
2. Wie kann man der Kritik und den Wünschen der Mitarbeiter, die diese in der Umfrage zum Betriebsklima geäußert haben, durch entsprechende organisatorische Maßnahmen gerecht werden?
3. Entwerfen Sie eine neue Unternehmensorganisation des Multi-Visions-Konzerns, der die vom Vorstand gemachten Organisationsziele umsetzt.
4. Mit welchem Leitungssystem hätten die Schwierigkeiten bei der Durchführung des Jubiläumsverkaufs verringert werden können? Stellen Sie Ihren Lösungsvorschlag grafisch dar.

■ INFORMATION

■ Betriebshierarchie und Leitungssysteme

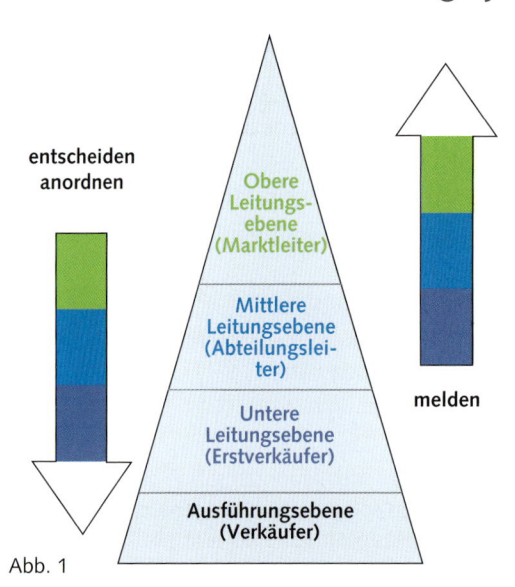

Die **Betriebshierarchie** (Abb. 1) ergibt sich aus der Über- bzw. Unterstellung einzelner Abteilungen und Stellen.

Je „höher" die Position einer Abteilung/Stelle im Unternehmensaufbau ist, desto größer ist ihr Anteil an Führungsaufgaben.

Je „niedriger" die Position, desto größer wird der Anteil an ausführenden Tätigkeiten.

Leitungs- bzw. Weisungssysteme werden häufig grafisch dargestellt **(Organigramme)** und zeigen den Weg der Anordnungen von oben nach unten und den der Informationen von unten nach oben (vgl. Abb. 2). Die Art des Leitungssystems hängt nicht nur von der Betriebsgröße, der Betriebs- und Vertriebsform ab, sondern auch von der herrschenden Unternehmensphilosophie, d. h., ob zentral

entscheiden anordnen — melden

Obere Leitungsebene (Marktleiter)
Mittlere Leitungsebene (Abteilungsleiter)
Untere Leitungsebene (Erstverkäufer)
Ausführungsebene (Verkäufer)

Abb. 1

Organisation im Einzelhandelsbetrieb

von einer Stelle aus alles geplant, gelenkt und kontrolliert wird, oder ob den Mitarbeitern Handlungsfreiräume eingeräumt werden, die einmal motivierend wirken und zum anderen zu einem Wettbewerb der Stellen und Abteilungen untereinander führen.

■ Einliniensystem

Jede Stelle untersteht jeweils einer einzigen Instanz, d. h., der Mitarbeiter erhält stets von einer genau bestimmten Person Anweisungen und ist dieser gegenüber verantwortlich und informationspflichtig.

Einliniensysteme können aus vielen oder wenigen Ebenen bestehen. Viele Unternehmen haben im Zuge einer „Verschlankung" der Organisation Hierarchieebenen abgebaut.

Dadurch werden nicht nur Kosten gesenkt, sondern der einzelne Mitarbeiter bekommt i. d. R. mehr Kompetenz, was seine Motivation stärkt.

Abb. 2 zeigt eine mehrstufige und Abb. 3 eine flache Linienorganisation.

Die **Vorteile** dieses Systems sind: Eindeutige Abgrenzung der Aufgaben und Verantwortung, übersichtlich, leichtere Kontrolle der Mitarbeiter.

Abb. 2

Abb. 3

Zu den **Nachteilen** zählt der oft lange und schwerfällige Dienstweg. Dadurch wird eine wirksame Kommunikation zwischen Abteilungen außerordentlich erschwert. Dies führt oft zu einer Überlastung der vorgesetzten Instanzen – sowohl fachlich als auch zeitlich.

Das reine Liniensystem ist schwer mit moderner Unternehmensführung zu vereinbaren *(Förderung des selbstständigen Denkens und Handelns, Arbeiten im Team und in Projekten)*.

■ Stabliniensystem

Um die Unternehmensleitung zu entlasten und ihr die Möglichkeit zu geben, sich auf ihre Führungsfunktion voll zu konzentrieren, werden ihr Spezialisten zugeordnet. Dieser **Stab** (Stellen und/oder Abteilungen) hat keine Entscheidungs- bzw. Anordnungsbefugnis und ist nur der Unternehmensleitung gegenüber verpflichtet. Typische **Stabsaufgaben** sind: planen, beraten, analysieren und Entscheidungen vorbereiten. Abb. 4

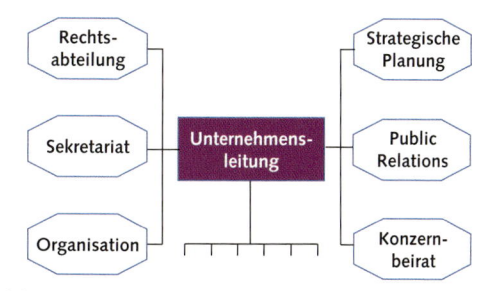

Abb. 4

zeigt die Stab-Linien-Organisation eines großen Warenhauskonzerns. Nicht nur die **Arbeitsentlastung** spricht für die Einführung von Stabsabteilungen und Stabsstellen, auch die Entscheidungsqualität der Führung durch Einbeziehung von Spezialisten wird verbessert.

Nachteile sind mögliche Konflikte zwischen Linie und Stab, zu starke Beeinflussung der Leitung durch die Spezialisten oder Frustration in den Stäben, wenn ihre Vorschläge von der Unternehmensleitung ignoriert werden.

■ Spartenorganisation („Unternehmen im Unternehmen")

Im Einzelhandel findet sich diese Organisationsform meist bei **Warenhauskonzernen** und **filialisierten Betrieben** mit mehreren Geschäftsbereichen. Jede Sparte (auch **Division** genannt) ist eigenverantwortlich tätig, erhält eigene Kompetenzen und arbeitet relativ unabhängig. Die Divisionen sind für die Gewinnerzielung verantwortlich (**„Profit-Center"**) und tauschen Leistungen mit der Zentrale und anderen Profit-Centern über Verrechnungspreise aus (Kunde-Verkäufer-Verhältnis). Abb. 5 zeigt die Organisation eines Großunternehmens im Lebensmitteleinzelhandel.

Die Unternehmenszentrale wird vom Alltagsgeschäft entlastet (weniger Kontrollaufwand), gibt „die große Linie" vor und versteht sich auch als Dienstleister für die einzelnen Filialen *(Marketing, Organisation, Finanz- und Rechnungswesen, Logistik, Aus- und Weiterbildung)*. Durch die größere Selbstständigkeit können z. B. die einzelnen Filialen besser auf regionale Besonderheiten und Veränderungen ihres Marktes reagieren *(unterschiedliche Wein- und Brotsortimente in Nord- und Süddeutschland)*.

Für die Zentrale besteht allerdings die Gefahr, den Gesamtüberblick zu verlieren. Der Grundsatz „so viel Selbstständigkeit wie möglich, so viel Kontrolle wie nötig", ist in der Praxis nicht immer leicht zu verwirklichen.

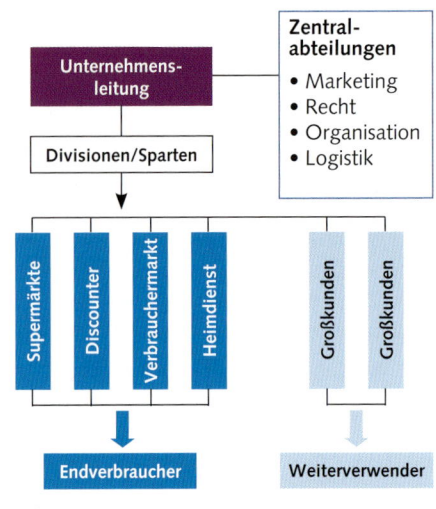

Abb. 5

■ Matrixorganisation

Bei der **Matrixorganisation** wird ein nach Funktionen gegliederter Unternehmensaufbau von einer zweiten Ebene überlagert. Diese zweite Ebene kann z. B. nach Warengruppen (Abb. 6) oder nach Projekten (Abb. 7) gegliedert sein.

Es kommt bei dieser Organisationsform stets zur Überschneidung von **zwei Kompetenzsystemen**. Alle Mitarbeiter haben zwei Vorgesetzte: Den **Linienvorgesetzten** und den Produkt- oder Projektmanager. Die **Produkt-/Projektmanager** sind gegenüber der Unternehmensleitung für ihre Warengruppe bzw. ihr Projekt verantwortlich. Der Linienvorgesetzte betreut die Warengruppe bzw. das Projekt innerhalb seines Funktionsbereiches. Dabei entstehende Konflikte sind durchaus gewollt, da gemeinsam nach Lösungen gesucht werden muss. Aufgaben werden aus unterschiedlichem Blickwinkel betrachtet und es wird davon ausgegangen, dass eine bestmögliche Lösung erfolgt.

Die **positiven Wirkungen** können jedoch durch zu große Meinungsverschiedenheiten und Kompetenzstreitigkeiten gefährdet werden. In solchen Fällen muss die Unternehmensleitung korrigierend eingreifen.

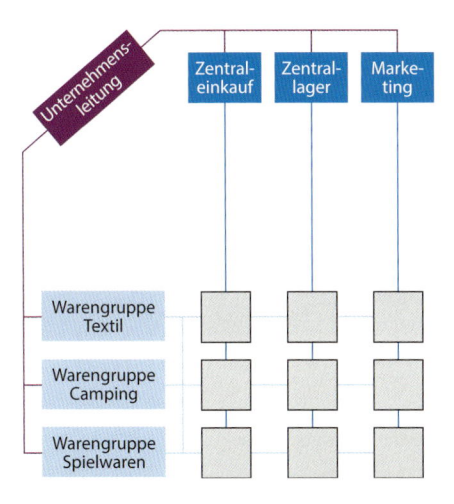

Organisation im Einzelhandelsbetrieb

Abb. 6

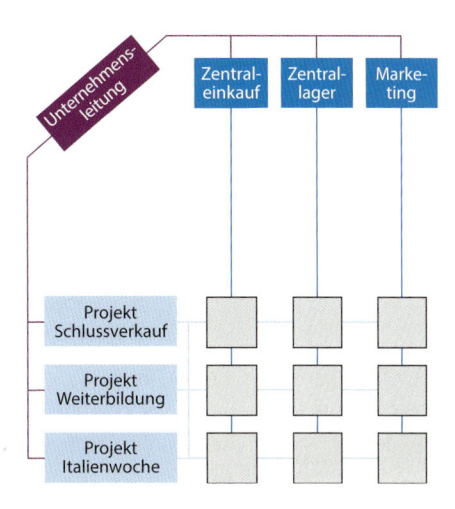

Abb. 7

■ Flexible Organisationsformen

„Das Beständige am Handel ist der Wandel". Diese alte Aussage ist nach wie vor gültig, steht doch eine große Zahl Einzelhandelsbetriebe von vielen Seiten unter Druck, dem sie durch Anpassungsfähigkeit – auch in der Organisation – begegnen können.

Einzelhandelsunternehmen, die im immer stärker werdenden Wettbewerb bestehen wollen, können dies umso besser, wenn sie sich von allzu starren Organisationsstrukturen lösen. Dies geschieht entweder durch teilweisen oder vollständigen Abbau von Hierarchiestufen **(Lean Management)** oder Mitarbeiter werden aus der „Linie" herausgelöst und in hierarchieunabhängigen Organisationsformen integriert. Dort werden von ihnen oft spezielle und zeitlich befristete Problemlösungen zu bestimmten Aufgaben erarbeitet. Ist die Aufgabe erledigt, kehren diese Mitarbeiter i. d. R. an ihre alte Stelle zurück.

Zwei solche Organisationsformen sind die **Team-** und die **Projektorganisation**.

Teamorganisation	Projektorganisation
Gleichrangige Mitarbeiter/-innen aus verschiedenen Abteilungen erarbeiten gemeinsam eine Problemlösung.	Ein(e) Projektleiter/-in stellt für ein inhaltlich und zeitlich genau definiertes Projekt eine Projektgruppe aus geeigneten Mitarbeitern zusammen.
❯❯ **Beispiel:** Entwicklung eines Maßnahmenkatalogs, um Arbeitsabläufe zu rationalisieren und Leistungsreserven im Betrieb zu entdecken.	❯❯ **Beispiel:** Vorbereitung und Durchführung einer Sonderverkaufswoche „Welcome USA".
Geeignet zur Bearbeitung kreativer Aufgaben, zu deren Lösung ein intensiver Meinungsaustausch von Mitarbeitern nötig ist.	Geeignet für Aufgaben, bei denen eine eindeutige Ziel- und Zeitvorgabe von der Unternehmensleitung vorliegt.

Der Einzelhandel in der Gesamtwirtschaft

■ Stellenbeschreibung

Jeder im Unternehmensaufbau ausgewiesenen Stelle wird eine genau bestimmte Aufgabenstellung zugeordnet. Dies geschieht mithilfe der **Stellenbeschreibung**. Für den Stelleninhaber sind Aufgaben, Kompetenzen und die Verantwortlichkeit klar zu erkennen. Durch die eindeutige Aufgabenbeschreibung können Kompetenzstreitigkeiten vermieden werden. Der Vorgesetzte hat einen Maßstab zur Kontrolle und Beurteilung der Arbeitsleistung. Für die Unternehmensleitung werden Gehaltseinstufung und Personalbeschaffung erleichtert.

Inhalt einer Stellenbeschreibung	
› Stellenbezeichnung	Leiter einer Zentralabteilung
› Position	Hauptabteilungsleiter
› Einordnung	Angaben zur Unterstellung (Wer ist Vorgesetzter?)
	Angaben zur Überstellung (Welchen Stellen können Anweisungen gegeben werden?)
› Aufgaben	Möglichst genaue Ausweisung der mit der Stelle verbundenen Sachaufgabe.
› Befugnisse	Vollmachten *(Prokura)*
› Stellvertretung	Wen der Stelleninhaber vertritt, von wem er in Abwesenheit vertreten wird.
› Anforderungen	Schulbildung, Berufsausbildung, besondere Kenntnisse

■ AKTION

1 Die Baumarktkette All-Bau expandiert stark und wird in Kürze in Erfurt, Thüringen, ihren 20. Fachmarkt eröffnen. Entwerfen Sie für den neuen Markt ein Organigramm, aus dem der Rang der Mitarbeiter deutlich wird. Die Zentrale in Essen legt folgenden Stellenplan zugrunde:

Stellenbezeichnung	Anzahl	Bereiche
Marktleiter	1	zuständig für gesamte Filiale
stellv. Marktleiter	1	vertritt Filialleiter und ist gleichzeitig Leiter der Abteilung „Bauen"
Abteilungsleiter	4	Heimwerkerbedarf, Holz, Sanitär, Elektro
Erstverkäufer	10	je zwei in jeder Abteilung, sie vertreten den Abteilungsleiter und sind gegenüber den Verkäufern weisungsberechtigt
Verkäufer	15	je drei in jeder Abteilung

2 In der All-Bau-Zentrale wird darüber diskutiert, ob man von der bisherigen Organisationsstruktur abgehen und eine flache Organisation bevorzugen soll. Dazu soll der Markt in Nürnberg zu Testzwecken umorganisiert werden. Der bisherige Stellenplan entspricht dem Erfurter Markt (s. Aufg. 1).

Entwerfen Sie eine flache Organisationsstruktur und zeigen Sie Vorteile und ggf. Nachteile gegenüber dem bisherigen Aufbau.

Organisation im Einzelhandelsbetrieb

3 Ihr Betrieb lässt sich nach DIN ISO 9004 zertifizieren. Dazu muss ein umfangreiches Organisationshandbuch erstellt werden. Darin müssen zu allen Stellen die Stellenbeschreibungen angefertigt werden.

Ihr Betrieb bittet auch Sie, durch Selbstaufschreibung Ihrer augenblicklichen Tätigkeit eine Stellenbeschreibung auszuarbeiten. Orientieren Sie sich am Schema im Informationsteil.

4 Erstellen Sie ein Organigramm Ihres Ausbildungsbetriebes.

3.11.3 Ablauforganisation

Wer, was, wann und wo? Beschreibung von Arbeitsabläufen

■ SITUATION

Jonas Weigel ist für einen Monat zur Ausbildung in der Kundenbetreuung bei der Wohnwelt GmbH. Sein Telefon klingelt:

Jonas:	„Hier Weigel, worum geht es?"
Herr Maier:	„Wer ist da bitte?"
Jonas:	„Weigel von der Wohnwelt!"
Herr Maier:	„Ach so, hören Sie mal, ich warte jetzt schon seit drei Wochen auf meine Sitzgarnitur. Die hätte schon längst geliefert werden sollen!"
Jonas:	„Rufen Sie doch morgen wieder an, ich kümmere mich darum."
Herr Maier:	„Ja Moment, Sie wissen doch gar nicht, um welchen Auftrag es sich handelt!"
Jonas:	„Ach ja, hab ich ganz vergessen. Wie heißen Sie denn?"
Herr Maier:	„Markus Maier, aber hören Sie mal, so geht das doch nicht!"
Jonas:	„Klar, ich brauche noch Ihre Auftragsnummer, wie lautet die denn?"
Herr Maier:	„556617 vom 12. April."
Jonas:	„Das hätten Sie doch gleich sagen können! Aufträge mit einer 5er-Nummer bearbeitet meine Kollegin."
Herr Maier:	„Und jetzt?"
Jonas:	„Ich kann ja mal schauen, ob sie da ist. Moment bitte, soll ich verbinden? Hallo, hallo! Sind Sie noch dran? Hallo …?"

Zur Verbesserung der Servicequalität werden bei der Wohnwelt GmbH regelmäßig Kundengespräche aufgezeichnet.
1. Die Geschäftsleitung bittet Sie das Gespräch von Herrn Weigel auszuwerten.
2. Für eine Schulung neuer Mitarbeiter im Telefonservice schlagen Sie Maßnahmen vor, damit eine solche unerfreuliche Situation nicht mehr vorkommt.

■ INFORMATION

Die **Ablauforganisation** regelt, wie, wann, wo und womit die den Stellen und Abteilungen zugeordneten Aufgaben zu erledigen sind.

Je genauer die Arbeitsvorgänge beschrieben werden, desto weniger Fehler werden gemacht und umso wirksamer ist die Kontrolle.

»» Beispiel:

Aufgabe	→	Nachbestellung von Artikeln
wo?	→	am Regal und am PC
wann?	→	jeden Mittwochmorgen
womit?	→	mobiles Datenerfassungsgerät und PC
wie?	→	1. Artikel-Nummer einscannen 2. Bestand eingeben 3. Bestellvorschlag überprüfen 4. Menge eingeben 5. ordnungsgemäße Platzierung überprüfen 6. am PC über EDI Bestellung absenden

© Aunging – stock.adobe.com

Für die Beschreibungen der einzelnen Arbeitsschritte zur richtigen Erfüllung der gestellten Aufgabe werden **Arbeitsanweisungen** erstellt. Eine solche Anweisung kann in wenigen Worten oder auf mehreren Seiten abgefasst sein.

Der Umfang dieser Dokumentationen hängt von mehreren Faktoren ab:

› Größe des Unternehmens	→	Die Arbeitsteilung nimmt mit der Größe zu, also muss mehr geregelt werden.
› Qualifikation der Mitarbeiter	→	Gut ausgebildete Mitarbeiter benötigen aufgrund ihrer Qualifikation weniger detaillierte Anweisungen, als z. B. un- oder angelernte Kräfte.
› Schwierigkeitsgrad der Arbeitsvorgänge	→	Regal auffüllen (einfach) oder Umsatzlisten analysieren (anspruchsvoll).

■ Anweisungen

Arbeitsanweisungen regeln meist den Ablauf ausführender Tätigkeiten, wie:

› Warenbestellungen
› Wareneingang und Warenkontrolle
› Platzierung in Truhen und Regalen
› Durchführung der Inventur
› Behandlung von Reklamationen

Organisation im Einzelhandelsbetrieb

LF 1

>> **Beispiel** für Arbeitsanweisungen:

> Vorgehensweise bei Auflistungen
>
> Die Auslistung wird per Mail und Auslistungsinformation mit Angabe der Auslistungsgründe an die Märkte geschickt. Die Marktleitung entscheidet, ob der ausgelistete Artikel im Preis reduziert oder ob die Ware zum Normalpreis ausverkauft wird.
> Alle ausgelisteten Artikel werden 12 Monate nach Auslistungsdatum aus dem WWS genommen. Monatlich erhalten die Märkte eine Liste über ausgelistete Artikel, die vor 10 Monaten ausgelistet wurden. Es bleiben somit noch zwei Monate Zeit, um die Artikel nochmals zu reduzieren oder in andere Märkte umzulagern. Nach 12 Monaten werden die Preise in der Kasse gelöscht und der Artikel darf bei der Inventur nicht mehr berücksichtigt werden.

Dienstanweisungen regeln das Verhalten der Mitarbeiter in bestimmten Situationen, wie Ladendiebstahl, Feueralarm oder im Umgang mit Kunden.

>> **Beispiele** für Dienstanweisungen:

Im Brandfalle

- Bei Feststellen eines Brandes **Ruhe bewahren!**
- **Feuermelder betätigen**
- **Feuermeldung** an Telefonzentrale über Feuerruf-Nummer!
- **nächstes Feuerlöschgerät einsetzen!** Brennenden Personen Decken umwerfen! Brennbare Gegenstände vom Brandherd entfernen!
- **Fenster und Türen schließen!** (NICHT abschließen!)

Alarmstufe I

- **unterbrochener Hupton** Ruhe bewahren und weiterbedienen!
- **Telefongespräche sofort unterbrechen!** Erneute Anrufe sind untersagt!
- **Aufzüge** in der nächsten Etage auf „Halt"
- Einstellen auf ein mögliches Verlassen des Arbeitsplatzes! Noch besteht keine Gefahr!
- Alarmstufe 1 wird durch die Durchsage aufgehoben: „Achtung, Achtung, die Störung ist beseitigt!"

▌ AKTION

1. Wählen Sie aus Ihrem Unternehmen eine Aufgabe aus und beschreiben Sie die damit verbundenen Tätigkeiten.

2. Erstellen Sie zu einer einfachen Tätigkeit eine Arbeitsanweisung.

3. Vergleichen Sie Ihre Schulordnung mit der Betriebsordnung Ihres Ausbildungsbetriebes. Wo sehen Sie Gemeinsamkeiten, wo Unterschiede?

4. Erstellen Sie eine Anweisung, worauf beim Verlassen Ihres Klassenzimmers am Ende eines Unterrichtstages zu achten ist.

© NicoELNinio – stock.adobe.com

4 Berufsausbildung im Einzelhandel

4.1 Duales Ausbildungssystem

Ausbildung in Betrieb und Schule

■ SITUATION

Es ist Montag, der 1. September. Erster Berufsschultag für die neuen Auszubildenden im Einzelhandel an der Mercatorschule in Neuburg. Zum ersten Mal sehen sich die Schülerinnen und Schüler der Klasse KE-1.

Oliver Schmid, er lernt Kaufmann im Einzelhandel in einem Supermarkt, findet es überhaupt nicht gut, dass er schon wieder zur Schule muss, ist er doch froh, endlich die „Penne" hinter sich zu haben.

Ganz anderer Meinung ist da Sandra May, die ihre Ausbildung in einem Fachgeschäft für Uhren und Schmuck begonnen hat. Sie findet es prima, dass die Ausbildung nicht nur im Betrieb stattfindet.

Schlagen Sie bitte – falls nötig – zur Lösung der folgenden Aufgaben im Berufsbildungsgesetz (BBiG) nach!

1. Führen Sie Gründe an, die Sandras Meinung zur Berufsausbildung unterstützen. Sehen Sie Probleme, die bei dieser Ausbildungsform auftreten können?
2. Frederic von Falkenstein ist Inhaber des exklusiven Modegeschäfts Lady's Palace in der Landeshauptstadt. Bisher werden die Kundinnen von ihm und einer Vollzeitkraft beraten. Herr von Falkenstein möchte gerne fünf Auszubildende einstellen. Wie beurteilen Sie seine Absicht?
3. Bei der Neuburger IHK liegen von mehreren Ausbildungsbetrieben Anträge vor, um folgende Personen als Ausbilder anzuerkennen:

   a) Karsten Dorfmann, seit vier Monaten im Lager eines Verbrauchermarktes als Hilfskraft beschäftigt, soll die Auszubildenden des ersten Lehrjahres ausbilden.

   b) Monika Lepper, 24 Jahre alt, hat vor kurzem die Prüfung nach der Ausbildereignungsverordnung bei der IHK abgelegt und ist stellvertretende Marktleiterin eines Drogeriemarktes mit 2 Auszubildenden.

   c) Arnold Schwarz ist Kunstschmiedemeister und führt einen Betrieb mit 8 Mitarbeitern. Für sein Ladengeschäft möchte er eine Verkäuferin ausbilden. Er bildet seit vielen Jahren erfolgreich Schmiedelehrlinge aus.

   d) Bernhard Müller ist wegen sittlicher Verfehlungen mehrfach vorbestraft. Für seine Buchhandlung möchte er eine Auszubildende zur Buchhändlerin einstellen.

Duales Ausbildungssystem

LF 1

■ INFORMATION

■ Partner im Dualen System

Kaufmännische Berufsausbildung im Dualen System

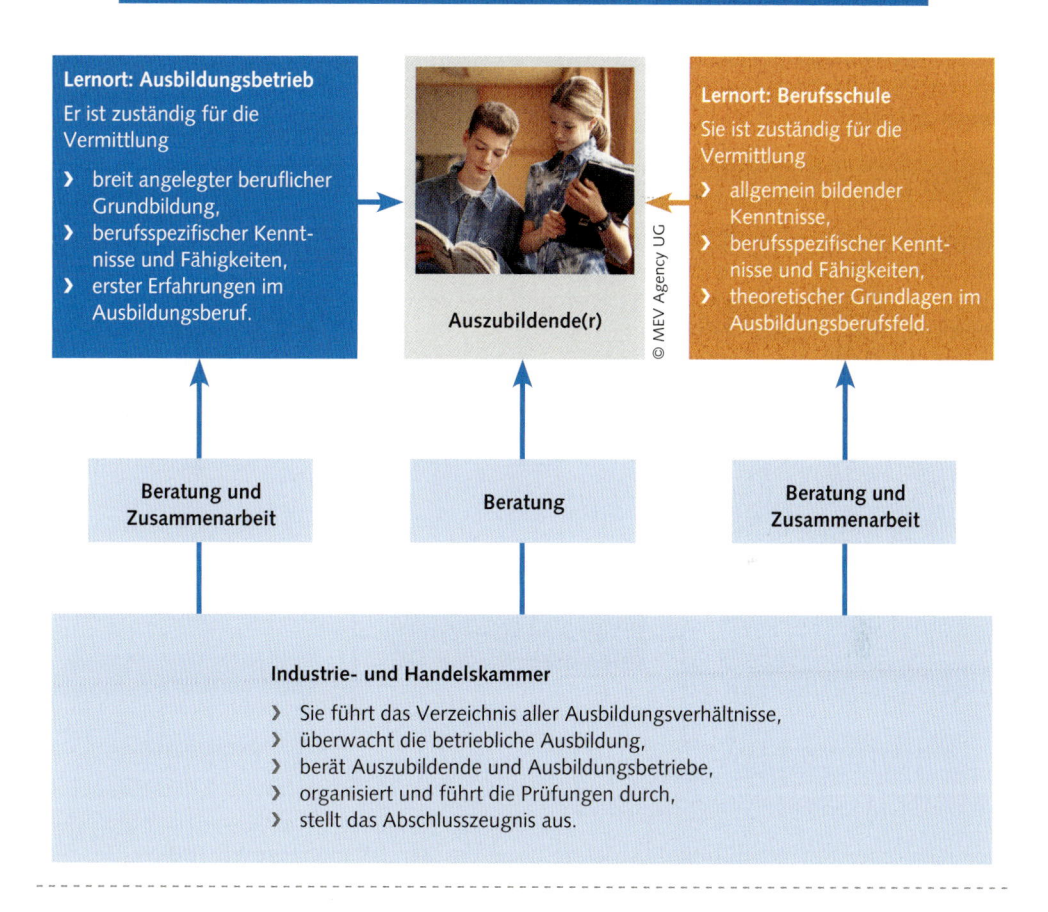

Lernort: Ausbildungsbetrieb
Er ist zuständig für die Vermittlung
- breit angelegter beruflicher Grundbildung,
- berufsspezifischer Kenntnisse und Fähigkeiten,
- erster Erfahrungen im Ausbildungsberuf.

Auszubildende(r)
© MEV Agency UG

Lernort: Berufsschule
Sie ist zuständig für die Vermittlung
- allgemein bildender Kenntnisse,
- berufsspezifischer Kenntnisse und Fähigkeiten,
- theoretischer Grundlagen im Ausbildungsberufsfeld.

| Beratung und Zusammenarbeit | Beratung | Beratung und Zusammenarbeit |

Industrie- und Handelskammer
- Sie führt das Verzeichnis aller Ausbildungsverhältnisse,
- überwacht die betriebliche Ausbildung,
- berät Auszubildende und Ausbildungsbetriebe,
- organisiert und führt die Prüfungen durch,
- stellt das Abschlusszeugnis aus.

Heute ist die Ausbildung im **Dualen System** durch das **Berufsbildungsgesetz (BBiG)** geregelt. Es gibt ca. **350** staatlich anerkannte **Ausbildungsberufe**, für die eine Ausbildungsordnung erlassen wurde.

Partner im Dualen System sind der **Auszubildende**, der **Ausbildende**, der mit der Ausbildung einen Ausbilder beauftragen kann und die **Berufsschule**. Der Ausbildende ist der Betrieb, der eine Lehrstelle ausweist.

Ausbilden darf nur, wer persönlich und fachlich dazu geeignet ist. Ob die entsprechende Eignung vorliegt, prüft die zuständige **Industrie- und Handelskammer**.

Für die Eignung als **Ausbilder** ist sowohl eine fachliche als auch eine persönliche Eignung notwendig.

■ Ausbildungsberuf und Ausbildungsordnung

Im **Einzelhandel** wird gegenwärtig in zwei Berufen ausgebildet:
> zweijährige Ausbildung zu **Verkäufer/Verkäuferin** im Einzelhandel
> dreijährige Ausbildung zu **Kaufmann/frau** im Einzelhandel

Die Inhalte von Lehrplänen der Schule und der Ausbildungsrahmenplan sind maßgebend für die Inhalte der Prüfungen. Während der Ausbildung werden zwei **Prüfungen** abgelegt:

Zwischenprüfung und Abschlussprüfung.

Die Abschlussprüfung besteht aus zwei Teilen, einer schulischen Prüfung und der Prüfung durch die Industrie- und Handelskammer. In Baden-Württemberg gibt es eine gemeinsame Prüfung von Kammer und Schule.

Inhalt der Ausbildungsordnung:
- Anerkennung des Berufs
- Dauer der Ausbildung
- Ausbildungsberufsbild
- Ausbildungsrahmenplan
- Ausbildungsplan
- Führung des Berichtshefts
- Zwischenprüfung
- Abschlussprüfung

Den rechtlichen Rahmen für die Ausbildung bildet das **Berufsbildungsgesetz (BBiG).** Das sehr umfangreiche Gesetz soll gewährleisten, dass Jugendliche, die einen Beruf erlernen, eine einheitliche und qualifizierte Ausbildung erhalten.

Ausbildungsstruktur im Einzelhandel

In den ersten beiden Ausbildungsjahren sind die Inhalte für Verkäufer/in und Kaufmann/-frau im Einzelhandel gleich. Da im Einzelhandel sehr unterschiedliche und sich ständig wandelnde Betriebsformen existieren, erfolgt die Ausbildung nach dem „Bausteinprinzip". Neben Pflichtqualifikationen, die alle Auszubildenden erwerben müssen, können sie im Wahlbereich jene auswählen, die der Struktur ihres Ausbildungsbetriebes *(Größe, Branche, Bedienungsform, Sortiment)* möglichst passgenau entsprechen.

Die Übersicht zeigt die möglichen **Kombinationen,** wie sie in der Ausbildungsordnung festgelegt sind.

Duales Ausbildungssystem

Pflicht- und Wahlqualifikationen in der Ausbildung im Einzelhandel

Kaufmann/Kauffrau im Einzelhandel			
Verkäufer/Verkäuferin			
Pflicht 21 Monate	Wahl (1 aus 4) 3 Monate	Pflicht 3 Monate	Wahl (Auswahl: 1 aus 1–3, insgesamt 3) = 9 Monate
Der Ausbildungsbetrieb	Warenannahme Warenlagerung	Einzelhandelsprozesse	Beschaffungsorientierte Warenwirtschaft
Information und Kommunikation			Warenwirtschaftliche Analyse
Warensortiment	Beratung und Verkauf		Beratung, Ware und Verkauf
Grundlagen von Beratung und Verkauf			Kaufmännische Steuerung und Kontrolle
Servicebereich Kasse	Kasse		Marketing
Marketinggrundlagen			IT-Anwendungen
Warenwirtschaft	Marketingmaßnahmen		Personal
Grundlagen des Rechnungswesens			Grundlagen beruflicher Selbstständigkeit
24 Monate		12 Monate	
36 Monate			

Aufgrund der vielfältigen Kombinationsmöglichkeiten sind z. B. folgende **Ausbildungskonzepte**, je nach Betriebsform, für eine **dreijährige Ausbildung** denkbar:

Beratungsintensives Fachgeschäft	SB-orientiertes Filialunternehmen
› Pflichtqualifikationseinheiten plus	› Pflichtqualifikationseinheiten plus
› Grundlagen von Beratung und Verkauf plus	› Warenannahme und -lagerung plus
› Einzelhandelsprozesse plus	› Einzelhandelsprozesse plus
› Beschaffungsorientierte Warenwirtschaft plus	› Beschaffungsorientierte Warenwirtschaft plus
› Marketing plus	› Warenwirtschaftliche Analyse plus
› Beratung, Ware, Verkauf	› Personal

Zwischenprüfung für Verkäufer/Verkäuferin

Zu Beginn des zweiten Ausbildungsjahres findet die Zwischenprüfung für die Ausbildungen zu Verkäufer/Verkäuferin statt. Dazu stehen 90 Minuten zur Verfügung, in denen praxisnahe Aufgaben bzw. Fälle in den folgenden Prüfungsgebieten zu bearbeiten sind:

› Verkauf und Marketing,
› Kassieren und Rechnen,
› Wirtschafts- und Sozialkunde.

Die Prüfung erfolgt vorwiegend mit gebundenen Aufgaben (Mehrfachwahl-, Mehrfachantwort-, Zuordnungs- und Reihenfolgeaufgaben), bei denen die Antwortmöglichkeiten vorgegeben sind. Dazu kommen einige Rechenaufgaben.

Abschlussprüfung für Verkäufer/Verkäuferin

Am Ende der **zweijährigen** Ausbildung erfolgt die Abschlussprüfung. Sie besteht aus einem **schriftlichen** und **mündlichen** Teil. In Baden-Württemberg erfolgt die schriftliche Prüfung an den Berufsschulen. Es handelt sich um eine zentral gestellte gemeinsame Prüfung der Industrie- und Handelskammern sowie des Kultusministeriums. Die Prüfungsleistung bildet die Grundlage für das Abschlusszeugnis der Berufsschule und gleichzeitig auch für den schriftlichen Teil der IHK-Prüfung.

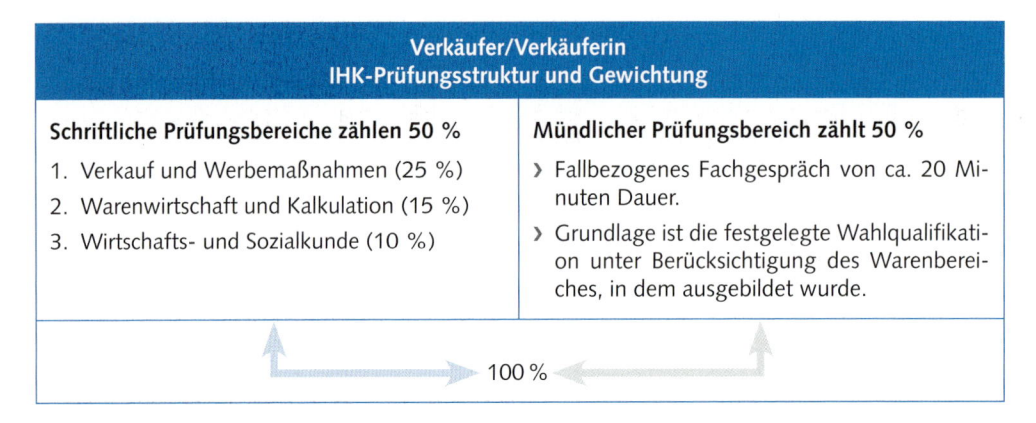

Verkäufer/Verkäuferin IHK-Prüfungsstruktur und Gewichtung	
Schriftliche Prüfungsbereiche zählen 50 %	**Mündlicher Prüfungsbereich zählt 50 %**
1. Verkauf und Werbemaßnahmen (25 %) 2. Warenwirtschaft und Kalkulation (15 %) 3. Wirtschafts- und Sozialkunde (10 %)	› Fallbezogenes Fachgespräch von ca. 20 Minuten Dauer. › Grundlage ist die festgelegte Wahlqualifikation unter Berücksichtigung des Warenbereiches, in dem ausgebildet wurde.
100 %	

Wenn sich Ausbilder und Auszubildende einig sind, ist ein Anschlussvertrag in die dreijährige Ausbildung möglich und die Auszubildenden legen dann die Kaufleuteprüfung ab.

Gestreckte Abschlussprüfung für Kaufmann/Kauffrau im Einzelhandel

Die **Abschlussprüfung** besteht aus **zwei** Teilen, die zeitlich auseinanderfallen („gestreckt").

Teil 1 der Abschlussprüfung findet am Ende des zweiten Ausbildungsjahres statt und ersetzt die bisherige Zwischenprüfung. Dieser Prüfungsteil ist mit der schriftlichen Verkäuferprüfung identisch. Die Ergebnisse dieser Prüfung bilden den Teil 1 der Abschlussprüfung, sie werden aber anders als bei den Verkäufern gewichtet.

Der **Teil 2** (Geschäftsprozesse im Einzelhandel) findet am Ende des dritten Ausbildungsjahres statt.

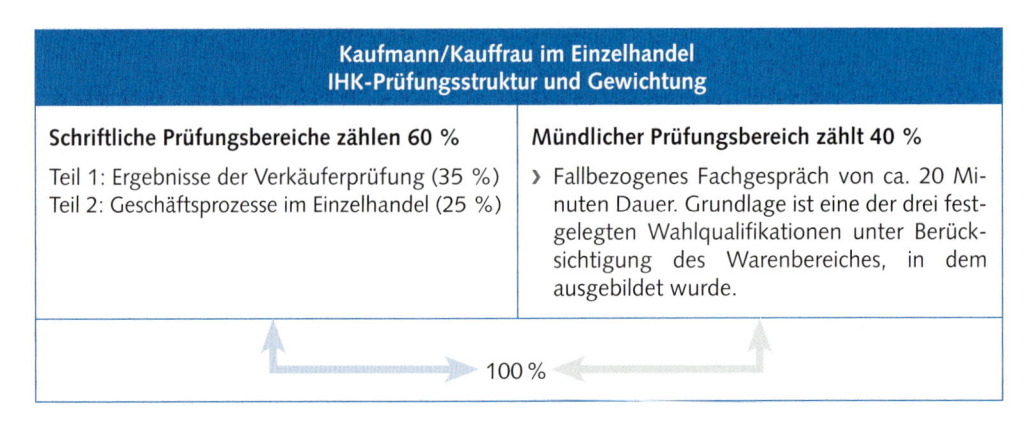

Kaufmann/Kauffrau im Einzelhandel IHK-Prüfungsstruktur und Gewichtung	
Schriftliche Prüfungsbereiche zählen 60 %	**Mündlicher Prüfungsbereich zählt 40 %**
Teil 1: Ergebnisse der Verkäuferprüfung (35 %) Teil 2: Geschäftsprozesse im Einzelhandel (25 %)	› Fallbezogenes Fachgespräch von ca. 20 Minuten Dauer. Grundlage ist eine der drei festgelegten Wahlqualifikationen unter Berücksichtigung des Warenbereiches, in dem ausgebildet wurde.
100 %	

Duales Ausbildungssystem

LF 1

Die **IHK-Prüfung** ist **bestanden**, wenn u.a. folgende **Voraussetzungen** erfüllt sind:
- Gesamtergebnis von Teil 1 und Teil 2 mindestens ausreichend (50 Punkte),
- fallbezogenes Fachgespräch mindestens ausreichend,
- in Teil 2 darf es kein Ungenügend geben.

Falls Kaufleute im Einzelhandel die Prüfung nicht bestehen, erhalten sie nicht, wie man meinen könnte, zumindest den Verkäuferabschluss. Sie haben zwar den schriftlichen Teil der Verkäuferprüfung abgelegt, aber es fehlt ihnen das Fachbezogene Fallgespräch für den Verkäuferabschluss.

> Die drei Prüfungsbereiche im Teil 1 (nach dem 2. Ausbildungsjahr) sind keine Sperrfächer; das heißt man kann theoretisch hier Fünfer oder sogar Sechser schreiben und trotzdem die Abschlussprüfung bestehen, wenn man im Teil 2 (nach dem 3. Ausbildungsjahr) so gut ist, dass man insgesamt die Hälfte der möglichen Punkte erzielt hat.

■ AKTION

1 Besorgen Sie sich in Ihrem Ausbildungsbetrieb die Ausbildungsordnung. In welchen Bereichen sollen Sie Kenntnisse und Fertigkeiten erwerben?

2 Zu Beginn Ihrer Ausbildung erhalten Sie in Ihrem Unternehmen einen betrieblichen Ausbildungsplan. Was fällt Ihnen auf, wenn Sie ihn mit dem Lehrplan der Schule vergleichen?

3 Nach erfolgreicher Abschlussprüfung zum Verkäufer bzw. zur Verkäuferin ist es möglich, durch einen neuen Ausbildungsvertrag in einem weiteren Jahr den Beruf des Kaufmanns bzw. der Kauffrau im Einzelhandel zu erlernen. Was veranlasst Ihrer Meinung nach Ausbildungsbetriebe, zuerst nur zweijährige Ausbildungsverträge abzuschließen?

4 Ein Unternehmen wählt für die Ausbildung neben den Pflichtbausteinen den Wahlbaustein „Kasse".
   a) In welchem Beruf wird ausgebildet?
   b) Um welche Betriebsform handelt es sich bei diesem Ausbildungsbetrieb?

5 Beschreiben Sie drei Probleme, die zwischen den Lernorten Betrieb und Schule auftreten können.

6 Beurteilen Sie die folgende Meinungsäußerung eines Einzelhändlers:
   „Meine Azubis sind viel zu oft in der Berufsschule! Ein Tag in der Woche würde reichen. Wozu brauchen die denn Deutsch, Gemeinschaftskunde und auch noch Religion?"

7 In der mündlichen Prüfung haben die Auszubildenden Kenntnisse aus dem Warenbereich nachzuweisen, in dem sie ausgebildet wurden. Welchen Vorteil sehen Sie darin, dass es dem Ausbildungsbetrieb vorbehalten bleibt, den zu prüfenden Warenbereich mit dem Auszubildenden zusammen im Ausbildungsvertrag festzulegen?

8 Welche Vorteile sehen Sie durch die Einführung der Gestreckten Abschlussprüfung für:
   a) Auszubildende, die nach erfolgter Verkäuferprüfung ein drittes Ausbildungsjahr absolvieren,
   b) Auszubildende, die einen dreijährigen Ausbildungsvertrag abgeschlossen haben?

4.2 Ausbildungsvertrag

Kaffee verkaufen ja, Kaffee kochen nein? – Regelungen im Ausbildungsvertrag

■ SITUATION

Zwei Monate nach Ausbildungsbeginn haben sich einige der Schülerinnen und Schüler aus der W1KE der Neuburger Mercator-Schule miteinander angefreundet und treffen sich regelmäßig nach der Berufsschule im benachbarten Bistro „Ambiente". Wie fast immer geht es in den Gesprächen auch um die Ausbildungssituation.

Oliver erzählt, dass er, seit er in der Buchhaltung tätig sei, immer morgens Kaffee kochen müsse.

Laura:	„Das kenne ich, ich bin fürs Vesper holen zuständig!"
Caroline:	„Das lasst ihr euch gefallen? Bei uns im Warenhaus Merkur wäre so etwas undenkbar!"
Aynur:	„Also das ist noch gar nichts, letzte Woche waren in der Metzgerei drei von vier Mitarbeiterinnen krank und ich musste aushelfen und durfte deshalb nicht in die Schule."
Leonie:	„Leute, seht das doch mal nicht alles so eng! Man muss doch auch unsere Chefs verstehen, die müssen sehen, dass der Laden läuft."
Laura:	„Schon richtig, nur wenn ich darum bitte, endlich mal wieder eine betriebliche Unterweisung zu bekommen, dann werde ich vertröstet."
Andrea:	„Bei uns klappt das prima, fürs erste Lehrjahr haben wir extra einen Kollegen, der jede Woche mit uns eine Schulung durchführt."
Laura:	„Na und du Jürgen? Hast du keine Probleme?"
Jürgen:	„Ich bin ja erst seit wenigen Tagen im Möbelverkauf, da ich bisher im Lager und bei der Warenannahme war. Ich habe ganz schön was auf den Deckel gekriegt, weil ich mit Jeans und T-Shirt gekommen bin. Der Abteilungsleiter besteht auf Jackett, Hemd und Stoffhose. Also ich sehe das nicht ein. Das ist ein Eingriff in meine Persönlichkeitsrechte!"
Leonie:	„Und warum sagst du nichts, Franca?"
Franca:	„Oh Leute, ich hab echt Bammel, beim Entfernen vom Preisschild habe ich ein ziemlich großes Loch in eine Seidenbluse für 600 € geschnitten. Die Chefin hat getobt und will mir den Einkaufspreis der Bluse vom nächsten Gehalt abziehen!"
Caroline:	„Ach übrigens Franca, ihr führt doch auch Pullis von Gino Oliveri. Wie kalkuliert ihr denn die?"

Ausbildungsvertrag

Franca: „Ich glaube mit 200 %, bin mir aber nicht sicher, ich frag mal. Ach was ich dich noch fragen wollte, deine Freundin Loretta hat doch gerade die Verkäuferprüfung abgeschlossen. Wollte sie nicht bei euch in der Kosmetikabteilung bleiben?"

Caroline: „Ja schon, aber nach zwei Wochen in der Kosmetikabteilung wurde ihr vom Personalchef mitgeteilt, dass sie nicht weiter beschäftigt werden könne. Sie jobbt jetzt mal da und dort."

> Beurteilen Sie die im Gespräch der Auszubildenden aufgetretenen Probleme und klären Sie mithilfe des Informationsteils, ob das jeweilige Verhalten von den Ausbildern bzw. den Auszubildenden korrekt ist.

■ INFORMATION

Der **Ausbildungsvertrag** wird zwischen dem **Auszubildenden** (bei Minderjährigen zusätzlich der **gesetzliche Vertreter**) und dem **Ausbildenden** abgeschlossen. Spätestens mit Beginn der Ausbildung müssen die wesentlichen Inhalte des Vertrages schriftlich niedergelegt werden. Dies geschieht meist durch Ausfüllen eines Vertragsformulars, das von den Industrie- und Handelskammern zur Verfügung gestellt wird. Der ausbildende Betrieb muss den von allen Beteiligten unterschriebenen Vertrag zur Prüfung und Eintragung in das Verzeichnis der Berufsausbildungsverhältnisse an die zuständige Industrie- und Handelskammer weiterleiten. Ohne Eintrag ist keine Abschlussprüfung möglich!

■ Mindestangaben nach § 11 BBiG

Inhalte	Beispiel
› Art, sachliche und zeitliche Gliederung sowie Ziel der Ausbildung	Ausbildung zur Kauffrau im Einzelhandel in drei Jahren
› Beginn und Dauer der Ausbildung	1. September 2020 bis 31. August 2023
› Ausbildungsmaßnahme außerhalb der Ausbildungsstätte	Zwei Monate Ausbildung im Rechnungswesen in der Zentrale
› Dauer der regelmäßigen täglichen Ausbildungszeit	8 Stunden
› Dauer der Probezeit	vier Monate
› Zahlung und Höhe der Ausbildungsvergütung	monatlich ..... € brutto im 1. Ausbildungsjahr
› Urlaubsdauer	Je nach Alter zwischen 25 und 30 Werktagen
› Kündigungsvoraussetzungen	Aufgabe der Ausbildung
› Hinweise auf andere Verträge und/oder Vereinbarungen, die ebenfalls auf das Ausbildungsverhältnis anzuwenden sind.	Tarifverträge, Betriebsvereinbarungen, Dienstvereinbarungen

Rechte und Pflichten für die Vertragspartner aus dem Ausbildungsverhältnis (§ 13–19 BBiG)

Pflichten des Ausbildenden	Pflichten des Auszubildenden
› **Ausbildungspflicht:** Sie besagt, dass alle Fähigkeiten, Fertigkeiten und Kenntnisse vermittelt werden müssen, um das Ausbildungsziel in der vorgesehenen Zeit erreichen zu können.	› **Lernpflicht:** Erlernen und Erwerb der Fähigkeiten, Fertigkeiten und Kenntnisse, die für das Erreichen des Ausbildungszieles erforderlich sind.
› **Freistellung für den Berufsschulunterricht:** Berufsschulzeit ist bezahlte Arbeitszeit; der Auszubildende ist zum Besuch der Berufsschule anzuhalten und für den Besuch freizustellen.	› **Besuch der Berufsschule:** Die Schulzeit ist bezahlte Arbeitszeit. Schule schwänzen ist ein wichtiger Grund, der u. U. eine fristlose Kündigung rechtfertigt.
› **Sorgepflicht:** Der Auszubildende ist nur zu Tätigkeiten heranzuziehen, die dem Ausbildungszweck dienen und keine gesundheitlichen und/oder sittlichen Gefahren beinhalten. Die Arbeiten müssen den körperlichen Kräften des Auszubildenden angemessen sein.	› **Schweigepflicht:** Der Auszubildende ist verpflichtet, über Betriebs- und Geschäftsgeheimnisse Stillschweigen zu bewahren. › **Haftung:** Für vorsätzlich verursachte Schäden haftet der Auszubildende oder sein gesetzlicher Vertreter.
› **Bereitstellung von Arbeitsmitteln:** Die für die betriebliche Ausbildung erforderlichen Mittel müssen dem Auszubildenden kostenlos zur Verfügung gestellt werden.	› **Einhaltung der Betriebsordnung:** Der Auszubildende muss sich an die in seinem Betrieb geltende Ordnung halten.
› **Vergütungspflicht:** Der Auszubildende erhält eine angemessene Ausbildungsvergütung. Im Einzelhandel ist die Höhe der Vergütung tarifvertraglich geregelt.	› **Pflicht zum Befolgen von Weisungen:** Weisungen, die im Rahmen der Ausbildung von Weisungsberechtigten *(Ausbilder, Abteilungsleiter)* erteilt werden, sind zu befolgen.
› **Anmelden zu Prüfungen:** Der Auszubildende muss rechtzeitig zur Zwischen- und Abschlussprüfung angemeldet und dafür freigestellt werden. › **Zeugnispflicht:** Bei Beendigung des Ausbildungsverhältnisses muss der Ausbildende dem Auszubildenden ein Zeugnis ausstellen. Auf Wunsch des Auszubildenden auch über seine Führung und Leistung = qualifiziertes Zeugnis	› **Berichtsheftpflicht:** Der Auszubildende hat ein Berichtsheft zu führen. Das Berichtsheft gibt Auskunft über den Ablauf der Ausbildung und ist bei der Abschlussprüfung vorzulegen. Ein mustergültiges Berichtsheft gibt Auskunft über die Arbeitshaltung des Auszubildenden und über die Qualität des Betriebes in seiner Funktion als Ausbildender. Die einzelnen Wochenberichte sind vom Ausbilder zu unterschreiben.
= Rechte des Auszubildenden	**= Rechte des Ausbildenden**

Beendigung des Ausbildungsverhältnisses (§ 22, 23 BBiG)

Da viele junge Leute noch nicht genau wissen, ob sie für den angestrebten Beruf geeignet sind, gibt es eine **Probezeit**, während der ohne Angaben von Gründen das Ausbildungsverhältnis gekündigt werden kann. Kündigen kann der Auszubildende oder der Betrieb. Die **Probezeit** beträgt **mindestens einen** Monat, höchstens **vier Monate**. Sie ist im Ausbildungsvertrag zu regeln und für beide Vertragspartner von gleicher Dauer. Nach Ablauf der Probezeit besteht bis zum Ende der vereinbarten Ausbildungszeit Kündigungsschutz.

Ausbildungsvertrag

Eine **vorzeitige Beendigung** ist aber in folgenden Fällen möglich:

› gegenseitiges Einvernehmen (keine Kündigungsfrist)	Auszubildender bleibt im Ausbildungsberuf, zieht aber z. B. an einen anderen Ort
› Aufgabe der Berufsausbildung oder Ausbildung in anderem Beruf (vierwöchige Kündigungsfrist)	Auszubildendem gefällt die Ausbildung nicht und er besucht eine weiterführende Schule
› bei Vorliegen eines wichtigen Grundes (fristlos)	Tätlichkeit, Nötigung, Diebstahl, häufiges Fehlen im Berufsschulunterricht

In den beiden letzten Fällen muss die **Kündigung** unter Angabe des Kündigungsgrundes schriftlich erfolgen.

Wird das Berufsausbildungsverhältnis **nach** Ablauf der Probezeit vorzeitig gelöst, so kann der Ausbildende oder der Auszubildende **Schadenersatz** verlangen, wenn der andere den Grund für die Auflösung zu vertreten hat. Das gilt nicht bei Kündigung wegen Aufgabe oder Wechsels der Berufsausbildung.

Die Ausbildung endet mit Ablauf der im Vertrag festgelegten Ausbildungszeit (*31. Juli 2021*) oder – sofern früher – mit Bestehen der Abschlussprüfung vor der Industrie- und Handelskammer (*5. Juli 2021*).

Sollte der Auszubildende die Prüfung nicht bestehen, verlängert sich die Ausbildung bis zum nächstmöglichen Prüfungstermin (höchstens um ein Jahr). Der Auszubildende hat ein Recht auf diese Verlängerung.

■ AKTION

1. Bei der Manz KG wurden für den Warentransport Hubwagen beschafft. Welchen Pflichten des Ausbildenden könnte man diese Maßnahme zuordnen?

2. Welche Höhe der Ausbildungsvergütung ist in Ihrem Ausbildungsvertrag festgelegt? Erhalten Sie diese auch tatsächlich in voller Höhe ausgezahlt?

3. Wie kann verhindert werden, dass ein Auszubildender durch die Ausbildung bleibende Schäden durch körperliche Überforderung davonträgt?

4. Geben Sie einige Beispiele an, weshalb Ihr Ausbildungsbetrieb ein besonderes Interesse an der Wahrung der Verschwiegenheit hat.

5. Warum können Betriebe nicht als „Hilfskraft zum Auffüllen der Regale" ausbilden?

6. Im Warenhaus Merkur werden zurzeit 10 Auszubildende zum Kaufmann bzw. zur Kauffrau im Einzelhandel ausgebildet. Bei fünf Auszubildenden beträgt die Ausbildungsdauer 3 Jahre, bei dreien 2 ½ Jahre und zwei Auszubildende werden nach zwei Jahren mit ihrer Ausbildung fertig sein. Erklären Sie die unterschiedlichen Ausbildungszeiten!

7. Notieren Sie mithilfe einer anonymen Kartenabfrage alle Ihre Tätigkeiten des letzten Monats und ordnen Sie diese danach, ob es sich um Tätigkeiten im Sinne des § 14 (2) BBiG handelt.

8. Eine Auszubildende in einem Einzelhandelsbetrieb ist seit 2 Jahren fast ausschließlich mit Lagerarbeiten beschäftigt. Sie ist besorgt, dass sie wegen dieser einseitigen Beschäftigung das Ausbildungsziel nicht erreichen kann. In einem Rollenspiel sollen Sie ein Gespräch mit dem

Ausbilder führen. Gesprächspartner sind der/die Auszubildende, der Ausbilder und der Ausbildungsberater der Industrie- und Handelskammer. Halten Sie in einem Gesprächsprotokoll die Ergebnisse fest.

9 Carolin Fröhlichs Schwester Hanna wollte auch Kauffrau im Einzelhandel werden, fand aber keine Lehrstelle und macht seit 5 Monaten eine Ausbildung zur Zahnarzthelferin. Überraschend ergibt sich die Möglichkeit, bei der Merkur AG eine Ausbildungsstelle in der neuen Abteilung „Young Lady" zu erhalten. Was muss Hanna bei der Kündigung ihres jetzigen Ausbildungsverhältnisses beachten?

10 Werten Sie das Schaubild aus. Was fällt Ihnen dabei besonders auf?

Was Betriebe von angehenden Azubis erwarten

So viel Prozent ausbildungsbereiter Unternehmen in Deutschland fordern in ihren Ausschreibungen:

Teamfähigkeit	69 %
Motivation, Engagement	63
Zuverlässigkeit, Pünktlichkeit	63
Schulabschluss, gute Noten	61
Kommunikationsfähigkeit	54

Umfrage unter 2 200 Ausbildungsbetrieben aus zehn Berufsgruppen, Stand Anfang 2016

Quelle: Bundesinstitut für Berufsbildung © Globus 11388

4.3 Jugendarbeitsschutz

Welche Vorschriften gelten für Jugendliche im Berufsleben?

■ SITUATION

„Willkommen im Club", sagt Caroline zu Markus, als sie sich heute in der Berufsschule treffen. „Du wirst ja heute volljährig, das muss nach der Schule gefeiert werden." „Gerne", antwortet Markus, „ich lade die ganze Klasse nach der Schule ins Eiscafé ein." „Das wird nichts werden, mein Lieber", warnt Oliver. „Du bist jetzt 18 und damit kann dein Betrieb darauf bestehen, dass du heute nach der 7. Stunde noch zum Arbeiten kommst." „Das stimmt nicht", meint Markus, „nach 5 Zeitstunden muss man nicht mehr in den Betrieb."

Klären Sie mithilfe des Jugendarbeitsschutzgesetzes (JArbSchG), ob Oliver oder Markus Recht hat.

Jugendarbeitsschutz

INFORMATION

> **Hinweis:** Das deutsche **Jugendarbeitsschutzgesetz** (JArbSchG) wird im internationalen Vergleich als besonders vorbildlich angesehen. Das JArbSchG schützt junge Menschen unter 18 Jahren, gleich, ob sie als Auszubildende oder als Angestellte bzw. Arbeiter beschäftigt werden. Das Gesetz unterscheidet zwischen Kindern und Jugendlichen. Wer noch keine 15 Jahre alt ist, gilt vor dem Gesetz als Kind. Wer zwischen 15 und 18 Jahren alt ist, ist Jugendlicher. Für Jugendliche, die noch Vollzeit schulpflichtig sind, gelten die gleichen Bestimmungen wie für Kinder.

Kinderarbeit – grundsätzlich verboten

Die Beschäftigung von Kindern und Vollzeit schulpflichtigen Jugendlichen ist in Deutschland verboten. Das Gesetz lässt nur geringfügige Ausnahmen zu (*schulisches Betriebspraktikum, leichte Tätigkeiten wie Zeitungen austragen*). Das **Mindestalter** für die Zulassung zur regulären Beschäftigung im Betrieb nach der Schulentlassung ist grundsätzlich **15 Jahre**.

Arbeitszeit – begrenzt, aber mit vielen Ausnahmen

Für Jugendliche markiert die **40-Stunden-Woche** die Obergrenze bei der Wochenarbeitszeit. Für Jugendliche gilt grundsätzlich die **Fünftagewoche**, das heißt, der Samstag ist generell arbeitsfrei. Allerdings gibt es viele Wirtschaftszweige, in denen samstags gearbeitet wird. Es sollen für Jugendliche im Einzelhandel jedoch mindestens 2 Samstage im Monat beschäftigungsfrei sein. In einem Tarifvertrag oder aufgrund eines Tarifvertrages in einer Betriebsvereinbarung kann zugelassen werden, dass Jugendliche an 26 Samstagen im Jahr oder an jedem Samstag beschäftigt werden dürfen, wenn dafür ein anderer Werktag als Freizeit gewährt wird (§ 21 a Jugendarbeitsschutzgesetz). Und selbstverständlich dürfen Jugendliche im Allgemeinen auch nicht an Sonn- und Feiertagen arbeiten. Auch hier gibt es jedoch Ausnahmen.
Am **Tag** dürfen Jugendliche grundsätzlich nur in der Zeit von 6:00 Uhr bis 20:00 Uhr beschäftigt werden. Von der Regelung 6:00 Uhr bis 20:00 Uhr sind nur Ausnahmen vorgesehen, wenn die besonderen Bedingungen einzelner Berufe dies erfordern. Zwischen Feierabend und Arbeitsbeginn am nächsten Tag müssen 12 freie Stunden liegen.

Pausen – Erholung von der Arbeit

Um sich während des Arbeitstages erholen zu können, haben die Jugendlichen ein Recht auf Pausen. Bei einer Arbeitszeit von 4,5 bis 6 Stunden müssen 30 Minuten Pause gewährt werden. Diese kann in zwei fünfzehnminütige Blöcke aufgeteilt werden. Bei einer Arbeitszeit von mehr als 6 Stunden sind 60 Minuten Pause zu gewähren. Diese kann in maximal vier Blöcke zu je 15 Minuten aufgeteilt werden. Aufgrund von tarifvertraglichen Regelungen kann vom Gesetzesrahmen abgewichen werden. Die tägliche **Arbeitszeit** plus der **Pausen** nennt man **Schichtzeit**. Bei einem Acht-Stunden-Tag mit einstündiger Ruhepause beträgt somit die Schichtzeit 9 Stunden.

Das Jugendarbeitsschutzgesetz bestimmt, dass die **tägliche Schichtzeit** für Jugendliche maximal **10 Stunden** betragen darf.

■ Urlaub – je jünger, desto länger

Alter am 1. Januar des Jahres	Urlaubsanspruch im Jahr
15 Jahre	30 Werktage
16 Jahre	27 Werktage
17 Jahre	25 Werktage

Maßgebend für den **Urlaubsanspruch** ist das **Alter** des Jugendlichen am 1. Januar des jeweiligen Jahres. In betrieblichen und tarifvertraglichen Regelungen können mehr Urlaubstage gewährt werden, als dies im Gesetz vorgesehen ist. Der Urlaub kann nicht gegen Bezahlung abgegolten werden, er ist unbedingt zu nehmen. Während des Urlaubs darf der Jugendliche in keinem anderen Arbeitsverhältnis beschäftigt werden (§ 19 JArbSchG). Als Werktage gelten alle Kalendertage, die nicht Sonn- oder Feiertage sind. So gilt auch der Samstag als Werktag, auch wenn der Samstag kein Arbeitstag für den Jugendlichen ist. Wenn das Arbeits- oder Ausbildungsverhältnis 6 Monate besteht, wird erstmalig der volle Urlaubsanspruch erworben. Wer innerhalb eines Jahres aus dem Arbeits- oder Ausbildungsverhältnis ausscheidet, hat Anspruch auf ein Zwölftel des Jahresurlaubes für jeden vollen Monat des Arbeits- oder Ausbildungsverhältnisses.

Für **Berufsschüler** soll der Urlaub in die Schulferien gelegt werden. Der Urlaub sollte zusammenhängend gewährt werden.

Eine Übertragung des Urlaubsanspruches in das nächste Kalenderjahr ist nur für die ersten drei Monate dieses Jahres möglich. Danach muss der Alturlaub abgegolten sein. Erkrankt der Jugendliche während des Urlaubs, so werden die durch ein ärztliches Attest nachgewiesenen Tage der Arbeitsunfähigkeit auf den Jahresurlaub nicht angerechnet.

■ Besuch der Berufsschule – vom Betrieb freigestellt

Jugendliche sind für den **Besuch** des Unterrichts der **Berufsschule**, für Prüfungen und außerbetriebliche Ausbildungsmaßnahmen **freizustellen**. Für den **Teilzeitunterricht** ist geregelt, dass der Jugendliche vor einem vor 9:00 Uhr beginnenden Unterricht nicht beschäftigt werden darf. An Berufsschultagen wird die Zeit vom Beginn der ersten Unterrichtsstunde bis zum Ende der letzten Unterrichtsstunde einschließlich der Pausen auf die betriebliche Arbeitszeit angerechnet. Ein Berufsschultag mit mehr als 5 Unterrichtsstunden von mindestens 45 Minuten wird mit 8 Stunden auf die Arbeitszeit angerechnet.

Fällt in der Berufsschulwoche der Unterricht die ganze Woche oder einen ganzen Tag aus, so kann der Jugendliche in der ausgefallenen Zeit beschäftigt werden.

Die bisherigen Regelungen im BBiG und im Jugendarbeitsschutzgesetz (JArbSchG) führten zu einer unterschiedlichen Behandlung jugendlicher und erwachsener Auszubildender hinsichtlich der Freistellung für und der Anrechnung von Berufsschul- und Prüfungszeiten. Seit dem 01. 01. 2020 werden **erwachsene Auszubildende** diesbezüglich nun **mit jugendlichen Auszubildenden gleichgestellt** (§ 15 BBiG):

Jugendarbeitsschutz

- Einmal in der Woche die **Freistellung für einen ganzen Berufsschultag**, wenn dieser **mehr als fünf Unterrichtsstunden von mindestens je 45 Minuten beinhaltet**; an diesem Tag erfolgt dann keine Rückkehr mehr in den Betrieb. Bei der Anrechnung dieses Berufsschultages auf die Ausbildungszeit wird die durchschnittliche tägliche Ausbildungszeit berücksichtigt.
- Bei einem weiteren Berufsschultag in der gleichen Woche erfolgt eine **Freistellung für den Berufsschulunterricht unter Anrechnung der Berufsschulunterrichtszeit** einschließlich der Pausen auf die Arbeitszeit. Hier kann eine Rückkehr in den Betrieb erforderlich werden.
- Eine **Freistellung** erfolgt auch in Berufsschulwochen mit einem planmäßigen Blockunterricht von **mindestens 25 Stunden an mindestens 5 Tagen**. Angerechnet wird hier die durchschnittliche wöchentliche Ausbildungszeit.
- Es besteht ein Anspruch auf **Freistellung für den der schriftlichen Abschlussprüfung unmittelbar vorangehenden Arbeitstag**. Auch hier wird die durchschnittliche tägliche Arbeitszeit angerechnet.

■ Arbeit verboten – in besonderen Fällen

Um Jugendliche vor **Gefahren** zu schützen, sind im JArbSchG Beschränkungen und Beschäftigungsverbote erlassen worden. Jugendliche dürfen laut § 22 des Jugendarbeitsschutzgesetzes nicht beschäftigt werden:

1. Mit Arbeiten, die ihre Leistungsfähigkeit übersteigen oder bei denen sie sittlichen Gefahren ausgesetzt sind.
2. Mit Arbeiten, die mit Unfallgefahren verbunden sind, von denen anzunehmen ist, dass Jugendliche sie wegen mangelnden Sicherheitsbewusstseins oder mangelnder Erfahrung nicht erkennen oder nicht abwenden können.
3. Mit Arbeiten, bei denen ihre Gesundheit durch außergewöhnliche Hitze oder Kälte oder starke Nässe gefährdet wird.
4. Mit Arbeiten, bei denen sie schädlichen Einwirkungen von Lärm, Erschütterungen, Strahlen oder von giftigen, ätzenden oder reizenden Stoffen ausgesetzt sind.

■ Verstöße gegen gesetzliche Bestimmungen – wer kann helfen?

Da Jugendliche in einem Abhängigkeitsverhältnis zum Arbeitgeber stehen, ist es oft schwierig, eine angemessene Reaktion auf Verstöße gegen gesetzliche Bestimmungen zum Schutz der Jugendlichen im Arbeits- oder Ausbildungsverhältnis zu finden. Aufgrund der Arbeitsmarktsituation werden daher häufig solche Verstöße von den Jugendlichen toleriert.

Wichtige **Ansprechpartner** in dieser Situation sind die **Ausbildungsberater** der Kammern, die **Lehrer** der Berufsschule und die **Gewerbeaufsichtsämter**. Hier kann sich der Jugendliche beraten lassen und entsprechend der Situation angemessen reagieren.

Vielfach wird ein Gespräch mit dem Ausbilder oder Arbeitgeber das Problem lösen, da aufgrund der komplexen Gesetzeslage häufig ein Verstoß auf Unkenntnis und nicht auf einer Übervorteilungsabsicht beruht.

AKTION

Lösen Sie die folgenden Aufgaben mithilfe des Gesetzestextes. Bei den Aufgaben 4 bis 11 handelt es sich um Auszubildende im Einzelhandel.

1. Der 12-jährige Fritz hilft im Lebensmittelladen um die Ecke, indem er älteren Leuten die eingekauften Waren nach Hause bringt. Dafür erhält er vom Kaufmann ein Taschengeld und von den Kunden Trinkgelder. Beurteilen Sie die Rechtslage.

2. Die 15-jährige Nadine arbeitet in den Ferien im Bahnhofskiosk an 5 Tagen in der Woche von Mittwoch bis Sonntag in der Zeit von 17:00 Uhr bis 23:00 Uhr als Verkäuferin. Darf sie das? Begründung.

3. Der 15-jährige noch Vollzeit schulpflichtige Timo hilft im Textilgeschäft seines Vaters am Sonntag 9 Stunden lang bei der Inventur mit. Ist dies zulässig? Begründen Sie Ihr Urteil.

4. Bei einer Auszubildenden in einer Boutique für Modeschmuck stellt der Arzt bei der ersten Nachuntersuchung eine Nickelallergie fest. Viele Schmuckstücke enthalten Nickel. Die Auszubildende möchte aber auf jeden Fall in dem Geschäft ihre Ausbildung abschließen. Welche Problemlösungen schlagen Sie vor? Wie ist die Rechtslage für den Ausbildungsbetrieb?

5. Die 16-jährige Tina muss wegen einer erkrankten Kollegin Überstunden leisten. Ihre tägliche Arbeitszeit beträgt 10 Stunden. Dies geht über einen Zeitraum von mehreren Wochen.

6. Die 19-jährige Anna muss vor dem Berufsschulunterricht, der um 8:45 Uhr beginnt, in ihrem Bäckerladen Ware für den Tag auffüllen.

7. Der 17-jährige Florian erhält nach 5 Stunden Arbeitszeit eine Ruhepause von 30 Minuten, die er am Arbeitsplatz im Büro verbringt, da ein extra Pausenraum nicht vorhanden ist.

8. Die 17-jährige Karola muss jeden Samstag arbeiten.

9. Der 16-jährige Sven arbeitet als Verkäufer im Tankstellenshop am Sonntag. Da er wegen der Sonntagszulagen mehr verdient, bittet er seinen Chef, ihn an allen Sonntagen des Monats einzusetzen.

10. Kevin erhält 25 Werktage Jahresurlaub, da er am 3. Januar 17 Jahre alt wird.

11. Sophie schließt am 30. April mit der Prüfung ihre Ausbildung ab. Für die Prüfungstage soll sie Urlaub nehmen. Sie ist 18 Jahre alt.

12. Aufgrund eines Krankheitsfalles fällt Berufsschulunterricht aus. Die Schüler gehen nach der 4. Stunde nach Hause.

13. Gestalten Sie eine Wandzeitung mit den wichtigsten Regelungen im Jugendarbeitsschutzgesetz nach den folgenden Gesichtspunkten:

| Arbeitszeit und Freizeit | Urlaub | Beschäftigungsverbote und -beschränkungen | gesundheitliche Betreuung |

Sozialversicherung

LF 1

5 Soziale Sicherung

5.1 Sozialversicherung

Pflichtbeiträge zur gesetzlichen Sozialversicherung — muss das sein?

■ **SITUATION**

Sozialsysteme/Bundesbank warnt

Junge Generation bald überfordert
Für echte Einsparungen und Reformen

Ohne schnelle und wirksame Reformen werden künftige Generationen unter der finanziellen Abgabenlast zusammenbrechen. Dies befürchtet die Bundesbank. Sie fordert von der Berliner Politik echte Einsparungen. ... Weitere Anstrengungen zur Sanierung der Staatsfinanzen und Sozialkassen seien dringend notwendig. Sie müssten vor allem langfristig angelegt sein und dürften nicht nur kurz- und mittelfristig wirken.

Tabu als Ausweg aus der sich anbahnenden Generationenkrise ist laut Bundesbank aber zweierlei: die Erhöhung von Steuern und Sozialbeiträgen wegen der dann zu erwartenden negativen Folgen für Wachstum und Arbeitsplätze sowie pure Umfinanzierung von Lasten. ... Geboten sind nach Ansicht der Bundesbank aber eine echte und nachhaltige Rückführung der Staatsquote sowie Leistungskürzungen im Sozialbereich. ...

Um eine Gleichverteilung der Lasten zwischen den heute Geborenen und künftigen Generationen zu gewährleisten, wäre eine Reduzierung der Leistungen für die Alterssicherung um 38 Prozent erforderlich. Einen solchen harten Einschnitt hält aber selbst die Bundesbank nicht für machbar. Sollten die Politiker Einsparungen und Reformen nicht zuwege bringen, könnte ein erschreckendes Szenario eintreten. Voll Berufstätige des Geburtsjahrgangs 1996 zahlen in ihrem Leben durchschnittlich 464.000 EUR Abgaben und bekommen 251.000 EUR staatlicher Zahlungen wie Rente, Wohngeld oder Sozialhilfe zurück.

1. Warum befinden sich die sozialen Sicherungssysteme in Deutschland in der Krise?
2. Wie beurteilt die Deutsche Bundesbank die finanzielle Lastenverteilung zwischen junger und älterer Generation?
3. Welche Ansatzpunkte für eine gleichmäßigere Verteilung der Belastungen schlagen Sie vor?

■ **INFORMATION**

Im Grundgesetz der Bundesrepublik Deutschland heißt es in Artikel 20: **„Die Bundesrepublik Deutschland ist ein demokratischer und sozialer Bundesstaat."**

Alle politischen Maßnahmen haben das Ziel, sozialen Missständen, Ungleichheiten und Ungerechtigkeiten entgegenzuwirken und für alle Bevölkerungsschichten eine soziale Sicherung zu gewährleisten.

Soziale Sicherung

Diese Forderung wird in erster Linie durch das System der **Sozialversicherungen** verwirklicht. Allerdings bedeutet dies nicht, dass der Staat vollständig die soziale Fürsorge für die Bürger übernimmt. Gerade in Zeiten, in denen der Staat sparen muss, wird vom Bürger mehr Eigenverantwortung, mehr Selbstbeteiligung und -vorsorge verlangt.

Durch die **Leistungen** der **Sozialversicherungen** sollen die **Grundrisiken** des Lebens **gemindert** werden.

Grundrisiken des Lebens: Krankheit (Krankenversicherung), Unfall (Unfallversicherung), Altersarmut (Rentenversicherung), Arbeitslosigkeit (Arbeitslosenversicherung), Pflegefall (Pflegeversicherung) – Schutz durch die gesetzliche Sozialversicherung

■ Grundprinzipien der Sozialversicherung

Versicherungspflicht

Grundsätzlich sind **alle** Beschäftigten **versicherungspflichtig** und müssen Beiträge leisten. Als **Beschäftigte** gelten Personen, die eine nichtselbstständige Tätigkeit ausüben.

Solidaritätsprinzip

Zwischen den Versicherten findet ein **sozialer Ausgleich** statt. Trotz unterschiedlich hoher Beitragszahlungen erhalten die Mitglieder der gesetzlichen Kranken- und Pflegeversicherung die gleichen Leistungen.

Die **Beitragshöhe** richtet sich nach der Höhe des Einkommens. Das bedeutet, dass das Bruttoeinkommen jedes Beschäftigten mit dem gleichen prozentualen Beitragssatz belastet wird. Es gibt hier jedoch eine Obergrenze, die sogenannte **Beitragsbemessungsgrenze**. Sie stellt die betragsmäßige Obergrenze der Belastung des monatlichen Bruttoeinkommens mit Sozialabgaben dar. Die Beitragsbemessungsgrenzen werden jährlich von der Bundesregierung für die Renten-/Arbeitslosenversicherung und die Kranken-/Pflegeversicherung durch Rechtsverordnung angepasst. Das Solidaritätsprinzip wird außerdem auch daran deutlich, dass sich **Leistungsansprüche** i. d. R. nach der **Bedürftigkeit** und **nicht** nach dem individuellen **Risiko** der versicherten Person richten.

Versicherungsprinzip

In der Renten- und Arbeitslosenversicherung erwerben die Versicherten **Leistungsansprüche** gemäß ihren **Beitragszahlungen**.

Sozialversicherung

Finanzierung der Sozialversicherungsleistungen

Die **Sozialversicherungen** werden vorwiegend aus **Beiträgen** der **Arbeitnehmer** und **Arbeitgeber** finanziert und grundsätzlich von beiden Seiten zu **gleichen** Teilen übernommen (Ausnahmen bei der Kranken- und Pflegeversicherung; dort gibt es Zusatzbeiträge, die ausschließlich der Arbeitnehmer zu tragen hat).

Der **Gesetzgeber** legt die **Höhe** der **Beitragssätze** gesetzlich fest mit Ausnahme für die Unfallversicherung. Dies übernimmt dort der Träger dieser Versicherung.

Die Beitragszahlungen orientieren sich an der Gehaltshöhe des Arbeitnehmers. Dabei ist zu beachten, dass die **Beitragsbemessungsgrenze** bei der Renten- und Arbeitslosenversicherung in den alten und neuen Bundesländern unterschiedlich hoch ist, während sie bei der Kranken- und Pflegeversicherung bundeseinheitlich ist. Die **Höchstbeiträge** lassen sich nach der Formel „Beitragsbemessungsgrenze × Beitragssatz" ermitteln. Die folgende Abbildung zeigt die monatlichen Höchstbeiträge (ohne gesetzliche Unfallversicherung) in den alten und neuen Bundesländern.

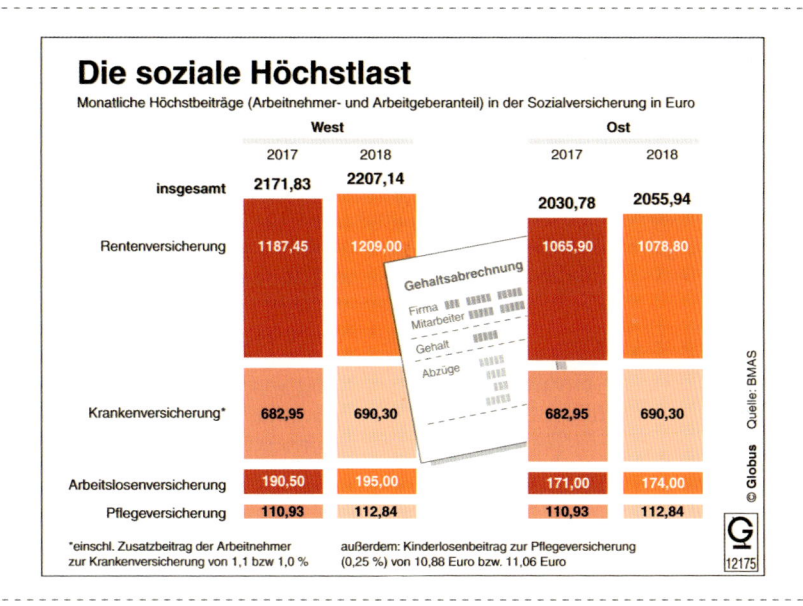

Die soziale Höchstlast
Monatliche Höchstbeiträge (Arbeitnehmer- und Arbeitgeberanteil) in der Sozialversicherung in Euro

	West 2017	West 2018	Ost 2017	Ost 2018
insgesamt	2171,83	2207,14	2030,78	2055,94
Rentenversicherung	1187,45	1209,00	1065,90	1078,80
Krankenversicherung*	682,95	690,30	682,95	690,30
Arbeitslosenversicherung	190,50	195,00	171,00	174,00
Pflegeversicherung	110,93	112,84	110,93	112,84

*einschl. Zusatzbeitrag der Arbeitnehmer zur Krankenversicherung von 1,1 bzw 1,0 %
außerdem: Kinderlosenbeitrag zur Pflegeversicherung (0,25 %) von 10,88 Euro bzw. 11,06 Euro

Quelle: BMAS / © Globus 12175

Die **Abführung** der Beiträge zur Sozialversicherung an die einzelnen Versicherungsträger übernimmt der **Arbeitgeber**. Die Beiträge zur Kranken-, Pflege-, Renten- und Arbeitslosenversicherung werden bei versicherungspflichtig Beschäftigten für alle Sozialversicherungszweige einheitlich vom Arbeitgeber eingezogen und als **Gesamtsozialversicherungsbeitrag** an die **Krankenkassen** als **Einzugsstelle** abgeführt. Diese behalten den Beitrag zur Kranken- und Pflegeversicherung. Die Beiträge zur Renten- und Arbeitslosenversicherung werden von den Kassen an die berechtigten Träger (Deutsche Rentenversicherung und Bundesagentur für Arbeit) weitergeleitet.

Die Beiträge zur gesetzlichen Unfallversicherung trägt der Arbeitgeber alleine und leitet sie an die zuständige Berufsgenossenschaft weiter.

> **! Hinweis:** Für die geringfügigen Beschäftigungsverhältnisse (Mini-Job, Midi-Job) gelten besondere Bestimmungen für die Sozialbeiträge (vgl. LF 9, Kap. 4.5).

Krankenversicherung

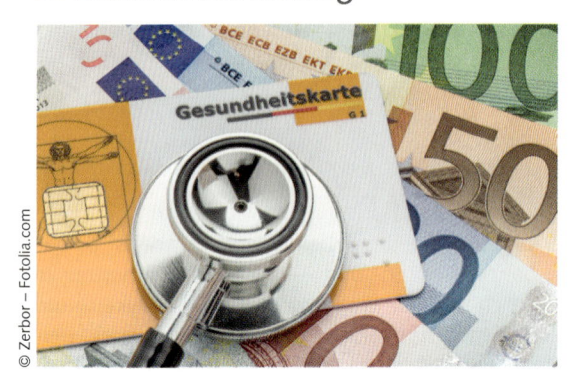

Eine **Krankenversicherung** ist für Beschäftigte in der **gesetzlichen Krankenversicherung** (GKV) oder einer **privaten Krankenversicherung** (PKV) möglich. In der GKV sind über 70 Millionen Menschen versichert; dies entspricht ca. 85 % der Bevölkerung.

Dazu zählen auch alle Auszubildenden, die vom ersten Tag ihrer Ausbildung an bei einer Krankenkasse pflichtversichert sind.

Versicherter Personenkreis

Wenn das **Gehalt** eines Beschäftigten nicht über der **Krankenversicherungspflichtgrenze** liegt, besteht eine **Versicherungspflicht** bei einer gesetzlichen Krankenkasse. Die Krankenkasse kann **frei** gewählt werden, jedoch sind die Leistungen der gesetzlichen Krankenkassen zu etwa 95 % gleich, weil sie der Gesetzgeber vorschreibt. Zu den Krankenkassen zählen die Allgemeinen Ortskrankenkassen (AOK), Betriebs- und Innungskrankenkassen *(Bosch BKK)* sowie die Ersatzkassen *(DAK, Barmer, KKH)*. Das Prinzip der GKV sieht vor, jedem Patienten die gleiche medizinische Versorgung zu ermöglichen und unabhängig von den Beiträgen gleiche Leistungsansprüche zu garantieren. Die **GKV** hat die **Aufgabe**, die Gesundheit der Versicherten zu erhalten, wiederherzustellen oder ihren Gesundheitszustand zu bessern. Es wird daher bezahlt, was an ärztlichen Behandlungen als notwendig und wirtschaftlich erachtet wird. Familienmitglieder können unter bestimmten Voraussetzungen als Familienversicherte in der GKV kostenlos mitversichert werden.

Um als **Beschäftigter** in die **private Krankenversicherung** wechseln zu können, muss man die Versicherungspflichtgrenze für mindestens ein Jahr überschritten haben. Da eine **Versicherungspflicht** besteht, müssen auch die privaten Versicherer ein der GKV vergleichbares Angebot machen (Basistarif).

Finanzierung

Die **Beiträge** der gesetzlichen Krankenversicherung werden je zur **Hälfte** vom **Arbeitgeber** und vom **Arbeitnehmer** aufgebracht. Die Höhe dieser Beiträge richtet sich nach dem Bruttoentgelt bis zur **Beitragsbemessungsgrenze**. Der **Beitragssatz** beträgt einheitlich 14,6% (Stand 2020).

Die Beiträge für Auszubildende mit einer Ausbildungsvergütung von bis zu 325,00 € werden vom Arbeitgeber allein finanziert.

Leistungen

Als **Versicherter** hat man z. B. **Anspruch** auf:

> Maßnahmen zur **Vorsorge** und **Früherkennung** von bestimmten Krankheiten (Vorsorgeuntersuchungen),
> **ärztliche** und **zahnärztliche Behandlung** mit freier Wahl unter den zugelassenen Vertragsärzten und Vertragszahnärzten,
> **Arznei-, Verband- und Heilmittel** sowie Hilfsmittel, wie Hörgeräte und Rollstühle,

Sozialversicherung

> **Behandlung** im **Krankenhaus**,

> **Kostenübernahme** oder Zuschüsse bei notwendigen Vorsorge- und Rehabilitationsmaßnahmen,

> **Krankengeld:** Normalerweise zahlt der Arbeitgeber für sechs Wochen das Gehalt weiter, wenn man arbeitsunfähig ist. Anschließend erhält man von seiner Krankenkasse 70 % des regelmäßig erzielten Bruttoarbeitsentgelts bis zur Beitragsbemessungsgrenze, jedoch nicht mehr als 90 % des letzten Nettoarbeitsentgelts. Krankengeld kann man für höchstens 78 Wochen innerhalb von drei Jahren bekommen.

Der Gesundheitsfonds – Lösung der Probleme im Gesundheitssystem?

Arbeitnehmer: zahlt prozentualen Beitrag (+ Sonderbeitrag in Höhe von 0,9 Prozent); zahlt Zusatzbeitrag (prozentual oder fester Betrag), wenn die Kosten der Kasse höher sind als die Pauschale aus dem Fonds

Gesundheitsfonds: Rückerstattung, wenn der Pauschalbetrag aus Gesundheitsfonds höher ist als die Kosten; zahlt Pauschale pro Versicherten (plus Risikoausgleich)

Arbeitgeber: zahlt prozentualen Beitrag

Staat: zahlt Bundeszuschuss aus Steuermitteln für gesamtgesellschaftliche Aufgaben der Krankenkassen

Krankenkassen

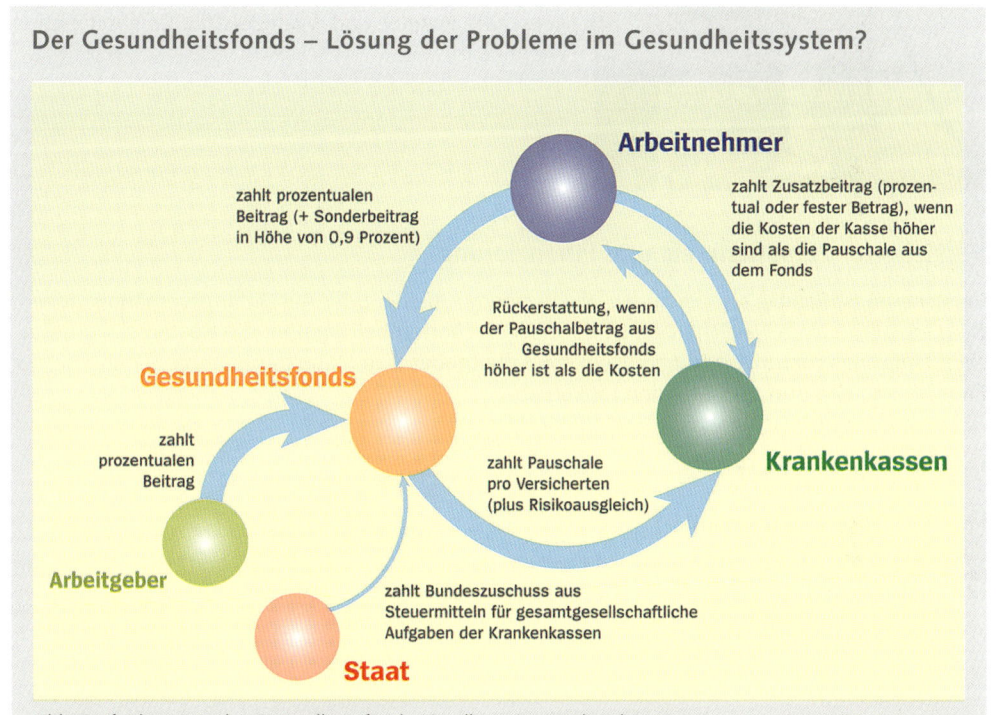

Abb. So funktioniert der Gesundheitsfonds (Quelle: AOK Mediendienst)

Alle Beitragszahler zahlen den gleichen Beitragssatz zur gesetzlichen Krankenversicherung. Zukünftig sollen die Beiträge, die weiterhin zu 90 bis 95 % aus Arbeitnehmer- und Arbeitgeberbeiträgen finanziert werden, direkt in den Fonds fließen. Jede Krankenkasse erhält aus dem Gesundheitsfonds pro Versicherten eine pauschale Zuweisung sowie ergänzende Zu- und Abschläge je nach Alter, Geschlecht und Gesundheitszustand ihrer Versicherten.

Eine Krankenkasse, die besser wirtschaftet, kann ihren Versicherten finanzielle Vergünstigungen oder eine Prämienauszahlung gewähren.

Eine Krankenkasse, die schlechter wirtschaftet, muss von ihren Mitgliedern einen Zusatzbeitrag erheben. Die Zusatzbeiträge können von den Krankenkassen frei und ohne Obergrenze festgesetzt werden.

Durch die Einführung des Gesundheitsfonds soll mehr Wirtschaftlichkeit und Wettbewerb im Gesundheitswesen erzielt werden. Kritiker warnen vor den Folgen: Die Beiträge würden für viele Versicherte steigen, die Kassenleistungen jedoch nicht.

Soziale Sicherung

■ Unfallversicherung

Die wesentliche Aufgabe der **gesetzlichen Unfallversicherung** (GUV) ist die Verhütung von Unfällen am Arbeitsplatz (und in der Schule) sowie arbeitsbedingte Gesundheitsgefahren möglichst zu vermeiden. **Träger** der **gesetzlichen Unfallversicherung** sind die **Berufsgenossenschaften**, die im Verband „Deutsche Gesetzliche Unfallversicherung – DGUV" zusammengeschlossen sind.

Für den **Einzelhandel** zuständig ist die Berufsgenossenschaft Handel und Warendistribution mit Sitz in Mannheim.

Versicherter Personenkreis und Finanzierung

Versicherungspflichtig sind Personen, die in einem Arbeits-, oder Ausbildungsverhältnis stehen. Die gesetzliche Unfallversicherung ist für die Versicherten **beitragsfrei**, die **Kosten** der gesetzlichen Unfallversicherungen tragen allein die **Arbeitgeber**. Die Höhe der Beiträge hängt von der Branche und den dort auftretenden Risiken ab.

Versicherungsschutz

Der **Versicherungsschutz** umfasst:

> **Arbeitsunfälle**, die Beschäftigten während der Arbeit *(Arbeiten im Lager)* und auf Dienstwegen *(Fahrt zu einer Fortbildungsveranstaltung)* zustoßen.
> **Wegeunfälle**, die sich auf dem direkten Weg von und zur Arbeit ereignen. Versichert sind auch notwendige Umwege *(Fahrgemeinschaften, Kinder unterbringen)* unabhängig vom benutzten Verkehrsmittel.
> **Berufskrankheiten**, dies sind Krankheiten, die sich ein Versicherter durch die Arbeit zuzieht und die entweder in der Berufskrankheiten-Verordnung verzeichnet oder die nach neuen medizinischen Erkenntnissen durch den Beruf verursacht sind.

! **Hinweis:** Der Versicherungsschutz **entfällt**, wenn das Unfallereignis vorsätzlich herbeigeführt wurde oder wenn Trunkenheit, Rauschgift- oder Tablettenmissbrauch die wesentliche Ursache des Unfalls war!

Leistungen

Bei einem **Arbeitsunfall** oder einer **Berufskrankheit** kommt die gesetzliche Unfallversicherung für die Folgen auf. Im **Versicherungsfall** erbringt die GUV folgende **Leistungen**:

> Leistungen zu einer umfassenden **Heilbehandlung** *(ärztliche Behandlung, Arznei-, Verband- und Heilmittel, Krankenhausaufenthalt, Verletztengeld)*,

Sozialversicherung

- Leistungen zur **Teilhabe** am **Arbeitsleben** *(Umschulung, Ausbildung)* in einem anderen Beruf,
- Leistungen zur **Teilhabe** am **Leben** in der **Gemeinschaft** *(Wohnungshilfe, Haushaltshilfe, psychosoziale Betreuung, Rehabilitationssport),*
- **Geldleistungen** an Versicherte und Hinterbliebene *(Verletztenrente, Pflegegeld, Sterbegeld, Hinterbliebenenrente).*

Schutzengel sind gut, Prävention ist besser!

Durch Präventionsmaßnahmen sollen Arbeitsunfälle und Berufskrankheiten verhütet, arbeitsbedingte Gesundheitsgefahren abgewehrt und die Arbeit menschengerecht gestaltet werden. Dazu erlassen die Berufsgenossenschaften z. B. Unfallverhütungsvorschriften, informieren auf Merkblättern und durch Broschüren über mögliche Gefahren, außerdem führen ihre Mitarbeiter Beratungen und Fortbildungen durch.

» Beispiele:

- Informationen zu einem verbesserten Hautschutz für Floristinnen und Floristen führten zu einem erheblichen Rückgang schwerer Hautkrankheiten in dieser Branche.
- Schulungen und Infobroschüren führten zur Reduzierung von Messerunfällen beim Auspacken von Waren und beim Verkauf von Fleisch- und Wurstwaren.

■ Rentenversicherung

Die **gesetzliche Rentenversicherung** ist die Hauptsäule der Alterssicherung. Seit vielen Jahrzehnten sorgt sie dafür, dass die Versicherten nach dem Ausscheiden aus dem Berufsleben auch im Alter finanziell abgesichert sind.

Träger der gesetzlichen Rentenversicherung ist die **Deutsche Rentenversicherung** in Berlin.

Versicherter Personenkreis

Die **gesetzliche Rentenversicherung** ist bei Beschäftigten eine **Pflichtversicherung**. Auch Auszubildende sind vom ersten Tag ihrer Ausbildung an rentenversichert.

Die Beiträge werden je zur Hälfte vom Arbeitnehmer und vom Arbeitgeber gezahlt. Der **Beitragssatz** beträgt **18,6 %** des **Bruttoentgelts**.

Bei einer Ausbildungsvergütung von bis zu 325,00 € monatlich zahlt der Arbeitgeber den vollen Betrag.

Finanzierung

Die **gesetzliche Rentenversicherung** wird über das **Umlageverfahren** finanziert. Das bedeutet: Die Einnahmen aus den Beiträgen der Beschäftigten und der Arbeitgeber des laufenden Monats werden für die Rentenzahlungen des folgenden Monats verwendet. Somit kommt die arbeitende Generation in Form eines Solidarsystems **(Generationenvertrag)** für das Altersruhegeld der Rentner auf.

Die **Beiträge** reichen jedoch nicht aus, um die Renten zu bezahlen. Ein **Zuschuss** des Bundes in Milliardenhöhe ist zur Deckung der Ausgaben notwendig.

Leistungen

Um eine **gesetzliche Rente** zu bekommen, muss man eine bestimmte **Altersgrenze** erreicht haben und mindestens **fünf** Jahre rentenversichert gewesen sein.

Die **Altersgrenze** für den Bezug Rente wird zwischen 2012 und 2029 schrittweise von 65 Jahren auf 67 Jahre angehoben. Von 2012 bis 2029 steigt das Rentenalter stufenweise ab dem Jahrgang 1947.

Wer zum Beispiel 1959 geboren wurde, kann erst mit 66 Jahren und zwei Monaten in Rente gehen. Für die Jahrgänge 1964 und später gibt es die volle Rente erst mit 67 Jahren. Wer früher geht, muss Abzüge in Kauf nehmen, weil er länger Rente bekommt. Wer 45 Jahre Beiträge gezahlt hat, kann wie bisher mit 65 Jahren ohne Abzüge die Altersrente für besonders langjährig Versicherte bekommen.

Überblick zu den wichtigsten Leistungen

Die gesetzliche **Rentenversicherung:**	
› zahlt die Altersrenten.	Alle Ruheständler erhalten jeden Monat pünktlich ihre Renten.
› kümmert sich um die Rehabilitation.	Beschäftigte werden unterstützt, um nach einer längeren Krankheit oder einem Unfall wieder fit für den Beruf zu werden.
› kümmert sich, wenn man nur noch teilweise oder gar nicht mehr arbeiten kann.	Wenn Reha-Maßnahmen nicht weiterhelfen, wird unter bestimmten Umständen eine Erwerbsminderungsrente bezahlt.
› zahlt Witwen- und Waisenrente.	Wer seinen Ehepartner, seinen eingetragenen Lebenspartner, seine Eltern oder einen Elternteil verloren hat, dem kann eine Hinterbliebenenrente zustehen.
› beteiligt sich an der Krankenversicherung der Rentner.	Wer Rente bezieht, zahlt in der Regel nur die Hälfte des Krankenversicherungsbeitrags. Die andere Hälfte übernimmt die Rentenversicherung.
› berücksichtigt Kindererziehungszeiten, Arbeitslosigkeit und die Zeit des Wehr- oder Zivildiensts.	Mütter oder Väter bekommen auch durch Kindererziehungszeiten mehr Rente, obwohl sie in dieser Zeit nichts einzahlen. Und auch in Zeiten der Arbeitslosigkeit oder im Wehr- und Zivildienst ist man rentenversichert.

Sozialversicherung

Arbeitslosenversicherung

Mit der **Arbeitslosenversicherung** sollen **Risiken** abgedeckt werden, die beim **Verlust** des **Arbeitsplatzes** eintreten können. Gleichzeitig ist die Arbeitslosenversicherung nach den Bestimmungen des Sozialgesetzbuches (SGB) Bestandteil einer umfassenden **Berufsförderung**.

Träger der Arbeitslosenversicherung und der Maßnahmen zur Berufsförderung ist die **Bundesagentur für Arbeit** mit Sitz in Nürnberg sowie das bundesweite Netz von **Arbeitsagenturen** und Geschäftsstellen.

Versicherter Personenkreis

Grundsätzlich sind alle Personen, die eine mehr als geringfügige Beschäftigung („Mini-Job") gegen Arbeitsentgelt ausüben, versicherungspflichtig in der gesetzlichen Arbeitslosenversicherung. Versicherungspflichtig sind daher auch Auszubildende.

Finanzierung

Die **Leistungen** der **Arbeitsförderung** *(Arbeitsvermittlung, Arbeitslosengeld)* und die sonstigen Ausgaben der Bundesagentur für Arbeit werden durch Beiträge der Arbeitnehmer, der Arbeitgeber und bei Bedarf durch den Staat finanziert. **Arbeitnehmer** und **Arbeitgeber** zahlen den **Beitrag** zur Arbeitsförderung je zur **Hälfte**. Der Beitragssatz beträgt **2,4 %** des Bruttoentgelts bis zur Höhe der Beitragsbemessungsgrenze.

Aufgaben und Leistungen

Im Rahmen der Arbeitslosenversicherung wird eine Vielzahl von Leistungen erbracht. Dazu gehören Leistungen, die die Integration der Menschen in Arbeits- und Ausbildungsverhältnisse unterstützen, aber auch den Lebensunterhalt bei Arbeitslosigkeit sichern.

Zu den wichtigsten **Aufgaben** zählen:

› Förderung der Berufsausbildung und der beruflichen Weiterbildung,
› Arbeitsvermittlung und -beratung,
› Förderung der Teilhabe behinderter Menschen am Arbeitsleben,
› Förderung der Aufnahme einer selbstständigen Tätigkeit,
› Förderung von Umschulungsmaßnahmen,
› Auszahlung von Entgeltersatzleistungen (Arbeitslosengeld).

Ein **Anspruch** auf **Arbeitslosengeld** besteht, wenn folgende Voraussetzungen gemeinsam erfüllt sind:

1. Man muss arbeitslos sein,
2. man muss innerhalb der letzten zwei Jahre mindestens 12 Monate in die gesetzliche Arbeitslosenversicherung eingezahlt haben,
3. man muss sich persönlich arbeitslos gemeldet haben.

Wenn diese Voraussetzungen erfüllt sind, haben Arbeitslose Anspruch auf **Arbeitslosengeld I (ALG I)**. Es errechnet sich aus dem bisherigen Nettolohn. Kinderlose erhalten 60 %, mit Kindern erhält man 67 %. Ab 50 Jahren erhalten Erwerbslose mit mindestens 30 Versichertenmonaten 15 Monate lang ALG I, 55-Jährige mit mindestens 36 Versicherungsmonaten 18 Monate. Für über 58-Jährige mit mindestens 48 Beitragsmonaten steigt die Bezugsdauer auf bis zu 24 Monate. Da es beim ALG I um eine Versicherungsleistung handelt spielt die finanzielle Lage *(Vermögensverhältnisse)* des Arbeitslosen keine Rolle.

Nach **Ablauf** der **Anspruchsdauer** für **ALG I** besteht ein **Anspruch** auf **Arbeitslosengeld II (ALG II)**. Es wird aus Steuermitteln bezahlt und damit von der Allgemeinheit aufgebracht. Es wird so lange gezahlt, wie die Arbeitslosigkeit dauert.

Pflegeversicherung

Die Leistungen der **Pflegeversicherung** sollen dazu beitragen Menschen zu helfen, die auf **Betreuung** oder **Unterstützung** angewiesen sind, weil sie wegen einer körperlichen, geistigen oder seelischen Krankheit oder Behinderung die regelmäßigen Aufgaben des täglichen Lebens nicht mehr selbstständig meistern können.

Versicherter Personenkreis und Finanzierung

Die Pflegeversicherung ist eine Pflichtversicherung. Wer gesetzlich krankenversichert ist, der gehört dort auch der sozialen Pflegeversicherung an. Dies gilt auch für mitversicherte Familienangehörige.

Wer privat krankenversichert ist, muss auch eine private Pflegeversicherung abschließen.

Die **Finanzierung** der Pflegeversicherung entspricht der Finanzierung wie bei der gesetzlichen Krankenversicherung: Arbeitnehmer und Arbeitgeber zahlen je die Hälfte des Beitrags. Der **Beitragssatz** zur Pflegeversicherung liegt bei **3,05 %** vom Bruttoentgelt. **Arbeitgeber** und **Arbeitnehmer** übernehmen jeweils einen Anteil von 1,275 %. Es gilt eine bundeseinheitliche Beitragsbemessungsgrenze. Kinderlose, die mindestens 23 Jahre alt und nach dem 31. Dezember 1939 geboren sind, zahlen einen Beitragszuschlag von 0,25 %.

Sozialversicherung

Leistungen

Welche **Leistungen** Pflegebedürftige erhalten, ist vom Pflegegrad abhängig. Dieser wird vom Medizinischen Dienst der Krankenversicherung festgestellt. Um den unterschiedlichen Anforderungen Rechnung zu tragen, hat der Gesetzgeber fünf **Pflegegrade** festgelegt. Damit sind auch die Höchstbeträge für die Leistungen durch die Pflegeversicherung festgelegt.

Die Leistungen der Pflegeversicherung erfolgen als **Geldleistung** *(Pflegegeld)* oder **Sachleistungen** *(Einsatz von professionellen Pflegediensten)*, mit denen die Grundpflege und hauswirtschaftliche Versorgung finanziert wird. Die Leistungen richten sich danach, ob eine häusliche Pflege möglich ist oder eine stationäre Pflege erfolgen muss.

Mit der Umstellung auf den neuen Pflegebedürftigkeitsbegriff im Zuge der Pflegereform 2017 gibt es keine Pflegestufen mehr. An deren Stelle rücken fünf **Pflegegrade**. Für die Pflegeeinstufung ist dann nicht mehr der Grad der Hilfebedürftigkeit entscheidend, sondern der Grad der **individuellen Selbstständigkeit**.

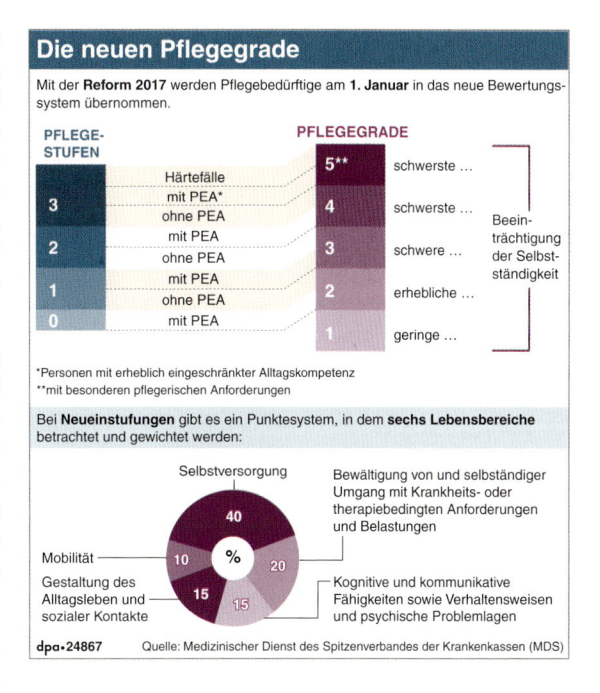

Die neuen Pflegegrade

Mit der **Reform 2017** werden Pflegebedürftige am **1. Januar** in das neue Bewertungssystem übernommen.

PFLEGESTUFEN		PFLEGEGRADE	
3	Härtefälle mit PEA*	5**	schwerste ...
3	ohne PEA	4	schwerste ...
2	mit PEA	3	schwere ...
2	ohne PEA		
1	mit PEA	2	erhebliche ...
0	ohne PEA mit PEA	1	geringe ...

Beeinträchtigung der Selbstständigkeit

*Personen mit erheblich eingeschränkter Alltagskompetenz
**mit besonderen pflegerischen Anforderungen

Bei **Neueinstufungen** gibt es ein Punktesystem, in dem **sechs Lebensbereiche** betrachtet und gewichtet werden:

- Selbstversorgung: 40 %
- Bewältigung von und selbständiger Umgang mit Krankheits- oder therapiebedingten Anforderungen und Belastungen: 20 %
- Kognitive und kommunikative Fähigkeiten sowie Verhaltensweisen und psychische Problemlagen: 15 %
- Gestaltung des Alltagslebens und sozialer Kontakte: 15 %
- Mobilität: 10 %

dpa·24867 Quelle: Medizinischer Dienst des Spitzenverbandes der Krankenkassen (MDS)

■ Probleme und Lösungsansätze in der Sozialversicherung

Probleme der Sozialversicherung	Lösungsansätze zur dauerhaften Sicherung der Sozialsysteme
↓	↓
› Beitragsausfälle durch anhaltend hohe Arbeitslosigkeit. › Anzahl der Leistungsempfänger der Kranken-, Pflege- und Rentenversicherung steigt durch wachsende Lebenserwartung. › Zahl der Beitragszahler sinkt durch geburtenschwache Jahrgänge, die ins Erwerbsleben eintreten. › Lange Ausbildungszeiten sowie Vorruhestandsregelungen führen zu einer Verkürzung der Dauer der Lebensarbeitszeit und damit auch zu einer Verringerung der Beitragszeiten. › Anzahl der sozialversicherungspflichtigen Vollzeitbeschäftigten geht zurück.	› Kürzung von Ausgaben durch Einschränkung der Leistungen und eine höhere Selbstbeteiligung der Versicherten an den anfallenden Kosten. › Erhöhung der Versicherungsbeiträge. › Stärkung der Eigenvorsorge der Versicherten durch private Vermögensbildung. › Maßnahmen zum Abbau der Arbeitslosigkeit. › Eliminierung von versicherungsfremden Leistungen aus der Rentenversicherung. › Beschränkung der Leistungen der gesetzlichen Sozialversicherung auf eine Grundversorgung der Bevölkerung.

Soziale Sicherung

> Steigende Ausgaben der Rentenversicherung durch jährliche Anpassung der Rentenzahlungen an die allgemeine Einkommensentwicklung (Dynamisierung der Renten).

> Durch den sogenannten Generationenvertrag (= laufende Rentenzahlungen werden aus Beiträgen der heutigen Erwerbsgeneration geleistet) wirken sich Verschiebungen im Altersaufbau der Bevölkerung besonders gravierend aus.

> Kapitaldeckungsverfahren anstelle des Umlageverfahrens in der Rentenversicherung.

> Anhebung der Altersgrenze und Einführung von angemessenen Leistungsabschlägen bei vorzeitigem Bezug von Altersruhegeld.

■ AKTION

1 Beantworten Sie die folgenden Fragen zum Grundwissen der Sozialversicherung:
   a) Das Sozialstaatsgebot lautet „Die Bundesrepublik Deutschland ist ein demokratischer und sozialer Bundesstaat." Wo steht das?
   b) Welche Versicherungen zählen zu den gesetzlichen Sozialversicherungen?
   c) Die gesetzliche Krankenversicherung (GKV) wird besonders vom Solidaritätsgedanken getragen. Was bedeutet dies?
   d) Warum spielt für Sie als Auszubildende die Beitragsbemessungsgrenze keine Rolle?
   e) Wie werden die Mittel für die gesetzliche Sozialversicherung aufgebracht?
   f) Wer sind die Träger der einzelnen Versicherungen?

2 Stellen Sie fest, welcher Zweig der Sozialversicherungen in den folgenden Fällen zuständig ist und nennen Sie mögliche Leistungen, die in den genannten Fällen erbracht werden können. Informieren Sie sich bei Bedarf mithilfe einer Internetrecherche.
   a) Ulrike Klein bricht sich beim Skifahren ein Bein und ist neun Wochen arbeitsunfähig.
   b) Auf dem Weg zur Arbeit stolpert die Auszubildende Mandy so unglücklich, dass sie sich einen Bänderriss zuzieht und für drei Wochen krankgeschrieben wird.
   c) Lisa geht mit ihrer zehnjährigen Tochter Sara zur U-11-Untersuchung bei ihrer Kinderärztin. Diese stellt fest, dass Sara erheblich übergewichtig ist und empfiehlt eine vierwöchige Kinderkur.
   d) Frau Walter ist nach einem Schlaganfall halbseitig gelähmt. Sie wird von ihrer Tochter, die im gleichen Haus wohnt, gepflegt.
   e) Herr Bemberg arbeitet seit über 20 Jahren in einem Herrenkonfektionsgeschäft. Da der Inhaber keinen Nachfolger findet, schließt er sein Geschäft.

3 Projekt: Wo drückt der Schuh?

Untersuchen Sie in der Lerngruppe in Foren und Groups (Google-Groups, Yahoo! Groups) Beiträge von Nutzern zu Problemen in der Sozialversicherung. Berichten Sie in einem kurzen Statement gegenüber der Klasse, welches die Hauptprobleme sind.

4 Projekt: Soziale Sicherung in der Krise!

Setzen Sie sich mit den aktuellen Problemen der einzelnen Zweige des deutschen Sozialsystems kritisch auseinander und diskutieren Sie Maßnahmen zur Reform der gesetzlichen Sozialversicherung.

Sozialversicherung

5 Formulieren Sie die Kernaussagen des folgenden Pressetextes.

Krankenstand auf Rekordtief

Der Krankenstand der Mitglieder in der GKV ist zurückgegangen und hat mit 4,3 % ein niedriges Niveau erreicht. Neben dem persönlichen Gesundheitsverhalten, das von großer Bedeutung ist, sind mehrere Faktoren für diesen Trend verantwortlich: Immer mehr Menschen arbeiten im Dienstleistungsbereich mit der Folge, dass körperlich belastende und für die Gesundheit schädliche Tätigkeiten für viele Beschäftigte an Bedeutung verloren haben. Seit dreißig Jahren ist außerdem die Zahl der Arbeitsunfälle deutlich zurückgegangen, weil die Investitionen der Arbeitgeber in Sicherheit und Gesundheit am Arbeitsplatz den Fehlzeitenstand aufgrund von Arbeitsunfällen stark gesenkt haben. Qualitativ hochwertige Produkte und Dienstleistungen können ohne leistungsfähige und leistungsbereite Beschäftigte nicht erbracht werden. Immer mehr Unternehmen betreiben daher eine aktive und systematische betriebliche Gesundheitsförderung bzw. ein betriebliches Gesundheitsmanagement. Auch die Maßnahmen der Krankenkassen im Bereich der betrieblichen Gesundheitsförderung und der Unfallversicherung zur Vermeidung arbeitsbedingter Erkrankungen haben in den letzten Jahren zugenommen. Durch die allgemeine Verbesserung der Gesundheit der Beschäftigten wird neben der Leistungsfähigkeit auch der Krankenbestand positiv beeinflusst.

Neben dem Gesundheitszustand der Mitarbeiter haben auch andere Umstände maßgeblich Einfluss auf den Krankenbestand. Insbesondere besteht ein Zusammenhang zur jeweiligen Arbeitsmarktlage: Während bei hoher Arbeitslosigkeit Befindlichkeitsstörungen weniger häufig als Anlass für eine Krankschreibung genommen werden, steigt die Fehlzeitenquote bei verbesserter Arbeitsmarktlage tendenziell an.

6 Interpretieren Sie das folgende Schaubild. Welche Hauptproblematik können Sie dabei erkennen?

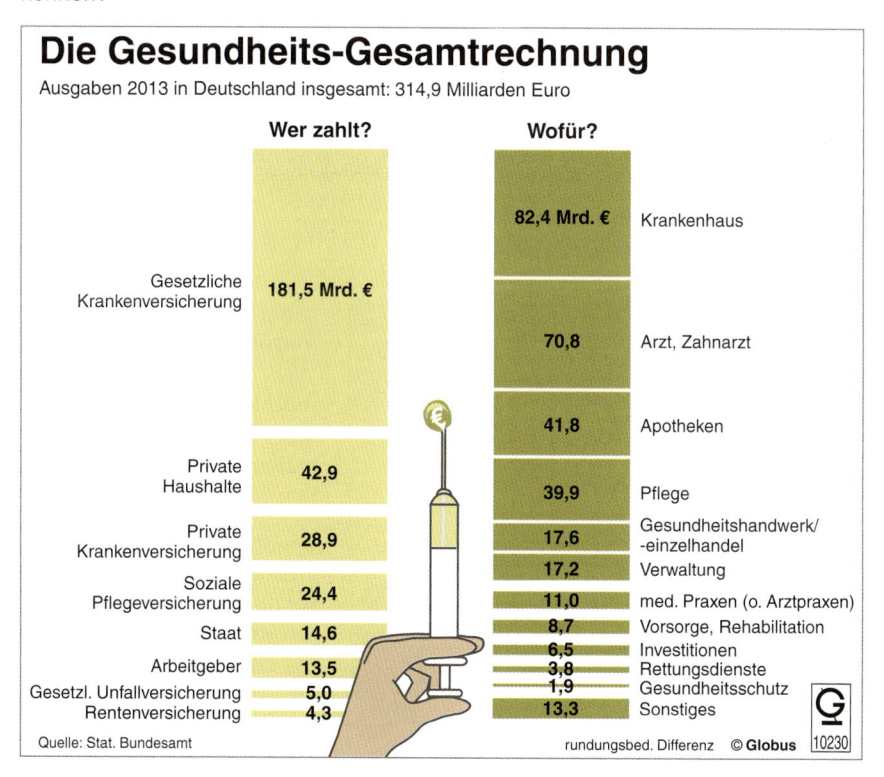

Die Gesundheits-Gesamtrechnung
Ausgaben 2013 in Deutschland insgesamt: 314,9 Milliarden Euro

Wer zahlt?

	Mrd. €
Gesetzliche Krankenversicherung	181,5
Private Haushalte	42,9
Private Krankenversicherung	28,9
Soziale Pflegeversicherung	24,4
Staat	14,6
Arbeitgeber	13,5
Gesetzl. Unfallversicherung	5,0
Rentenversicherung	4,3

Wofür?

Mrd. €	
82,4	Krankenhaus
70,8	Arzt, Zahnarzt
41,8	Apotheken
39,9	Pflege
17,6	Gesundheitshandwerk/-einzelhandel
17,2	Verwaltung
11,0	med. Praxen (o. Arztpraxen)
8,7	Vorsorge, Rehabilitation
6,5	Investitionen
3,8	Rettungsdienste
1,9	Gesundheitsschutz
13,3	Sonstiges

Quelle: Stat. Bundesamt — rundungsbed. Differenz © Globus 10230

5.2 Private Vorsorge

Die Tücke mit der Lücke: Rente allein reicht nicht!

■ SITUATION

Franca erzählt ihrer Freundin Leonie, dass ihr Großvater ständig über seine zu geringe Rente schimpft. Er habe doch fast 40 Jahre gearbeitet und jetzt reiche das Geld vorne und hinten nicht. „Hoffentlich geht es uns mal besser, was meinst du, Leonie?"

„Damit es uns auch im Alter ganz ordentlich geht, müssen wir aber selbst was dazu tun!", wirft Leonie ein. „Wieso denn?", meint Franca, „wir zahlen doch schon genug in die Sozialkassen ein!"

> Warum sieht Leonie die Notwendigkeit, für eine ausreichende Altersversorgung einen eigenen Beitrag zu leisten?

■ INFORMATION

Durch die **Rentenzahlung** soll der Lebensunterhalt nach dem Ausscheiden aus dem Berufsleben gesichert werden. Legt man das letzte Nettoeinkommen des Arbeitnehmers zugrunde, dann müsste er – gleicher Lebensstandard vorausgesetzt –, eine Rente in Höhe des Nettogehaltes erhalten. Eine solche Rentenhöhe ist nicht einmal bei einer regelmäßigen Beitragszahlung von 45 Versicherungsjahren (Arbeitsbeginn mit 15, Renteneintrittsalter mit 65) zu erzielen. Wer keine Eigenleistung erbringt, wird mit der gesetzlichen Rente als einziger Einkunftsart erhebliche finanzielle Einbußen hinnehmen müssen.

>> **Beispiel:** Arbeitnehmer mit 40 Versicherungsjahren

Bruttogehalt:	2.500,00 €
Mögliche Altersrente:	ca. 1.100,00 €
Nettogehalt (Abzüge durchschn. 35 %)	1.625,00 €
Differenz zwischen Nettoeinkünften und Rente:	525,00 €

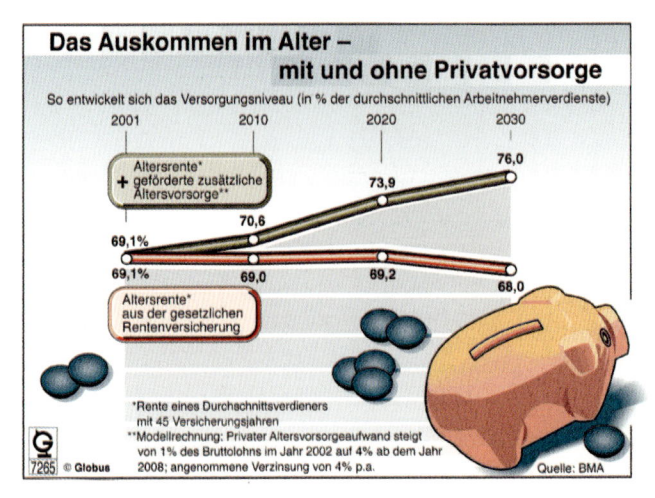

Das Auskommen im Alter – mit und ohne Privatvorsorge

So entwickelt sich das Versorgungsniveau (in % der durchschnittlichen Arbeitnehmerverdienste)

2001	2010	2020	2030
			76,0
		73,9	
	70,6		
69,1 %			
69,1 %	69,0	69,2	68,0

Altersrente* + geförderte zusätzliche Altersvorsorge**

Altersrente* aus der gesetzlichen Rentenversicherung

*Rente eines Durchschnittsverdieners mit 45 Versicherungsjahren
**Modellrechnung: Privater Altersvorsorgeaufwand steigt von 1% des Bruttolohns im Jahr 2002 auf 4% ab dem Jahr 2008; angenommene Verzinsung von 4% p.a.
Quelle: BMA

Diese Differenz wird auch als **Versorgungslücke** bezeichnet. Wer diese Lücke schließen möchte bzw. verringern, der muss sich für **private Vorsorgemaßnahmen** schon während der Berufstätigkeit entscheiden.

Die nebenstehende Grafik veranschaulicht, wie sich das Versorgungsniveau mit und ohne privater Vorsorge in den nächsten Jahrzehnten entwickeln soll.

Private Vorsorge

Eine Privatrente, d. h. lebenslange, garantierte Zusatzeinkünfte, ist somit eine wichtige **Ergänzung** zur gesetzlichen Rentenversicherung.

Arbeitnehmerinnen und Arbeitnehmer scheiden aber nicht nur aus Altersgründen aus dem Berufsleben. **Krankheiten** und **Unfälle** können dazu führen, dass man für längere Zeit oder für immer nicht mehr berufstätig sein kann. Auch in solchen Fällen stellt sich die Frage: Wer kommt für die Versorgung auf?

■ Vorsorge bei Erwerbsminderung

Ursachen für Berufs- und Erwerbsunfähigkeit

In der Bundesrepublik muss ca. jeder fünfte Angestellte und jeder vierte Arbeiter wegen Erwerbs- und/oder Berufsunfähigkeit **vorzeitig** aus dem Berufsleben ausscheiden.

Die weitaus häufigsten **Ursachen** aller Berufsunfähigkeitsfälle sind nicht Unfälle, sondern Krankheiten, vor allem Herz-, Kreislauf- und Gelenkerkrankungen.

Bei der Erwerbsminderung ist zwischen **Berufsunfähigkeit** und **Erwerbsunfähigkeit** zu unterscheiden.

Berufsunfähigkeit:	Erwerbsunfähigkeit:
Berufsunfähig ist der Versicherte, der infolge von Krankheit, Unfall oder anderen Gebrechen weder in seinem erlernten noch in einem ihm zumutbaren Beruf halb soviel leisten und verdienen kann, wie andere Berufstätige mit ähnlicher Ausbildung, gleichwertigen Kenntnissen und Fähigkeiten.	**Erwerbsunfähig** ist der Versicherte, der wegen Krankheit oder Behinderung auf nicht absehbare Zeit in der Lage ist, eine Erwerbstätigkeit regelmäßig auszuüben oder daraus ein Arbeitsentgelt zu erzielen, das 450 € übersteigt.

Gesetzliche Leistungen bei Erwerbsminderung

Für alle, die 1961 und später geboren sind, gibt es wegen Berufsunfähigkeit **keine** Rentenansprüche mehr. Die Rentenversicherung bietet allerdings die Möglichkeit beruflicher **Rehabilitationsmaßnahmen** *(Umschulung, Fortbildung)*. Das heißt, bevor eine Rente wegen verminderter Erwerbsfähigkeit gezahlt wird, wird geprüft, ob die Arbeitsfähigkeit durch medizinische und/oder berufliche **Reha-Maßnahmen** verbessert oder wiederhergestellt werden kann.

Ziel der medizinischen oder berufsfördernden Leistungen ist es, den Arbeitsplatz zu erhalten bzw. den Wiedereinstieg ins Berufsleben zu ermöglichen („REHA geht vor Rente!").

>> **Beispiel:** Bernd Schneider ist als Schreiner bei der Wohnwelt GmbH beschäftigt. Beim Transport eines schweren Möbelstücks wird er durch einen Unfall so schwer verletzt, dass er künftig keine schweren Lasten mehr tragen kann. Durch eine Umschulungs- und Weiterbildungsmaßnahme wurde erreicht, dass er nun in der Verwaltung der Wohnwelt GmbH eine kaufmännische Tätigkeit ausübt.

Eine **Rente** wegen **teilweiser Erwerbsminderung** gibt es nur, wenn man wegen Krankheit oder Behinderung auf unabsehbare Zeit nicht in der Lage ist, drei bis unter sechs Stunden täglich zu arbeiten. Die Höhe dieser Rente liegt allerdings weit unter dem zuletzt verdienten Bruttoeinkommen (ca. 17 %).

Eine **volle Erwerbsminderung** – also vollständige Arbeitsunfähigkeit – ist laut Gesetz nur dann gegeben, wenn man weniger als drei Stunden täglich arbeiten kann. In diesem Fall hat man einen Anspruch auf die Erwerbsminderungsrente, die im besten Fall 35% des letzten Bruttoeinkommens ausmacht.

Vorsorge durch Abschluss privater Versicherungen

Um nicht zum **Sozialfall** zu werden, ist gerade für **Berufsanfänger** der Abschluss einer **privaten Berufsunfähigkeitsversicherung** zu empfehlen.

Man sollte sie so früh wie möglich abschließen, weil gesundheitliche Probleme in jungen Jahren noch eine Ausnahme sind. Bereits über 30-Jährige haben es oft schon schwer, einen Vertrag zu bekommen, weil die Versicherungsunternehmen sie wegen Sportverletzungen oder ersten Rückenbeschwerden als gesundheitliche Risiken einstufen und deshalb ablehnen.

Die **Angebote** der Versicherungswirtschaft sind vielfältig, es empfiehlt sich vor Abschluss gründlich zu **prüfen**, damit man im Versicherungsfall keine unangenehmen Überraschungen erlebt.

Private Vorsorge

» Beispiel: Checkliste zum Abschluss einer Berufsunfähigkeitsversicherung
(Quelle: www.jugend.igmetall.de)

Auf diese acht Punkte musst du achten!	
Einzelvertrag abschließen	Oft wird eine Kombination aus Berufsunfähigkeitsversicherung und Risikolebensversicherung angeboten. Wenn du noch keine Familie hast: Schließ lieber eine selbstständige Berufsunfähigkeitsversicherung ab. Das ist billiger, und wenn du niemanden versorgen musst, solltest du nicht unnötig für die Todesfallleistung einer angehängten Risikolebensversicherung bezahlen!
Keine Versicherung mit „abstrakter Verweisung" abschließen	Hol mehrere Angebote ein, um vergleichen zu können. Wähle auf jeden Fall eine Versicherung aus, die auf die sogenannte „abstrakte Verweisung" verzichtet. Das geht aus den Versicherungsbedingungen hervor. Viele Anbieter verzichten mittlerweile darauf, aber nicht alle. Wird auf die abstrakte Verweisung NICHT verzichtet, kann der Versicherer im Fall von Berufsunfähigkeit versuchen, dir nachzuweisen, dass du theoretisch noch in einem anderen Beruf arbeiten könntest. Mit dieser Begründung wurde in der Vergangenheit oft die Rentenzahlung abgelehnt.
Keinen Leistungsausschluss in Kauf nehmen	Akzeptiere keinen Leistungsausschluss für eine Erkrankung, sondern zahl lieber einen Zuschlag auf deinen Beitrag. Versuche dann, mit deinem Versicherer schriftlich zu vereinbaren, dass dieser Zuschlag nach einer gewissen Zeit entfällt.
Wichtig: Lange Laufzeit	Auch wenn du jetzt noch sehr jung bist: Achte darauf, dass deine Berufsunfähigkeitsversicherung nicht zu früh ausläuft. Sonst entsteht eine Versorgungslücke, bis deine Alterseinkünfte fließen. Das gilt zum Beispiel für Verträge, bei denen der Schutz schon mit 55 Jahren endet. Nachträglich lässt sich die Laufzeit normalerweise nicht verlängern.
Auf Rentenhöhe achten	Die Höhe der vereinbarten Rente sollte nicht zu knapp bemessen sein. Bei Auszubildenden begrenzen allerdings viele Versicherer die monatliche Berufsunfähigkeitsrente auf maximal 500 oder 1.000 Euro.
Sinnvoll: Nachversicherung	Verträge, die eine Nachversicherung vorsehen, sind variabel und deshalb besonders für junge Leute empfehlenswert. Steigt dein Einkommen oder gründest du eine Familie, kannst du deine Rente dann ohne erneute Gesundheitsprüfung erhöhen.
Gesundheitsfragen genau beantworten	Füll die Antragsformulare mit Gesundheitsfragen sehr sorgfältig aus. Andernfalls könntest du später den Versicherungsschutz verlieren.
Fragen zur Gesundheit sollen sich auf zeitlich begrenzten Zeitraum beziehen	Die Versicherer sollten nur nach Krankenhausaufenthalten der vergangenen zehn Jahre oder ambulanten Arztbesuchen sowie Erkrankungen der vergangenen fünf Jahre fragen. Wird noch länger zurückgefragt, entstehen zwangsläufig Unsicherheiten. Entscheide dich lieber für eine gleich gute Versicherung, in deren Antragsformularen die Gesundheitsfragen zeitlich begrenzt werden.

■ Altersvorsorge

Damit der einmal erreichte **Lebensstandard** auch im Alter gehalten werden kann, wird es künftig nicht mehr ausreichen seine Altersversorgung allein über die gesetzliche Sozialversicherung abzusichern.

Probleme der gesetzlichen Rentenversicherung und Lösungsansätze

Eine ausreichende Altersvorsorge zu finanzieren wird immer schwieriger, denn die Menschen werden älter als früher und gleichzeitig geht die Zahl der Geburten stark zurück. Dieser sogenannte „**demographische Wandel**" gefährdet die Finanzierung der gesetzlichen Rentenversicherung. Jüngere Erwerbstätige zahlen mit ihren Beiträgen die laufenden Renten der Alten (**umlagenfinanzierte Rente**). Dies funktioniert nicht mehr lange, wenn immer weniger Junge für immer mehr Ältere zahlen sollen. Für die jetzt Jungen würde dies bedeuten: Höhere Rentenbeiträge und für weniger Rente eine längere Lebensarbeitszeit.

Das **Alterseinkünftegesetz** von 2005 wird das deutsche Alterssicherungssystem sehr stark verändern, da es einen Übergang zur **nachgelagerten Besteuerung** der Alterseinkünfte einleitet. Dies bedeutet, während der Erwerbstätigkeit bleiben die Beiträge zur Altersvorsorge steuerfrei. Dagegen sind Alterseinkünfte im Gegenzug voll steuerpflichtig.

Damit gibt es mehr **Spielraum** für die **private** und **betriebliche Vorsorge**, weil Beiträge in die gesetzliche Rentenversicherung bis zum Jahr 2025 schrittweise bei der Einkommensteuer als Sonderausgaben geltend gemacht werden können.

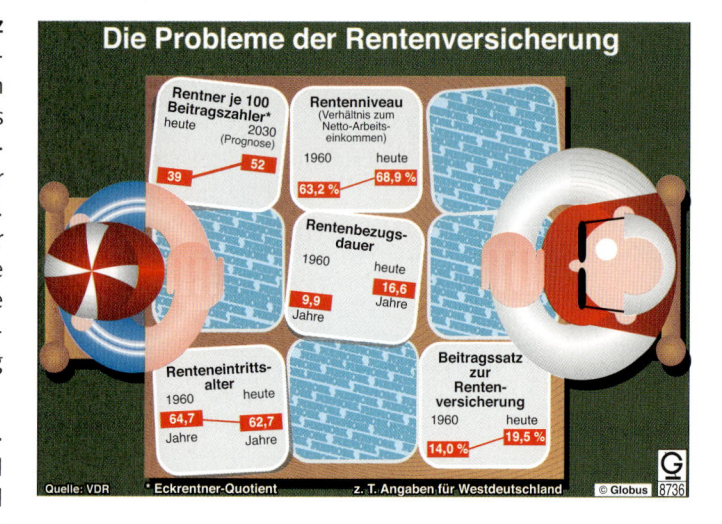

Hinzu kommt: Die private Vorsorge wird vom Staat durch Steuervergünstigungen zusätzlich gefördert.

Altersvorsorge nach dem Drei-Schichten-Modell

Die Gestaltung der **Altersvorsorge** folgt nach dem sogenannten **Drei-Schichten-Modell**.

Betriebliche Mitwirkung und Mitbestimmung

Drei Schichten der Altersvorsorge

3. Schicht: Ergänzende private Vorsorge
Beispiele: private Rentenversicherung, Kapital-Lebensversicherung, Wertpapiere
Einzahlungen aus versteuertem Einkommen, Besteuerung der Erträge

2. Schicht: Zusatzvorsorge
Beispiele: betriebliche Altersversorgung, private Zusatzvorsorge (Riester-Rente)
steuerfreie Einzahlung, nachgelagerte Besteuerung

1. Schicht: Grundvorsorge
Beispiele: gesetzliche Rentenversicherung, Basisrente
steuerfreie Einzahlung, nachgelagerte Besteuerung

1. Schicht	Die erste Schicht, die **Grundvorsorge (Basisvorsorge)**, umfasst Beiträge und Leistungen aus der **gesetzlichen Rentenversicherung.** Das grundsätzliche Rentenalter für eine Altersrente liegt bei 65 Jahren. Wer besondere persönliche oder versicherungsrechtliche Voraussetzungen erfüllt, kann auch vor Vollendung des 65. Lebensjahres in Rente gehen. Häufig kommt es dann jedoch zu einer prozentualen Kürzung der Rente. Zur 1. Schicht gehört ebenfalls die mit dem Alterseinkünftegesetz eingeführte **private kapitalgedeckte Basisrente**. Diese Form der Altersvorsorge ähnelt der gesetzlichen Rentenversicherung: Man zahlt monatlich Beiträge ein und erhält frühestens ab dem 60. Lebensjahr lebenslang monatlich eine bestimmte Geldsumme.
2. Schicht:	Zur zweiten Schicht, der **Zusatzvorsorge,** zählen die **betriebliche Altersversorgung** und die über staatliche Zulagen beziehungsweise steuerliche Begünstigungen geförderte **private Zusatzvorsorge** (Riester-Rente). Die Leistungen, sofern sie auf geförderten Beiträgen beruhen, sind in voller Höhe mit dem individuellen Steuersatz zu versteuern. Jeder Arbeitnehmer hat das Recht darauf, Teile seines Gehaltes in eine **betriebliche Altersversorgung** einzubringen. Diese sogenannte **Entgeltumwandlung** bedeutet, dass der Arbeitnehmer auf einen Teil des ihm zustehenden Gehaltes verzichtet. Mit diesem Geld wird vom Arbeitgeber eine betriebliche Altersversorgung aufgebaut. Dies kann z. B. dadurch geschehen, dass der Arbeitgeber für den Arbeitnehmer eine **Lebensversicherung** bei einem Versicherungsunternehmen abschließt **(Direktversicherung)** oder die Beiträge in eine betriebseigene **Pensionskasse** zahlt, aus der später die Leistungen an den Versicherten bezahlt werden (Betriebsrente). Wie bei der privaten Altersvorsorge können auch bei der betrieblichen Altersvorsorge **staatliche Zulagen** vom Versicherungsnehmer in Anspruch genommen werden. Die **Riester-Rente** (benannt nach Walter Riester, der bei der Einführung dieser Vorsorgemöglichkeit Arbeits- und Sozialminister war) ist vor allem für untere Einkommensgruppen und für kinderreiche Familien interessant. Zusammen mit der gesetzlichen Rente soll dann beim Renteneintritt ein ähnliches Versorgungsniveau wie bei den heutigen Rentnern gewährleistet werden. Damit möglichst viele mitmachen, gibt der Staat **Zuschüsse**. Die Förderung baut sich in vier Stufen auf. Wer vier Prozent seines Einkommens für die zusätzliche Eigenvorsorge aufwendet, erhält den maximalen Fördersatz.

2. Schicht:	Die **Förderung** ist **familienfreundlich** ausgestaltet, d. h. sie begünstigt kinderreiche Familien. Gewährt wird eine Grundzulage und eine Kinderzulage für jedes Kind, für das Anspruch auf Kindergeld besteht.
	Die Beiträge für die zusätzliche Altersvorsorge können auch bei der **Steuer** als Sonderausgaben vom zu versteuernden Einkommen **abgezogen** werden.
	Wegen der Anrechnung der Förderbeträge auf die Sparleistung ist bei geringem Einkommen die prozentuale Förderung am höchsten. Besserverdienende profitieren durch eine Steuerersparnis.
3. Schicht:	Die dritte Schicht umfasst Versicherungsprodukte, die der Altersvorsorge dienen können, aber nicht müssen. Wer eine **private Rentenversicherung** abschließt, erwirbt mit diesem Produkt eine sogenannte **„kapitalgedeckte Rente"**. Das heißt: Für jeden Versicherungsnehmer werden die später fälligen Leistungen vom Versicherungsunternehmen aus den Beiträgen der Versicherten und darauf entfallenden Zinsen angespart. Diese kapitaldeckende Finanzierung macht die private Rentenvorsorge von demographischen Entwicklungen weitgehend unabhängig.
	Bei der privaten Rentenversicherung wird das Geld einem Versicherungsunternehmen zur Verwaltung übergeben. Dieses legt es dann hauptsächlich in festverzinslichen Wertpapieren, aber auch in Aktien und Immobilien an. Ab einem bestimmten Alter besteht dann ein Anspruch auf eine lebenslange Rente.
	Im Todesfall während der Sparphase erhalten die Angehörigen die bis dahin eingezahlten Beiträge zuzüglich Überschüsse (je nach Gesellschaft unterschiedlich hoch) zurück. Stirbt man während des Rentenbezugs, verfallen alle Ansprüche, außer man hat mit der Versicherung eine Rentenzahlung über eine feste Laufzeit vereinbart. Da es keinen Todesfallschutz gibt, werden bei einer privaten Rentenversicherung keine Gesundheitsfragen gestellt!
	Zu der 3. Schicht zählt auch die **Kapitallebensversicherung,** die Altersvorsorge und Hinterbliebenenschutz kombiniert. Im Erlebensfall erhält der Kunde eine Kapitalzahlung; im Todesfall erhalten die Angehörigen die vereinbarte Todesfallsumme.
	Ebenfalls zählt die Kapitalanlage in **Ratensparverträgen** und **Wertpapieren** zur 3. Schicht.

■ AKTION ■

1 Erklären Sie den Begriff „Versorgungslücke".

2 Worin besteht der Unterschied zwischen Berufs- und Erwerbsunfähigkeit?

3 Beurteilen Sie folgende Aussage eines Mitarbeiters: „Wozu eine private Berufsunfähigkeitsversicherung? Das Geld spare ich mir! Es gibt doch die gesetzliche Unfallversicherung, die für uns aufkommt."

4 Wie unterstützt der Staat Beitragszahlungen zu einer privaten Zusatzrente? Informieren Sie sich dazu auch durch eine Internetrecherche.

5 Nennen Sie drei Ursachen für die Probleme der gesetzlichen Rentenversicherung.

6 Warum kann ein starkes Ansteigen der Geburtenzahlen die aktuellen Probleme der Rentenversicherung nicht lösen?

7 Künftig soll die volle Rente erst ab dem 67. Lebensjahr gezahlt werden. Kritiker sehen darin eine Rentenkürzung. Begründen Sie, ob diese Behauptung gerechtfertigt ist.

Betriebliche Mitwirkung und Mitbestimmung

6 Betriebliche Mitwirkung und Mitbestimmung

Arbeitnehmerinteressen vertreten und durchsetzen!
Welche Rechte haben Betriebsräte?

SITUATION

Frau Roll, Verkäuferin in der DOB-Abteilung des Warenhauses Merkur, wird zum Geschäftsführer Herrn Henke bestellt.

Herr Henke: „Guten Morgen Frau Roll, wir haben etwas Unerfreuliches zu besprechen. Leider haben Sie sich in letzter Zeit im Verkauf nicht so verhalten, wie es von Mitarbeiterinnen und Mitarbeitern unseres Hauses erwartet wird."

Frau Roll: „Hat da jemand mich verleumdet, das kann doch nur die …"

Herr Henke: „Stopp Frau Roll! Niemand hat schlecht über Sie gesprochen. Sie setzen sich z. B. trotz Verbot während der Verkaufszeit auf Stühle, die für Kunden gedacht sind. Und was besonders ärgerlich ist, Sie ignorieren Kundinnen und unterhalten sich ungerührt mit Kolleginnen."

Frau Roll: „Woher wollen Sie das denn wissen Herr Henke?"

Herr Henke legt eine Kassette in ein Abspielgerät und spielt die Aufzeichnung ab.

Herr Henke: „Sehen Sie, alles aufgezeichnet! Unsere Videoanlage ist unbestechlich!"

Frau Roll: „Das ist ja ungeheuerlich, ich werde mich sofort beim Betriebsrat beschweren!"

Herr Henke: „Das steht Ihnen selbstverständlich zu. Ach und übrigens, ich versetze Sie ab morgen in die Warenannahme!"

Eine Woche später wird Frau Roll wieder zu Herrn Henke gebeten.

Herr Henke: „Frau Roll, ich muss Ihnen leider mit sofortiger Wirkung kündigen. Bitte holen Sie die Papiere und verlassen Sie unverzüglich unser Unternehmen!"

Frau Roll: „Was haben Sie eigentlich gegen mich?"

Herr Henke: „Nichts Frau Roll. Sie selbst tragen ganz allein die Verantwortung für diese unerfreuliche Entwicklung. Sie haben sich, seit sie in der Warenannahme sind, mehrfach geweigert den Anweisungen Ihrer Vorgesetzten zu folgen, außerdem haben Sie sich an drei Tagen unerlaubt für mehr als eine Stunde von der Arbeit entfernt, angeblich sei Ihnen übel. Man hat Sie aber jedes Mal putzmunter im Kundenrestaurant beim Kaffeetrinken gesehen. So geht es nicht!"

Überprüfen Sie mithilfe des Informationsteils und des Betriebsverfassungsgesetzes, ob die von Herrn Henke getroffenen Maßnahmen mit dem Betriebsrat des Warenhauses Merkur vorher hätten abgesprochen werden müssen.

Betriebliche Mitwirkung und Mitbestimmung

■ INFORMATION

Arbeitgeber nehmen durch eine Vielzahl von Entscheidungen auf das berufliche und auch private Leben ihrer **Mitarbeiterinnen** und **Mitarbeiter** einen z.T. erheblichen **Einfluss** *(Einstellungen, Versetzungen, Beförderungen, Entlassungen).*

Um die Arbeitnehmer davor zu bewahren, nur als „Produktionsfaktor" behandelt zu werden, hat der **Gesetzgeber** durch das **Betriebsverfassungsgesetz** (BetrVG) den Beschäftigten **Beteiligungsrechte** in den Unternehmen eingeräumt. Damit wird auch ein gutes Betriebsklima angestrebt, das wesentlich zur Motivation der Mitarbeiter beiträgt und damit sich positiv auf den Unternehmenserfolg auswirken kann.

Möglichkeiten der Mitarbeiterbeteiligung

- Einzelner Arbeitnehmer → Betriebsrat als Vertreter aller Mitarbeiter ← Jugend- und Auszubildendenvertretung
- → Beteiligungsrechte
- ↑ Maßnahmen der Unternehmensleitung

Bei Kapitalgesellschaften *(GmbH, AG)* gibt es zusätzlich ab einer Beschäftigtenzahl von über 500 Mitarbeitern eine Mitbestimmung der Arbeitnehmer über Sitze im Aufsichtsrat dieser Unternehmen.

Zu den Beteiligungsrechten zählen:

› **Unterrichtung**	Der Arbeitgeber muss einen Beschäftigten über Veränderungen im Arbeitsbereich informieren.
› **Anhörung**	Die Vorgesetzten müssen jede Arbeitnehmerin und jeden Arbeitnehmer, die oder der sich zu betrieblichen Angelegenheiten äußern möchte, anhören.
› **Beschwerde**	Arbeitnehmerinnen und Arbeitnehmer, die sich ungerecht behandelt fühlen, dürfen sich beschweren.
› **Einsicht**	Alle Arbeitnehmerinnen und Arbeitnehmer haben das Recht, in ihre Personalakte Einsicht zu nehmen.

›› **Beispiel:** Hanna Abele, Erstverkäuferin im Warenhaus Merkur, bewarb sich zum wiederholten Mal erfolglos um die Stelle einer Abteilungsleiterin in der Filiale Neuburg. Sie verlangt ein Gespräch mit der Filialleitung und möchte Einsicht in ihre Personalakte nehmen.

Betriebliche Mitwirkung und Mitbestimmung

LF 1

Bedeutung des Betriebsrates

Der **Betriebsrat** ist das zentrale **Vertretungsorgan** der **Arbeitnehmer** und wacht über die zugunsten der Arbeitnehmer geltenden Gesetze, Verordnungen, Tarifverträge und Betriebsvereinbarungen. Außerdem übt er die im **Betriebsverfassungsgesetz** (BetrVG) ihm zustehenden Mitwirkungs- und Mitbestimmungsrechte gegenüber dem Arbeitgeber aus. Ferner nimmt er Anregungen einzelner Arbeitnehmer sowie der Jugend- und Auszubildendenvertretung entgegen und vertritt sie, sofern sie berechtigt erscheinen, gegenüber dem Arbeitgeber.

Wahlen zum Betriebsrat

Er wird in Betrieben mit **mindestens 5 ständig** beschäftigten **Arbeitnehmern** gewählt. Gewählt werden kann jeder Beschäftigte, der dem Unternehmen mindestens 6 Monate angehört. Wahlberechtigt sind alle Arbeitnehmer, die das 18. Lebensjahr vollendet haben. Gewählt wird geheim und unmittelbar, wobei die Anzahl der Betriebsratsmitglieder je nach Größe des Betriebes verschieden ist. Bei 5 bis 20 Arbeitnehmern vertritt ein(e) Betriebsobmann/frau die Interessen der Arbeitnehmer. Große Unternehmen können Betriebsräte mit über 30 Mitgliedern haben. Bei Filialunternehmen gibt es häufig Betriebsräte für die einzelnen Filialen und einen Gesamtbetriebsrat am Sitz des Unternehmens. Die regelmäßige Amtszeit des Betriebsrates beträgt 4 Jahre. Die Wahl findet immer zwischen dem 1. März und 31. Mai des entsprechenden Jahres statt.

Zusammenarbeit Betrieb und Betriebsrat

Das BetrVG sieht ausdrücklich vor, dass Betriebsrat und Unternehmensleitung vertrauensvoll und zum Wohle des Unternehmens und der Mitarbeiter zusammenarbeiten sollen. Betriebliche Vereinbarungen (Betriebsvereinbarung), die zwischen Arbeitgeber und Betriebsrat getroffen werden, haben nur dann Gültigkeit, wenn sie im Rahmen gesetzlicher oder tarifvertraglicher Regelungen getroffen werden. Sollten zwischen Arbeitgeber und Betriebsrat unüberbrückbare Differenzen auftreten, sieht das Gesetz eine **Einigungsstelle** vor. Deren Entscheidung gilt, es sei denn, eine der beiden Parteien erwirkt eine Entscheidung durch den Rechtsweg (Klage vor Arbeitsgericht).

Rechte des Betriebsrates

In zahlreichen Angelegenheiten aus dem wirtschaftlichen, personellen und sozialen Bereich des Unternehmens hat der Betriebsrat unterschiedlich stark ausgeprägte Beteiligungsrechte.

Rechte des Betriebsrates			
			Mitbestimmung
		Mitwirkung	Betriebliche Maßnahmen werden erst mit Zustimmung des Betriebsrates wirksam.
	Beratung	Der Betriebsrat kann aus bestimmten Gründen betrieblichen Maßnahmen widersprechen. Diese werden dadurch jedoch nicht unwirksam. Im Streitfall entscheidet das Arbeitsgericht oder die Einigungsstelle.	
Information	Der Arbeitgeber muss den Betriebrat unterrichten und sich mit ihm beraten.		
Der Betriebsrat oder der Wirtschaftsausschuss kann verlangen, dass er über betriebliche Vorgänge unterrichtet wird oder ihm die erforderlichen Unterlagen unterbreitet werden.			
Wirtschaftliche Angelegenheiten		**Personelle Angelegenheiten**	**Soziale Angelegenheiten**
» **Beispiel:** Unterrichtung des Wirtschaftausschusses über wirtschaftliche Angelegenheiten; Unterrichtung des Betriebsrates bei Einstellung leitender Angestellter.	» **Beispiel:** Planung von Bauten; Einführung neuer Techniken (der Arbeitgeber muss hier auch mit dem einzelnen Arbeitnehmer über Weiterbildungsmaßnahmen beraten); Personalplanung; Berufsbildung; Einschränkung, Stilllegung und Verlegung des Unternehmens oder von Teilen des Unternehmens (Aufstellung eines Sozialplanes, um nachteilige Folgen für die Arbeitnehmer zu verhindern).	» **Beispiel:** Kündigungen; Änderung der Ausstattung von Arbeitsplätzen, des Arbeitsablaufes oder der Arbeitsumgebung; Einstellung, Eingruppierung und Versetzungen in Unternehmen mit mehr als 20 wahlberechtigten Arbeitnehmern.	» **Beispiel:** Beginn und Ende der täglichen Arbeitszeit einschließlich der Pausen, Urlaubsplan, Lohngestaltung; Einführung von Arbeitszeiterfassungsgeräten, Telefondatenerfassung; betriebliche Regelungen über den Gesundheits- und Unfallschutz; Erhöhung der täglichen Arbeitszeit über acht Stunden und die damit verbundene Festlegung des Ausgleichzeitraumes; Einführung von Personalfragebogen; Durchführung von Gruppenarbeit.

Betriebliche Mitwirkung und Mitbestimmung

■ Betriebsversammlung

Die Betriebsversammlung findet vierteljährlich während der Arbeitszeit statt. Alle Mitarbeiter können daran teilnehmen. Der Betriebsrat leitet die Versammlung und berichtet über seine Tätigkeit. Der Arbeitgeber hat ebenfalls Rederecht auf der Betriebsversammlung.

■ Jugend- und Auszubildendenvertretung (JAV)

Die besonderen Anliegen und Probleme der **Jugendlichen** und **Auszubildenden** nimmt die **JAV** wahr. Sie vertritt die **Interessen** der **jungen Menschen** in Betrieben, in denen mindestens fünf Arbeitnehmer bis 18 Jahre oder Auszubildende bis zu einem Alter von 25 Jahre beschäftigt sind. Entsprechend wählt dieser Personenkreis diese Vertretung, deren Amtszeit zwei Jahre beträgt. Die Anzahl der zu wählenden Vertreter richtet sich nach der Zahl der Jugendlichen und Auszubildenden, die im Unternehmen arbeiten. In den meisten Fällen liegt die Zahl der Vertreter zwischen ein und fünf Mitgliedern. **Wählbar** sind alle Jugendlichen und Auszubildenden bis 25 Jahre. Die **JAV** arbeitet eng mit dem **Betriebsrat** zusammen und überwacht die Einhaltung der Gesetze und Vereinbarungen, die die Jugendlichen und Auszubildenden betreffen.

■ Betriebsvereinbarungen

Betriebsvereinbarungen regeln betriebliche Angelegenheiten der Arbeitnehmer. Die Betriebsvereinbarungen gelten nur für den Betrieb, für den sie abgeschlossen wurden, und können **nur** zwischen dem **Betriebsrat** und der **Geschäftsleitung** ausgehandelt und abgeschlossen werden.

In Betrieben ohne Betriebsrat kann weder eine Gruppe noch die Gesamtbelegschaft eine Betriebsvereinbarung abschließen. Betriebsvereinbarungen dürfen die Arbeitnehmer nicht schlechter stellen als Gesetze und Tarifverträge (**Günstigkeitsprinzip**).

Mit Betriebsvereinbarungen soll vor allem auf die **besonderen Verhältnisse** eines Betriebes eingegangen werden *(Betriebsvereinbarung zur Bildschirmarbeit in einem Versandhausunternehmen)*. Eine Veröffentlichung, z. B. als Anschlag am Öffentlichen Brett, ist gemäß BetrVG zwingend vorgeschrieben.

Inhalte von Betriebsvereinbarungen

In Betriebsvereinbarungen werden u. a. geregelt:
> Beginn und Ende der täglichen Arbeitszeit sowie Schichtzeiten,
> Aufstellung des Urlaubsplanes,
> Richtlinien zum Gesundheitsschutz und zur Unfallverhütung,
> Beurteilungsgrundsätze,
> Internetnutzung im Betrieb,
> Umgang mit suchtkranken Mitarbeitern,
> Verbot von Diskriminierungen und Förderung partnerschaftlichen Verhaltens.

> **Beispiel** für eine Betriebsvereinbarung zur Urlaubsplanung:

Betriebsvereinbarung zwischen der Geschäftsleitung der …
und dem Betriebsrat der …

Urlaubsrahmenplanung

Präambel

Diese Betriebsvereinbarung soll eine reibungslose Urlaubsplanung gewährleisten und für die Arbeitnehmerinnen und Arbeitnehmer des Betriebes sowie für die Geschäftsleitung Rechtssicherheit bei der Abwicklung des Urlaubs geben.

§ 1 Beantragung des Urlaubs

Alle Arbeitnehmerinnen und Arbeitnehmer haben ihren Urlaub in der Zeit vom 01.01. bis zum 15.02. eines jeden Urlaubsjahres auf dem hierfür vorgesehenen Antragsformular (Bestandteil dieser Betriebsvereinbarung) zu beantragen und im Personalbüro abzugeben. Verspätet abgegebene Urlaubsanträge finden bei der Gewährung des Urlaubs nur dann Berücksichtigung, wenn dem Antrag nicht andere, rechtzeitig eingegangene Urlaubsanträge entgegenstehen. Das Urlaubsjahr ist das Kalenderjahr.

§ 2 Vorrang

Arbeitnehmerinnen und Arbeitnehmer, die schulpflichtige Kinder haben, erhalten vorrangig während der Schulferien den Jahresurlaub.

§ 3 Urlaubsplaner

Der beantragte Urlaub ist jeweils in den für die Abteilungen bereitgestellten Urlaubsplaner einzutragen.

§ 4 Urlaubsgewährung

Der Urlaubsantrag ist nach Eingang im Personalbüro schriftlich auf der Kopie des Urlaubsantrags zu bescheiden. Dies hat spätestens 14 Tage nach Eingang des Urlaubsantrags im Personalbüro zu erfolgen. Wird vorgenannte Frist nicht eingehalten, gilt der Urlaub, wie beantragt, als gewährt und kann auch angetreten werden, ohne dass die Einrede des eigenmächtigen Urlaubsantritts geltend gemacht wird.

§ 5 Streitigkeiten

Bei Streitigkeiten über die Gewährung des Urlaubs verhandeln Geschäftsleitung und Betriebsrat gemäß den Bestimmungen des Betriebsverfassungsgesetz mit dem ernsthaften Willen zur Einigung. Die Vorschriften über ein mögliches Einigungsstellenverfahren werden durch diese Betriebsvereinbarung nicht berührt.

§ 6 Schlussbestimmungen

Die Betriebsvereinbarung wird jeder Arbeitnehmerin und jedem Arbeitnehmer mit der nächsten Entgeltabrechnung ausgehändigt und am Schwarzen Brett bekannt gemacht. Neu eingetretene Beschäftigte erhalten diese Betriebsvereinbarung spätestens am ersten Tage der Arbeitsaufnahme. Diese Betriebsvereinbarung tritt am …… 20… in Kraft und kann mit einer Kündigungsfrist von 3 Monaten zum Ende eines Kalenderjahres gekündigt werden, erstmalig jedoch zum ….. 20… Im Falle einer Kündigung entfaltet diese Betriebsvereinbarung Nachwirkung, bis eine neue Betriebsvereinbarung vorstehende Vereinbarung ersetzt.

Ort, Datum …

Tarifverträge

Betriebsvereinbarungen zur Sicherung von Arbeitsplätzen

Um gefährdete Arbeitsplätze eines Unternehmens zu sichern, ist es möglich, in Betriebsvereinbarungen von tariflich festgelegten Leistungen abzuweichen. Diese sogenannten **„Öffnungsklauseln"** sind Bestimmungen in einem Tarifvertrag, die zu einzelnen Tarifvertragsinhalten einen ergänzenden Abschluss einer Betriebsvereinbarung zulassen, die auch das Unterschreiten tariflich verbindlich vereinbarter Mindeststandards zulässt.

■ AKTION

1 Welche der folgenden Maßnahmen werden erst durch Zustimmung des Betriebsrates wirksam? Benutzen Sie zur Lösung der folgenden Aufgaben auch das BetrVG und begründen Sie kurz Ihre Entscheidung:
   a) Die Öffnungszeiten der Wohnwelt GmbH sollen von bisher 9:00 Uhr bis 19:00 Uhr auf 10:00 Uhr bis 20:00 Uhr geändert werden.
   b) Die Geschäftsführung der Wohnwelt GmbH beschließt die Entgeltfortzahlung im Krankheitsfall von 100 % auf 80 % zu senken.
   c) Ab sofort werden wegen gestiegener Kosten die Preise für das Kantinenessen im Warenhaus Merkur von 2,10 € auf 3,00 € angehoben.
   d) Die Geschäftsleitung des Warenhauses Merkur beschließt den Bau eines Logistikzentrums außerhalb der Stadt.
   e) In der Textil-Markt GmbH wird zwei Mitarbeiterinnen gekündigt, weil sie mehrfach unerlaubterweise Personalrabatte an Bekannte gewährt haben.

2 Welche Rechte kann jeder Arbeitnehmer gegenüber seinem Arbeitgeber geltend machen, auch wenn das Unternehmen keinen Betriebsrat besitzt?

3 Zahlenrätsel: Welche Bedeutung steckt hinter den folgenden Zahlen im Zusammenhang mit der betrieblichen Mitwirkung und Mitbestimmung?

   1   4   5   6   18   25

4 Warum hat der Gesetzgeber im BetrVG eine JAV vorgesehen?

5 Welche Personen dürfen Sie in die JAV wählen?

6 Erläutern Sie das Schaubild. Welche Schlüsse können Sie daraus ziehen?

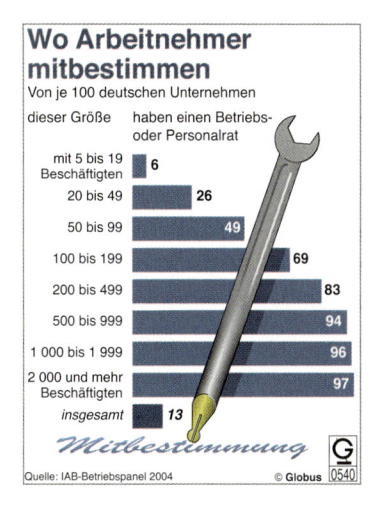

Wo Arbeitnehmer mitbestimmen
Von je 100 deutschen Unternehmen dieser Größe haben einen Betriebs- oder Personalrat

mit 5 bis 19 Beschäftigten	6
20 bis 49	26
50 bis 99	49
100 bis 199	69
200 bis 499	83
500 bis 999	94
1 000 bis 1 999	96
2 000 und mehr Beschäftigten	97
insgesamt	13

Quelle: IAB-Betriebspanel 2004 © Globus 0540

Betriebliche Mitwirkung und Mitbestimmung

7 Führen Sie im Internet eine Recherche durch. Suchen Sie mit den Begriffen „Betriebsvereinbarung – Diskriminierung – Gleichstellung – Mobbing" nach vorhandenen Betriebsvereinbarungen. Präsentieren Sie in einem Referat die wesentlichen Inhalte aus drei von Ihnen gefundenen Vereinbarungen.

8 Diskutieren Sie in der Klasse über Situationen, die zu Störungen des Unterrichts führen. Versuchen Sie durch das Erstellen entsprechender schriftlicher Vereinbarungen, die von allen Mitschülerinnen und Mitschülern unterschrieben werden, solche Störfaktoren zu verringern bzw. ganz auszuschließen.

9 Lesen Sie bitte den folgenden Text:

> **Betriebsvereinbarungen zur Flexibilisierung der Arbeitszeit mit Arbeitszeitkonten**
>
> Die verfügbare Arbeitszeit wird den Mitarbeitern wie ein Konto dargestellt, das er mit Arbeitsstunden entweder auffüllen oder abbuchen kann. Arbeitszeitkonten können für Tage, Wochen oder gar für ein ganzes Jahr eingerichtet werden. Verschiedene Modelle sind möglich. Für jeden Arbeitnehmer wird ein persönliches Zeitbudget-Konto geführt, auf dem Abweichungen zwischen den vom Unternehmen erforderlichen Einsatzplänen und der tatsächlich verbrauchten Arbeitszeit verrechnet werden. Mitarbeiter, die zusätzliche Arbeitszeit verbrauchen, weil das Unternehmen mehr Arbeitsstunden aufgrund erhöhter Kundenfrequenz benötigt *(Aktionsverkäufe, Feiertage)*, schreiben diese Stunden gut, die sie dann bei minderen Anforderungen wieder durch Freizeit „abbummeln" können.

Welche Vor- bzw. Nachteile sehen Sie in einer solchen Betriebsvereinbarung für die Beschäftigten eines Einzelhandelsunternehmens?

10 In einem Internetforum können Arbeitnehmer Fragen zur Mitbestimmung und Mitwirkung im Betrieb stellen. Hier ein Auszug:

a) „In unserem Betrieb sollen künftig alle Kopierer nur noch durch „Fingerkuppenscan" bedient werden können. Mit dem Betriebsrat wurde darüber nicht gesprochen. War dies in Ordnung?"

b) „Hallo! Ich habe mal eine Frage! Mein Mann arbeitet seit 5 Jahren als Lagerist in einem großen Verbrauchermarkt. Es sind in diesem Unternehmen über 80 Mitarbeiter beschäftigt. Es gibt keinen Betriebsrat. Ist das rechtens? Und wenn nicht, welche Gewerkschaft ist dafür zuständig?"

c) „Ich bin Vorsitzender in der JAV, meine Amtszeit läuft im Dezember aus. Meine Ausbildung läuft noch bis zum 31. Januar nächsten Jahres. Heute habe ich einen Brief bekommen, in dem steht: „Herr Müller, hiermit möchten wir Ihnen mitteilen, dass wir Sie nach der Ausbildung nicht weiter beschäftigen werden. Für Ihre Zukunft wünschen wir Ihnen alles Gute."

Normalerweise habe ich doch ein Jahr Kündigungsschutz, oder nicht? Was muss ich jetzt machen, ich würde schon gerne in der Firma bleiben!"

d) „Ich bin Azubi im 2. Ausbildungsjahr und 19 Jahre alt. Kann ich mich zur Wahl zum Betriebsrat aufstellen lassen?"

e) Hallo, ich bin 20 Jahre alt (kein Azubi) und arbeite als Verkaufshelfer mit einem Zeitvertrag (läuft von 02.01.2017 bis 30.6.2018). Ich möchte für die Wahl zur Jugendvertretung kandidieren. Der Wahlvorstand sagte mir, dass wäre nicht möglich, da ich keinen Festvertrag habe. Ist das so richtig?"

Beantworten Sie die Fragen und nutzen Sie dazu das Betriebsverfassungsgesetz. Falls es Ihnen nicht vorliegt, unter der Internetadresse http://www.gesetze-im-internet.de/betrvg haben Sie Zugriff auf den vollständigen Gesetzestext.

Tarifverträge

LF 1

7 Tarifverträge

Alle Jahre wieder — der Kampf um mehr Prozente!
Wie werden Tarifverträge abgeschlossen?

■ SITUATION

Aus den Neuburger Nachrichten:

Fronten im Handel verhärtet
Tarifverhandlungen festgefahren – Einzelhändler warnen vor Jobabbau

Berlin. Im Tarifstreit für die nahezu 3 Millionen Beschäftigten des Einzelhandels verhärten sich die Fronten.

Die Vereinte Dienstleistungsgewerkschaft ver.di hat in Nordrhein-Westfalen für diese Woche Streiks angekündigt. Ein Sprecher des Hauptverbandes des deutschen Einzelhandels meinte dazu, die Gewerkschaften wollten Abschlüsse durchsetzen, „die nicht vertretbar sind und zu weiterem Personalabbau führen müssen." Die Gewerkschaften fordern in den einzelnen Tarifbezirken Lohn- und Gehaltserhöhungen zwischen 4,5 und fünf Prozent. Die Arbeitgeber haben Verbesserungen zwischen 1,5 und 2 Prozent geboten...

Zwei Tage später in den Neuburger Nachrichten:

Erster Durchbruch im Tarifkonflikt im Einzelhandel

München. Im Tarifkonflikt im Einzelhandel ist in zwei Tarifgebieten – in Bayern und in Bremen – ein erster Durchbruch erfolgt. Die Löhne und Gehälter werden ab dem 1. Juli um 2,3 Prozent erhöht. Die unteren Gehaltsgruppen erhalten eine überproportionale Anhebung zwischen 2,6 und 2,9 Prozent. ...

1. Welche Organisationen vertreten bei Tarifauseinandersetzungen die Interessen der Arbeitgeber und die der Arbeitnehmer?
2. Von welchen Interessen sind die von den Tarifvertragsparteien ins Auge gefassten Lohn- und Gehaltserhöhungen bestimmt?
3. Wie will die Gewerkschaft ihren Forderungen in Nordrhein-Westfalen Nachdruck verleihen?
4. Was hat die Tarifvertragsparteien in Bayern und Bremen wohl dazu veranlasst, von ihren Forderungen bzw. Angeboten abzugehen und sich auf 2,3 % Erhöhung zu einigen?
5. Warum gilt der Abschluss von Bremen und Bayern nicht für den gesamten deutschen Einzelhandel?
6. Warum werden Lohn- und Gehaltserhöhungen nicht vom Bundeswirtschaftsministerium im Hinblick auf die jeweilige wirtschaftliche Lage des Landes empfohlen bzw. vorgegeben?

INFORMATION

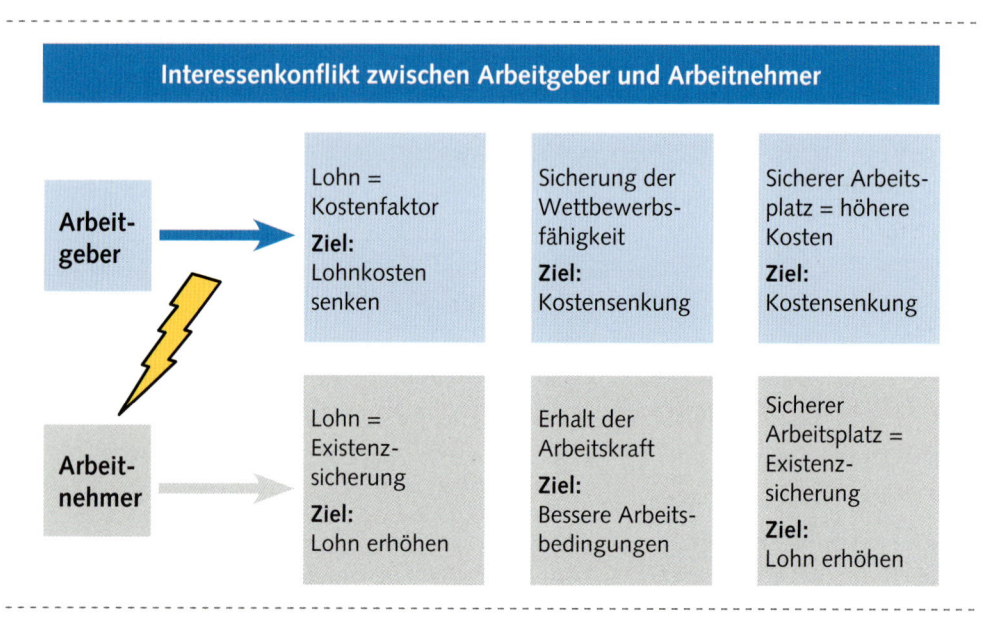

Sozialpartner

Interessenkonflikt zwischen Arbeitgeber und Arbeitnehmer

Arbeitgeber:
- Lohn = Kostenfaktor
  Ziel: Lohnkosten senken
- Sicherung der Wettbewerbsfähigkeit
  Ziel: Kostensenkung
- Sicherer Arbeitsplatz = höhere Kosten
  Ziel: Kostensenkung

Arbeitnehmer:
- Lohn = Existenzsicherung
  Ziel: Lohn erhöhen
- Erhalt der Arbeitskraft
  Ziel: Bessere Arbeitsbedingungen
- Sicherer Arbeitsplatz = Existenzsicherung
  Ziel: Lohn erhöhen

Arbeitgeber und Arbeitnehmer in Berufsverbänden

Als **„Sozialpartner"** regeln Arbeitgeber und Arbeitnehmer in Berufsverbänden im Rahmen der geltenden Gesetze Arbeitsbedingungen und legen Löhne und Gehälter fest.

In **Tarifverträgen** werden diese Vereinbarungen für bestimmte Branchen und Tarifgebiete schriftlich festgelegt. Dabei darf der Staat in das Verhandlungsgeschehen nicht eingreifen (*Zwangsschlichtung, Eingreifen in Arbeitskämpfe*), denn es herrscht **Tarifautonomie**, d. h. Gewerkschaften und Arbeitgeberverbände handeln die Arbeitsbedingungen frei aus.

© CrazyCloud – stock.adobe.com

Gewerkschaften – Vertreter der Arbeitnehmerinteressen

Arbeitnehmer schließen sich in **Gewerkschaften** zusammen. Die größte gewerkschaftliche Dachorganisation in Deutschland ist der **Deutsche Gewerkschaftsbund (DGB),** in dem sich acht Einzelgewerkschaften mit über sieben Millionen Mitgliedern zusammengeschlossen haben.

Wenn **Beschäftigte** im **Einzelhandel** sich gewerkschaftlich organisieren wollen, werden sie Mitglied von **„ver.di"** (Vereinte Dienstleistungsgewerkschaft). Diese Gewerkschaft mit ihren mehr als zwei Millionen Mitgliedern vertritt nicht nur die Interessen der im Einzelhandel tätigen Frauen und Männer, sondern auch die anderer Arbeitnehmer in mehr als tausend dienstleistungsorientierten Berufen.

Tarifverträge

Arbeitgeberverbände – Vertreter der Arbeitgeberinteressen

Die **Arbeitgeber** sind in der Bundesvereinigung der deutschen Arbeitgeberverbände **(BDA)** zusammengeschlossen. Diese schließt wie der DGB keine Tarifverträge ab. Dies übernehmen die Fachverbände.

Im **Einzelhandel** ist dies der **Handelsverband Deutschland – Der Einzelhandel** (HDE). Er ist die Spitzenorganisation des deutschen Einzelhandels und hat 100.000 Mitgliedsunternehmen aller Branchen, Standorte und Größenklassen.

■ Arten der Tarifverträge im Einzelhandel

Typisch für die Tariflandschaft in der Bundesrepublik Deutschland ist der **Flächen- bzw. Verbandstarifvertrag**, den eine Gewerkschaft mit einem Arbeitgeberverband abschließt. Dieser gilt für eine Branche oder Teile davon und zwar entweder für eine einzelne Region oder bundesweit. Im Einzelhandel wird für jedes der 16 Bundesländer ein Tarifvertrag abgeschlossen.

In seltenen Fällen wird von den Gewerkschaften mit sehr großen Unternehmen ein Firmentarifvertrag abgeschlossen. Die Bestimmungen der Tarifverträge sind **Mindestbedingungen** und es darf nur zugunsten der Arbeitnehmer davon abgewichen werden.

Lohn- und Gehaltstarifverträge

In diesen Verträgen wird die Höhe der tariflichen Grundvergütung in Form von Lohn- und Gehaltstabellen sowie Beschäftigungs- und Lohngruppen festgelegt. Die Verträge können auch die Ausbildungsvergütungen enthalten; diese werden aber auch in gesonderten Abkommen vereinbart.

Die **Laufzeit** dieser Vergütungstarifverträge beträgt in der Regel **ein Jahr**.

Manteltarifverträge

Diese Verträge enthalten Bestimmungen über Arbeitsbedingungen unterschiedlichen Inhalts, (*Probezeit, Kündigungsfristen, Dauer und Verteilung der Wochenarbeitszeit, Regelungen zu Nacht- und Schichtarbeit, Urlaub, Kurzarbeit, Regelungen zur Abendöffnung*).

Die **Laufzeit** von Rahmen- und Manteltarifverträgen beträgt in der Regel **mehrere Jahre**.

■ Geltungsbereich der Tarifverträge

Grundsätzlich gelten Tarifverträge nur für die Mitglieder der Tarifparteien. Das würde bedeuten, dass ausschließlich Gewerkschaftsmitgliedern die tariflichen Leistungen zustünden und diese nur von Unternehmen geleistet werden müssten, die Mitglied der Arbeitgeberorganisationen sind. Durch Antrag beim für das Tarifgebiet zuständigen Minister für Arbeit und Sozialordnung können Tarifverträge als **allgemeinverbindlich** erklärt werden. Dies bedeutet, dass die in den Tarifverträgen enthaltenen Regelungen für **alle Unternehmen**, die in den fachlichen Geltungsbereich der Tarifverträge fallen, Anwendung finden.

Allerdings sind nur noch ganz wenige Tarifverträge allgemeinverbindlich, mit der Folge, dass Unternehmen, die nicht Mitglied im Arbeitgeberverband sind, unter Tarif bezahlen können.

Ablauf von Tarifverhandlungen und Arbeitskampf

Tarifverhandlungen zwischen Arbeitgebern und Arbeitnehmern werden nach Ende der Laufzeit eines Tarifvertrages geführt. Normalerweise erstrecken sich die Verhandlungen über mehrere Termine, an deren Ende der Abschluss des neuen Tarifvertrages steht.

Die Mehrzahl der Tarifverhandlungen geht ohne reguläre Arbeitskampfmaßnahmen über die Bühne. Häufiger sind dagegen Demonstrationen in Form kurzfristiger Arbeitsniederlegungen und Warnstreiks, die die Entschlossenheit der Arbeitnehmerseite demonstrieren sollen.

Kommt es zu keiner Einigung und werden die Verhandlungen als gescheitert erklärt, kann von jeder Seite die **Schlichtung** beantragt werden. Die Schlichtungskommissionen sind zu gleichen Teilen mit Vertretern der Verhandlungsparteien und einem bzw. zwei unparteiischen Vorsitzenden besetzt. Kommt es auch dort zu keiner Einigung bzw. wird der Vorschlag des Schlichters nicht angenommen, wird das Verfahren ergebnislos beendet.

Sind Tarifverhandlungen und Schlichtung gescheitert, kann die Gewerkschaft zum **Streik** aufrufen. Dabei gilt es zu beachten:

› Der Streik muss um ein tariflich regelbares Ziel geführt werden (*Gehaltserhöhung 3 %*).
› Der Streik darf nicht während der Laufzeit des Tarifvertrages sowie der Dauer des Schlichtungsverfahrens geführt werden. Für diese Zeit gilt die sogenannte **Friedenspflicht**.
› Der Streik muss von der Gewerkschaft getragen werden.
› Während des Streiks sind notwendige Erhaltungsarbeiten und Notdienste durchzuführen.

In den meisten Fällen geht einem Streik eine **Urabstimmung** voraus, die mindestens die Zustimmung von 75 % der Gewerkschaftsmitglieder finden muss. Während des Streiks besteht kein Anspruch auf Lohnzahlung. Die Gewerkschaftsmitglieder erhalten aber von ihrer Gewerkschaft eine Streikunterstützung, die in der Regel zwei Drittel ihres Bruttoverdienstes ausmacht. Die **Arbeitgeber** können als **Kampfmaßnahme** von der **Aussperrung** Gebrauch machen. Dabei wird auch den arbeitswilligen Arbeitnehmern die Arbeitsmöglichkeit verweigert und sie erhalten während der Aussperrung keine Lohn- bzw. Gehaltszahlung. Während des Arbeitskampfes kommt es zu neuen Verhandlungen der Tarifparteien.

Der **Arbeitskampf** ist **beendet**, wenn in einer zweiten Urabstimmung mindestens 25 % der gewerkschaftlich organisierten Arbeitnehmer mit dem neuen Verhandlungsergebnis einverstanden sind und es auch von den Arbeitgebern akzeptiert wird.

Private Vorsorge

Ablauf von Tarifverhandlungen/Arbeitskampf

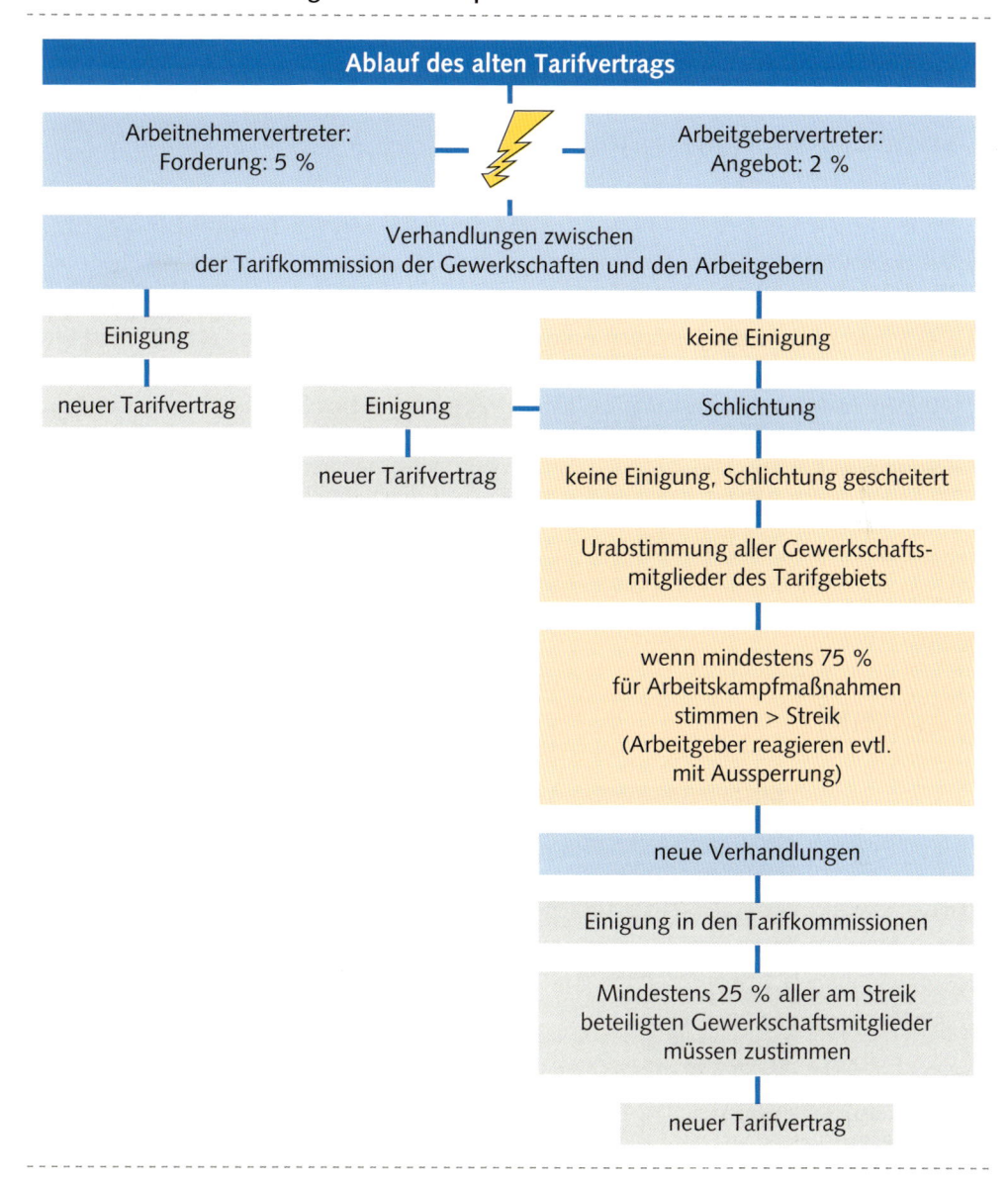

```
                    Ablauf des alten Tarifvertrags

   Arbeitnehmervertreter:              Arbeitgebervertreter:
      Forderung: 5 %                       Angebot: 2 %

                    Verhandlungen zwischen
       der Tarifkommission der Gewerkschaften und den Arbeitgebern

      Einigung                            keine Einigung

   neuer Tarifvertrag      Einigung         Schlichtung

                       neuer Tarifvertrag   keine Einigung, Schlichtung gescheitert

                                          Urabstimmung aller Gewerkschafts-
                                          mitglieder des Tarifgebiets

                                          wenn mindestens 75 %
                                          für Arbeitskampfmaßnahmen
                                          stimmen > Streik
                                          (Arbeitgeber reagieren evtl.
                                          mit Aussperrung)

                                          neue Verhandlungen

                                          Einigung in den Tarifkommissionen

                                          Mindestens 25 % aller am Streik
                                          beteiligten Gewerkschaftsmitglieder
                                          müssen zustimmen

                                          neuer Tarifvertrag
```

■ AKTION

1 Janine (24) ist Erstverkäuferin in einem Warenhaus in Hannover. Sie ist dort im ersten Beschäftigungsjahr und erhält nach Tarif 1.658,00 € brutto im Monat. Ihr Jahresurlaub beträgt 30 Werktage. Sabine, ebenfalls 24 Jahre alt und Erstverkäuferin in einem Warenhaus in München, erhält 1.812,00 € brutto und 32 Werktage Jahresurlaub. Wie sind diese Unterschiede zu erklären?

2 Welche Vorteile bringt der Abschluss von Tarifverträgen für die betroffenen Arbeitgeber und Arbeitnehmer?

Tarifverträge

3 Wie unterscheiden sich Lohn- und Gehaltstarifverträge von Manteltarifverträgen?

4 In Bayern ist seit einigen Jahren die Allgemeinverbindlichkeit für den Tarifvertrag im Einzelhandel aufgehoben.
   a) Welche möglichen Gefahren sieht die Gewerkschaft durch diese Regelung?
   b) Warum wird diese Änderung besonders von Klein- und Mittelbetrieben begrüßt?

5 Beschreiben Sie die Maßnahmen von Gewerkschaften und Arbeitgebern bei einem Arbeitskampf.

6 Welche Nachteile müssen Mitarbeiter, die nicht Mitglied der Gewerkschaft sind, bei einem Streik bzw. einer Aussperrung in Kauf nehmen?

7 Der Bundesverband der deutschen Arbeitgeber (BDA) hat zum Thema „Arbeitskampf" folgende Stellungnahme abgegeben:

„Die Grundidee des Arbeitskampfes, den Vertragspartner durch Zufügung von Schäden zum Vertragsabschluss zu bringen, ist nicht mehr zeitgemäß. Für die Beschäftigungsförderung in Deutschland ist es wichtig, zu neuen Formen von Tarifverhandlungen in friedlichem Rahmen zu finden. Meinungsverschiedenheiten sollten nicht durch Kampf, sondern durch Verhandlung und Schlichtung beigelegt werden."
(Quelle: Internetseiten des BDA)

Sollte Ihrer Meinung nach auf Streiks verzichtet werden?

8 Interpretieren Sie das folgende Schaubild.

Streik!
Jährlich durch Arbeitskämpfe verlorene Arbeitstage je 1 000 Beschäftigte

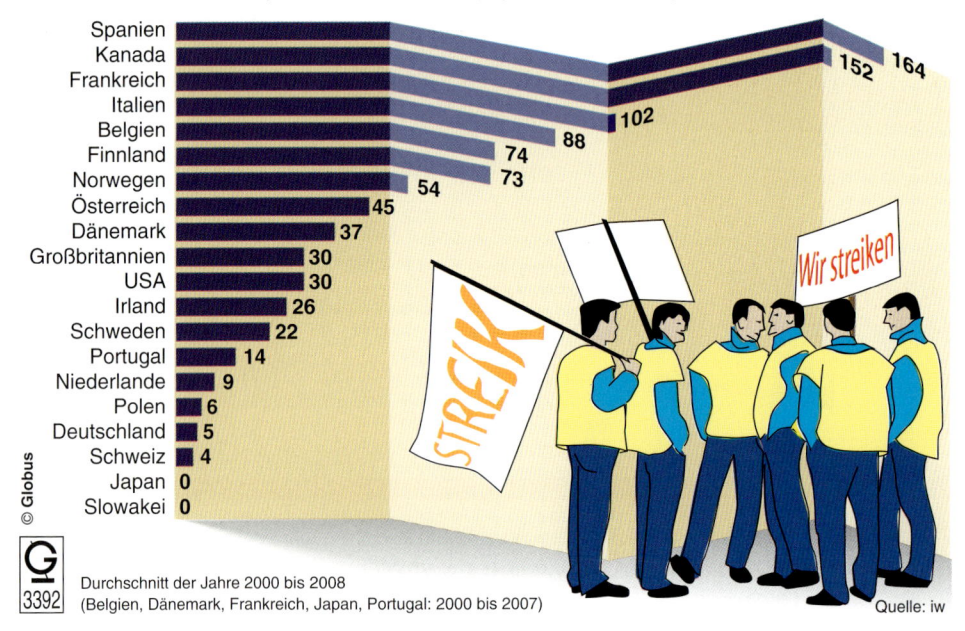

Spanien	164
Kanada	152
Frankreich	102
Italien	88
Belgien	74
Finnland	73
Norwegen	54
Österreich	45
Dänemark	37
Großbritannien	30
USA	30
Irland	26
Schweden	22
Portugal	14
Niederlande	9
Polen	6
Deutschland	5
Schweiz	4
Japan	0
Slowakei	0

Durchschnitt der Jahre 2000 bis 2008
(Belgien, Dänemark, Frankreich, Japan, Portugal: 2000 bis 2007)

Quelle: iw

Einzelhandelsprozesse

Lernfeld 5
Werben und den Verkauf fördern

Inhalte

1. Werbung
2. Durchführung von Werbemaßnahmen
3. Werbeplanung und Werbeerfolgskontrolle
4. Grenzen der Werbung
5. Werbung und Verbraucherschutz
6. Verkaufsförderung
7. Verkauf unter Beachtung ökonomischer und ökologischer Verpackungsgesichtspunkte
8. Warenzustellung beim Kunden

1 Werbung

SITUATION

Die Auszubildenden Stefanie und Doreen sind nach der Berufsschule auf dem Weg zum Bahnhof.

Doreen: „Schau mal hier: ‚Heute frische Blumen. Bund 3 €. 100 m links'. Super, was?"

Stefanie: „Wenn du ein Junge wärst, würde ich sagen, kauf mir doch welche!"

Doreen: „Wenn ich ein Junge wäre, würde ich wegen dieser mickrigen Werbung keinen Schritt tun!"

Stefanie: „Wieso mickrig? Ein A4-Blatt beschriften, in eine Klarsichthülle stecken und an einen Baum am Straßenrand hängen. Schnell, gut und kostet nichts."

Doreen: „Kostet nichts und bringt nichts! Wahrscheinlich sind die Blumen genauso schlapp wie dieser Wisch!"

1. Welche unterschiedlichen Standpunkte vertreten Doreen und Stefanie im Hinblick auf die Blumenwerbung?
2. Stellen Sie einen kleinen Regelkatalog zusammen über die grundsätzlichen Anforderungen an eine Werbemaßnahme.

INFORMATION

Damit **Werbemaßnahmen** erfolgreich sind, müssen sie sorgfältig geplant werden, denn nur so kann der **Kommunikationsprozess** zwischen **Werbendem** *(Einzelhändler, Hersteller)* und **Umworbenem** *(Konsumenten)* störungsfrei ablaufen.

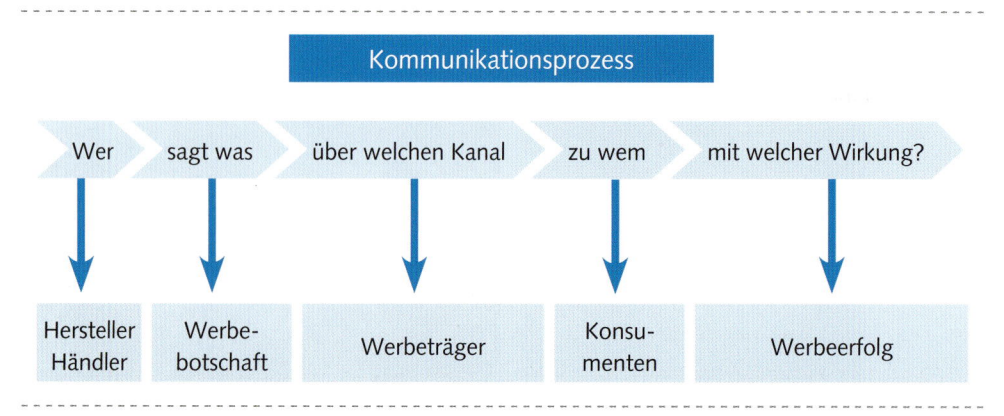

Kommunikationsprozess

Wer	sagt was	über welchen Kanal	zu wem	mit welcher Wirkung?
Hersteller Händler	Werbebotschaft	Werbeträger	Konsumenten	Werbeerfolg

Werbegrundsätze

1.1 Werbegrundsätze

Bei der äußeren und inhaltlichen Gestaltung von Werbemaßnahmen sind Grundsätze zu berücksichtigen, die auch von der Werbewirtschaft anerkannt sind.

Grundsatz	Bedeutung	Beispiele für Verstoß
Wahrheit	Die Werbung soll keine übertriebenen Versprechungen und/oder falsche Behauptungen enthalten.	„Niemals Arterienverkalkung dank Oleg Orloffs Knoblauchpillen!"
Klarheit	Die Werbebotschaft muss schnell und sicher erkannt werden.	„Mit der Kombinationswirkformel R2D3 und UFG-System."
Originalität	Die eigene Werbung soll sich deutlich von fremder Werbung unterscheiden und keine Kopie bestehender Werbemaßnahmen darstellen.	„CLEAN wäscht so weiß, weißer geht's nicht."
Stetigkeit	Die Werbemaßnahmen sollten über einen längeren Zeitraum durchgeführt werden.	Ein Eiskremhersteller ändert jedes Jahr die Namen der Eissorten und das Firmenlogo.
Aktualität	Werbemaßnahmen sollten einen Bezug zu aktuellen Ereignissen aufweisen oder auf momentane Trends Bezug nehmen.	Ein Mobilfunkanbieter wirbt mit Schauspielern einer TV-Serie, die seit mehreren Jahren nicht mehr läuft.
Wirtschaftlichkeit	Den Werbekosten muss ein ausreichender Werbeerfolg, z.B. durch eine Umsatzsteigerung, gegenüberstehen.	Das Neuburger Schmuckfachgeschäft Bessler wirbt für sich in einem Fernsehspot im ZDF.
Wirksamkeit	Die Werbemaßnahme soll beim Umworbenen möglichst zu einer Kaufentscheidung führen. Die Wirkungsweise der Werbung wird oft mittels der **AIDA**-Regel veranschaulicht: **A**ttention: Aufmerksamkeit erregen, damit die Werbung bemerkt wird. **I**nterest: Interesse für die Werbebotschaft wecken, damit sie sich einprägt. **D**esire: Kaufverlangen auslösen. **A**ction: Aktion in Form eines Kaufs.	Das Neuburger Autohaus Schneider gestattet nur nach Vertragsabschluss eine Probefahrt mit dem neuen MBW 950. Verkostungen in der Obstabteilung eines Supermarktes werden mit der Begründung abgelehnt, es gäbe dann zu hohe Abschreibungen.

Diese **Grundsätze** klären im **positiven** Sinne, was in der Werbung wie gemacht werden soll. Darüber hinaus ist aber auch zu beachten, was in der Werbung **nicht** gemacht werden darf oder nicht gemacht werden soll. Für diese Fragen gibt es ethische bzw. moralische Grenzen der Werbung und das Wettbewerbsrecht.

> **Beispiel:** Werbung soll und darf nicht:
> - gegen die allgemein anerkannten guten Sitten verstoßen,
> - durch sexuell anstößige Darstellungen die Würde des Menschen verletzen,
> - das Recht auf Schutz der Privatsphäre verletzen,
> - einen direkten oder indirekten Kaufzwang auf die Verbraucher ausüben.

1.2 Werbearten

Je nachdem, auf welche Weise eine Werbemaßnahme durchgeführt wird und wer Werbesubjekte und Werbetreibende sind, unterscheidet man verschiedene Werbearten.

■ Werbesubjekte (Umworbene)

Bei der Werbung nach **Zahl** der **umworbenen Konsumenten** unterscheidet man:

Einzelwerbung	Bei der **Einzelwerbung** bzw. **Direktwerbung** spricht man einen oder mehrere genau festgelegte mögliche Kunden direkt mit einer auf sie abgestimmten individuell gestalteten Werbebotschaft an *(Prospekt, Werbebrief, persönliche Kundenansprache im Geschäft)*. Je präziser die Zielgruppenbestimmung möglich ist *(Weintrinker, Naturkostliebhaber, Preiswertkäufer)*, desto erfolgversprechender sind die Werbemaßnahmen.
Massenwerbung	Bei der **Massenwerbung** wird ein sehr großer Personenkreis über die Massenmedien angesprochen. Die Werbung muss so gestaltet sein, dass sie möglichst viele Konsumenten anspricht. Da es sich aber hierbei um einen u. U. sehr verschiedenartigen Personenkreis handelt, kann dies hinsichtlich einer möglichst wirksamen Ansprache zu Problemen führen *(Radio-/Fernsehwerbung, Plakatwerbung, Werbung in und auf Verkehrsmitteln)*.

■ Werbetreibende

Nach der **Zahl** der **Werbetreibenden,** die Werbemaßnahmen durchführen, sind die im Folgenden beschriebenen **Werbearten** zu unterscheiden:

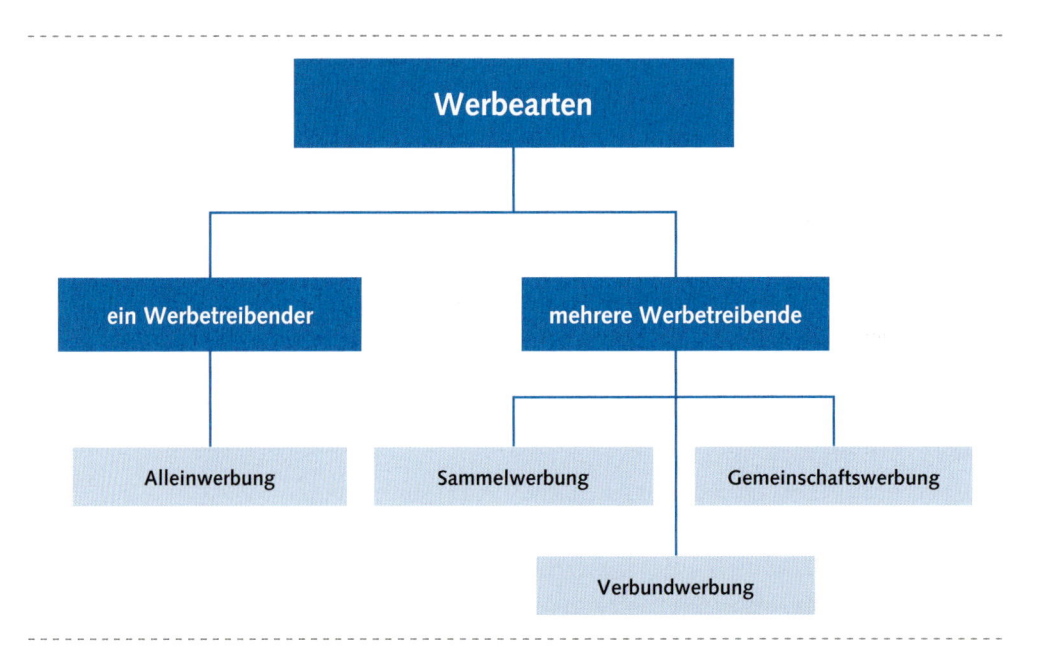

```
                        Werbearten
                       /          \
          ein Werbetreibender    mehrere Werbetreibende
                  |                /            \
           Alleinwerbung    Sammelwerbung    Gemeinschaftswerbung
                                   |
                            Verbundwerbung
```

Werbearten

LF 5

■ Alleinwerbung

Ein **einzelner** Anbieter wirbt für sein Leistungsangebot unter **Nennung** seines **Namens**.

Werbeziele können eine Verbesserung des Unternehmensimages, Präsentation des Sortiments oder einer Dienstleistung sowie die Einführung eines neuen Produktes sein.

Die Alleinwerbung bietet die größte **Freiheit** bei der **Gestaltung** der Werbemaßnahmen, da man auf andere Beteiligte keine Rücksicht nehmen muss. Allerdings sind auch die **Kosten** alleine zu tragen.

>> **Beispiel:** Ein Getränkehersteller wirbt für neue Sorten aus seinem Produktbereich alkoholfreie Erfrischungsgetränke.

■ Kollektivwerbung (Kooperative Formen der Werbung)

Sammel-, Gemeinschafts- und Verbundwerbung bezeichnet man auch als Kollektivwerbung, da Werbemaßnahmen von mehreren Unternehmen gemeinsam durchgeführt werden.

Sammelwerbung

Mitglieder einer Werbegemeinschaft mehrerer Einzelhändler, z. B. einer bestimmten Einkaufsstraße, Fußgängerzone, eines Stadtteils oder dergleichen, werben gemeinsam für die Einkaufsstraße allgemein *(Die Schlossstraße – Ihr Einkaufsparadies)* oder sie bringen ihre individuelle Anzeige ein in einen gemeinsamen Rahmen *(Zeitungsseite, Prospekt)*.

Oft werden auch gemeinsam Aktionstage durchgeführt. Diese lassen sich unter Umständen mit von den Gemeinden im Rahmen des Stadtmarketing veranstalteten Aktivitäten verbinden *(Martini-Markt, verkaufsoffener Sonntag am Kirchweihfest u. a.)*. Eine solche **Gemeinschaftsanzeige** ist gerade für kleinere Unternehmen kostengünstig, da sie nur einen Teil bezahlen müssen.

Abb. Sammelwerbung von Einzelhandelsunternehmen in einem Stadtviertel

169

Gemeinschaftswerbung

Auch bei dieser Werbeart werben mehrere Unternehmen gemeinsam. Allerdings werden diese Unternehmen nicht namentlich in der Werbemaßnahme aufgeführt.

Gemeinschaftswerbung ist in vielen Fällen eine Image- und Vertrauenswerbung für die werbende Branche.

> **Beispiele:**

Affaire d'amour für die Zunge.

Die nebenstehende Anzeige wirbt für den Kauf von französischem Käse. Geschaltet wird diese Anzeige von der Sopexa, einer Förderungsgesellschaft für den Absatz französischer Lebensmittel. Auftraggeber sind französische Unternehmen und Verbände, die in der Anzeige aber nicht genannt werden.

Häufig wird Gemeinschaftswerbung unter ein Motto mit einem einprägsamen Slogan gestellt:

> „Kenner trinken Württemberger"
> „Badischer Wein, von der Sonne verwöhnt"
> „Deutschland hat Geschmack".

Abb. Gemeinschaftwerbung

Gemeinschaftswerbung kann in **zwei** Ausprägungen vorkommen:

horizontal: Hier schließen sich Werbetreibende der gleichen Wirtschaftsstufe zusammen *(Werbegemeinschaft Württemberger Weingärtnergenossenschaften zur Vermarktung von Weinen aus dem Anbaugebiet Württemberg).*

KENNER TRINKEN WÜRTTEMBERGER

vertikal: Hier erfolgt eine Kooperation von Unternehmen aus unterschiedlichen Wirtschaftsstufen *(Gütezeichen „Wollsiegel", das sowohl von Herstellern als auch Handelsunternehmen werblich genutzt wird).*

REINE SCHURWOLLE

Verbundwerbung

Man spricht von **Verbundwerbung**, wenn sich Unternehmen aus **verschiedenen** Branchen für eine **gemeinsame** Werbeaktion zusammenschließen.

Das Gemeinsame sind nicht gleiche Produkte oder Dienstleistungen, sondern ein anderer Zusammenhang.

> **Beispiel:** Ein Waschmittelhersteller wirbt für eines seiner Produkte und zeigt in einem Werbespot dabei die Namen von Herstellern von Waschmaschinen, die dieses Produkt empfehlen *("Calgon, von führenden Waschmaschinenherstellern empfohlen!")*.

Werbearten

Eine **Sonderform** der Verbundwerbung liegt vor, wenn ein Unternehmen Leistungen eines anderen branchenfremden Unternehmens befristet anbietet und damit für beide ein nachhaltiger Werbeerfolg angestrebt wird.

> **Beispiel:** Der einmalige Verkauf von Fahrkarten der Deutschen Bahn bei einem großen Lebensmitteldiscounter zu einem äußerst günstigen Preis.

Übersicht zu Werbearten im Einzelhandel					
Werbearten → ↓	nach Zahl der werbenden Unternehmen				
nach Zahl der umworbenen Konsumenten	**Einzelwerbung:** Jedes einzelne Mitglied der ausgewählten Zielgruppe wird namentlich angesprochen.	**Alleinwerbung:** Ein einzelner Einzelhändler wirbt mit dem eigenen Namen für sein Sortiment oder das Unternehmen.	**Sammelwerbung:** Gemeinsame Werbung mehrerer Einzelhandelsbetriebe aus unterschiedlichen Branchen mit Angabe der Firma.	**Gemeinschaftswerbung:** Gemeinsame Werbung mehrerer Handelsunternehmen, Produzenten oder Organisationen ohne namentliche Nennung der beteiligten Unternehmen.	**Verbundwerbung:** Gemeinsame Werbung von Anbietern komplementärer Waren, z. B. Schaufensterwerbung zugleich für Bademoden des Sportladens und Reiseführer des Buchladens nebenan.
	Massenwerbung: Die gesamte Zielgruppe wird über Massenmedien angesprochen.				

■ AKTION

1 Um welche Werbeart handelt es sich jeweils?

  a) Ein Buchverlag schickt einen Brief an Berufsschullehrer und wirbt für das Buch: „Wie unterrichte ich Einzelhandelsklassen und bleibe trotzdem gesund und munter?".

  b) Zeitungsanzeige: „Wir Franzosen verstehen nicht nur etwas von l'amour, sondern auch von Käse! Käse aus Frankreich, o, lá lá!"

  c) Anzeige in einer Frauenzeitschrift: „Bayern wünscht guten Appetit. Milch und Käse aus Bayern!" Danach werden Abbildungen von Milchprodukten folgender Molkereien gezeigt: Bauer-Joghurt, H-Milch von Weihenstephan, Fruchtquark von Exquisa.

2 Stellen Sie fest, welche Werbearten in Ihrem Betrieb in den letzten sechs Monaten eingesetzt wurden. Suchen Sie ein für die jeweilige Werbeart typisches zeitliches Muster für den Einsatz der Werbeart.

3 Versuchen Sie herauszufinden, ob es Werbegemeinschaften am Standort Ihres Unternehmens gibt, und untersuchen Sie die Beweggründe, die zur Bildung dieser Werbegemeinschaften geführt haben. Erstellen Sie über Ihre Arbeitsergebnisse eine kleine Präsentation.

4 Sammeln Sie Beispiele für Maßnahmen der Verbundwerbung.

5 Untersuchen Sie die auf den vorangegangenen Seiten abgebildeten Werbemaßnahmen darauf, ob und in welcher Weise die Elemente der AIDA-Regel eingehalten werden.

6 Seien Sie AIDA-Schiedsrichter! Suchen Sie von dreien Ihrer Ausbildungsbetriebe eine jeweils vergleichbare Werbemaßnahme *(Wochenwerbung)* heraus und prüfen Sie, wer die AIDA-Regel am besten eingehalten hat. Verwenden Sie dabei eine Tabelle entsprechend dem nachstehenden Muster und verteilen Sie Punkte:

	Betrieb 1	Betrieb 2	Betrieb 3
A (1 bis 5 Punkte)			
I (1 bis 5 Punkte)			
D (1 bis 5 Punkte)		MUSTER	
A (1 bis 5 Punkte)			
Punktesumme			

7 Gegen welche Werbegrundsätze wird in den folgenden Aussagen verstoßen?

a) „Wer mit Putzi-Fluxi seine Zähne putzt, dem garantieren wir: niemals Karies und Parodontose!"

b) „Auch bei der Fußball-WM in Brasilien spielten die meisten Mannschaften in unseren Schuhen!"

8 Sammeln Sie von jedem Schüler einen Zettel mit zwei seiner Meinung nach originellsten aktuellen Werbemaßnahmen ein und erstellen Sie eine Hitliste der Werbemaßnahmen. Diskutieren Sie das Ergebnis.

9 Zeichnen Sie fünf Werbespots im Fernsehen auf. Welchen Werbearten sind die Spots zuzuordnen?

10 Um welche Werbeart handelt es sich bei folgenden Abbildungen?

Die Wohnwelt

Was denn sonst?

Die größte Möbelschau der Region

77777 NEUBURG

Der Küchenfreund

Gemeinsam stark in Preis und Leistung

Auswahl
Anlieferung
Aufbau

über 1.000 selbstständige Schreinereibetriebe in Deutschland
Info: 0800-12128080

Backe backe Kuchen! Ihre Bäcker haben gerufen!
„Kuchentage" in Neuburg! Vom 1.10. bis 20.10. bei:
Bäckerei Holm, Stadtbäckerei Tabler, Backstüble Kurz, Konditorei Ulmer, Backparadies, Bäckerei Blatter, Tortenfabrik, Feinbäckerei Schnaufer

---

Werbeziele und Werbeobjekte LF 5

2 Durchführung von Werbemaßnahmen

2.1 Werbeziele und Werbeobjekte

■ SITUATION

Die Auszubildenden Stefanie und Doreen verbringen ihre Mittagspause im Marktcafé. Doreen beobachtet durch das Fenster einen Prospektausträger.

Doreen: „Immer diese Prospekte, manchmal quillt der Briefkasten fast über davon!"

Stefanie: „Schon, aber mein Chef steht drauf. Der meint, Werbung muss sein. Am besten täglich, sozusagen frisch auf den Tisch, sonst wird sie wertlos wie altes Gemüse."

Doreen: „Ja, ich weiß schon, eure Gemüseabteilung. Aber bei Fernsehfilmen, da nervt die Werbung wirklich, immer wenn's spannend wird. Das muss doch nicht sein! Man könnte glauben, die Werbefritzen wollten mit ihren Werbespots um den Oskar konkurrieren."

Stefanie: „Weiß man's?"

1. Sammeln Sie Beispiele für Werbemaßnahmen (zum Beispiel, was Sie im häuslichen Briefkasten finden, aus Funk und Fernsehen, der Zeitung usw.) und ordnen Sie diese Werbemaßnahmen den Kategorien „Werbung für bestimmte Artikel", „Werbung für ein Sortiment" und „Werbung für ein Unternehmen" zu. Versuchen Sie festzustellen, welche Art von Werbenden in der jeweiligen Kategorie am häufigsten auftreten!
2. Formulieren Sie mögliche Ziele, die der jeweilige Werbende mit seiner Werbemaßnahme (vgl. Aufgabe 1) verfolgt haben könnte!

© Trueffelpix – Fotolia.com

■ Situationsanalyse

Vor der Entscheidung über Werbeziel und Werbeobjekt wird der **Ist-Zustand** des Unternehmens **formuliert**. Dabei geht es um die Beantwortung folgender **Fragen**:

› Entsprechen die Umsätze den Planvorgaben?
› Ist die Sortimentsgestaltung auf die Kundenwünsche abgestimmt?
› Stimmt das Preis-Leistungsverhältnis?
› Wie groß sind Kundenzufriedenheit und Kundenbindung?
› Wie ist die Mitbewerbersituation?

Der festgestellte Ist-Zustand gibt die Richtung und das Ziel für die geplanten Werbemaßnahmen an.

Durchführung von Werbemaßnahmen

■ Werbeziele

Der Einzelhändler legt mit dem **Werbeziel** fest, **was** er mit seinen Werbemaßnahmen **erreichen** möchte. Dabei muss er darauf achten, dass die Werbeziele möglichst konkret beschrieben werden; nur so ist später eine wirksame Überprüfung möglich, ob die Ziele erreicht wurden.

Ziel	Bezeichnung	Beispiele
Bekanntmachung neuer Produkte oder neuer Verkaufsstellen.	**Einführungswerbung**	Herbstmodenschau von La Moda, Sonderpreise zur Eröffnung einer neuen All-Bau-Filiale.
Erhalten der Marktposition und Belebung des Absatzes.	**Erinnerungswerbung**	Wöchentliche Anzeige der Wohnwelt im örtlichen Nachrichtenblatt.
Absatzsteigerung durch Gewinnung neuer Kunden oder engere Bindung der Stammkunden.	**Expansionswerbung**	Der Textilmarkt lässt einen Prospekt in den Neuburger Nachrichten beilegen; persönlicher Werbebrief an Stammkunden.
Absatzsteigerung aus bestimmten, zeitlich begrenzten Anlässen.	**Aktionswerbung**	Firmeninhaber Oliver Bessler wirbt für den Jubiläumsverkauf für 50 Jahre Optik Bessler.
Aufbau bzw. Änderung des Erscheinungsbildes in der Öffentlichkeit.	**Imagewerbung**	Textilhaus Braun tritt als Sponsor des örtlichen Fußballvereins auf (Trikotwerbung).

Ob das Ziel einer Werbemaßnahme erreicht wird, hängt davon ab, ob das dem Kunden in der Werbemaßnahme gegebene Versprechen auch eingelöst wird, sodass der Kunde Vertrauen zum Werbenden aufbaut.

Werbung ist ein Versprechen, das Sie einlösen müssen!

Ziel der Werbung
– Aufmerksamkeit für ein spezielles Geschäft
– Abhebung von der Konkurrenz
– Erhaltung zufriedener Kunden
– Gewinnung neuer Kunden

Werbemaßnahmen
– gehen dem Verkauf voraus und begleiten die Kundenberatung
– wecken bei den Kunden Erwartungen

Im Verkauf
– bauen Sie auf den Werbemaßnahmen auf
– knüpfen Sie an die Erwartungen der Kunden an

Positiver Effekt
– zufriedene Kunden
– günstige „Mund-zu-Mund-Werbung"
– Zuwachs an neuen Kunden

Das Ziel wird erreicht

Die Erwartungen der Kunden werden erfüllt!

Werbeziele und Werbeobjekte

■ Werbeobjekte

Mit der Festlegung des Werbeobjektes entscheidet der Werbetreibende, was er in den Vordergrund seiner Werbemaßnahmen stellen möchte.

So kann er für einen einzelnen Artikel, sein gesamtes Sortiment oder für sein Unternehmen werben.

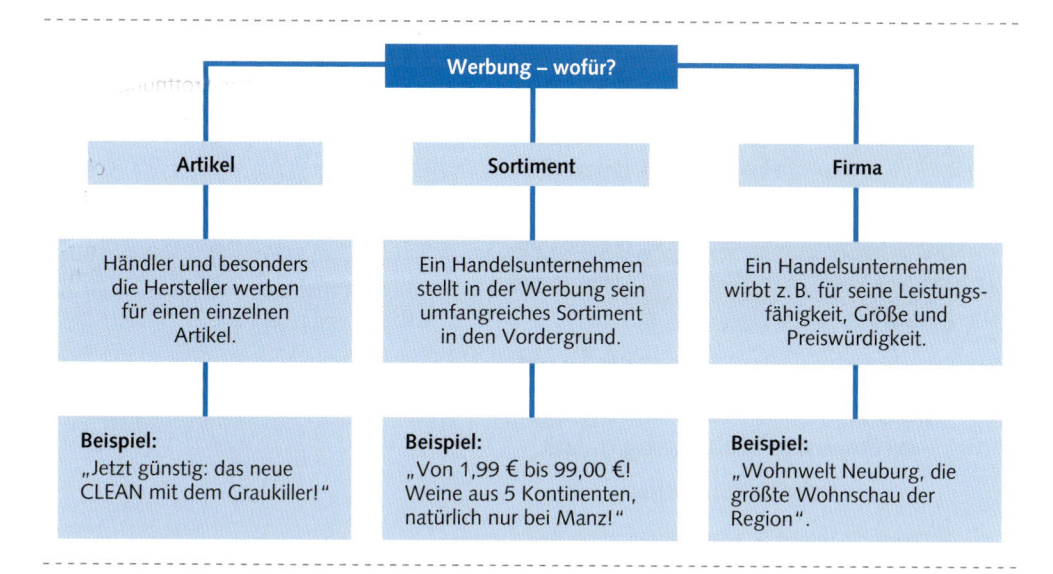

```
                    Werbung – wofür?
        ┌──────────────────┼──────────────────┐
      Artikel           Sortiment            Firma
```

Artikel	Sortiment	Firma
Händler und besonders die Hersteller werben für einen einzelnen Artikel.	Ein Handelsunternehmen stellt in der Werbung sein umfangreiches Sortiment in den Vordergrund.	Ein Handelsunternehmen wirbt z. B. für seine Leistungsfähigkeit, Größe und Preiswürdigkeit.
Beispiel: „Jetzt günstig: das neue CLEAN mit dem Graukiller!"	**Beispiel:** „Von 1,99 € bis 99,00 €! Weine aus 5 Kontinenten, natürlich nur bei Manz!"	**Beispiel:** „Wohnwelt Neuburg, die größte Wohnschau der Region".

Besonders die Hersteller von Markenartikeln haben ein großes Interesse daran, dass ihre Produkte vom Handel in dessen Sortiment aufgenommen werden.

Sie versuchen, dies durch die sogenannte **Sprungwerbung**, eine Form der **Produktwerbung**, zu fördern: Mit der Werbung in den Massenmedien wendet sich der Hersteller direkt an den Verbraucher und macht ihn gewissermaßen zu seinem Verbündeten. Der Verbraucher soll daraufhin beim Einzelhändler den betreffenden Artikel verlangen. So wird der Handel veranlasst, diesen Artikel in sein Sortiment aufzunehmen.

›› **Beispiel:** Anzeige für Tütensuppe in einer Frauenzeitschrift.

Zielgruppen

GRÜNLAND
Ihr Fachmarkt für Haus und Garten

Die Rasenberater kommen!

Ihr Rasen ist unsere Aufgabe ...

Moos und Unkraut?

Braune oder kahle Stellen?

... wir beraten Sie gerne:

**Besuchen Sie unsere Rasen-Beratungstage
von Donnerstag, 1. bis Samstag, 3. April**

Kostenlose Bodenanalyse

Wir haben die Lösung für einen schönen grünen Rasen!

Grünland GmbH Aurenzstraße 10–12, 88888 Neuburg

Eine **Zielgruppe** ist ein Personen- oder Kundenkreis, an den sich eine Werbemaßnahme richtet (Adressaten der Werbung).

Je genauer eine Zielgruppe bestimmt und abgegrenzt wird, desto besser kann man eine Werbemaßnahme auf die anzusprechenden Adressaten der Werbung abstimmen. Es wird sozusagen eine maßgeschneiderte Werbung möglich.

Dazu wird der ins Auge gefasste Personenkreis nach gemeinsamen Bedürfnissen und Kaufabsichten zusammengestellt.

» **Beispiel:** Anzeige eines Haus- und Gartencenters für die Zielgruppe „Gartenbesitzer".

Zielgruppenbildung nach		
geografischen Merkmalen	**demografischen Merkmalen**	**sonstigen Merkmalen**
› Bundesland › Landkreis, Gemeinde › Stadt-/Ortsteil	› Alter, Geschlecht › Einkommen, Kaufkraft › Schulabschluss, Beruf	› Privatperson, Unternehmen › Stammkunden, Laufkunden › Lebensstil, Modeorientierung ...

AKTION

1 Nennen Sie je ein Beispiel für Einführungs-, Erinnerungs-, Expansions-, Aktions- und Imagewerbung, nach Möglichkeit aus Ihrem Ausbildungsbetrieb.

2 Wählen Sie eine Werbemaßnahme Ihres Ausbildungsbetriebes aus, die Sie für gelungen halten. Stellen Sie die Maßnahme in der Klasse vor, erläutern Sie die Maßnahme mit den Fachbegriffen aus diesem Kapitel, und geben Sie an, warum Sie diese Maßnahme für gelungen halten.

Werbeziele und Werbeobjekte

LF 5

3 Welche Werbeziele sollen mit folgenden Anzeigen erreicht werden?

Abb. Anzeigenwerbung

4 Analysieren Sie die folgenden Anzeigen nach Werbeziel und Zielgruppe.

Abb. Anzeigenwerbung

5 Beschreiben Sie die Zielgruppe von Werbemaßnahmen folgender Unternehmen:
   a) Eisenwarenhandel (Baubeschläge, Schrauben, Werkzeuge),
   b) Fachgeschäft „Madame" für modische Damenoberbekleidung,
   c) Spezialladen für Camper und Tramper,
   d) Feinkostgeschäft mit großer Weinabteilung.

2.2 Werbeträger und Werbemittel

■ SITUATION

Ein Supermarkt in Stadtlage nahe dem Marktplatz plant für den November eine „Martini-Markt-Aktion" mit Sonderangeboten und verschiedenen Attraktionen. Die Geschäftsleitung strebt für die Aktionswoche eine Umsatzsteigerung um 30 % an.

1. Legen Sie eine oder mehrere Zielgruppen fest, die im Rahmen der Werbung für die Martini-Markt-Aktion angesprochen werden sollen.
2. Entscheiden Sie, welche Werbeträger und Werbemittel anlässlich der Werbung für die Martini-Markt-Aktion eingesetzt werden sollen.

■ INFORMATION

Wenn Sie für Ihr Unternehmen eine Werbemaßnahme durchführen wollen, müssen Sie, nachdem Werbeziel, Werbeobjekt und Werbeart geklärt sind, entscheiden, welchen oder welche **Werbeträger** Sie benutzen wollen. Werbeträger sind Medien, welche die Werbebotschaft dem Umworbenen überbringen sollen. Außerdem ist zu klären, in welcher Form die Werbeträger eingesetzt werden sollen, d. h., welche **Werbemittel** Sie verwenden wollen.

■ Werbeträger

Werbeträger (Medium) für:	geeignete Werbeelemente					Werbemittel (Form)
	Schrift	Bild	Farbe	Licht	Handlung	
Außenwerbung (Hauswände, Schaufenster, Fahrzeuge, Litfaßsäule, Außenvitrinen)	X	X	X	X		Plakat, Leuchtreklame, Dekoration, Gebäude- und Fahrzeugbeschriftungen, Bandenwerbung
Printmedien (Tageszeitung, Anzeigenblätter, Zeitschriften, Kataloge)	X	X	X			Anzeige, Interview, Postwurfsendung, Handzettel
Audiovisuelle Medien (Film, Funk, Fernsehen, Internetpräsentationen)	X	X	X	X	X	Werbespot, Product-Placement, eigene Internetseite, Anzeige auf fremder Internet-Seite (Banner)
Direktwerbung über den Postweg	X	X				persönlicher Werbebrief (Mailing)

Werbeträger und Werbemittel

Product-Placement, wie eine Lizenz zum Verkaufen!

Product-Placement ist eine besondere Form der Tarnwerbung, d.h. diese Werbung wird vom Verbraucher nicht unmittelbar erkannt. Produkte werden in publikumsträchtigen Medien *(Spielfilme, Fernsehserien)* gegen Bezahlung platziert. Berühmte Beispiele sind Produkte in James-Bond-Filmen *(Auto, Handy, Uhr)* oder Einrichtungsgegenstände eines großen Möbelkonzerns in Fernsehserien. Die Werbewirkung ist jedoch unter Fachleuten umstritten. Zu viel und zu eindeutige Werbung dieser Art kann von Zuschauern schnell als Belästigung empfunden werden und wird somit zum Bumerang. Außerdem hat der Einzelhandel nur sehr selten die Chance, auf diese Weise zu werben.

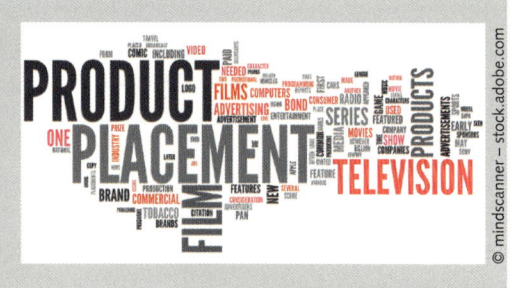

Reichweite der Werbeträger

Eine wichtige Rolle bei der Auswahl des Werbeträgers spielt seine Reichweite. Sie gibt an, inwieweit (gemessen in Personen, genannt Kontakte) der Werbeträger eine Zielgruppe erreicht (daher Reichweite).

> **Beispiel:** In einer Kleinstadt und deren Umland (insgesamt 50.000 Einwohner) wird ein Anzeigenblatt in einer Auflage von 30.000 Stück verbreitet. 80 % der Einwohner lesen das Anzeigenblatt, davon interessieren sich 40 % für den Automobilmarkt.

Für ein Autohaus ergeben sich in diesem Fall folgende Reichweiten:

› Quantitative Reichweite	Welcher Teil der Gesamtbevölkerung kann erreicht werden?	80 % von 50.000 Einwohnern ≙ 40.000 Kontakte
› Räumliche Reichweite	Decken sich Absatzgebiet und Verbreitungsgebiet des Werbeträgers?	sämtliche Gemeinden, in denen das Anzeigenblatt verteilt wird
› Qualitative Reichweite	In welchem Maß wird die Zielgruppe erreicht?	40 % von 40.000 Einwohnern ≙ 16.000 Kontakte

■ Werbemittel im Einzelhandel

Werbemittel sind die **Gestaltungsformen** von Werbebotschaften, die der Werbende den Umworbenen (Zielgruppe) mitteilen will. Man kann auch sagen: Werbemittel sind „verkörperte Werbebotschaften", die bei den Verbrauchern eine werbende Wirkung auslösen sollen.

Der Einzelhandel versucht, seine Kunden sowohl außerhalb der Geschäftsräume *(Anzeigen, Schaufenster)* als auch innerhalb *(POS-Werbung)* zu erreichen. Dies geschieht z.B. durch eine kundenfreundliche Verkaufsraumgestaltung, eine attraktive Warenpräsentation und nicht zuletzt durch kompetentes Verkaufspersonal.

Durchführung von Werbemaßnahmen

Abb. Werbemittel Anzeige

Anzeige

Anzeigen sind ein klassisches und sehr weit verbreitetes Werbemittel für den Einzelhandel. Durch die Veröffentlichung in Lokalzeitungen und Anzeigenblättern erreicht man eine große Zahl potenzieller Kunden.

Regelmäßiges Inserieren „verankert" das Unternehmen im Gedächtnis des Verbrauchers.

Wird eine Anzeige in Medien geschaltet, die auf bestimmte Personengruppen bezogen sind, dann kann der Werbeerfolg besonders groß sein *(Werbung für ein Sportgeschäft im Info-Blatt eines Handballvereins).*

Handzettel, Prospekte und Beilagen

Diese Werbemittel werden kostenlos an Haushaltungen verteilt und haben neben der Anzeige eine besonders große Bedeutung als Werbemittel.

Für den Lebensmittelhandel sind die wöchentlichen Beilagen, die über die aktuellen Angebote informieren, zum wichtigsten Werbemittel geworden.

Ein Problem ist die zuverlässige Zustellung an alle Haushaltungen im Verbreitungsgebiet. Da viele Haushalte diese Art der Werbung ablehnen („Bitte keine Werbung"), werden Prospekte und Beilagen gerne Zeitungen und Anzeigenblättern beigelegt, um so auf Umwegen den Verbraucher zu erreichen.

Abb. Werbemittel Flyer

Werbespot in Funk und Fernsehen

Die Fernsehwerbung ist verhältnismäßig teuer. Allenfalls große, deutschlandweit aktive Filialketten setzen diese Werbemittel ein. Mit der wachsenden Bedeutung privater Sender *(Hit-Radio Antenne 1, Radio Ton, Big FM)* hat sich dies jedoch grundlegend geändert. Ihr Sendegebiet ist in der Regel lokal oder regional begrenzt und deckt sich damit eher mit dem angestrebten Streugebiet der Werbemaßnahme eines Einzelhändlers.

Werbeträger und Werbemittel

Werbebrief (Direct Mailing)

Mit Werbebriefen kann sich der Werbetreibende direkt, d. h. ohne Massenkommunikationsmittel benutzen zu müssen, an seine Zielgruppe wenden **(Direktwerbung)**.

Der Einzelhandel benutzt Werbebriefe in erster Linie dazu, Stammkunden, deren Adressen in einer Kundendatei gespeichert sind, über interessante Angebote zu informieren.

>> **Beispiel:** Sabrina Hesser verwaltet ihre Kundendatei mit dem PC. Sie lässt sich eine Liste ausdrucken, die alle Kundinnen zeigt, die in den letzten sechs Monaten nicht bei ihr gekauft haben. Diese erhalten einen sehr persönlich gehaltenen Werbebrief.

Hesser-Moden e. K.
Am Marktplatz 15
88888 Neuburg

Frau   17.09...
Ulrike Schütz
Grabenstr. 12
96666 Altbach

Sehr geehrte Frau Schütz,

Sie als langjährige Kundin möchte ich besonders einladen, sich die aktuelle Herbstkollektion in unserer neuen Abteilung „Country-Club" zeigen zu lassen. Feste und doch leichte Materialien in den Farben herbstlicher Blätter setzen Akzente in der vor uns liegenden grauen Jahreszeit.
Meine Mitarbeiterinnen und ich, wir freuen uns auf Ihren Besuch.

Mit freundlichen Grüßen
Ihre

Sabrina Hesser

PS: Bringen Sie diesen Brief bitte mit, Sie können 14 Tage „Indian Summer" im Osten der USA gewinnen!

Abb. Werbemittel Brief

Kundenkarte

Ein Werbemittel besonderer Art (und nicht nur Zahlungsmittel) ist die **Kundenkarte**. Einerseits verbleibt sie beim Kunden und erinnert ihn laufend an das entsprechende Unternehmen *(Reicht mein Umsatz schon für die nächste Rabattstufe?)*. Andererseits dient sie der Erfassung der Kundendaten und Kundenumsätze und ist somit Quelle für die Anschrift, aber auch für ein kundentypisches Umsatzprofil *(Welche Warengruppen aus unserem Sortiment bevorzugt der Kunde?)*.

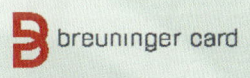

breuninger card

600 547 0 0123456 7 8
GABRIELLA KLEE

Abb. Werbemittel Kundenkarte

>> **Beispiel:** Ein „Komm-doch-häufiger-Mailing" für treue Kunden, das „Verlorener-Sohn-Mailing" für passive Kunden oder das „Schotten-Mailing" für Schnäppchenjäger.

Durchführung von Werbemaßnahmen

Abb. Werbemittel Plakat

Während **Plakate** in der Innenwerbung eher einen informativen Charakter haben *(Preisangabe, Hinweis auf Sonderangebote)*, sollen sie bei der Außenwerbung vor allem die Aufmerksamkeit auf das Produkt oder das Unternehmen lenken.

Da der Kontakt oft nur wenige Sekunden beträgt, muss die Werbebotschaft schnell erkannt werden. Deshalb verzichtet man meist auf längere Texte und stellt Bildmotive in den Vordergrund, die den Betrachter vor allem emotional ansprechen sollen. Textelemente beschränken sich meist auf eine notwendige Ergänzung zum Bild. Der Bezug zum werbenden Unternehmen muss deutlich werden *(Name, Logo)*.

Die Abbildung zeigt ein Text-Bildplakat mit der Botschaft „modischer Mantel zu günstigem Preis".

Außenfassade und Schaufenster

Durch farbliche Gestaltung, nächtliche Beleuchtung oder mit dekorativen Elementen als Blickfang *(Transparente, Figuren)* kann die **Außenfassade** eines Einzelhandelsunternehmens eine Fernwirkung auf Kunden ausüben und sie so veranlassen, sich das Angebot dieses Unternehmens näher zu betrachten.

Auch **Schaufenster** und Schaukästen haben die Funktion, Passanten auf das Sortiment aufmerksam zu machen.

Besonders effektvoll sind Schaufensterdekorationen, die neben einem originellen Blickfang eine einzige Dekorationsidee zum Thema machen und darauf die gesamte Gestaltung abstimmen.

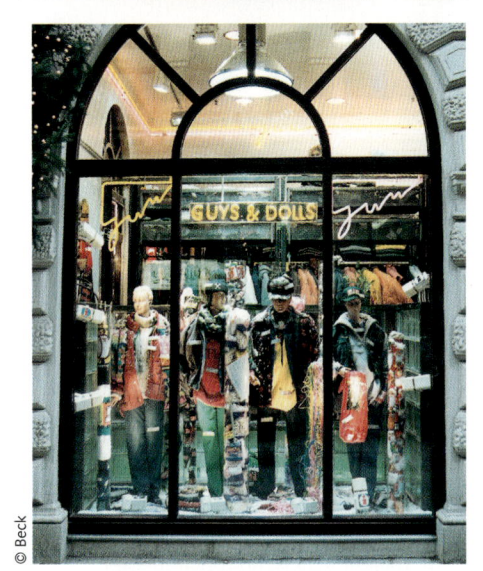

Abb. Fassaden- und Schaufensterwerbung

Werbeträger und Werbemittel

LF 5

Werbeinformationen im Internet

Die Form der Internetwerbung ist unterschiedlich (siehe LF ■■). Es kann ein Werbebrief sein, der über das Internet versandt oder zum Download auf der Website des Werbenden angeboten wird. Es kann ein Teil der Startseite oder ein bestimmter Bereich der eigenen Website des Werbenden sein, in dem eine Werbebotschaft oder ein besonderes Angebot herausgestellt wird. Schließlich ist es auch möglich, auf fremden Websites eine Werbebotschaft, zum Beispiel in Form eines Banners, zu platzieren.

■ AKTION

1 In Neuburg soll in wenigen Wochen ein Jeans-Laden eröffnet werden. Neben Markenjeans werden auch sportliche Hemden und Jacken angeboten. Entwerfen Sie eine halbseitige Anzeige für die Neuburger Nachrichten. Finden Sie einen attraktiven Firmennamen, der Rückschlüsse auf das Sortiment zulässt. Informieren Sie über den Eröffnungstermin und Sonderangebote anlässlich der Eröffnung.

2 Beurteilen Sie den Text des folgenden Werbebriefs, den ein Schuhgeschäft an Stammkunden geschickt hat:

> … Sehr verehrte gnädige Frau,
>
> der Winter steht vor der Tür und da muss man sich natürlich Gedanken über das passende Schuhwerk machen. Wir bieten auch dieses Jahr wieder eine große Auswahl, die zeigt, wie kompetent unser Haus in Sachen Auswahl ist. Dazu erhält man bei uns eine Beratung, die keine Wünsche offenlässt. Ein Besuch in unseren neu gestalteten Verkaufsräumen wird wieder ein unvergessliches Erlebnis sein. In Ruhe auswählen, dazu ein Tässchen Kaffee, das wir als kleines Dankeschön kredenzen, was kann es Schöneres geben!
>
> Wir erwarten Sie ab nächstem Montag!
>
> Mit freundlicher Empfehlung
>
> Schuhhaus Brauner …

3 a) Entwerfen Sie einen Werbebrief für ein Mailing eines Feinkosthändlers anlässlich einer Friesischen Woche.

b) Formulieren Sie ein „Schotten-Mailing" des Warenhauses Merkur.

4 Die Lebensmittelabteilung eines Warenhauses plant für die zweite Septemberhälfte eine französische Woche. Die Geschäftsleitung erwartet: „Im Rahmen einer französischen Woche soll der Umsatz der Wein- und Feinkostabteilung in diesem Zeitraum um 30 % gesteigert werden. Für die folgenden sechs Wochen soll eine Umsatzsteigerung von 10% erhalten bleiben."

a) Legen Sie fest, welche Werbemittel und Werbeträger anlässlich der französischen Woche eingesetzt werden sollen.

b) Informieren Sie sich über die zu erwartenden Kosten Ihrer geplanten Werbemaßnahme.

c) Präsentieren Sie Ihre Arbeitsergebnisse und vergleichen Sie sie mit den Lösungen Ihrer Mitschüler.

5 Erstellen Sie eine nach Häufigkeit geordnete Liste der Werbeträger, die für die Werbung in Ihrem Ausbildungsbetrieb genutzt werden. Unterscheiden Sie gegebenenfalls innerhalb der Werbeträger nach Werbemitteln.

6 Recherchieren Sie im Internet nach Werbeinformationen großer Einzelhandelsunternehmen. Untersuchen Sie das Internetangebot unter den Gesichtspunkten Darstellung, Bedienungsfreundlichkeit, Informationsgehalt und Aktualität.

Wählen Sie aus Ihrer Sicht einen besonders gelungenen und einen misslungenen Internetauftritt aus, und präsentieren Sie Ihre Wahl vor der Klasse.

7 Untersuchen Sie die folgenden Abbildungen unter den Gesichtspunkten „Werbeträger" und „Werbemittel".

Gestaltung einer Werbebotschaft LF 5

2.3 Gestaltung einer Werbebotschaft

■ SITUATION

Zu Beginn des Kapitels 2.2 haben Sie sich für eine Reihe von Werbemitteln für die Martini-Markt-Aktion entschieden. Diese Werbemittel können von entsprechenden Dienstleistern hergestellt, andere aber eventuell auch selbst produziert werden.

1. Untersuchen Sie, welches Dienstleistungsunternehmen die von Ihnen ausgewählten Werbemittel für Sie erstellen könnte. Versuchen Sie auch ungefähre Kosten zu ermitteln.
2. Prüfen Sie, ob Sie einige Werbemittel selbst herstellen können, und fertigen Sie eigene Entwürfe an.

■ INFORMATION

Der Einzelhandel setzt vor allem **Werbemittel** ein, die auf **Schrift** und **Farbe** zurückgreifen. Beide Gestaltungsmittel müssen aufeinander abgestimmt werden und zum Werbeobjekt passen. Auch bei der Produkt- und Packungsgestaltung wird durch die Hersteller darauf geachtet.

Dies ist besonders bei SB-fähiger Ware von großer Bedeutung, da diese sich gewissermaßen selbst verkaufen muss.

Werbung

- **Schrift**: Text, Schrifttyp, Schriftgröße
- **Farbe**: Temperatur, Gewicht, Ton
- **Ton**: Sprache, Musik, Geräusche, Lautstärke
- **Bild**: Fotos, Zeichnungen, Logos, Symbole
- **Handlung**: Story, Action

Abb. Gestaltungselemente der Werbung

Schrift und Zeichen als Gestaltungsmittel

Die **Schrift** als **Trägerin** einer **Werbebotschaft** sollte zu deren **Inhalt** passen, denn so wird die Wirkung unterstützt und verstärkt. Darauf ist bei der Wahl der **Schriftform** zu achten.

» Beispiele:

> **NEUERÖFFNUNG! BAU & SPAR – Der Baumarkt-Discounter**
> *Exklusiv nur bei uns: Mode von Volce und Tarama*
> *Crazy-World, der Trendstore für Fashion für Dich!*
> `Computer-Corner jetzt im City-Center`

Um wichtige **Textteile** bzw. **Wörter hervorzuheben** gibt es mehrere Möglichkeiten, z. B. unterschiedliche Schriftgrößen, *kursiv*, underlined, **fett**, GROSS-BUCHSTABEN, KAPITÄLCHEN, farbige Hinterlegung, g e s p e r r t, Umriss und verschiedene Farben.

Leichtverständliche und einprägsame **Zeichen** und **Symbole** sagen oft mehr als Worte.

» Beispiele:

| Hinweis | Information | Preisreduzierung | Aufmerksamkeit |

Farbe als Gestaltungsmittel

Die **Spektralfarben** liefert das Prisma. Sie werden in Grund- und Mischfarben unterschieden. Zu den Grundfarben gehören Blau, Rot und Gelb, zu den Mischfarben Grün (aus Blau und Gelb), Orange (aus Gelb und Rot) und Violett (aus Blau und Rot). Aus den Grundfarben können aber auch alle anderen Farben durch Mischen hergestellt werden.

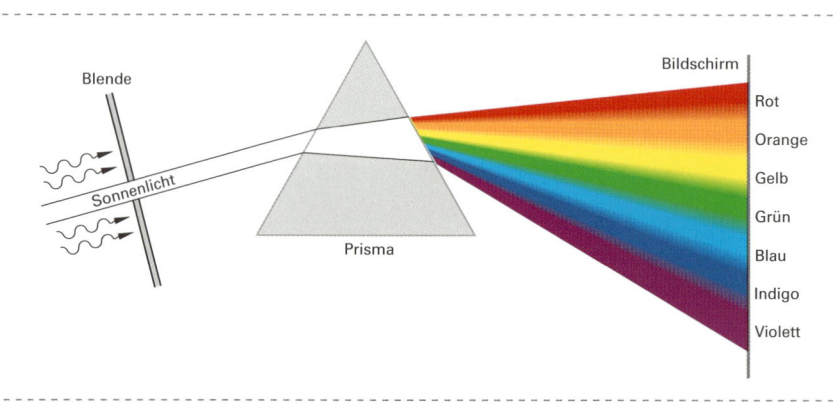

Abb. Spektralfarben

Gestaltung einer Werbebotschaft

Für den Einsatz in der Werbung sollte man die unterschiedliche Wirkung von Farben beachten.

Temperatur: Farben mit hohem Rotanteil wirken warm, Farben mit hohem Blauanteil hingegen werden als kalt empfunden. Weiß senkt die Farbtemperatur, Schwarz hingegen hebt sie an.

Gewicht: Der Helligkeitsgrad einer Farbe bestimmt die Empfindung des Gewichtes beim Betrachter. Gelb als helle Farbe ist leicht, Violett und Schwarz wirken schwer.

Ton: Grelle Farben werden als laut oder schrill empfunden, gedeckte Farben klingen leise und ruhig.

» Beispiel: Dem Verbraucherbedürfnis nach leichten und fruchtigen Drinks in der warmen Jahreszeit entspricht der Fruchtwein „Cool up" nicht nur durch seinen Geschmack, sondern auch die Farbgebung des Getränkes unterstreicht die Werbebotschaft des Herstellers: „Holen Sie sich mit ‚Cool up' Sommer, Sonne, Samba auf Ihre Party und genießen Sie mit Ihren Freunden diesen fruchtig-frechen Fun-Drink." Der blaue Schriftzug auf der Flasche symbolisiert „Kälte" und die intensive Farbgebung des Getränks in typisch knalligen Sommerfarben soll den exotisch-fruchtigen Geschmack schon beim Betrachten der Flasche ahnen lassen.

■ Text als Gestaltungsmittel

Durch entsprechende Formulierungen können Wirkung und Erinnerungseffekt gesteigert werden, wie die folgenden Beispiele zeigen:

Bildhafte Ausdrücke	„Heusinger-Moden – Ihre Einkaufswelt" „Cool-Mix ist wie Schatten in der Wüste"
Wort- und Sprachspiele	„Viel Auswahl. Viel Service. Feel Good" „be-8-lich", „schuhverlässig"
Gegensätze	„kleine Preise – große Leistung" „eiskalt getrunken – heiß geliebt"
Superlative	„Maxipack", „Blitzdiät", „extradünn", „superelastisch"
Fachsprache	„probiotisch", „QV-10-Formel", „Multiple Technologie"
Wortschöpfungen	„unkaputtbar", „röstfrisch", „pflegeleicht" „hautsympathisch", „Gesundheitskasse"
Kaufappelle	„jetzt kaufen – später zahlen", „Greifen Sie zu"
Reime	„Bitte ein Bit", „Kenner kau(f)en Katjes" „Haribo macht Kinder froh und Erwachsne ebenso"

Bilder als Gestaltungsmittel

Untersuchungen zeigen, dass weniger als zehn Prozent der angebotenen Werbeinformationen ihre Empfänger erreichen. Aus der Hirnforschung ist seit langem bekannt, dass der Mensch **Bildinformationen** schneller aufnimmt und verarbeitet, als Textinformationen. Bildliche Informationen lassen sich auch mit weniger Anstrengung des Gehirns verarbeiten, als dies bei Textinformationen der Fall ist. Daher werden über Bilder nur wenige, aber wichtige Informationen der Werbebotschaft übermittelt. Dabei werden sehr oft die Gefühle der Konsumenten angesprochen.

» **Beispiel:** Anzeige

In dieser Anzeige wirbt die Coca-Cola GmbH für ein neues Produktkonzept der Marke „Fanta". Unter dem Motto: „Entdecke die Geschmäcker der Welt!" nimmt die Limonadenmarke die Konsumenten mit auf eine exotische Geschmacksreise rund um die Welt. In einer Pressemitteilung der Coca-Cola GmbH heißt es u.a.: „Mit Fanta World haben wir uns von typischen Emotionen ferner Länder dieser Welt inspirieren lassen. Jede Geschmacksvariante ist wie eine Reise zu einem exotischen Ferienziel. Wer die neue Fanta World Südafrika Blutorange genießt, taucht imaginär in das faszinierende Land am Kap ein."
Quelle: Coca-Cola GmbH, Berlin

Werbekonstanten als Gestaltungsmittel

Ein über viele Jahrzehnte anhaltender Erfolg eines Produkts liegt oft auch darin begründet, dass die Gestaltung des Produktes bewusst nicht oder nur sehr gering modifiziert wird. Man spricht in diesem Zusammenhang von **Werbekonstanten,** d.h., das Produkt zeichnet sich in seiner Gestaltung durch einen hohen Wiedererkennungsgrad über einen langen Zeitraum aus. Name, Form und Farbgebung leisten so einen wichtigen Beitrag zur Gestaltung der Werbebotschaft.

Gestaltung einer Werbebotschaft

LF 5

» **Beispiele** für erfolgreiche Werbekonstanten aus dem Konsumgüterbereich:

© Mäurer u. Wirtz GmbH & Co. KG © UHU GmbH & Co. KG © GlaxoSmithKline GmbH & Co. KG

■ Professionelle Helfer bei der Werbung

Bei der Gestaltung der Werbemaßnahmen muss darauf geachtet werden, dass die eingesetzten Elemente zueinander passen, um die gewünschte Wirkung zu erzielen: Die Werbung muss „stimmen", die Ware „ins richtige Licht" gerückt werden. Werbespots und farbig bebilderte Anzeigen werden deshalb von Profis gestaltet, die über entsprechende Kenntnisse und Erfahrungen verfügen.

© DOC RABE Media – stock.adobe.com

■ AKTION

1. Sammeln Sie Handzettel und Prospekte und werten Sie diese unter den Gesichtspunkten Gestaltung und Informationsgehalt aus.

2. Erstellen Sie in Gruppen Foto-Kollagen zum Thema „Gelungene Außenwerbung" anhand von Beispielen aus Ihrem Schulort oder Wohnort.

© blende11.photo – stock.adobe.com

3. Wie könnte der Internet-Auftritt eines Einzelhändlers aussehen? Bilden Sie Gruppen und entwickeln Sie einen konkreten Vorschlag.

4 Sammeln Sie Anzeigen von Einzelhändlern in Printmedien am Standort Ihres Ausbildungsbetriebes und überprüfen Sie diese Werbemaßnahmen hinsichtlich der Einhaltung der in Kap. 2.3 dargestellten Gestaltungsregeln. Diskutieren Sie Ihre Beobachtungen.

5 Entwerfen Sie zu den folgenden Plakatmotiven einen passenden Werbetext:

6 In der folgenden Tabelle sind die einzelnen Felder farbig hinterlegt. Lesen Sie zeilenweise die Farben laut vor und stoppen Sie die Zeit.

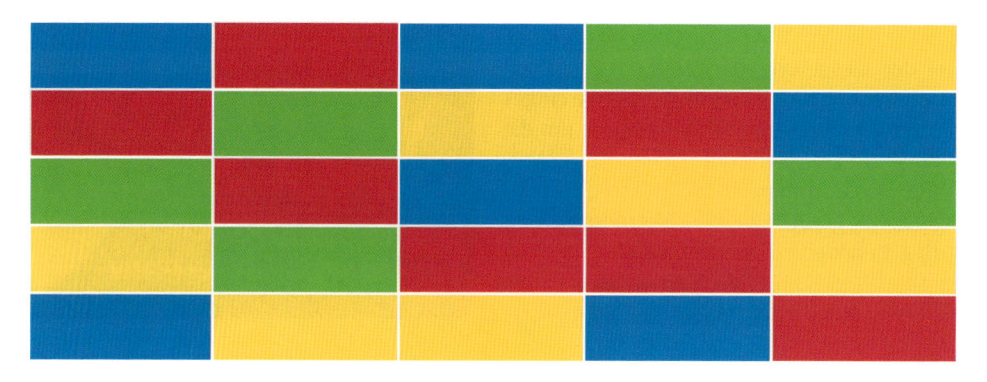

Lesen Sie nun laut die Farben vor, in die die Wörter der folgenden Tabelle eingefärbt sind und stoppen Sie wieder die Zeit. Was fällt Ihnen auf und was bedeutet dies für die Gestaltung von Werbemaßnahmen?

gelb	grün	grün	blau	rot
grün	gelb	rot	blau	gelb
blau	blau	grün	gelb	rot
rot	blau	gelb	grün	gelb
gelb	rot	grün	rot	blau

Die 6 W der Werbeplanung LF 5

3 Werbeplanung und Werbeerfolgskontrolle

■ **SITUATION**

In Ihrem Ausbildungsunternehmen – einem Lebensmittelsupermarkt – beschließt man, die Abteilung Brot- und Backwaren um Fast-Food-Angebote („heiße und kalte Theke") zu ergänzen, weil der Außer-Haus-Verzehr ständig an Bedeutung gewinnt.

> Sie unterstützen die Marktleitung bei der Entwicklung der entsprechenden Werbekonzeption. Dazu erstellen Sie einen Werbeplan und zeigen Möglichkeiten der Werbeerfolgskontrolle auf.

© Nitr – stock.adobe.com

3.1 Die 6 W der Werbeplanung

Wenn Werbemaßnahmen die gesteckten Ziele erreichen, dann haben sich die zum Teil erheblichen Kosten bezahlt gemacht. Eine sorgfältige und ausführliche Planung der Werbemaßnahmen ist dazu Voraussetzung. Vereinfacht lässt sich die Planung einer Werbemaßnahme wie folgt zusammenfassen:

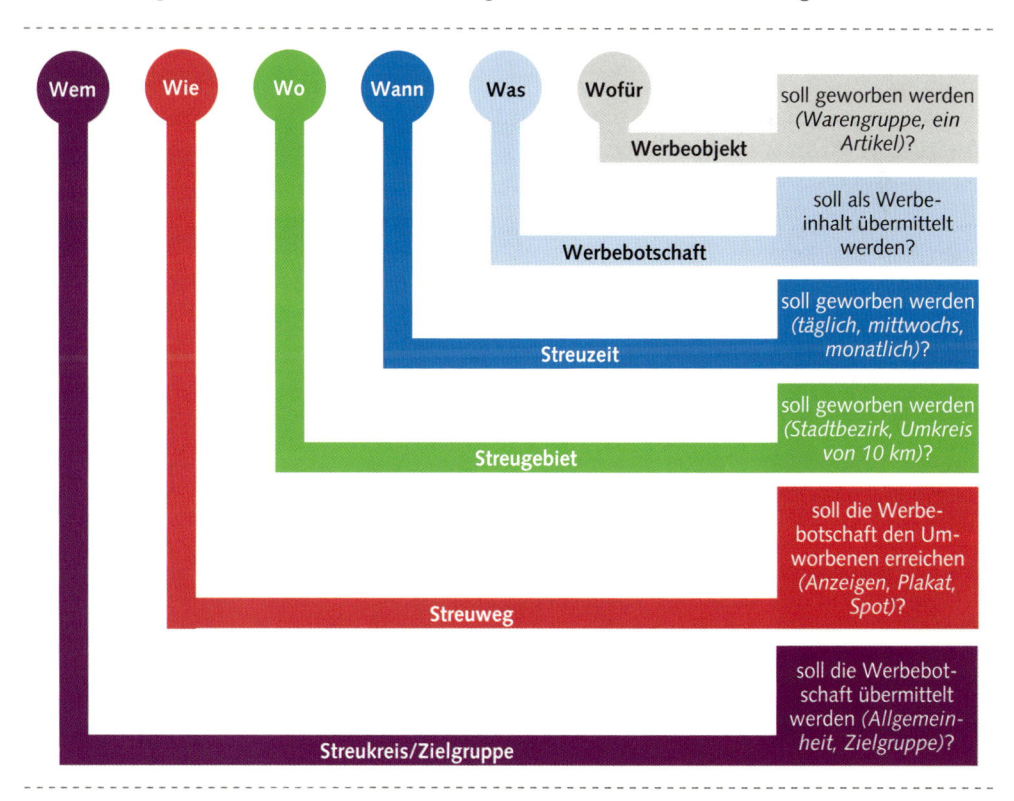

W-Frage	Begriff	Beschreibung
Wofür	Werbeobjekt	soll geworben werden (Warengruppe, ein Artikel)?
Was	Werbebotschaft	soll als Werbeinhalt übermittelt werden?
Wann	Streuzeit	soll geworben werden (täglich, mittwochs, monatlich)?
Wo	Streugebiet	soll geworben werden (Stadtbezirk, Umkreis von 10 km)?
Wie	Streuweg	soll die Werbebotschaft den Umworbenen erreichen (Anzeigen, Plakat, Spot)?
Wem	Streukreis/Zielgruppe	soll die Werbebotschaft übermittelt werden (Allgemeinheit, Zielgruppe)?

Werbeplanung und Werbeerfolgskontrolle

■ Mediaplanung

CRAZY-WORLD FREAKY FASHION FÜR DICH!

Damit die **Werbemaßnahmen** ihr **Ziel** erreichen, müssen sie genau geplant und durchdacht sein. Werbefachleute bezeichnen diesen Prozess als **Mediaplanung**.

Die **Grundbegriffe** der **Mediaplanung** sollen an folgenden Beispielen verdeutlicht werden:

Mediaplanung	Beispiel
Zuerst wird das Ziel für die Werbemaßnahme festgelegt und das **Werbeobjekt** muss benannt werden.	In Neuburg wird das Textilgeschäft „Crazy-World" eröffnet. „Crazy-World" soll als Einkaufsmöglichkeit für aktuelle Mode bekannt gemacht werden.
Dann muss die Zielgruppe, auf die die Werbebemühungen gerichtet sind, ermittelt werden **(Werbesubjekt)**.	Als Zielgruppe wird festgelegt: Junge Leute zwischen 14 und 25 Jahren, die für extrem modische Bekleidung zu begeistern sind.
Die **Werbebotschaft** wird so formuliert, dass sie bei der Zielgruppe auf Interesse und Sympathie stößt.	Wer bei „Crazy-World" einkauft, der trägt topaktuelle und hippe Mode zu bezahlbaren Preisen.
Als nächstes muss das **Streugebiet** für die Werbung eingegrenzt werden.	Die Werbung soll besonders in Neuburg und in Ortschaften im Umkreis von 10 km verbreitet werden.
Nun wird ein genauer Zeitplan aufgestellt **(Streuzeit)**.	Die Eröffnungswerbung soll 14 Tage lang betrieben werden. Beginn: Drei Tage vor der Eröffnung.
Der nächste Schritt ist die Auswahl von Werbemitteln und Werbeträgern, die die Zielgruppe erreichen **(Streuweg)**.	Die Geschäftsführer entschließen sich für folgende Werbemittel: › Anzeigen in der Neuburger Zeitung, › Flyer, die vor Schulen, der Fachhochschule sowie in der Fußgängerzone verteilt werden sollen, › Verlosungsaktion im Geschäft.
Die entstehenden Werbekosten müssen ermittelt werden und dem möglichen Werbeerfolg gegenüber gestellt werden **(Werbeetat)**.	Die geplanten Werbemaßnahmen werden insgesamt 3.750,00 € kosten. Bei diesen Kosten gilt die Aktion als erfolgreich, wenn täglich ca. 400 Kunden die „Crazy-World" betreten.
Nach Abschluss der Aktion wird eine **Werbeerfolgskontrolle** durchgeführt.	Die Zählung der Kunden in der ersten Woche nach Eröffnung ergibt einen täglichen Schnitt von 431 Kunden. Die Aktion wird als erfolgreich bewertet.

Die 6 W der Werbeplanung

■ Werbeplan und Werbeetat

Ist festgelegt, welche Werbemittel über welche Werbeträger eingesetzt werden sollen, muss die zeitliche Verteilung des Werbemitteleinsatzes festgelegt werden. Dazu wird ein **Werbeplan** erstellt. Dieser Plan muss sich auch im vorgegebenen finanziellen Rahmen, dem **Werbeetat** oder Werbebudget, bewegen. Soll das Budget möglichst wirtschaftlich eingesetzt werden, kann der sogenannte **Tausenderpreis** insbesondere bei Printmedien wertvolle Hinweise geben.

$$\text{Tausenderpreis} = \frac{\text{Preis je Einschaltung} \times 1.000}{\text{Auflage}}$$

Hierbei bedeutet Einschaltung die geschaltete, sprich in Auftrag gegebene Anzeige und Auflage die Auflage des Druckerzeugnisses. Wenn also in einem Anzeigenblatt mit 20.000 Exemplaren Auflage eine halbseitige Anzeige 1.500 € kostet, so ergibt sich ein Tausenderpreis von 75 €. Dies bedeutet, wie teuer es ist, 1.000 Personen mittels eines Werbeträgers anzusprechen. Konkurrenzangebote können so verglichen und das kostengünstigste Angebot ermittelt werden.

> **Beispiel:** Schematische Darstellung (vereinfacht) eines Werbeplanes für das zweite Halbjahr für das Warenhaus Merkur:

Woche	26	27	28	29	30	31	32	33	34	35	36	37	38	39	40	41	42	43	44	45	46	47	48	49	50	51	52	53
Neuburger Nachrichten, Ausgabe Mittwoch	X	X	X	X	X	X	X	X	X	X	X	X	X	X	X	X	X	X	X	X	X	X	X	X	X	X	X	X
Anzeigenblatt Neuburg	X	X	X	X	X	X	X	X	X	X	X	X	X	X	X	X	X	X	X	X	X	X	X	X	X	X	X	X
Handzettel						X	X																	X	X			X
Aktionsstand						X																		X				
NDR2						X																		X				
Radio Neuburg	X			X			X	X	X				X					X					X	X				

Zur Bestimmung der **Höhe** des **Werbeetats** sind mehrere Verfahren möglich:
> Vergleich mit den Werbekosten der Vorjahre,
> bestimmter Prozentsatz vom geplanten Umsatz,
> Orientierung an den Werbeaufwendungen der Mitbewerber.

Werbung in Milliardenhöhe!

Am meisten gaben 2017 die Handelsorganisationen für die Werbung aus. Insgesamt fast 2 Milliarden € steckten die Handelsketten, Warenhäuser und Discounter in Anzeigen, Fernsehspots und andere Werbemaßnahmen. Die Ausgaben für Pkw-Werbung betrugen 1,4 Milliarden €, gefolgt von der Werbung für Zeitungen mit 900 Millionen €. Für Haarpflege wurden über 400 Millionen € und für Bier und alkoholfreie Getränke jeweils über 300 Millionen € ausgegeben. Insgesamt betrugen die Werbeaufwendungen in den klassischen Medien über 20 Milliarden €.

3.2 Werbeerfolgskontrolle

Werbung kostet. Also muss man kontrollieren, welches Ergebnis eine Werbemaßnahme gebracht hat (Werbeerfolgskontrolle). Dies kann zu Schwierigkeiten führen:

> **Beispiel:** Ein Kaufhaus führt in der Adventszeit eine groß angelegte Werbeaktion durch, um das Weihnachtsgeschäft anzukurbeln. Im Rahmen der Werbeerfolgskontrolle wird festgestellt, dass der Umsatz sich nur unwesentlich erhöht hat. Die Werbemaßnahme scheint fehlgeschlagen zu sein. Andererseits hat in der Nachbarschaft ein Konkurrent rechtzeitig zum Weihnachtsgeschäft nach einem Umbau wieder eröffnet und das Wirtschaftsministerium beobachtet eine allgemeine Konsumschwäche. Wäre das Weihnachtsgeschäft ohne Werbeaktion noch schlechter gewesen? Die Analyse des Umsatzes wird hier sicher keine endgültige Klärung bringen.

Maßnahmen der Werbeerfolgskontrolle		
interne Maßnahmen		
Analyse der Gewinnwirkung →	Ist die Gewinnwirkung positiv?	Formel für Gewinnwirkung: <u>Zusatzumsatz – Zusatzkosten</u> Kosten der Werbemaßnahme
Umsatzanalyse →	Ist der Umsatz im Anschluss an die Werbemaßnahme gestiegen?	Wichtige Informationen geben dabei Zahlen aus dem Warenwirtschaftssystem.
Kassenbonanalyse →	Wurden die beworbenen Artikel zahlreicher verkauft?	
Kundenfrequenzvergleich →	Ergibt die Kundenzählung eine höhere Kundenzahl?	
externe Maßnahmen		
Marktforschungsmaßnahmen →	Kundenbefragung	Verursacht zusätzliche Kosten, liefert aber zuverlässigere Ergebnisse.

■ AKTION

1 Welche der unten aufgeführten Begriffe passt zu:
- › Werbeobjekt › Werbeetat › Werbebotschaft
- › Streuweg › Streuzeit › Streugebiet

– Neues Parfum von Lara Bogatti, – 5 % vom Umsatz, – gutes Preis-Leistungs-Verhältnis, – zweimal die Woche, – Stadtteil, – Kunden ab 50, – Rundfunkspot, – Jubiläumsverkauf, – Kompetenz, – Erstklässler, – Warenzustellung nach Hause, – Landkreis, – 2.000 €.

2 Erfragen Sie in Ihrem Ausbildungsbetrieb, welche Maßnahmen der Werbeerfolgskontrolle in welcher Häufigkeit durchgeführt werden. Versuchen Sie die Gründe für die jeweiligen Vorgehensweisen herauszubekommen.

Werbeerfolgskontrolle

LF 5

3 Ihr Ausbildungsbetrieb führt verschiedene Werbemaßnahmen durch. Ordnen Sie die folgenden Werbemaßnahmen in absteigender Reihenfolge unter dem Gesichtspunkt „Größe des Streukreises".

- Bandenwerbung im städtischen Fußballstadion,
- Infopost der Deutsche Post World Net,
- Individueller Werbebrief an Kunden aus der Kundendatei,
- Fernsehspot im ZDF,
- Werbefläche auf öffentlichen Verkehrsmitteln,
- Anzeige in örtlicher Tageszeitung,
- Anzeige im Mitteilungsblatt des örtlichen Sportvereins,
- Werbespot in den städtischen Kinos,
- Rundfunkspot in Lokalsender.

4 Untersuchen Sie das abgebildete Schaubild anhand folgender Fragestellungen:

a) Was fällt Ihnen bei der Wahl des Streuwegs auf?

b) Wo gibt es gegenüber dem Vorjahr auffallende Abweichungen, und worin sehen Sie die Gründe dafür?

c) Erläutern Sie, welche der aufgeführten Werbeträger für Ihren Ausbildungsbetrieb von großer Bedeutung sind und welche nicht infrage kommen.

Deutschlands Werbemarkt

Netto-Werbeeinnahmen erfassbarer Werbeträger 2015:
15,21 Milliarden Euro
(- 3,5 % gegenüber 2010)
davon:

Werbeträger	Mrd. €	Veränderung gegenüber 2010 in Prozent
Fernsehen	4,42 Mrd. €	+ 12 %
Tageszeitungen	2,65	- 27
Anzeigenblätter	1,81	- 10
Online und Mobile	1,42	+ 65
Publikumszeitschriften	1,08	- 26
Außenwerbung	1,01	+ 31
Verzeichnis-Medien	0,89	- 23
Fachzeitschriften	0,86	+ 1
Hörfunk	0,74	+ 7
Wochen-/Sonntagszeitungen	0,15	- 29
Kinos	0,10	+ 28
Zeitungssupplements	0,08	- 8

11153 © Globus   Quelle: Zentralverband der dt. Werbewirtschaft (ZAW)

4 Grenzen der Werbung

4.1 Wettbewerbsrecht

■ SITUATION

Franca Conti, Sandra May und Ralf Richter arbeiten mit in der Übungsfirma „SfS = Schüler für Schüler" der Kaufmännischen Schule Neuburg. SfS bietet vorwiegend Süßwaren und gängige Schreibwaren für Schüler an. Die Lagerbestände sind höher als geplant, da sich gegen Schuljahresende diverse Prüfungen und besonders bei schönem Wetter die nahe gelegene Eisdiele absatzbremsend bemerkbar machen.

Damit die Lagerbestände, vor allem auch der verderblichen Süßwaren, möglichst vor Beginn der Sommerferien abgebaut werden, soll eine Verkaufsoffensive gestartet werden. Franca, Sandra und Ralf haben sich in einer Brainwriting-Sitzung Gedanken gemacht, welche Maßnahmen zur Erreichung dieses Zieles ergriffen werden könnten. Hier ihre vorläufigen Ergebnisse:

Brainwriting-Protokoll Aufgabe: Verkaufsoffensive SfS			Datum: ....
Alle Schokoriegel 20 Cents billiger!	Jeder fünfzigste Kunde bekommt einen Schokoriegel geschenkt	Wir streichen unsere alten Preise durch und schreiben rot die neuen Preise daneben	Aktion 5 Teile bringen 5 % Rabatt
Sommerschlussverkauf	allen Blondinen ein Gummibärchen gratis	damit es noch besser aussieht, die durchgestrichenen Preise erst 10 % rauf, dann erscheinen die reduzierten Preise noch niedriger	5 % Skonto für alle
Geschäftsaufgabe wegen Schuljahresende, bis 60 % Nachlass	Jeden Freitag bekommt jeder Kunde ein Lehrerposter gratis	Wir schreiben die Preise der Büro Reinbach GmbH an und stellen unsere niedrigeren Preise dagegen	Nimm drei, zahl' zwei, spar Geld dabei!
1 Jahr SfS, feiert mit, alles mit 20 % Nachlass	zu jedem Heft ein kostenloser Bleistift	Plakat: Wir sind billiger als der Rest der Welt!	Wir senken alle Preise um 50 %
Wie vorstehend, jedoch nur so lange Vorrat reicht	Ab 10 Euro Einkaufswert eine Eintrittskarte zum Schulfest gratis	Wir sind die Größten (Übungsfirmenbetrieber)	Unsere Preise fallen wie die Hüllen dieser (nackten) Dame!

Wettbewerbsrecht

> 1. Überprüfen Sie in kleinen Arbeitsgruppen die vorgeschlagenen Maßnahmen auf wettbewerbsrechtliche Zulässigkeit und begründen Sie Ihre Entscheidung.
> 2. Schnüren Sie ein Maßnahmenpaket für die SfS aus maximal drei der genannten Vorschläge und stellen Sie es samt Begründung der Klasse vor.

■ INFORMATION

Konkurrenz belebt das Geschäft, und ein Wettbewerb um Kunden ist das Merkmal einer Marktwirtschaft. Aber beim Kampf um die Kunden wird öfter die Schwelle zum „unlauteren Wettbewerb" überschritten. Um unfairen Wettbewerb zu vermeiden, greift der Staat durch rechtliche Regelungen ein.

Neben dem Ladenschlussgesetz und der Preisangabenverordnung ist von besonderer Bedeutung das **Gesetz gegen den unlauteren Wettbewerb (UWG)**.

Ehrliche Kundeninformation oder Verbrauchertäuschung?

„Bio? Na, klar! Alle Rohstoffe für unsere Backwaren stammen aus ökologischem Anbau!"

„Probleme mit Fältchen? Mit Produkten von „Beauty" sind die in drei Wochen weg. Das garantiere ich Ihnen!"

■ Gesetz gegen den unlauteren Wettbewerb

„Dieses Gesetz dient dem Schutz der Mitbewerber, der Verbraucherinnen und Verbraucher sowie der sonstigen Marktteilnehmer vor unlauteren geschäftlichen Handlungen. Es schützt zugleich das Interesse der Allgemeinheit an einem unverfälschten Wettbewerb" (§ 1 UWG).

Gesetz gegen den unlauteren Wettbewerb

Schutz der Mitarbeiter	Schutz der Kunden	Schutz des Interesses der Allgemeinheit
Der Einzelhändler soll faire Mittel gegenüber seinen Konkurrenten einsetzen.	Die Kunden sollen nicht übervorteilt werden und die Marktübersicht behalten.	Es soll ein unverfälschter Wettbewerb gewährleistet werden.

Grenzen der Werbung

Der **wichtigste** Paragraf **(Generalklausel)** des UWG lautet:

„Unlautere geschäftliche Handlungen sind unzulässig, wenn sie geeignet sind, die Interessen von Mitbewerbern, Verbrauchern oder sonstigen Marktteilnehmern spürbar zu beeinträchtigen." (§ 3 UWG)

Das bedeutet für den Einzelhändler: Er darf keine Maßnahmen ergreifen, die den Wettbewerb zum Nachteil seiner Konkurrenten und seiner Kunden deutlich einschränken.

Bei **Verstößen** gegen das **UWG** kann das Gericht Unterlassung, Beseitigung, Auskunft und Schadenersatz festsetzen. Geld und Freiheitsstrafen können ausgesprochen werden, wenn

- vorsätzlich irreführende Werbung betrieben wird,
- ein „Schneeballsystem" in Gang gesetzt wird,
- der Verrat von Geschäfts- und Betriebsgeheimnissen erfolgt.

Unlautere geschäftliche Handlungen

Nach § 4 UWG handelt unlauter, wer …	Beispiel (nach UWG unzulässig)
geschäftliche Handlungen vornimmt, die geeignet sind, die Entscheidungsfreiheit der Verbraucher oder sonstiger Marktteilnehmer durch Ausübung von Druck, in menschenverachtender Weise oder durch sonstigen unangemessenen unsachlichen Einfluss zu beeinträchtigen.	Der K-Supermarkt verteilt Handzettel: „Wer bei uns kauft, unterstützt Arbeitsplätze in Neuburg. Gefährden Sie nicht den Arbeitsplatz von Ihren Freunden und Verwandten!"
geschäftliche Handlungen vornimmt, die geeignet sind, geistige oder körperliche Gebrechen, das Alter, die geschäftliche Unerfahrenheit, die Leichtgläubigkeit, die Angst oder die Zwangslage von Verbrauchern auszunutzen.	Schreibwarenhändler Max bedrängt Mario, der neu in die Klasse 5 kommt, mit dem Argument zum Kauf, nur er führe die Hefte, die der strenge Klassenlehrer Sinter verlange.
den Werbecharakter von geschäftlichen Handlungen verschleiert.	Baumarkt DXZ führt eine „Bauherrenberatung" durch. Es geht aber eigentlich nur darum, die Adressen und die Bedürfnisse der Bauherren für Werbezwecke zu erforschen.
bei Verkaufsförderungsmaßnahmen wie Preisnachlässen, Zugaben u. Ä. die Bedingungen für ihre Inanspruchnahme nicht klar und eindeutig angibt.	Das Modehaus Knausert wirbt „Bei jedem Kauf ein kostenloses T-Shirt!" Im Geschäft stellt sich heraus, dass es das T-Shirt erst bei einem Einkaufswert von über 50 € gibt.
bei Preisausschreiben oder Gewinnspielen mit Werbecharakter die Teilnahmebedingungen nicht klar und eindeutig angibt.	Der ABC-Versandhandel wirbt: „Nur eine Bestellung aus unserem Hauptkatalog – und schon nehmen Sie automatisch an unserem Gewinnspiel (wertvolle Sachpreise!) teil!"
die Kennzeichen, Waren, Dienstleistungen, Tätigkeiten oder persönlichen oder geschäftlichen Verhältnisse eines Mitbewerbers herabsetzt oder verunglimpft.	„Schuh-Weber hat schlechte Ware (Jumbo-Schuhe) und ein mieses Management! Kommen Sie lieber gleich zu uns! Ihr Schuhhaus Cay."

Wettbewerbsrecht

über Waren oder das Unternehmen eines Mitbewerbers Tatsachen behauptet, die geeignet sind, den Betrieb des Unternehmens oder den Kredit zu schädigen, sofern sie nicht nachweislich wahr sind.	„Haben Sie es auch schon gehört? Garten-Krause soll schon fast zahlungsunfähig sein! Kaufen Sie Ihren Rasenmäher bei uns, dann ist der Service auch in Zukunft gesichert! Wega-Fachmarkt."
Waren oder Dienstleistungen anbietet, die eine Nachahmung der Waren oder Dienstleistungen eines Mitbewerbers sind, wenn er z. B. eine Täuschung über die Herkunft herbeiführt oder die für die Nachahmung erforderlichen Kenntnisse oder Unterlagen unredlich erlangt hat.	„Wir bieten dieselben Schweizer Trekking-Rucksäcke wie Sport-Kösel an – aber 50 % preiswerter!" In Wirklichkeit handelt es sich um Importware aus Indonesien.
Mitbewerber gezielt behindert.	Der Geschäftsführer des W-Marktes spricht mit dem Anzeigenverkäufer des Tag-Blattes: „Wenn Sie Anzeigen von X und Y aufnehmen, dann sind Sie uns als Großkunden los!"
einer gesetzlichen Vorschrift zuwiderhandelt, die auch dazu bestimmt ist, im Interesse der Marktteilnehmer das Marktverhalten zu regeln.	Händler R. besprayt die Schaufenster eines Konkurrenten mit bösen Sprüchen. Dies ist nicht nur ein Verstoß gegen das UWG, sondern auch eine Straftat (Sachbeschädigung).

■ Irreführende, vergleichende und belästigende geschäftliche Handlungen

Irreführende Werbemaßnahmen (§ 5 UWG) sind eine unlautere geschäftliche Handlung.

Die Werbung darf keine nachweislich falschen Aussagen treffen, darf wahre Sachverhalte nicht missverständlich darstellen und darf wesentliche Sachverhalte nicht verschweigen. Sie darf auch nicht mit „**Mondpreisen**" arbeiten. Als Mondpreis ist ein Preis zu verstehen, der überhöht angesetzt wurde, um dann mit einem hohen Preisnachlass werben zu können.

Vergleichende Werbung (§ 6 UWG) ist erlaubt, aber sie muss „lauter" sein.

Eine vergleichende Werbung ist unlauter:

› wenn sie sich auf Waren oder Dienstleistungen bezieht, die nicht dem gleichen Bedarf oder derselben Zweckbestimmung dienen,

› wenn sie nicht objektiv auf wesentliche, nachprüfbare und typische Eigenschaften oder den Preis bezogen ist,

› wenn die Mitbewerber, ihr Sortiment oder ihre Waren herabgesetzt oder verunglimpft werden,

› wenn Kennzeichen nicht eindeutig verwendet werden oder geschützte Zeichen nachgeahmt werden.

Grenzen der Werbung

Optiker Bessler wirbt mit einer Anzeige in den Neuburger Nachrichten:	Optiker Bach lässt Handzettel drucken und in der Innenstadt verteilen:
Brillengestell ⌒ Modena X bei	Optiker-Vergleich in Neuburg!!!
› Optiker Watermann 169,00 €	Optiker Bessler: mieser Service
› Fallmann-Brillen 139,00 €	Optiker Watermann: hohe Preise
› West-Optik GmbH 138,50 €	Fallmann-Brillen: schlechte Lage
› Optiker Bessler 99,90 €	West-Optik: keine Parkplätze
Bessler-Optik: Alle Gestelle unter 100 €!	… deshalb gleich zu Brillen-Bach!!!
Zulässig!	**Unzulässig!**

Abb. Beispiel vergleichender Werbung

Auch Werbung mit Testergebnissen ist vergleichende Werbung. Sie ist zulässig, wenn es sich um den Test einer neutralen Institution handelt. Aber es gibt Einschränkungen: Wer die Note „Sehr gut" hat, darf stets in dieser Weise werben, mit „Gut" nur, wenn dieses Urteil ein überdurchschnittliches Ergebnis ist. Außerdem darf mit Testergebnissen nicht mehr geworben werden, wenn die Ware oder ihre Zusammensetzung verändert wurde.

Belästigende Werbung (§ 7 UWG) ist eine unzulässige geschäftliche Handlung. Sie liegt dann vor, wenn Marktteilnehmer in unzumutbarer Weise belästigt werden.

Dies geschieht bei einer Werbung,

› die zugestellt wird, obwohl erkennbar ist, dass der Empfänger die Werbung nicht wünscht

   (Der Verteiler des Regio-Marktes wirft Prospekte in einen Hausbriefkasten mit dem Aufkleber „Bitte keine Werbung!").

› die sich mit Telefonanrufen, Fax-Sendungen, E-Mails und SMS an private Haushalte wendet
   (Möbel-Krause ruft die Eltern der neuen ABC-Schützen an, um ihnen verstellbare Schülerschreibtische günstig anzubieten).

Aber Achtung: Häufig wird bei Bestellungen, Preisausschreiben und Prospektanforderungen etwas unterschrieben, das manchmal nur klein gedruckt ist: „Ich bin damit einverstanden, dass ich von der XYZ-GmbH telefonisch/per E-Mail über aktuelle Angebote informiert werde." Werbung, die im Rahmen dieses ausdrücklichen Einverständnisses erfolgt, gilt nicht als belästigend.

> **Beispiel:** Ein Versandunternehmen sendet regelmäßig seinen Newsletter per E-Mail zu. Die Absicht ist, dass der Empfänger aufgrund der Informationen die Website des Unternehmens aufruft, um sich die aktuellen Angebote anzeigen zu lassen.

Ebenso besteht eine Regelung für Anbieter, denen Kunden ihre elektronische Adresse *(E-Mail, Handy-Nummer)* in Zusammenhang mit einem Kauf mitgeteilt haben. Sie dürfen diesen Kunden elektronisch Werbesendungen zuleiten, sofern der Kunde nicht ausdrücklich widersprochen hat.

Wettbewerbsrecht

Preise, Rabatte, Coupons und Zugaben

Die Werbung mit Preisbezeichnungen muss ebenfalls lauter erfolgen. Dabei hilft der Preis-Kompass!

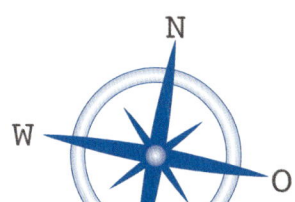

Discountpreis, Gelegenheitspreis, Preisbrecher	Nur zulässig, wenn die Preise deutlich unter den regulären Preisen *(z. B. der Mitbewerber am Markt)* liegen.
Dauertiefpreis	Nur zulässig, wenn der Preis im Verhältnis zum Marktpreis günstig ist und mindestens vier Wochen gilt.
Tiefstpreis	Nur zulässig, wenn es sich tatsächlich um den niedrigsten Preis auf dem entsprechenden Markt handelt.
Sensationspreis, Spottpreis	Nur zulässig, wenn der Preis außergewöhnlich niedrig ist, z. B. bei Abgabe zu Selbstkostenpreis.
Reduzierter Preis, Herabgesetzter Preis	Nur zulässig, wenn der Ausgangspreis kein „Mondpreis" ist.
Einführungspreis, Probierpreis	Nur zulässig, wenn die Ware tatsächlich neu oder neu im Sortiment ist.

Da viele Kunden Preise aufmerksam vergleichen, gilt auch hier, unabhängig vom UWG: Ehrlich währt am längsten!

Erlaubt sind außerdem:

Mengenrabatt, Treuerabatt, Barzahlungsrabatt	Rabatte können vom Einzelhändler gewährt werden. Häufig werden Rabatte direkt vom Verkaufspreis abgezogen. Für die nachträgliche Erstattung des Rabatts gab es früher Rabattmarken, heute gibt es Kundenkarten, auf denen der Rabatt gutgeschrieben wird.
Ware im Pack, Bundling	Ware darf bei Abnahme von zwei oder mehr Einheiten günstiger angeboten werden *(Nimm drei – zahl zwei!)*.
Kombiangebote	Ein Paket von Waren wird zu einem Preis angeboten, der unter der Summe der Einzelpreise liegt *(z. B. Ski, Bindung, Stöcke)*.
Gutscheine, Coupons	Werden in Zeitungen zum Ausschneiden oder in „Coupon-Heften" veröffentlicht und können im Geschäft eingelöst werden *(Bei Einkauf im Juli 10 % Nachlass!)*.
Zugaben, Werbegeschenke	Sind erlaubt als Ware *(Etui zur Brille)* oder als Dienstleistung *(kostenlose Zustellung von Möbeln)*. Handelt es sich um sachfremde Zugaben, so darf der Wert der Zugabe nicht erheblich sein *(„Eine Kinofreikarte zu jeder neuen Brille!")*.

Sonderangebote und Sonderveranstaltungen

Das UWG lässt dem Einzelhändler große Freiheiten, wenn er sich an der Generalklausel (§ 3 UWG) orientiert.

Sonderangebote sind unbeschränkt zulässig und dürfen z. B. zeitlich beschränkt werden *(Sonderangebot für Frühaufsteher: Mo–Do bis 11:00 Uhr 10 % Rabatt auf Frischware!)*.

Eine Beschränkung der Abgabemenge ist erlaubt *(Nur eine Kiste Orangen pro Kunde!)*. Damit kann der Einzelhändler verhindern, dass sich andere Händler mit günstig kalkulierter Ware bei ihm eindecken.

Superlativwerbung ist erlaubt, wenn man diese Position eindeutig und über einen längeren Zeitraum nachweisen kann *(Größter Anbieter von Küchen in Mannheim!)*.

Nach wie vor **unzulässig** sind **Lockvogelangebote**, bei denen Kunden mit günstigen Angeboten gelockt werden, zu denen nur ein sehr beschränktes Angebot vorgehalten wird *(„Marken-Jeans zum Superpreis 9,99 €". Es wird in jeder Größe nur ein Stück zu diesem Preis angeboten.)*.

Abb. Ankündigungen erlaubter Aktionen

Sonderveranstaltungen können jederzeit durchgeführt werden. Es gibt keine Regelungen über Schlussverkäufe oder Ausverkäufe. Jeder Einzelhändler kann seine Phantasie einsetzen, um originelle Aktionen durchzuführen, z. B.:

Jahresschlussverkauf, Weihnachts-Sonderverkauf, Sommer-Rabattaktion, T-Shirt-Ausverkauf, Geburtstagsgeschenkaktion, Jubiläumsverkauf 40 mit 40 % und Hochzeitswochen.

Bei Räumungsverkäufen und Insolvenzverkäufen muss der entsprechende Anlass vorliegen; wird ein Lagerverkauf oder Fabrikverkauf angekündigt, müssen die entsprechenden Voraussetzungen gegeben sein.

Wettbewerbsrecht

Mehr Schutz vor unzulässiger Werbung durch das UWG

Zu den zentralen Elementen gehört die Aufnahme einer sogenannten Schwarzen Liste. Bei ihr handelt es sich um einen Gesetzesanhang von 30 irreführenden und aggressiven geschäftlichen Praktiken, die auf jeden Fall als unlautere geschäftliche Handlung verboten sind. Verbraucher können damit dem Gesetzestext unmittelbar entnehmen, welches Verhalten ihnen gegenüber in jedem Fall verboten ist. Dazu einige Beispiele, die für den Einzelhandel von Bedeutung sind:

1. Verboten ist die Verwendung von Gütezeichen, Qualitätskennzeichen oder Ähnlichem ohne die erforderliche Genehmigung.

   » **Beispiel:** Ein Unternehmen kennzeichnet ohne Genehmigung Waren mit einem BIO-Zeichen, oder er verwendet ein falsches BIO-Zeichen.

2. Verboten sind unwahre Angaben, der Unternehmer werde demnächst sein Geschäft aufgeben oder seine Geschäftsräume verlegen.

   » **Beispiel:** Ein Teppichhändler darf nicht mit einem Räumungsverkauf wegen Geschäftsaufgabe werben, wenn er sein Teppichgeschäft nach dieser Aktion fortführt.

3. Verboten sind Angaben zu besonders günstigen Preisen, wenn der Einzelhändler von vornherein weiß, dass er sie für einen angemessenen Zeitraum und in ausreichender Menge nicht garantieren kann (Lockvogelangebote).

   » **Beispiel:** „Paradies für Schnäppchenjäger! Markenjeans zu 19,88 €!"

4. Verboten ist die unwahre Angabe oder das Erwecken des unzutreffenden Eindrucks, gesetzlich bestehende Rechte stellten eine Besonderheit des Angebots dar.

   » **Beispiel:** „Premium Garantie, nur für unsere Kunden! Wir geben Ihnen volle zwei Jahre Gewährleistung bei unseren Neuwaren!"

   Dies ist irreführend, da es gesetzlich ohnehin so vorgesehen ist.

5. Verboten sind unwahre Angaben über Art und Ausmaß einer Gefahr für die persönliche Sicherheit des Verbrauchers oder seiner Familie für den Fall, dass er die angebotene Ware nicht erwirbt oder die angebotene Dienstleistung nicht in Anspruch nimmt.

   » **Beispiel:** „Ohne diese Einbruchsicherung gehen Sie für sich und Ihre Familie ein hohes Risiko ein! Wollen Sie das Leben Ihrer Lieben gefährden?"

   Hier schürt der Verkäufer Ängste und übt Druck auf seine Kunden aus.

6. Verboten ist die Behauptung, dass der Arbeitsplatz oder der Lebensunterhalt des Unternehmers gefährdet sei, wenn der Verbraucher die Ware oder Dienstleistung nicht abnehme.

   » **Beispiel** „Wenn ich diesen Auftrag von Ihnen nicht erhalte, verliere ich meinen Arbeitsplatz!"

> Ebenfalls neu: Künftig gilt das UWG ausdrücklich auch für das Verhalten der Unternehmen während und nach Vertragsschluss. Bisher bezogen sich die Regelungen des UWG nur auf geschäftliche Handlungen vor einem Vertragsabschluss.
>
> » **Beispiel:** Ein Kunde kündigt mehrfach schriftlich und fristgemäß bei einem Zeitschriftenverlag ein Zeitschriftenabonnement. Das Verlagsunternehmen beantwortet diese Schreiben systematisch nicht, um so den Verbraucher davon abzubringen, seine vertraglichen Rechte auszuüben.
>
> Außerdem dürfen Unternehmen Verbrauchern solche Informationen nicht vorenthalten, die sie für ihre wirtschaftliche Entscheidung benötigen.
>
> » **Beispiel:** Ein Gartencenter verkauft nichtheimische Pflanzen und Sträucher für den Garten, ohne darauf hinzuweisen, dass diese nicht in den Garten gepflanzt werden dürfen.

■ AKTION

1 Warum wird durch ein Gesetz geregelt, was „unlauterer" Wettbewerb ist? Nennen Sie mehrere Gründe.

2 Wer soll durch das UWG geschützt werden? Bereiten Sie einen Kurzvortrag mit Beispielen anhand der Übersicht auf Seite 203/204 vor und beziehen Sie die „Generalklausel" ein. Halten Sie den Vortrag vor der Klasse.

3 Beurteilen Sie, ob die folgenden Maßnahmen „lauter" sind oder als „unlautere geschäftliche Handlungen" gelten:

a) Bäckermeister Kunze backt die bekannten Spezial-Honigbrezeln von Bäckermeister Willig nach und bietet sie als „Original Spezial-Honigbrezeln" an.

b) Bäckermeister Fröhlich schreibt auf sein Schaufenster: „Die besten Honig-Brezeln, die ich je gebacken habe!"

c) Drogerieinhaber Labert ist mit einem Angestellten der Droga-Kette bekannt. Er verspricht ihm 300 €, wenn dieser ihm die Pläne für alle neuen Droga-Filialen besorgt.

d) Die Droga-Kette bringt eine neue Creme-Serie als Hausmarke „Mivea" heraus. Die Packungen sind weiß, versehen mit dunkelblauer Schrift.

e) Das Textilhaus Reubing besteht 33 Jahre. Es wird eine Geburtstagsaktion veranstaltet: „Eine Woche lang 33 % Geburtstagsrabatt auf alle Waren!"

f) Herr Reubing lässt für neue Zierdeckchen Werbe-Schilder schreiben „Für Sie von Hand gearbeitet – aus Brüsseler Spitze!" Tatsächlich handelt es sich um Importware aus Bangladesh.

g) Das Porzellanhaus Wölber veranstaltet einen Sonderverkauf „Spielen Sie Elefant im Porzellan-Laden – schlagen Sie zu mit absoluten Niedrigpreisen!" Die Preise sind um 25 % herabgesetzt.

h) Herr Wölber plant als nächste Aktion: Bei Kauf eines Service ab 100 € gibt es einen Sonnenschirm mit der Aufschrift „Porzellanhaus Wölber" kostenlos dazu.

i) Die kleine Modeboutique Blue Lady veranstaltet einen Lagerverkauf: „Wir räumen unser Lager – Sie profitieren!"

Wettbewerbsrecht

4 Verändern Sie die unzulässigen Maßnahmen aus Aufgabe 3 so, dass sie nicht gegen das UWG verstoßen.

5 Betrachten Sie die Anzeige des Juweliers Kalt.

Verstößt er gegen Bestimmungen des UWG? Begründen Sie Ihre Einschätzung.

6 Sammeln Sie Ankündigungen von Sonderveranstaltungen verschiedener Einzelhändler.

a) Welche sind relativ originell, welche relativ einfallslos? Versuchen Sie, aus der Sicht der Zielgruppe zu urteilen.

b) Welche sind auf jeden Fall zulässig, bei welchen benötigt man Zusatzinformationen, um beurteilen zu können, ob sie „lauter" sind?

Tauschen Sie die Ergebnisse aus.

Abb. Total-Ausverkauf

4.2 Ethische Grenzen der Werbung

■ SITUATION

„Hol dir das neue Super-Handy von … für nur einen Euro." – „Bei uns gibt es die tollsten Klingeltöne für Dein Handy! Einfach herunterladen!" – „Das Super-Urlaubsfoto, einfach per Handy an Deine Freunde verschicken!"

So oder so ähnlich werden Jugendliche vielfach umworben. Andererseits finden sich immer wieder Berichte über bereits als Jugendliche hoch verschuldete Menschen. Oft sind hohe Telefonrechnungen für die Handynutzung die Ursache der finanziellen Probleme.

1. Sammeln Sie weitere Beispiele für Werbung, der Sie kritisch gegenüberstehen (sollten).
2. Was spricht für und was gegen solche Werbekampagnen?
3. Beurteilen Sie solche Werbekampagnen.

■ INFORMATION

Werbung beinhaltet neben der **Information** meistens auch **Manipulation**, um die Kaufentscheidung der Verbraucher zu beeinflussen. Viele Konsumenten wissen um den Einfluss der Werbung und stehen ihr daher kritisch gegenüber.

Da nicht alle Verbraucher, insbesondere Kinder und Jugendliche, die Tricks der Werbung durchschauen, stellt sich das Problem, die Inhalte der Werbung zu kontrollieren. Es wird auf zweierlei Weise gelöst: durch die gesetzlichen Vorschriften des Wettbewerbsrechts (vgl. vorigen Abschnitt) und durch eine freiwillige Selbstkontrolle.

Weil es um Umsatz, Marktanteile und Gewinn geht, wird Werbung manchmal so eingesetzt, dass die Grenzen der Fairness und des guten Geschmacks überschritten werden. Um dem Missbrauch

Ethische Grenzen der Werbung

der Werbung vorzubeugen, sind von der Werbewirtschaft Richtlinien aufgestellt worden, denen sich die Werbebranche freiwillig unterwirft. Der „**Deutsche Werberat**" sieht z. B. Beschränkungen in folgenden Bereichen vor:

> Werbung mit und vor Kindern,

> Werbung für alkoholische Getränke,

> Werbung mit unfallriskanten Bildmotiven,

> Darstellungen, die Frauen herabwürdigen.

Jeder kann sich mit Beschwerden an den Deutschen Werberat wenden. Er entscheidet dann über diese Beschwerden.

Folgen: > Unterlassungsanspruch

> Schadenersatz

> strafrechtliche Verfolgung

>> **Beispiel: „Wirbelwind im Plastiksack"**

Da hatte zum Beispiel ein Hersteller von Kindertextilien in einer Zeitschriftenanzeige mit der Abbildung von drei mit Badehosen bekleideten Kindern geworben. Eines der Kleinen versuchte, sich am Boden hockend eine durchsichtige Plastikhülle überzustülpen. In dem Slogan hieß es: „Stecken Sie mal einen Wirbelwind in einen Plastiksack!"

Diese Darstellung hielt der Werberat für geeignet, Kinder zu veranlassen, sich Plastikhüllen über den Kopf zu stülpen und sie damit der Erstickungsgefahr auszusetzen. Die Werbung wurde eingestellt.

Selbst wenn die Werbeinhalte im Sinne des Gesetzes oder der freiwilligen Selbstkontrolle der Werbung korrekt sind, sind für den Verbraucher noch nicht alle Probleme rund um die Werbung gelöst. Kein Werbender wird zum Beispiel auf die Nachteile seines Produktes in Vergleich zu Konkurrenzprodukten hinweisen. Auch werden nicht immer alle Versprechen aus der Werbung ohne weiteres eingehalten. Zwar kann der Verbraucher unter Umständen rechtlich gegen solche schwarzen Schafe vorgehen, aber der Rechtsweg ist lang, mitunter teuer, und gegen die Rechtsabteilung eines großen Unternehmens hat ein Verbraucher oft einen schweren Stand. Besser ist es, wenn man als Verbraucher gar nicht auf die schwarzen Schafe hereinfällt, sondern von anderer Seite entsprechend informiert wird. Dabei helfen das Bundesministerium für Verbraucherschutz, Ernährung und Landwirtschaft und verschiedene Verbraucherschutzorganisationen (vgl. Kapitel 5 Werbung und Verbraucherschutz).

Grenzen der Werbung

■ AKTION

1 Diskutieren Sie folgende Behauptungen zur Werbung und nehmen Sie persönlich Stellung.

a) Werbung für Alkohol und Tabak müsste komplett verboten werden, weil dadurch die Suchtgefahr gefördert wird.

b) Werbung darf sich nicht an Kinder wenden, weil diese zu leicht manipuliert und verführt werden können.

c) Werbung soll auch provozieren. Es gilt das Motto: „Egal, was man über uns sagt und denkt, Hauptsache, man spricht über unsere Produkte!"

d) Werbung ist die Kunst, auf den Kopf zu zielen und die Brieftasche zu treffen!

e) Mach keine Werbung, von der du nicht möchtest, dass sie deine eigene Familie sieht!

2 Recherchieren Sie im Internet zum Thema „Deutscher Werberat".

Suchen Sie in Gruppen nach aktuellen Einzelfällen, bei denen der Werberat aktiv wurde. Jede Gruppe berichtet über einen Fall ihrer Wahl.

3 Suchen Sie in unterschiedlichen Medien nach Werbung, bei der in besonderem Maß Gefühle wie Sorge, Angst, Schuld oder Versagen angesprochen werden. Stellen Sie fest, ob es bei den entsprechenden Werbemaßnahmen Gemeinsamkeiten hinsichtlich der angesprochenen Zielgruppe gibt.

Präsentieren Sie die von Ihnen gefundenen Beispiele in geeigneter Form.

4 Das Frauenbild in der Werbung:

a) Beurteilen Sie das dargestellte Frauenbild in der Karikatur und auf dem Plakat.

b) Suchen Sie Beispiele für eine abwertende Darstellung der Frau in aktuellen Werbeanzeigen. Versuchen Sie auch, positive Darstellungen zu finden!

c) Fertigen Sie eine Collage (Klebebild) zum Thema „Frau in der Werbung" an und diskutieren Sie Ihre Arbeiten in der Klasse.

d) Untersuchen Sie, wie Männer in der Werbung präsentiert werden. Stellen Sie Darstellungen des Mannes denen der Frau vergleichend gegenüber.

5 Werbung und Verbraucherschutz

■ SITUATION

Die Frage nach der „richtigen" Ware

Haushaltschemie – Gift in der Küche
Wärmedämmung – Gerätekauf – PVC
Kosmetik – Süßstoffe – Formaldehyd
Östrogene – Allergien – Pilze
Lösungsmittel – Bioprodukte
Krebsverdacht – Trinkwasser

1. Warum wirkt diese Hausfrau so ratlos?
2. Wie kann sie ihr Problem lösen?

■ INFORMATION

Der Trend zum Einkauf umweltverträglicher Produkte ist vor dem Hintergrund des steigenden Umweltbewusstseins in der Bevölkerung deutlich erkennbar.

Der Konsument, der umweltbewusst einkaufen will, ist aber häufig durch die Vielfalt der Waren, die auf dem Markt angeboten werden, überfordert.

Außerdem führen Medienberichte zu Umwelt- und Lebensmittelskandalen zu einem Vertrauensverlust den Herstellern gegenüber und verunsichern die Verbraucher zusätzlich.

Verbraucherinformationen

Die Verbraucher informieren sich durch verschiedene Quellen, z. B. über die Werbung oder unabhängige Beratungsstellen, aber auch Sie sind als kompetente Fachkraft gefordert.

Die wichtigsten Informationsquellen können der folgenden Abbildung entnommen werden.

- Kataloge und Prospekte von Herstellern und Versandhäusern
- Anzeigen in Zeitungen und Zeitschriften
- Testergebnisse in Zeitungen und Zeitschriften
- Testberichte in Funk und Fernsehen
- Werbesendungen in Funk und Fernsehen
- Beratung in Verbraucherzentralen
- Hinweise durch Bekannte und Verwandte
- Beratung in Geschäften
- Besichtigung von Waren in Geschäften
- Recherchen im Internet

Abb. Das Informationsfeld des Verbrauchers

Verbraucherpolitische Maßnahmen

Zusätzlich zu der unübersichtlichen Situation gibt es immer wieder Versuche der Hersteller, den Wettbewerb untereinander einzuschränken und die Marktübersicht für den Kunden weiter zu erschweren. Da der Staat den Wettbewerb sichern und den Verbraucher schützen muss, greift er durch verbraucherpolitische Maßnahmen ein.

Dies geschieht durch:

› Förderung eines wirksamen Wettbewerbs *(z. B. durch das Gesetz gegen den unlauteren Wettbewerb)*,

› Information und Beratung des Verbrauchers *(z. B. durch Publikationen und persönliche Beratung)*,

› Schutz des Verbrauchers vor unlauteren Verkaufspraktiken und unzulässiger Einschränkung der Rechte *(z. B. durch Widerrufsrecht für Abzahlungsgeschäfte, Reform des Rechts bei Allgemeinen Geschäftsbedingungen)*,

› Schutz des Verbrauchers vor Gefährdung der Gesundheit und Sicherheit *(Reform des Lebensmittelrechts)*,

› rechtliche und öffentliche Vertretung der Verbraucherinteressen.

Werbung und Verbraucherschutz

Die entsprechende Beratung und Aufklärung über alle diese Fragen werden insbesondere durch die „Arbeitsgemeinschaft der Verbraucher" mit ihren Verbraucherzentralen und durch die „Stiftung Warentest" wahrgenommen.

■ Organisationen für die Verbraucher

Da die praktische Erfahrung der meisten Verbraucher nicht ausreicht, um die Qualität des riesigen Warenangebots richtig einzuschätzen, hat die Bundesregierung die „**Stiftung Warentest**" als Stiftung des privaten Rechts ins Leben gerufen. Über 40.000 Produkte wurden bisher von dieser Instanz getestet. In ihrer Zeitschrift „test" gibt sie die Informationen an den Verbraucher weiter. Diese Tests tragen dazu bei, dass Hersteller und Anbieter, wenn Mängel erkannt wurden, ihre Erzeugnisse entsprechend ändern und dadurch die Qualität der Waren – zum Nutzen aller Verbraucher – verbessern. Hersteller und Handel verwenden die positiven Testergebnisse als wichtiges Werbeargument.

Die Stiftung Warentest wird ebenso mit öffentlichen Mitteln unterstützt wie die Verbraucherzentrale Bundesverband e.V. (VZBV) mit ihren **Verbraucherzentralen**. Zu den Aufgaben der Verbraucherzentrale gehören neben der Verbraucherinformation die Unterrichtung und Aufklärung der Verbraucher über marktgerechtes Verhalten. Dazu gehört auch die Umweltberatung. Sie hat inzwischen einen Anteil von mehr als 10 % aller Beratungsgespräche erreicht. Zusätzlich werden von den Verbraucherverbänden Aktionen durchgeführt, die auf mögliche Umweltbelastungen hinweisen. Gegen eine kleine Gebühr wird man persönlich und individuell beraten. Außerdem sind Broschüren, Veröffentlichungen und Literaturhinweise zu erhalten, die helfen können, sich umwelt- und verbraucherbewusst zu verhalten und die Kunden entsprechend zu beraten.

■ Kunden als informierte Gesprächspartner

Viele Kunden informieren sich vor allem vor einem geplanten Kauf genau. Sie erwarten, dass auch das Verkaufspersonal über die Waren seines Sortiments informiert ist. Verkäufer sind deshalb ständig gefordert, unabhängige Untersuchungen, Produktvergleiche und Testergebnisse aufzunehmen und diese in ihr Verkaufsgespräch einzubauen. Die Kunden werden einen dann als kompetenten Berater akzeptieren und die Verkaufsempfehlung annehmen.

Für viele Waren liegen keine Testergebnisse vor. In diesen Fällen ist es hilfreich, wenn der Verkaufsberater die „**Fragen an eine Ware**" beantworten kann.

Fragen an eine Ware

1. Thema: Sicherheit der Waren

> Entsprechen die Waren den national und international gegebenen Sicherheitsnormen und -standards *(bei Kinderspielzeug, Haushalts- und Elektrogeräten, Werkzeugen und Maschinen, Autos, Fahrrädern)*?

> Sind die Verpackungen sicher im Hinblick auf Transport *(bei Flüssigkeiten oder zerbrechlichen Produkten)* und Aufbewahrung *(bei leicht verderblichen Waren)*?

> Schützen die Verpackungen vor unbefugtem Gebrauch der Waren *(bei Arzneimitteln, chemischen Haushaltsreinigern)*?

> Ist ein reibungsloser Gebrauch der Waren durch Sicherstellung von Ersatzteilen, Service- und Reparaturleistungen gegeben *(bei Haushaltsgroßgeräten, Autos, Maschinen, EDV-Hardware)*?

> Besteht Programmsicherheit beim Nachkauf von Teilen *(bei Ess- und Trinkservice, technischen Bausteinen im EDV-Bereich und in der Unterhaltungselektronik)*?

> Ist die Zusammensetzung der Materialien der Waren sicher im Hinblick auf Leben und Gesundheit *(bei Nahrungs- und Genussmitteln, aber auch bei Kleidung, Haus- und Wohnprodukten)*?

2. Thema: Ökologische Auswirkung und Umweltverträglichkeit der Waren

> Welche Wirkungen auf die Umwelt und das ökologische Gleichgewicht gehen von der Produktion *(Klimaveränderungen durch Abholzung tropischer Regenwälder oder Emissionen bei der Herstellung chemischer Grunderzeugnisse)*, dem Transport und dem Ge- bzw. Verbrauch der Waren aus *(Leerflaschentransport, internationaler Tourismus, Pkw)*?

> Sind die einzelnen Bestandteile der Waren nach dem Gebrauch umweltverträglich abbaubar bzw. recyclingfähig *(bei Kunststoffbeschichtungen, Autos, Kühlschränken)*?

> Wie ist der Rohstoffverbrauch bzw. der Energieverbrauch zu beurteilen *(bei Produkten aus Edelmetallen oder fossilen Rohstoffen)*?

3. Thema: Sozialverträglichkeit der Warenproduktion

> Wird auf Kinderarbeit verzichtet?

> Werden Mindeststandards des Arbeitsrechts eingehalten *(bei Arbeitszeiten und Unfallschutz)*?

4. Thema: Wahrheit und Vollständigkeit der Information über die Waren

> Ist die Beschreibung der Wareneigenschaften verständlich, vollständig und wahr *(Gebrauchsanweisungen, Rezepturen)*?

> Stimmen die Preis- und Leistungsangaben, oder werden mittels versteckter Preisbestandteile die Verbraucher getäuscht *(unklare Teilzahlungskonditionen, unübliche Gewichts- und Größenangaben)*?

> Halten die Produktversprechungen der Werbung und der Verkaufsgespräche den Vergleich mit den Tatsachen aus: bei suggestiver Werbung; Versprechungen von in der Zukunft liegenden Leistungen *(Versicherungen, Pauschalreisen)*?

Werbung und Verbraucherschutz

LF 5

■ AKTION

1 Sammeln Sie Testergebnisse zu Waren Ihres Ausbildungssortiments. Besuchen Sie zu diesem Zweck eine Verbraucherzentrale. Kopieren Sie die Unterlagen für Ihren Warenkunde-Ordner.

2 Lassen Sie sich bei einem Besuch in der Verbraucherzentrale über die Aufgaben und Angebote informieren. Halten Sie Ihre Eindrücke schriftlich fest, und berichten Sie Ihrer Klasse/Gruppe in einem Vortrag.

3 Erstellen Sie in Gruppen (je nach Ausbildungssortiment) eine Liste mit umwelt- und gesundheitsschädlichen Waren, und erarbeiten Sie sinnvolle Alternativangebote.

4 Wählen Sie eine Ware aus Ihrem Ausbildungssortiment. Beantworten Sie möglichst alle „Fragen an eine Ware" für diesen Fall.

5 Führen Sie Ihrer Klasse/Gruppe zwei Verkaufsgespräche vor. Wählen Sie dabei erklärungsbedürftige Waren aus, von denen unabhängige Testergebnisse vorliegen.

Beraten Sie

a) einen nicht informierten Kunden,

b) einen gut informierten Kunden.

Argumentieren Sie mithilfe der Testergebnisse.

6 Testen Sie selbst!

Sie führen in der Klasse selbst einen Test mit Waren oder Dienstleistungen durch. Wichtige Informationen und Anregungen erhalten Sie auf der Website http://www.test.de/jugendtestet.

Sie bestimmen selbst, was Sie testen möchten und entwickeln auch Ihr eigenes Testverfahren. Zu Produkttests gehört alles, was man anfassen und im Supermarkt oder Kaufhaus kaufen kann (Energy-Drinks, Lippenstifte, Fußbälle, Geschirrspülmittel, Papiertaschentücher). Wenn Sie Dienstleistungen untersuchen und bewerten wollen, stehen vor allem Service und Beratung im Mittelpunkt des Tests (Pizzalieferservice, Beratung in Elektrofachmärkten).

Sie können mit Ihrem Test auch an einem Wettbewerb der Stiftung Warentest teilnehmen und wertvolle Preise gewinnen. Leider darf man aber nicht älter als 19 Jahre sein! Mehr Infos gibt es dazu unter der oben genannten Website.

Das haben Schüler(innen) z. B. schon getestet:

Bewegungsmelder (Produkt)

Tankstellen (Service)

6 Verkaufsförderung

■ SITUATION

Im Getränkeabholmarkt Oase sind wie jedes Jahr im Januar und Februar die Umsätze stark rückläufig. Inhaber Lang versuchte in den letzten Jahren zwar durch vermehrte Werbung in der Lokalpresse und dem Verteilen von Flyern etwas dagegen zu tun, jedoch mit wenig Erfolg.

1. Welche anderen Möglichkeiten bieten sich Herrn Lang, damit sich seine wirtschaftliche Lage während seiner „Durststrecke" im Winter verbessert?
2. Wählen Sie zwei Möglichkeiten aus und überzeugen Sie Ihre Klasse von der Wirksamkeit Ihrer Maßnahmen.

■ INFORMATION

■ Verkaufsförderung (Salespromotion)

Verkaufsfördernde Maßnahmen dienen dazu, den **Absatz** am **Ort** des **Verkaufs,** der auch als POS (= Point of Sale) bezeichnet wird, zu **unterstützen.**

Die **Verkaufsförderungsmaßnahmen** sollen:

› Aufmerksamkeit wecken und Informationen liefern,
› die Kunden an die Ware heranführen,
› ein Entgegenkommen, Anreize oder andere Beiträge bieten, die Kunden schätzen,
› eine besondere Aufforderung enthalten, die Kaufentscheidung jetzt und hier zu treffen.

Durch verkaufsfördernde Maßnahmen will der Einzelhändler stärkere und schnellere **Kaufimpulse** auslösen, um bestimmte Warenangebote besser zu verkaufen.

>> **Beispiele:**

› Käufer sollen zum Kauf größerer Mengen veranlasst werden,
› aus bisherigen Nichtverwendern will man Verwender machen,
› Kunden sollen zum Markenwechsel angeregt werden.

Ziel dieser Werbemaßnahmen sind, neben den **Verbrauchern,** vor allem der **Händler** und seine **Mitarbeiter.** Durch **Information** über die betreffenden Produkte und häufig auch durch eine **finanzielle** Unterstützung *(Werbekostenzuschüsse, großzügige Rabatte und Boni)* soll der Absatz gefördert werden.

Außerdem bieten die Hersteller häufig **Aktionen** im Geschäft an, die für den Händler zusätzlich für Frequenz sorgen.

Verkaufsförderung

Verkaufsfördernde Maßnahmen	
für Kunden (Verbraucherpromotion)	für Inhaber und Mitarbeiter (Händler- und Mitarbeiterpromotion)
› Einsatz von Verkaufspropagandisten *(Verkostung, Warenproben, Warenvorführung)*, › Gewinnspiele und Preisausschreiben, › Organisation und Durchführung einer Aktion *(Modenschau, Westerntage)*, › Veranstaltung mit Prominenten *(Autogrammstunde eines Fußballstars)*, › Einführungs- und Sonderangebote *(3-für-2-Aktion)*, › Verpackung mit Zweitnutzen *(attraktive Keksdose)*, › Abgabe von Werbegeschenken *(Luftballons, Mützen, Gummibärchen)*.	› Verkaufsaktive Präsentation durch spezielles Display-Material, › Zweitplatzierungen, › Schaufenstergestaltung, › Schulung des Personals durch Produktdemonstration und Argumentationshilfen für das Verkaufspersonal, › Verkaufshilfen *(Musterbücher, PC-Präsentation)*, › Verkaufswettbewerbe *(Paris-Reise für besten Umsatz)*, › Auszeichnungen *(Verkäufer des Monats)*, › Werbedurchsagen über den Ladenfunk.

» **Beispiel** für eine Verkaufsförderungsaktion durch einen Hersteller (Stuttgarter Hofbräu):

Als Kaufanreize gelten während der Aktionstage nicht nur günstigere Preise, sondern es werden außerdem Kombiangebote (eine Kiste Bier plus eine Kiste Mineralwasser) den Kunden offeriert. Als Zugaben gibt es u. a. Gläser und Minitrucks. Als „Highlight" winkt ein Mini, den man über die Teilnahme an einem Preisausschreiben gewinnen kann.

■ AKTION

1 Beschreiben Sie vier verkaufsfördernde Maßnahmen, die Ihrem Ausbildungsbetrieb bei der Einführung eines neuen Produkts zur Verfügung stehen.

2 Herr Henning vom Spielwarenfachgeschäft Kinderwelt erzielt im Dezember nahezu ein Drittel seines Jahresumsatzes. Die Spielwarenabteilung des Warenhauses Merkur ist sein stärkster Mitbewerber. Schlagen Sie drei für seine Branche geeignete Verkaufsförderungsmaßnahmen vor.

7 Verkauf unter Beachtung ökonomischer und ökologischer Verpackungsgesichtspunkte

Ganz „ohne" geht es nicht! Wie viel Verpackung braucht die Ware?

■ SITUATION

1. Beschreiben Sie in einem Kurzreferat, wie in Ihrem Unternehmen Transportverpackungen entsorgt werden.
2. Informieren Sie sich über Maßnahmen Ihres Unternehmens zur Vermeidung von Abfällen und präsentieren Sie das Umweltkonzept Ihres Ausbildungsbetriebes als Wandzeitung.
3. Welche Funktionen übernimmt die Warenverpackung auf den beiden Abbildungen?

■ INFORMATION

Verpackung erfüllt in den dargestellten Situationen unterschiedliche Aufgaben. Im linken Bild erleichtert sie den SB-Kauf, schützt die Ware und informiert die Kunden. Die Pappen und Paletten auf dem rechten Bild erleichtern den Transport und die Lagerung der Ware.

Eine Übersicht über die vielfältigen Funktionen der Verpackung liefert folgende Tabelle:

Schutzfunktion	Verpackung schützt die Ware vor Druck, Stoß oder Sturz, vor Licht, Feuchtigkeit oder Sauerstoff sowie vor Ungeziefer, Pilzen und Bakterien.
Transport- und Lagerfunktion	Verpackung verbessert die Transport- und Lagerfähigkeit durch stapelbare Verpackungen oder Versand von Großgebinden.
Informationsfunktion	Verpackung ist Träger wichtiger Hinweise über Leistung, Verwendung, Bezeichnung, Menge, evtl. Güte, Herkunft und Haltbarkeit der Ware.

Verkauf unter Beachtung ökonomischer und ökologischer Verpackungsgesichtspunkte

Gebrauchsfunktion	Verpackung erleichtert dem Kunden die Handhabung der Ware, z. B. die portionsweise Entnahme, und schützt vor Schäden durch falschen Gebrauch, z. B. durch kindersichere Verschlüsse (Convenience-Vorteile).
Absatzfunktion	Verpackung erleichtert dem Handel eine verkaufsaktive Präsentation, z. B. bei Selbstbedienung, erspart aufwendiges Um- und Abpacken, dient dem Diebstahlschutz (Blister) und verhindert den Verkauf unwirtschaftlicher Kleinmengen. Als **Geschenkverpackung** soll die Verpackung ein Geschenk aufwerten und als etwas Besonderes erscheinen lassen.
Werbefunktion	Eine werbewirksame Gestaltung der Verpackung fördert den Absatz, vor allem bei SB-fähiger Ware. Zudem sind z. B. Tragetaschen ein geeigneter Werbeträger, mit dem die Kunden Werbung für das Einzelhandelsunternehmen verbreiten.

■ Wie viel Verpackung braucht die Ware?

Vor allem aber belastet die Verwendung von Verpackungsmaterial die Umwelt durch Rohstoff- und Energieverbrauch und durch die „Beseitigung" in Deponien, Kompostierungs- oder Müllverbrennungsanlagen. Über die Hälfte des Hausmülls besteht aus Verpackungsmaterialien.

Ein völliger Verzicht auf Verpackungen ist bei der gegenwärtigen Wirtschaftsweise nicht möglich. Es muss vielmehr um eine Verringerung des Verpackungsaufwandes gehen. Zu bevorzugen sind daher Verpackungen, die

› nicht zu aufwendig sind *(Verzicht auf Portionspackungen für Lebensmittel)*,
› mehrfach verwendbar sind *(Leihverpackungen, Mehrwegflaschen, Nachfüllflaschen für Deo-Pumpzerstäuber)*,
› einen Zweitnutzen haben *(Lebkuchen in Blechdosen)*,
› aus zurückgewonnenen Rohstoffen bestehen und nach Gebrauch stofflich gut verwertet werden können *(Glasflaschen)*,
› eine sparsame Dosierung des Inhalts erlauben.

Verkauf unter Beachtung ökonomischer und ökologischer Verpackungsgesichtspunkte

Beachten Sie deshalb die folgenden Grundsätze zur Verpackung!

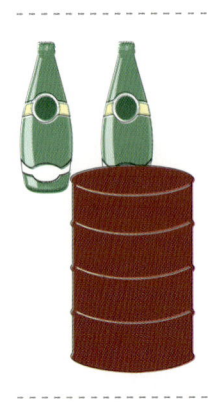

Verpackung:

1. **vermeiden**, wenn nicht vermeidbar:
2. **verringern**, zur Mehrfachnutzung:
3. **vereinheitlichen**, wenn Mehrfachnutzung nicht möglich:
4. **verwerten**, nur im äußersten Fall:
5. „**entsorgen**".

Abb. Grundsätze für den Umgang mit Verpackungen

Verpackungsmaterialien sind zu schade und oft zu gefährlich, um sie einfach wegzuwerfen. Deshalb gehört die Zukunft Verpackungen, die mehrfach verwendet werden können und deren stoffliche Verwertung (Recycling) garantiert ist.

■ Rechtliche Vorschriften zur Verpackung

Mit dem **Kreislaufwirtschaftsgesetz/Abfallgesetz** und der **Verpackungsgesetz** soll die Grundlage für ein nachhaltiges Wirtschaften zur Schonung natürlicher Ressourcen geschaffen werden.

Hersteller, Handel und Verbraucher sollen sich bereits bei ihren Entscheidungen über Produktion, Sortiment und Konsum mit der Frage der Entsorgung von möglicherweise anfallenden Abfällen beschäftigen.

Kreislaufwirtschafts- und Abfallgesetz (KrW/AbfG)

Das Gesetz regelt den Umgang mit Abfällen. Hauptziel ist es, natürliche Ressourcen zu schonen und die Beseitigung von Abfällen auf eine umweltverträgliche Art zu gewährleisten. Das Gesetz gibt der Vermeidung von Abfällen den Vorrang vor Verwertung oder Beseitigung. Von besonderer Bedeutung ist der Grundsatz der **Produktverantwortung**, den jeder, der Erzeugnisse herstellt oder vertreibt, zu beachten hat. Produktverantwortung für Verpackungen bedeutet:

> Material sollte mehrfach verwendbar sein
> Rückgabe und Pfandkennzeichnung
> Einsatz von sekundären Rohstoffen (Recyclingpapier)
> Rücknahme von Abfällen

Verpackungsgesetz (VerpackG)

Aufgrund dieses Gesetzes wird ein Teil der Abfallentsorgung vom Verbraucher auf den Hersteller und Händler übertragen. Verpackungen müssen von Herstellern und Vertreibern zurückgenommen werden. Allerdings können sich Hersteller und Vertreiber von der Rücknahmepflicht

Verkauf unter Beachtung ökonomischer und ökologischer Verpackungsgesichtspunkte

LF 5

von Verkaufsverpackungen befreien, wenn sichergestellt wird, dass eine regelmäßige Abholung gebrauchter Verkaufsverpackungen beim Endverbraucher erfolgt. Dazu haben Hersteller und Vertreiber das **„Duale System Deutschland GmbH"** **(„Grüner Punkt")** gegründet. Für alle mit dem Grünen Punkt gekennzeichneten Waren wird eine Abnahme- und Verwertungsgarantie zugesichert.

Beim DSD handelt es sich um ein privates Rücknahmesystem für Verpackungen:

Abb. Verpackungskreislauf

› Verpackungen werden im Auftrag des DSD wieder eingesammelt;

› dazu werden gesonderte Tonnen oder Säcke für Altpapier, Altglas, Kunststoffverpackungen, Verbundverpackungen und Weißblech-/Aluminium-Verpackungen vor den Haustüren und an zentralen Stellen aufgestellt;

› die eingesammelten Verpackungen werden sortiert und verwertet;

› die Kosten für das Duale System werden auf alle Produkte umgelegt und somit von den Konsumenten bezahlt;

› Einwegverpackungen, für die eine Abgabe bezahlt wurde, die die Kosten für das Sammeln, Transportieren und Sortieren dieser Abfälle decken soll, werden mit einem grünen Punkt gekennzeichnet. Dieser Grüne Punkt besagt also nicht, dass es sich um eine die Umwelt weniger belastende Verpackung handelt, sondern lediglich, dass sich der betreffende Hersteller oder Vertreiber an der „Duales System Deutschland GmbH" beteiligt hat.

Kritiker des „Dualen Systems" befürchten, dass den umweltfreundlicheren Mehrwegverpackungen durch den Grünen Punkt das Wasser abgegraben wird und am Ende gar keine Reduzierung des Mülls stattfindet. Sie erwarten, dass die Kunden den „Grünen Punkt" als Empfehlung für besondere Umweltfreundlichkeit (miss-)verstehen und recyclingfähige Einwegverpackungen (mit „Grünem Punkt") den ökologisch oft vorteilhafteren Mehrwegbehältnissen (ohne „Grünen Punkt") vorziehen werden.

■ Verpackungsarten gemäß Verpackungsverordnung

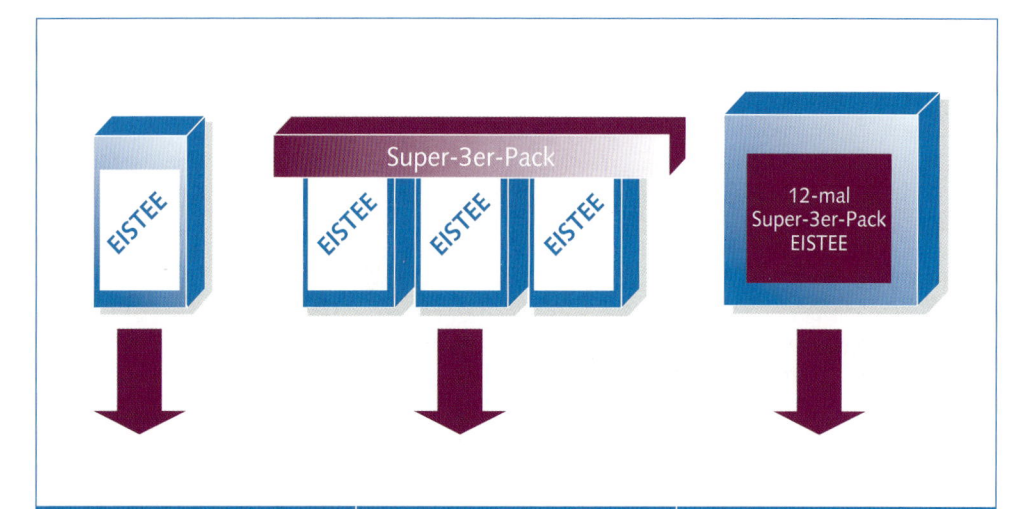

Verkaufsverpackungen	Umverpackungen	Transportverpackungen
Verpackungen, die als eine Verkaufseinheit angeboten werden und beim Endverbraucher anfallen. Verkaufsverpackungen im Sinne der Verordnung sind auch Verpackungen des Handels, der Gastronomie und anderer Dienstleister, die die Übergabe von Waren an den Endverbraucher ermöglichen oder unterstützen (Serviceverpackungen).	Verpackungen, die als zusätzliche Verpackungen zu Verkaufsverpackungen verwendet werden, und nicht aus Gründen der Hygiene, der Haltbarkeit oder des Schutzes der Ware vor Beschädigung oder Verschmutzung für die Abgabe an den Endverbraucher erforderlich sind (z. B. Display-Packungen).	Verpackungen, die den Transport von Waren erleichtern, die Waren auf dem Transport vor Schäden bewahren oder die aus Gründen der Sicherheit des Transports verwendet werden und beim Vertreiber anfallen.
Rücknahmepflicht	**Rücknahmepflicht**	**Rücknahmepflicht**
Ja, sie entfällt aber bei Teilnahme an einem System, das eine regelmäßige Abholung gebrauchter Verkaufsverpackungen beim privaten Endverbraucher gewährleistet (s. Duales System).	Ja, Vertreiber, die Waren in Umverpackungen anbieten, sind verpflichtet, bei der Abgabe der Waren an Endverbraucher die Umverpackungen zu entfernen oder dem Endverbraucher in der Verkaufsstelle Gelegenheit zum Entfernen und zur unentgeltlichen Rückgabe der Umverpackung zu geben.	Ja, Hersteller und Vertreiber sind verpflichtet, Transportverpackungen zurückzunehmen. Die zurückgenommenen Transportverpackungen sind einer erneuten Verwendung oder einer stofflichen Verwertung zuzuführen, soweit dies technisch möglich und wirtschaftlich zumutbar ist.

Verkauf unter Beachtung ökonomischer und ökologischer Verpackungsgesichtspunkte

Umgang mit Transportverpackungen

Zu den Transportverpackungen zählen Fässer, Kanister, Kisten, Säcke einschließlich Paletten, Kartonagen, geschäumte Schalen, Schrumpffolien und ähnliche Umhüllungen.

Bei der Wahl von Transportverpackungen sollten folgende ökologische Gesichtspunkte beachtet werden:

> Verzicht auf unnötige Einzelverpackungen,
> Einsatz standardisierter genormter Mehrwegverpackungen,
> Verwendung von recyclingfähigen Packstoffen,
> Vermeidung von Verbundstoffen,
> Hängeversand bei Textilien und Schuhen,
> keine Beeinträchtigung des Recyclings durch Klebebänder, Etiketten und Druckfarben,
> auf einzeln verpackte Teile möglichst verzichten, dafür mehrere Teile in Polybeutel verpacken.

Nach der Verpackungsverordnung müssten die Hersteller die Transportverpackungen zurücknehmen. Da dies technisch kaum durchführbar ist, haben sich Unternehmen gegründet, die im Auftrag der Hersteller das beim Transport anfallende Verpackungsmaterial beim Händler übernehmen und entweder der Verwertung oder Entsorgung zuführen.

Umgang mit Umverpackungen und Verkaufsverpackungen

Umverpackungen werden von vielen Konsumenten als überflüssig betrachtet, da sie in erster Linie nur zu einer attraktiven Warenpräsentation dienen. Darauf hat die Industrie reagiert und verzichtet in vielen Fällen auf die Umverpackung *(Zahnpastatuben, Margarinebecher und Fischkonserven ohne Umkarton)*. Die Grenze zwischen Umverpackung und Verkaufsverpackung ist allerdings fließend.

Überall, wo Waren in Selbstbedienung angeboten werden, spielt die Verkaufsverpackung eine entscheidende Rolle. Da sich bei der Selbstbedienung die Ware selbst verkaufen muss, übernimmt die Verpackung besondere Funktionen.

Verkauf unter Beachtung ökonomischer und ökologischer Verpackungsgesichtspunkte

Umgang mit Einweg-Getränkeverpackungen (sogenanntes Dosenpfand)

Dosenpfand-Reform

Einwegpfand

für Einwegverpackungen aus Metall (Dosen), Plastik, Glas auf
- Mineralwasser
- Erfrischungsgetränke
- Bier
- Alcopops
- Tee

Abschaffung der so genannten Insellösung (Handelsketten dürfen nicht mehr nur die bei ihnen gekauften Pfandverpackungen zurücknehmen)

Kein Pfand

für ökologisch vorteilhafte Einwegverpackungen wie:
- Getränkekartons (Tetrapak)
- Schlauchbeutel
- Folien-Standbodenbeutel

für:
- Milch
- Wein
- Spirituosen
- Fruchtsäfte

dpa · Grafik 0333

Auf alle Einweg-Getränkeverpackungen wird ein Pfand erhoben.

Ausgenommen sind alle ökologisch vorteilhaften Getränkeverpackungen sowie die Getränkebereiche Fruchtsaft, Milch und Wein. Die Pfandpflicht beschränkt sich auf Getränkeverpackungen zwischen 0,1 und 3 Liter. Der Pfandbetrag ist einheitlich auf 25 Cent festgelegt.

Die Rücknahmepflicht richtet sich nach dem jeweiligen Material der Verpackung.

■ Praktische Umsetzung

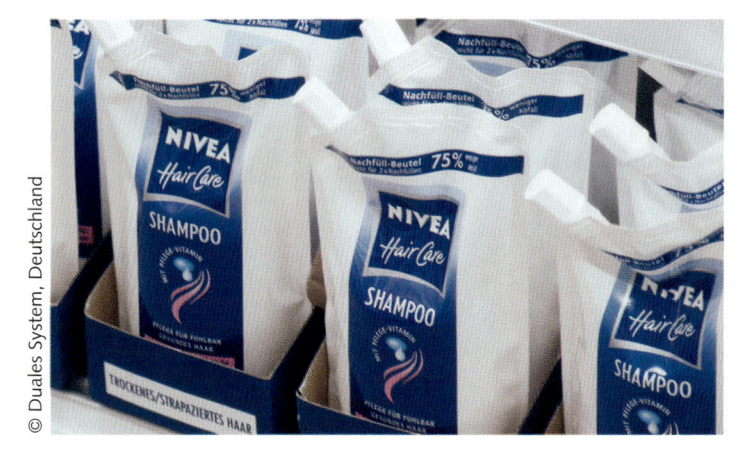

Die **Recyclingquote** aller Verpackungen lag bisher weit über dem gesetzlich geforderten Wert. Die immer noch weit verbreiteten Plastiktüten werden kostenpflichtig und immer mehr durch die gute alte Einkaufstasche bzw. Jute-/Baumwolltaschen ersetzt.

■ AKTION

1 Untersuchen Sie Ihr Sortiment im Hinblick auf notwendige und überflüssige Verkaufs- und Umverpackungen.

2 Die Textil-Markt GmbH möchte in ihre Transport- und Verpackungsvorschriften, die Bestandteil der Einkaufsbedingungen gegenüber Lieferanten sind, ökologische Aspekte mit aufnehmen. Sie haben die Aufgabe, Verpackungsbestimmungen zu formulieren, die diesem Wunsch entsprechen.

3 Informieren Sie sich über die Entsorgung von Verpackungsabfällen in Ihrem Ausbildungsunternehmen und berichten Sie darüber.

Verkauf unter Beachtung ökonomischer und ökologischer Verpackungsgesichtspunkte

LF 5

4 Was können Sie als Verbraucher tun, um Verpackungsmüll zu reduzieren? Erstellen Sie eine Handreichung und ein Plakat für Ihren Klassenraum.

5 Die Verpackung einer Ware kann die vorteilhafte und sichere Nutzung der Ware erleichtern. Geben Sie für Waren Ihres Ausbildungssortiments an, in welcher Weise sich durch Verpackung und Darbietung die folgenden Convenience-Vorteile ergeben:

› Dosiererleichterungen, Portionierhilfen
› Entnahmeerleichterungen
› Öffnungshilfen
› Öffnungserschwernisse
› Wiederverschließhilfen
› Zubereitungshilfen
› haushaltsgerechte Konfektionierung
› haushaltsgerechte Sortierung

6 Bilden Sie vier Arbeitsgruppen zu folgenden Verpackungen:

a) Wellpappe-Schachteln
b) Getränkedosen
c) Einweg-Glasflaschen
d) Plastik-Becher.

Stellen Sie für die einzelnen Verpackungen dar, was „Beseitigung", „Entsorgung" und „Recycling" heißen kann und wo sich Probleme ergeben.

7 Fordern Sie Informations- und Werbematerial bei der Duales System Deutschland GmbH und bei Verbraucherorganisationen an.

Diskutieren Sie auf dieser Grundlage: „Wie umweltfreundlich ist der Grüne Punkt?"

8 Dieses Logo der DPG kennen Sie sicher schon von vielen Einweg-Getränkeverpackungen.

a) Informieren Sie sich über die Aufgaben der DPG (Deutsche Pfandsystem GmbH). Im Internet finden Sie unter der Adresse „http://www.dpg-pfandsystem.de" die benötigten Angaben.

b) Erstellen Sie für Ihre Schulunterlagen ein einseitiges Info-Blatt zu diesem Rücknahmesystem für bepfandete Einweg-Getränkeverpackungen.

8 Warenzustellung beim Kunden

■ SITUATION

> Ganz schön schwer, diese Pakete! Haben Sie auch keines vergessen?

Beschreiben Sie Lösungsmöglichkeiten unter dem Gesichtspunkt der Kundenzufriedenheit.

■ INFORMATION

Einzelhandelsgeschäfte bieten z.T. als Serviceleistung eine kostenlose Warenzustellung an. Grundsätzlich findet allerdings die Warenübergabe zwischen Einzelhändler und Kunde im Geschäft statt („Warenschulden sind Holschulden"). Daher können die Zustellkosten den Kunden in Rechnung gestellt werden.

■ Firmeneigene oder firmenfremde Zustellung

Die Ware kann durch Boten oder mit eigenen Fahrzeugen zugestellt werden. Neben dieser firmeneigenen Variante gibt es die Möglichkeit, andere Unternehmen mit der Zustellung zu beauftragen. Dies können die Deutsche Post AG/DHL, KEP-Dienste, die Bahn oder Spediteure sein, die i. d. R. über einen eigenen Fuhrpark verfügen.

Bei der Entscheidung für eine Versendungsart sind vor allem folgende Kriterien wesentlich:

- Kosten
- Schnelligkeit
- Haftung
- Verfügbarkeit
- Abholsystem oder wiederholtes Anliefern
- Sicherheit
- Pünktlichkeit
- Zahlungsmöglichkeiten des Kunden
- Umweltverträglichkeit

Warenzustellung beim Kunden — LF 5

■ Möglichkeiten firmenfremder Zustellung

Deutsche Post AG/DHL

Die Leistungen der Deutschen Post AG/DHL umfassen Briefsendungen (dazu gehören auch Bücher- und Warensendungen), Päckchen, Pakete sowie den Express-Versand.

Versendungsart	Beschreibung
Brief	› bis 1000 g › Warensendung nur bis 500 g (eignet sich vor allem für Proben und Muster) Besonderheiten: Nachnahme, Einschreiben mit und ohne Rückschein, Infopost (z. B. Kataloge), Werbeantworten, Mailingfactory.
Päckchen und Pakete (DHL)	› Päckchen bis 2000 g › Pakete bis 20 kg Besonderheiten für Pakete: Abholung kann über Internet vereinbart werden, es kann eine Transportversicherung abgeschlossen werden, Nachnahme ist möglich.
Express	› für Briefe und Pakete › Liefertermin und Übergabe-Modalitäten können festgelegt werden.

Wird ein Empfänger nicht angetroffen, so muss dieser sich seine Sendung bei der zuständigen Filiale der Deutschen Post AG abholen.

Für den Versand der Ware zum Kunden per Brief oder Paket ist besonders die Möglichkeit der Nachnahme hervorzuheben. Der Rechnungsbetrag wird bei Übergabe der Sendung vom Kunden beglichen und durch die Post dem Einzelhändler als Zahlungsempfänger auf seinem Bankkonto gutgeschrieben.

KEP-Dienste (Kurier-, Express- und Paketdienste)

Diese Transportunternehmen befördern in erster Linie Kleingut. In der Regel wird eine Zustellung innerhalb 24 Stunden in Deutschland garantiert. Wird der Empfänger nicht angetroffen, wird ein zweites und drittes Mal die Zustellung versucht.

Man unterscheidet:

1. **Kurierdienste:** Wertsendungen und sehr eilige Sendungen von geringem Gewicht *(DHL, ic:kurierdienst der Deutschen Bahn AG)*.

2. **Expressdienste:** Schneller Gütertransport in einem eigenen Netz *(Euro-Express, FED-Ex, Trans-O-Flex)*.

3. **Paketdienste:** Transport von Paketen je nach Anbieter bis 70 kg in eigenem Netz *(DPD, UPS, GLS)*.

In den letzten Jahren hat die Bedeutung der privaten KEP-Dienste stark zugenommen. Das liegt vor allem daran, dass sie sich durch Schnelligkeit, Pünktlichkeit, wiederholtes Zustellen bei Nichtantreffen und eine verbesserte Möglichkeit der Sendungsverfolgung auszeichnen.

Spedition

Spediteure bieten den Vorteil, dass sie sich in vielen Fällen auf die zu befördernden Waren spezialisiert haben und so eine sichere und zuverlässige Warenzustellung garantieren *(Transport von Hängeware im Textileinzelhandel)*.

Spediteure bieten als Logistikdienstleister auch einen kompletten Service an. Sie organisieren den kompletten Transport vom Hersteller bis zum Einzelhändler sowie die Einlagerung der Ware.

■ AKTION

1. Erstellen Sie eine Übersicht über die Versendearten, die in Ihrem Ausbildungsbetrieb genutzt werden! Vergleichen Sie in Ihrer Klasse, welche drei Versendungsarten am häufigsten vorkommen.

2. Vergleichen Sie die firmeneigene und die firmenfremde Zustellung hinsichtlich ihrer Vor- und Nachteile. Diskutieren Sie Ihre Ergebnisse.

3. Beschaffen Sie sich Informationen über die folgenden Angebote der Deutschen Post AG: Werbeantwort, Infobrief und Mailingfactory.

    Erklären Sie die drei Begriffe in jeweils drei Sätzen.

4. Stellen Sie den Ablauf einer Sendung mit Nachnahme grafisch dar. Welchen Vorteil hat diese Sendungsform für Einzelhändler und Kunden?

5. Vergleichen Sie die Paketdienste der Deutschen Post AG/DHL mit denen anderer Anbieter hinsichtlich ihrer Kosten, der Haftung und der Schnelligkeit. Das notwendige Informationsmaterial dafür können Sie sich zuschicken lassen oder im Internet recherchieren.

6. Die folgenden Waren sollen Ihren Kunden zugestellt werden. Welche Versendungsform wählen Sie? Begründen Sie Ihre Wahl.

    a) Der Katalog für die Sommerware, 350 g schwer,

    b) eine Jeans, die vom Kunden noch nicht bezahlt wurde,

    c) das Sofa, das beim Kunden nicht mehr ins Auto passte,

    d) die CD, die der Kunde unbedingt morgen schon hören möchte,

    e) der Lebensmitteleinkauf, insgesamt 23 kg schwer,

    f) der Surfanzug, den ein Kunde aus München in Hamburg bestellt hat,

    g) das neue Kostüm, das für eine Kundin geändert wurde, die den ganzen Tag arbeitet.

Einzelhandelsprozesse

Lernfeld 6
Waren beschaffen

Inhalte

1. Beschaffungsprozesse
2. Kooperationsformen im Einkauf
3. Kaufverträge mit Lieferern
4. Kaufvertragsarten
5. Bestellung von Sortimentsware
6. Bestellung nicht im Sortiment geführter Ware (Neulistung)

1 Beschaffungsprozesse

Waren beschaffen? – Waren beschaffen!

SITUATION

In einem Vorbereitungskurs der IHK für die Abschlussprüfung im Einzelhandel ist das Thema heute: Wie werden Waren beschafft?

Auf die Frage des Dozenten, wie denn in den einzelnen Betrieben die Waren eingekauft werden, kommen sehr unterschiedliche Antworten:

Laura: „Zu uns kommt einmal in der Woche ein Vertreter vom Großhändler. Bei dem wird fast alles bestellt."

Markus: „Für uns sind die Kataloge der Lieferanten ganz wichtig. Ohne die könnten wir nichts bestellen."

David: „Mein Abteilungsleiter ist gerade mal wieder in Asien auf Einkaufsreise unterwegs. Dieses Mal geht es in den Iran, nach Indien und China."

Marie: „Ich bestelle immer mit unserem MDE-Gerät. Der Chef lässt sich vom Warenwirtschaftssystem Bestellvorschläge machen und an die halten wir uns meistens."

Lucca: „Wir haben gar keinen Einkauf – das machen die alles in der Zentrale."

1. Erläutern Sie anhand der Aussagen der Auszubildenden die grundlegenden Unterschiede der Warenbeschaffung in den betreffenden Betrieben.
2. Schließen Sie aus den Antworten der Auszubildenden auf die Betriebsform und die Branche der jeweiligen Ausbildungsbetriebe.

INFORMATION

Die **Warenbeschaffung** ist einer der wichtigsten **Geschäftsprozesse** im Einzelhandel.

> Ein Geschäftsprozess beschreibt eine Folge von Einzeltätigkeiten, die schrittweise ausgeführt werden, um ein betriebliches Ziel zu erreichen. Geschäftsprozesse gehören zur Ablauforganisation eines Betriebs.
>
> Beim Beschaffungsprozess sind meist mehrere Mitarbeiter aus unterschiedlichen betrieblichen Abteilungen beteiligt. Dies ist dann besonders der Fall, wenn bisher nicht im Sortiment geführte Waren bestellt werden sollen *(Geschäftsleitung, Einkauf, Verkauf, Logistik, Marketing)*.
>
> Geschäftsprozesse tragen zur Wertschöpfung im Unternehmen bei, wenn hohe Umsätze durch den Einkauf von Waren erzielt werden, die in hohem Maß den Kundenwünschen entsprechen.

Beschaffungsprozesse

Der **Beschaffungsprozess** erfolgt in **vier** Schritten.

Vier Schritte der Warenbeschaffung			
1. Schritt	2. Schritt	3. Schritt	4. Schritt
Beschaffungs-marktforschung	Beschaffungs-vorbereitung	Beschaffungs-durchführung	Beschaffungs-abwicklung
Bedarfsermittlung und erkunden, wer die Waren liefern kann	Angebote anfordern, vergleichen, bewerten und entscheiden	Bestellung durch Abschluss des Kaufvertrags	Annahme, Kontrolle und Bezahlung der Lieferung

■ Art und Weise der Warenbeschaffung

Welche Waren beschafft werden und **wie** dabei vorzugehen ist, ergibt sich durch die Branche, das Sortiment und die Betriebsgröße. Es müssen zudem die Verhältnisse auf dem Beschaffungs- und Absatzmarkt für das jeweilige Unternehmen beachtet werden. Außerdem spielen branchenübliche und betriebseigene Bestellverfahren eine Rolle beim Beschaffungsprozess.

Möglichkeiten Waren zu beschaffen

Zentraleinkauf in einem Großunternehmen

Bestellung mit MDE in der Filiale

Einkauf im SB-Großhandel

Einkauf beim Vertreter

Entscheidungen über Waren

Bei der **Entscheidung** darüber, **welche** Waren beschafft werden sollen, sind vom Einzelhändler zahlreiche Überlegungen anzustellen:

Waren werden **beschafft**,

- die hohen **Grund-** mit interessantem **Zusatznutzen** verbinden,
- den vermuteten **Qualitätsansprüchen** der Kunden genügen,
- unter dem Gesichtspunkt der **Nachhaltigkeit** die Anforderungen an Umwelt-, Gesundheits- und Sozialverträglichkeit erfüllen.

Die **Sortimentsbildung** kann erfolgen

- mit Herstellermarken *(Knorr, Maggi, Puma)*,
- mit Handelsmarken *(Balea, Clockhouse)*,
- mit No-Name-Artikeln *(ja, Tip, die Sparsamen)*.

Markenartikel	Handelsmarken	No-Name-Produkte

Bei der Beschaffung müssen **verkaufsorientierte, warenwirtschaftliche und logistische** Gesichtspunkte berücksichtigt werden. Dazu zählen u. a.:

Bedeutung der Ware für das Sortiment	→	Welchen Grund- und welchen Zusatznutzen bietet die Ware?
Eignung für den Verkauf	→	Ist die Ware SB-fähig oder ist eine Beratung erforderlich?
Beschaffungshäufigkeit	→	Wird die Ware täglich oder zu bestimmten Zeitpunkten benötigt?
Preislage	→	Gehört die Ware zum Niedrigpreisbereich oder zu den preislich hoch angesiedelten Artikeln?
Bestellverfahren	→	Soll regelmäßig oder bei Erreichen eines bestimmten Lagerbestandes bestellt werden?
Lagerung	→	Stellt die Ware bestimmte Anforderungen an die Lagerhaltung?
Warenpflege	→	Ist bei der Lagerung und im Verkauf eine besondere Pflege notwendig?

Beschaffungsprozesse

> **Beispiel:** Die im Betrieb vorherrschende Verkaufsform beeinflusst die Beschaffung. Wenn man verpacktes Brot in Selbstbedienung anbietet, dann ist besonders auf das Mindesthaltbarkeitsdatum zu achten. Wegen der begrenzten Lagerfähigkeit sind zu große Bestellmengen nicht empfehlenswert. Eine besonders sorgfältige Beobachtung über den Abverkauf ist hier unerlässlich und man sollte nur das nachbestellen, was z. B. täglich verkauft wird.

Anders bei Artikeln, die lange lagerfähig sind, wie z. B. bei Baustoffen. Hier können große Mengen beschafft werden. Dies sichert nicht nur die Verkaufsbereitschaft, sondern es können auch Preisnachlässe *(Mengenrabatt)* in Anspruch genommen werden.

■ Der Einzelhandel als „Gate-Keeper"

Die **Stellung** des **Einzelhandels** gegenüber den **Herstellern** und **Lieferanten** kann sehr stark sein. Dies ist besonders bei **großen** Einzelhandelsunternehmen der Fall. Sie üben als Einkäufer eine beträchtliche **wirtschaftliche Macht** aus.

So kann der Handel als **Gate-Keeper** (Torwächter) einen großen **Einfluss** ausüben, welche Qualität die im Sortiment geführten Waren haben sollen oder welche umweltbelastenden Artikel und Verpackungen durch weniger umweltbelastende ersetzt werden können. Es ist der Handel, der die Entscheidung darüber trifft, welche Artikel gelistet werden und welchen der Zugang zu den Kunden verwehrt wird.

Je **stärker** die **Marktmacht** des beschaffenden Einzelhandelsunternehmens ist, desto **stärker** ist auch seine **Position** gegenüber den **Lieferanten** *(Discounter, Filialunternehmen)*. Dies wirkt sich z. B. stark auf die Festsetzung der Einkaufspreise und die Gestaltung der Liefer- und Zahlungsbedingungen in den Einkaufsverhandlungen aus.

AKTION

1 Beschreiben Sie kurz die verschiedenen Phasen der Warenbeschaffung.

2 Zeigen Sie an drei Beispielen, wie in Ihrem Ausbildungsbetrieb verkaufsorientierte Gesichtspunkte bei der Warenbeschaffung berücksichtigt werden.

3 Unter dem Motto „Respekt für Mensch und Umwelt" will Ihr Ausbildungsunternehmen künftig ökologisch unbedenkliche, sozialverträglich hergestellte und fair gehandelte Waren anbieten. Recherchieren Sie im Internet (Suchbegriffe z. B.: Fairer Handel, Corporate Social Responsibility CSR) und nennen Sie Möglichkeiten!

4 Zeigen Sie am Beispiel Ihres Ausbildungsbetriebes, wie sich die Beschaffung der Waren durch Einflussnahme auf die Bereiche

- Warenauswahl,
- Transport,
- Lagerung und
- Abfallentsorgung

möglichst umweltschonend gestalten lässt!

5 Lebensmittel-Händler Franz Kleinert behauptet: „Am Speisesalz verdiene ich nichts, eigentlich lege ich sogar Geld drauf. Aber das Salz aus dem Sortiment herausnehmen – das geht auch nicht!"

a) Tragen Sie Argumente zusammen, die für oder gegen Herrn Kleinerts Auffassung sprechen.

b) Wie stellt Kleinert eigentlich fest, dass er an Speisesalz „nichts" verdient oder sogar „Geld drauflegt"?

c) Nennen Sie für Ihren Ausbildungsbetrieb Waren, die dem Salz im Lebensmittel-Einzelhandel entsprechen!

6 Diskutieren Sie in Pro- und Contra-Diskussionen folgende Themen:

- „Als Verkaufskraft muss ich mehr über die Waren wissen als meine Kunden!"
- „Als Verkäufer muss ich dem Kunden alles sagen, was ich über eine Ware weiß!"
- „Im Geschäft bin ich Verkäufer und nicht Vertreter des Verbraucherschutzes!"

7 Diskutieren Sie die Rolle des Einzelhandels als Gate-Keeper aus der Sicht der Hersteller, des Einzelhandels und der Verbraucher.

8 Bei einer Befragung von Herstellern und Lieferanten zum Thema Preisverhandlungen machten diese folgende Aussagen (Prozentangaben in Klammern = Zustimmung zur Aussage): Der Handel setzt massiven Druck ein, um seine Vorschläge durchzusetzen (71 %). Der Handel gibt vor und lässt kaum argumentieren (65 %). Preise und Konditionen werden vom Handel angeordnet (54 %). Beide machen einen Vorschlag und es wird verhandelt (10 %). Wir schlagen vor, und der Handel stimmt unserer Argumentation zu (2 %).

Nehmen Sie zu diesem Ergebnis Stellung!

Kooperationsformen im Einkauf

2 Kooperationsformen im Einkauf

Gemeinsam sind wir stark! Welche Vorteile und Leistungen bieten Einkaufskooperationen im Einzelhandel?

■ SITUATION

Jeden Mittwochabend treffen sich Neuburger Einzelhändler im „Goldenen Hirsch". Heinz Bessler, Inhaber eines Optikergeschäfts, beklagt sich bitter über die gerade begonnene Aktion des Optikerfilialisten Bielmann „Sonnenbrillen geschliffen für nur 29,00 €".

Herr Bessler:	„Da kann ich einfach nicht mithalten. Unter 50 € geht da nichts."
Frau van Laak:	„Mir geht es ähnlich, Heinz, wenn unser Warenhaus mit Preisreduktionen beginnt, muss ich nachziehen. Wir Kleinen haben einfach keine Chancen mehr."
Frau Hesser:	„Das glaub ich nicht, warum schließt ihr euch nicht einem Einkaufsverband an? Seit ich bei der Intertex bin, profitiere ich von günstigen Einkaufspreisen. Außerdem bietet der Verband noch viele zusätzliche Dienstleistungen, die mir meine tägliche Arbeit erleichtern."
Herr Bessler:	„Hab ich mir auch schon überlegt, aber dann verliere ich einen großen Teil meiner Unabhängigkeit und muss nach der Pfeife des Verbandes tanzen!"

1. Welche der im Informationsteil genannten Ziele und Aufgaben können für Herrn Bessler den Ausschlag geben, sich einer Kooperation anzuschließen?
2. Herr Bessler fürchtet einen Teil seiner Unabhängigkeit zu verlieren. Wie müsste die Zusammenarbeit zwischen Verband und Herrn Bessler gestaltet werden, damit er möglichst viel von seiner Unabhängigkeit behält?

■ INFORMATION

Kooperation ist die freiwillige Zusammenarbeit von rechtlich und wirtschaftlich selbstständigen Unternehmungen mit dem Ziel, betriebliche Aufgaben – z. B. die Beschaffung – gemeinsam zu erfüllen.

Beabsichtigt wird, die Unternehmungen abzusichern und ihre Lage zu verbessern, etwa **Kostensenkung** durch günstige Einkaufspreise und vorteilhafte Konditionen, gemeinsame Nutzung eines zentralen Warenwirtschaftssystems und gemeinsame Beschaffungsmarktforschung.

Der Anteil nicht gebundener Einzelhändler, die alleine über die Zusammensetzung ihres Sortiments entscheiden oder in welchem Ausmaß sie Werbung betreiben, wird immer geringer. Ihr Marktanteil beträgt etwa 12 %, während in **Verbundgruppen** organisierte Unternehmen sich einen Marktanteil von 45 % sichern konnten.

> **Beispiele** für Verbundgruppen im Einzelhandel

EDEKA · vedes · REWE GROUP · INTERSPORT · MARKANT · KATAG DER FÜHRENDE MODEPARTNER · Musterring · büro actuell

Das Ausmaß der Zusammenarbeit reicht von „Nachbarschaftshilfe" *(Händler A kann einen vereinbarten Liefertermin nicht einhalten und bittet Händler B um Unterstützung)* über die Ausgliederung einer oder mehrerer Unternehmensfunktionen *(Einkauf, Logistik, Werbung, Teile des Rechnungswesens)* bis zur vollständigen Integration in ein anderes Unternehmen *(Zusammenschluss mit Verlust der eigenen Selbstständigkeit)*.

Im **Beschaffungsbereich** kooperieren die Einzelhandelsunternehmen sowohl mit Großhandel als auch Herstellern oder sie schaffen sich eigene Organe, die in ihrem Auftrag die gemeinsam vereinbarten Aufgaben übernehmen und die damit Großhandelsfunktionen ausüben.

Im **Absatzbereich** reichen die Kooperationen von lockeren Zusammenschlüssen *(Interessen-, Werbegemeinschaft)* bis zur Bildung spezieller Absatzorgane, die für die Mitglieder Marktforschung, Werbung und Verkaufsförderung betreiben.

E-Commerce: Kooperationen als Vorreiter

Die Einkaufsverbände versuchen, ihre Mitglieder fit zu machen für das elektronische Zeitalter. Sie bieten eine meist sehr kostengünstige Internet-Plattform. So informiert einmal die Industrie den Einzelhändler über Artikel, Lieferverfügbarkeit, aktuelle Angebote und laufende Aktionen, während der Endkunde sich über „seinen" Händler und dessen Angebot informieren kann. Über eine gemeinsame Startseite des Verbandes (Portal) kann der interessierte Kunde auf unterschiedliche sortimentsbezogene Homepages gelangen, unter denen sich wiederum einzelne Mitgliedsunternehmen mit ihren eigenen Internet-Auftritten präsentieren. Dort ist dann eine Online-Bestellung möglich.

■ Leistungen der Verbundgruppen für ihre Mitglieder

Ursprünglicher Zweck der Kooperationen war durch gemeinsamen Warenbezug Vorteile zu erzielen *(günstige Einkaufspreise, Liefer- und Zahlungsbedingungen)*. Die heutige Entwicklung ist dadurch gekennzeichnet, dass sich eine Vielzahl der Verbundgruppen zu sogenannten **„Full-Service-Kooperationen"** weiterentwickelt haben. Die ursprüngliche Einkaufsfunktion wurde um zahlreiche zusätzliche Dienstleistungen ergänzt.

Kooperationsformen im Einkauf

Verbundgruppen mit „Full-Service-Konzept" bieten:		
Markt- und Trendforschung	→	Die Mitglieder haben Zugriff auf Marktforschungsdaten, um eine optimale Sortiments- und Beschaffungspolitik zu ermöglichen.
Bündelung der Marktmacht	→	Die Waren werden in großen Mengen weltweit für die Mitglieder durch einen Zentraleinkauf zu günstigen Preisen beschafft.
Bildung von Eigenmarken	→	Eigenmarken (Handelsmarken) verbessern die Ertragssituation des Händlers und stärken sein Unternehmen gegenüber Mitbewerbern.
Sortimentsplanung und Sortimentsanalysen	→	Speziell geschulte Berater helfen bei der Sortimentsgestaltung unter Berücksichtigung der örtlichen Gegebenheiten.
Marketing	→	Die Verbundgruppe entwickelt einheitliche Werbekonzepte und Verkaufsstrategien, die von den Mitgliedsunternehmen übernommen werden können. Sie sparen so die hohen Kosten für eine eigene Werbeabteilung bzw. für eine Werbeagentur.
Erleichterung des Zahlungsverkehrs durch Zentralregulierung	→	Die Kooperationszentrale übernimmt die Zahlungsregulierung der Mitglieder mit den Lieferanten.
Ladengestaltung	→	Die Verbundgruppe unterstützt die Mitglieder bei der Gestaltung der Verkaufsräume. Oft wird ein für alle Mitglieder einheitliches Shop-Layout (= Erscheinungsbild des Ladens) angestrebt.
Logistik-Konzepte	→	Bundesweit gewährleisten die meisten Verbundgruppen durch dezentrale Lagerstandorte eine schnelle und reibungslose Warenversorgung, die durch eigene Fahrzeuge erfolgt.
Betriebsberatung	→	Hilfestellung für die Mitgliedsunternehmen durch: › Betriebswirtschaftliche Beratung (Umsatz-, Kosten-, Limitplanung), › Personalwesen (Beschaffung, Einsatz, Schulung), › Organisation (Ablauforganisation, EDV-Anwendungen), › Betriebsvergleiche (KER, Deckungsbeitragsrechnung, Umsatz).
Erfahrungsaustausch	→	Durchführung von Versammlungen der Mitglieder, Bildung von Sortiments- und Fachausschüssen.

■ Voraussetzungen für die Mitgliedschaft

Je nach Verbundgruppe unterscheiden sich die Voraussetzungen für eine Mitgliedschaft. Ein bestimmter Mindestumsatz, z. B. 250.000 € pro Jahr, wird häufig vorausgesetzt. Die Mitgliedschaft in einem anderen Einkaufsverband ist normalerweise nicht gestattet. Häufig wird eine Gesellschaftereinlage geleistet, die verzinst wird. Nur Betriebe in wirtschaftlich geordneten Verhältnissen werden aufgenommen; Zahlungsunfähigkeit kann zum sofortigen Ausschluss führen. Viele Kooperationen bieten ihren Mitgliedern einen Gebietsschutz (bei Städten bis 30.000 Einwohnern nur ein Mitglied).

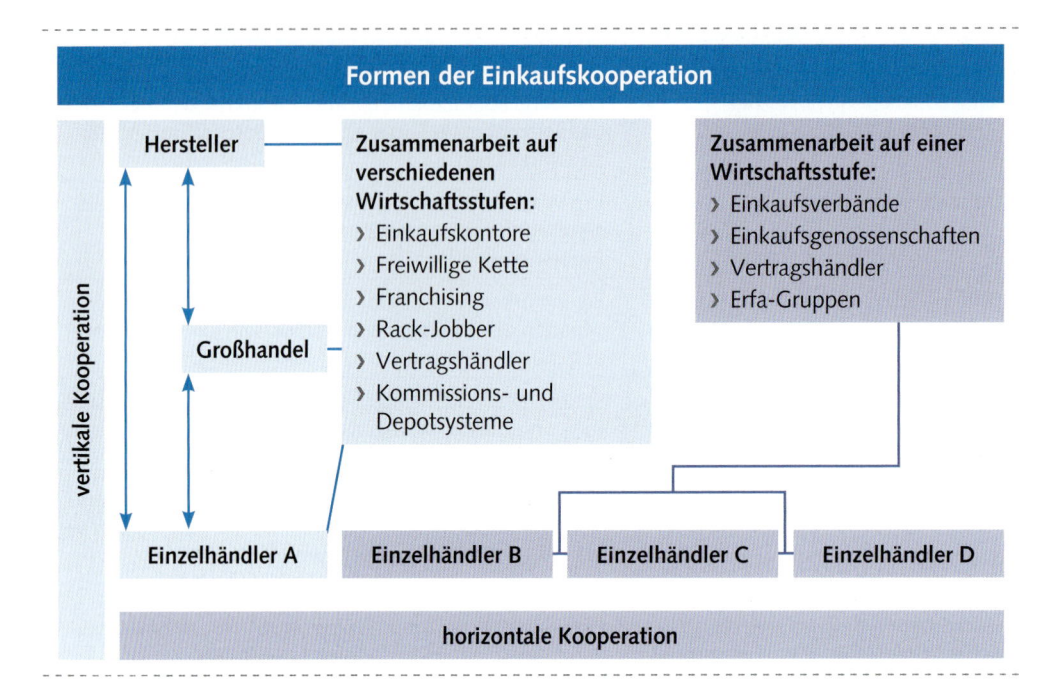

Kooperationsformen im Einkauf

Formen der Einkaufskooperation

- **Zusammenarbeit auf verschiedenen Wirtschaftsstufen:** (Hersteller – Großhandel – Einzelhändler A, vertikale Kooperation)
  - Einkaufskontore
  - Freiwillige Kette
  - Franchising
  - Rack-Jobber
  - Vertragshändler
  - Kommissions- und Depotsysteme

- **Zusammenarbeit auf einer Wirtschaftsstufe:** (Einzelhändler B, C, D – horizontale Kooperation)
  - Einkaufsverbände
  - Einkaufsgenossenschaften
  - Vertragshändler
  - Erfa-Gruppen

Vertikale Kooperation

Bei der vertikalen Kooperation findet eine Zusammenarbeit zwischen Einzelhandel und Großhandel bzw. Einzelhandel und Hersteller statt.

Einkaufskontore

Kontore wickeln den Wareneinkauf zwischen ihren Mitgliedern und den Lieferanten ab. Das **Kontor** dient dabei als **Bindeglied** zwischen Handel und Industrie. Rechnungsstellung und Bezahlung erfolgen für Mitglieder und Lieferanten über das Kontor (Zentralregulierung). Die Mitgliedsunternehmen erhalten die bestellten Waren meist direkt von der herstellenden Industrie **(Streckengeschäft)**. Die Mitglieder der Kontore sind nicht nur Einzel- oder Mehrbetriebsunternehmen, sondern auch größere Filialunternehmen. Selbst Einkaufsgenossenschaften und Ketten sind Mitglieder in Einkaufskontoren. In Deutschland gibt es zwei bedeutende Einkaufskontore. Die Markant AG mit ca. 100 Mitgliedern – darunter Handelsriesen wie Lidl & Schwarz, Globus und dm-Drogerien – repräsentiert einen Marktanteil am Gesamtumsatz des deutschen Lebensmittelhandels von 17,0 %. Große Bedeutung hat auch die Gedelfi (Gemeinschaft Deutscher Lebensmittelfilialbetriebe), die zur EDEKA-Gruppe gehört.

Freiwillige Ketten (Handelsketten)

Freiwillige Ketten sind ein Zusammenschluss zwischen Großhändlern und Einzelhändlern. Die Einzelhändler verpflichten sich bei ihrem regionalen Großhändler Waren zu beziehen. Nur was dort nicht gelistet ist, kann über andere Lieferanten bezogen werden. Juristisch sind die Einzelhändler zwar selbstständig, jedoch ist durch die starke wirtschaftliche Bindung an den Großhändler die Entscheidungsfreiheit des Einzelhändlers stark eingeschränkt. Für die gesamte Kette ergeben sich Vorteile durch die große Nachfragemacht gegenüber den Herstellern, wodurch günstige Preise ausgehandelt werden können.

Kooperationsformen im Einkauf

Der weltweit größte Zusammenschluss von Händlern zu einer Handelskette, die unter gleichem Namen und mit einheitlichem Logo auftreten, rechtlich jedoch eigenständige Gesellschaften sind, ist die SPAR-Gruppe. Weltweit beträgt der Umsatz fast 30 Milliarden €. Die SPAR-Gruppe ist mit über 13.000 Verkaufsstellen in 33 Ländern präsent (In Deutschland existiert sie allerdings nicht mehr. Die ehemaligen SPAR-Einzelhändler gehören heute zur EDEKA).

Franchising

Franchising ist eine vertikal-kooperative Vertriebsform, die dadurch gekennzeichnet ist, dass ein **Franchise-Geber** selbstständige Unternehmer als **Franchise-Nehmer** sucht, die mit eigenem Kapitaleinsatz Waren oder Dienstleistungen anbieten, die vom Franchisegeber bereitgestellt werden; z. B. der Vertrieb von Weinen, Spirituosen, Likören, Essig und Ölen direkt vom Fass. Dabei wird ein einheitliches Marketingkonzept zugrunde gelegt und die jeweiligen Rechte und Pflichten der Partner werden im Franchisevertrag geregelt.

Abb. Franchiseunternehmen „Alles vom Fass"

Rack-Jobber

Das Rack-Jobber-Vertriebssystem ist meist im **Selbstbedienungs-Einzelhandel** anzutreffen. Hersteller oder Großhändler bestücken dabei im Verkaufsraum des Einzelhändlers Regalflächen mit einem eigenständigen Sortiment und betreuen es. Sie bestimmen die Sortimentszusammensetzung und Platzierung der Artikel. Rack-Jobbing kommt aus der Sicht des Einzelhandels in zwei Formen vor:

1. **Verkauf der Waren auf fremde Rechnung:** Der Einzelhändler erhält für die „Vermietung" der Fläche und für das Inkasso entweder einen festen Betrag oder eine Umsatzprovision. Meist handelt es sich um sinnvolle Ergänzungen zum Kernsortiment des Händlers *(Haushaltswaren, Kleintextilien, Kurzwaren, Spielwaren)*.

2. **Verkauf der Waren auf eigene Rechnung:** Der Einzelhändler erwirbt durch Kauf an den Waren das Eigentum. Es erfolgt keine besondere Abrechnung mit den Lieferanten. Neben Randsortimenten werden die entsprechenden Regalflächen auch mit Artikeln des Kernsortiments bestückt *(Trockenprodukte, Gewürze, Kaffee)*.

Vorteile für den Händler: Bei den Randsortimenten bringen die Lieferanten ihr spezielles Know-how ein. Viele Händler würden aufgrund mangelnder Sortiments- und Warenkenntnis bei diesen Artikeln eine Aufnahme ins Sortiment scheuen. Der Einzelhändler trägt nur ein geringes Absatzrisiko, da schwer verkäufliche oder verdorbene Ware zurückgenommen wird. Die Regalpflege durch den Rack-Jobber bindet kein Personal. Es gibt allerdings Bestrebungen auf Lieferantenseite die kostenintensive Regalpflege den Einzelhändlern zu überlassen. Dafür werden dann günstigere Einkaufspreise und -konditionen angeboten.

Kooperationsformen im Einkauf

Vertragshändler

Vertragshändler sind selbstständige Gewerbetreibende, die sich vertraglich verpflichtet haben im eigenen Namen und auf eigene Rechnung Waren nach der Konzeption eines Herstellers zu verkaufen. Der Einzelhändler erhält häufig einen Gebietsschutz (Exklusivvertrieb) und profitiert vom bekannten Namen des Herstellers. Das Vertragshändlersystem ähnelt dem Franchising, jedoch ist die Bindung an den Warengeber nicht so eng. Außerdem müssen keine Gebühren an ihn geleistet werden. Im Einzelhandel findet sich diese Kooperation vor allem als sogenanntes **„Depotgeschäft"** im Kosmetikbereich und im Kaffeevertrieb *(Tchibo-Depot)*.

Kommissionsvertrieb

Bei diesem Vertriebsweg, der besonders in Großbetriebsformen des Einzelhandels an Bedeutung gewinnt *(kein Absatzrisiko, keine Kapitalbindung)*, verkauft der Einzelhändler **(Kommissionär)** in eigenem Namen, aber auf fremde Rechnung. Der Lieferant **(Kommittent)** stellt Ware zur Verfügung, die sein Eigentum bleibt. Abgerechnet wird nur, was tatsächlich verkauft wurde. Der Einzelhändler erhält für den Verkauf eine Provision.

Käufe auf Kommission sind sinnvoll bei Waren, die neu auf dem Markt eingeführt werden, oder wenn es sich um Waren mit einem geringen Lagerumschlag handelt.

Kooperation durch vertikale Flächenkonzepte

Durch eine enge **Zusammenarbeit** zwischen **Hersteller** und **Händler** ist es speziell in der **Modebranche** auch kleineren Unternehmen möglich, schnell auf modische Trends und Entwicklungen zu reagieren. Dadurch, dass die Handelsunternehmen regelmäßig Abverkaufs- und Bestandsdaten an den Lieferanten melden, erhält dieser umfassende Informationen über die Kundenakzeptanz seiner Kollektionen am POS.

Dadurch wird sichergestellt, dass es zu einer kontinuierlichen und bedarfsorientierten **Warenverfügbarkeit** im Handel kommt. Gerade, wenn ein Unternehmen eine Sortimentserweiterung oder -ergänzung vornehmen möchte, hilft die Entscheidung für ein vertikales Flächenkonzept, unnötige Risiken zu vermeiden. Als enger Partner eines Herstellers profitiert man von dessen Markenstärke und Erfahrung. In der Praxis kommen folgende **Geschäftsmodelle** vor:

Flächenkonzept Shop in Shop

› Der Einzelhändler vermietet seine eigene Verkaufsfläche an den Lieferanten. Dieser gestaltet die Verkaufsfläche und verkauft auf eigene Rechnung, u.U. auch mit eigenem Personal. Die Bestandssteuerung erfolgt durch den Lieferanten, der auch über die Aktivitäten auf der Verkaufsfläche entscheidet. Dazu nutzt der Lieferant in vielen Fällen das Kassensystem des Einzelhandelsunternehmens.

› Der Lieferant stellt die Ware dem Händler zur Verfügung, behält aber das Eigentum bis zum Verkauf an den Kunden. Handel und Lieferant bestimmen beide die Sortimentierung. Je nach vertraglicher Gestaltung trägt entweder der Händler oder der Lieferant das Bestandsrisiko.

Kooperationsformen im Einkauf

> Die Sortimentsgestaltung übernimmt allein der Händler. Er bestellt die Ware beim Lieferanten und wird nach Lieferung Eigentümer. Die Gestaltung der Verkaufsfläche liegt im alleinigen Verantwortungsbereich des Händlers, der auch das Bestandsrisiko trägt.

Die **Präsentation** der **Waren** kann sowohl auf fest definierten Verkaufsflächen ohne Ladenmöbel des Lieferanten erfolgen **(Soft Shop)** oder mit vom Lieferanten gelieferten Ladenmöbeln **(Shop in Shop)**.

In vielen Fällen erfolgt die **Betreuung** der **Flächen** durch ein **Flächenmanagement** des Lieferanten. So werden z. B. spezielle Schulungen für das Verkaufspersonal angeboten um die Beratungsqualität zu steigern. Ebenfalls erfolgt eine Betreuung im Bereich **Visual Merchandising**, um eine markengerechte Wareninszenierung am POS zu gewährleisten. Diese Maßnahmen ersparen dem Einzelhändler Kosten und Zeit und haben für den Lieferanten den Vorteil, auf den Abverkauf seiner Waren gezielt Einfluss nehmen zu können.

Horizontale Kooperation

Horizontale Kooperation zeigt sich im Einzelhandel auf verschiedene Weise:

> Zusammenschluss von selbstständigen Einzelhandelsbetrieben, um durch gemeinsamen Wareneinkauf Preis- und Konditionenvorteile zu erzielen.
> Schaffung eines am Markt sichtbaren einheitlichen Sortimentsbildes, das in Breite und Tiefe gegenüber den meist filialisierten Großbetriebsformen bestehen kann *(Eigenmarken, einheitliches Ladenlayout, zentral organisierte Werbung)*.
> Zusammenarbeit auf lokaler Ebene *(Werbe- und Parkgemeinschaften)*.

Einkaufsgemeinschaften

Zu den Einkaufsgemeinschaften zählen **Einkaufsgenossenschaften** und **Einkaufsverbände**. Auch Einkaufsgemeinschaften bieten im Allgemeinen ihren Mitgliedern alle Leistungen, wie sie von Verbundgruppen im Rahmen einer **Full-Service-Kooperation** erwartet werden. Einkaufsgemeinschaften übernehmen durch Schaffung einer Zentrale für ihre Mitglieder typische Großhandelsfunktionen.

Beispiele für Einkaufsgemeinschaften		
Name	Branche	Filialen/Märkte
EDEKA	Lebensmittel	12.000
REWE	Lebensmittel	11.000
KATAG	Textilien	375
Intersport	Sportartikel/Textilien	1.050
Euronics	Unterhaltungselektronik	2.000
Büro Actuell	Papier – Schreibwaren – Bürobedarf	600
ANWR	Schuhe	1.500
VEDES	Spielwaren	1.200
EK-Großeinkauf	Haushaltswaren	2.140

Beim **Eigengeschäft** kaufen die Zentralen auf eigene Rechnung bei den Lieferanten und verkaufen an die Mitglieder.

Beim Fremdgeschäft tritt die Zentrale nur als Vermittler auf. Dazu zählen **Empfehlungsgeschäfte** *(Zentrale empfiehlt den Mitgliedern bestimmte Lieferanten)*, **Abschlussgeschäfte** *(Abschluss von Rahmenverträgen mit Lieferanten)*, **Delkrederegeschäfte** *(Zentrale übernimmt Haftung für die Bezahlung der Waren durch die Mitglieder)*. Zwar firmieren juristisch die Mitglieder unter dem Namen des selbstständigen Inhabers, nach außen präsentieren sie sich aber unter dem Logo der Gemeinschaft.

Erfa-Gruppen

In einer Erfa-Gruppe **(Erfahrungsaustausch-Gruppe)** treffen sich von der Branche und Sortiment vergleichbare Einzelhändler, die in der Regel keine unmittelbare konkurrierenden Unternehmen sind, um geschäftliche Erfahrungen auszutauschen. Dabei spielt der Austausch von betriebswirtschaftlichen Kennzahlen eine wichtige Rolle.

■ AKTION

1 Welche Kooperationsform wird durch die folgenden Aussagen beschrieben?

   a) Die Brot-Paradies GmbH bestückt jeden Montag im Manz Supermarkt das Brotregal und nimmt verfallene Artikel zurück.

   b) Die Reinbach GmbH bezieht wie 200 andere Papier- und Schreibwarenhändler ihren gesamten Bürobedarf über „Euro-Office".

   c) Herrenstrümpfe der Marke „Milan" werden im Mode-Treff nur bei Verkauf abgerechnet. Sabrina Hesser erhält von jedem Verkauf 15 % Provision.

   d) Einmal im Monat treffen sich 15 Einzelhändler der Uhren- und Schmuckbranche aus einem Umkreis von 50 km.

   e) Im Warenhaus Merkur präsentiert sich in der Kosmetikabteilung das weltberühmte Kosmetikunternehmen „Avalon" mit einem eigenen Verkaufsstand. Auf die Sortimentsgestaltung hat das Warenhaus keinen Einfluss.

2 Erläutern Sie die wesentlichen Unterschiede zwischen vertikaler und horizontaler Kooperation.

3 Zeigen Sie in einer Übersicht, ob bzw. seit wann die in Ihrer Klasse/Lerngruppe vertretenen Ausbildungsbetriebe an einer Kooperation teilnehmen. Fragen Sie nach den wichtigsten Gründen für die Beteiligung an einer Kooperation.

4 Die größte europäische Verbundgruppe des selbstständigen Schuh- und Lederwarenfachhandels ist die GARANT SCHUH + MODE AG. Sie stellt ihren Fachhändlern ein umfangreiches, auf deren Erfordernisse und Besonderheiten zugeschnittenes Serviceangebot zur Verfügung. Klicken Sie die Internetseite der Verbundgruppe unter der Adresse www.garantschuh.de an und informieren Sie sich unter dem Menüpunkt „Dienstleistungsangebote" über das Serviceangebot. Fassen Sie das Wesentliche unter der Überschrift „Leistungen einer Verbundgruppe" als Hefteintrag zusammen.

Anfrage

LF 6

5. Nutzen Sie Expertenwissen zum Thema „Horizontale Kooperation"! Dazu laden Sie Vertreter von Werbegemeinschaften aus dem Ort Ihrer Berufsschule in den Unterricht zu einem Informationsgespräch und einer Fragerunde ein.

6. Rufen Sie die Website des Deutschen Franchiseverbands auf (http://www.dfv-franchise.de).
   a) Informieren Sie sich über die wesentlichen Kennzeichen des Franchisings. Fassen Sie die gewonnen Erkenntnisse in wenigen Sätzen als Ergänzung zum Inhalt des Buches als Hefteintrag zusammen.
   b) Sie beabsichtigen sich nach Ihrer Ausbildung selbstständig zu machen und finden, dass Franchising für Sie geeignet ist. Wählen Sie unter den Mitgliedsfirmen des Verbandes einen Franchisegeber aus, dessen Angebot Sie überzeugt. Begründen Sie Ihre Wahl in einem kurzen Statement vor der Klasse.

3 Kaufverträge mit Lieferanten

Kaufverträge sind die im Einzelhandel am häufigsten abgeschlossenen Verträge. So wie der Einzelhändler auf der Absatzseite mit seinen Kunden Kaufverträge schließt, so kommt es auf der Beschaffungsseite zu Kaufverträgen zwischen ihm und seinen Lieferanten.

3.1 Anfrage

Neue Stühle braucht die Schule! Wer macht das beste Angebot?

■ SITUATION

Die Neuburger Berufsschule möchte für den Konferenzraum eine neue Bestuhlung anschaffen. Schulleiter Fink bittet die Reinbach GmbH um ein entsprechendes Angebot für 90 Stühle, die leicht und stapelbar sein sollen. Sitzfläche und Rückenlehne sollten gepolstert und mit einem strapazierfähigen Stoff überzogen sein. Bei der Reinbach GmbH beschließt man insgesamt drei Angebote einzuholen. Markus Braun, zurzeit in der Abteilung Büroeinrichtung tätig, erhält den Auftrag bei der Büro-Komplett GmbH, Landstr. 8, 03046 Cottbus, Tel. 0355 22255, Fax 0355 22266 nach solchen Stühlen nachzufragen.

Entwerfen Sie eine Anfrage als Fax an die Büro-Komplett-GmbH und bitten Sie diese um ein detailliertes Angebot.

■ INFORMATION

Da für die Beschaffung der Ware häufig mehrere Bezugsquellen zur Auswahl stehen, ist es zweckmäßig, durch gezielte Anfragen alle die Informationen zu erfragen, die für eine begründete Kaufentscheidung erforderlich sind.

Kaufverträge mit Lieferanten

Anfrage		
Zweck	→	Einholung von **Informationen** über das **Warenangebot** der Lieferanten *(Artikel, Preise, Mengen, Lieferbedingungen)*
Inhalt	→	› **Allgemeine Anfrage** – Anforderung von Prospekten, Katalogen, Preislisten u. a. – Bitte um persönliches Beratungsgespräch durch Außendienstmitarbeiter › **Bestimmte Anfrage** – Informationsbedarf richtet sich auf eine konkrete Ware bzw. Warengruppe
Rechtliche Wirkung	→	**Anfragen** sind rechtlich immer **unverbindlich!**

Aufbau und inhaltliche Gestaltung — *Beispiel*

Aufbau	Beispiel
Absender	Action & Fun GmbH Am Markt 1 · 88888 Neuburg
Empfänger	Alpina Sportbekleidung Industriestraße 4 47807 Krefeld Neuburg, ..- ..- ..
Betreff	Anfrage
Grund der Anfrage	Sehr geehrte Damen und Herren, wir möchten verstärkt sportliche Textilien für den Wintersport anbieten. Bitte unterbreiten Sie uns daher ein Angebot über
Beschreibung der gewünschten Ware	*Daunenjacken für Damen und Herren* *Größen S, M, L und XL* *Farben: Schwarz, Blau und Weiß*
Frage nach Liefer- und Zahlungsbedingungen und Hinweise auf einen Liefertermin	Fügen Sie bitte auch Ihre Lieferungs- und Zahlungsbedingungen bei. Wir sind an einem sehr frühen Liefertermin (ab Mitte August) interessiert.
Hinweis auf voraussichtliche Bestellmenge	Sollte uns Ihr Angebot zusagen, können Sie mit einer Bestellung von ca. 30 Jacken rechnen.
Grußformel	Mit freundlichen Grüßen Action & Fun GmbH *Bernd Heller* Bernd Heller

---

■ AKTION

1 Entwerfen und schreiben Sie unter Berücksichtigung der folgenden Angaben einen unterschriftsreifen Brief.

Angebot

LF 6

Absender:	Haushaltwaren Offermann e. K., Römerstraße 19, 76543 Bergdorf
Empfänger:	Ritter & Stark Campingbedarf GmbH, Elbwiesen 122, 22145 Hamburg
Vorgang:	Herr Offermann möchte seine Haushaltwarenabteilung um Campinggeschirr erweitern. Fordern Sie von Ritter & Stark einen Katalog mit Preisliste und den aktuellen Lieferungs- und Zahlungsbedingungen an.

2 Üben Sie in einem Rollenspiel die Durchführung telefonischer Anfragen bei einem Großhändler bzw. Hersteller. Entwickeln und gestalten Sie nach folgenden Vorgaben ein Rollenspiel mit zwei Szenarien:

a) Der mögliche Lieferant ist lieferfähig und kann ein Angebot abgeben.

b) Der mögliche Lieferant kann nicht liefern (Grund angeben!), hilft dem Anrufer jedoch weiter.

Rolle 1 (Händler)	Rolle 2 (Lieferant)	Vorgaben
David Walz, Auszubildender beim Herrenkonfektionsgeschäft Mann-o-Mann.	Bea Block, deutsche Verkaufsniederlassung der Fa. Bruno Bannini, Turin, in Augsburg.	Mann-o-Mann benötigt wegen großer Nachfrage dringend Boxershorts und Tangas in Schwarz und in den Größen 4 und 5 aus elastischer Microfaser. Anfragen, ob sofortige Lieferung von jeweils zehn Fünfer-Packs möglich ist.
Tim Frank, Auszubildender im Sportgeschäft Action & Fun.	Lukas Scheck, Verkäufer bei Fa. Zeitgeist in Pforzheim.	Bei Action & Fun möchte man Sport-Uhren für Tauchen und Surfen ins Sortiment aufnehmen. Bitte um ein ausführliches Angebot.
Andrea Zundel, Auszubildende bei der Wohnwelt-GmbH.	Kurt Kübler, Verkäufer für Großkunden in der Textilgroßhandlung Ackermann in Hannover.	Die Abteilung Heimtextilien möchte künftig Bettwäsche in Übergrößen (155 x 220 cm) anbieten. Außerdem Kinderbettwäsche mit Figuren und Motiven aus Comic-Serien des Fernsehens. Es besteht bisher keine Geschäftsbeziehung zur Fa. Ackermann.

3.2 Angebot

■ SITUATION

Auf die Anfrage der Reinbach GmbH hat Büro-Komplett in Cottbus schnell reagiert und sofort ein entsprechendes Angebot übersandt. Markus Braun ist für die Bearbeitung zuständig und überprüft zuerst, ob alle für eine mögliche Bestellung notwendigen Informationen im Angebot enthalten sind. Dazu informiert er sich im Warenwirtschaftssystem. Der Bildschirm zeigt folgende Maske:

LF 6 — Kaufverträge mit Lieferanten

> Können Sie alle für die Lieferantenstammverwaltung notwendigen Informationen aus dem folgenden Angebot entnehmen?

Angebot der Büro-Komplett GmbH aus Cottbus:

Büro-Komplett GmbH
Landstraße 8
03046 Cottbus
Tel.: 0355 22255 Fax: 0355 22266

BüroKomplett

Reinbach GmbH
Berliner Straße 15
88888 Neuburg

Cottbus, .., .., ..

Angebot

Sehr geehrte Damen und Herren,

vielen Dank für Ihre Anfrage. Aus unserem Programm, „Collection Basic-Linie" bieten wir Ihnen an:

   Stapelstuhl, „Ergotop", 30 mm starke Polsterung von Lehne und Sitz, hochglanzverchromtes Untergestell, Integralarmlehnen, Bezug 100 % Polyacryl, 360 g/m^2.
   Die Bezüge sind nach dem Öko-Tex-Standard 100 Gütezeichen schadstoffgeprüft.

Der Preis pro Stuhl beträgt mit Armlehne 105 €, ohne Armlehne 84 €.
Die Preise verstehen sich ohne Umsatzsteuer.

Ab einem Warenwert von 5.000 € gewähren wir 10 % Rabatt, ab 10.000 € 20 % Rabatt.

Die Lieferzeit beträgt 14 Tage nach Bestellungseingang.

Die Lieferung erfolgt mit eigenem Lkw frei Haus. Bis zu einem Warenwert von 2.500 € berechnen wir eine Transportkostenpauschale von 2 % des Warenwertes. Die Ware wird von uns versichert.

Die Ware wird palettiert und in Folie eingeschweißt geliefert. Paletten und Verpackungsmaterial werden von uns auf Wunsch kostenlos zurückgenommen.

Wir erbitten Ihre Zahlung innerhalb 30 Tage ab Rechnungsdatum. Bei Zahlung innerhalb 10 Tagen gewähren wir 3 % Skonto.

Alle Waren bleiben bis zur vollständigen Bezahlung unser Eigentum.

Erfüllungsort und Gerichtsstand ist Cottbus. Die Vertragsbeziehungen unterliegen ausschließlich dem Recht der Bundesrepublik Deutschland.

Es gelten ferner unsere Allgemeinen Geschäftsbedingungen.

Wir freuen uns auf Ihren Auftrag.

Mit freundlichem Gruß

BÜRO-Komplett GmbH

Schäfer

i. A.
Schäfer

Angebot

LF 6

> Klären Sie die folgenden Fragen anhand des Informationsteils:
> 1. Warum handelt es sich um ein Angebot und keine Anpreisung?
> 2. Ist das Angebot für die Büro-Komplett GmbH rechtlich bindend?
> 3. Bringen Sie den rechnerischen Nachweis dafür, dass es für die Neuburger Berufsschule sinnvoll ist, mehr als die geplanten 90 Stühle zu bestellen.
> 4. Entspricht die Regelung der Transport- und Verpackungskosten den gesetzlichen Bestimmungen?
> 5. Warum schließt die Büro-Komplett GmbH eine Transportversicherung ab?

■ INFORMATION

Lieferanten (Verkäufer) erklären in einem **Angebot**, unter welchen **Bedingungen** sie bereit sind, mit Einzelhändlern (Käufer) einen **Kaufvertrag** abzuschließen und ihnen Waren zu liefern.

Angebot		
Merkmale	→	› Einseitige empfangsbedürftige Willenserklärung › An eine bestimmte Person/Personengruppe gerichtet › Inhaltlich genau bestimmt (Annahme durch einfaches „Ja")
Rechtliche Wirkung	→	**Grundsatz:** Ein **Angebot** ist **verbindlich** (§ 145 BGB).
Ausnahmen von der Bindung	→	› **Vereinbarung von Freizeichnungsklauseln** (§ 145 BGB) Der Verkäufer schränkt durch Zusätze die Bindung an sein Angebot ein: „solange Vorrat reicht" → Menge unverbindlich „Preise freibleibend" → Preise unverbindlich Durch Zusätze wie „freibleibend" oder „unverbindlich" kann auch die Rechtsverbindlichkeit des gesamten Angebots ausgeschlossen werden.
		› **Rechtzeitiger Widerruf des Angebots** (§ 130 BGB) Der Widerruf muss vorher oder spätestens gleichzeitig mit dem Angebot dem Empfänger zugehen. » **Beispiel:** Ein durch Standardbrief versandtes Angebot kann telefonisch, durch Fax oder mit einer E-Mail widerrufen werden.
		› **Fristellung** (§ 148 BGB) Ein zeitlich befristetes Angebot muss vom Käufer innerhalb der vorgegebenen Frist angenommen werden, sonst erlischt die Bindung des Verkäufers an sein Angebot. » **Beispiel:** „Unser Angebot gilt bis zum 31. März."
Weitere Ausnahmen von der Bindung	→	› **Verspätete Annahme des Angebots** (§§ 146, 147, 150 BGB) Unter Anwesenden (auch Telefongespräch!) muss das Angebot sofort, d. h. bis zum Ende des Gesprächs, angenommen werden. Unter Abwesenden gilt ein zeitlich unbefristetes Angebot nur so lange, wie unter regelmäßigen Umständen eine Antwort erwartet werden kann. » **Beispiel:** Bei einem Brief: Postlaufzeit + Überlegungsfrist + Postlaufzeit = ca. 1 Woche

Weitere Ausnahmen von der Bindung	→	› **Abänderung des Angebots** (§ 150 BGB) » **Beispiel:** Ein Kunde ist mit dem Angebotspreis nicht einverstanden und bestellt zu einem niedrigeren Preis. Folge: Das ursprüngliche Angebot erlischt. Die Bestellung entspricht einem neuen Antrag, den der Verkäufer erst annehmen muss, damit ein Kaufvertrag zustande kommt.

Problem der unbestellt zugesandten Ware

Zusendung von Waren ohne vorangegangene Bestellung = Antrag
Rechtliche Wirkung bei:

Privatmann oder Kaufmann ohne ständige Geschäftsbeziehung zum Absender (§ 241a BGB, § 362 Abs. 1 HGB)		Kaufmann mit ständiger Geschäftsbeziehung zum Absender (§ 362 HGB)	
Verhaltensweise		*Verhaltensweise*	
nichts unternehmen (schweigen = Ablehnung des Antrags)	Zahlung des Kaufpreises oder Benutzung der Sache.	nichts unternehmen (schweigen)	Ablehnung
Folge: → kein Kaufvertrag **Pflichten:** Privatmann: keine Aufbewahrungspflicht. Kaufmann: Aufbewahrung mit der beim Empfänger üblichen Sorgfalt.	**Folge:** Annahme des Antrags, → Kaufvertrag	**Folge:** Annahme des Antrags, → Kaufvertrag	**Folge:** → kein Kaufvertrag **Pflichten:** Aufbewahrung auf Kosten des Absenders

Keine Angebote im rechtlichen Sinne sind:

Zeitungsanzeigen, Kataloge und Preislisten, Schaufensterauslagen, Plakate, Warenpräsentation im Internet. Hierbei handelt es sich um eine Aufforderung an die Allgemeinheit zur Abgabe eines Antrags **(Anpreisung)**.

Anmerkung: Die Warenpräsentation in Selbstbedienungsgeschäften stellt rechtlich ebenfalls nur die Aufforderung zur Abgabe eines Antrags dar. Folglich macht erst der Kunde, indem er die Ware an der Kasse auf das Band legt, einen Antrag.

Angebot

■ Inhalt eines aussagefähigen Angebots

Damit es zwischen Verkäufer und Käufer möglichst zu keinen Unklarheiten oder gar späteren Streitigkeiten kommt, ist es von Vorteil zu allen wesentlichen Punkten im Angebot Vereinbarungen zu formulieren. Wird darauf verzichtet, gilt die jeweilige gesetzliche Regelung **(§)**.

Viele Lieferanten verweisen bei der Angebotserstellung auf ihre Allgemeinen Geschäftsbedingungen, die aber nur dann wirksam werden, wenn sie dem Käufer bekannt sind. In bestimmten Branchen, z. B. in der Textilbranche, wird nach Einheitsbedingungen ge- und verkauft (Einheitsbedingungen der Textilwirtschaft).

	Angebot	
Art	› handelsüblicher Name	→ Kräuteressig, Notebook, Herrenslip
Qualität und Beschaffenheit	Nähere Bestimmung durch:	
	› Abbildungen und Beschreibungen	→ Prospekte, Kataloge
	› Muster und Proben	→ Textilien, Tapeten, Wein, Tee
	› Handelsklassen	→ Obst, Gemüse
	› Typen	→ Mehl *(405)*, Elektrogeräte
	› Herkunft	→ Anbaugebiet *(Champagne)*
	› Gütezeichen	→ Wollsiegel, Umweltengel
	› Marken	→ zur Unterscheidung von Waren anderer Hersteller *(Namen, Bildzeichen)*
	› Zusammensetzung	→ Fettanteil in Käsetrockenmassen
	§ Wird nichts festgelegt, ist Ware mittlerer Güte zu liefern.	
Menge	Sie wird angegeben in:	
	› gesetzlichen Maßeinheiten	→ Meter, Kilogramm, Liter
	› handelsüblichen Bezeichnungen	→ Stück, Steige, Sack, Kiste
	§ Fehlt eine Mengenangabe, dann gilt das Angebot für jede handelsübliche Menge.	
Preis	Er bezieht sich auf die handelsübliche Mengeneinheit oder eine im Angebot angegebene Gesamtmenge. Die Angabe erfolgt in Geldeinheiten (€).	
Preisnachlässe	**Lieferanten gewähren häufig Preisnachlässe:**	
	Rabatt: Ein meist prozentualer Abzug vom Rechnungsbetrag aus unterschiedlichen Gründen:	
	› Mengenrabatt	→ bei Abnahme größerer Mengen
	› Treuerabatt	→ für langjährige Kunden
	› Sonderrabatt	→ bei Aktionen, Jubiläen, Produkteinführungen
	› Personalrabatt	→ für Mitarbeiter und deren Angehörige
	› Wiederverkäuferrabatt	→ bei Markenartikeln, die vom Hersteller zum von ihm empfohlenen Verkaufspreis berechnet werden. Der Einzelhändler darf davon den Rabatt abziehen und erhält so seinen Einstandspreis.
	› Naturalrabatt	→ in Form von Ware gewährter Nachlass *(Draufgabe: 10 St. bestellt und bezahlt, 11 Stück erhalten; Dreingabe: 10 St. bestellt und erhalten, aber nur 9 St. bezahlt)*.

Preisnachlässe	Einige Rabatte, z. B. der **Wiederverkäuferrabatt**, sind sogenannte **Funktionsrabatte**. Durch sie wird dem Einzelhändler eine Leistung vergütet, die darin besteht, dass er bestimmte Handelsfunktionen übernimmt und so dem Hersteller Aufwand erspart (Lagerung). Andere Rabatte werden aufgrund der **Marktmacht** des Handels als Nachfrager auf einem Käufermarkt gewährt. Zu diesen Rabatten zählt der **Listungsrabatt**. Er wird eingeräumt, wenn ein Handelsunternehmen bereit ist Artikel dieses Herstellers in das Sortiment aufzunehmen („listen"). Dieser Rabatt muss immer wieder neu eingeräumt werden, will der Lieferant verhindern entlistet zu werden. Weit verbreitet sind auch die sogenannten **Zeitrabatte**. Zu ihnen zählen u.a. **Einführungsrabatte**, die den Handel motivieren sollen, ein neues Produkt frühzeitig in das Sortiment aufzunehmen. **Saisonrabatte** bezwecken, dass der Handel bei Produkten mit saisonalem Absatzverlauf *(Ski, Snowboard)* früher bestellt bzw. der Kunde außerhalb der Saison kauft *(Nachsaison- oder Vorsaison-Rabatte)*. **Ausverkaufsrabatte** sollen den Abverkauf veralteter Produkte fördern.
	Bonus: Meist zum Jahresende gewährter prozentualer Nachlass, wenn eine mit dem Lieferanten vereinbarte Umsatzhöhe überschritten wurde.
	Skonto: Prozentualer Rechnungsabzug für Bezahlung innerhalb einer vereinbarten Frist vor Ablauf eines Zahlungsziels (s. auch Zahlungsbedingungen).

Informationen zu den Zahlungsbedingungen			
vertraglich geregelte Zahlungsbedingungen	Zahlung vor Lieferung	→	„gegen Vorkasse", „Anzahlung von 20 %" (meist bei Erstkunden oder schlechter Zahlungsmoral)
	Zahlung bei Lieferung	→	„netto Kasse", „gegen bar", „sofort", „Nachnahme"
	Zahlung nach Lieferung	→	„30 Tage Ziel", „innerhalb 10 Tage 4 % Skonto" (meist Lieferung unter Eigentumsvorbehalt)
§ Die Ware ist sofort bei Lieferung zu bezahlen; die dabei anfallenden Kosten (Gebühr für Überweisung bzw. Scheck) hat der Käufer zu tragen, denn Geldschulden sind Bringschulden. Für die **rechtzeitige Bezahlung** einer Geldforderung kommt es nicht auf die Rechtzeitigkeit der Zahlung, sondern auf die **Rechtzeitigkeit des Geldeingangs** beim Gläubiger an. Dies ergibt sich, wie der Europäische Gerichtshof zu entscheiden hatte, aus der **EU-Zahlungsverzugsrichtlinie**. Allerdings haftet ein Schuldner, der die Überweisung rechtzeitig veranlasst hat, nicht für mögliche Verzögerungen im Bankenverkehr.			

Informationen zu den Lieferbedingungen			
Verpackungskosten	Verkaufsverpackung	→	Die Kosten sind im Angebotspreis enthalten *(Parfümflakon, Bierdose, Suppentüte)*.
	Versandverpackung	→	Die Kosten können vertraglich vom Verkäufer, dem Käufer oder beiden übernommen werden. Bei Ware, die nach Gewicht bestellt wird *(Obst, Gemüse)*, ist üblicherweise der Preis der Verpackung im Warenpreis enthalten.
	§ Die Kosten der Versandverpackung trägt der Käufer.		

Angebot

LF 6

Versandkosten	Nach dem Grundsatz **„Warenschulden sind Holschulden"** müsste der Händler bestellte Artikel beim Lieferanten selbst abholen. In den meisten Fällen wird sie ihm jedoch zugestellt *(firmeneigenes Fahrzeug des Lieferanten, Spediteur, Post, private Zustelldienste, Bahn)*. Die Kosten können entweder ganz vom Lieferanten übernommen werden *("Lieferung frei Haus")* oder vollständig vom Käufer *("Lieferung erfolgt ab Fabrik")*. Eine Aufteilung zwischen den Vertragspartnern ist ebenfalls möglich. Häufig ist die Berechnung von Versandkosten vom Auftragswert abhängig *("Wir liefern ab einem Auftragswert von 1.500,00 € porto- und frachtfrei.")* **Übersicht zu den Beförderungsbedingungen:** | Bedingung:	Käufer trägt:	Verkäufer trägt:
---	---	---
ab Fabrik, ab Werk, ab Lager	sämtliche Kosten	keine Kosten
frei Haus, frei Lager	keine Kosten	sämtliche Kosten	 § Die Kosten des Warenversands trägt der Käufer.
Lieferzeit	Neben der gesetzlichen Regelung werden häufig Liefertermine vereinbart *("Lieferung erfolgt in KW 38")*. Durch den Zusatz „fix" muss die Lieferung zum genau festgelegten Zeitpunkt erfolgen. Beim Kauf auf Abruf ruft der Händler die Waren in Teilmengen oder im Ganzen zu einem von ihm zu bestimmenden Termin ab. § Der Käufer kann eine sofortige Lieferung verlangen.
Erfüllungsort und Gerichtsstand	**Erfüllungsort** = Ort an dem die Schuldner (Vertragspartner) ihre Leistungen zu erfüllen haben *Arten* **gesetzlicher Erfüllungsort** keine Vereinbarung zwischen den Geschäftspartnern ↓ Wohn- und Geschäftssitz des Schuldners **vertraglicher Erfüllungsort** entsprechend der vertraglichen Vereinbarung der Geschäftspartner ↓ häufig der Geschäftssitz des Verkäufers **Käufer = Geldschuldner** ↓ Erfüllungsort für Geldschulden: Wohn- oder Geschäftssitz des Käufers **Verkäufer = Warenschuldner** ↓ Erfüllungsort für Warenschulden: Wohn- oder Geschäftssitz des Verkäufers
Bedeutung des Erfüllungsortes	**Ordnungsgemäße Vertragserfüllung** — Nur durch die rechtzeitige und mangelfreie Bereitstellung der Ware bzw. pünktliche Bezahlung des Kaufpreises am Erfüllungsort wird der Schuldner von seinen vertraglichen Verpflichtungen frei.

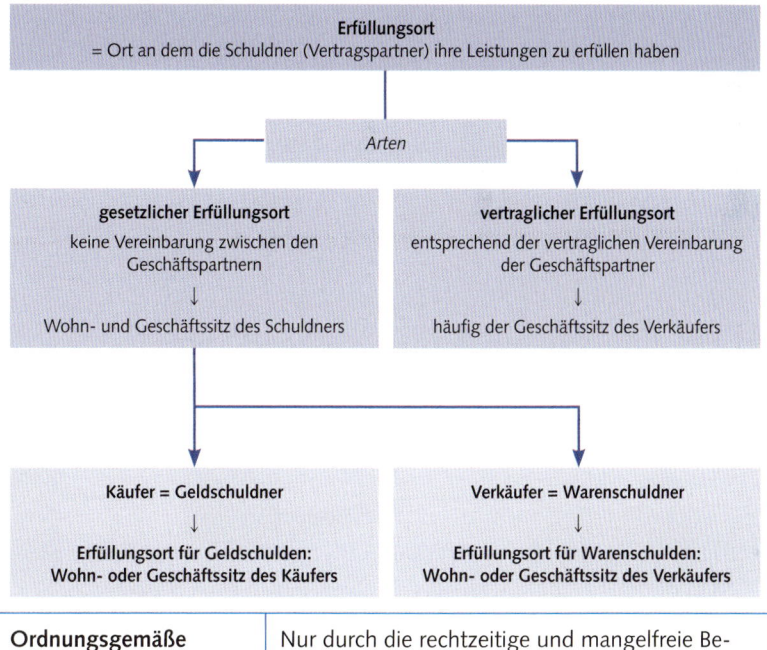

Bedeutung des Erfüllungsortes	Gerichtsstand	› **Örtliche Zuständigkeit:** Bei Rechtsstreitigkeiten aus dem Vertrag ist grundsätzlich das Gericht am Erfüllungsort zuständig. › **Sachliche Zuständigkeit:** Amtsgericht bis zu einem Streitwert von 5.000 €; liegt der Streitwert höher, dann das Landgericht.
	Gefahrübergang	Wer das Risiko für den zufälligen Untergang bzw. die zufällige Verschlechterung der Ware sowie für den korrekten Geldeingang trägt, hängt vom Erfüllungsort ab.
		Das Risiko (Gefahr) und damit die Verantwortung für einen zufälligen Verlust, Verderb oder Beschädigung der Ware geht am Erfüllungsort auf den Käufer über. Dabei ist zu beachten: › Käufer holt Ware ab: Gefahr geht auf Käufer über, wenn die Ware an ihn übergeben wird. › Ware wird auf Wunsch des Käufers zugestellt: Gefahr geht auf Käufer mit Übergabe der Ware an den Spediteur über. › Verkäufer liefert mit eigenem Fahrzeug: Gefahr geht auf Käufer bei der Übergabe der Ware an ihn über. In den meisten Fällen wird ein Transportrisiko aber durch eine Versicherung abgedeckt.
	Kosten	Der Käufer trägt grundsätzlich die Versandkosten ab dem Erfüllungsort (**Warenschulden = Holschulden**) sowie die Überweisungskosten (**Geldschulden = Bringschulden**).

Beispiel: Kaufvertrag mit gesetzlichem Erfüllungsort – was ist zu beachten?   »

Verkäufer: Geschäftssitz in Hamburg → TRANS → **Käufer:** Geschäftssitz in München

1. Ordnungsgemäße Vertragserfüllung (Welche Pflichten haben Käufer und Verkäufer?)

Der Käufer muss entweder die Ware in Hamburg (Erfüllungsort für Warenschulden) abholen oder den Verkäufer beauftragen, die Waren durch einen Spediteur oder Frachtführer nach München zu transportieren. Zur Bezahlung des Kaufpreises muss der Käufer am Fälligkeitstag seine Hausbank in München (Erfüllungsort für Geldschulden) mit der Überweisung des vereinbarten Geldbetrages beauftragen oder einen Scheck zu diesem Zeitpunkt absenden.

Angebot

LF 6

2. **Gerichtsstand (Welches Gericht ist im Streitfall zuständig?)**

   Je nach Streitwert ist für die Geldschulden des Käufers das Amts- oder Landgericht in München und für mögliche Rechtsstreitigkeiten hinsichtlich der Warenlieferung das Amts- oder Landgericht in Hamburg zuständig.

3. **Gefahrübergang (Wer trägt ab wann Risiken bei der Bezahlung und Lieferung?)**

   Der Käufer trägt das Risiko bis zum Eingang der Zahlung auf dem Konto des Empfängers in Hamburg (§ 270 Abs. 1 BGB). Das Risiko (Gefahr) für den zufälligen Untergang bzw. die zufällige Verschlechterung der Ware geht mit Übergabe der Ware an den Käufer (§ 446 BGB) oder einen Spediteur (§ 447 BGB) auf den Käufer über, wenn die Ware auf sein Verlangen nach einem anderen Ort als den Erfüllungsort (München) gebracht werden soll.

4. **Kosten (Wer muss welche Kosten übernehmen?)**

   Der Käufer trägt die Versandkosten von Hamburg nach München sowie unabhängig vom Erfüllungsort die Kosten des Zahlungsvorgangs (§ 270 Abs. 1 BGB).

■ AKTION

1 Entscheiden und begründen Sie, ob in den folgenden zwei Fällen ein Kaufvertrag zustande kommt:

   a) Die Großhandlung Schindler & Söhne macht dem Uhren-Fachgeschäft Bessler telefonisch ein Angebot über besonders günstige Chronografen. Herr Bessler kann sich nicht sofort entscheiden und beendet das Gespräch. Am folgenden Tag stellt er Vergleiche mit anderen Angeboten an und bestellt schließlich per Fax zwei Tage später bei Schindler & Söhne zehn Uhren.

   b) Auszug aus dem Angebot der Inter-Tex München an die Boutique La Moda:

   > „… Der Preis der indischen Seidenblusen beträgt pro Stück 79,90 €. Bei einer Abnahme von mehr als 50 Stück gewähren wir einen Nachlass von 15 %. Transport- und Verpackungskosten übernehmen wir ab einem Auftragswert von über 1.000,00 €, sonst berechnen wir 2 % vom Warenwert. Wir gewähren 4 % Skonto bei Vorauskasse durch Beilage eines Verrechnungsschecks bei der Bestellung…"

   Drei Tage später erhält der Textilimporteur eine Bestellung von Frau van Laak, der Inhaberin von „La Moda", über 10 Seidenblusen. Frau van Laak legt einen Verrechnungsscheck über 679,15 € der Bestellung bei.

2 Wählen Sie drei Waren aus Ihrem Ausbildungssortiment und bestimmen Sie deren Qualität und Beschaffenheit anhand von drei Kriterien.

3 Erläutern Sie die folgenden Preisnachlässe: Treuerabatt, Wiederverkäuferrabatt, Bonus.

4 Wie erfolgt die Kostenverteilung bei der Beförderungsbedingung „frei Haus" bzw. „ab Werk"? Stellen Sie die Kostenverteilung grafisch dar.

5 Wann muss gelieferte Ware bezahlt werden, wenn im Angebot keine Zahlungsvereinbarung aufgeführt wurde?

6 Welche Regelungen können Lieferanten hinsichtlich der Kosten für die Versandverpackung treffen?

LF 6   Kaufverträge mit Lieferanten

7 In einem Angebot steht u. a. „… Preise vorbehalten" sowie „Lieferzeit freibleibend".

    a) Welche rechtliche Bedeutung haben diese Klauseln?

    b) Welche Gründe haben Ihrer Meinung nach den Lieferanten veranlasst diese Klauseln in das Angebot aufzunehmen?

8 Ein Einzelhändler erhält von einem ihm unbekannten Unternehmen nicht bestellte Ware zugeschickt.

Erläutern Sie die rechtliche Situation für den Einzelhändler.

9 Geben Sie an, wie lange die Verbindlichkeit bei einem Angebot „unter Anwesenden" und bei einem Angebot „unter Abwesenden" besteht. Verdeutlichen Sie durch ein Beispiel.

10 Wie ist in den folgenden Fällen die Gültigkeit der Angebote zu beurteilen?

Anbieter:		Auszug aus dem Angebot:
Spaß & Spiel an Kinderwelt (bisher keine Geschäftsverbindung)	→	„es gelten unsere Allgemeinen Geschäftsbedingungen"
Westfälische Möbelwerke an Wohnwelt GmbH	→	„solange Vorrat reicht"
Anzeige des Versandhauses Pro-Arte im Magazin Frau und Haus	→	„bestellen Sie noch heute! Nur solange Vorrat reicht!"

11 Die Manz KG in Neuburg erhält vom TCN – Tennisclub Neuburg folgenden Brief:

> „Sehr geehrte Damen und Herren,
> nächsten Monat feiern wir unser 25-jähriges Vereinsjubiläum. Dazu wollen wir u. a. den Gründungsmitgliedern als Anerkennung etwas zum Essen und Trinken überreichen. Es sollen 5 Mitglieder geehrt werden. Der Preis pro Geschenk sollte 50 € nicht übersteigen. Bitte machen Sie uns einige Vorschläge und schicken Sie diese bis spätestens nächsten Mittwoch an unseren Wirtschaftsleiter, Herrn Michael Hoffmann, Bergstraße 14 in Neuburg."

Erarbeiten Sie Vorschläge, was man dem Tennisclub anbieten kann, und formulieren Sie ein Angebot.

12 Erläutern Sie an einem Beispiel den Unterschied zwischen gesetzlichem und vertraglichem Erfüllungsort.

13 Begründen Sie, warum sich die meisten Lieferanten in ihren Angeboten bei der Bestimmung des Erfüllungsortes und Gerichtsstandes für ihren Geschäftssitz entscheiden.

Bestellung und Auftragsbestätigung

3.3 Bestellung und Auftragsbestätigung

■ SITUATION

Die Reinbach GmbH unterbreitet Schulleiter Fink die drei eingeholten Angebote mit einem Kalkulationsaufschlag von 40 %. Herr Fink entscheidet sich für das Angebot mit den Stühlen von Büro-Komplett aus Cottbus. Er findet, dass hier das beste Preis-Leistungs-Verhältnis vorliegt. Markus Braun erhält deshalb von seinem Chef den Auftrag die Bestellung unterschriftsreif vorzubereiten.

> Entwerfen Sie für Herrn Reinbach diese Bestellung. Beachten Sie die Regeln der DIN 5008-Norm zur Gestaltung von Geschäftsbriefen.

■ INFORMATION

■ Bestellung

Mit der Bestellung verpflichtet sich ein Käufer, Ware zu festgelegten Bedingungen zu erwerben. Der Besteller ist daher an seine Bestellung rechtlich gebunden und ein Widerruf ist nur gültig, wenn er spätestens mit der Bestellung beim Lieferanten eintrifft. Bei Nachlieferungen, die zur Ergänzung dienen, wird oft ohne nochmalige Angebotseinholung bestellt.

Bestellungen sind an **keine** bestimmte **Form** gebunden.

Wenn sich eine Bestellung auf ein vorhandenes Angebot bezieht, müssen nicht alle Angaben wiederholt werden. Es genügen dann der Bezug auf das Angebot, die genaue Bezeichnung der Ware sowie Angaben zur Menge und zum Preis je Einheit.

> **Beispiel:** Formulierungsvorschläge:
>
> › „Vielen Dank für Ihr Angebot vom … Wir bitten um Lieferung von …"
> › „Bitte liefern Sie uns … zu den Lieferungs- und Zahlungsbedingungen Ihres Angebots vom …"
> › „Gemäß Ihrem Angebot vom … bestellen wir …"

■ Auftragsbestätigung

Mit einer **Auftragsbestätigung** bestätigt der Lieferant dem Käufer, dass er die Bestellung angenommen hat.

Eine Auftragsbestätigung sollte erteilt werden, wenn:	Inhalt einer Auftragsbestätigung:
› längere Lieferzeiten zu erwarten sind, › eine telefonische Bestellung vorlag, › ohne vorheriges Angebot bestellt wurde, › das Angebot freibleibend war, › Erstbestellung eines Kunden vorlag, › Unklarheiten vorliegen.	› Dank für die Auftragserteilung, › Wiederholung der wichtigsten Bestandteile der Bestellung, › Mitteilung des voraussichtlichen Liefertermins, › Mitteilung über eventuelle Rückstände und Nichtlieferung.

Kaufverträge mit Lieferanten

Muster für Form und Inhalt einer Bestellung

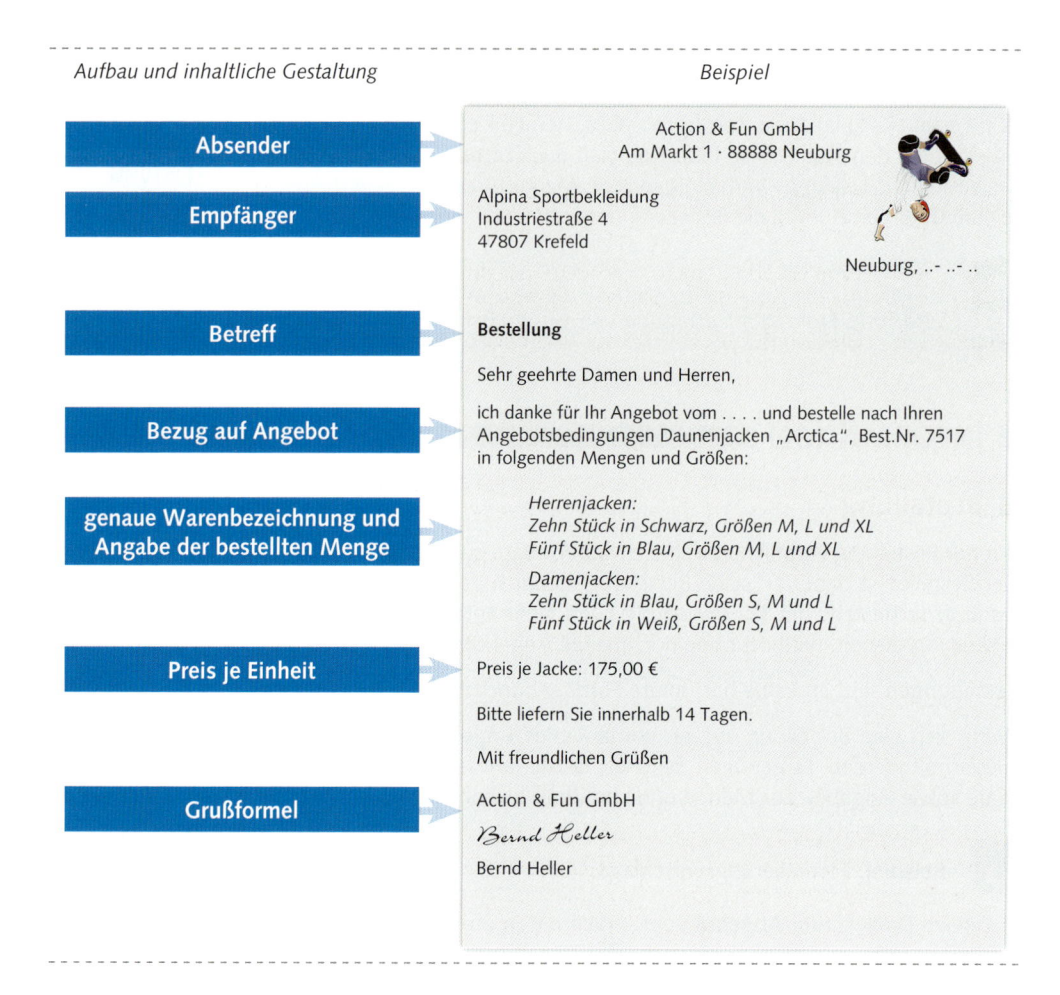

Aufbau und inhaltliche Gestaltung — *Beispiel*

- **Absender**
- **Empfänger**
- **Betreff**
- **Bezug auf Angebot**
- **genaue Warenbezeichnung und Angabe der bestellten Menge**
- **Preis je Einheit**
- **Grußformel**

Action & Fun GmbH
Am Markt 1 · 88888 Neuburg

Alpina Sportbekleidung
Industriestraße 4
47807 Krefeld

Neuburg, ..- ..- ..

Bestellung

Sehr geehrte Damen und Herren,

ich danke für Ihr Angebot vom . . . . und bestelle nach Ihren Angebotsbedingungen Daunenjacken „Arctica", Best.Nr. 7517 in folgenden Mengen und Größen:

Herrenjacken:
Zehn Stück in Schwarz, Größen M, L und XL
Fünf Stück in Blau, Größen M, L und XL

Damenjacken:
Zehn Stück in Blau, Größen S, M und L
Fünf Stück in Weiß, Größen S, M und L

Preis je Jacke: 175,00 €

Bitte liefern Sie innerhalb 14 Tagen.

Mit freundlichen Grüßen

Action & Fun GmbH
Bernd Heller
Bernd Heller

> **! Hinweis:** Das Anfertigen eines Geschäftsbriefes genau nach den Vorschriften des Deutschen Instituts für Normung e. V. (DIN) kommt im Einzelhandel beim Schriftverkehr, der mit der Warenbeschaffung zu tun hat, selten vor. Vieles wird telefonisch, mit Fax oder überwiegend per E-Mail erledigt. Für den Unterricht im Schwerpunkt Betriebswirtschaft und in Ihrer beruflichen Praxis ist es hilfreich, wenn Sie wissen, wie eine E-Mail aufgebaut ist und worauf man beim Schreiben eines Geschäftsbriefs achten sollte.

Bestellung und Auftragsbestätigung

Der E-Mail-Kopf umfasst bis zu fünf Zeilen:	
Von..	Adresse des Absenders: Sie besteht aus der Absenderbezeichnung, dem Klammeraffen „@" und dem Anbieter, der die Mails weiterleitet (Mail-Server).
An.. (Send to:)	Adresse des Empfängers: Sie besteht aus der Empfängerbezeichnung, dem Klammeraffen „@" und dem Anbieter, der die Mails empfängt (Mail-Server).
CC..	Carbon Copy: Verteilerliste, die jeder Empfänger sieht.
BCC..	Blind Carbon Copy: verdeckte Verteilerliste. Der Empfänger sieht die weiteren Empfänger nicht.
Betreff:	Überschrift bzw. Hinweis auf Inhalt der E-Mail.

Nach dem E-Mail-Kopf erfolgt die Anrede und der Text. Hierbei gelten die gleichen Regeln wie bei einem Geschäftsbrief. Der Abschluss (Signatur) besteht aus dem Gruß, der Firma und den Kommunikationsangaben. Komfortable E-Mail-Programme verwenden eine Autosignatur, die automatisch am Ende alle erforderlichen Angaben einfügt.

Die **Netiquette (Netikette)** sind **Verhaltensempfehlungen** für alle Bereiche in Datennetzen, wenn Menschen miteinander kommunizieren. Obwohl sie von vielen Netzteilnehmern als sinnvoll anerkannt werden, haben sie keinerlei rechtliche Relevanz. Der Einsatz von sogenannten Smilys wie z. B. :-) für „Ich freue mich" sind in geschäftlichen E-Mails nicht erwünscht. Auch der Gebrauch von Groß- und Kleinschreibung „WER IN GROSSBUCHSTABEN SCHREIBT, DER SCHREIT!" wird in geschäftlichen E-Mails als sehr unhöflich empfunden.

Sicherheit von E-Mails

Damit für die Sicherheit beim Verschicken von E-Mails ist die Nachweisbarkeit der Identität des Kommunikationspartners und die Integrität (Fehlerfreiheit) der Daten. Da E-Mails eher einer Postkarte als einem Brief entsprechen, sollten wichtige oder vertrauliche Mitteilungen durch eine digitale Signatur oder durch eine verschlüsselte Übertragung gegen unberechtigtes Lesen und mögliche Manipulationen geschützt werden.

■ AKTION

1. Üben Sie im Rollenspiel (Verkäufer, Kunde) die Aufnahme telefonischer Bestellungen von Kunden mithilfe einer Checkliste.

2. Sie sind im Sporthaus Action & Fun GmbH für den Wareneinkauf zuständig. Auf einer Modenschau der Sportartikelmesse ISPO in München gefielen Ihnen besonders die Damen-Jogginganzüge der Sport-Basic GmbH aus Köln (E-Mail: info@sportbasic.eu). Schreiben Sie eine Anfrage in Form einer E-Mail an das Unternehmen mit der Bitte um ein Angebot. In Absprache mit der Geschäftsleitung sind Sie an folgenden Artikeln interessiert:

   Jogginganzüge für Damen in den Größen 36 bis 44; Farben: Schwarz, Pink und Grün; Material: 100 % Baumwolle. Fragen Sie nach den Lieferungs- und Zahlungsbedingungen und ob eine Lieferung zwei Wochen nach Bestellung möglich ist. Wenn Sie das Angebot überzeugt, kann die Sport-Basic GmbH mit einer Bestellung von ca. 20 Anzügen je Größe rechnen.

   Absenderangaben: Erster Buchstabe Ihres Vornamens.Nachname@actionfun.de.

Art des Kaufs	Inhalt	Beispiel
Kauf nach Besicht	Ein Kaufgegenstand wird nach Prüfung „gekauft wie besehen"; Mängel werden noch behoben oder mindern den Kaufpreis.	Eine Einrichtungshaus kauft auf einer Messe einen antiken Tisch; die unansehnliche Platte wird vor Auslieferung noch poliert.
Stückkauf	Kaufgegenstand ist eine Sache, die einmalig ist (Unikat) und nicht auf dem Markt nachbeschafft werden kann.	Der Inhaber einer Gemäldegalerie kauft ein wertvolles Ölgemälde auf einer Auktion.
Gattungskauf	Kaufgegenstand ist eine Sache, die in mehreren gleichen Ausführungen vorhanden ist oder erneut produziert oder auf dem Markt beschafft werden kann.	Kauf von 600 Baumwollsocken im 3er-Pack, farbig und nach Größen sortiert.
Typenkauf	Bestellung erfolgt aufgrund einer Type, die die Güteklasse oder Durchschnittsqualität bezeichnet.	Beschaffung von Roggenmehl Type R 1150.

■ Kaufverträge nach der Lieferzeit

Art des Kaufs	Inhalt	Beispiel
Sofortkauf	Ware wird unmittelbar nach Bestellung geliefert.	Normalfall
Terminkauf	Ware wird innerhalb einer vereinbarten Frist oder zu einem vereinbarten späteren Termin geliefert.	Lieferung innerhalb zwei Wochen nach Auftragsbestätigung.
Fixkauf	Ware wird zu einem kalendermäßig genau bestimmten Zeitpunkt geliefert und später nicht mehr benötigt.	Lieferung von 50 Mastgänsen bis 22. Dezember fix.
Kauf auf Abruf	Käufer kann die gesamte Ware (oder Teilmengen) bei Bedarf beim Lieferer abrufen.	Eindeckung mit Saisonware, z. B. Bademoden.
Teillieferungskauf	Die Lieferung erfolgt in Teilmengen zu vorher vom Käufer bestimmten Terminen.	Gedrittelte Auslieferung der Bademoden (März/April/Mai).

■ Kaufverträge nach dem Zeitpunkt der Bezahlung

Die **gesetzliche Regelung** besagt, dass die Ware **sofort** bei Lieferung zu bezahlen ist. Dabei anfallende Kosten *(Gebühr für Überweisung)* hat der Käufer zu tragen. Liegt keine Vereinbarung über den Zahlungsort vor, muss der Schuldner (= Käufer) nach § 270 Abs. 1 BGB das Geld auf seine Gefahr und seine Kosten dem Gläubiger (= Verkäufer) an dessen Wohnsitz übermitteln.

Weitere Arten von Kaufverträgen und ihre Besonderheiten

Der Schuldner ist dafür verantwortlich, dass das Geld rechtzeitig beim Gläubiger eintrifft. Das bedeutet, dass der Schuldner noch einmal zahlen muss, wenn das Geld beim Gläubiger nicht ankommt (Geldschulden = Schickschulden).

In vielen Fällen werden in der Praxis neben der gesetzlichen Regelung noch andere **Zahlungsbedingungen** vereinbart.

Art des Kaufs	Inhalt	Beispiel
Kauf gegen Vorauszahlung	„gegen Vorkasse", „Anzahlung von 20 %"	Meist bei Erstkunden oder schlechter Zahlungsmoral. Auch beim Kauf teurer Waren, die z. B. extra angefertigt werden müssen (Möbelkauf).
Barkauf (auch gesetzl. Regelung)	„sofort", „bar", „Nachnahme"	Der Käufer hat „Zug um Zug" mit der Lieferung zu leisten (Ware gegen Geld).
Ziel- oder Kreditkauf	„30 Tage Ziel", „innerhalb 10 Tage 3 % Skonto"	Die Zahlung erfolgt erst einige Zeit nach der Lieferung (Rechnungskauf). Meist nur bei bekannten Kunden und die Lieferung erfolgt i. d. R. unter Eigentumsvorbehalt.
Ratenkauf	„zahlbar in 12 Monatsraten"	Die Zahlung erfolgt in mehreren Teilbeträgen zu verschiedenen Zeitpunkten.

■ Kaufverträge nach dem Erfüllungsort

Der **Erfüllungsort** ist der Ort, an dem der **Schuldner** die **Leistung** zu bewirken hat; der Verkäufer (Warenschuldner) und der Käufer (Geldschuldner) werden am Erfüllungsort durch rechtzeitige und einwandfreie Leistung von ihren vertraglichen Pflichten frei.

Art des Kaufs	Inhalt	Beispiel
Handkauf	Die Ware wird im Geschäft des Verkäufers gekauft und übergeben.	Ein Einzelhändler beschafft Silvesterfeuerwerk im Cash & Carry-Großhandel.
Platzkauf	Käufer und Verkäufer haben ihren Geschäfts- bzw. Wohnsitz an demselben Ort; die Ware muss zum Geschäfts- bzw. Wohnsitz des Käufers transportiert werden.	Ein Eisenwarengroßhändler in Ulm liefert Teile eines Regalsystems an einen Baumarkt in Ulm.
Fernkauf	Käufer und Verkäufer haben ihren Sitz an unterschiedlichen Orten, Erfüllungsort ist nicht der Ort des Verkäufers.	Ein Eisenwarengroßhändler in Ulm liefert Teile eines Regalsystems an einen Baumarkt in Mannheim; als Erfüllungsort ist Mannheim vereinbart.
Versendungskauf	Käufer und Verkäufer haben ihren Sitz an unterschiedlichen Orten, Erfüllungsort ist der Ort des Verkäufers.	Ein Eisenwarengroßhändler in Ulm liefert Teile eines Regalsystems an einen Baumarkt in Mannheim; als Erfüllungsort ist Ulm vereinbart.

Kaufvertragsarten

■ AKTION

1 Erläutern Sie an einem Beispiel den Unterschied zwischen Verbrauchsgüterkauf und zweiseitigem Handelskauf.

2 Um welche Art eines Kaufvertrages handelt es sich bei den folgenden Bestellungen eines Einzelhändlers?

a) Er kauft 50 Dosen französische Zwiebelsuppe. Falls er sie gut verkaufen kann, will er mehr bestellen.

b) Er kauft 800 Doppelzentner Salatkartoffeln. Die Lieferung soll in Teilmengen bis Ende Februar erfolgen. Der Einzelhändler bestimmt die jeweilige Lieferzeit und Teilmenge.

c) Er bestellt Schokoladen-Nikoläuse zum 1.12. des Jahres mit dem Zusatz „fix".

d) Er nimmt Kosmetikartikel in sein Angebot als Randsortiment auf; falls sie sich nicht verkaufen lassen, kann er sie gegen Gutschrift nach drei Monaten wieder zurückgeben.

e) Nach Eingang seiner Bestellung beim Lieferant wird die Ware umgehend kommissioniert und versandt.

f) Bei der Bestellung wird vereinbart, dass nähere Einzelheiten zur Ware innerhalb von vier Wochen dem Lieferanten mitgeteilt werden.

g) Es wird vereinbart: „Die Lieferung erfolgt Anfang KW 36".

h) Er kauft auf einer Zwangsversteigerung einen größeren Posten Wein, ohne Angaben bestimmter Qualitäten und dem Hinweis des Auktionators „gekauft wie gesehen".

i) Er kauft bei einer Mühle 2 Paletten Mehl der Type 405.

j) Im Angebot werden großzügige Rabatte in Aussicht gestellt, wenn entsprechend große Mengen bestellt werden. Diesen Preisvorteil nutzt der Einzelhändler. Gleichzeitig trifft er mit dem Lieferanten eine Vereinbarung, die es ihm ermöglicht Lagerkapazitäten und Lagerkosten gering zu halten.

3 Welche Problematik sehen Sie bei einem Stückkauf?

4 Der Kauf auf Abruf ist in der Praxis weit verbreitet. Erläutern Sie die mit dieser Vertragsart verbundenen Vor- und Nachteile.

5 Warum sind manche Lieferanten nicht bereit Fixkäufe abzuschließen?

6 Beschreiben Sie die Besonderheiten eines Bestimmungskaufes.

7 Formulieren Sie in Partnerarbeit drei zweiseitige Kaufverträge. Orientieren Sie sich an folgendem Raster:

Beschreibung des Vertragsinhaltes	Unterscheidung nach:		
	Art und Güte	Lieferzeit	Bezahlung

Lassen Sie anschließend durch andere Schüler die Verträge nach den Unterscheidungskriterien näher bestimmen.

Weitere Arten von Kaufverträgen und ihre Besonderheiten

8 Erstellen Sie eine Übersicht zu den Kaufvertragsarten mithilfe einer Mindmap.

    Zentralbegriff: Kaufvertragsarten

    Hauptzweige:
- Art und Beschaffenheit der Ware
- Lieferzeit
- Zahlungszeitpunkt
- rechtliche Stellung der Vertragspartner
- Erfüllungsort

9 Formulieren Sie zu den folgenden Beschreibungen von Kaufverträgen ein dazu passendes Beispiel.
- Zweiseitiger Kaufvertrag, Kauf auf Probe, Gattungskauf, Platzkauf.
- Verbrauchsgüterkauf, Barkauf, Handkauf.
- Zweiseitiger Kaufvertrag, Kauf nach Probe, Kauf auf Ziel, Versendungskauf.
- Privatkauf, Fixkauf, Teilzahlungskauf.

10 Ein Großhändler gewährt in seinen Allgemeinen Geschäftsbedingungen seinen Kunden nur dann einen Preisnachlass, wenn bei der Bestellung von Ware, die nicht sofort lieferbar ist, eine Anzahlung von einem Viertel des Warenwertes geleistet wird. Was bezweckt der Großhändler mit dieser Regelung?

11 Ein Einzelhändler möchte zusätzlich zu seinem Ladenverkauf einen Internet-Shop einrichten. Begründen Sie, für welche Zahlungsweise der Kunden er sich entscheiden sollte.

12 Unterscheiden Sie den Fernkauf vom Versendungskauf.

13 Kleine Betriebsrecherche:

Untersuchen Sie, welche der in diesem Kapitel beschriebenen Kaufvertragsarten in Ihrem Ausbildungsunternehmen abgeschlossen werden.

5 Bestellung von Sortimentsware

5.1 Bestellzeitplanung

„Tut mir leid, aber morgen bestimmt!"
Wie kann sichergestellt werden, dass Ware vorhanden ist?

■ SITUATION

Laura Vogt ist Auszubildende bei der Textil-Markt GmbH und zurzeit im Einkauf tätig. Heute nimmt sie an einer gemeinsamen Sitzung der Einkäufer und Verkäufer aus der Sportabteilung teil. Wie jedes Jahr werden Anfang Mai die Einkäufe für die nächsten Wochen und Monate geplant. Frau Abele aus dem Verkauf weist darauf hin, dass es wegen des schönen Frühlingswetters zu einer verstärkten Nachfrage nach sportlichen Sonnenbrillen gekommen sei. Man brauche dringend Nachschub. Laura bekommt den Auftrag so schnell wie möglich Herrn Kogel, zuständig für den Einkauf von Sportaccessoires, einen Bestellvorschlag zu unterbreiten. Aus dem Warenwirtschaftssystem hat sie sich folgende Informationen besorgt:

1. Ausdruck zur **Umsatzentwicklung** bei Sonnenbrillen im letzten Jahr:

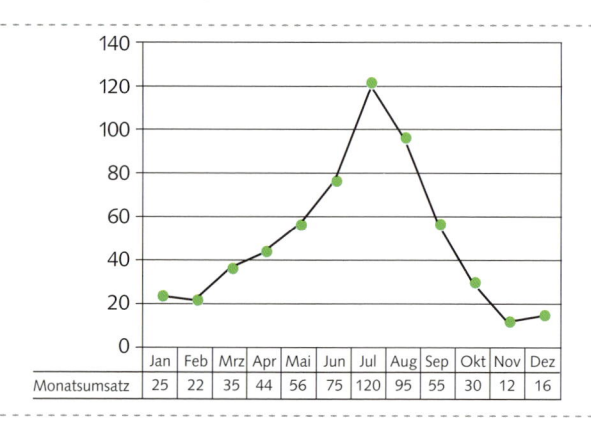

	Jan	Feb	Mrz	Apr	Mai	Jun	Jul	Aug	Sep	Okt	Nov	Dez
Monatsumsatz	25	22	35	44	56	75	120	95	55	30	12	16

2. Liste mit den **tagesaktuellen Beständen** an Sonnenbrillen:

Artikelbestand 05.05.		WG:Sport-Zubehör		Bestand < 20			
Art.Nr.	Bezeichnung	Preis	Bestand 01-01	Bestand 05-05	Verkauf	VK-Wert	Preislage
112233	Champion	89,90	15	12	3	269,70	2
112234	Loop	49,90	35	5	30	1.497,00	1
112246	Black-Man	29,90	55	10	45	1.345,50	1
112254	Metallika	112,50	15	14	1	112,50	3
112243	Eye-Fun	55,45	35	14	21	1.164,45	1
112267	Alpin	39,90	48	16	32	1.276,80	1
112275	Ovix	139,00	15	12	3	417,00	3

Bestellzeitplanung

LF 6

1. Welche Schlussfolgerungen kann Laura aus diesen Informationen ziehen?
2. Reichen diese Informationen aus, um Herrn Kogel einen Bestellvorschlag zu unterbreiten?
3. Begründen Sie, welches Bestellverfahren bei den Sonnenbrillen gewählt werden sollte?

■ INFORMATION

Bei Bestellungen von Waren, die bereits im Sortiment geführt werden, handelt es sich stets um **Nachbestellungen**. Um einerseits einen hohen Grad an Verkaufsbereitschaft zu gewährleisten und andererseits überhöhte Lagerbestände zu vermeiden, ist eine genaue Beobachtung der Umsatz- und Bestandsentwicklung unerlässlich. Dabei sind sowohl Kundenwünsche und -erwartungen sowie Angebote und eventuelle Werbeaktionen der Lieferanten zu berücksichtigen.

Wichtige Informationen liefert dem Einkäufer die **Analyse** von **Verkaufsdaten** vergangener Verkaufsperioden *(Entwicklung des Absatzes, Bevorzugung bestimmter Preislagen, Lagerbestände)*. Ein Warenwirtschaftssystem stellt diese Informationen schnell und auf dem aktuellsten Stand zur Verfügung.

■ Bestellzeitplanung unter Berücksichtigung von Lagerbeständen

Bei der Entscheidung, wann die **termingerechte** Disponierung eines Artikels erfolgen soll, muss darauf geachtet werden, ob es sich um **Saisonware** *(modische Textilien, Schuhe, Wintersportartikel)* oder **Stammartikel**, d. h. Artikel, die von Kunden ständig nachgefragt werden, handelt. Saisonwaren müssen zu Saisonbeginn vollständig im Sortiment vorhanden sein, denn die Kunden erwarten gerade dann ein vollständiges Warenangebot.

Außerdem sind **Nachbestellungen** besonders bei modeabhängigen Artikeln oft gar nicht mehr möglich. Ist dies doch der Fall, dann müssen, wie bei Stammartikeln, eventuelle Lagerbestände berücksichtigt werden.

Lagerbestandsarten

1. Sicherheitsbestand (Mindestbestand, Eiserner Bestand)

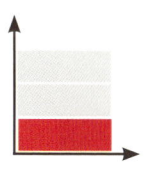

Dieser Bestand sichert auch bei Liefer- und Transportschwierigkeiten oder unerwartet hohem Absatz die Verkaufsbereitschaft. Er darf grundsätzlich nicht unterschritten und nur in Notfällen angegriffen werden. Seine Höhe richtet sich nach der Bedeutung des Artikels im Sortiment und seinen Lieferbedingungen.
In der Praxis wird oft 1/3 des Absatzes während der Beschaffungszeit vorgehalten.

2. Meldebestand

Dies ist der Lagerbestand, bei dem zur Lagerergänzung nachbestellt werden sollte. Er wird so festgelegt, dass mit dem Lagervorrat die Beschaffungszeit überbrückt werden kann, ohne dass der Sicherheitsbestand angegriffen wird. Im Idealfall trifft die neue Lieferung dann ein, wenn der Sicherheitsbestand erreicht wird. Dies ist in der Praxis nur selten der Fall, ebenso wie ein konstanter Absatzverlauf. Die Formel zur Berechnung des Meldebestandes geht von einer Idealvorstellung aus und gilt für den Handel nur in eingeschränktem Maß. Als Durchschnittswert ist die Ermittlung eines Meldebestandes aber dennoch hilfreich, da so die Lieferbereitschaft durch rechtzeitige Bestellung verbessert werden kann.

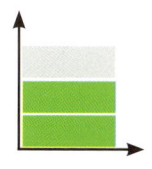

Formel für die Berechnung des Meldebestandes:

> Meldebestand = (Ø Tagesabsatz · Lieferzeit in Tagen) + Sicherheitsbestand

Beispiel: Wie hoch ist der Meldebestand bei einem durchschnittlichen täglichen Absatz von 12 Stück und einer Lieferzeit von 10 Tagen, wenn der Sicherheitsbestand (Mindestbestand) auf 50 Stück festgelegt wurde?

Meldebestand (Stück)		Ø Tagesabsatz (Stück/Tag)		Lieferzeit (Tage)		Sicherheitsbestand (Stück)
170	=	(12	·	10)	+	50

3. Höchstbestand

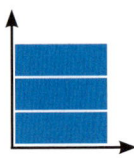

Dies ist der Bestand, auf dessen Höhe jeweils aufgefüllt wird. Mit seiner Hilfe sollen überhöhte Lagervorräte vermieden werden. Er wird sowohl nach der vorhandenen Lagerkapazität (häufig das zur Verfügung stehende Regalvolumen), als auch als Ergebnis einer optimierten Einkaufspolitik (= **optimale Bestellmenge**) festgelegt.

■ Bestellverfahren

Im Rahmen der **Bestellzeitplanung** werden zwei Verfahren angewandt:

Bestellpunktverfahren

Bei diesem Verfahren wird beim Erreichen des Meldebestandes **(Bestellpunkt)** bestellt. Der Zeitpunkt der Bestellung ist vom Absatzverlauf abhängig. Es ergeben sich somit **unterschiedliche Bestelltermine** aber **gleiche Bestellmengen**.

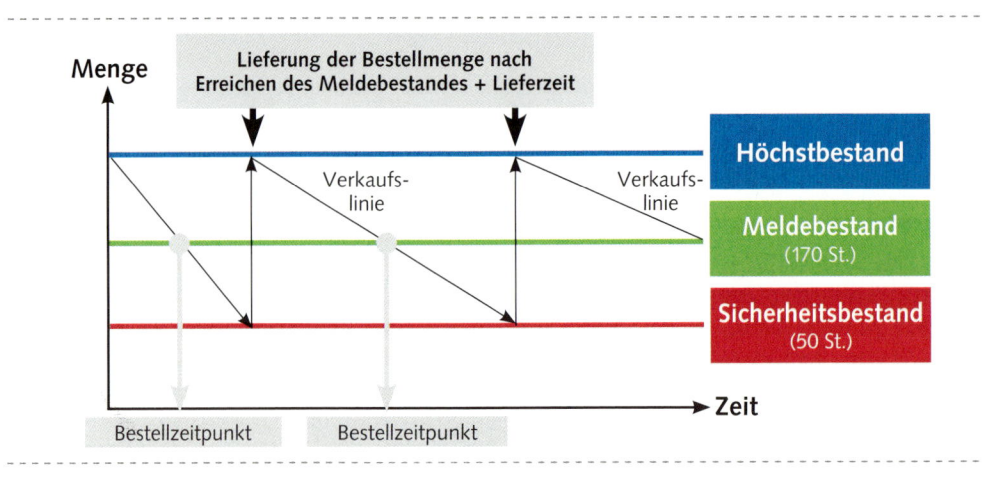

Bestellzeitplanung

Bestellrhythmusverfahren

Die Bestellzeitpunkte sind bei diesem Verfahren an **feste Beschaffungsrhythmen** gebunden. Die Bestellmenge richtet sich nach der Differenz zum jeweiligen Höchstbestand, die sich durch den bisherigen Verkauf ergibt. Kennzeichnend für dieses Verfahren sind somit feste Bestelltermine und **variable Bestellmengen**.

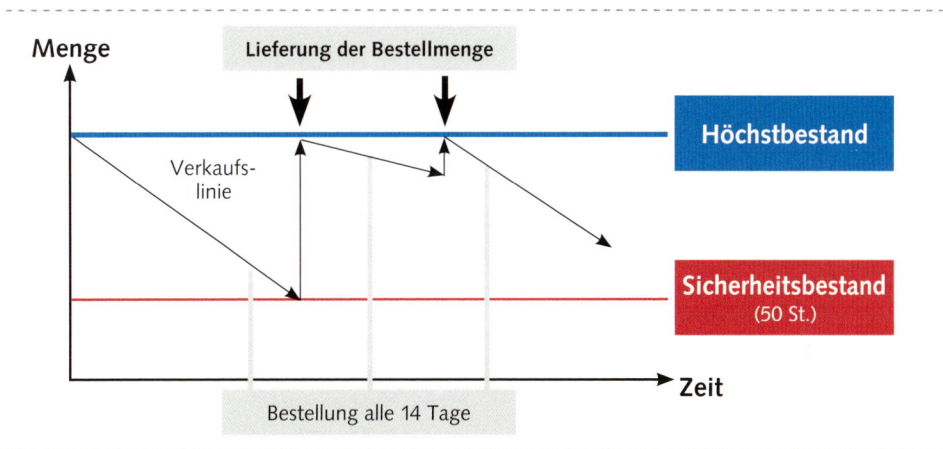

Die Anwendung dieser Bestellverfahren eignet sich nur für Stammartikel, d. h. für Artikel, die über längere Zeit gelistet sind, die über das Jahr hinweg einigermaßen gleichmäßig nachgefragt und in ihrem Bestand immer wieder ergänzt werden und für die zum Zeitpunkt der Nachbestellung Lagerbestände mindestens in Höhe des Mindestbestandes vorhanden sind.

Diese Bestellverfahren sind für Saison- und Aktionswaren wenig oder gar nicht geeignet, z. B. weil Nachbestellungen unmöglich oder sinnlos sind.

■ Disposition mit Bestellvorschlägen des Warenwirtschaftssystems

Für **Stammartikel**, die regelmäßig nachbestellt werden können, erstellen Warenwirtschaftssysteme **Bestellvorschläge**. Diese sind als Dispositionshilfen zu verstehen, die aber vom Disponenten jederzeit abgeändert werden können.

Besteht zwischen dem Einzelhändler und seinen Lieferanten die Möglichkeit Daten elektronisch auszutauschen, kann aufgrund des Bestellvorschlages eine **automatische Bestellung** ausgelöst werden.

Grundlagen zur Ermittlung von Bestellvorschlagsmengen	
Letzte Bestellung	Es wird immer genau so viel von einem Artikel bestellt, wie seit der letzten Bestellung verkauft worden ist.
Meldebestand	Die Bestellvorschlagsmenge entspricht der zur Wiederauffüllung des Lagers auf den Höchstbestand benötigten Menge, unter Berücksichtigung der noch offenen Bestellmengen.
Durchschnittliche Verkaufsmenge	Auf der Grundlage durchschnittlicher Verkaufsmengen, die aus dem jeweils aktuellen und z. B. den zwei Vormonaten ermittelt werden, wird der Bestellvorschlag ermittelt.

Bestellung von Sortimentsware

Bei Anwendung dieser Verfahren muss aber geklärt werden:
› Sind für den betreffenden Artikel Bestellvorschläge überhaupt sinnvoll?
› Wie ist die jetzige und künftige Nachfragesituation zu beurteilen?
› Müssen Mindestabnahme- bzw. Umpackmengen berücksichtigt werden?
› Liegen noch offene Bestellungen vor?

>> **Beispiel: Bestellvorschlag für Süßwaren mithilfe eines Warenwirtschaftssystems**

Sobald durch den Abverkauf der Meldebestand erreicht ist *(40 Schachteln)*, wird ein Bestellvorschlag mit der im System hinterlegten optimalen Bestellmenge *(60 Schachteln)* generiert. Nach Prüfung durch den Disponenten *(Abteilungsleiter, Marktleiter)* wird die Bestellung an den Lieferanten (SÜGRO-Baden-Württemberg) per Datenfernübertragung übermittelt.

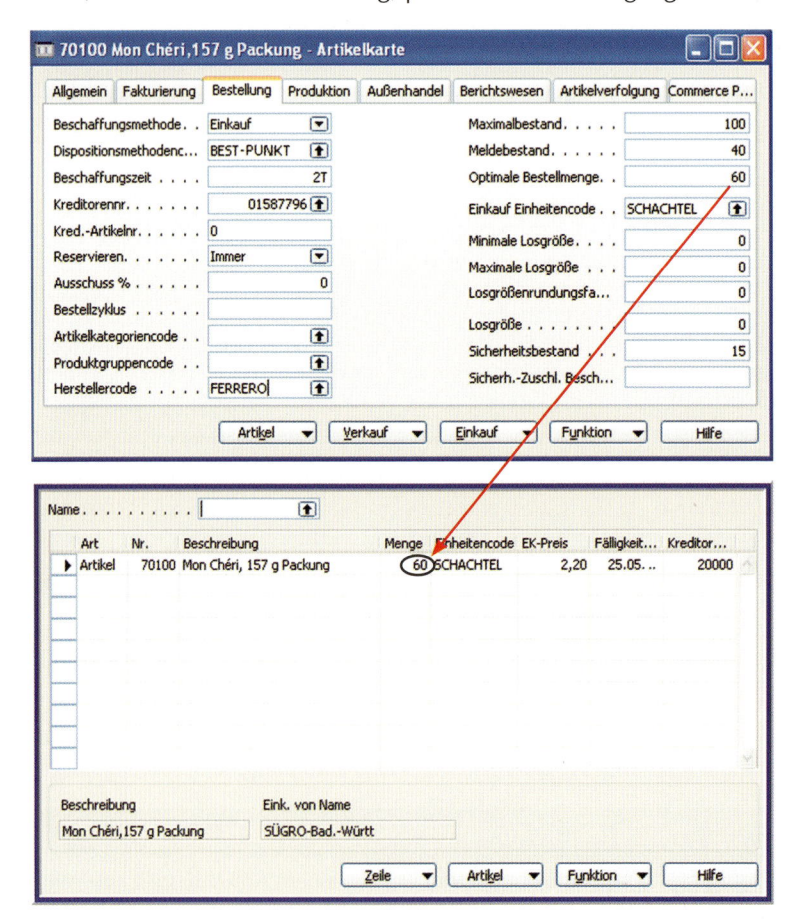

■ AKTION

1 Begründen Sie, welche Bestellverfahren für die folgenden Artikel aus dem Warenangebot des Merkur-Warenhauses gewählt werden sollten: Feinstrumpfhosen, Krawatten, Schokoküsse, Glückwunschkarten, Filtertüten, Skianzüge, Marken-Jeans, Hochzeitskleider.

Bestellzeitplanung

2 Aufgrund der letzten Inventur entscheidet Herr Reinbach, dass in seinen Filialen die Sicherheitsbestände bei Papier- und Schreibwaren um die Hälfte gesenkt werden sollen.

a) Welche Bedeutung haben Sicherheitsbestände?
b) Warum möchte Herr Reinbach die Sicherheitsbestände verringern?
c) Unter welchen Voraussetzungen ist eine Senkung wirtschaftlich vertretbar?

3 Kunden der Südtex-GmbH haben sich in letzter Zeit vermehrt darüber beschwert, dass sehr oft Ware nicht vorhanden war. Die Geschäftsleitung will nun das Bestellwesen verbessern und bei besonders wichtigen Warengruppen nach dem Bestellpunktverfahren mithilfe des Warenwirtschaftssystems disponieren.

a) Bei der Warengruppe Herrenhemden ist der Meldebestand zu ermitteln.
Folgendes Datenmaterial liegt vor:

täglicher Bedarf	75 Stück
Beschaffungszeit:	7 Tage
Sicherheitsbestand	500 Stück.

Berechnen Sie den Meldebestand.

b) Bei der Warenbeschaffung wurde bisher teilweise nach dem Bestellpunktverfahren, aber auch nach dem Bestellrhythmusverfahren geordert.
› Für welche Fälle eignet sich das jeweilige Verfahren?
› Was kann man über den Bestellumfang bei der Anwendung der einzelnen Verfahren sagen?

4 Für das kommende Weihnachtsgeschäft plant man in den Abteilungen Unterhaltungselektronik der Filialen des Warenhauskonzerns Merkur einen Sonderverkauf von 6.000 PC-Spielkonsolen. Die Geräte sollen ab dem 10.12. den Kunden in den Filialen angeboten werden können. Die Verteilung vom Zentrallager aus auf die einzelnen Häuser beträgt 8 Tage.

Sie sind in der Zentrale für die Ermittlung der benötigten Bestellmenge und des Bestellzeitpunktes verantwortlich. (Benutzen Sie einen aktuellen Kalender zur Berechnung und beachten Sie, dass Samstage und Sonntage nicht berücksichtigt werden.)
Folgende Informationen liegen Ihnen vor:

aktueller Lagerbestand	2.850 Stück
geplanter Sicherheitsbestand	1.200 Stück
Bearbeitungszeit für Bestellung	1 Tag
Postweg	2 Tage
Lieferzeit ab Importeur	4 Tage
Kontrolle Wareneingang und Lagerung	2 Tage

Auf der Cebit-Messe wurden vom Einkauf bereits 500 Konsolen bestellt, die noch nicht eingetroffen sind.

5 Bei Saison- und Aktionsartikeln gibt es üblicherweise keine Mindestbestände.
› Nennen Sie Gründe dafür.
› Welche Folgen hat hier eine zu geringe, welche eine zu hohe Eindeckung?

5.2 Bestellmengenplanung

„Bei Abnahme von mehr als 1.000 Stück 30 % Rabatt!"
Ist es immer sinnvoll, große Bestellmengen zu ordern?

■ **SITUATION**

Laura lässt sich für die Warengruppe Sonnenbrillen einen Bestellvorschlag ausdrucken. Bestellt werden soll über den Einkaufsverband Intertex, der innerhalb 10 Tagen liefern kann.

Bestellvorschlag Datum: 05.05. ..						
Art.Nr.	Bezeichnung	Höchstb.	Meldeb.	Sicherhb.	Bestand heute	Bedarfsmenge
112233	Champion	25	15	5	12	13
112234	Loop	40	20	5	5	35
112246	Black-Man	60	20	5	10	50
112254	Metallika	20	8	5	14	6
112243	Eye-Fun	35	15	5	14	21
112267	Alpin	50	20	5	16	34
112275	Ovix	15	8	5	12	3

Soll Laura aufgrund der ihr jetzt vorliegenden Informationen den Bestellvorschlag übernehmen oder Herrn Kogel einen abgeänderten Vorschlag unterbreiten?

Während Herr Kogel mit Laura ihren Bestellvorschlag bespricht, bringt Herrn Kogels Sekretärin ein Fax. „Ist ganz dringend, muss sofort bearbeitet werden!", sagt sie. Herr Kogel liest:

Impex GmbH/Fabrikstraße 12/89998 Bergedorf/Tel. 087777-12345 Fax: 087777-54321

Textil-Markt GmbH
Neuburg
Herrn Fred Kogel persönlich und dringend!

FAX

Zugreifpreis!

Unser Klassiker Regenjacke „Monsun" jetzt für kurze Zeit nur 98,– €!
Material: Sympatex-Polyamid mit Polyester-Fleece-Innenjacke
Für Sie und Ihn
Größen: S, M, X und XL
Mindestabnahme je Größe 5 Stück
Ab 10 Stück 15 % Rabatt, ab 25 Stück 20 % Rabatt.
Lieferung: Innerhalb 1 Woche nach Bestellungseingang
Angebot gilt nur diese Woche!

Bestellmengenplanung

LF 6

„Was meinen Sie, Laura, sollen wir zugreifen? Wir haben diese Jacke ja schon seit einiger Zeit im Angebot", meint Herr Kogel und zeigt Laura das Fax. „Wenn wir alle Größen ordern, müssen wir ja mindestens 100 Jacken abnehmen, um den höchsten Rabatt zu bekommen", wendet Laura ein. „Auch wenn wir auf Rabatt verzichten müssen, wäre es nicht besser weniger zu bestellen?"

1. Was spricht Ihrer Meinung nach in diesem Fall für eine große oder für mehrere kleinere Bestellungen?
2. Welche Auswirkungen haben u. U. kleine Bestellmengen für das Unternehmen?

INFORMATION

Berechnung der optimalen Bestellmenge

Um eine **wirtschaftliche Bestellmenge** zu planen, muss ein Ausgleich zwischen den Kostenvorteilen einer großen Bestellmenge und den Kostennachteilen einer erhöhten Lagerhaltung gefunden werden.

Die Höhe der Bestellmenge beeinflusst:		
Einkaufspreise	**Bestellkosten**	**Lagerhaltungskosten**
Der Preis, der für die Ware und deren Bezug an den Lieferanten zu zahlen ist. Bei der Mengenplanung sind preissenkende *(Rabatte)* und auch preiserhöhende Bestandteile *(Mindermengenzuschläge, Transportkosten)* zu beachten.	Alle Kosten, die die Vorbereitung, Durchführung und Kontrolle des Einkaufs verursachen *(Ausführen der Bestellung, Prüfung bei Wareneingang, Bezahlen der Eingangsrechnung)*. Sie sind von der jeweils bestellten Menge unabhängig, aber sie nehmen mit der Bestellhäufigkeit zu, da sie bei jeder Bestellung anfallen.	Kosten, die im Zusammenhang mit der Lagerung der Ware entstehen *(Lagereinrichtung, Lagerrisiko, Lagerverwaltung, Kapitalbindungskosten)*. Der größte Teil dieser Kosten verändert sich mit der gelagerten Menge.

Wenn der Einzelhändler **große** Mengen in **größeren** Zeitabständen beschafft *(zweimal im Jahr)*, dann sind seine Bestellkosten **niedrig**, aber die Lagerhaltungskosten hoch.
Umgekehrt verhält es sich, wenn **kleine** Mengen in **kleineren** Zeitabständen beschafft werden *(monatlich, wöchentlich)*. Dann sind die Lagerhaltungskosten **niedrig** und die Bestellkosten **hoch**.
Somit kommt es zu einem **Zielkonflikt** zwischen Bestell- und Lagerhaltungskosten. Die nachfolgende Abbildung verdeutlicht diesen Zielkonflikt.

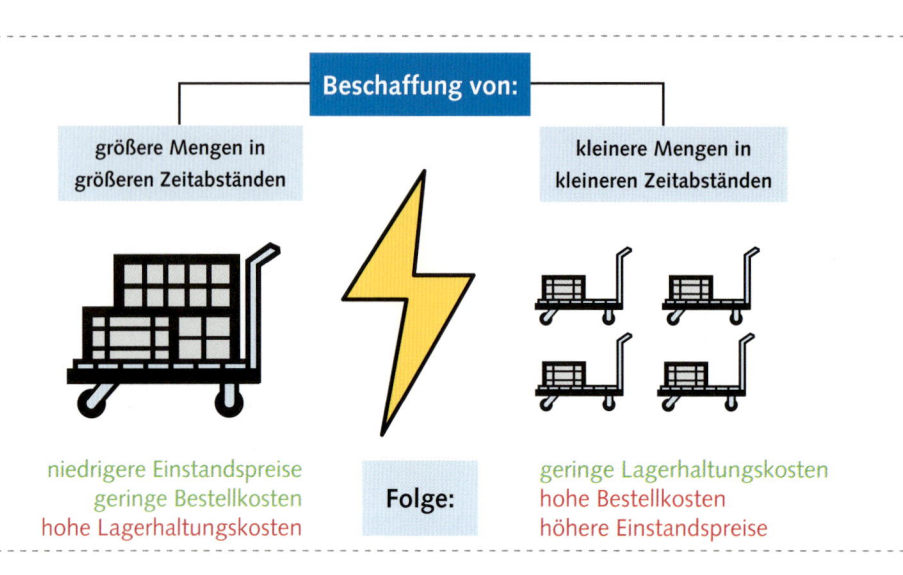

Bestellung von Sortimentsware

Beschaffung von:

- größere Mengen in größeren Zeitabständen
  - niedrigere Einstandspreise
  - geringe Bestellkosten
  - hohe Lagerhaltungskosten
- kleinere Mengen in kleineren Zeitabständen
  - geringe Lagerhaltungskosten
  - hohe Bestellkosten
  - höhere Einstandspreise

Folge:

Um eine wirtschaftliche Bestellmenge zu ermitteln, kann aufgrund der **optimalen Bestellmenge** eingekauft werden. Bei dieser Menge ist die Summe aus Bestellkosten und Lagerhaltungskosten am geringsten und es ergibt sich die optimale Bestellhäufigkeit.

>> **Beispiel:** Tabellarische Ermittlung der optimalen Bestellmenge für grüne Gärtnerschürzen bei der Textil-Markt GmbH.

Jahresbedarf	12.000 Stück
Einstandspreis je Stück	4,00 €
Bestellkosten je Bestellung	140,00 €
Lagerhaltungskosten	10 % vom durchschnittlichen Lagerbestand (durchschnittlicher Lagerbestand = Hälfte der Bestellmenge)

Bestell-häufigkeit	Anzahl der Bestellungen	Bestell-menge (€)	durchschnitt-licher Lager-bestand (€)	Lager-haltungs-kosten (€)	Bestell-kosten (€)	Gesamt-kosten (€)
jährlich	1	48.000,00	24.000,00	2.400,00	140,00	2.540,00
alle 6 Monate	2	24.000,00	12.000,00	1.200,00	280,00	1.480,00
alle 3 Monate	4	12.000,00	6.000,00	600,00	560,00	**1.160,00**
alle 2 Monate	6	8.000,00	4.000,00	400,00	840,00	1.240,00
monatlich	12	4.000,00	2.000,00	200,00	1.680,00	1.880,00
Ergebnis: Die **optimale Bestellmenge** liegt bei **vier** Bestellungen im Jahr.						

Bestellmengenplanung

Für die nebenstehende Darstellung gilt:

> die **Bestellkosten** je bestelltem Stück sinken mit zunehmender Bestellmenge;
> die **Lagerhaltungskosten** je bestelltem Stück steigen mit zunehmender Bestellmenge;
> die **optimale Bestellmenge** liegt dort, wo die **Summe** der Bestell- und Lagerhaltungskosten je bestelltem Stück ihr Minimum erreicht.

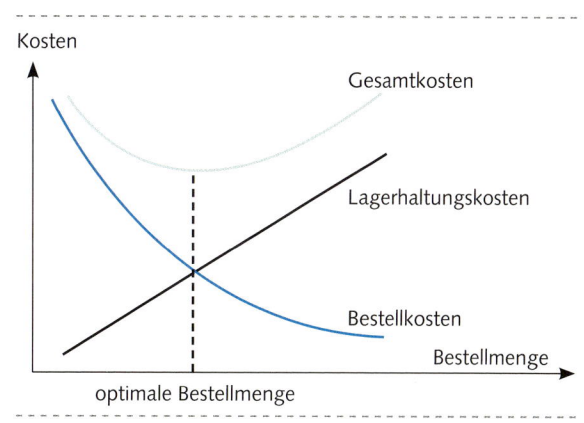

Abb. Optimale Bestellmenge

Probleme bei der Ermittlung der optimalen Bestellmenge in der Praxis

Eine Bestellung aufgrund einer optimalen Bestellmenge ist häufig nicht möglich, denn viele Lieferanten geben **Mindestbestellmengen** vor *(Holzschrauben nur ab 100 Stück)*, die Lieferung erfolgt nur in bestimmten **Verpackungseinheiten** *(Dosengemüse in 24er-Verpackungseinheit)* oder die Ware ist nur **beschränkt lagerfähig** *(Frischmilch, Backwaren)*.

Auch unterliegen Waren **Preisschwankungen** *(Tagespreise bei Computer und -zubehör)* oder **Fehlmengenkosten** werden nicht einbezogen, da sie schwer zu beziffern sind *(Höhe eines evtl. entgangenen Gewinns, möglicher Kundenverlust)*.

■ AKTION

1 Die Verkaufsstatistik zeigt bei Schulheften für die Filiale Neuburg der Reinbach GmbH folgende Zahlen:

Jahresabsatz	5.880 Stück
Geschäftsöffnung	280 Tage
Höchstbestand	480 Stück
Lieferzeit	10 Tage
Sicherheitsbestand für	4 Tage

a) Wie viel wurde durchschnittlich pro Tag verkauft?
b) Wie hoch sind Sicherheits- und Meldebestand?
c) Welcher Umsatz wurde täglich bei DIN-A3-Zeichenblöcken erzielt, wenn deren Verkaufspreis 2,25 €, der Sicherheitsbestand 10 Stück, die Lieferzeit 5 Tage und der Meldebestand 40 Stück beträgt?
d) Bei Versandtaschen beträgt der Höchstbestand je Filiale 200 Stück. Im Durchschnitt werden in jeder Filiale 16 Stück pro Tag verkauft. Wie hoch sollte der Sicherheitsbestand gewählt werden, wenn die optimale Bestellmenge das Fünffache des Tagesabsatzes beträgt?

LF 6

Bestellung von Sortimentsware

2 Die All-Bau GmbH & Co. hat einen Jahresbedarf von 30.000 Säcken Zement; die Bestellkosten betragen unabhängig von der bestellten Menge jeweils 60,00 €. Die variablen Lagerhaltungskosten belaufen sich auf 0,02 € je Sack.

a) Ermitteln Sie die optimale Bestellmenge nach folgendem Muster:

Bestellungen je Jahr	Bestellmenge	Bestellkosten	Lagerhaltungskosten	Gesamtkosten
1				
2				
3				
4				
5				
6				

b) Stellen Sie Ihre Ergebnisse in einer Grafik dar:
x-Achse: Bestellmenge in Sack; 1 cm = 2.000 Sack Zement
y-Achse: Bestell- und Lagerhaltungskosten in €; 1 cm = 50,00 €
Zeichnen Sie die Kurven für die Bestellkosten und die Lagerhaltungskosten.

c) Welche Bedeutung hat der Schnittpunkt beider Kurven?

3 Der Lieferant von Filzstiften informiert die Reinbach GmbH, dass durch das neue Logistikkonzept die Lieferzeit um 4 Tage verkürzt werden kann. Im Einkauf wird im Warenwirtschaftssystem für die Artikelgruppe Filzstifte die entsprechende Änderung vorgenommen.

a) Prüfen und korrigieren Sie ggf. die bisherigen Daten:

Sicherheitsbestand:	100 Stück	durchschnittlicher Tagesabsatz:	10 Stück
Meldebestand:	230 Stück	Lieferzeit:	18 Tage

b) Welche Daten ändern sich künftig durch die geplante Maßnahme?

4 Nennen Sie Artikel aus dem Sortiment Ihres Ausbildungsbetriebes, bei denen die Festlegung einer optimalen Bestellmenge nicht sinnvoll bzw. möglich ist. Begründen Sie!

5 Um Kosten zu senken, sollen bei der Wohnwelt GmbH bei Standardartikeln optimale Bestellmengen eingeführt werden. Für das Nackenkissen „Sleeper" ergeben sich aus dem Warenwirtschaftssystem folgende Werte:

Jahresbedarf	7.200 Stück
Einstandspreis je Kissen	12,00 €
Fixe Bestellkosten je Bestellung	60,00 €
Lagerhaltungskosten	25 % vom durchschnittlichen Lagerbestand

a) Ermitteln Sie aufgrund der folgenden Werte die optimale Bestellhäufigkeit bzw. die optimale Bestellmenge bei 3, 5, 8, 12 und 16 Bestellungen.

Anzahl der Bestellungen	Bestell-menge (St.)	Bestell-kosten (€)	durchschn. Lagerbe-stand (St.)	Lagerhal-tungskosten (€)	Gesamt-kosten (€)
1	7.200	60,00	3.600	10.800,00	10.860,00
…	…	…	…	…	…

b) Welcher Zielkonflikt soll durch die Festlegung einer optimalen Bestellmenge gelöst werden?

Beschaffungsmarketing und quantitativer Angebotsvergleich

LF 6

6 Bestellung nicht im Sortiment geführter Ware (Neulistung)

Wenn der Einzelhändler Waren in sein Sortiment aufnehmen möchte, die er seinen Kunden bisher nicht angeboten hat, spricht man von **„Neulistung"**. Dazu ist es notwendig geeignete Lieferanten zu finden. Diese sogenannte **Bezugsquellenermittlung** kann sich auf bereits bekannte Lieferanten, aber auch auf neue Lieferanten beziehen, mit denen noch keine Geschäftsbeziehung besteht.

6.1 Beschaffungsmarketing und quantitativer Angebotsvergleich

„Reisetaschen? Haben wir leider nicht!"

■ SITUATION

Immer wieder fragen Kunden in der Sportabteilung der Textil-Markt GmbH nach sportlichen Reisetaschen. Bisher führte man diese nicht im Sortiment. Abteilungsleiter Kogel wird beauftragt das Sortiment um ca. 50 Taschen in einer Preislage von 50 € bis 120 € zu erweitern, die dann rechtzeitig zur Sommer-Reisesaison im Juli in einer Aktion „Sommerreise – Sommerpreise" angeboten werden sollen.

1. Welche Vorüberlegungen muss Herr Kogel nach diesen Vorgaben noch anstellen, ehe er die Aktionsware bestellt?
2. Können vorhandene Daten aus dem Warenwirtschaftssystem auch bei der Bestellung neu ins Sortiment aufzunehmender Waren Entscheidungshilfen geben?

Herr Kogel unterbreitet der Geschäftsleitung des Textil-Markts seine Vorschläge zur Aktion „Sportliche Reisetaschen". Dort ist man zufrieden und er erhält „grünes Licht" zur Warenbeschaffung. Wenige Tage später liegen Herrn Kogel drei Angebote vor:

1. Angebot der Textilfirma Reishuber aus Nürnberg:

REISHUBER GmbH & Co KG Nürnberg

„FLY-AWAY", die praktische Reisetasche mit vielen Details, die Packen zur Freude macht!

› kräftiger Spiralreißverschluss
› vier Seitentaschen mit abgedeckten Klettverschlüssen
› optimale Lastenverteilung durch trapezartig verlaufende Gurte
› Material: 100 % Nylon.

Lieferbar in Schwarz, Marine und Petrol.
Preis: 45,00 €, Mindestabnahme 100 Stück, sonst Mindermengenzuschlag in Höhe von 10 % des Warenwertes. Lieferbar innerhalb 14 Tagen.

2. Angebot aus dem Sonderposten des Einkaufsverbandes „EURO-SPORT":

EURO-SPORT AKTUELL

Das Schnäppchen des Monats! Reisetaschen zu unschlagbaren Preisen!

Modell „Nordkap": Eine Tasche für höchste Ansprüche und Beanspruchungen. Aus schwarzem Nylongewebe mit aufgesetzten echten Büffelleder-Applikationen. Großes Hauptfach, sechs Seitentaschen und einer integrierten Minikühlbox (Batterie notwendig). Preis: 119,00 €.

Modell „Traveller": Unsere preiswerte Allzwecktasche. Die praktische Zylinderform bietet Platz für viele Wochen Urlaubsgepäck, abnehmbare Schultergurte. Farbe Schwarz, Seitentasche rot abgesetzt. Preis: 47,00 €. Lieferzeit: 1 Woche

Nutzen Sie unsere Aktionsrabatte: ab 50 Stück 15 % und ab 100 Stück 20 %!

Es gelten unsere Allgemeinen Geschäftsbedingungen.

Hinweis: Auszug aus den Geschäftsbedingungen des Einkaufsverbandes:

§ 4 Lieferbedingungen	§ 7 Zahlungsbedingungen
(1) Lieferungen erfolgen ab Zentrallager in Köln-Deutz. (2) Versandkosten trägt der Käufer. Sie betragen 2 % vom Warenwert.	(3) Rechnungen sind zahlbar: 1. innerhalb 10 Tagen mit 4 % Skonto. 2. ab 11. bis 30. Tag mit 2 % Skonto. 3. ab 31. bis 60. Tag netto.

3. Angebot der Import Firma „FAR-EAST-IMPORT" aus Stuttgart:

FAR EAST

Für Ihre Aktion bieten wir an: „Globus", eine Reisetasche aus wetterfestem Gewebe mit Schultergurt und Tragegriffen, verstärkter Boden und zwei Seitentaschen.

Preis: Je Verpackungseinheit (6 Stück) 260,00 €. Farben: Schwarz, Blau und Rot.

Da dies ein einmaliger Sonderposten ist, berechnen wir ab einer Bestellung von 10 Verpackungseinheiten 210,00 € je Einheit. An Transportkosten fallen 100,00 € an. Zahlung innerhalb 14 Tagen ohne Abzüge. Liefergarantie: 48 Stunden. Da Sonderposten kein Umtausch möglich.

Ermitteln Sie für alle drei Angebote den Verkaufspreis je Tasche, wenn die Textil-Markt GmbH Aktionsware mit einem Kalkulationsfaktor von 1,5 kalkuliert (wenn man den Einstandspreis mit 1,5 multipliziert, erhält man den Verkaufspreis).

Entscheiden Sie sich für das preislich günstigste Angebot unter Berücksichtigung aller möglichen Preisvorteile. Legen Sie dazu eine Entscheidungsmatrix nach folgendem Muster an:

Beschaffungsmarketing und quantitativer Angebotsvergleich

	Reishuber	Euro-Sport	Far-East-Import
Gesamtabnahme			
Einkaufspreis/St.			
Zuschläge			
Rabatt			
Skonto			
Bezugskosten			
Einstandspreis			
mal 1,5 (Kalkulationsfaktor)			
Verkaufspreis/St.			

■ INFORMATION

Jedes Handelsunternehmen hat nicht nur das Ziel, möglichst viel zu verkaufen, sondern auch einen angemessenen Ertrag zu erwirtschaften. Ein wirtschaftlicher (günstige Einstandspreise) und an den Kundenwünschen orientierter Wareneinkauf ist die Voraussetzung diese Ziele zu erreichen.

Schon die alte Kaufmannsweisheit „Im Einkauf liegt der halbe Gewinn" zeigt, dass der Beschaffung eine Schlüsselrolle im betrieblichen Leistungsprozess zukommt. Alle dabei anfallenden Tätigkeiten und Entscheidungen bezeichnet man als **Beschaffungsmarketing**.

Aufgaben beim Beschaffungsmarketing

Festlegung der Sortimentsstruktur
(Was soll eingekauft werden?)

Untersuchung des Beschaffungsmarktes
(Wo soll eingekauft werden?)

Festlegung der Beschaffungswege
(Soll direkt oder indirekt eingekauft werden?)

Bestimmung der Bedarfsmenge
(Wie viel soll eingekauft werden?)

Bestimmung des Lieferzeitpunktes
(Wann soll geliefert werden?)

Ermittlung des Bestellzeitpunktes
(Wann soll bestellt werden?)

© MEV Agency UG

Entscheidung für den geeigneten Lieferanten

Bestellung nicht im Sortiment geführter Ware (Neulistung)

■ Auswirkungen auf die Sortimentsstruktur durch Beschaffungsmarketing

Möglichkeiten	Gründe	Beispiele
Ergänzung: Bereits im Sortiment vorhandene Warengruppen werden um zusätzliche Ausführungen ergänzt.	Kunden wünschen mehr Auswahl. Mitbewerber haben größere Sortimentstiefe. Profilierung durch Fach- bzw. Spezialsortiment.	Wein aus USA, Chile und Südafrika ergänzt das einheimische Angebot. Speiseservice aller führenden Hersteller.
Aktualisierung: Waren, deren Absatz stockt, werden durch neue, veränderte und/oder verbesserte Waren ersetzt.	Anpassung an aktuelle Trends *(Zeitgeist, Mode)*, neue Gesetze und Richtlinien.	Textil- und Schuhmode, Verkaufsverbot für Textilien mit Azofarbstoffen (u. U. Krebs erregend!).
Erweiterung: Bisher nicht geführte Waren werden aufgenommen.	Verstärkte Kundennachfrage, Mitbewerber, Trends, allgemeine Wirtschaftslage, Verbesserung der Marktposition.	Abteilung „Bio-Möbel", Aufnahme freiverkäuflicher Arzneimittel, Waren einer anderen Preis- oder Qualitätskategorie (Discount).
Aktionen: Für Sonderverkäufe werden extra Waren beschafft, die i. d. R. nicht im Normalsortiment geführt werden.	Verbesserung der Marktposition durch besondere Ereignisse („Events"), reguläre Sonderverkäufe, Ware als Frequenzbringer.	Italienwoche *(Lebensmittel, Textilien, Schuhe, Bücher)*, Jubiläumsverkauf, „Schnäppchenartikel" für „Smart-shopper".

■ Bezugsquellenermittlung bei Neulistung

Um geeignete Bezugsquellen, d. h. Lieferanten zu finden, muss jeder Einkäufer den infrage kommenden Beschaffungsmarkt genau untersuchen.

Interne Bezugsquellenermittlung

Wenn bereits zu möglichen Lieferanten eine Geschäftsbeziehung besteht, kann auf hauseigenes Informationsmaterial zurückgegriffen werden. Neben bereits vorliegenden Angeboten, Katalogen und Preislisten, bedient man sich eigener Bezugsquellenkarteien, die sowohl in Karteiform oder als Datei (Einkaufinfosätze) bei computergestützten Warenwirtschaftssystemen geführt werden. Dabei handelt es sich um Daten zu Lieferanten und Artikeln.

» **Beispiel Lieferantendatei (Auszug):**

Fashy-Sports München / Fon: 089-123987, Fax: 089-123999, E-Mail: info@fas.com				
Artikelnummer	Bezeichnung	Angebot vom	Bestellung am	Notiz
2112 12990	Jogginganzug	25.04...	28.04...	pünktliche Lieferungen, Mindermengenzuschlag bis 500 €.
2112 12887	Trainingsjack	15.07...	17.07...	
2112 12655	Bikini „Ibiza"	24.09...	...	
...	...	...	...	

Sie enthält: Informationen über bisherige Lieferungen, Preise und Konditionen, Lieferzeit sowie Zahlungsmöglichkeiten.

Beschaffungsmarketing und quantitativer Angebotsvergleich

LF 6

Beispiel Artikel-/Warendatei (Auszug):

Artikel:	Joggingazug (Damen)			
Lieferant	Artikelnummer	Angebot vom	Bestellung am	Notiz
Fashy-Sports	2112 12990	25.04.…	28.04.…	gute Qualität
Impex KG	2112 45672	02.02.…	14.02.…	sehr günstig
Schoser GmbH	2112 65544	21.12.…	12.01.…	lange Lieferzeit
…	…	…	…	

Sie enthält: Informationen über bisherige Lieferanten dieses Artikels, bisherige Bestellungen sowie allgemeine Angaben *(Qualität, Liefertreue)*.

Externe Bezugsquellenermittlung

Diese **außerbetrieblichen Informationen** müssen dann herangezogen werden, wenn ein Einkäufer neue Geschäftsbeziehungen aufbauen will. Dazu zählen:

- Nachschlagewerke *("Wer liefert was", Hoppenstedt, 1x1 der Deutschen Wirtschaft)*
- Fachzeitschriften *(Lebensmittelpraxis, Textilwirtschaft, Handelsberater)*
- Besuch von Messen und Ausstellungen *(Möbelmesse Köln, ISPO München)*
- Mitteilungen der Verbände, Industrie- und Handelskammern, Banken und Sparkassen
- Firmennachrichten der Mitbewerber
- Berichte aus Erfagruppen
- Recherchen in Datenbanken und im Internet *("Business to Business")*

Beispiel: Lieferantensuche mithilfe des Internets

Die Onlineversion des Brancheninformationsdienstes „Wer liefert was" (www.wlw.de) bietet eine umfassende Auswahl an Lieferanten zu fast allen Produkten. Nach Eingabe des Suchbegriffs *("Kopfhörer")* werden einem entsprechende Anbieter genannt. Die Kontaktaufnahme erfolgt durch Anklicken der Hyperlinks.

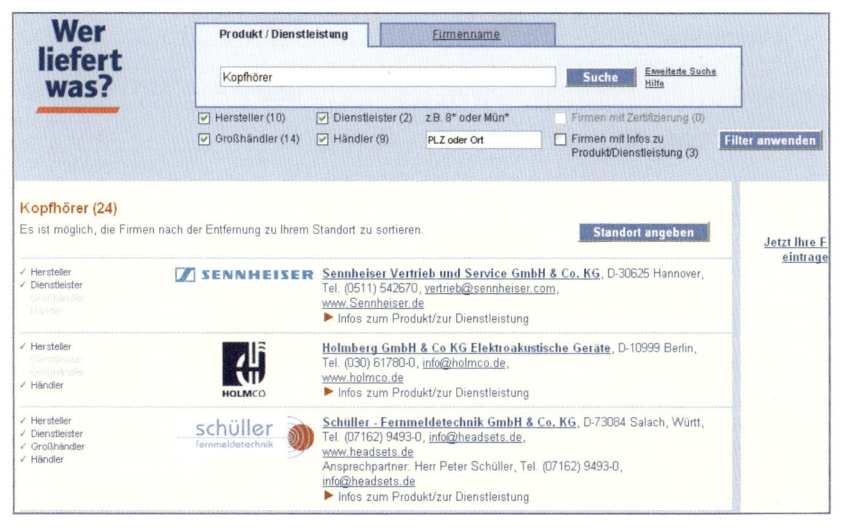

Einkauf mithilfe des Internets (Online-Order)

Zunehmend erfolgen **Bezugsquellenermittlung** und **Warenbeschaffung** über elektronische Systeme. Bei diesen **„B2B"** („Business-to-Business") Geschäften zwischen Unternehmen steht dem Einzelhändler über die Benutzung **„elektronischer Marktplätze"** ein weltweites Angebot 365 Tage und 24 Stunden je Tag zur Verfügung.

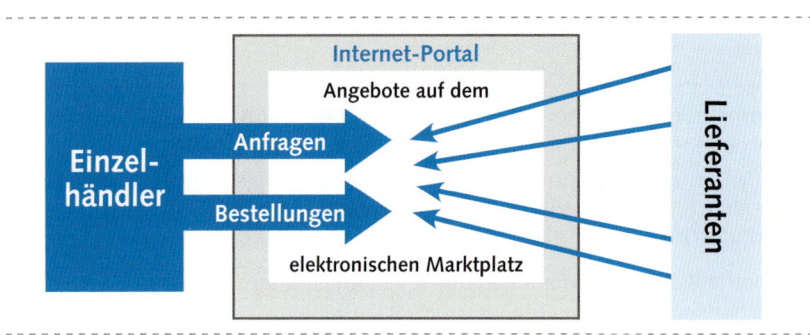

Über das **Eingangsportal** der Anbieter solcher Systeme hat der Benutzer Zugriff auf Angebot und Leistungen einer Vielzahl von **Lieferanten**. So sind Leistungs- und Preisvergleiche schnell und einfach vorzunehmen und der Einkaufsvorgang beschleunigt sich nicht nur, sondern er wird auch preiswerter. Neben der Kontaktvermittlung zu Anbietern erhält der Einzelhändler außerdem branchenspezifische Informationen, die ihn bei seiner Sortimentsgestaltung unterstützen.

Abb. Startseite eines Internet-Ordercenters für den Textilfachhandel

Beschaffungsmarketing und quantitativer Angebotsvergleich

■ Wahl der Beschaffungswege

Diese Entscheidung wird der Einkäufer auf der Grundlage eines Leistungs- und Kostenvergleichs treffen.

Einkauf beim Großhandel

Kleine und mittlere Einzelhandelsunternehmen beziehen viele Waren über den **Großhandel**, da sie dessen besondere Leistungen nutzen wollen. Häufig liefern aber auch Hersteller ausschließlich über den Großhandel an den Einzelhandel.

Leistungen des Großhandels für den Einzelhandel			
Vorsortimentierung	Sortimentsberatung	Risikoübernahme	Hohe Lieferbereitschaft
Der Händler findet hier bereits ein für seinen Bedarf passend zugeschnittenes Warenangebot.	Durch die größere Marktkenntnis weiß der Großhandel oft besser, welche Artikel gefragt sind und welche nicht.	Er gewährt längere Zahlungsziele als die Industrie und übernimmt eine ausgeprägte Lagerhaltung.	Durch die Lagerhaltung ist auch eine schnelle Ausführung der Bestellungen möglich (Kauf auf Abruf).

Auch die Art der Ware bestimmt den Beschaffungsweg. Waren des täglichen und/oder oft kurzfristigen Bedarfs wie Zeitungen und Arzneimittel wollen die Kunden in ihrer Nachbarschaft kaufen. Die Sicherung der Verkaufsbereitschaft wäre ohne Großhandel nicht möglich. Bei Waren, die man nur einmalig oder sporadisch kauft *(Auto, Klavier)* werden die typischen Leistungen des Großhandels nicht benötigt.

Es kann auch gleichzeitig direkt und indirekt beschafft werden. Bei **Streckengeschäften** bestellt und bezahlt der Einzelhändler die Ware über den Großhandel (indirekt) und bekommt die Ware vom Hersteller geliefert (direkt).

Einkauf beim Hersteller

Mit wachsender Unternehmensgröße nimmt allerdings der prozentuale Anteil der **Direktbeschaffung** bei **Herstellern** zu, da die Großunternehmen selbst in der Lage sind die Aufgaben des Großhandels zu übernehmen. Großunternehmen des Handels nehmen oft auch entscheidend Einfluss auf die Produktgestaltung (Eigenmarken). Dies bedingt einen direkten Warenbezug. Da der Direktbezug in größeren Mengen Preisvorteile beim Einkauf bringt, nutzen viele kleinere Einzelhändler **Einkaufs-Kooperationen**.

Einkauf bei Handelsvertretern oder Reisenden

Während der Reisende als Angestellter seines Unternehmens den Händler aufsucht, ist der Handelsvertreter als selbstständiger Kaufmann für e ine oder mehrere Firmen tätig. An beiden schätzt der Einzelhändler ihre gute Marktkenntnis und Beratungsleistung. Ein besonderer Vorteil dieser Art einzukaufen ist die direkte Warenpräsentation durch Musterstücke. Für Kleinbetriebe, bei denen die Eigentümer nahezu unabkömmlich sind, ist dieser **„Einkauf zu Hause"** von großer Bedeutung.

Einkauf bei Importeuren

Viele Waren werden aus dem Ausland importiert. Allerdings kommt für den kleinen und mittleren Einzelhändler ein Direktimport häufig nicht infrage. Die damit verbundenen Risiken und Kosten sind zu groß. Es fehlt sowohl an der notwendigen Marktkenntnis als auch an Informationen über die im Ausland üblichen Handelsbräuche. Hier bieten **Importeure** ihr spezielles „Know-how" an. Sie treten häufig auch als **Spezialgroßhändler** auf, die vorwiegend im Ausland Produkte herstellen lassen und dann im Inland als Eigenmarken anbieten *(Textilien, Glaswaren)*.

Bestellung nicht im Sortiment geführter Ware (Neulistung)

Einkauf auf Messen

Messen bieten ein umfassendes Angebot einer oder mehrerer Branchen. Meist finden sie in regelmäßigem Turnus am gleichen Ort statt. Im Handel mit modeabhängigen Artikeln hat der Einkauf auf Messen eine überragende Bedeutung, da hier die Trends der kommenden Saison vorgestellt werden.

In vielen Fällen produziert die Industrie erst nach den Messen die Waren, die durch die sogenannte „Vororder" der Händler aus den präsentierten Mustern ausgewählt und bestellt wurden.

Zehn bedeutende Messen für den Einzelhandel in Deutschland			
› PREMIUM (Mode)	Berlin	› Internationale Möbelmesse	Köln
› Herrenmode-Woche	Köln	› ISM (Süßwaren)	Köln
› Interstoff	Frankfurt	› Photokina	Köln
› ISPO (Sportartikel, -mode)	München	› Ambiente (Konsumgüter)	Frankfurt
› Inhorgenta (Uhren, Schmuck)	München	› Internationale Spielwarenmesse	Nürnberg

■ Entscheidung über Bestellmenge

Eine Mengenprognose für Waren, die bisher noch nicht Bestandteil des Sortiments waren, gestaltet sich schwierig, da auf keine vorangegangenen Umsatzzahlen zugegriffen werden kann. Es sind mehrere **Planungsgrundlagen** denkbar:

Planungsgrundlage	Erläuterung
Kapitalbindung	Je mehr eingekauft wird, desto höher ist die Kapitalbindung. Sollten sich die Umsatzerwartungen nicht erfüllen, fehlt Kapital zur Beschaffung anderer Ware. Hohe Bestände führen zu hohen Lagerkosten, denen allerdings durch Großeinkauf günstige Beschaffungspreise gegenüberstehen können.
Umsatz	Bei der Ermittlung eines Planumsatzes für eine bestimmte Verkaufsperiode sollte u. a. beachtet werden: › allgemeine Wirtschaftslage › Preisentwicklung › geplante Verkaufs-Aktionen › Konkurrenzsituation › mögliche Veränderungen in der Kunden- und Infrastruktur
Verkaufs-bereitschaft	Wenn eine hohe Verkaufsbereitschaft das Hauptziel des Unternehmens ist, dann müssen entweder hohe Bestände in Kauf genommen werden oder es muss eine sehr schnelle und am Bedarf ausgerichtete Belieferung gewährleistet sein.

Beschaffungsmarketing und quantitativer Angebotsvergleich

■ Wahl des Bestell- und Lieferzeitpunktes

Die Ware muss zum geplanten Verkaufstermin zur Verfügung stehen. Aus Kostengründen wäre es am besten, die Ware erst kurz vor dem geplanten Verkaufsbeginn zu erhalten, da so Lagerkosten gespart werden könnten. Sowohl Industrie als auch Großhandel sind aber selbst bemüht Lagerbestände klein zu halten und beginnen z. B. bei Saisonwaren sehr frühzeitig mit der Auslieferung. Damit der Handel eine frühe Auslieferung akzeptiert, werden häufig verlängerte Zahlungsziele eingeräumt.

Der **Bestellzeitpunkt** hängt deshalb entscheidend vom **Zeitbedarf** zwischen Bestellplanung und Verkaufsbeginn ab.

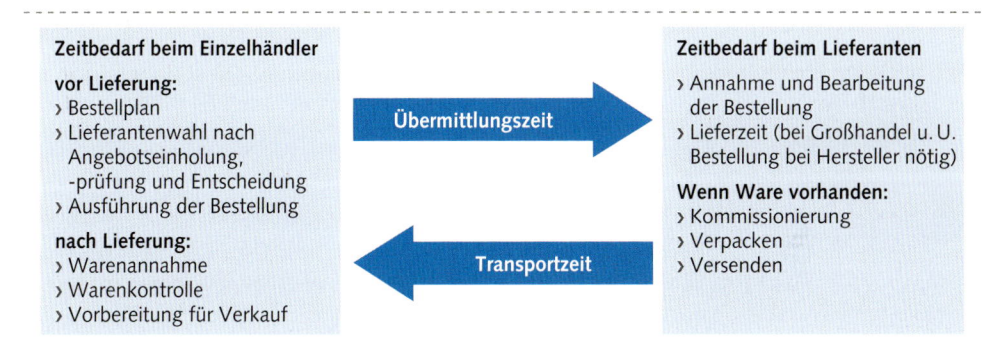

Zeitbedarf beim Einzelhändler		Zeitbedarf beim Lieferanten
vor Lieferung: › Bestellplan › Lieferantenwahl nach Angebotseinholung, -prüfung und Entscheidung › Ausführung der Bestellung	Übermittlungszeit →	› Annahme und Bearbeitung der Bestellung › Lieferzeit (bei Großhandel u. U. Bestellung bei Hersteller nötig) **Wenn Ware vorhanden:** › Kommissionierung
nach Lieferung: › Warenannahme › Warenkontrolle › Vorbereitung für Verkauf	← Transportzeit	› Verpacken › Versenden

■ Quantitativer Angebotsvergleich

Ein **quantitativer** Angebotsvergleich liegt vor, wenn verschiedene Angebote nur nach Merkmalen verglichen werden, die sich in **Euro** bewerten lassen *(Listenpreis, Rabatte, Skonto, Bezugskosten)*. Das **Ziel** ist den Anbieter zu finden, bei dem der Händler den **günstigsten** Einstandspreis erzielen kann.

Bevor ein Angebotsvergleich angestellt werden kann, muss sichergestellt sein, dass nur Waren gleicher oder vergleichbarer Art und Beschaffenheit verglichen werden. Bei der Entscheidung hierüber helfen Muster und Proben, Standards und Normen, Warenprüfungen, auch Test-, Prüf-, Güte-, Umwelt- und Sozialzeichen.

Abb. Entscheidungshilfen beim Warenvergleich

Häufig kommen mehrere Lieferer für die Beschaffung von Ware infrage. Allerdings haben die Lieferer üblicherweise unterschiedliche Preise für vergleichbare Waren, und auch die Konditionen, zu denen sie liefern, sind nicht für alle Kunden gleich: Stammkunden und Großabnehmer werden niedrigere Preise und bessere Konditionen durchsetzen können als gelegentliche Abnehmer kleiner Mengen. Wenn es darum geht, das günstigste Angebot zu ermitteln, genügt es also nicht, lediglich die Preise aus vorliegenden Angeboten, aus Katalogen und Listen zu vergleichen. Vielmehr ist es erforderlich, auch alle den Preis erhöhenden und ermäßigenden Bedingungen in den Vergleich einzubeziehen.

Bestellung nicht im Sortiment geführter Ware (Neulistung)

Bezugskalkulation

Um eine verlässliche Ausgangsbasis für Angebotsvergleiche zu erhalten, ist deshalb für jede zu vergleichende Ware der Bezugspreis (Einstandspreis) zu ermitteln. Dies geschieht im Wege der **Bezugskalkulation**:

Kalkulationsschema:	Erläuterung:
Listeneinkaufspreis	Listenpreis des Lieferers
− Liefererrabatt	Wiederverkäufer-, Mengen-, Treuerabatt
= Zieleinkaufspreis	gilt, wenn Zahlungsfrist genutzt wird
− Liefererskonto	Prämie für vorzeitige Zahlung
= Bareinkaufspreis	gilt, wenn vorzeitig gezahlt wird
+ Bezugskosten	Versicherung, Transport, Verpackung
= Einstandspreis	Bezugspreis

! Hinweis: Mithilfe der Kalkulation (= Preisberechnung) ermittelt der Einzelhändler seine Preise. Beim Angebotsvergleich ist dies der Einstandspreis. Diesen Preis zahlt der Einzelhändler an seinen Lieferanten für den Kauf von Waren. Kalkulieren ist angewandte Prozentrechnung mit Berechnung des Prozentwertes (vgl. LF 11, Kapitel 3.2). Die Kalkulation des Einstandspreises wird ausführlich im Kapitel 4 dieses Lernfeldes behandelt.

» Beispiel: Von einem bestimmten Artikel werden 40 Stück benötigt. Von den Anbietern Nadel & Faden, Kette & Schuss und FashionHouse liegen die folgenden Angebote vor:

Preise/Konditionen	Nadel & Faden	Kette & Schuss	FashionHouse
Listeneinkaufspreis	64,00 €	60,00 €	68,00 €
Rabatt	10 %	5 %	12,5 %
Skonto	3 %	–	1 %
Lieferbedingung	frei Haus	ab Werk	frei Haus

Die Lieferung der benötigten Mengen kann in allen drei Fällen binnen 7 Tagen und damit rechtzeitig erfolgen. Das Rollgeld für die An- und Abfuhr beträgt je 10 €, die Fracht 60 €.

Vergleich der Bezugspreise (quantitativer Vergleich)			
	Nadel & Faden	Kette & Schuss	FashionHouse
Listeneinkaufspreis	2.560,00	2.400,00	2.720,00
− Rabatt	256,00	120,00	340,00
= Zieleinkaufspreis	2.304,00	2.280,00	2.380,00
− Skonto	69,12	0,00	23,80
= Bareinkaufspreis	2.234,88	2.280,00	2.356,20
− Bezugskosten	0,00	80,00	0,00
= Bezugspreis ges.	2.234,88	2.360,00	2.356,20
= Bezugspreis/St.	55,87	59,00	58,91

Beschaffungsmarketing und quantitativer Angebotsvergleich

LF 6

■ AKTION

1 Entwerfen Sie für Artikel Ihres Ausbildungsbetriebes eine Eingabemaske zur Aufnahme der wichtigsten Daten in einer Artikeldatei.

2 Welche Informationen sollten in einer Lieferantendatei abrufbar sein?

3 Überprüfen Sie Ihr Ausbildungssortiment und machen Sie Vorschläge zur Ergänzung und Aktualisierung des Sortiments.

4 Unter dem Motto „Fairer Handel – Respekt für Mensch und Umwelt" wollen mehrere Unternehmen aus Neuburg künftig ökologisch unbedenkliche und sozialverträglich hergestellte Waren anbieten. Welche Möglichkeiten haben diese Unternehmen um sich umfassend über entsprechende Bezugsquellen zu informieren?

5 Beurteilen Sie folgende Aussage eines Neuburger Einzelhändlers: „Ich kaufe möglichst wenig beim Großhandel ein, denn der verteuert ja nur die Waren!"

6 Was spricht für und was gegen den Einkauf bei:
Importeuren, Reisenden oder auf Messen?

7 Untersuchen Sie Ihr Ausbildungssortiment nach Artikeln, die kurzfristig beschafft werden können und solchen, die eine lange Lieferzeit haben.

8 Die Fotoabteilung des Elektromarktes „Electro-City" benötigt 40 Digitalkameras. Es liegen der Einkäuferin Frau Schmidt folgende drei Angebote vor:

Lieferer	Klick GmbH	Foto-Plus AG	Sprint-Foto KG
Mindestabnahme	keine	25 Stück	50 Stück
Listeneinkaufspreis je Stück	104,00 €	112,00 €	120,00 €
Rabatt	5 %, bei Abnahme von mehr als 50 Stück 15 %	–	20 %
Skonto	–	6,00 € je Stück bei sofortiger Zahlung	3 % bei Barzahlung
Frachtkosten	160,00 € für die gesamte Menge	je Stück 3,20 €	–

Berechnen Sie, welches Angebot das preisgünstigste ist. Hinweis: „Electro-City" bezahlt Rechnungen sofort nach Erhalt.

9 Führen Sie aufgrund der folgenden Angaben einen rechnerischen Angebotsvergleich für einen Motorrasenmäher durch:

Lieferer	Angebotsbedingungen
Gartenprofi:	1.800,00 € frei Haus, Ziel 60 Tage, 4 % Skonto innerhalb 14 Tagen.
Xiung-Shi Ltd.:	1.650,00 €, Fracht 100,00 €, zahlbar netto Kasse.
Kramer OHG:	2.060,00 €, Wiederverkäuferrabatt 15 %, Zufuhr 45,00 €, Ziel 30 Tage.

Bestellung nicht im Sortiment geführter Ware (Neulistung)

10 In der Papier- und Schreibwarenhandlung Reinbach sind Angebote zu vergleichen. Benötigt werden ca. 60.000 Blatt Büropapiere in einer guten Qualität. Markus Braun erstellt dazu eine Tabelle mit Eingabe- und Ausgabeteil. Die Bestellung erfolgt bei dem Lieferanten mit dem günstigsten Einstandspreis.

Die Reinbach GmbH wählt stets die bestmöglichen Zahlungs- und Lieferungsbedingungen. Es ist der Einstandspreis für eine Packung zu 500 Blatt zu berechnen.

Angebot der Copy-Data:

Multifunktionspapier, 500 Blatt je Packung, Preis je Packung: 2,55 €, ab 10 Packungen 2,30 € und ab 20 Packungen 2,05 €.
Bezugskosten: bis 10 Packungen pauschal 10,00 €, sonst je 10-er Pack 5,00 €.
Zahlungsbedingung: 30 Tage netto, bei Zahlung innerhalb 10 Tagen 2 % Skonto.

Angebot der Siegle KG:

Universalpapier, 500 Blatt = 1 Pack. €-Preis: 10-er Pack: 2,45 je Pack, 30-er Pack: 2,10 je Pack.
Lieferung erfolgt frei Haus.
Zahlungsbedingung: 30 Tage netto, bei Zahlung innerhalb 8 Tage 2,5 % Skonto.

Muster für Tabellen:

Kalkulation des Einstandspreises		
Eingabeteil:		
Artikelbezeichnung	Büropapier	Büropapier
Listeneinkaufspreis je Packung		
Skonto in %		
Bezugskosten		
Ausgabeteil:		
	€	€
Listeneinkaufspreis		
– Skonto		
= Bareinkaufspreis		
+ Bezugskosten		
= Einstandspreis		

6.2 Qualitativer Angebotsvergleich

Tausend Lieferanten! Doch wie findet man den richtigen?

■ SITUATION

Die Computer Company: kompetent und preiswert

Media-Com: Alles aus einer Hand!

Ihr PC Spezialist: COM-TOTAL

Hai-Tekk: komplette IT-Lösung

Lisa May, Inhaberin eines kleinen Naturkostladens, lässt sich von ihrem Einkaufsverband PurNatur davon überzeugen das verbandseigene Warenwirtschaftssystem einzuführen. Die Programme stellt der Verband zur Verfügung. Was noch fehlt, ist ein leistungsfähiges Computersystem.

Über die „Gelben Seiten" findet Frau May mehrere Computerhändler in ihrer Nähe, von denen sie sich ein entsprechendes Angebot einholt. Frau May will die Angebote sorgfältig prüfen und vergleichen.

Nach welchen Gesichtspunkten sollte Frau May die Angebotsprüfung vornehmen, wenn sie aufgrund schlechter Erfahrung mit früheren Anschaffungen nicht nur auf den Preis schauen will?

Entwickeln Sie dazu eine tabellarische Übersicht mit fünf Merkmalen nach folgendem Muster:

Merkmal:	Erläuterung:
…	…

■ INFORMATION

Ein **qualitativer** Angebotsvergleich liegt vor, wenn zusätzlich zum Preisvergleich auch Merkmale bei der Lieferantenbewertung herangezogen werden, die sich nicht unmittelbar in Euro bewerten lassen.

■ Beurteilungsmerkmale für Lieferanten

Wenn dem Einzelhändler **mehrere** Angebote der gewünschten Artikel vorliegen, dann sollte er die **Lieferanten** unter **verschiedenen** Gesichtspunkten **beurteilen** und **bewerten**. So gelangt er zu einer fundierten Entscheidung, bei wem die gewünschten Artikel bestellt werden sollen. Wenn mit den infrage kommenden Lieferanten bereits Geschäftsbeziehungen bestehen, können alle Beurteilungsmerkmale in den Entscheidungsprozess mit einbezogen werden. Ist dies nicht der Fall, dann können einige Merkmale entweder nicht beurteilt werden oder der Einzelhändler beschafft sich die ihm fehlenden Informationen *(Selbstauskunft des Anbieters, Informationen über Einkaufsverbände oder Erfagruppen).*

> **Beispiel:** Beurteilungskatalog von Lieferanten, wie er bei den Baufachmärkten der „All-Bau GmbH & Co" Anwendung findet:

Merkmal		Erläuterung
Kompetenz	→	Besitzt der Lieferant Fachwissen für dieses Produkt?
Image	→	Welches „Bild" haben unsere Kunden von Artikeln dieses Lieferanten?
Qualität	→	Entspricht das Warenangebot den von uns aufgestellten Qualitätsansprüchen?
Technischer Stand	→	Sind die Produkte auf dem neuesten Stand der technischen Entwicklung?
Lieferzeit	→	Kann der Lieferant kurze Lieferzeiten sicherstellen?
Liefertreue	→	Hält der Lieferant zugesagte Termine genau ein?
Kulanzverhalten	→	Übernimmt der Lieferant auch Garantieleistungen über die mit uns vertraglich vereinbarte Zeit hinaus?
Flexibilität	→	Zeigt sich der Lieferant in unvorhergesehenen Situationen beweglich?
Ökologische und soziale Aspekte	→	Sind die Produkte des Lieferanten sozialverträglich hergestellt und ökologisch unbedenklich?
Verkaufsförderungsmaßnahmen	→	Unterstützt uns der Lieferant beim Absatz der Waren durch verkaufsfördernde Maßnahmen?
Konditionen	→	Zeigt sich der Lieferant bei der Gestaltung der Liefer- und Zahlungsbedingungen flexibel?
Preise	→	Bietet der Lieferant Preisabschläge und geht er auf unsere Preisvorstellungen ein?

■ Bewertungsverfahren von Lieferanten (Entscheidungsbewertungstabelle)

Nach Eingang der angeforderten Angebote werden diese nach den aufgestellten **Beurteilungsmerkmalen** untersucht und bewertet (= **qualitativer Angebotsvergleich**). Die **Bewertung** ist nach unterschiedlichen Verfahren möglich.

Rechnerisches Verfahren

Bei diesem Verfahren werden die jeweiligen **Beurteilungsmerkmale** nach ihrer für diese Beschaffung geltenden Bedeutung **gewichtet.**

Wird besonderer Wert auf günstige Preise gelegt, erhalten die Einkaufspreise eine höhere Gewichtung, als z. B. die Qualität der Waren.

Ist eine kurze Lieferzeit von Bedeutung, wird diese höher gewichtet, als z. B. die Liefertreue.

Jeder Anbieter wird aufgrund der über ihn vorliegenden Informationen analysiert und anschließend werden Wertungspunkte vergeben. Sie reichen z. B. von 1 (Kriterium nicht oder nur mangelhaft erfüllt) bis zu 5 (Kriterium besonders gut erfüllt). Die Wertungspunkte werden nun mit der Gewichtung multipliziert. Den **Auftrag** erhält der **Anbieter** mit den meisten Punkten.

Qualitativer Angebotsvergleich

> **Beispiel:** (WP = Wertungspunkte; GP = Gesamtpunkte)

Anbieter		Maier		Müller		Schulze	
Merkmal	Gewichtung	WP	GP	WP	GP	WP	GP
Kompetenz	5	5	25	3	15	5	25
Image	15	3	45	2	30	4	60
Qualität	15	3	45	2	30	4	60
Lieferzeit	5	2	10	5	25	4	20
Liefertreue	10	2	20	5	50	3	30
Kulanzverhalten	5	1	5	5	25	3	15
Ökologische und soziale Aspekte	10	1	10	1	10	2	20
Verkaufsförderungsmaßnahmen	15	4	60	2	30	2	30
Konditionen	10	4	40	2	20	2	20
Preise	10	3	30	3	30	2	20
Gesamt	**100 %**		**290**		**265**		**300**
Rang			**2**		**3**		**1**

Grafisches Verfahren

Die Bewertung erfolgt anhand von **Bewertungsstufen** (–3 für Kriterium nicht erfüllt, bis +3 für Kriterium sehr gut erfüllt). Alle Merkmale sind von gleicher Bedeutung. Die für jedes Merkmal ermittelte Ausprägung wird markiert und zum Schluss werden die Markierungspunkte verbunden. So ist auf einen Blick das jeweilige **Lieferantenprofil** erkennbar.

> **Beispiel:** Lieferant Schmidt (rot), Lieferant Wagner (blau), Lieferant Keller (grün)

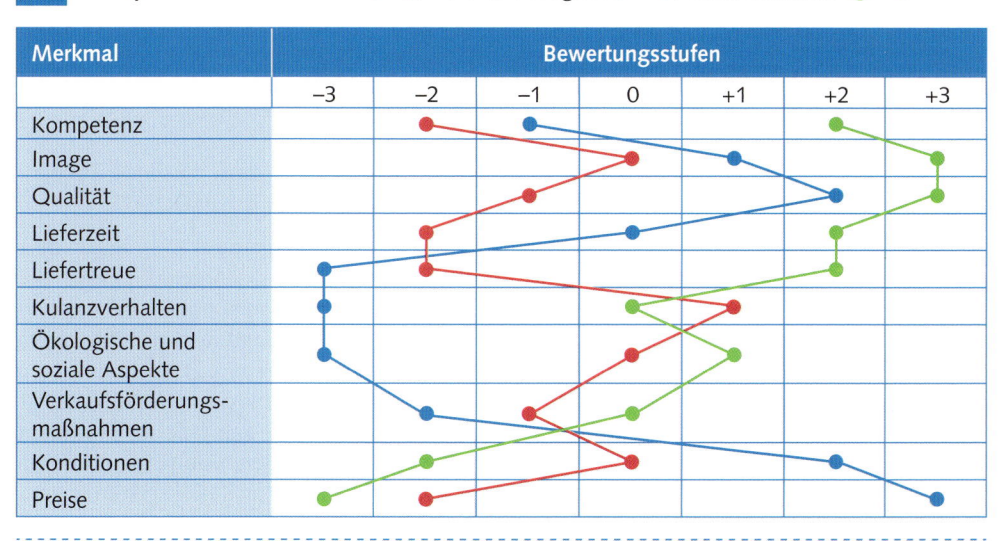

Merkmal	Bewertungsstufen						
	–3	–2	–1	0	+1	+2	+3
Kompetenz							
Image							
Qualität							
Lieferzeit							
Liefertreue							
Kulanzverhalten							
Ökologische und soziale Aspekte							
Verkaufsförderungsmaßnahmen							
Konditionen							
Preise							

Bestellung nicht im Sortiment geführter Ware (Neulistung)

Nicht eindeutig zu bewertende Merkmale

Es ist denkbar, dass **nicht** der **Anbieter** zum Zuge kommt, der bei Bewertung in der Entscheidungsbewertungstabelle die **höchste** Gesamtpunktzahl erhielte. Das kann daran liegen, dass Merkmale den Ausschlag geben, die sich durch Gewichtung und Bewertung in einer solchen Tabelle nur schwer oder gar nicht bewerten lassen.

Solche **Gesichtspunkte** können sein:

- Es laufen Gegengeschäfte zwischen Lieferer und Einzelhandelsbetrieb,
- es bestehen persönliche Beziehungen zum Lieferanten (*Verwandter, Kegelbruder, langjähriger Geschäftspartner*),
- aus Sicherheitsgründen sollen Lieferbeziehungen zu mehreren Lieferern unterhalten werden,
- der Einzelhandelsbetrieb verzichtet auf einen schnellen, aber einmaligen Vorteil zu Gunsten erprobter und verlässlicher Lieferbeziehungen,
- der Lieferer ist voll beschäftigt oder kommt aus Termingründen (*kurzfristige Lieferung von Aktionsware*) für die Auftragserteilung nicht infrage.

■ AKTION

1 Sortimentserweiterung im Sportfachgeschäft Action & Fun GmbH

> **Hinweis:** Eine umfangreichere Version dieser Fallstudie befindet sich im Arbeitsheft zu diesem Buch.

Aufgabenstellung:

Führen Sie in Gruppen einen qualitativen Angebotsvergleich nach Ihnen geeigneten Beurteilungsmerkmalen durch. Die dazu notwendigen Informationen entnehmen Sie aus den Informationen zu den vier Anbietern. Entscheiden Sie, ob Sie Ihre Beurteilungsmerkmale gleich oder unterschiedlich bewerten. Präsentieren Sie Ihr Ergebnis vor der Klasse und begründen Sie Ihre Lieferantenentscheidung.

Ausgangssituation:

Bisher bilden Surfbretter, Snowboards und Inline-Skates sowie das dazu passende Zubehör den Sortimentsschwerpunkt in Bernd Hellers Sportgeschäft „Action & Fun GmbH".

Aus der Fachpresse und auch aufgrund vieler Anfragen von Kunden weiß Herr Heller, dass Fahrrad fahren auch in den nächsten Jahren zu den beliebtesten Freizeitbeschäftigungen der Bundesbürger gehören wird. Daher möchte er sein Sortiment durch Fahrräder und das entsprechende Zubehör erweitern. Der angepeilte Kundenkreis sind junge, sportlich orientierte Männer und Frauen, die für aktive Freizeitgestaltung viel Geld ausgeben. Er geht von einem Beschaffungswert von ca. 40.000,00 € aus. Da Herr Heller bisher nur wenig Marktkenntnis auf diesem Gebiet hat, bittet er Kollegen aus seiner Erfagruppe, die Fahrräder im Sortiment haben, um Informationen über für ihn infrage kommende Lieferanten. Von seinen Kollegen erhält er mehrere ausführliche Berichte zu möglichen Lieferanten. Nach einer ersten Durchsicht hat er sich für eine genauere Prüfung von vier Lieferanten entschieden.

Qualitativer Angebotsvergleich

LF 6

Lieferanteninformation:

HERAKLES Fahrradwerke, Darmstadt

HERAKLES bietet bereits seit fast 100 Jahren Fahrräder und die passende Ausrüstung dazu an. Die Lieferfristen sind sehr kurz, da die Produktion zu 90 % im Inland erfolgt. Die Liefertermine werden pünktlich eingehalten. Das Design der Produkte ist funktional und verzichtet auf modische Komponenten. Dies gilt besonders für die „City"- und „Allround"-Fahrräder. Am Markt hat HERAKLES ein solides und qualitätsorientiertes Image. Die Stiftung Warentest bescheinigt HERAKLES-Produkten eine gute Qualität. Treten Mängel auf, zeigt sich HERAKLES allerdings wenig kulant. Die Abwicklung von Reklamationen erfolgt sehr schleppend und ist auf die gesetzliche Regelung beschränkt. HERAKLES wirbt nicht über die Medien. Eine Händlerunterstützung erfolgt in Form von Prospekten und unregelmäßig stattfindenden Verkäuferschulungen. Die Preislage ist in der Mitte angesiedelt. Bei Bestellungen bis 5.000,00 € werden pauschal 5 % vom Warenwert für Transport und Verpackung berechnet. Bestellungen über 5.000,00 € erfolgen frei Haus. Die Zahlungsbedingungen lauten: bis 3.000,00 € netto, bis 6.000,00 € 10 Tage und 2 % Skonto, sonst 30 Tage Ziel. Über 6.000,00 € innerhalb 10 Tagen 3 % Skonto oder 45 Tage Ziel. Mengenrabatte werden ab einem Mindestjahresumsatz von 15.000,00 € gewährt.

RADIAL Süddeutsche Fahrradfabrik GmbH, Stuttgart

Geschäftsführer von RADIAL ist Frieder Fuhrmann. Er war lange Jahre Chefkonstrukteur bei Herakles, bis er in die Geschäftsführung der RADIAL GmbH wechselte. Sein Betrieb produziert besonders hochwertige Produkte. Die Entwicklungsabteilung gilt als die modernste und innovativste in Europa. RADIAL lässt einen Großteil im europäischen Ausland produzieren, wobei das meiste aus Italien stammt. Wegen häufiger Streiks in Italien ist es schon einige Male zu Lieferverzögerungen gekommen. Im Regelfall ist die Lieferzeit sehr kurz, da RADIAL durch Lagerhaltung eine hohe Lieferbereitschaft sichert. Kunden berichten von einem sehr zügigen und kulanten Verhalten bei Reklamationen. RADIAL gewährt auf alle Artikel 36 Monate Garantie. Der Handel wird durch eine Vielzahl von Werbemaßnahmen unterstützt. Vor Beginn der Sommersaison werden auch mehrere Werbespots im Fernsehen, besonders in den Sportkanälen, gesendet. RADIAL gibt empfohlene Verkaufspreise vor, die bis zu 50 % über den Durchschnittspreisen anderer Anbieter liegen. Dafür wird ein Gebietsschutz gewährt. Es wird ein Wiederverkäuferrabatt von 40 % eingeräumt. Bei einem Jahresumsatz von mehr als 20.000,00 € erhöht sich der Rabatt auf 45 % und es gibt einen Jahresbonus von 2 %. Die Lieferungen erfolgen stets frei Haus.

TASHAMIRO, Niederlassung Hamburg

Die deutsche Niederlassung dieses japanischen Unternehmens mit dem Hauptsitz in Tokio, ist erst seit einem Jahr auf dem deutschen Markt präsent. Daher sind Artikel bei uns noch weitgehend unbekannt. TASHAMIRO sucht Partner im Facheinzelhandel, die dann als Alleinanbieter am jeweiligen Ort die Produkte vertreiben. Dafür werden sehr günstige Einkaufspreise und Zahlungsbedingungen geboten. Gegenwärtig beträgt das Zahlungsziel unabhängig von der Höhe der Bestellung 90 Tage. Bei Zahlung innerhalb 14 Tagen wird 3 % Skonto gewährt. Das Skonto erhöht sich auf 5 %, wenn mit TASHAMIRO das Abbuchungsverfahren vereinbart wird. Es muss angemerkt werden, dass das Unternehmen vor 10 Jahren auf dem nordamerikanischen Markt ähnlich begonnen hat und heute über 80 % seiner Umsätze dort über Warenhausketten und Versandunternehmen erzielt. In den USA und den Pazifikstaaten haben die Erzeugnisse von TASHAMIRO einen sehr guten Ruf. Das Design ist nicht nur sehr funktionell, sondern auch betont sportlich. Die Produktqualität ist ausgezeichnet und die Technik stets auf dem neuesten Stand. Da die Hamburger Niederlassung derzeit noch keine Lagerhaltung durchführt, ist die Lieferzeit aufgrund der großen Entfernungen erheblich länger als bei anderen Anbietern. Die Liefertermine werden nach den bisher vorliegenden Erfahrungen eingehalten. Bei der Abwicklung von Reklamationen zeigt sich TASHAMIRO kulant. Die Geschäftsführung liegt zurzeit noch ausschließlich in japanischer Hand.

SPORTECH-Import GmbH & Co KG, Leipzig

Der Anbieter ist ein Großimporteur, der sich auf die Einfuhr von Sport- und Freizeitartikeln aus Osteuropa spezialisiert hat. Die Inhaber sind ehemalige Berufsboxer, geführt wird das Unternehmen durch zwei angestellte Geschäftsführer, die bis vor drei Jahren einen Zeitschriftenhandel betrieben. Für dieses Unternehmen spielt der Preis eindeutig die wichtigste Rolle bei der Warenbeschaffung. Die SPORTECH-GmbH setzt ihren Lieferanten bestimmte Preisobergrenzen, sodass eine durchgehend einwandfreie Qualität nicht immer gewährleistet ist. Die Preislage ist im unteren Bereich angesiedelt. Häufig werden sogenannte „Schnäppchenaktionen" den Kunden angeboten. Hier wird Ware zu besonders günstigem Preis angeboten, die aber nicht nachbestellt werden kann. Das Design der Produkte ist zweckmäßig und ohne auffallende Besonderheiten. Der Imagewert ist als niedrig einzustufen, da die Artikel von verschiedenen Produzenten aus mehreren osteuropäischen Ländern stammen und so keine einheitliche Markenprofilierung erfolgen kann. Die Lieferzeit ist extrem kurz. SPORTECH garantiert Lieferung innerhalb 48 Stunden an jeden Ort in der Bundesrepublik. Allerdings fallen Transportkosten von 200,00 € je Sendung an. SPORTECH verzichtet auf jegliche werbliche Unterstützung des Handels. Die Liefertermine werden pünktlich eingehalten. Die Regelung bei Reklamationen erfolgt sehr großzügig. Es wird meist auf Nachbesserung verzichtet und schon bei geringen Mängeln erfolgt ein Umtausch. Die Zahlungsbedingungen sind 14 Tage netto. Nachlässe werden nicht gewährt.

2 Der Vergleich vorliegender Angebote muss nicht mit einem Vergleich der Bezugspreise enden, sondern kann weitere Kriterien berücksichtigen.

> Welche Vor- und Nachteile hat es, wenn Merkmale in den Vergleich einbezogen werden, die im Text der Angebote gar nicht enthalten sind, sondern auf Informationen beruhen, die aus anderen Quellen beschafft wurden?

> Welche Vor- und Nachteile hat es, wenn Merkmale einbezogen werden, die erst noch bewertet und gewichtet werden müssen bzw. die sich überhaupt nicht bewerten lassen?

3 Nennen und erläutern Sie mindestens 10 Gründe, die den Einzelhändler dazu veranlassen können, bei einem Lieferer zu bestellen, der im Vergleich der vorliegenden Angebote nicht der billigste ist.

4 Da das Warenhaus Merkur eine französische Woche plant, wird aus Mitarbeitern des Einkaufs, des Verkaufs und der Werbeabteilung ein Aktionsausschuss gebildet. Stellen Sie nach folgenden Vorgaben einen Ablaufplan grafisch dar.

Start der Aktion	20. September
Dauer	2 Wochen
Beginn der Planung	10 Wochen vor Aktionsbeginn
Warenbeschaffung	5 Wochen vor Aktionsbeginn
Werbekonzept fertig	5 Wochen vor Aktionsbeginn
Aufbau der Ware	2 Wochen vor Aktionsbeginn
Beginn der Werbung	2 Wochen vor Aktionsbeginn

Berücksichtigen Sie bei der Darstellung die Sortimentsbildung, die Lieferantenauswahl und die Werbeplanung sowie eventuelle Nachbestellungen und zusätzliche Werbung während der Aktionszeit.

Einzelhandelsprozesse

Lernfeld 7
Waren annehmen, lagern und pflegen

Inhalte

1 Warenannahme
2 Pflichtverletzungen des Lieferers bei der Erfüllung von Kaufverträgen
3 Lagerhaltung
4 Bestandsoptimierung in der Lagerhaltung

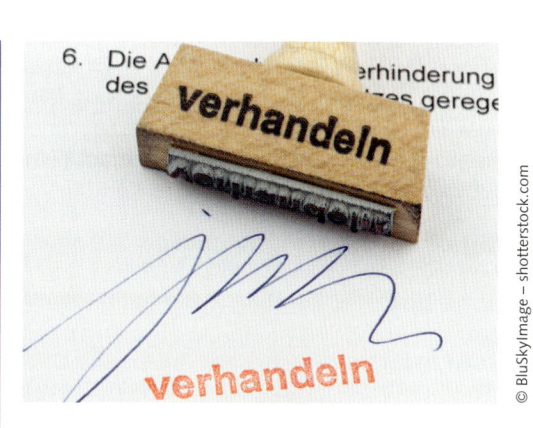

1 Warenannahme

1.1 Warenlogistik – mehr als Transport von A nach B

Heute bestellt, morgen geliefert!
Welche Möglichkeiten der Warenzustellung gibt es?

■ SITUATION

Dicke Luft bei der Reinbach GmbH! Es ist Schulanfang und schon am ersten Tag sind die Schulhefte ausgegangen, weil bei der Bestellung falsche Mengen angegeben wurden. Markus Braun muss dafür sorgen, dass die Schulhefte so schnell wie möglich zum Verkauf bereitstehen. Per Fax bestellt er beim Großhändler in Mittelstadt (70 km von Neuburg entfernt) die benötigten 1.000 Hefte nach.

1. Welche Zustellmöglichkeiten sind im Einzelhandel üblich?
2. Welche Gesichtspunkte sind bei der Wahl der Transportmittel zu beachten?
3. Für welches Transportmittel sollte sich Markus entscheiden?

■ INFORMATION

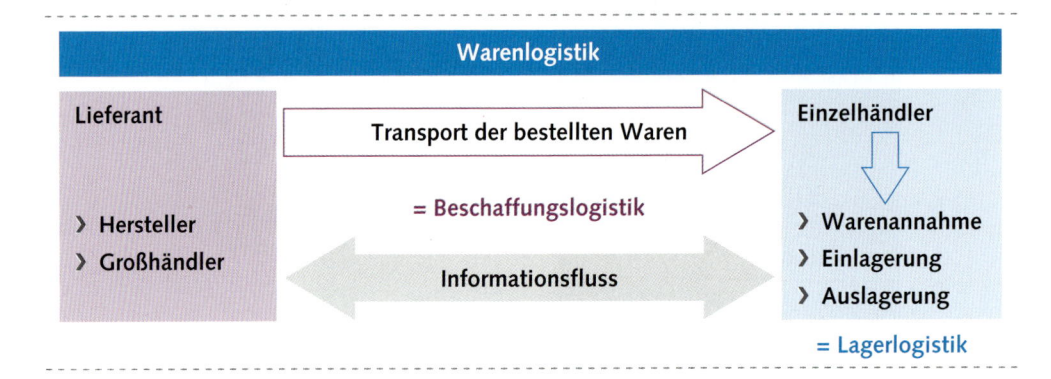

Warenlogistik		
Lieferant	Transport der bestellten Waren →	**Einzelhändler** ⬇
	= Beschaffungslogistik	
› Hersteller		› Warenannahme
› Großhändler	↔ Informationsfluss ↔	› Einlagerung
		› Auslagerung
		= Lagerlogistik

■ Begriff der Warenlogistik

Unter **Warenlogistik** versteht man die Planung, Gestaltung, Abwicklung und Kontrolle des Waren- und Informationsflusses zwischen einem Einzelhändler und seinen Lieferanten.

Zur **Beschaffungslogistik** zählen alle Aktivitäten, die mit dem Transport der Ware vom Lieferanten zum Einzelhändler zusammenhängen.

Die **Lagerlogistik** umfasst all jene Aufgaben, die bei Annahme und Lagerung der Ware im Einzelhandelsunternehmen zu lösen sind.

Warenlogistik – mehr als Transport von A nach B

■ Aufgaben der Logistik

Ein wirksames **Logistikkonzept** ermöglicht es, Liefertermine zuverlässiger und pünktlicher einzuhalten. Durch geeignete Lager- und Verteilsysteme sollen Bestell- und Lieferzeiten verkürzt werden mit dem Ziel die Kundenzufriedenheit zu erhöhen. Dabei helfen die „6 R" der Logistik.

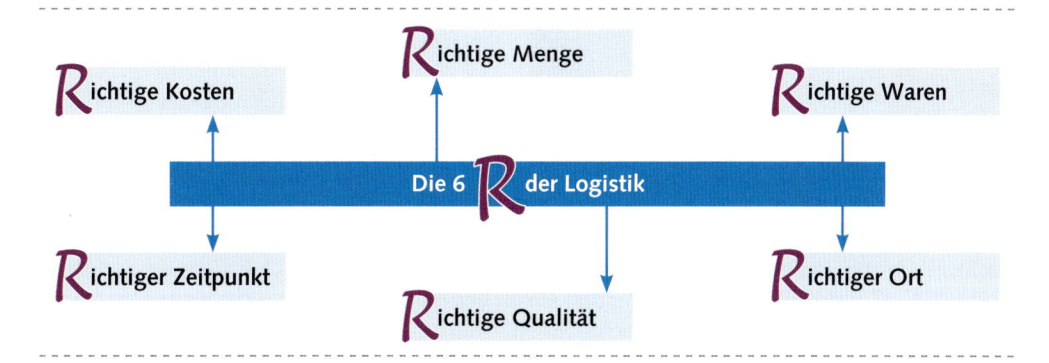

Die 6 R der Logistik:
- **R**ichtige Kosten
- **R**ichtige Menge
- **R**ichtige Waren
- **R**ichtiger Zeitpunkt
- **R**ichtige Qualität
- **R**ichtiger Ort

■ Waren- und Datenfluss innerhalb logistischer Prozesse

Jeder **Warenfluss** (Lieferung einer bestellten Ware) wird von einem **Informationsfluss** (Angaben zum Liefertermin, zum Preis oder zur Menge) begleitet.

>> **Beispiel:** Der Naturkostmarkt Vita-Aktiv bezieht sein Obst und Gemüse von einem Großhändler, der ausschließlich Produkte aus ökologischem Anbau anbietet. Über eine integrierte Unternehmenssoftware können die Geschäftspartner jederzeit für sie wichtige Informationen abrufen. So lassen sich die logistischen Aufgaben schneller und besser lösen.

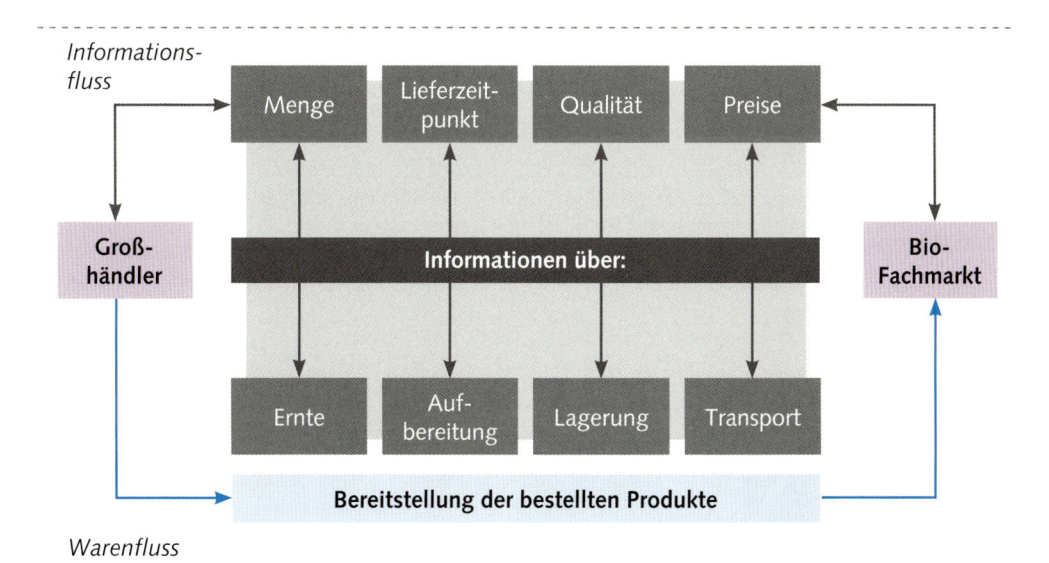

Abb. Waren- und Informationsfluss

Informationsfluss: Großhändler ↔ Informationen über: Menge, Lieferzeitpunkt, Qualität, Preise ↔ Bio-Fachmarkt

Warenfluss: Ernte, Aufbereitung, Lagerung, Transport → Bereitstellung der bestellten Produkte

■ Zustellmöglichkeiten bei der Warenbeschaffung

Nach dem Grundsatz „**Warenschulden sind Holschulden**" müsste der Händler die bestellte Ware beim Lieferanten selbst abholen. In den meisten Fällen wird sie ihm jedoch entweder durch den Lieferanten selbst oder durch einen beauftragten Frachtführer zugestellt. Zu den bedeutenden **Frachtführern** zählen DHL, ein Unternehmensbereich der Deutsche Post World Net, der Deutsche Paket Dienst (DPD) und der United Parcel Service (UPS).

Diese Transportunternehmen zählt man zu den **KEP-Diensten** (Kurier-, Express- und Paketdienste). Ihr Dienstleistungsangebot als Alternative zu reinen Speditionen zeichnet sich vor allem durch große Flexibilität und ein Eingehen auf individuelle Kundenwünsche aus. Allerdings ist der Transport häufig ab einer bestimmten Größe und einem bestimmten Gewicht nicht mehr zugelassen. Die unterschiedlichen Bezeichnungen ergeben sich durch die jeweilige Transportabwicklung.

KEP-Dienste	
Kurierdienste	Die Ware wird persönlich vom Absender bis zum Empfänger begleitet. Kurierdienste eignen sich wegen der sehr hohen Preise hauptsächlich für hochwertige (Schmuck) und besonders dringend benötigte Waren (Ersatzteile, Medikamente); dadurch ist eine ständige Beaufsichtigung des Transportgutes gewährleistet. » **Beispiele:** IC-Kurierdienst der Deutsche Bahn AG, spezielle Kurierdienste, Taxen.
Expressdienste	Sie befördern die Ware in einem engen Zeitrahmen und mit einem garantierten Zustellungstermin. Dazu nutzen sie Umschlag- und Verteilzentren, unter Umständen auch andere Logistikunternehmen. Der Preis liegt deutlich über dem eines Normalversandes. Ein Expressdienst empfiehlt sich immer dann, wenn Ware sehr schnell oder zu einem bestimmten Termin den Empfänger erreichen soll, z.B. Zustellung auch an Sonn- und Feiertagen. » **Beispiele:** UPS-Express, DHL-Express.
Paketdienste	Sie transportieren die Waren über eigene Sammel- und Verteilzentren. Den Kunden wird kein fester Termin für die Zustellung garantiert, jedoch ist mit einer Zustellung innerhalb ein bis zwei Tagen zu rechnen. Daher ist diese Versandart für normale Sendungen geeignet, die nicht unbedingt taggenau eintreffen müssen. » **Beispiele:** UPS-Standard, DPD, DHL-Paket.

Eine genaue Trennung zwischen diesen Diensten ist sehr schwierig, da die am Markt tätigen Unternehmen oft alle Dienste anbieten.

Die Unternehmen mit KEP-Diensten können aufgrund ihrer überregionalen Verflechtungen z. T. erhebliche zeitliche Vorteile bei der Abwicklung der übernommenen KEP-Aufträge erzielen und deshalb günstige Bedingungen für die Beförderung anbieten.

Warenlogistik – mehr als Transport von A nach B

■ Wahl des geeigneten Transportmittels

Um das am besten geeignete Transportmittel auszuwählen, sind eine Reihe von Fragen zu klären:
> Wird die Wahl des Transportmittels durch die Art der Ware bestimmt *(Gewicht, Verderblichkeit)*?
> Wie lange darf die Beförderungszeit sein?
> Wie zuverlässig ist der Transporteur *(Pünktlichkeit, Sicherheit)*?
> Wie hoch kommen die Transportkosten?
> Sollen Umweltgesichtspunkte bei der Auswahl des Transportmittels berücksichtigt werden?

Warenverteilzentren sparen Treibstoff und damit Abgase!

Wie durch eine andere Warenverteilung ein Beitrag zum Umweltschutz geleistet werden kann, zeigt die Karstadt AG: Früher lieferte jeder Lieferant an jede Filiale. Heute wird ein Großteil der Waren an das Warenverteilzentrum in Unna geliefert. Von dort erfolgt die Verteilung auf die einzelnen Filialen, wobei rund 70 % der Anlieferungen mit der Bahn erfolgen. Durch die Zentralisierung können pro Jahr 2,8 Millionen Fahrten eingespart werden.

Quelle: Karstadt Aktiv im Umweltschutz

■ AKTION

1 Ordnen Sie den folgenden Situationen die jeweilige Aufgabe der Logistik zu:
   a) Der Naturkostmarkt Vita-Aktiv bestellte bei seinem Getränkelieferanten Heil- und Mineralwasser. Es wurde ausschließlich Heilwasser geliefert.
   b) Die 50.000 Flaschen Champagner für die bevorstehende Französische Woche der Merkur Warenhaus AG werden bis zur Auslieferung an die einzelnen Warenhäuser im Zentrallager des Unternehmens gelagert.
   c) Der Einkaufsverband Inter-Food informiert seine Mitglieder, dass aufgrund von Ernteausfällen in Südamerika der Rohkaffeepreis in den nächsten Monaten erheblich steigen wird. Daraufhin erhöht der Zentraleinkäufer einer Discountkette seine aktuelle Bestellmenge erheblich, um bei steigenden Einkaufspreisen den Verkaufspreis möglichst stabil zu halten.

2 Erkundigen Sie sich in Ihrem Ausbildungsunternehmen darüber, welche Informationen über bestellte Waren durch die bei Ihnen genutzten informationstechnischen Systeme abrufbar sind, und berichten Sie in der Klasse.

3 Wählen Sie eine Ware Ihres Ausbildungssortiments und dokumentieren Sie mit anschließender Präsentation den Weg dieses Artikels von der Herstellung bis zur Platzierung in Ihren Verkaufsräumen.

4 Sie benötigen für einen Kunden dringend Ersatzteile für eine Motorsäge, die er bei Ihnen gekauft hat. Führen Sie eine Internetrecherche durch und ermitteln Sie den schnellstmöglichen und kostengünstigsten Transport, wenn die Ersatzteile innerhalb von drei Tagen bei Ihnen im Geschäft sein müssen (Gewicht der Ersatzteile 2,5 kg, Lager des Lieferanten ist Hamburg).

1.2 Wareneingang

Endlich, die neue Ware ist da!
Welche Arbeiten sind bei der Warenannahme notwendig?

■ SITUATION

Aus dem Bericht der Revisionsabteilung an die Unternehmensleitung der Omnia-Discount-Märkte:

> „… Bei Überprüfung der Warenannahme in den 50 überprüften Filialen wurde festgestellt:
> - Immer wieder wurde Ware außerhalb der Geschäftszeiten an die Filialen ausgeliefert und stand dort bis zum nächsten Morgen vor der Warenannahme.
> - Viele Lkw-Fahrer beklagten sich über zu lange Wartezeiten, bis sie abladen konnten.
> - Es wurde mehrfach beobachtet, dass Fahrer unmittelbar nach dem Abladen der Ware ihre Frachtpapiere unterschrieben bekamen.
> - Stichprobenkontrollen unserer Mitarbeiter ergaben, dass über 20 % der Warenlieferungen Schäden an der Verpackung aufwiesen.
> - Bei nahezu jeder vierten Sendung stimmten gelieferte Verpackungseinheiten und Angaben auf dem Lieferschein nicht überein.
> - In Folie verpackte palettierte Ware wurde häufig erst nach einigen Tagen in die entsprechenden Lagerzonen einsortiert …"

1. Worin sehen Sie die Ursache für die vielen Mängel, die von der Revisionsabteilung im Bereich Wareneingang festgestellt wurden?
2. Sie erhalten von der Omnia Geschäftsführung den Auftrag, für alle Filialen eine schriftliche Anweisung (Checkliste) zu entwerfen, die einen reibungslosen und korrekten Ablauf der Warenannahme ermöglicht.

■ INFORMATION

Der **Wareneingang** ist eine wichtige **Schnittstelle** zwischen **Warenbeschaffung** und **Warenlagerung**. Vom Wareneinkauf erhält der Wareneingang alle benötigten Daten, um sicherzustellen, dass die gelieferte der bestellten Ware entspricht. Der Wareneingang ist erste Station auf dem Weg der Ware durch den Betrieb, aber auch der Ort, an dem die Warendaten in das Warenwirtschaftssystem (WWS) eingegeben werden.

Ein **fehlerfreies** Arbeiten beim Wareneingang ist Voraussetzung für eine **korrekte** Bestandsführung und Lagerhaltung.

Wareneingang

Vorgehensweise bei der Warenannahme

Erste Kontrolle (sofort in Anwesenheit des Lieferanten)

1. Stimmt die Anschrift?
2. Stimmt die Zahl der Versandstücke?
3. Ist die Verpackung in Ordnung?

Bei **Beanstandungen**:
→ Mängel vom Lieferanten bestätigen lassen, Annahme unter Vorbehalt oder u. U. Annahmeverweigerung.

Zweite Kontrolle (unverzüglich nach Lieferung)

Abgleich der Begleitpapiere mit dem Inhalt der Sendung.
1. Wurde die bestellte Ware geliefert?
2. Stimmen Menge, Qualität und Beschaffenheit der Ware?

Bei **Mängeln**:
→ Mitteilung an die Einkaufsabteilung, damit diese rechtzeitig rügen kann.

Dritte Kontrolle (Abgleich der Begleitpapiere)

Vergleich der Rechnung mit dem Lieferschein, der Bestellung und der Auftragsbestätigung. Die Rechnung wird zusätzlich auf sachliche und rechnerische Richtigkeit überprüft.

Bei **Unstimmigkeiten**:
→ Rücksprache mit Lieferanten u. U. Mängelrüge durch Einkaufsabteilung.

› Erfassen der Ware im Wareneingangsbuch oder im Warenwirtschaftssystem,
› Preisauszeichnung,
› Einlagerung im Reservelager oder sofort Präsentation im Verkaufsraum

Erfassung des Wareneingangs

Nach der Abgabenordnung § 143 müssen Wareneingänge gesondert aufgezeichnet werden. In kleinen Einzelhandelsgeschäften ohne elektronische Datenverarbeitung kann dies mithilfe eines Wareneingangsbuches erfolgen.

Die Aufzeichnungen müssen im Einzelnen folgende Mindestangaben enthalten:

› Tag des Wareneingangs oder das Rechnungsdatum des Lieferanten,
› Name und Anschrift des Lieferanten,
› handelsübliche Bezeichnung der Ware,
› Preis der Ware,
› Hinweis auf den Beleg *(Belegnummer, Aufbewahrungsort)*.

» Beispiel:

Wareneingangsbogen		Warengruppe: Damenblusen			Monat: 03	
Rechn.-Nr.	Lieferant	EK brutto	VSt.	EK netto	Nachlässe	Überweisungsbetrag
1234	Intertex	877,11	140,04	737,07	71,00	666,07
1235	Mondial	461,64	73,71	387,93	–	387,93

Warenannahme

Der **Wareneingangsschein** dient zur Erfassung des jeweiligen Wareneingangs nach Abgleich mit dem Lieferschein bei Anlieferung im Lager und zur Weiterverarbeitung der Daten im Warenwirtschaftssystem.

> Beispiel:

Wareneingangsschein

| Laufende Nr.: | 0068 | Aufnahmesatum: | 22.11.20.. |

Eingangsdatum:	Verpackung	Versandart
22.11.20..	10 EuroPal	Spedition

Lieferant:
Intertex GmbH
Neue Str. 21
21129 Hamburg

angeliefert durch Frachtführer/Spedition/KEP:
Becker & Rupp Transporte KG
Mühlenweg 3
72762 Reutlingen

Bestell-Nr.: 782456

	Menge	ME	Artikelnummer	Artikelbezeichnung	Menge pro VE	Sonstiges
1	30	Kart.	221100	Herrenhemden		
2	45	Kart.	221234	Polo-Shirt Herren		
3	...	...	...	...		

Pos.	Mängelbericht
1	–
2	–
...	...

Verpackung:
nicht rücksendefähig
rücksendefähig X
Zurückgesandt am:

Sonstige Bemerkungen
10 Euro-Pal. im Tausch

Warenannahme:
Datum/Mitarbeiter (Handzeichen)   22.11.20../*Lg*

Lagerbestandsverwaltung:
gebucht am/Sachbearbeiter (Handzeichen)   **Lagerort:**

Wareneingang

Bei computergestützten Warenwirtschaftssystemen erfolgt die Warenerfassung artikelgenau, d. h., jeder Artikel wird z. B. nach Material, Größe, Farbe oder Form unterschieden. Mithilfe von **mobilen Datenerfassungsgeräten** (MDE) werden die Daten in das System eingespeist. Nach der Anlieferung wird die Lieferscheinnummer erfasst. Daraufhin ermittelt das WWS den entsprechenden Auftrag und zeigt die Auftragsdaten im Display des MDE-Gerätes an. Eventuelle Abweichungen von Bestell- und Liefermenge können sofort festgestellt werden. Nach Beendigung der Überprüfung wird der Warenzugang vom System erfasst.

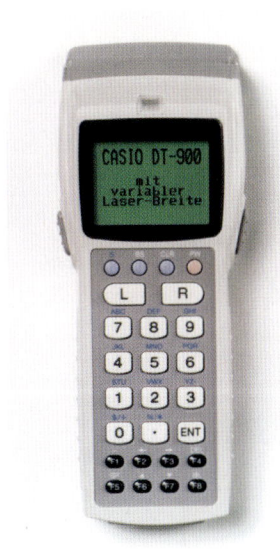

Falls die Artikel noch nicht gelistet wurden oder es sich um Warensendungen ohne vorherige Bestellung handelt, erfolgt die Warenerfassung manuell. Anderenfalls werden die notwendigen Daten aus dem WWS-Modul „Bestellwesen" übernommen.

Das System erkennt zusammengehörende Daten, sobald die Artikelnummer eingegeben wird. Im **Wareneingangsmodul** des Warenwirtschaftssystems werden nur noch die **Bewegungsdaten** erfasst, das sind Daten, die sich mit jeder Bestellung bzw. Lieferung ändern, z. B. Auftragsnummer und -datum, Liefermengen, Rabattsätze.

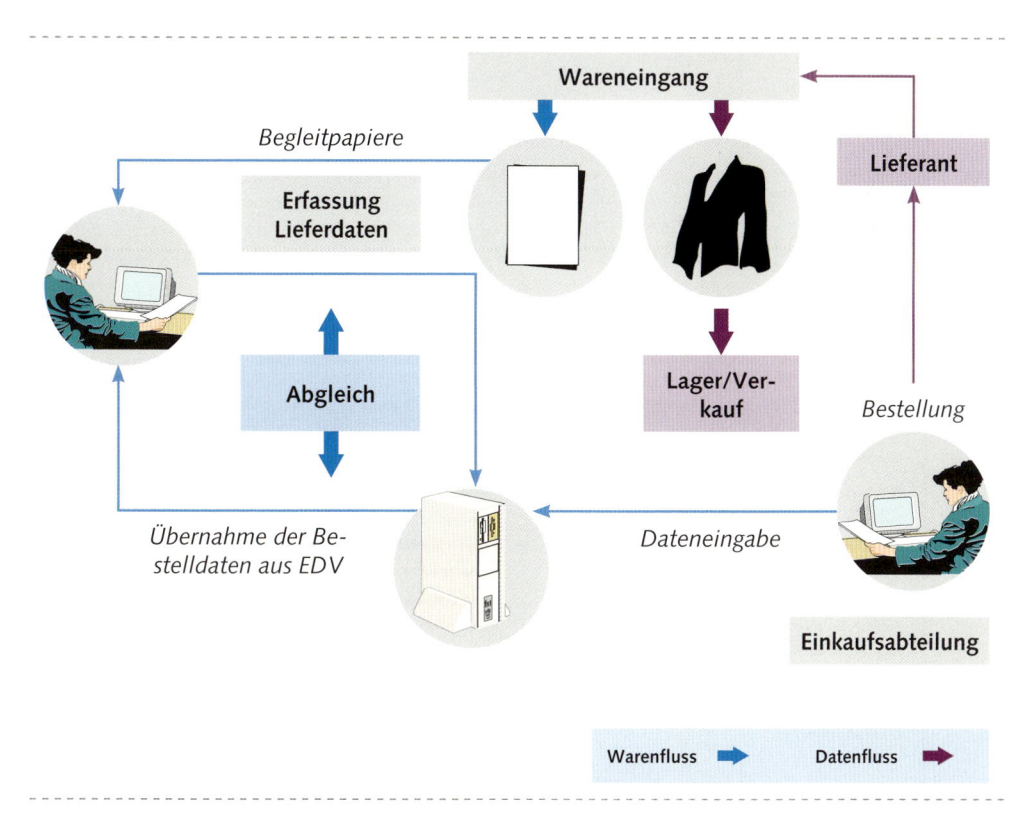

Abb. Warenerfassung am PC bei DV-gestütztem Warenwirtschaftssystem

LF 7 — Warenannahme

> **Beispiel:** Erfassung und Buchung des Wareneingangs mithilfe einer integrierten Unternehmenssoftware:

Nach erfolgtem Wareneingang *(150 Stück)* und Abgleich mit den dazugehörenden Begleitpapieren *(Lieferschein/Rechnung)* wird die Bestellung ausgewählt, auf die sich die Rechnung bezieht *(106011)*. Nach Eingabe der Rechnungsnummer erfolgt die Verbuchung in der Finanzbuchhaltung. Gleichzeitig wird der Warenzugang dem bisherigen Lagerbestand zugebucht.

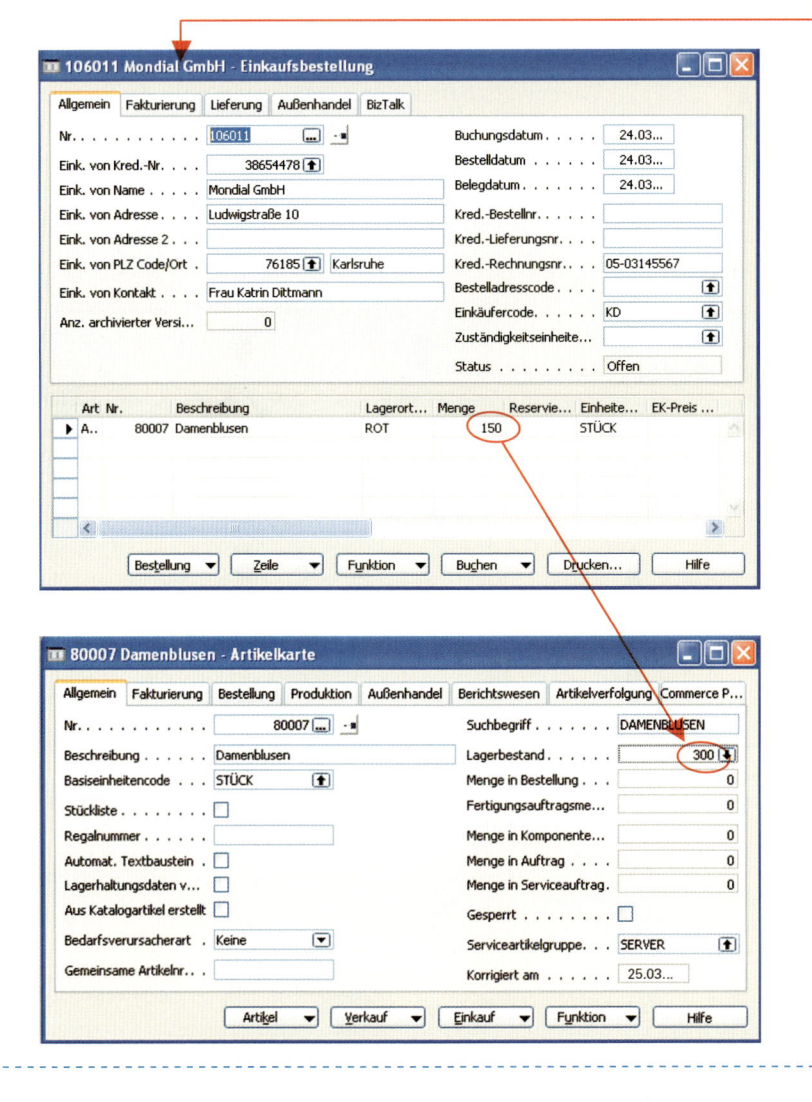

Wareneingang

■ Elektronischer Geschäftsverkehr (EDI)

Um schnell auf Kundenwünsche reagieren zu können, ist der Handel bestrebt, die Zeit zwischen Kundennachfrage, Bestellung und Lieferung einer Ware so kurz wie möglich zu halten. Dabei kann moderne Informationstechnologie helfen. Im Handel bietet sich das **EDI-Verfahren** an (EDI steht für „Electronic Data Interchange", zu deutsch „Elektronischer Geschäftsverkehr"). Darunter versteht man einen **zwischenbetrieblichen** elektronischen **Datenaustausch** zwischen Geschäftspartnern. EDI eignet sich u. a. für Empfang und Versand von Bestellungen, Auftragsbestätigungen, Lieferscheinen und Rechnungen.

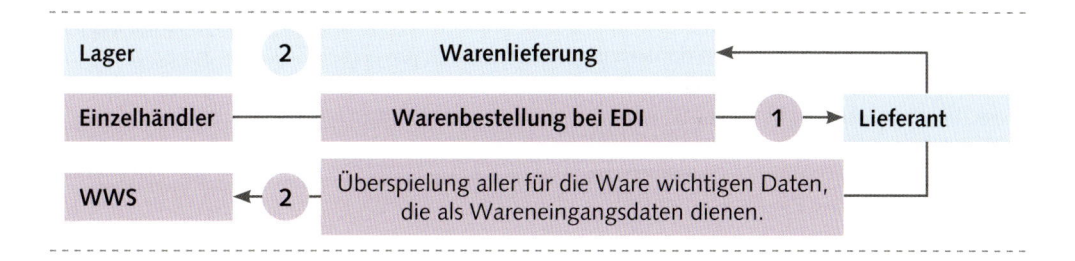

Lager	2	Warenlieferung		
Einzelhändler		Warenbestellung bei EDI	1	Lieferant
WWS	← 2	Überspielung aller für die Ware wichtigen Daten, die als Wareneingangsdaten dienen.		

RFID-Technologie: Optimierung der Logistikprozesse

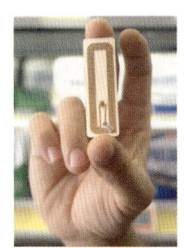

RFID (Radiofrequenz-Identifikation) ist eine Technologie für die berührungslose Erkennung von Objekten. Das „Herzstück" ist der **Smart Chip**, ein kleiner Computerchip mit Mini-Antenne. Damit können Transport- und Warenverpackungen, Verkaufseinheiten und einzelne Artikel ausgestattet werden. Auf dem Smart Chip ist eine Nummer gespeichert, der sogenannte Elektronische Produktcode (EPC). Mit ihr lässt sich jeder **Artikel** eindeutig **identifizieren**. Sobald der Chip das Funksignal eines Lesegerätes empfängt, übermittelt er automatisch und drahtlos die gespeicherten Daten.

Vom Hersteller bis in den Markt

1. Anbringen des Smart Chips auf Paletten und Kartons beim Hersteller
2. Automatische Kontrolle ausgehender Sendungen
3. Automatische Kontrolle und Erfassung im EDV-System des Lagers
4. Vereinfachtes Bestandsmanagement, Sortierung der Ware nach Zielorten
5. Automatisierte Kontrolle der Lieferung im Markt, Verfügbarkeitskontrolle und Warensicherung

© METRO Group

Wird der gespeicherte Nummerncode über ein **RFID-Lesegerät** erfasst, ist es mithilfe einer speziellen Software möglich, dem Code **Informationen** wie etwa den Hersteller, das Versanddatum, den Preis, das Gewicht und das Mindesthaltbarkeitsdatum zuzuordnen. Diese sind in den Logistik- und Warenwirtschaftssystemen von Industrie- und Handelsunternehmen hinterlegt.

Wann immer der Smart Chip entlang der Lieferkette von einem RFID-Lesegerät erfasst wird, findet ein Abgleich mit den Systemen statt. So kann stets genau nachvollzogen werden, wo sich die mit dem Smart Chip versehene Lieferung gerade befindet.

> **Beispiel:** Am Beispiel Eier wird das Potenzial der RFID-Technologie für die gesamte Logistikkette deutlich: Denkbar ist, dass bereits der Erzeuger die Kartons mit Smart Chips versieht. Angaben wie Legedatum, Legebetrieb, Futtermittel und Haltungsform – beispielsweise Freiland- oder Bodenhaltung – werden in einer Datenbank hinterlegt. Die Lieferscheine werden automatisch erstellt und elektronisch an das Zentrallager übermittelt. Dort registrieren Lesegeräte den Wareneingang und gleichen die Zahl der gelieferten Eier mit der bestellten Menge ab. Die ankommenden Chargen können dank RFID problemlos den jeweiligen Zielorten zugeordnet und auf die entsprechenden Lkws verteilt werden. Verlässt eine Lieferung frischer Eier das Zentrallager in Richtung Markt, erhält dieser wiederum einen elektronischen Lieferavis. Auch hier gleichen RFID-Schleusen Wareneingang und Bestellung miteinander ab. In den Lägern sind die Gabelstapler und Hochregale ebenfalls mit RFID-Technologie ausgestattet – so können die Mitarbeiter Paletten und Kartons gezielt lokalisieren.
> Quelle: Metro Group, Düsseldorf

■ AKTION

1. Beschreiben Sie, welche negativen Folgen es hat, wenn die Wareneingangskontrolle gar nicht oder nur ungenau durchgeführt wird.

2. Welche Kontrollen sind beim Wareneingang in Anwesenheit eines Frachtführers und welche beim Auspacken im Lagerraum vorzunehmen?

3. Welche Probleme könnten sich ergeben, wenn bei der Warenannahme aus Zeitgründen nur Stichprobenkontrollen durchgeführt werden?

4. Warum ist bei Nutzung eines Warenwirtschaftssystems bei der Warenannahme eine artikelgenaue EDV-Erfassung durchzuführen? (Eine Antwort ist richtig.)

    a) Um die exakte Warenmenge zu ermitteln,

    b) um die Höhe der Lagerkosten berechnen zu können,

    c) als Voraussetzung für eine sorgfältige Inventuraufnahme,

    d) um eine genaue Erfassung und Fortschreibung des Artikelbestandes zu gewährleisten,

    e) um den Rechnungsbetrag beim Zahlungstermin zu ermitteln.

5. Berichten Sie vor Ihrer Klasse, über den Wareneingang in Ihrem Ausbildungsbetrieb. Fertigen Sie dazu ein Schaubild an, das den zeitlichen und örtlichen Ablauf dokumentiert.

6. Sie sind im OFFICE-Bürofachmarkt im Wareneingang tätig. Mithilfe eines Warenerfassungsbogens (Dokument 1) führten Sie die Wareneingangskontrolle durch. Anhand der Begleitpapiere (Dokument 2) nehmen Sie den Abgleich vor und leiten bei eventuellen Unstimmigkeiten geeignete Maßnahmen ein.

Wareneingang

LF 7

Dokument 1: Warenerfassungsbogen

Warenerfassungsbogen	WG: Büromöbel	Eingangsdatum: 22.05.20..	
Lieferant	Artikel	Menge	Bemerkungen
Büro-Komplett GmbH, Cottbus	Stapelstuhl Ergotop	5	Verpackung teilweise schadhaft
Büro-Komplett GmbH, Cottbus	Schreibtisch Scriba	3	
Büro-Komplett GmbH, Cottbus	Schreibtischsessel Komfort	1	
Geprüft:			

Dokument 2: Lieferschein/Rechnung

BüroKomplett

Büro – Komplett GmbH
Landstraße 8
03046 Cottbus
Tel. 0355 22255 Fax: 0355 22266

Büro-Komplett GmbH, Landstr. 03046 Cottbus

Office-Bürofachmarkt GmbH
Hamburger Allee 29
88888 NEUBURG

RECHNUNG

Rechnungs-Nr. 66 55 4321	Rechnungs-Datum 20.05.20..
Kunden-Nr. 77 9880 FM 35	Zahlung bis 20.06.20..

Menge	Artikel-Nr.	Artikelbezeichnung	Einzelpreis	Gesamtpreis
10	35 2828 17	Stapelstuhl Ergotop	175,00 €	1.750,00 €
3	444459299	Schreibtisch Scriba	280,00 €	840,00 €
1	3535 82815	Chefsessel Boss Linea	380,00 €	380,00 €
		Summe Artikel		2.970,00 €
		+ Porto u. Verpackung		0,00 €
		+ 19 % USt		564,30 €
		zu zahlender Betrag in EUR		3.534,30 €

Zahlungsbedingung: Innerhalb 10 Tagen 2 % Skonto

Es gelten unsere Allgemeinen Geschäftsbedingungen. Eigentumsvorbehalt bis zur vollständigen Bezahlung. Erfüllungsort und Gerichtsstand ist Cottbus.

2 Pflichtverletzungen des Lieferers bei der Erfüllung von Kaufverträgen

Der Einzelhändler und sein Lieferer sind beim Abschluss eines Kaufvertrages Verpflichtungen eingegangen, die sie ordnungsgemäß erfüllen müssen. Bei **Pflichtverletzungen** durch den **Lieferer** kann der **Einzelhändler** die im Gesetz oder in den Allgemeinen Geschäftsbedingungen des Lieferanten festgelegten **Rechte** geltend machen.

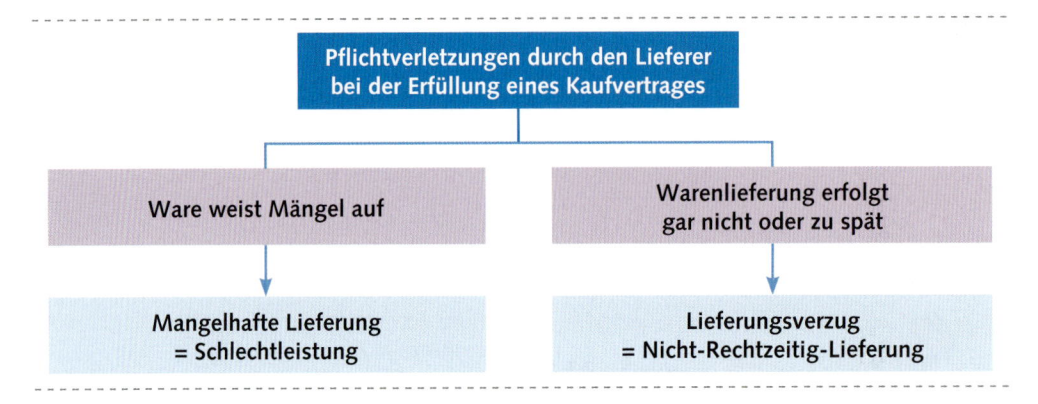

```
              Pflichtverletzungen durch den Lieferer
              bei der Erfüllung eines Kaufvertrages
                            │
              ┌─────────────┴─────────────┐
     Ware weist Mängel auf        Warenlieferung erfolgt
                                  gar nicht oder zu spät
              │                            │
     Mangelhafte Lieferung          Lieferungsverzug
     = Schlechtleistung             = Nicht-Rechtzeitig-Lieferung
```

2.1 Mangelhafte Warenlieferung (Schlechtleistung)

Super! Komplett-PC für 399,– €, leider streikt die Festplatte!
Welche Rechte stehen einem Kunden beim Kauf mangelhafter Waren zu?

■ SITUATION

Während ihrer Ausbildung bei der Merkur AG wird die Auszubildende Tanja Möller auch in einer eigens für Kundenreklamationen eingerichteten Abteilung eingesetzt.

Obwohl die Merkur AG strenge Kriterien an die Auswahl ihrer Lieferanten stellt und die gelieferten Waren auch eingehend prüft, kommt es immer wieder zu Beschwerden von Kunden.

Fall 1: Eine Herrenhose weist einen Webfehler auf.

Fall 2: Eine Packung eines Fertiggerichts war verdorben, obwohl das Mindesthaltbarkeitsdatum des Produkts noch nicht abgelaufen war. Der Kunde zog sich eine schwere Magen-Darm-Vergiftung zu und konnte mehrere Tage nicht zur Arbeit gehen.

Fall 3: Zwei Tassen eines Kaffee-Services sind nach Abschluss des Kaufvertrages und mängelfreier Übergabe der Artikel durch den unsachgemäßen Transport des Kunden zerbrochen.

Mangelhafte Warenlieferung (Schlechtleistung)

Fall 4: Bei einer im Winterschlussverkauf im Preis stark herabgesetzten Jacke lässt sich der Reißverschluss nicht schließen. Es fehlen zudem einige Knöpfe und die verwendeten Stoffe sind schlecht vernäht. Der Kunde wurde darauf hingewiesen, dass im Schlussverkauf erworbene Ware vom Umtausch ausgeschlossen sei.

Fall 5: Als 2. Wahl ausgezeichnete und mit leichten sowie genau kenntlich gemachten Fehlern verkaufte Damenblusen werden reklamiert.

Fall 6: Ein Computer kann nicht gestartet werden, da die Festplatte defekt ist.

Fall 7: Ein Massivholzschrank kann wegen einer fehlerhaften Montageanleitung auch von einem geübten Heimwerker nicht aufgebaut werden.

In den folgenden Fällen wurden die Mängel bereits vor dem Verkauf an Kunden entdeckt.

Fall 8: Beim Aufstellen von neuen 3-D-Fernsehgeräten stellen die Verkäufer fest, dass bei zwei Geräten trotz korrekter Erstinbetriebnahme das Bild verzerrt dargestellt wird.

Fall 9: Beim Einräumen von Fruchtquark in der Lebensmittelabteilung wird festgestellt, dass bei 10 Kartons das Mindesthaltbarkeitsdatum bereits um zwei Tage überschritten ist.

Fall 10: Mehrere Schuhschachteln einer neuen Lieferung weisen an den Ecken kleine Dellen auf.

1. Erschließen Sie Informationsquellen (Fachbücher, Gesetzestexte und -kommentare, Informationsteil dieses Lehrbuchs) zum Thema „Schlechtleistung" (§§ 434 ff. BGB).
2. Welche Rechte stehen den Kunden in den Fällen 1–7 und dem Warenhaus in den Fällen 8–10 wahlweise zu und von welchen Rechten sollten sie sinnvollerweise Gebrauch machen?
3. Simulieren Sie die Reklamationsgespräche in Form eines Rollenspiels.

■ INFORMATION

Beim Abschluss eines **Kaufvertrags** verpflichtet sich der **Verkäufer** (Lieferant) dem **Käufer** (Einzelhändler) gegenüber **einwandfreie** Ware zu liefern. Er übernimmt ebenso die **Gewährleistung** dafür, dass die Ware die dem Käufer **zugesicherten Eigenschaften** aufweist.

Weist die Ware bei der Übergabe **Mängel** auf, trägt der **Verkäufer** dafür die Verantwortung.

In der Praxis ist es so, dass der Einzelhändler bei der Wareneingangskontrolle nicht jeden Mangel an einer Ware entdeckt. In vielen Fällen entdeckt der Endverbraucher diese Mängel erst bei der Nutzung der Ware.

> **Hinweis:** Kaufverträge, die ein Einzelhändler beim Wareneinkauf abschließt, sind bis auf ganz wenige Ausnahmen (Kauf bei einem Verbraucher) zweiseitige Handelskäufe, d. h., die Vertragspartner sind Kaufleute.
>
> Die Regelungen beim Verbrauchsgüterkauf (Kauf durch Endverbraucher) sind im BGB geregelt und werden im LF 6 „Besondere Verkaufssituationen bewältigen" behandelt.

■ Arten der Sachmängel

Im **§ 434** des **Bürgerlichen Gesetzbuches** (BGB) ist festgelegt, dass eine **Ware** dann **frei** von **Mängeln** ist, wenn sie bei der **Übergabe** an den Käufer die **vereinbarte, vorausgesetzte** oder die **übliche Beschaffenheit** aufweist.

Ist dies **nicht** der Fall, liegt ein **Sachmangel** vor.

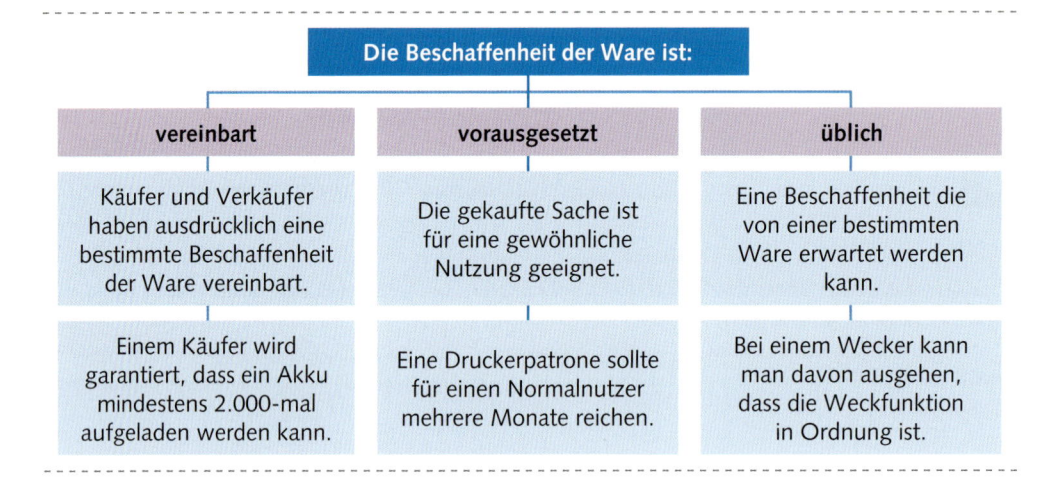

Die Beschaffenheit der Ware ist:		
vereinbart	**vorausgesetzt**	**üblich**
Käufer und Verkäufer haben ausdrücklich eine bestimmte Beschaffenheit der Ware vereinbart.	Die gekaufte Sache ist für eine gewöhnliche Nutzung geeignet.	Eine Beschaffenheit die von einer bestimmten Ware erwartet werden kann.
Einem Käufer wird garantiert, dass ein Akku mindestens 2.000-mal aufgeladen werden kann.	Eine Druckerpatrone sollte für einen Normalnutzer mehrere Monate reichen.	Bei einem Wecker kann man davon ausgehen, dass die Weckfunktion in Ordnung ist.

Mangel in der Beschaffenheit (Qualität)

› **Fehlen** der **vereinbarten Beschaffenheit**, d. h., die tatsächliche Beschaffenheit weicht von der in der Produktbeschreibung oder vom Verkäufer im Verkaufsgespräch vereinbarten Beschaffenheit ab.
  › Ein Hersteller von Kopiergeräten versichert, dass sein Spitzengerät eine Kopierleistung von 4.000 Kopien je Stunde erbringt. Tatsächlich liegt die Leistung bei 3.500 Kopien.
› Eine bestimmte Beschaffenheit wurde nicht vereinbart, aber **keine** Eignung der Sache für die **vertraglich vorausgesetzte Verwendung**; d. h., die vom Käufer erwartete Beschaffenheit und Qualität entspricht nicht der tatsächlichen Beschaffenheit.
  › Ein Baumarkt bestellt bei einem Hersteller in Fernost Außenwandfarbe, die witterungsbeständig sein soll. Schon nach wenigen Wochen beschweren sich viele Kunden, dass die Farbe nach dem ersten Regen abblättert.
› Eine **bestimmte** Beschaffenheit wurde **nicht** vereinbart, aber **keine** Eignung der Sache für die bei Sachen der gleichen Art üblich zu erwartende Beschaffenheit; d. h., der Käufer kann die Sache nicht so verwenden, wie es bei solchen Sachen üblich ist.

Mangelhafte Warenlieferung (Schlechtleistung)

> Für seine Feinkostbar kauft das Feinkostgeschäft La Deliziosa u. a. Mangos und Papayas auf dem Großmarkt. Beim Zubereiten der exotischen Salate im Geschäft muss man über die Hälfte wegen fauler Stellen wegwerfen.

Abweichung von Werbeaussage

Die Ware entspricht nicht den in der Werbung gemachten Versprechungen, d. h., wer öffentlich geäußerten Aussagen (Hersteller, Verkäufer) seine Kaufentscheidung zugrunde legt, muss auf deren Richtigkeit vertrauen können.
> Ein Textilgroßhändler bietet im Internet seinen Kunden aktuelle Designerjeans an. Es stellt sich heraus, dass es sich um Restposten der abgelaufenen Saison handelt.

Falsche Kennzeichnung

Die Warenkennzeichnung (auf der Ware selbst oder auf der Verpackung) weicht von der Kaufsache ab.
> Ein als Alaska-Wildlachs gekennzeichneter Räucherlachs stammt in Wirklichkeit aus einem norwegischen Zuchtbetrieb.

Montagefehler des Verkäufers

Eine vertraglich vereinbarte Montage einer (zunächst mangelfreien) Ware wird unsachgemäß durchgeführt.
> Die Monteure eines Küchenstudios haben Schränke einer Einbauküche schief an der Wand angebracht.

Fehlerhafte Montageanleitung

Eine gänzlich fehlende oder fehlerhafte Montageanleitung des Verkäufers führt dazu, dass die Sache nicht oder nicht richtig montiert werden kann.
> Ein Bürofachmarkt vereinbart mit seinem Kunden, den gekauften Aktenschrank zu liefern und aufzubauen. Aufgrund einer fehlerhaften Montageanleitung misslingt der Zusammenbau.

Falschlieferung

Es wird von der Bestellung abweichende (falsche) Ware geliefert.
> Ein Importeur hat versehentlich nicht die vereinbarten Pocket-Camcorder, sondern Pocket-Kameras geliefert.

Zuweniglieferung

Es wird weniger Ware geliefert, als bestellt wurde.
> Statt bestellter 20 Kisten Rotwein wurden Feinkost Manz nur 10 Kisten geliefert.

! Hinweis:

1. In einigen Fällen besteht bei **Zuweniglieferung** auch ein Anspruch auf eine komplett neue Lieferung, z. B. bei Strickwolle, die aus einem Produktionsgang kommen muss, da sonst Farbabweichungen möglich sind.
2. Nicht im Gesetz geregelt ist die **Zuviellieferung**. Damit dem Käufer nicht der Vorwurf einer ungerechtfertigten Bereicherung gemacht werden kann, muss der Käufer die überzähligen Artikel zurückgeben. Der Verkäufer hat keinen Anspruch auf Kaufpreiszahlung. Dies gilt allerdings nur für den zweiseitigen Handelskauf.

Mängel nach der Erkennbarkeit

Offene Mängel	Sie lassen sich durch eine erste Untersuchung feststellen, bzw. sind sofort ersichtlich.	› Mehrere Gläser weisen Sprünge auf. › Zerkratztes Gehäuse eines Fernsehers.
Versteckte Mängel	Sie lassen sich bei der Warenübergabe trotz Prüfung nicht feststellen und werden daher erst später entdeckt (Nutzung, Verbrauch).	› Der gelieferte Roséwein ist ungenießbar. › In Erbsendosen befinden sich Möhren.
Arglistig verschwiegene Mängel	Es sind versteckte Mängel, die vom Verkäufer bewusst verschwiegen werden, damit der Käufer nicht ablehnt.	› Einem Lieferanten ist bekannt, dass seine Produkte nicht den in Deutschland verlangten Sicherheitsvorschriften entsprechen.

Fristen zur Wahrung der Rechte des Käufers bei Schlechtleistung

Wenn der Einzelhändler aufgrund einer mangelhaften Lieferung seine ihm zustehenden Rechte geltend machen will, muss er dabei bestimmte Fristen einhalten.

Prüfung- und Rügefristen beim zweiseitigen Handelskauf (§ 377 HGB)

Eingegangene Ware ist unverzüglich, d. h. ohne schuldhaftes Zögern, auf Güte, Menge und Art zu prüfen.

Rügefristen

offene Mängel	versteckte Mängel	arglistig verschwiegene Mängel
Unverzüglich nach der **Warenprüfung**.	**Unverzüglich** nach **Entdeckung**, jedoch innerhalb der **gesetzlichen Gewährleistungsfrist** (§ 438 BGB) von **zwei Jahren** ab Lieferung bzw. einer vertraglich festgelegten Garantie.	Innerhalb von **drei** Jahren, beginnend mit dem Schluss des Jahres, in dem der Mangel entdeckt wurde (§ 438 Abs. 3 BGB).

Form und Inhalt einer Mängelrüge

Mängelrügen sollten aus Gründen der Beweissicherung **schriftlich** abgegeben werden; dabei ist darauf zu achten, dass die Mängel genau beschrieben werden. Nehmen Kaufleute ihre Prüfungs- und Rügepflicht nicht rechtzeitig wahr, verlieren sie ihren Anspruch auf Mängelbeseitigung.

Bei der **Formulierung** einer Mängelrüge sind die folgenden Punkte zu berücksichtigen:

› Bestätigung des Wareneingangs,
› Hinweis auf erfolgte Warenprüfung,
› genaue Beschreibung der festgestellten Mängel,
› Bezeichnung der Ansprüche.

Mangelhafte Warenlieferung (Schlechtleistung)

> **Beispiel:** Auszug aus einer Mängelrüge:

… Gestern erhielten wir Ihre Lieferung über 200 Herrenhemden. Wir stellten fest, dass bei 50 Hemden statt der bestellten Größe L die Größe M geliefert wurde. Außerdem sind bei etwa 80 Packungen die Folien teils angescheuert, teils aufgerissen. Etwa 30 Hemden sind leicht angeschmutzt.
Wie mit Ihnen heute telefonisch vereinbart, senden wir die falsch gelieferte Ware sowie die beschädigten Packungen zurück und bitten um Lieferung der richtigen Artikel in einwandfreiem Zustand. Teilen Sie uns bitte mit, ob Sie bereit sind, den Kaufpreis für die 30 angeschmutzten Hemden um 25 % zu senken.
Mit freundlichen Grüßen …

■ Rechte des Käufers im Überblick

> **Hinweis:** Diese Rechte können sowohl beim zweiseitigen Handelskauf, als auch beim Verbrauchsgüterkauf geltend gemacht werden.

Wer eine mangelhafte Ware gekauft hat, dem stehen nach § 437 BGB folgende abgestuften Rechte zu:

1. Vorrangiges Recht des Käufers → Nacherfüllung (§ 439 BGB)	
Neulieferung → neue mangelfreie Ware	Nachbesserung → Mangelbeseitigung

Es steht dem Käufer **grundsätzlich frei**, welches dieser beiden Rechte er in Anspruch nehmen will. Jedoch kann der Verkäufer Neulieferung bzw. Nachbesserung verweigern, wenn unverhältnismäßig hohe Kosten für ihn anfallen würden (§ 439 Abs. 3 BGB).

> **Beispiel:** Die Reparatur eines Gerätes in Höhe von 40,00 € kommt den Händler erheblich teurer als eine Ersatzlieferung zu 25,00 €.

Gegenüber **Verbrauchern** ist eine Einschränkung des Wahlrechts im Rahmen der Nacherfüllung unzulässig.
Der Käufer sollte die Nacherfüllung innerhalb einer angemessenen Nachfrist verlangen (§ 323 BGB).
Nach **zwei erfolglosen** Nachbesserungsversuchen gilt die Nacherfüllung als fehlgeschlagen (§ 440 BGB). Nun können wahlweise folgende Rechte geltend gemacht werden.

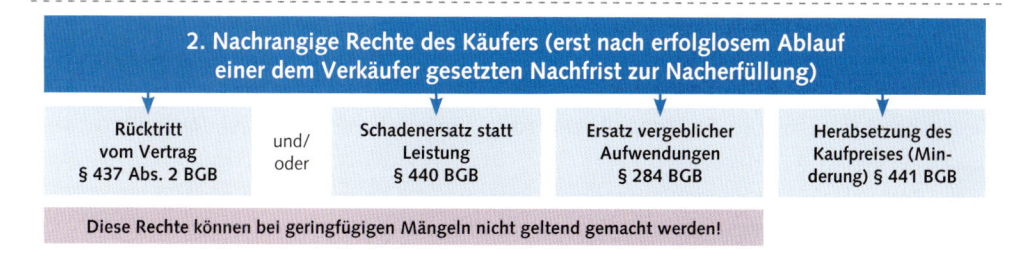

2. Nachrangige Rechte des Käufers (erst nach erfolglosem Ablauf einer dem Verkäufer gesetzten Nachfrist zur Nacherfüllung)				
Rücktritt vom Vertrag § 437 Abs. 2 BGB	und/ oder	Schadenersatz statt Leistung § 440 BGB	Ersatz vergeblicher Aufwendungen § 284 BGB	Herabsetzung des Kaufpreises (Minderung) § 441 BGB
Diese Rechte können bei geringfügigen Mängeln nicht geltend gemacht werden!				

Eine angemessene Nachfrist **entfällt**, wenn

- der Verkäufer die Nacherfüllung verweigert,
- zwei Nacherfüllungsversuche fehlgeschlagen sind oder
- die Nacherfüllung für den Verkäufer bzw. den Käufer unzumutbar ist.

Auch das **Ausmaß** der **Sachmängel** ist zu berücksichtigen, wenn man wegen einer fehlerhaften Lieferung Rechte geltend machen möchte.

Wenn die Nutzung der Sache erheblich eingeschränkt ist oder sie ist überhaupt nicht möglich, dann handelt es sich um einen **erheblichen Mangel** *(bei einem Navigationsgerät bleibt der Bildschirm dunkel)*.

Wirkt sich der Mangel jedoch auf die vorgesehene Nutzung der Ware nicht aus, dann handelt es sich um einen **geringfügigen Mangel** *(die Rückseite eines Wandregals besteht aus farblich unterschiedlichen Spanplatten)*.

■ Erläuterungen zu den gesetzlichen Gewährleistungsansprüchen

Nacherfüllung

Ein **Nacherfüllungsanspruch** besteht bei **Gattungskäufen** *(serienmäßig hergestellte Produkte wie Zucker, Bekleidung, Handy)* aber auch bei **Stückkäufen** *(Einzelstücke wie Modellkleid, Originalgemälde)*. Allerdings ist es denkbar, dass eine der beiden Möglichkeiten ausscheidet. So ist bei einer gebrauchten Sache oder einem Gemälde eines berühmten Meisters eine Ersatzlieferung ausgeschlossen.

Andererseits scheidet eine Nachbesserung aus, wenn z. B. ein Fernseher durch Implodieren unbrauchbar geworden ist.

Neulieferung (Ersatzlieferung)

Eine **Neulieferung** wird der Käufer immer dann wählen, wenn er günstig eingekauft hat, in der Zwischenzeit die Preise gestiegen sind und vor allem, wenn er sich eine mögliche längere Wartezeit wegen der Reparatur seiner mangelhaften Ware ersparen will.

> **Beispiel:** Eine defekte Überwachungskamera wird vom Lieferanten gegen eine einwandfreie getauscht.

Von der Ersatzlieferung ist der Kulanzumtausch (meist als Umtausch bezeichnet) zu unterscheiden. Der Kulanzumtausch bezieht sich immer auf fehlerfreie Ware. Er kommt sowohl zwischen Lieferant und Einzelhändler als auch zwischen Einzelhändler und Kunde vor. Die Umtauschfrist kann beschränkt werden und ist häufig in den AGB des Verkäufers geregelt („Umtausch nur innerhalb einer Woche nach Lieferung").

Nachbesserung

Hierbei handelt es sich um die **Mangelbeseitigung** durch den Verkäufer bzw. Hersteller.

> **Beispiel:** Bei der neuen Scannerkasse lässt sich der Kassenschuber nicht immer öffnen. Der Servicetechniker des Herstellers tauscht das schadhafte Bauteil aus.

Mangelhafte Warenlieferung (Schlechtleistung)

> **Hinweis:** Diese Rechte können sowohl beim zweiseitigen Handelskauf, als auch beim Verbrauchsgüterkauf geltend gemacht werden.

Rücktritt vom Kaufvertrag

Dies bedeutet, der Käufer gibt den **Kaufgegenstand** und der Verkäufer den bereits erhaltenen **Kaufpreis** zurück.

>> **Beispiel:** Nach zwei fehlgeschlagenen Reparaturversuchen gibt ein Einzelhändler seine Thekenwaage an den Lieferanten zurück und erhält den bereits geleisteten Kaufpreis erstattet.

Minderung (Herabsetzung des ursprünglichen Kaufpreises)

Der geschlossene **Kaufvertrag** bleibt **bestehen**, jedoch verlangt der Käufer eine dem Mangel entsprechende **Herabsetzung** des **Kaufpreises**.

>> **Beispiel:** Die Textilmarkt-GmbH beschafft 500 Pullis, von denen 100 Stück kleine Webfehler aufweisen. Die Ware ist noch zu verkaufen; die Textilmarkt-GmbH verlangt aber eine Preisreduzierung von 20 %.

Die **Höhe** der Preisminderung ist im Gesetz **nicht geregelt** und muss zwischen den Vertragspartnern berechnet und vereinbart werden.

Schadenersatz

Wenn der Schuldner (Hersteller/Händler) seine Pflichten verletzt oder er bei der mangelhaften Ware eine Garantie[1] übernommen hat, kann der Käufer folgende Ansprüche geltend machen, vorausgesetzt, es ist ihm ein nachweisbarer Schaden entstanden.

1. **Schadenersatz neben der Leistung** (= kleiner Schadenersatz), § 280 BGB.
   > Der Käufer will die Sache behalten und besteht auf Mängelbeseitigung, dazu erhält er Ersatz für ihm entstandene Kosten.

>> **Beispiel:** Das Fischgeschäft Neptun erhält eine neue Eismaschine, deren Kühlung nicht funktioniert. Die Folge: Mehrere Tage konnte kein Frischfisch verkauft werden, da Eis zur Kühlung fehlte. Der Lieferant hat die Maschine dann mit zeitlicher Verzögerung noch funktionsfähig machen können. Inhaber Seybold macht Schadenersatz wegen entgangenen Gewinns geltend.

2. **Schadenersatz statt der Leistung** (= großer Schadenersatz), §§ 280, 282, 440 BGB.
   > Der Käufer tritt vom Vertrag zurück und verlangt Schadenersatz. Es ist somit eine Kombination von Rücktritt + Schadenersatz möglich.

---

[1] Eine Garantie darf nicht mit der gesetzlichen Sachmängelhaftung verwechselt werden. Durch eine freiwillige Erklärung räumt der Garantiegeber (Hersteller) dem Käufer Ansprüche und Rechte ein, die meist über die gesetzlichen Rechte hinausgehen (Beschaffenheits- und Haltbarkeitsgarantie).

LF 7 — Pflichtverletzungen des Lieferers bei der Erfüllung von Kaufverträgen

> **Beispiel:** Trotz zweifacher Nachbesserungsversuche arbeitet die Eismaschine im Fischgeschäft Neptun immer noch nicht einwandfrei und es muss daher vorübergehend auf den Verkauf von Frischfisch verzichtet werden, da eine sachgerechte Lagerung unmöglich ist. Herr Seybold tritt deshalb von seinem Kaufvertrag zurück und verlangt Schadenersatz für den entgangenen Gewinn.

Ersatz vergeblicher Aufwendungen

Anstelle seines Rechts auf **Schadenersatz statt der Leistung** kann der Käufer auch den **Ersatz der Aufwendungen** verlangen, die er im Vertrauen auf die Erfüllung des Vertrages gemacht hat.

> **Beispiel:** Zur Montage einer Recyclinganlage von Kartonagen im Zentrallager der Wohnwelt GmbH musste ein Fundament gegossen werden. Die Anlage war von Anfang an funktionsunfähig und nach mehreren erfolglosen Reparaturversuchen trat die Wohnwelt GmbH vom Kauf zurück. Der Hersteller muss die Kosten für das Fundament übernehmen.

■ AKTION

1 Das Uhren- und Schmuckgeschäft Bessler erhält vom Uhrenhersteller Titanium eine Lieferung mit Damen- und Herrenarmbanduhren. Bereits vor dem Öffnen der Sendung stellt ein Mitarbeiter von Bessler fest, dass die Verpackung beschädigt ist. Eine nähere Prüfung führt zu folgendem Ergebnis:

Bessler Uhren- und Schmuck Neuburg — **WARENEINGANGSPRÜFUNG**

Absender Lieferung:	Uhrenfabrik Titanium
Eingetroffen am:	02.20..

Festgestellte Mängel:
Von 5 bestellten Uhren des Modells Magic-Watch wurden nur 4 geliefert.
Das Gehäuse des Chronometers MAGNUM ist beschädigt.
3 Damenarmbanduhren sind funktionsuntüchtig.
Bei den Herrenarmbanduhren wurde anstelle des Typs „Special Edition" nur die „Classic"-Version geliefert.

Geprüft: 12.02.20.. *H. Maier*
Datum — Name

---

a) Welche Mängel werden in diesem Prüfungsprotokoll festgehalten?

b) Wie lange hat man bei Bessler Zeit um diese Mängel zu rügen?

c) Ein Jahr später kommt ein verärgerter Kunde in das Uhren- und Schmuckfachgeschäft und reklamiert eine hochwertige Herrenarmbanduhr, die laut Herstellerangaben für Tauchgänge bis 10 Meter Wassertiefe bedenkenlos verwendet werden kann. Leider stellte sich bereits beim ersten Schwimmbadbesuch heraus, dass die Uhr nicht wasserdicht ist. Nachforschungen ergaben, dass die Uhr ebenfalls aus der Lieferung vom 12. Februar 20.. stammte. Stehen dem Kunden noch Ansprüche aus mangelhafter Lieferung zu?

Mangelhafte Warenlieferung (Schlechtleistung)

d) Wie wäre der Sachverhalt unter c) zu beurteilen, wenn ein gut erkennbarer Sprung im Deckel der Uhr die Ursache für ihre mangelnde Dichtigkeit war?
e) Formulieren Sie eine Mängelrüge an den Uhrenhersteller Titanium. Stellen Sie in Ihrem Brief klar, welche Rechte Sie für die einzelnen im Wareneingangsprotokoll festgestellten Mängel geltend machen wollen.

2 Der Wasserbettenhersteller Traumland lieferte an die Wohnwelt GmbH 25 Wasserbetten. Beim Aufbau zur Präsentation in der Möbelausstellung stellte sich heraus, dass das Heizsystem des Bettes nicht funktionierte. Eine Überprüfung der anderen Betten ergab, dass dies bei weiteren fünf Betten der Fall war.
a) Um welche Mangelart handelt es sich?
b) Welche Rechte kann die Wohnwelt GmbH geltend machen?

3 Begründen Sie rechtlich und wirtschaftlich, welche Gewährleistungsansprüche Sie in den folgenden Fällen geltend machen würden:
a) Ein Fachmarkt für Autozubehör erhält von einem Reifenimporteur fabrikneue Reifen, die in Wirklichkeit runderneuert sind. Nach einiger Zeit löst sich bei einem Käufer dieser Reifen eine Reifendecke, und es kommt zu einem Unfall mit erheblichem Sachschaden.
b) Ein Stoffgeschäft bezieht auf Wunsch einer Kundin fünf Meter Anzugstoff bei ihrem Stamm-Großhändler. Bei der Lieferung wird festgestellt, dass der Stoff so grobe Webfehler hat, dass er nicht weiterverarbeitet werden kann. Ein anderer Großhändler könnte schnell und etwas preisgünstiger liefern.
c) Das Furnier eines gelieferten Esstisches ist an zwei Stellen der Tischplatte stark beschädigt. Der Möbellieferant kann keinen gleichartigen Tisch liefern.
d) Von fünf gelieferten Schlafzimmerschränken haben zwei leichte Kratzer im Furnier der Seitenwände.

4 Ein Gemüsehändler kauft für Fahrten zum Großmarkt einen gebrauchten Kleinlaster. Beim Kauf wird ihm versichert, dass noch keine größeren Reparaturen vorgenommen werden mussten. Nach zwei Jahren bricht die Vorderachse. Es stellt sich heraus, dass die Achse wahrscheinlich nach einem Unfall unfachmännisch geschweißt wurde.

5 Sie erhalten die folgende Telefonnotiz Ihrer Kollegin der Wohnwelt GmbH:

Gesprächsnotiz
Wohnwelt GmbH

Telefonat vom: 12.11.20..
Gesprächspartner: Elgro GmbH; Herr Lutz
Gesprächsinhalt: Die gelieferten 15 Kühlschränke für die nachträgliche Montage in die Aktions-Einbauküchen aus dem Auftrag/Lieferschein Nr. 24005 vom 26.09.20.. haben an den Türen starke Kratzer und die Lackierung blättert ab.

Bereiten Sie sich auf einen Anruf mit Herrn Lutz von der Elgro GmbH vor. Erstellen Sie hierzu stichwortartige Notizen, die Ihnen bei dem Telefonat als Orientierung dienen können. Ziel des Gespräches soll sein, dass Sie eine angemessene Lösung des Problems erreichen.

2.2 Lieferungsverzug (Nicht-Rechtzeitig-Lieferung)

Ski und Rodel gut, aber leider fehlt das neue Snowboard! Welche Rechte stehen einem Kunden zu, wenn die Ware nicht fristgerecht geliefert wird?

■ SITUATION

Das Sportfachgeschäft Action & Fun GmbH wirbt in der Wochenendausgabe der Lokalzeitung für ein preisgünstiges Snowboard, das wegen der regen Nachfrage bereits nach wenigen Tagen ausverkauft ist. Das Sporthaus bestellt daraufhin am 6. November zwanzig weitere Snowboards beim Hersteller, der zusagt, die gewünschten Artikel bis Ende November zu liefern. Ein entsprechendes Bestätigungsschreiben geht der Action & Fun GmbH am 10. November zu.

Action & Fun
Neuburg - Am Markt 1

Winter is coming home!!

FreeRider
Speed-Star X
jetzt nur für **189,- €**

1. Können Kunden unter Hinweis auf das Zeitungsinserat die Lieferung des Snowboards zum angegebenen Preis verlangen – auch wenn bereits alle vorrätigen Artikel verkauft sind?
2. Beurteilen Sie die Rechtslage, wenn am 4. Dezember die Snowboards immer noch nicht vom Hersteller an das Sportfachgeschäft ausgeliefert wurden (§§ 276, 286 BGB).
3. Nachdem die Snowboards am 8. Dezember immer noch nicht eingetroffen sind, schlägt ein junger Sachbearbeiter des Sporthauses vor, vom Vertrag zurückzutreten. Prüfen Sie, ob die Action & Fun GmbH von diesem Recht zum jetzigen Zeitpunkt Gebrauch machen kann. Schlagen Sie alternative Lösungen vor (§§ 286, 323 BGB).

Nutzen Sie die Gesetzeshinweise als Lösungshilfe.

Lieferungsverzug (Nicht-Rechtzeitig-Lieferung)

■ INFORMATION

Im Kaufvertrag hat sich der Lieferant verpflichtet, die bestellte Ware rechtzeitig, d.h. termingerecht, zu liefern. Liefert er schuldhaft nicht rechtzeitig, befindet sich der Verkäufer im Lieferungsverzug. Dies gilt aber nur unter der Voraussetzung, dass die Leistung (Warenlieferung) noch möglich ist.

■ Häufige Ursachen für den Lieferungsverzug

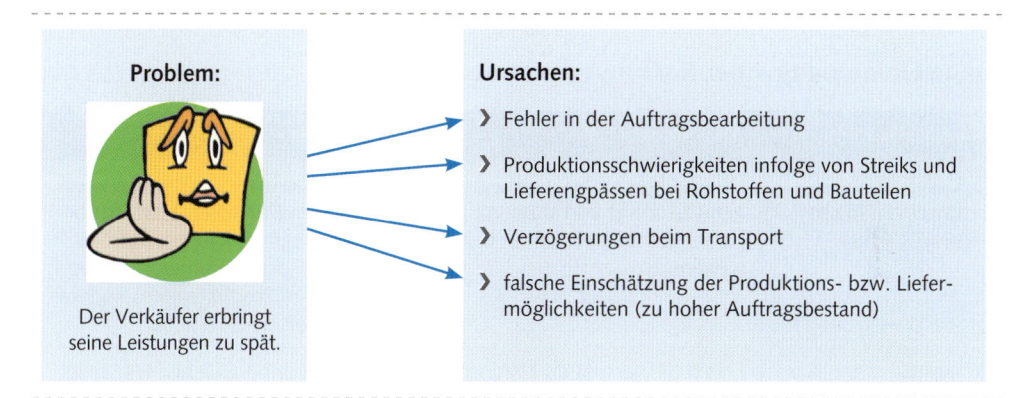

Problem:

Der Verkäufer erbringt seine Leistungen zu spät.

Ursachen:
- ❯ Fehler in der Auftragsbearbeitung
- ❯ Produktionsschwierigkeiten infolge von Streiks und Lieferengpässen bei Rohstoffen und Bauteilen
- ❯ Verzögerungen beim Transport
- ❯ falsche Einschätzung der Produktions- bzw. Liefermöglichkeiten (zu hoher Auftragsbestand)

■ Voraussetzungen des Lieferungsverzugs

Der **Lieferer** kommt unter **zwei Voraussetzungen** in Verzug.

Nichtlieferung trotz Fälligkeit

Lieferzeit ist nicht bestimmt

Wenn im Kaufvertrag keine bestimmte Lieferzeit vereinbart ist, kann der Käufer auf einer sofortigen Lieferung bestehen (§ 271 BGB). Dabei sind die in der jeweiligen Branche geltenden Bedingungen zu beachten (Lagerware, Beschaffung im Ausland).

Damit der **Verkäufer** in **Verzug** gesetzt wird, muss er vom **Käufer** nach Eintreten der Fälligkeit **gemahnt** werden (Aufforderung zur Lieferung). Diese **Mahnung** ist an keine bestimmte Form gebunden, muss aber inhaltlich eindeutig den Verkäufer zur Lieferung auffordern.

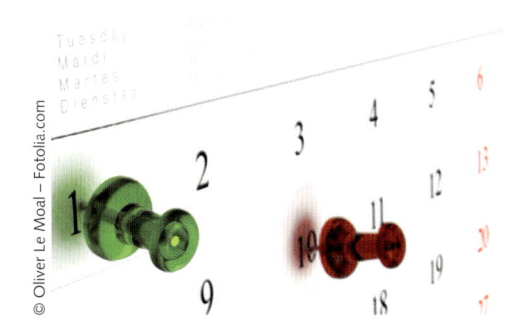

Lieferzeit ist kalendermäßig bestimmt oder bestimmbar

Ist die **Lieferzeit** unmittelbar **bestimmt** *(Lieferung bis spätestens 28.11.20.., Lieferung in KW 24)* oder mittelbar kalendermäßig **bestimmbar** *(Lieferung drei Wochen nach Bestellung)*, so kommt der Verkäufer auch **ohne Mahnung** in Verzug.

Verantwortlichkeit des Schuldners (Verschulden)

Der Lieferant kommt nur in Verzug, wenn er vorsätzlich oder fahrlässig (§ 276 BGB) die Verzögerung der Leistung zu vertreten hat (§ 285 BGB). Kein Verschulden liegt nach herrschender Rechtsprechung z. B. bei Erkrankung des Schuldners oder höherer Gewalt (Naturkatastrophe) vor. Der Warenschuldner kommt ohne Verschulden in Verzug, wenn es sich bei dem Kaufgegenstand um eine Gattungsware handelt.

■ Rechte des Käufers bei Lieferungsverzug

Ohne Einräumung einer Nachfrist durch den Kunden

Rechte des Käufers	Anwendungsfälle	Beispiele
› Lieferung der Ware verlangen (§ 433 BGB)	Der Kaufgegenstand wird dringend benötigt und kann von keinem anderen Lieferanten bezogen werden.	Die Markenkleidung eines bestimmten Herstellers lässt sich besonders gut verkaufen. Es ist in diesem Fall nicht sinnvoll, auf vergleichbare Produkte eines anderen Herstellers auszuweichen.
› Lieferung der Ware verlangen und Verzugsschaden in Rechnung stellen (§§ 280, 286 BGB)	Durch die verspätete Lieferung ist ein Verzögerungsschaden entstanden, den der Kunde dem Verkäufer in Rechnung stellt. Typische Verzugsschäden sind Anwalts- und Prozesskosten und der Ersatz eines entgangenen Gewinns (§ 252 BGB).	Um den unpünktlichen Hersteller mit Nachdruck auf dessen Lieferverpflichtung hinzuweisen, beauftragt das Spielwarengeschäft Kinderwelt einen Rechtsanwalt. Die hierfür anfallenden Kosten sowie den entgangenen Gewinn infolge des Umsatzausfalls der nicht rechtzeitig gelieferten Spielwaren stellt sie dem Hersteller in Rechnung.

Nach Ablauf einer angemessenen Nachfrist

Befindet sich der Verkäufer in Verzug, so kann ihm vom Kunden eine letzte Frist zur Erfüllung seiner Lieferverpflichtung gesetzt werden. Als **angemessen** gilt eine **Nachfrist**, wenn der Lieferant der Ware in diesem Zeitraum noch die Möglichkeit hat die Ware zu liefern, ohne diese erst bei seinem Lieferanten zu beschaffen oder anfertigen zu lassen. Die Länge der Nachfrist ist branchenabhängig. Nach Ablauf der Nachfrist stehen dem Käufer folgende Rechte zu:

Rechte des Käufers	Anwendungsfälle	Beispiele
› Rücktritt vom Vertrag (§ 323 BGB) und/oder	Die bestellte Ware kann bei einem anderen Lieferanten preisgünstiger beschafft werden oder es ist zwischenzeitlich ein qualitativ besseres Produkt auf den Markt gekommen.	Die Reinbach GmbH teilt dem in Verzug befindlichen PC-Großhändler mit, dass sie vom Vertrag zurücktritt und die Lieferung ablehnt, weil sie technisch gleichwertige Geräte bei einem anderen Lieferanten günstiger einkaufen kann.

Lieferungsverzug (Nicht-Rechtzeitig-Lieferung)

Rechte des Käufers	Anwendungsfälle	Beispiele
› Schadenersatz statt der Leistung (§ 281 BGB)	Um seinen eigenen Lieferverpflichtungen nachzukommen und eventuellen Regressansprüchen seiner Kunden bzw. einer möglichen Rufschädigung zuvorzukommen, nimmt der Käufer einen Deckungskauf vor, d. h., er erwirbt die nicht gelieferten Waren bei einem anderen Hersteller und stellt dem bisherigen Verkäufer eine anfallende Preisdifferenz in Rechnung.	Falls das Ziegelwerk die bestellten 1.000 Ziegelsteine auch nach Ablauf der Nachfrist nicht zum vereinbarten Preis von 3,00 €/St. liefert, erwirbt die All-Bau GmbH diese Baustoffe bei einem anderen Hersteller für beispielsweise 4,00 €/St. und verlangt vom ursprünglichen Lieferanten den Preisunterschied von 1.000,00 € zuzüglich sonstiger Kosten.

Sonderfälle

Fixkauf

Beim Fixkauf hat die Einhaltung des Liefertermins einen besonders großen Stellenwert. Dies wird durch den Zusatz „fix" oder „fest" neben dem Liefertermin dokumentiert *(Lieferung bis spätestens 20. Oktober 20.. fix)*.

Erfolgt die Lieferung bei einem Fixkauf zwischen zwei Kaufleuten (handelsrechtlicher Fixkauf § 376 HGB) nicht rechtzeitig, kann der Käufer wahlweise folgende Rechte geltend machen:
› Erfüllung des Kaufvertrags;
› Rücktritt vom Vertrag ohne Nachfrist und ohne Rücksicht auf Verschulden;
› Schadenersatz wegen Nichterfüllung, sofern die Nichteinhaltung des Termins verschuldet ist.

Zweckkauf (§§ 286 Abs. 2, 326 Abs. 2 BGB)

Eine Nachfrist ist ebenfalls entbehrlich, wenn die verspätete Lieferung für den Käufer uninteressant geworden ist.

›› **Beispiel:** Eine nicht fristgerechte Lieferung von Blumen nach dem Mutter- bzw. Valentinstag macht für das Blumenfachgeschäft keinen Sinn mehr.

■ Bestimmung des Verzugsschadens

Während der durch einen **Deckungskauf** entstehende Schaden relativ leicht anhand der Kaufbelege berechnet werden kann, treten bei der Ermittlung des **entgangenen Gewinns** erhebliche Probleme auf, weil der Schadensumfang auf angenommenen Größen (geschätzter Umsatz- und Gewinnrückgang) beruht, die der geschädigte Gläubiger beweisen muss. Um den Liefertermin sicherzustellen und eventuelle Probleme bei der Schadensermittlung zu vermeiden, wird in der Praxis häufig bei Vertragsabschluss eine **Konventionalstrafe** für den Fall vereinbart, dass die Leistung nicht rechtzeitig erbracht wird.

Diese Strafe ist auch dann zu zahlen, wenn kein Schaden entstanden ist.

›› **Beispiel:** Falls das neue Einkaufszentrum nicht zum geplanten Termin fertig gestellt wird, muss der Generalunternehmer für jeden Tag, der über dem vereinbarten Termin liegt, 10.000 € bezahlen.

LF 7 — Pflichtverletzungen des Lieferers bei der Erfüllung von Kaufverträgen

■ Muster für Kerntext wegen Lieferungsverzugs

Lieferungsverzug   17.04.20..

… Meine Bestellung vom 13.01.20.. über 200 Bikinis mit Liefertermin 15.04. haben Sie zwar bestätigt, aber bis heute die Ware nicht ausgeliefert. Sie befinden sich damit im Lieferungsverzug. Da ich die Ware wegen des Frühsommergeschäfts dringend benötige, setze ich Ihnen eine Nachfrist von 14 Tagen. Sollte bis dahin keine Lieferung erfolgt sein, werde ich einen Deckungskauf vornehmen müssen. Für diesen Fall behalte ich mir das Recht vor, Schadenersatz wegen Nichterfüllung geltend zu machen …

■ AKTION

1 Prüfen und begründen Sie, ob sich der Verkäufer in folgenden Fällen im Lieferungsverzug befindet:

   a) Die Profunda GmbH, ein bekannter Küchenhersteller, liefert eine nach Maß angefertigte Einbauküche am 10. Juni bei der Wohnwelt GmbH ab, obwohl im Kaufvertrag als Liefertermin „noch im Laufe des Mai" vereinbart wurde. Nachforschungen ergaben, dass Unstimmigkeiten in der Fertigungsplanung die Ursache für die verspätete Lieferung waren.

   b) Der Discounter Omnia erhält eine am 12. Januar bestellte Sendung mit Wurstkonserven am 8. Februar. Ein konkreter Liefertermin wurde nicht vereinbart. In der Vergangenheit war allerdings eine Lieferzeit von einer Woche üblich, die bei diesem Auftrag wegen Problemen in der Urlaubsplanung der Mitarbeiter der Fleisch- und Wurstfabrik überschritten wurde.

   c) Wegen anhaltender Regenfälle dringt das ansteigende Hochwasser in die Lagerhallen der Papierwerke Tiefenbronn ein, die deshalb einen Auftrag über 80 Pakete Druckerpapier erst mit einer Verspätung von einem Monat ausführen können.

2 Der italienische Hersteller von Herrenbekleidung Toskanino gilt in der Branche als unzuverlässiger Geschäftspartner. Viele Abnehmer akzeptieren die ständigen Überschreitungen der vereinbarten Liefertermine nur wegen der hervorragenden Qualität der Produkte des Herrenausstatters. Wieder einmal werden für das Herrenfachgeschäft Mann-o-Mann 20 Anzüge „von der Stange" zum Preis von jeweils 300 € und 3 Maßanzüge für jeweils 1.200 € nicht pünktlich geliefert. Auf Nachfrage erklärt die Fa. Toskanino, dass ein überraschender Mitarbeiterwechsel sowie die gute Auftragslage die Verzögerung verursacht haben.

Der vereinbarte Liefertermin wurde bereits um 2 Wochen überzogen. Nach der bisherigen Umsatzstatistik hätte man bei Mann-o-Mann in diesem Zeitraum bereits die Konfektionsanzüge mit einem Gewinn von 20 % des Einkaufspreises veräußern können. Die Stammkunden, die sich die Maßanzüge anfertigen ließen, sind ebenfalls schon verärgert. Sie bestehen allerdings auf ihrem Toskanino-Anzug und wollen unter keinen Umständen auf ein anderes Fabrikat ausweichen.

   a) Von welchen Rechten soll Mann-o-Mann im vorliegenden Fall Gebrauch machen?

   b) Wie hoch ist der Verzugsschaden?

   c) Formulieren Sie einen Brief, in dem Sie dem Hersteller Toskanino eine Nachfrist von 2 Wochen setzen und weitere rechtliche Schritte in Aussicht stellen. Angaben: Bestellung vom 15. Juni 20..; Auftragsbestätigung vom 20. Juni 20...

   d) Wie verhalten Sie sich, wenn nach Ablauf der Nachfrist die Konfektionsanzüge immer noch nicht eingetroffen sind und Artikel mit vergleichbarer Qualität bei einem süddeutschen Hersteller für 400 € je Anzug angeboten werden?

Lieferungsverzug (Nicht-Rechtzeitig-Lieferung) — LF 7

3 Begründen Sie in den folgenden Fällen, von welchem Recht beim Lieferungsverzug Sie Gebrauch machen würden: – bei der bestellten Ware ist in der Zwischenzeit eine Preissenkung eingetreten, – die Ware wurde extra für Sie angefertigt, – es handelt sich um Saisonartikel, – die Ware musste nach Ablauf der von Ihnen gesetzten Nachfrist anderweitig beschafft werden.

4 Beurteilen Sie das folgende Mahnschreiben. Notieren Sie, was Ihnen negativ auffällt und entwerfen Sie eine verbesserte Version.

> **Lieferungsverzug – Unsere Bestellung Nr. 8899 vom 10.03.20XX**
> Sehr geehrte Damen und Herren,
> wir nehmen Bezug auf die o. g. Bestellung und müssen Ihnen leider mitteilen, dass die Warenpräsenter mit über einer Woche Verspätung bei uns eingegangen sind. Wir haben bereits in unserer Bestellung ausdrücklich darauf hingewiesen, dass eine rechtzeitige und pünktliche Lieferung von größter Wichtigkeit ist, da auch unser Kunde uns einen sehr knappen Liefertermin gesetzt hat. Da wir nun vom Kunden mit einer Konventionalstrafe belegt wurden, werden wir Ihnen den Betrag von 2.000 € in Rechnung stellen.
> Ihrer Antwort sehen wir mit Interesse entgegen.
> Mit freundlichen Grüßen

5 Die Reinbach GmbH bietet Bürobedarf und Computerzubehör mit mehreren Filialen in Neuburg und Umgebung an. Zur Eröffnung der neuen Filiale in Altbach wurden bereits Werbeflyer mit dem Eröffnungsangebot an alle Haushalte verteilt und auch Zeitungsanzeigen geschaltet. Kopierpapier bezieht das Unternehmen seit Jahren erfolgreich vom Papiergroßhändler Abele AG in Massenheim. Als Sachbearbeiter im Einkauf der Reinbach GmbH haben Sie dort 500 Pakete Kopierpapier bestellt. Andere Anbieter vergleichbaren Kopierpapiers sind um 20 % teurer als die Abele KG.

> **Reinbach GmbH   Eröffnungsangebot   Filiale Altbach**
> nur am 10.05.20..
> Kopierpapier 500 Blatt, weiß, DIN A4, 80g/qm, chlorfrei **für 1,00 EUR**

> **Papierwarengroßhandlung Abele KG**
>
> | Reinbach GmbH | Sachbearbeiter/Zeichen: | Müller/Mü |
> |---|---|---|
> | 88888 Neuburg | Telefon/Telefax: | 08889 554466 |
> | Telefax 07889 554468 | Datum: | 22.04.20.. |
>
> Telefax-Mitteilung   Bitte sofort vorlegen!
>
> Auftragsbestätigung
>
> Sehr geehrte Damen und Herren,
>
> vielen Dank für Ihre Bestellung vom 20.04.20.. über 500 Pakete Kopierpapier à 500 Blatt, weiß, DIN A4, 80g/qm, chlorfrei, Best.-Nr. 9738.
>
> Die Lieferung erfolgt wie gewünscht zum 27.04.20.. frei Haus.
>
> Mit freundlichen Grüßen
>
> Abele KG
> *i. V. Müller*
> Müller
>
> Papierwarengroßhandlung Abele KG, 95557 Massenheim, Telefax-Nr. 05231 562713

Nachdem bisher keine Lieferung erfolgte, versuchen Sie heute, am 02.05.20.. telefonisch beim Lieferanten „nachzufassen". Entwerfen Sie ein stichwortartiges Konzept für das Telefonat.

3 Lagerhaltung

3.1 Aufgaben der Lagerhaltung

Ware lagern – warum, wo und wie?

■ SITUATION

Mittwoch, 12:30 Uhr in der Kantine des Multi-Visions-Marktes. Nach dem Essen entwickelt sich bei Cola und Kaffee eine erregte Diskussion zwischen Melanie Klein aus dem Einkauf für Computerzubehör, den Verkäufern Andreas und Martin sowie Herrn Flaig dem Logistikleiter.

Andreas: „Warum klappt zurzeit fast nichts beim Warennachschub! Seit wir nur noch ein kleines Handlager haben, gibt's nur Probleme!"

Herr Flaig: „Sie wissen doch Andreas, wir haben jetzt das neue Zentrallager in Köln. Halten Sie sich an den vorgeschriebenen Weg für die Warenbestellungen."

Martin: „Aber das funktioniert doch auch nicht so recht, bei den häufigen Ausfällen der EDV haben wir das reinste Chaos! Erklären Sie mal Kunden, dass der Computer schuld sein soll, wenn es Probleme gibt!"

Frau Klein: „Also ich finde das neue System gut, ich kann jetzt endlich sofort auf dem PC nachsehen, was bestellt werden muss."

Andreas: „Wenn wir schon beim Bestellen sind, Melanie, in letzter Zeit beklagen sich immer mehr Kunden, dass Ware ausgegangen ist. Gerade bei Druckerpatronen haben wir enorme Probleme."

Frau Klein: „Ich weiß, aber wir bestellen nur einmal die Woche und da kann es schon mal passieren, dass es einige Tage Präsenzlücken gibt. Außerdem arbeiten die im Zentrallager in Köln recht langsam."

Martin: „Als Verkäufer wünsche ich mir ohnehin große Lagerbestände, denn dann kann ich Kundenwünsche erfüllen und mache gute Umsätze."

Herr Flaig: „Mein lieber Freund, weißt Du eigentlich, was eine solche Lagerhaltung für Kosten verursachen würde?"

Martin: „Wieso Kosten? Das Lager ist doch da, egal ob es halb oder ganz gefüllt ist?"

Frau Klein: „Na Martin, in der Schule hast Du wohl beim Kapitel Lagerhaltung gefehlt oder? Oh je, meine Pause ist vorbei, Tschüss!"

1. Welche Lagerarten gibt es beim Multi-Visions Elektronik-Fachmarkt?
2. Nennen Sie die Aufgaben der Lagerhaltung und ordnen Sie diese nach dem Grad der Wichtigkeit. Begründen Sie Ihre Entscheidung.
3. Worin besteht Martins Fehler bei seinen Überlegungen hinsichtlich der zu lagernden Warenmenge?
4. Warum werden die Druckerpatronen nicht direkt beim Hersteller bestellt?

Aufgaben der Lagerhaltung

LF 7

■ INFORMATION

Abb. Hochregallager

Das Lager ist der Ort, an dem Waren vor dem Verkauf aufbewahrt werden. Eine Lagerhaltung ist notwendig, da kein Händler verlässlich voraussagen kann, welche Ware, zu welchem Zeitpunkt und in welcher Menge von seinen Kunden nachgefragt wird. Die Lagergröße reicht vom Nebenraum in einem kleinen Schreibwarenfachgeschäft bis zum riesigen Zentrallager eines Möbelhaus- oder Lebensmittelfilialisten.

■ Lagerhaltung sichert die Verkaufsbereitschaft

Im Idealfall sollten alle Kundenwünsche sofort erfüllt werden können. Eine **hohe Verkaufsbereitschaft** vermeidet Schwierigkeiten, die sich bei langer Lieferzeit, Produktionsproblemen und Transportschwierigkeiten durch die Lieferanten ergeben könnten. Auch Nachfrageschwankungen, die saisonbedingt oder aufgrund modischer Einflüsse entstehen, werden durch eine hohe Verkaufsbereitschaft ausgeglichen. Eine hohe Verkaufsbereitschaft bedeutet aber auch eine **hohe Kapitalbindung**, d. h., im Warenlager ist viel Geld gebunden. Aus Kostengründen sollte daher ein Ausgleich zwischen hoher Kapitalbindung einerseits und hoher Verkaufsbereitschaft andererseits geschaffen werden.

> **Beispiel:** Ein Warenhauskonzern lagert seine Aktionsware für das Weihnachtsgeschäft bereits ab August. Da die Waren aus Fernost importiert werden, erfolgte die Bestellung so rechtzeitig, dass es auch bei Liefer- und Transportschwierigkeiten nicht zu Engpässen kommen kann.

■ Lagerhaltung führt zu Preisvorteilen bei der Beschaffung

Einkauf großer Mengen	→ Es können erhebliche Preisnachlässe gewährt werden. Einsparung von Transport- und Verpackungskosten.	**» Beispiel:** Ein Großhändler gewährt seinen Kunden ab einem Warenwert von 5.000 € fünf Prozent Rabatt und übernimmt voll die Transport- und Verpackungskosten.
Zeitlich früh einkaufen	→ Vermeidung möglicher Preiserhöhungen.	**» Beispiel:** Ein Baustoffhändler erwartet in den nächsten sechs Monaten erhebliche Preiserhöhungen bei Zement. Er deckt seinen gesamten Jahresbedarf durch einen Großauftrag.

Günstigen Zeitpunkt wählen	→ Bei geringer Nachfrage und wenn der Lieferant seine Lager räumen möchte.	›› **Beispiel:** Zum Ende der Saison hat ein Schuhhersteller noch Restposten. Er bietet sie besonders günstig an.
Lagerfunktion für den Lieferanten übernehmen	→ Saisonware zu frühem Zeitpunkt übernehmen, der Lieferant spart Lagerkosten.	›› **Beispiel:** Ein Hersteller für Oberbekleidung gewährt ein verlängertes Zahlungsziel, wenn die Winterkollektion bereits ab August geliefert werden kann.

■ Lagerhaltung ermöglicht Verkauf unabhängig vom Zeitpunkt der Herstellung

Nur ausnahmsweise fallen der Herstellungszeitpunkt einer Ware und ihre Verwendung bzw. ihr Gebrauch zeitlich zusammen. Fast immer liegt ein Zeitraum dazwischen. In vielen Branchen wird nicht jeder Artikel das ganze Jahr über produziert, sondern es erfolgen eine oder mehrere Großserienfertigungen. Bei anderen Waren ist die Produktion von der Vegetationsperiode bestimmt (Tiefkühlkost). Da die Kunden aber über das ganze Jahr einkaufen möchten, ist eine Lagerhaltung für solche Artikel unbedingt notwendig.

›› **Beispiel:** Eine Porzellanfabrik fertigt bestimmte Speiseservice nur zweimal im Jahr.

■ Lagerhaltung kann die Qualität und den Verkaufswert der Waren erhöhen

Durch eine bestimmte Behandlung der Ware können Qualität und Verkaufswert erhöht werden. Den weitaus größten Teil seiner Waren bezieht der Einzelhandel jedoch verkaufsfertig.

›› **Beispiel:** Durch Lagerung erhöht sich die Qualität fabrikneuer Autoreifen. Zusammenstellung von Bonbon- oder Pralinenmischungen in einem Süßwarengeschäft. Lagerung von Obst und Gemüse, das erst nach einer gewissen Zeit die volle Qualität und den besten Geschmack erreicht.

■ AKTION

1. Bei welchen Artikeln Ihres Ausbildungssortiments ist eine hohe Verkaufsbereitschaft notwendig, bei welchen empfiehlt es sich nicht?
2. Unter welchen Umständen sollte ein Einzelhändler auf Preisvorteile beim Wareneinkauf durch Lagerhaltung verzichten?
3. Nennen Sie Artikel, die während der Lagerzeit ihre Qualität verbessern.

Warenlagerung außerhalb des Verkaufsraumes LF 7

3.2 Warenlagerung außerhalb des Verkaufsraumes

Kein Platz im Lager! Wohin mit der Aktionsware?

■ SITUATION

Haushaltwaren Offermann hat zum hundertjährigen Bestehen des Unternehmens größere Posten Gläser und Teller eingekauft. Sechs Wochen vor Beginn des großen Jubiläumsverkaufs wird die Ware geliefert. Bei der Einlagerung zeigt sich schnell, dass alle vom Lagerplan dafür vorgesehenen Plätze belegt sind. Die Auszubildende Sabine schlägt ihrem Chef vor, die Waren einfach dort zu lagern, wo es freie Lagerplätze gibt.

1. Ist Sabines Vorschlag sinnvoll?
2. Herrn Müller, Berater beim Einkaufsverband „Haus und Heim" schlägt Sabine bei dessen Besuch im Geschäft vor, dass die Ware doch erst kurz vor dem benötigten Zeitpunkt geliefert werden sollte.
   › Welche Vorteile verspricht sich Sabine davon?
   › Ist eine solche Warenbelieferung im Einzelhandel überhaupt möglich?

■ INFORMATION

■ Reservelager

Bis auf ganz wenige Ausnahmen *(kleiner Kiosk)* kommt der stationäre Handel nicht ganz ohne zusätzliche Lagerflächen aus.

Meist dient ein **Nebenraum** als sogenanntes **„Reservelager"** (Handlager). Es wird hauptsächlich zur Ergänzung der Bestände im Verkaufsraum benutzt, dient aber auch zu verkaufsvorbereitenden Aufgaben *(Auspacken, Auszeichnen, Umpacken)*.

Abb. Reservelager im Supermarkt

Aufgaben und Funktion des Reservelagers

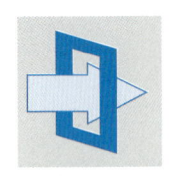

„Schleusenfunktion" beim Wareneingang.

>> Kontrolle bei der Anlieferung, Preisauszeichnung, Aufnahme der Artikeldaten in das Warenwirtschaftssystem, Vorbereitung für den Verkauf *(Umpacken, Mischen).*

Vorratshaltung von Standardartikeln, die über längere Zeiträume angeboten werden können, nicht leicht verderben oder keiner Mode unterworfen sind.

>> Konserven, Getränke, Unterwäsche, Hausschuhe

Aufbewahrung von Waren, die vor Verkaufsbeginn geliefert wurden oder saisonbedingt nicht nachgefragt werden.

>> Modische Saisonware oder Wintersportartikel, die schon im Sommer geliefert wurden; Weihnachtsschmuck.

Aufbewahrung von Aktionswaren bis zum Verkaufsbeginn.

>> Waren für bestimmte Verkaufsaktionen *(Italienische Woche, Weihnachtsmarkt, Jubiläumsverkauf).*

■ Zentrallager und Warenverteilzentren

Neben den Versendern (Internethandel, Versandhandel) verfügen auch die Großbetriebsformen des Ladenhandels *(Warenhauskonzerne, Filialunternehmen)* über große Lagerflächen, von denen sie aus ihre Verkaufsstellen mit Waren versorgen. Bei der **Zentrallagerung** werden alle Verkaufsstellen von einem großen Lager aus beliefert. Das spart Kapitalbindungskosten, da Sicherheitsbestände nur für ein Lager vorgehalten werden müssen. Nachteilig sind mögliche Lieferverzögerungen wegen längerer Transportwege. Die **Warenverteilzentren** (dezentrale Lagerung) haben den Vorteil der kürzeren Transportwege und der Kundennähe. Ein Nachteil sind hohe Investitions- und Fixkosten, da mehrere Lager unterhalten werden müssen. Da Lagerhaltung Kapitalbindung bedeutet, versucht der Handel durch **Just-in-time-Konzepte** (Bereitstellung der Ware in der richtigen Menge und zum richtigen Zeitpunkt) Lagerkosten zu minimieren und auf die Hersteller abzuwälzen. Durch **Cross-Docking** und **Efficient Consumer Response** (ECR) versuchen Großunternehmen, besonders aus der Lebensmittel-, Drogerie- und Kosmetikbranche, dies zu erreichen.

Abb. Verteilzentrum einer Drogeriemarkt-Kette

Warenlagerung außerhalb des Verkaufsraumes

Just-in-time-Belieferung

Um Lagerkosten einzusparen, wird auch im Handel versucht, dieses in der Industrie weit verbreitete Logistik-Konzept anzuwenden.

Ziel ist es, einen Teil der Lagerkosten auf die Hersteller abzuwälzen und damit, aufgrund der geringeren Kapitalbindung, die dadurch freigesetzten Mittel produktiv zu nutzen.

Erst in Ansätzen verwirklicht: Just-in-time-Belieferung im Einzelhandel

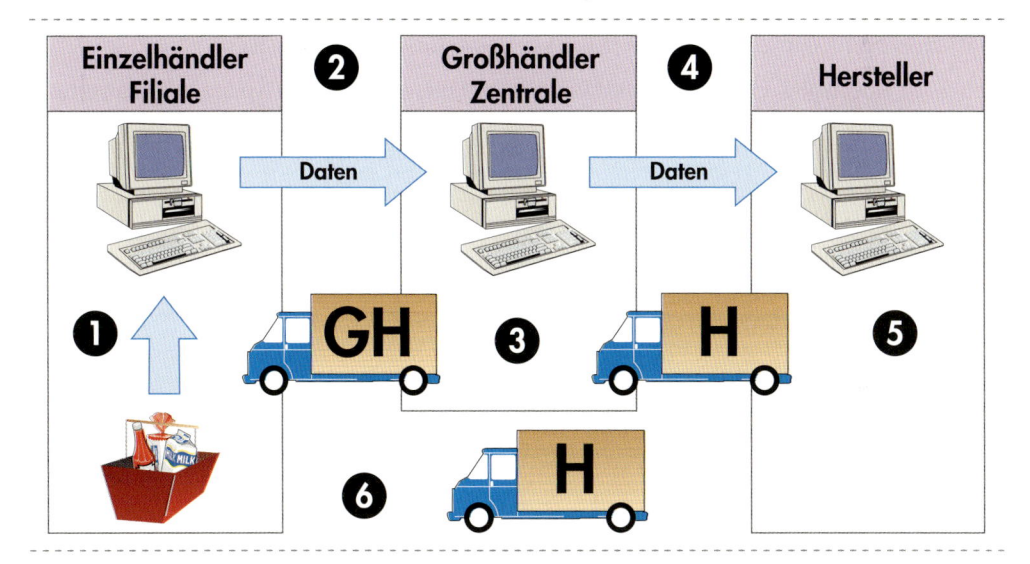

(1) Am POS (Point of sale) werden die Verkaufsdaten mit dem Warenwirtschaftssystem erfasst. Das System erstellt Bestellvorschläge und übermittelt diese Daten **(2)** an den Großhändler bzw. das Zentrallager des Filialunternehmens. Vorhandene Ware wird kommissioniert und **(3)** unverzüglich an den Händler/Filiale ausgeliefert. Artikel, die nicht sofort lieferbar sind, werden **(4)** mit Datenfernübertragung beim Hersteller disponiert. Dieser liefert entweder über den Großhandel/Zentrale **(5)** an den Einzelhändler/Filiale oder **(6)** direkt über Strecke.

Cross-Docking

Unter Cross-Docking versteht man die **Durchschleusung** von Waren durch zentrale oder dezentrale Verteilzentren eines Händlers. Die Hersteller liefern Waren an den Eingangsrampen der **Verteilzentren** an, dort erfolgt eine filialbezogene Kommissionierung (Zusammenstellen der Filialbestellungen), anschließend wird neu verladen und an die **Filialen** weitertransportiert. Puffer- und Sicherheitsbestände können weitgehend entfallen.

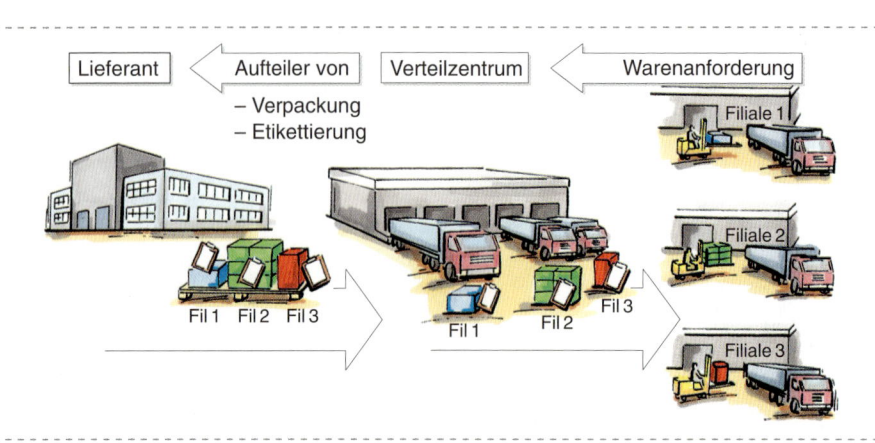

Abb. Cross-Docking (Quelle: SAP AG, Warenwirtschaftssystem R/3)

Teilweise wird die Ware vom Hersteller bereits filialweise zusammengestellt, sodass im Verteilzentrum ein Aus- und Umpacken der Ware aus Versandpackungen entfällt.

Neben der **Einsparung** von **Lagerhaltungskosten** bietet dieses Anlieferungssystem weitere **Vorteile**:

› Filialen werden weniger angefahren	Einsparung von Transportkosten, Umweltschutz.
› Filialen werden nach Bedarf angefahren	Bessere Abstimmung mit den Abverkäufen.
› Personal der Filialen wird entlastet	Verkaufsvorbereitende Maßnahmen werden im Warenverteilzentrum zentral erledigt.
› Lieferanten sparen Kosten	Durch den Wegfall der Filialbelieferung entfallen Transportkosten.

■ Efficient Consumer Response (ECR) – Kundennutzen steigern und Kosten senken

Diese aus dem Lebensmittelbereich der USA stammende Strategie heißt ins Deutsche übersetzt **„Effiziente Reaktion auf die Kundennachfrage"**. Hauptzielsetzung ist eine enge Zusammenarbeit von Lieferanten, Verteilern (Handel) und den Verbrauchern von Waren. Es soll **sichergestellt** werden, dass das, was der **Kunde braucht** und **wünscht**, zum richtigen **Zeitpunkt**, in ausreichenden **Mengen** und zum besten **Preis** im Markt zu bekommen ist. Dadurch will man einen erhöhten Kundennutzen schaffen, der die Kundenbindung an das Unternehmen festigt.

Im Rahmen einer ECR-Strategie gilt es, den Warenfluss einerseits und den dazu gehörenden Informationsfluss andererseits effizient zu organisieren. Dies geschieht durch das sogenannte **Supply-Chain-Management** (supply-chain = Lieferkette). Als ein wesentliches Ziel wird dabei eine Reduzierung der Kosten angestrebt, die durch Transport und vor allem durch die Lagerhaltung verursacht werden. Man will dies durch einen möglichst kontinuierlichen Warenfluss zwischen Lieferern, Einzelhandel und Endverbrauchern erreichen. Voraussetzung für den Erfolg dieser Strategie ist ein schneller, aktueller und genauer Informationsfluss zwischen den Partnern. Dazu eignet sich besonders der elektronische Geschäftsverkehr (EDI), (vgl. Kap. 5.2, S. 144).

Warenlagerung außerhalb des Verkaufsraumes

Er erleichtert einen **nachfragegesteuerten Warennachschub.** Im Lebensmittelfilialhandel werden dazu z. B. die benötigten Nachschubmengen auf der Grundlage täglicher Abverkaufszahlen bestimmt *(Scanning am POS)* und so zeitnah wie möglich den Auftraggebern (Filialen) zugestellt. Ein weiteres Ziel ist die Vermeidung von leeren Lagern beim Handel.

So wird z. B. im Textileinzelhandel großer Wert darauf gelegt, dass Standardartikel (Basics) stets verfügbar sein müssen *(NOS-Ware → „Never out of stock" = „darf niemals ausgehen")*.

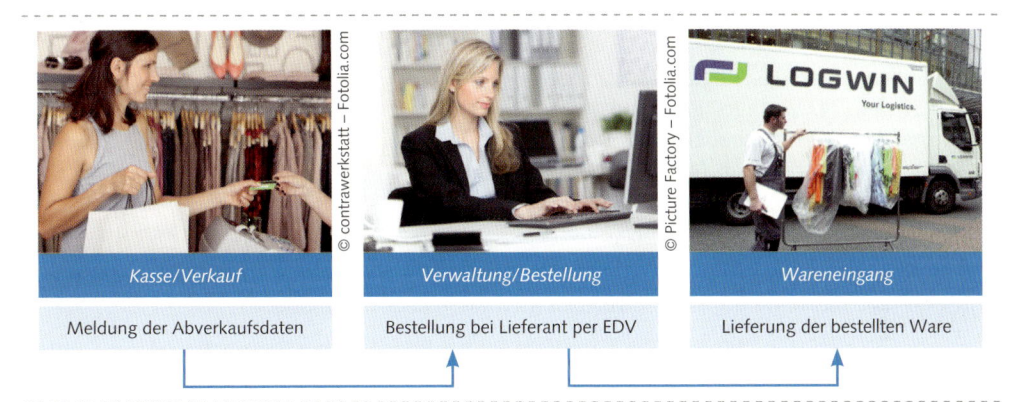

Kasse/Verkauf	Verwaltung/Bestellung	Wareneingang
Meldung der Abverkaufsdaten	Bestellung bei Lieferant per EDV	Lieferung der bestellten Ware

Abb. ECR im Textilfachhandel

■ Lagerorganisation in Zentrallagern und im Reservelager

Einlagerungsprinzipien

Je nach Art der Ware gilt für die Lagerung grundsätzlich das Prinzip: **Neue Ware immer hinter alte Ware setzen!** Auf diese Weise wird gewährleistet, dass die ältere Ware zuerst in den Verkauf kommt **(Fifo-Prinzip: First in, first out)**. Das ist z. B. bei Lebensmittelkonserven von Bedeutung oder bei Getränken.

Von großer Bedeutung ist ein **Lagerplan**. Er gibt eine Übersicht über alle Waren, die im Lager vorhanden sind. Wichtig sind Angaben zur Lagerstelle, dem Einlagerungsdatum und der gelagerten Menge. Außerdem kann im Lagerplan die günstigste Zugriffsmöglichkeit (kürzester Weg) angegeben werden.

Ein korrekt geführter Lagerplan sichert eine schnelle Einlagerung und die zur Auslagerung in die Verkaufsräume vorgesehenen Artikel können schnell gefunden werden.

Bei automatisierten Lagern dient die Code-Nummer der Lagerstelle als Steuerungsmittel für das Ein- und Auslagern.

Lagerhaltung

Lagereinrichtung

Die **Einrichtung der Lagerräume** hängt vor allem davon ab, zu welcher **Branche** der jeweilige Einzelhandelsbetrieb gehört. Die **Waren** können **liegend** *(Haushaltwaren)*, **gestapelt** *(Konserven)* oder auch **hängend** *(Textilien)* aufbewahrt werden.

Im Einzelhandel ist das **Regallager** am gebräuchlichsten. Der Investitionsbedarf ist relativ gering; Wartungsbedarf und Störanfälligkeit sind kaum gegeben. In **Großbetriebsformen** des Handels gibt es daneben das **Palettenregallager** *(Waren werden von der Palette im Verkauf angeboten)* sowie **Hochregallager** *(Zentrallager eines Lebensmittelfilialisten)*.

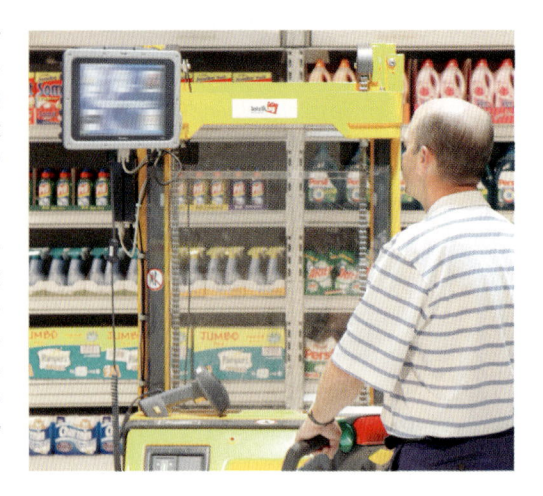

Diese können eine Höhe bis zu 45 m erreichen. Sie benötigen wenig Personal, weil vieles automatisiert abläuft. Allerdings muss viel Kapital in den Bau und Betrieb investiert werden. Daher lohnen sich solche Lager nur bei einem hohen Lagerumschlag.

Die **Einteilung des Lagers** kann erfolgen

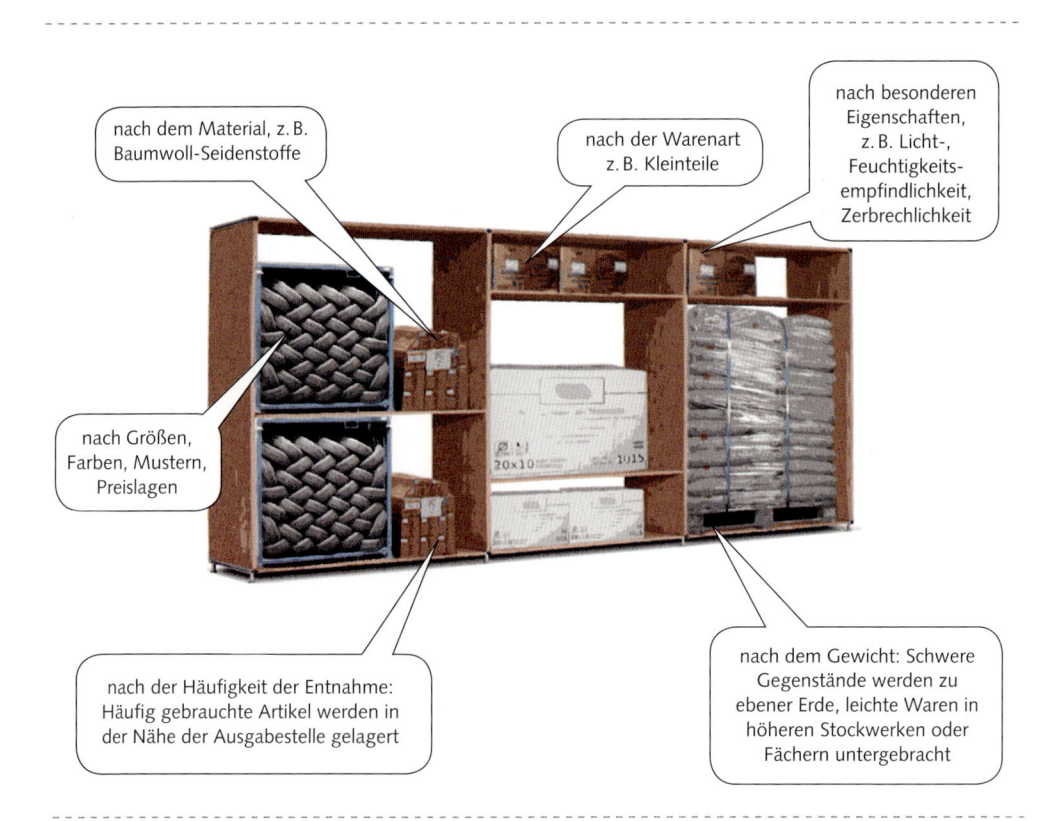

- nach dem Material, z. B. Baumwoll-Seidenstoffe
- nach der Warenart z. B. Kleinteile
- nach besonderen Eigenschaften, z. B. Licht-, Feuchtigkeitsempfindlichkeit, Zerbrechlichkeit
- nach Größen, Farben, Mustern, Preislagen
- nach der Häufigkeit der Entnahme: Häufig gebrauchte Artikel werden in der Nähe der Ausgabestelle gelagert
- nach dem Gewicht: Schwere Gegenstände werden zu ebener Erde, leichte Waren in höheren Stockwerken oder Fächern untergebracht

Warenlagerung außerhalb des Verkaufsraumes

LF 7

Belegung leerer Lagerflächen

Bei Waren, die nicht im Verkaufsraum direkt, sondern zuerst in separaten Lagerräumen gelagert werden, sind zwei unterschiedliche **Einlagerungssysteme** möglich:

Systematische Lagerplatzordnung (Festplatzsystem)

Alle gelagerten Waren werden nach einem **festen** Lagerplatznummernsystem platziert, d. h., ein bestimmter Artikel liegt immer am selben Lagerort. Bei dieser Art der Einlagerung sollen die Wege möglichst kurz gehalten werden. So werden Waren, die oft benötigt werden, in den vorderen Regalen gelagert. Jeder Mitarbeiter weiß außerdem, wo sich die Waren befinden.

Allerdings ist durch die feste Platzreservierung für jede einzelne Ware ein hoher Lagerraumbedarf erforderlich. Wenn die entsprechende Ware fehlt, bleibt der Lagerplatz ungenutzt und kann für andere Waren nicht verwendet werden.

Chaotische Lagerplatzordnung (Freiplatzsystem)

Eingehenden Waren wird durch die EDV ein jeweils gerade **freier Lagerplatz** zugewiesen. Daher gibt es für bestimmte Artikel **keine** festen Lagerorte. Hier ist die Hauptzielsetzung die höchstmögliche Ausnutzung der Lagerkapazität. Dadurch kann der Platzbedarf für das Lager gesenkt werden.

Ohne EDV lässt sich allerdings ein solches Lagersystem nicht betreiben und bei Ausfall der Systeme ist es fast nicht möglich eine bestimmte Ware zu finden. Das Freiplatzsystem findet man im Einzelhandel fast nur bei Großbetrieben.

■ Hilfsmittel für Lagerarbeiten

Die im Lager anfallenden Arbeiten werden durch technische Hilfsmittel und Einrichtungen erleichtert.

Transport	Bearbeitung	Verpackung	Sicherung
Gabelstapler, Hubwagen, Karren, Wagen, Förderbänder, Aufzüge	Scheren, Messer, Sägen, Maßbänder, Wiegeeinrichtungen	Papier, Pappe, Karton, Folien, Klebebänder, Schnüre, Bänder	Warensicherungssysteme gegen Diebstahl, Alarmanlage, Feuermelder

■ Anforderungen an eine warengerechte Lagerhaltung

1	Ware artgemäß lagern!	Bei vielen Waren muss darauf geachtet werden, dass die Ware bei der Lagerung weder beschädigt wird, noch dass sie verdirbt *(Gefriergut vor Wärme, Bücher vor Staub, Stoffe vor Licht schützen)*.
2	Ausreichend Platz im Lager schaffen!	Im Reservelager sollten ausreichend Lagerflächen zur Verfügung stehen um auch den Spitzenbedarf aufnehmen zu können *(Papier- und Schreibwaren zu Schuljahresbeginn)*. Ein bequemes Aus- und Einlagern sollte ebenso möglich sein, wie der problemlose Einsatz maschineller Hilfen *(Palettenhubwagen, Gabelstapler)*.
3	Lager übersichtlich gestalten!	Beim Festplatzsystem bietet ein Lagerplan, bei dem die Lagerstelle genau bezeichnet ist, eine wertvolle Hilfe Waren bei Bedarf schnell zu finden.
4	Sicherheit der Mitarbeiter gewährleisten!	Neben der Beachtung und Einhaltung der für die jeweilige Branche geltenden Unfallverhütungsvorschriften, müssen die Lagerräume so eingerichtet sein, dass es zu keinen Unfällen kommt *(rutschsichere Böden, kippsichere Warenträger)*.
5	Ware sicher lagern!	In der Ware ist viel Kapital gebunden. Deshalb muss darauf geachtet werden, dass sie vor Risiken geschützt ist. Dazu gehört der Schutz vor Feuer *(Sprinkleranlage)* und vor Diebstahl *(Alarmanlage, Warensicherungssysteme)*.

Lagerkontrolle ist wichtig: Mit der Warenlagerung ist ein Risiko mengen- und wertmäßiger Minderung verbunden (Diebstahl, MHD läuft ab). Um diese Risiken möglichst klein zu halten, sind die ein- und ausgehenden sowie die lagernden Waren ständig zu kontrollieren (Qualitäts-, Mengen- und Wertkontrolle). So kann schlechte Ware oder eine Fehlmenge rechtzeitig entdeckt, die notwendige Ersatzbeschaffung veranlasst und ein möglicher Engpass vermieden werden.

■ AKTION

1 Erläutern Sie an drei Beispielen aus Ihrem Ausbildungsbetrieb, wie bei Ihnen Waren artgemäß gelagert werden.

2 Beschreiben Sie die Bedeutung des Reservelagers bei folgenden Einzelhandelsbetrieben: Boutique mit Designermode, Fachmarkt für Heimwerkerbedarf, Filiale einer großen Supermarktkette.

3 Warum ist es in vielen Branchen des Einzelhandels wohl auch zukünftig nicht möglich, die gesamte Lagerhaltung nach dem Just-in-time-Prinzip zu gestalten?

4 Ein Einzelhandelsunternehmen hat sich für eine chaotische Lagerhaltung entschieden. Beschreiben Sie drei Probleme, die bei dieser Form der Lagerhaltung auftreten können.

5 Zeigen Sie an drei Beispielen, dass durch Cross-Docking Lagerkosten eingespart werden können.

6 Formulieren Sie vier Anforderungen an eine warengerechte Lagerhaltung.

Warenlagerung im Verkaufsraum

LF 7

3.3 Warenlagerung im Verkaufsraum

Wer nicht mit der Zeit geht, geht mit der Zeit!
Worauf ist bei der Warenpräsentation im Verkaufsraum zu achten?

■ SITUATION

Herr Manz, Inhaber eines Lebensmittelsupermarkts mit 1.800 m², ist mit der Umsatzentwicklung der letzten Jahre nicht zufrieden. Im Bericht eines Betriebsberaters, den er zur Untersuchung seines Unternehmens beauftragt hat, steht unter anderem:

„Ich empfehle dringend eine völlige Neugestaltung der Verkaufsräume, besonders die Warenpräsentation sollte den veränderten Kaufgewohnheiten angepasst werden." Herr Manz ist jedoch der Meinung, er könne nach acht Jahren nicht schon wieder renovieren und umbauen.

1. Warum möchte Herr Manz weder renovieren noch umbauen?
2. Nehmen Sie zur Ansicht des Betriebsberaters Stellung.
3. Beurteilen Sie die Aussage des Bezirksleiters einer Lebensmittelkette: „Wir verzichten zunehmend auf Reservelager zugunsten der Verkaufsfläche."

■ INFORMATION

■ Der Verkaufsraum (Outlet) als Ort der Warenlagerung

Die Verkaufsräume, in denen der Einzelhändler seine Waren den Kunden anbietet, werden als **Verkaufslager** bezeichnet. Die jeweilige **Verkaufsform** *(Vollbedienung, Vorwahl oder Selbstbedienung)* bestimmt die Kontaktmöglichkeiten des Kunden mit der Ware. Neben der Verkaufsform bestimmen **Betriebsform** *(Fachgeschäft oder Discounter)* und **Sortimentsstruktur** *(gehobener Bedarf oder Artikel des täglichen Bedarfs)* die Gestaltung der Verkaufsräume. In kleinen Einzelhandelsgeschäften werden fast alle Waren im Verkaufsraum gelagert.

Der **Verkaufsraum** ist heute allerdings mehr als nur der Ort der Warendarbietung. Gerade Kunden, die einen bestimmten „Lifestyle" pflegen, erwarten beim Einkaufen eine angenehme

Atmosphäre. Sie legen viel Wert auf eine ansprechende und zum Teil auch aufwendige **Warenpräsentation**. Einkaufen ist für sie ein Stück „Lebensqualität". Besonders bei hochwertiger und modischer Ware sollte dies beachtet werden.

Abb. Ladenlayout „Fashion" in einem Warenhaus

Auch in den Outlets der großen Filialunternehmen wird der Großteil der Ware direkt den Kunden präsentiert, denn der Anteil „aktiver Verkaufsfläche" gegenüber „toter Lagerfläche" soll möglichst hoch sein um eine hohe Produktivität des Betriebsfaktors Raum zu gewährleisten.

■ Verkaufsaktive Ladengestaltung und Warenpräsentation

Durch die Gestaltung und Ausstattung des Verkaufsraums soll eine positive Kaufstimmung bei den Kunden erzeugt werden. Nur wenn ein Raum „Sympathie" ausstrahlt, werden sich die Kunden darin wohl fühlen. Da die meisten Informationen über das Auge aufgenommen werden, muss die Ware sichtgerecht präsentiert werden. Verbaute Waren oder Sichtbehinderungen (Säulen) sind zu vermeiden. Wenn Kunden Waren zum Begutachten in die Hand nehmen können (Ausnahmen beachten!), fördert dies die Kaufentscheidung. Ein übersichtlicher Aufbau mit klarer Preisauszeichnung erleichtert den Überblick und hilft bei der Entscheidung.

Ein Kunde will:
- die Ware sehen
- die Ware greifen
- ungehinderten Zugang zur Ware
- Preise und Angebot prüfen

> **Hinweis:** Ausführlich wird dieses Thema im **LF 4** „Waren präsentieren" behandelt.

Warenlagerung im Verkaufsraum

LF 7

■ AKTION

1 Warum gibt es in den Filialen großer Lebensmittelketten nur sehr wenig Lagerfläche im Verhältnis zur Größe des Verkaufsraums?

2 Für welche Artikel in Lebensmittelgeschäften ist es notwendig technisch aufwendige Lagereinrichtungen zu installieren?

3 Untersuchen Sie Ihren Ausbildungsbetrieb anhand der Kundenforderungen an die Warenpräsentation (s. Abb. auf S. 332) und berichten Sie vor der Klasse. Beschaffen Sie sich das Einverständnis Ihres Ausbildungsbetriebes und fertigen Sie dazu Bilder an.

4 Beurteilen Sie, wie in den folgenden Abbildungen die Waren im Verkaufsraum präsentiert werden.

3.4 Inventurdifferenzen und Warensicherung

Da ist mal wieder was vom Laster gefallen!

■ SITUATION

Über das Thema „Mitarbeiterdiebstahl" wird im Handel nur ungern gesprochen. Dabei belegen und beweisen viele Untersuchungen in Einzelhandelsunternehmen eindeutig und übereinstimmend folgende Ergebnisse: 40 bis 50 Prozent der Inventurdifferenzen im Handel entstehen durch eigene Mitarbeiter und Aushilfspersonal. Die Hälfte der internen Verluste entsteht dabei im Bereich des Wareneingangs und des Lagers.

> Diskutieren Sie in der Lerngruppe Maßnahmen, wie Inventurdifferenzen durch Personaldiebstahl zu vermeiden sind. Stellen Sie Ihre Lösungsvorschläge der Klasse vor.

■ INFORMATION

Inventurdifferenzen

Da jeder Wareneingang im Laufe eines Geschäftsjahres buchhalterisch erfasst wird, können jederzeit Sollbestände der Waren ermittelt werden. Der Unterschied zwischen diesen Sollbeständen und den bei der Inventur ermittelten tatsächlichen Warenbeständen (Istbestände) wird als **Inventurdifferenz** bezeichnet. Wenn die Abweichungen zwischen Soll- und Istbeständen über den üblichen Werten liegen, wird in einem oder mehreren Bereichen nachlässig gearbeitet. Dieser Bereich muss gefunden werden und es müssen entsprechende Inventur-Verbesserungsmaßnahmen eingeleitet und konsequent befolgt werden.

Ursachen für Inventurdifferenzen

Bereich	Ursachen
Wareneingang	Fehlerhafte Eingangkontrolle, Doppelberechnung, Auszeichnungsfehler, keine Erfassung von Warenrücksendungen.
Verkauf	Keine oder fehlerhafte Erfassung von Preisänderungen, Preisnachlässe nicht berücksichtigt, Privatentnahmen vergessen zu erfassen, Diebstahl.
Organisation	Keine Erfassung von Umlagerungen, Lieferantenrechnungen erfasst, obwohl kein Wareneingang erfolgt ist, festgestellte Diebstähle nicht ausgebucht, Warenrückgaben nicht als Zugang eingebucht.
Inventur	Mangelhafte Vorbereitung und Durchführung, Hör-, Schreib- und Zählfehler, Warenträger und Zwischenlager vergessen, keine Erfassung der Schaufensterware.

Inventurdifferenzen und Warensicherung

Eine weitere Ursache für Inventurdifferenzen ist der **Warendiebstahl** durch **Mitarbeiter**.

Schutz vor Diebstahl im Lager

Da normalerweise Kunden keinen Zugang zu den Lagerbereichen eines Einzelhandelsunternehmens haben, sind für die meisten Diebstähle in diesem Bereich Mitarbeiter des Unternehmens bzw. von Lieferanten verantwortlich. Um **Diebstähle** zu **vermeiden**, sind folgende **Sicherungs- und Vorsorgemaßnahmen** geeignet:

› Nur berechtigtes Personal hat Zugang zum Lagerraum,
› hochwertige Ware ist in einem Verschlusslager aufzubewahren,
› übersichtliche Lagerung, um „tote Winkel" zu vermeiden,
› Trennung von An- und Auslieferung,
› regelmäßige Kontrollen (Taschenkontrolle),
› Videoüberwachung,
› Warenrückgaben von Kunden vollständig und sofort im Warenwirtschaftssystem erfassen,
› Durchführung von nicht angesagten Teilinventuren.

■ Warensicherung zur Vermeidung von Diebstählen

Die **offene** Warendarbietung in Selbstbedienung und Vorwahl erhöht das Diebstahlrisiko. Daher setzen immer mehr Unternehmen **Warensicherungssysteme** ein. Dabei unterscheidet man zwischen zwei Arten (Beispiel Textilien):

Art	Aktive Warensicherungssysteme	Passive Warensicherungssysteme
Funktion	Die Ware ist mit einem Sicherungsetikett versehen. Bei der Bezahlung wird es entfernt, da sonst beim Durchschreiten einer elektronischen Sicherheitsschleuse Alarm ausgelöst wird.	Die Ware ist mit einem Anhänger versehen, der sich nur mit einem Spezialgerät an der Kasse entfernen lässt. Versucht der Dieb den Anhänger selbst zu entfernen, wird die Ware beschädigt, z. B. durch Tintenspritzer.
Wirkung	Ist das Sicherungssystem getarnt eingebaut, erfolgt eine wirkungsvolle Kontrolle. Wird auf das Sicherungssystem hingewiesen, steht die Abschreckung im Vordergrund.	Diese Systeme setzen darauf, dass mögliche Ladendiebe ihre Tat als nutzlos erscheinen soll. Die Wirkung ist allerdings begrenzt.

■ AKTION

Sei schlauer als der Klauer – Quellensicherung der Ware!

Unter dem Begriff Quellensicherung versteht man die Sicherung diebstahlgefährdeter Artikel an der Quelle, d. h. beim Hersteller. Bereits während des Produktionsprozesses wird ein Sicherungselement in das Produkt oder in seine Verpackung integriert.

Stellen Sie die Vorteile dieses Sicherungssystems gegenüber anderen Systemen dar, indem Sie die Auswirkung auf das Verkaufspersonal, potenzielle Diebe sowie besonders diebstahlgefährdete Artikel berücksichtigen.

3.5 Sicherheit im Lager

Vorsicht ist die Mutter der Porzellankiste!
Wie können Arbeitnehmer vor Gefahren und Unfällen geschützt werden?

■ SITUATION

9 : 30 : 45   9 : 30 : 48

Interpretieren Sie die in der Abbildung dargestellte Situation. Zeichnen oder beschreiben Sie, was um 9:30:48 geschehen wird.

■ INFORMATION

Arbeitgeber sind verpflichtet, mit allen geeigneten Mitteln arbeitsbedingte Gesundheitsgefahren, Berufskrankheiten und Arbeitsunfälle zu verhüten. Um dies zu gewährleisten, gibt die **Berufsgenossenschaft Unfallverhütungsvorschriften** heraus und überwacht zusammen mit den Gewerbeaufsichtsämtern ihre Einhaltung. Nach einem Arbeitsunfall kümmert sich die Berufsgenossenschaft um den Verletzten. Im Einzelhandel ist dies die Berufsgenossenschaft Handel in Mannheim.

Sicherheit im Lager

Ziel der u. U. notwendigen Rehabilitationsmaßnahmen ist es, die Gesundheit des Beschäftigten wiederherzustellen und ihn bei der beruflichen und gesellschaftlichen Wiedereingliederung zu unterstützen. In Falle eines Arbeitsunfalls muss der Berufsgenossenschaft innerhalb von drei Tagen eine Unfallanzeige zugeleitet werden. Bei schweren Unfällen muss die Berufsgenossenschaft sofort per Telefon unterrichtet werden.

■ Manuelles Heben und Tragen von Lasten

Neben dem langen Stehen im Einzelhandel ist es vor allem das manuelle Heben und Tragen von Lasten, was zu Muskel- und Skeletterkrankungen führen kann. Wenn solche Arbeiten nicht zu vermeiden sind *(Warenannahme, Lagerarbeiten)*, muss der Arbeitgeber geeignete Hebe- und Transporthilfen zur Verfügung stellen.

Das empfiehlt die Berufsgenossenschaft:

Zumutbare Lasten		gelegentlich	häufiger
	unabhängig vom Alter	15 kg	10 kg
	15–18 Jahre	35 kg	20 kg
	19–45 Jahre	55 kg	30 kg
	über 45 Jahre	45 kg	25 kg

■ Arbeitssicherheit

Die Arbeit im Einzelhandel ist normalerweise nicht besonders gefährlich. Doch auch hier können Unfälle zu Verletzungen und Sachschäden führen. Um dies zu vermeiden, sind die Sicherheitsratschläge der Berufsgenossenschaft besonders zu beachten. Dazu zählt die unbedingte Beachtung von Sicherheitszeichen:

Sicherheitsfarbe				
Bedeutung	Verbot Halt	Warnung Vorsicht	Rettung Erste Hilfe	Gebot Hinweise
Beispiel				

Lagerhaltung

■ Unfallschutz

Sturz auf Verkehrswegen

Die Verkehrswege im Lager müssen so beschaffen sein, dass die dort beschäftigten Personen nicht stolpern, ausrutschen oder mit dem Fuß umknicken können.

Daher ist schadhafter Fußboden sofort auszubessern und herumliegende Gegenstände sind zu entfernen. Stolperstellen müssen beseitigt bzw. gekennzeichnet werden und witterungsbedingte Glätte ist zu vermeiden.

Absturz von Leitern

Die im Lager verwendeten Aufsteigeeinrichtungen müssen sicher sein und bestimmungsgemäß benutzt werden. Es müssen daher geeignete Leitern in ausreichender Zahl und Größe vorhanden sein. Kisten, Stühle usw. dürfen nicht als Aufstiege Verwendung finden. Leitern sind standsicher aufzustellen. Die Mitarbeiter/innen sollten im Lager fest am Fuß sitzende Schuhe mit biegsamen Sohlen und flachen Absätzen tragen.

Verletzungen beim Umgang mit Verpackungen

Zu den häufigsten Unfällen im Lager zählen Schnittverletzungen beim Öffnen von Verpackungen. Um diese zu vermeiden, sollten nur Kartonmesser mit selbsttätiger Klingensicherung eingesetzt werden *(Messer schnellt nach Beendigung des Schneidvorgangs in die Schutzstellung zurück)*. Stumpfe Klingen sollte man schnell gegen scharfe auswechseln.

■ Brandschutz

Brandgefahr

Im Lager (Ausnahme Aufenthaltsräume) gilt strenges Rauchverbot. Nicht benötigte elektrische Geräte und Einrichtungen sollten bei längerer Nutzungspause abgeschaltet werden. Die Abstände zwischen Hitze entwickelnden Geräten und brennbaren Materialien sind einzuhalten.

Brandbekämpfung

Feuerlöscheinrichtungen *(Feuerlöscher, Löschdecke)* sind in ausreichender Zahl bereitzustellen. Alle zwei Jahre sollten Feuerlöscher auf ihre Funktionstätigkeit geprüft werden. Es ist angebracht die Beschäftigten im Umgang mit Feuerlöschern zu unterweisen. Rettungswege und Notausgänge sind immer zu kennzeichnen.

Umweltschutz im Lager

■ Gegenstände, die Gefahrstoffe enthalten

Beim Umgang (Transport, Lagerung, Verkauf) mit Gegenständen, die Gefahrstoffe enthalten oder freisetzen ist besondere Vorsicht geboten *(Reinigungsmittel, Farben/Lacke, Kleber, Spray)*. Eine Schädigung der Gesundheit kann insbesondere durch Aufnahme über die Haut, die Atemwege, die Augen und den Magen erfolgen. Gummihandschuhe und Schutzbrille müssen stets vorhanden sein. Produkte, die Gefahrstoffe enthalten, sind mit speziellen Symbolen *(giftig)* auf dem Etikett gekennzeichnet.

3.6 Umweltschutz im Lager

Umweltschutz im Lager heißt vor allem Entsorgung von Verpackungsabfällen. Diese Aufgabe wird durch die Entsorgungslogistik wahrgenommen. Entsorgungslogistik befasst sich mit der Sammlung, dem Transport, dem Umschlag und der Lagerung aller in Unternehmungen anfallenden Wert-, Abfall-, Rest- und Schadstoffe.

Ziele der Entsorgungslogistik sind die Wiederverwendung, die Weiterverwertung (Recycling), die Lagerung oder aber die Reduzierung der Entsorgungsgüter.

Die im Rahmen der Entsorgungslogistik eingesetzten Techniken für Förder-, Lager- und Handhabungsaufgaben sind unter wirtschaftlichen Gesichtspunkten zu planen, zu realisieren und zu kontrollieren.

Im Bereich Warenannahme und Lager sind es vor allem die Transportverpackungen, die einer Entsorgung zugeführt werden müssen.

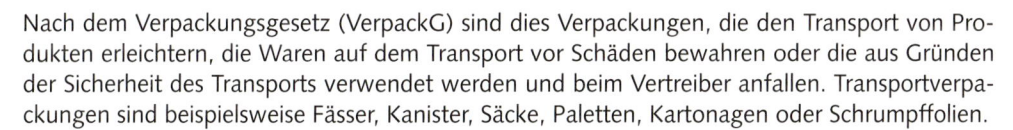

Nach dem Verpackungsgesetz (VerpackG) sind dies Verpackungen, die den Transport von Produkten erleichtern, die Waren auf dem Transport vor Schäden bewahren oder die aus Gründen der Sicherheit des Transports verwendet werden und beim Vertreiber anfallen. Transportverpackungen sind beispielsweise Fässer, Kanister, Säcke, Paletten, Kartonagen oder Schrumpffolien.

Laut Verpackungsgesetz (VerpackG) sind Hersteller und Lieferanten verpflichtet, Transportverpackungen vom Handel zurückzunehmen und einer Verwertung zuzuführen. Diese Aufgabe nehmen Hersteller und Lieferanten i. d. R. nicht selbst wahr, sondern haben damit Unternehmen beauftragt, die für sie diese gesetzlich vorgeschriebenen Entsorgungsaufgaben übernehmen.

Lagerhaltung

>> **Beispiel:** Entsorgung durch die INTERSEROH Dienstleistungs GmbH

Die INTERSEROH Dienstleistungs GmbH zur Verwertung von Sekundärrohstoffen koordiniert und organisiert im Auftrag von mehr als 4.000 Industrieunternehmen aus zwölf Branchen alle Bereiche der Rücknahme von Transportverpackungen: Von der Sammlung bei über 80.000 Anfallstellen über den Transport, die Sortierung und die Verwertung bis zur Vermarktung der gewonnenen Sekundärrohstoffe. Die Dienstleistungen „Erfassen und Transportieren" erbringen selbstständige Entsorgungsunternehmen als Vertragspartner von INTERSEROH vor Ort – und zwar flächendeckend für ganz Deutschland.

■ AKTION

1. Wenn Ihr Ausbildungsbetrieb mehr als 20 Mitarbeiter beschäftigt, verlangt die Berufsgenossenschaft die Bestellung eines Sicherheitsbeauftragten. Informieren Sie sich bei Ihm über die Sicherheitsmaßnahmen in Ihrem Unternehmen.

2. Gestalten Sie einen Aushang für das Lager Ihres Unternehmens, in dem auf richtiges Verhalten im Brandfall hingewiesen wird.

3. Richtiges Verhalten kann man auch lernen, wenn man sich über fehlerhaftes Verhalten Gedanken macht. Entwickeln Sie deshalb eine Liste zu dem Thema „10 sichere Tipps für einen garantiert eintretenden Betriebsunfall!"

4. Erläutern Sie folgende Sicherheitszeichen und finden Sie die beiden heraus, die es in Wirklichkeit nicht gibt!

5. Die Berufsgenossenschaft für den Einzelhandel (www.bge.de) informiert über Broschüren, Merkblätter und Lehrvideos umfassend über den notwendigen Arbeitsschutz im Einzelhandel. Besorgen Sie sich solche Materialien zur Sicherheit am Arbeitsplatz und berichten Sie vor der Klasse.

Bestandsoptimierung in der Lagerhaltung

LF 7

4 Bestandsoptimierung in der Lagerhaltung

■ SITUATION

Herr Müller, Filialberater der DroKos – Drogeriemarktkette, bespricht mit Herrn Mader, dem Marktleiter der Neuburger Filiale, das letztjährige Betriebsergebnis. Im Augenblick wird über die Lagerhaltung gesprochen:

Herr Müller: „Leider sind gegenüber dem Vorjahr die Lagerkosten um 2,8 % gestiegen. Das ist entschieden zu viel! Sowohl bei den fixen, als auch den variablen Kosten muss gespart werden! Besonders fällt auf, dass doch recht viele Artikel zu lange lagern. Sorgen Sie bitte für einen optimalen Warenbestand! Im Vergleich zu anderen Filialen haben sie zu hohe Bestände."

Herr Mader: „Was heißt schon optimal? Wenn ich zu wenig Ware habe, wirkt sich das sehr negativ auf die Kunden aus."

Herr Müller: „Das ist klar, aber bedenken Sie doch bitte die enormen Kosten bei einem erhöhten Lagerbestand."

Herr Mader: „Und ihr in der Zentrale, wollt ihr nicht das Lager für unser Textilsortiment vergrößern?"

Herr Müller: „Auch wir müssen sparen. Wir überlegen gerade, ob es nicht günstiger wäre auf einen Anbau zu verzichten und dafür Lagerflächen anzumieten."

1. Welche Kosten fallen bei der Lagerhaltung an?
2. Wodurch unterscheiden sich fixe von variablen Kosten?
3. Was versteht man unter einem optimalen Lagerbestand?
4. Welche negativen Folgen ergeben sich aus einem zu geringen Lagerbestand?
5. Welche Auswirkungen hat ein zu hoher Warenbestand?
6. Worin sehen Sie die Ursachen für die lange Lagerzeit vieler Artikel in dieser Filiale?

■ INFORMATION

Jeder Einzelhändler, ob als kleiner Kioskbesitzer oder als global handelnder Weltkonzern, steht immer vor dem Problem:

Wie hoch muss der Warenbestand sein, damit auf der einen Seite durch geringen Lagerbestand Kosten niedrig gehalten werden, auf der anderen Seite aber eine möglichst ständige Verfügbarkeit der Waren für die Kundennachfrage gewährleistet ist?

Diese Situation kann zu einem **Zielkonflikt** (hohe Verkaufsbereitschaft oder niedrige Kosten) führen. Die **Lösung** liegt im Ermitteln der **optimalen Lagermenge,** bei der die Nachteile einer zu hohen und die Nachteile einer zu geringen Lagerhaltung so weit wie möglich ausgeglichen werden können.

4.1 Wirtschaftliche Lagerhaltung durch Kostenkontrolle

■ Forderungen unterschiedlicher Unternehmensbereiche an die Lagerhaltung

Das **Finanz- und Rechnungswesen** möchte Kapitalbindung und Lagerkosten gering halten und fordert niedrige Bestände.	Der **Wareneinkauf** bevorzugt wegen besserer Preise und Konditionen den Einkauf großer Mengen.	Der **Warenverkauf** möchte stets verkaufsbereit sein und ist daher an hohen Warenbeständen interessiert.

Die **Lagerhaltung** soll einen **Ausgleich** zwischen den unterschiedlichen Forderungen an die Warenbestände schaffen. Dabei kann es zu Spannungen und Zielkonflikten kommen.

■ Kosten der Lagerhaltung

Im Einzelhandel werden folgende **Lagerkosten** unterschieden:

Kosten für:		
Ausstattung des Lagers	Verwaltung des Lagers	gelagerte Waren
› Instandhaltung › Abschreibung › Heizung, Beleuchtung, Reinigung › Verzinsung des Kapitals für Lagerräume	› Löhne und Gehälter › Lohnzusatzkosten › Büromaterial	› Verderb, Schwund, Diebstahl, Veralten › Versicherungen › Verzinsung des in Waren gebundenen Kapitals

Fixe Kosten	Variable Kosten
Sie sind unabhängig von der gelagerten Menge	Sie verändern sich mit der jeweils gelagerten Menge
› Sachkosten (Miete, Heizung, Reinigung, Abschreibung) › Personalkosten der ständig beschäftigten Lagermitarbeiter	› Kapitalbindungskosten („Totes Kapital", Diebstahl, Verderb) › Teile der Personalkosten (Überstunden, Einsatz von Verkaufspersonal)

Lagerkontrolle

■ Optimaler Lagerbestand

Der Lagerbestand ist dann für den Einzelhandelsbetrieb optimal, wenn die Nachteile sowohl eines zu hohen als auch eines zu niedrigen Bestandes vermieden werden können. Bei der Ermittlung eines optimalen Lagerbestandes sind nicht nur die Lagerbestände, sondern auch die jeweiligen Bestellverfahren zu berücksichtigen.

Negative Auswirkungen bei	
zu hohem Lagerbestand	zu niedrigem Lagerbestand
› unnötige Kapitalbindungskosten › erhöhte Warenrisiken (Verfall, Ladenhüter, Diebstahl)	› Präsenzlücken (fehlende Verkaufsbereitschaft) › Umsatzeinbußen durch Kundenverluste

■ AKTION

1 Im Gespräch zwischen Herrn Müller und Herrn Mader wurde ein geplanter Lageranbau in der DroKos-Zentrale angesprochen. Das für eine Entscheidung notwendige Zahlenmaterial liefert der Controller des Unternehmens:

Kosten bei Lageranbau pro Jahr:	
› Miete und Abschreibungen	15.000 €
› sonstige Kosten je m² Lagerfläche	10 €
Angebot für Fremdlagerung je m² pro Jahr:	25 €
benötigte Lagerfläche	800 m²

a) Ermitteln Sie, ob sich nach diesen Zahlen ein Lageranbau lohnt.
b) Führen Sie den rechnerischen Nachweis, ab welcher Lagergröße Eigenlagerung wirtschaftlicher als Fremdlagerung ist.
Lösungshinweis: Setzen Sie die gesuchten m² als Unbekannte „x" in die Gleichung ein und lösen sie nach „x" auf.

2 Überlegen Sie, wie Lagerhaltungskosten gesenkt werden können. Gehen Sie von den in der Information genannten Kosten aus und machen Sie drei Vorschläge zur Kostensenkung. Begründen Sie Ihre Vorschläge in einem Kurzvortrag vor der Klasse.

4.2 Lagerkontrolle

■ Aufgabe der Lagerkontrolle

Die mengen- und wertmäßige Kontrolle der Warenbestände (Lagerbestände) unterstützt den Einzelhändler bei seiner Sortimentsgestaltung und Sortimentspflege. Der Einzelhändler muss wissen, „was geht" und „was geht nicht". Voraussetzung zur Auswertung entsprechender Daten ist eine genaue Erfassung aller Warenbewegungen.

Ein Warenwirtschaftssystem ist mit seinen vielfachen Auswertungsmöglichkeiten sehr gut für die Lösung dieser Aufgabe geeignet. Durch eine fortlaufende Bestandsüberwachung erhält man Antwort auf die Fragen:

Bestandsoptimierung in der Lagerhaltung

> Wie oft hat sich ein Artikel in der Planungsperiode *(Jahr, Saison, Tag)* verkauft?
> Wie lange befindet sich ein Artikel am Lager?
> Wie verändern sich die Bestände eines Artikels?

Die Zahlen des Warenwirtschaftssystems geben artikelgenau Auskunft:

> wie groß der Wareneinsatz (Warenverkauf zu Einstandspreisen),
> der Absatz (verkaufte Menge) und
> der Umsatz (verkaufte Menge in Geldeinheiten)

waren.

Die Analyse dieser Daten hilft dem Händler Entscheidungen z. B. über Nachbestellungen, Preisreduzierungen oder verbesserte Platzierung zu treffen.

» Beispiel: Umsatzauswertung und Bestandskontrolle mit einem Warenwirtschaftssystem

Der Umsatzbericht zeigt Absatz, Umsatz und den aktuellen Bestand.
Die Bestandsübersicht informiert über eventuell zu tätigende Bestellungen, wenn der Melde- bzw. Mindestbestand unterschritten ist.

1. Umsatzbericht

Naturladen Gesund & Preiswert e.K. — Tagesumsatz
31. Mrz.   13:40

Artikelkategorie: Obst
Artikelunterkategorie: Südfrüchte

EAN / Artikel-Nr.	Artikelname	Bestand	ME	Umsatz netto	Umsatzsteuer %	Umsatzsteuer absolut	Umsatz brutto	Rohgewinn
4088000000318	Bananen, Tamira, HK I, 1kg	7	13	14,82 EUR	7,0	1,04 EUR	15,86 EUR	4,94 EUR
	Summen			14,82 EUR				4,94 EUR

2. Bestandsübersicht

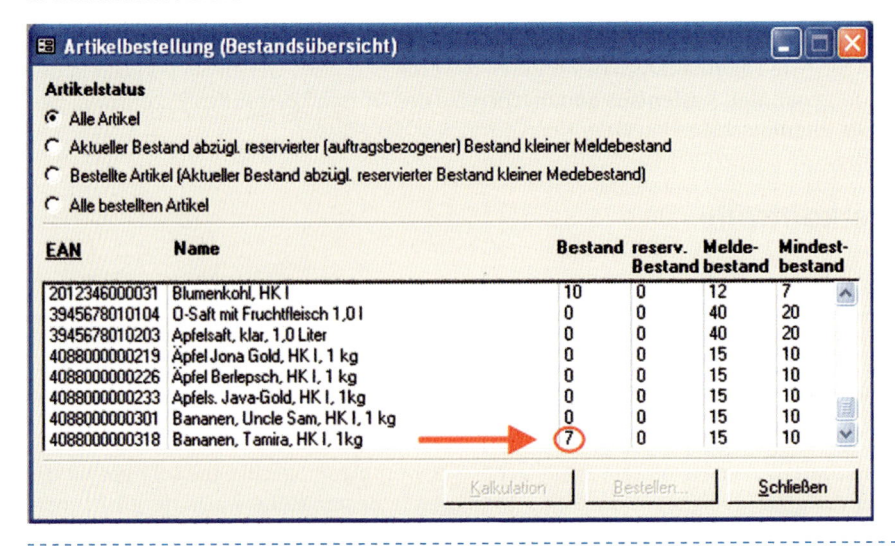

Artikelbestellung (Bestandsübersicht)

Artikelstatus
- Alle Artikel
- Aktueller Bestand abzügl. reservierter (auftragsbezogener) Bestand kleiner Meldebestand
- Bestellte Artikel (Aktueller Bestand abzügl. reservierter Bestand kleiner Medebestand)
- Alle bestellten Artikel

EAN	Name	Bestand	reserv. Bestand	Melde- bestand	Mindest- bestand
2012346000031	Blumenkohl, HK I	10	0	12	7
3945678010104	O-Saft mit Fruchtfleisch 1,0 l	0	0	40	20
3945678010203	Apfelsaft, klar, 1,0 Liter	0	0	40	20
4088000000219	Äpfel Jona Gold, HK I, 1 kg	0	0	15	10
4088000000226	Äpfel Berlepsch, HK I, 1 kg	0	0	15	10
4088000000233	Apfels. Java-Gold, HK I, 1kg	0	0	15	10
4088000000301	Bananen, Uncle Sam, HK I, 1 kg	0	0	15	10
4088000000318	Bananen, Tamira, HK I, 1kg	7	0	15	10

Kalkulation   Bestellen...   Schließen

Bedeutung von Lagerkennziffern (Lagerbewegungskennzahlen)

LF 7

■ Möglichkeiten der Lagerkontrolle

Eine Lagerkontrolle kann durch das Führen von Statistiken und/oder durch die Ermittlung und Auswertung von Kennziffern erfolgen.

> Kennziffern sind Zahlenangaben, die bestimmte Tatbestände innerhalb oder auch außerhalb des Betriebes beschreiben. Sie spielen überall dort eine wichtige Rolle, wo im Rahmen der Kontroll- und Steuerungsaufgaben Plan- und Istwerte beurteilt werden sollen.
>
> Darüber hinaus bilden Kennziffern ein Frühwarnsystem, das den Einzelhändler rechtzeitig auf mögliche Gefahren und Fehlentwicklungen aufmerksam macht.

Warenbewegungsstatistik (wertmäßig)

Mithilfe dieser Statistik kann sich der Einzelhändler z. B. über folgende Betriebskennzahlen informieren: Umsätze, Lagerbestände, Veränderungen der Bestände, Rohgewinn, Retouren.

Lagerstatistik (mengenmäßig)

Die Lagerstatistik wird als Tages-, Wochen- oder Monatsübersicht geführt. Neben dem Verkauf wird auch der Wareneingang mengenmäßig erfasst. Die Lagerstatistik ist auch Voraussetzung für die Anwendung der permanenten Inventur im Unternehmen.

Lagerkennziffern (nach Wert und Menge)

Diese Kennziffern geben darüber Auskunft, ob eine wirtschaftliche Lagerhaltung betrieben wird. Sie bilden die Grundlage für betriebswirtschaftliche Entscheidungen im Rahmen der Sortimentsgestaltung.

4.3 Bedeutung von Lagerkennziffern (Lagerbewegungskennzahlen) für eine wirtschaftliche Lagerhaltung

Mithilfe von Kennziffern werden betriebswirtschaftliche Zusammenhänge verdeutlicht. **Lagerkennziffern** ermöglichen Branchenvergleiche *(Vergleich der Lagerumschlagshäufigkeit zwischen eigenem und anderen Unternehmen)* und bilden z. B. die Grundlage zur Berechnung des Lagerzinses, der im Verkaufspreis der Waren mit einkalkuliert wird.

Je kürzer die Lagerdauer eines Artikels im Geschäft ist, desto schneller werden Mittel freigesetzt, die in neue Ware investiert werden können *(70 % der im Textilhandel eingesetzten finanziellen Mittel sind in den Warenvorräten gebunden!).*

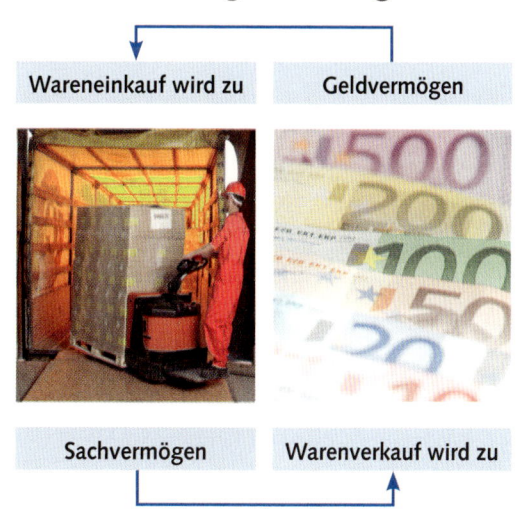

Wareneinkauf wird zu → Geldvermögen

Sachvermögen ← Warenverkauf wird zu

Es ist daher notwendig, dass dieses Geldvermögen „in Fluss" bleibt. So entsteht ein Kreislauf, der sich wie folgt beschreiben lässt: Teile des Vermögens werden in Form von Ware (= Sachvermögen) eingesetzt, kommen durch den Verkauf als Erlöse (= Geldvermögen) wieder zurück und werden erneut in Ware (= Sachvermögen) eingesetzt.

■ Arten der Lagerkennziffern

Die **Berechnung** kann sowohl mengenmäßig oder wertmäßig erfolgen. Da die Kennziffern hauptsächlich dazu dienen die **Wirtschaftlichkeit** der Lagerhaltung zu überprüfen, ist die **wertmäßige** Berechnung angebracht. Der durchschnittliche Bestand ist dabei zu Einstandspreisen zu bewerten und wird dann auch als durchschnittliche Kapitalbindung bezeichnet.

Durchschnittlicher Lagerbestand (= Durchschnittliche Kapitalbindung)

Diese Kennziffer gibt darüber Auskunft, wie viel Kapital in einem bestimmten Zeitraum durchschnittlich in Warenvorräten gebunden ist. Je mehr Bestände zur Ermittlung herangezogen werden, desto höher ist die Aussagefähigkeit dieser Kennziffer.

Berechnung
$\varnothing \text{ Lagerbestand} = \dfrac{\text{Anfangsbestand} + \text{X Endbestände}}{\text{X} + 1}$

» Beispiel:

Anfangsbestand zum	01.01.	→	6.000,00 €	
Endbestand zum	31.03.	→	14.000,00 €	
Endbestand zum	30.06.	→	8.000,00 €	4 Quartalsendbestände
Endbestand zum	30.09.	→	14.000,00 €	
Endbestand zum	31.12.	→	16.000,00 €	

$$\varnothing \text{ Lagerbestand} = \dfrac{6.000,00 + 14.000,00 + 8.000,00 + 14.000,00 + 16.000,00}{5} = \mathbf{11.600,00\ €}$$

Lagerumschlagshäufigkeit (Lagerumschlag)

Diese Kennziffer gibt an, wie oft sich der durchschnittliche Bestand eines Artikels, einer Warengruppe oder des gesamten Sortiments innerhalb einer bestimmten Berechnungsperiode verkauft hat.

Je **höher** diese Zahl, desto **häufiger** wurden die Waren verkauft. Zur **Berechnung** des Lagerumschlags wird im folgenden Beispiel der **Wareneinsatz** herangezogen.

Der Wareneinsatz ist der Wert der verkauften Waren in der Berechnungsperiode zu Einstandspreisen. Er wird folgendermaßen berechnet:

Warenanfangsbestand zu Einstandspreisen
+ Warenzugänge zu Einstandspreisen
− Warenendbestand zu Einstandspreisen laut Inventur
= **Wareneinsatz**

Bedeutung von Lagerkennziffern (Lagerbewegungskennzahlen)

> **Beispiel:** In der Abteilung Büroartikel der Reinbach GmbH ergeben sich für die Warengruppe Ordnungsmittel folgende Werte:

	Anfangsbestand	6.000,00 €
+	Zugänge	68.750,00 €
−	Schlussbestand	5.150,00 €
=	Wareneinsatz	69.600,00 €

Berechnung
$$\text{Lagerumschlagshäufigkeit} = \frac{\text{Wareneinsatz}}{\varnothing \text{ Lagerbestand zu Einstandspreisen}}$$

> **Beispiel:**
> Wareneinsatz 69.600 €
> Ø Lagerbestand 11.600 €
>
> Lagerumschlagsgeschwindigkeit: $\frac{69.600\ \text{€}}{11.600\ \text{€}} = 6{,}0$

Durchschnittliche Lagerdauer

Diese Kennziffer gibt an, wie viele Tage eine Ware im Durchschnitt im Lager verweilt. Bei artikelgenauer Bestandsführung mit einem Warenwirtschaftssystem lassen sich leicht Schnelldreher (= Renner) und Ladenhüter (= Penner) feststellen.

Berechnung
$$\varnothing \text{ Lagerdauer} = \frac{360 \text{ Tage}}{\text{Lagerumschlagshäufigkeit}}$$

> **Beispiel:**
> Lagerumschlag = 6,0
>
> Ø Lagerdauer: $\frac{360}{6} = 60$ Tage

Lagerzinssatz

Das in die Warenvorräte investierte Kapital verursacht Kosten, die im Verkaufspreis der Waren mit einkalkuliert werden. Der zu ermittelnde Prozentsatz orientiert sich am banküblichen Marktzinssatz für Kapitaleinlagen, denn das in den Warenvorräten gebundene Kapital würde bei einer anderen Verwendung Zinsen erbringen.

Berechnung
$$\text{Lagerzinssatz} = \frac{\text{Marktzinssatz} \cdot \varnothing \text{ Lagerdauer}}{360} \quad \text{oder:} \quad \frac{\text{Marktzinssatz}}{\text{Lagerumschlag}}$$

> **Beispiel:**
> Marktzinssatz = 4,5 %
> Ø Lagerdauer = 60 Tage
>
> Lagerzinssatz = $\frac{4{,}5 \cdot 60}{360} = 0{,}75\ \%$ oder: $\frac{4{,}5}{6} = 0{,}75\ \%$

Lagerzinsen

Mithilfe des Lagerzinssatzes werden die Lagerzinsen ermittelt.

Berechnung
$\text{Lagerzinsen} = \dfrac{\varnothing \text{ Lagerbestand} \cdot \text{Lagerzinssatz}}{100}$

» Beispiel:
Ø Lagerbestand = 11.600 €
Lagerzinssatz = 0,75 %

$$\text{Lagerzinsen} = \frac{11.600\ \text{€} \cdot 0{,}75\ \%}{100} = 87\ \text{€}$$

Die so ermittelten Zinskosten werden in der Kalkulation der Verkaufspreise der entsprechenden Warengruppe berücksichtigt.

Maßnahmen zur Verkürzung der durchschnittlichen Lagerdauer und zur Erhöhung des Lagerumschlags

Wenn der Lagerumschlag gegenüber den branchenüblichen Werten deutlich sinkt, ist dies ein ernst zu nehmendes Warnsignal, denn es besteht die Gefahr überhöhter Altwarenbestände. Daher wird jeder Händler bestrebt sein, den Lagerumschlag zu erhöhen. Dies kann zum Beispiel durch Aktionen oder mit mehr Werbung geschehen. Häufig genügt schon eine andere Platzierung im Verkaufsraum und die Umsätze steigen. Nicht zu vergessen sind Prämien an das Verkaufspersonal für Altwaren, deren Bestände abgebaut werden sollen. Auch kann ein geändertes Einkaufsverhalten mittel- und langfristig den Lagerumschlag erhöhen.

Die **Höhe** des Lagerumschlags wird durch die Branche, die Warenart sowie den Standort und die Betriebsform bestimmt.

» Beispiel: Lagerkennziffern in der Praxis

Branche	Lagerumschlag
Blumenfachhandel →	26,4
Lebensmitteleinzelhandel →	13,9
Naturkosteinzelhandel →	11,8
Sortimentsbuchhandel →	4,6
Möbeleinzelhandel →	2,9
Textileinzelhandel →	2,7
Schuheinzelhandel →	1,5
Uhren- und Schmuckeinzelhandel →	0,9

Jeder Einzelhändler ist bestrebt, seinen Lagerumschlag zu erhöhen, denn dies wirkt sich für sein Unternehmen positiv aus:
- Die Kapitalbindungsdauer sinkt und damit auch die Höhe der Lagerzinsen,
- die Liquidität verbessert sich,
- der Kapitalbedarf nimmt ab,
- sonstige Lagerkosten sinken,
- bei modischer und leicht verderblicher Ware sinkt das Risiko des Veraltens oder des Verderbs.

Bedeutung von Lagerkennziffern (Lagerbewegungskennzahlen)

LF 7

Lagerkennziffern im Warenwirtschaftssystem

Bei Nutzung eines Warenwirtschaftssystems erhält der Einzelhändler über Berichte sehr schnell und umfassend die notwendigen Informationen zu den Lagerkennziffern und kann schnell reagieren.

>> **Beispiel:** Bericht zu Lagerkennziffern

Naturladen Gesund & Preiswert e.K.											Lagerkennzahlen	
Artikelkategorie: Getränke, alkoholhaltig											15. Apr... 20:01	
EAN / Artikel-Nr.	Artikelname	— Berechnungszeitraum —			Lagerbestand (Werte in €)			Waren-einsatz (in €)	Um-schlags-häufigkeit	Ø Lager-dauer (Tage)	Lagerzins-satz bei 8% Jahreszinst.	Lager-zinsen (in €)
		von	bis	Tage	Anfang	Ende	ø					
201 2345001015	Riesling Sekt b.A. trockens	01.04.14	15.04.14	15	269,20	165,66	217,43	100,50	0,46	32,5	0,72 %	1,57
201 2345001107	Winninger Uhlen Riesling	01.04.14	15.04.14	15	257,69	96,63	177,16	156,25	0,88	17,0	0,38 %	0,67
201 2345001114	Winninger Hamm Riesling	01.04.14	15.04.14	15	124,24	82,83	103,53	40,20	0,39	38,6	0,86 %	0,89

■ AKTION ■

1 Finden Sie zu nebenstehender Karikatur einen passenden Titel!

2 Einem Einzelhändler liegen folgende Daten vor:

Warenbestand zum 01.01.	320.000 €
Warenendbestand zum 31.12.	440.000 €
Wareneinsatz	1.520.000 €

Berechnen Sie:
a) Ø-Lagerbestand
b) Lagerumschlagsgeschwindigkeit
c) Ø-Lagerdauer

3 Die Zentrale der Textil-Markt GmbH benötigt für einen Filialvergleich Lagerkennziffern des vergangenen Jahres. Laura Vogt ermittelt mithilfe des Warenwirtschaftssystems die benötigten Zahlen für die Warengruppe Jeans und überspielt sie per DFÜ an die Zentrale.

Führen Sie mithilfe der folgenden Zahlen den rechnerischen Nachweis, dass diese Zahlen vom Warenwirtschaftssystem richtig berechnet wurden.

TEXTIL-MARKT WG Jeans	
Lagerkennziffern : .. – 06 – 30	
Ø Lagerbestand	29.000,00 €
Wareneinsatz	290.000,00 €
Lagerumschlag	10
Ø Lagerdauer	36

TEXTIL-MARKT GmbH	Warengruppe Jeans					Jahresanfangsbestand: 30.000,00 €					
Monatsendbe-stand in TEUR	Jan	Feb	Mär	Apr	Mai	Jun	Jul	Aug	Sep	Okt	Nov	Dez
	35	40	32	28	24	25	30	30	24	22	24	33

Die Wareneinkäufe betrugen im vergangenen Jahr 293.000,00 € (alle Angaben zu Einstandspreisen).

4 Herr Lang, Inhaber des Getränkeabholmarktes Oase, liest in der Maiausgabe der Fachzeitschrift Bier-Revue einen Artikel über Absatzprobleme für Bier:

> **„Deutsche trinken immer weniger Bier!"**
>
> Auch dieses Jahr muss mit einem weiteren Rückgang beim Bierverbrauch gerechnet werden, wenn nicht ein besonders heißer Sommer für zusätzliche Absatzimpulse sorgt. Die Getränkehändler stöhnen über volle Lager. Betrug die durchschnittliche Lagerdauer für Bier in den letzten Jahren etwa 4 Wochen, muss für dieses Jahr mit einer längeren Lagerdauer gerechnet werden. ...

Herr Lang möchte wissen, ob auch sein Biersortiment eine ähnliche Lagerdauer aufweist. Dazu lässt er sich folgende Zahlen (in Euro) des letzten Jahres aus der Buchhaltung geben:

1. Quartal (Januar – März)			Warengruppe Bier
Anfangsbestand	160.000	Wareneinsatz	280.000
Zugänge	240.000	Schlussbestand	120.000
	400.000		400.000

2. Quartal (April – Juni)			Warengruppe Bier
Anfangsbestand	120.000	Wareneinsatz	380.000
Zugänge	320.000	Schlussbestand	60.000
	440.000		440.000

3. Quartal (Juli – September)			Warengruppe Bier
Anfangsbestand	60.000	Wareneinsatz	260.000
Zugänge	380.000	Schlussbestand	180.000
	440.000		440.000

4. Quartal (Oktober – Dezember)			Warengruppe Bier
Anfangsbestand	180.000	Wareneinsatz	320.000
Zugänge	240.000	Schlussbestand	100.000
	420.000		420.000

Berechnen Sie:
> die durchschnittliche Kapitalbindung,
> die Lagerumschlagshäufigkeit,
> die durchschnittliche Lagerdauer,
> den Lagerzinssatz und die Lagerzinsen (Marktzinssatz der Geschäftsbank 9 %).

Bedeutung von Lagerkennziffern (Lagerbewegungskennzahlen)

5 Die Geschäftsführung des Lebensmittelgroßhandels Pur-Natur ist mit der Entwicklung der Lagerkosten unzufrieden. Während im Naturkosthandel ein Lagerumschlag von 11 üblich ist, liegt Pur-Natur mit einem Umschlag von 8 erheblich unter dem branchenüblichen Wert. Ziel der Geschäftsleitung ist es durch geeignete Maßnahmen den Lagerumschlag auf 10 zu erhöhen. Machen Sie entsprechende Vorschläge.

6 Die Bestandsdatei für Übertöpfe eines Garten-Centers weist einen Jahresanfangsbestand von 1.000 Stück und folgende Monatsendbestände auf:

Monat	Stück	Monat	Stück
Januar	1.060	Juli	980
Februar	960	August	660
März	440	September	1.000
April	1.380	Oktober	1.320
Mai	1.600	November	1.200
Juni	1.400	Dezember	?

Wie hoch darf der Jahresendbestand höchstens sein, wenn die Unternehmensleitung einen durchschnittlichen Lagerbestand von 1.200 Stück vorgegeben hat?

7 Aus der Lagerdatei eines Einzelhandelsunternehmens sind folgende Daten zu entnehmen:
Anfangsbestand 400.000,00 €, Endbestand 560.000,00 €. Es wurden Waren im Wert von 2.560.000,00 € eingekauft. Berechnen Sie:

a) die durchschnittliche Kapitalbindung,

b) den Wareneinsatz,

c) den Lagerumschlag,

d) die durchschnittliche Lagerdauer.

8 In einem kleinen Einzelhandelsunternehmen für Schreibwaren trägt die Inhaberin die Zu- und Abgänge für ihre Artikel von Hand auf Karteikarten ein. – Vervollständigen Sie die vorliegende Lagerkarte für den Artikel „Schultasche" (Einstandspreis 24,00 €).

Tag	Waren-eingang	Verkauf	Bestand	Tag	Waren-eingang	Verkauf	Bestand
01.01.			10	14.06.		3	?
25.01.	10		?	08.08.		2	?
28.01.		1	?	02.09.		7	?
06.02.		2	?	03.09.	10		?
12.03.		5	?	15.09.		5	?
05.04.	10		?	31.12.	?	?	?

Berechnen Sie:

a) durchschnittlichen Lagerbestand in Stück und Wert,

b) Lagerumschlagshäufigkeit,

c) durchschnittliche Lagerdauer.

Kaufmännische Steuerung und Kontrolle

Lernfeld 3
Kunden im Servicebereich Kasse betreuen

Inhalte

1. Rechtliche Grundtatbestände
2. Rechtsgeschäfte
3. Kaufvertrag beim Warenverkauf
4. Besitz und Eigentum
5. Servicebereich Kasse
6. Zahlungsarten beim Warenverkauf
7. Dreisatz
8. Durchschnittsrechnen
9. Prozentrechnen
10. Zinsrechnen
11. Kassenabrechnung

1 Rechtliche Grundtatbestände

Der **Gesetzgeber** hat wegen der großen Bedeutung des Kaufvertrags für das Geschäfts- und Privatleben grundlegende **rechtliche Regelungen** erlassen, die allerdings von den Vertragsparteien durch individuelle Vereinbarungen abgeändert werden können.

Gerade wegen der wirtschaftlichen Tragweite der täglich anfallenden Geschäfte benötigen alle Mitarbeiterinnen und Mitarbeiter im Einzelhandel solide **Rechtskenntnisse** zum **Kaufvertrag**.

1.1 Rechtsfähigkeit natürlicher und juristischer Personen

Rechte und Pflichten – wer kann sie im Alltag übernehmen?

■ SITUATION

Millionärin vererbt Luxusboutique an ihre Hunde

Das gibt es nur in Amerika: Drei Cocker-Spaniels im Bundesstaat Kalifornien haben von ihrem verstorbenen Frauchen deren Luxusboutique in Beverly Hills geerbt.

Auch wenn sich die Cocker-Spaniels nach dem Testament von Maggie Smith kein bisschen wohlhabender fühlen, werden sie ihr „Hundeleben" dennoch zu genießen wissen. Ihr Frauchen hat nämlich dafür gesorgt, dass der von ihr bestimmte Geschäftsführer der Boutique, Ricardo Marini, ihnen täglich nur das Feinste zum Fressen gibt. „Besonders Ente und Lachs lieben sie", sagt Ricardo. Dazu gibt es jeden Freitag ein Wellnessprogramm im besten Hundesalon in L.A. Wenn die Hunde eines Tages ihrem Frauchen aus dem Leben folgen, wird der Vermögensverwalter Andrew Simpson das Erbe – es sind mehr als 2 Millionen Dollar – an eine kalifornische Tierschutzorganisation spenden. „Für Maggie waren die Hunde ihre Familie", sagt Simpson. „Mit ihren vier Ehemännern hatte sie stets Pech, nur die Hunde waren ihr treu!"

1. Prüfen Sie, ob eine Vererbung von Vermögen an Tiere nach deutschem Recht möglich ist. (§§ 1, 90a BGB)
2. Welche Alternativen bieten sich an?
   (Nutzen Sie zur Lösung die Gesetzeshinweise und eine Internetrecherche.)

Rechtsfähigkeit natürlicher und juristischer Personen

■ INFORMATION

Die Summe aller geltenden Rechtsvorschriften *(Gesetze, Verordnungen)* für die Menschen eines bestimmten Gebietes *(Deutschland, Europäische Union)* bezeichnet man als **Rechtsordnung**. Sie regelt die rechtlichen Beziehungen untereinander *(Kauf einer Uhr, mieten einer Wohnung, Kündigung einer Arbeitsstelle)*. Um solche rechtlichen Beziehungen eingehen zu können, muss man rechtsfähig sein.

Rechtsfähigkeit bedeutet, dass man Träger von **Rechten** *(Erbrecht, Wahlrecht)* und **Pflichten** *(Schulpflicht)* ist. Träger sind natürliche und juristische Personen.

■ Rechtsfähigkeit bei *natürlichen Personen*

Natürliche Personen sind alle **Menschen**, unabhängig z. B. vom Alter, Geschlecht oder der geistigen Reife und Zurechnungsfähigkeit. Die **Rechtsfähigkeit** natürlicher Personen beginnt mit der **Geburt** und endet mit dem **Tod**.

■ Rechtsfähigkeit bei *juristischen Personen*

Bei **juristischen Personen** handelt es sich um **Organisationen**, die ihre Rechtsfähigkeit auf unterschiedliche Weise erhalten.

Juristische Personen des Privatrechts

Es handelt hierbei um **Unternehmen** *(Aktiengesellschaft, GmbH)* und **Vereine** *(Sportvereine, Gesangsvereine)*. Ihre **Rechtsfähigkeit** *(„Geburt")* erhalten sie durch **Eintragung** in ein öffentliches Register *(Handelsregister, Vereinsregister)*. Ihre Rechtsfähigkeit endet *(„Tod")* durch Löschung im jeweiligen Register.

Juristische Personen des öffentlichen Rechts

Die **Rechtsfähigkeit** dieser Organisationen entsteht durch staatliche Anerkennung. Wird diese wieder entzogen, erlischt auch die Rechtsfähigkeit. Zu juristischen Personen des öffentlichen Rechts zählen **Körperschaften** *(Bund, Länder, Gemeinden, Industrie- und Handelskammern)*, **Anstalten** *(Rundfunkanstalten, Sparkassen)* und **Stiftungen** *(Stiftung Warentest)*.

Damit **juristische Personen**, die ja nicht real existieren, **handlungsfähig** sind, brauchen sie „**Organe**", um überhaupt am Rechtsverkehr teilnehmen zu können. Diese Organe, die aus **natürlichen Personen** bestehen, sind z. B. die Geschäftsführer einer GmbH oder der Vorstand eines Vereins.

AKTION

1 Eine Einzelhandelsklasse organisiert für ein Schulfest einen Stand mit alkoholfreien Sommer-Drinks. Die benötigten Getränke kaufen die 18-jährigen Schüler Freddy und Timo bei einem Getränkehändler auf Rechnung. Wegen des schlechten Wetters bleiben die Einnahmen weit hinter den Erwartungen zurück.

   a) Wer haftet für die Begleichung des Kaufpreises?

   b) Wie wäre der Sachverhalt zu beurteilen, wenn der Schützenverein Neuburg e.V. die Getränke für ein Sommerfest gekauft hätte?

2 Die Tochter des mehrfachen Millionärs Edmund Schön zieht sich bei einem Autounfall schwere Gehirnverletzungen zu und leidet seitdem an einer dauerhaften Störung der Geistestätigkeit.

   a) Kann die Tochter Erbin des Vermögens werden?

   b) Wenn ja, wer trifft die Entscheidungen hinsichtlich der Verwaltung des Vermögens?

1.2 Geschäftsfähigkeit

Kein Schokoriegel für Klein-Niklas – wer kann Rechtsgeschäfte wirksam abschließen?

SITUATION

Die siebenjährige Leonie wird von ihrer Mutter beauftragt, einige Lebensmittel im nahe gelegenen Supermarkt Manz zu kaufen. Damit sie auch nichts vergisst, notiert ihr ihre Mutter die einzelnen Positionen auf einem kleinen Einkaufszettel. Begleitet wird Leonie von ihrem jüngeren Bruder Niklas, der vor zwei Wochen fünf Jahre alt wurde. Beim Gang durch den Supermarkt können die beiden Kinder dem verlockenden Angebot der Süßwarenabteilung nicht widerstehen. Während Leonie auf Rechnung ihrer Mutter eine Schachtel auserlesene Nougat-Pralinen für 10,00 € in den Warenkorb legt, entscheidet sich Niklas für einen Schokoriegel, den er an der Kasse stolz von seinem eigenen Taschengeld bezahlt. Ganz wohl ist den Geschwistern bei dieser Aktion allerdings nicht. Schließlich hatte ihnen ihre Mutter verboten, vor dem Mittagessen noch Süßigkeiten zu verzehren.

1. Darf Niklas von seinem Taschengeld den Schokoriegel erwerben (§§ 104, 105 BGB)? Beantworten Sie insbesondere die Frage, ob der Verkäufer auf Verlangen der Mutter von Niklas den entrichteten Kaufpreis zurückerstatten muss, auch wenn Niklas den Schokoriegel bereits unterwegs gegessen hat.
2. Wie stellt sich die Rechtslage hinsichtlich der von Leonie erworbenen Pralinen dar (§§ 106–108 BGB)?
3. Wäre der vorstehende Sachverhalt anders zu beurteilen, wenn Leonie die Pralinen von ihrem Taschengeld gekauft hätte (§ 110 BGB)?

Bitte benutzen Sie die Gesetzeshinweise als Lösungshilfe.

Geschäftsfähigkeit

■ INFORMATION

Die **Geschäftsfähigkeit** ist die Fähigkeit Rechtsgeschäfte (vgl. Kap. 2) voll wirksam abzuschließen. Im BGB (§§ 104, 106) werden drei Stufen der Geschäftsfähigkeit unterschieden. Dabei wird davon ausgegangen, dass mit zunehmendem Alter das Einsichts- und Urteilsvermögen der Menschen zunimmt und ihnen damit mehr Verantwortung übertragen werden kann.

Geschäftsfähigkeit		
Stufen	**Personenkreis**	**Rechtsfolgen**
volle (unbeschränkte) Geschäftsfähigkeit	› Personen ab vollendetem 18. Lebensjahr, › juristische Personen	Alle Rechtsgeschäfte sind voll wirksam und müssen erfüllt werden.
beschränkte Geschäftsfähigkeit	Minderjährige ab vollendetem 7. Lebensjahr	Rechtsgeschäfte sind grundsätzlich nur mit Einwilligung des gesetzlichen Vertreters gültig.
Geschäftsunfähigkeit	› Kinder unter 7 Jahren, › dauernd Geisteskranke	Rechtsgeschäfte sind nichtig (= ungültig).

(Pfeil: Verantwortung nimmt nach oben zu)

■ Geschäftsunfähigkeit

Kinder **unter 7 Jahren** sowie dauernd **geisteskranke** Personen sind geschäftsunfähig. Eine von einem **Geschäftsunfähigen** abgegebene **Willenserklärung** ist **nichtig**, d.h. ungültig (§ 105 BGB). Das bedeutet, dass auch alle Rechtsgeschäfte *(Schenkung, Kaufvertrag)*, die sich daraus ergeben, ungültig sind (vgl. Kap. 3). Für Geschäftsunfähige **handeln** die **gesetzlichen Vertreter**. Dies sind meist die Eltern oder in besonderen Fällen vom Vormundschaftsgericht benannte Betreuer.

›› Beispiele:

› Die sechsjährige Luisa verschenkt ihren Puppenkinderwagen an ihre beste Freundin. Die Eltern können die Rückgabe verlangen.
› Robert (40) ist unheilbar geisteskrank. Im Elektrofachmarkt Multi-Vision kauft er einen Flachbildfernseher für 1.200,00 €. Im Verkaufsgespräch machte Robert einen klaren, verständigen und gesunden Eindruck. Dennoch ist das Rechtsgeschäft nichtig.

Besonderheiten im Einzelhandel

Ein mit einem geschäftsunfähigen Kind geschlossener Kaufvertrag ist dann wirksam, wenn das Kind als Bote gehandelt hat *(Einkaufszettel und abgezähltes Geld werden von der Mutter mitgegeben)*. In diesem Fall wird die Willenserklärung einer geschäftsfähigen Person überbracht und daher ist der Kaufvertrag gültig.

Volljährige Geschäftsunfähige können Geschäfte des täglichen Lebens *(Kauf einer Brezel)*, die mit geringwertigen Mitteln bewirkt werden können, rechtsgültig tätigen (§ 105a BGB).

■ Beschränkte Geschäftsfähigkeit

Beschränkt geschäftsfähig sind **Minderjährige**, die das **7. Lebensjahr** vollendet haben und noch nicht **18 Jahre** alt sind.

Wenn beschränkt Geschäftsfähige rechtliche Willenserklärungen abgeben *(Wareneinkauf)*, kann dies sehr unterschiedliche Auswirkungen auf die Gültigkeit haben.

Wer im Verkauf tätig ist, muss über die rechtliche Situation gut informiert sein, da es u. U. zu sehr unliebsamen Folgen für das Unternehmen kommen kann.

Grundsätzlich gilt: Rechtsverbindliche Willenserklärungen (Rechtsgeschäfte) können beschränkt Geschäftsfähige (§ 106 BGB) nur abgeben, wenn eine Zustimmung der gesetzlichen Vertreter vorliegt. Dabei sind zwei Fälle zu unterscheiden.

Situation	rechtliche Wirkung
Fall 1 (Kaufvertrag)	
Die 16-jährige Sandra möchte in einem Modegeschäft einen topaktuellen Wintermantel für 299,00 € kaufen. Ihre Eltern sind mit dem Kauf einverstanden.	Wenn der gesetzliche Vertreter vor Abschluss des Rechtsgeschäfts seine Zustimmung erteilt (Einwilligung), dann ist das Rechtsgeschäft sofort voll wirksam (§ 107 BGB).
Fall 2 (Kaufvertrag)	
Die 16-jährige Sandra kauft ohne Wissen ihrer Eltern in einem Modegeschäft einen topaktuellen Wintermantel für 299,00 €.	Das Rechtsgeschäft bleibt solange „schwebend unwirksam", bis der gesetzliche Vertreter entweder nachträglich zustimmt (Genehmigung) oder ablehnt. In letzterem Fall kann der Kaufvertrag rückgängig gemacht werden (§ 108 BGB).

In den Fällen 3 bis 6 sind die Rechtsgeschäfte eines beschränkt Geschäftsfähigen ohne Zustimmung des gesetzlichen Vertreters sofort und voll wirksam.

Situation	rechtliche Wirkung
Fall 3 (Schenkung)	
Der 15-jährige Tom freut sich riesig, dass er von seinem Großvater eine komplette Ausrüstung zum Windsurfen zum Geburtstag geschenkt bekommt und will sie gleich am nahegelegenen Badesee ausprobieren. Die Eltern verbieten die Annahme, weil sie Surfen für viel zu gefährlich halten.	Wenn Rechtsgeschäfte einem Minderjährigen nur rechtliche Vorteile bringen, d. h. es ist damit keine persönliche Verpflichtung verbunden, dann ist das Rechtsgeschäft *(Annahme einer Schenkung)* ohne Einwilligung des gesetzlichen Vertreters gültig (§ 107 BGB).

Geschäftsfähigkeit

Fall 4 (Taschengeld, Ausbildungsvergütung)	
Die 16-jährige Sandra darf mit Erlaubnis ihrer Eltern über ihre gesamte Ausbildungsvergütung verfügen. In einem Elektrofachmarkt kauft sie für 399,00 € einen kleinen Flachbildfernseher.	Rechtsgeschäfte, die ein Minderjähriger mit finanziellen Mitteln erfüllt, die ihm vom gesetzlichen Vertreter zu diesem Zweck oder zur freien Verfügung überlassen wurden *(Taschengeld, Ausbildungsvergütung, Arbeitsverdienst)* sind ohne Zustimmung wirksam. Diese Regelung gilt nicht für Ratengeschäfte, denn über zukünftige finanzielle Mittel kann nicht verfügt werden (§ 110 BGB).
Fall 5 (Arbeitsvertrag)	
Der 15-jährige Tom arbeitet als Lagerist in einem Möbelhaus, weil er erst nächstes Jahr einen Ausbildungsplatz als Sport- und Fitnesskaufmann erhält. Ihm gefällt diese Tätigkeit nicht und er kündigt nach drei Monaten, ohne seine Eltern um Erlaubnis zu fragen.	Rechtsgeschäfte, die ein vom gesetzlichen Vertreter erlaubtes Arbeitsverhältnis betreffen, sind nicht zustimmungspflichtig; allerdings gilt diese Bestimmung nicht für Ausbildungsverhältnisse (§ 113 BGB).
Fall 6 (selbstständiger Betrieb eines Erwerbsgeschäfts)	
Mit Einverständnis ihrer Eltern und der Genehmigung des Vormundschaftsgerichts betreibt die 16-jährige Sandra zusammen mit dem 15-jährigen Tom einen Internetshop, bei dem man gebrauchte Kleidung und Sportartikel bestellen kann. Wöchentlich bearbeiten die beiden zwischen 10 und 30 Aufträge.	Wenn einem Minderjährigen mit Zustimmung des gesetzlichen Vertreters und des Vormundschaftsgerichts der selbstständige Betrieb eines Erwerbsgeschäfts gestattet wurde, dann sind alle mit diesem Betrieb zusammenhängenden Rechtsgeschäfte wirksam (§ 112 BGB).

Hinweis: Als Verkäufer geht man bei Geschäften mit Geschäftsunfähigen und beschränkt Geschäftsfähigen immer ein Risiko ein. Möglicherweise verlangen die gesetzlichen Vertreter, dass z. B. Kaufverträge rückgängig gemacht werden. Dies ist dann besonders ärgerlich, wenn es sich um Waren handelt, die bereits benutzt wurden (Schuhe, Kleidung) und nun nur mit einem Nachlass oder gar nicht mehr verkauft werden können. In der Praxis gibt es allerdings selten größere Probleme mit dem Verkauf an Minderjährige. Ob, was und für wie viel Kinder und Jugendliche etwas kaufen dürfen oder auch nicht, wird normalerweise in den Familien diskutiert und entschieden und nicht anhand der Paragrafen des Bürgerlichen Gesetzbuches.

■ Volle Geschäftsfähigkeit (unbeschränkte Geschäftsfähigkeit)

Voll geschäftsfähig sind **Personen ab 18 Jahren** (Volljährigkeit). Alle Rechtsgeschäfte können selbstständig voll wirksam abgeschlossen werden. Man trägt dafür aber auch die volle Verantwortung.

Rechtliche Grundtatbestände

▌ AKTION

1 Der sechsjährige Tim kauft von seinem Taschengeld beim Zeitschriftenhändler für 2,00 € ein Comic-Heft. Ist ein Kaufvertrag zustande gekommen?

2 Jan interessiert sich sehr für Musik und möchte selbst einmal Berufsmusiker werden. Sein Zimmer hat der Fünfzehnjährige mit seinen großen Vorbildern der Musikszene tapeziert.

   a) Als die neueste CD seiner Lieblings-Band auf den Markt kommt, erwirbt er sie für 15,00 € von seinem Taschengeld. Wie ist die Rechtslage?

   b) Schon immer hat sich Jan eine Gitarre gewünscht. Sein Vater hat allerdings schon klar zum Ausdruck gebracht, dass er den Beruf des Musikers als „brotlose Kunst" ansieht und seinem Sohn auf gar keinen Fall eine Gitarre schenken will. Jan spart deshalb von seinem monatlichen Taschengeld jeweils 40 € und kauft nach einem Jahr von seinen Ersparnissen in Höhe von 480 € eine Western-Gitarre. Kann Jan ohne Zustimmung seiner Eltern das Instrument erwerben?

   c) Wie ist die Rechtslage, wenn die Gitarre 800 € kostet und Jan mit dem Händler vereinbart, die verbleibenden 320 € in 8 Raten zu je 40 € von seinem Taschengeld zu bezahlen?

   d) Wie ist der Sachverhalt c) zu beurteilen, wenn Jan bereits alle Raten beglichen hat und die Eltern erst dann von dem Kauf erfahren?

   e) Zu seinem 16. Geburtstag schenkt der Großvater Jan 1.000 €. Die Eltern von Jan äußern ihre Bedenken gegen die Schenkung eines so großzügig bemessenen Betrages, weil sie erwarten, dass ihr Sohn das Geld ohnehin leichtsinnig ausgibt. Können die gesetzlichen Vertreter die Schenkung verhindern?

   f) Wie wäre die Situation in Aufgabe e) zu beurteilen, wenn der Großvater Jan anstelle des Geldes ein Mofa geschenkt hätte?

3 Vielen Inhabern von kleinen und mittleren Betrieben bereitet die Regelung der Unternehmensnachfolge erhebliche Schwierigkeiten, weil häufig kein geeignetes Familienmitglied bereit ist, das Unternehmen fortzuführen. Richard Hoffmann, der Eigentümer mehrerer Bekleidungsfachgeschäfte, überträgt deshalb bereits frühzeitig seiner siebzehnjährigen Enkeltochter Jasmin mit Zustimmung des Vormundschaftsgerichts die selbstständige Leitung einer Filiale. Welche der folgenden Rechtsgeschäfte kann Jasmin ohne Zustimmung des gesetzlichen Vertreters wirksam abschließen? Begründen Sie!

   a) Kauf von Kleidungsstücken im Wert von 10.000 €,

   b) Einstellung einer Verkäuferin,

   c) Anmietung einer kleinen Wohnung in der Nähe des Arbeitsplatzes.

4 Sandy stammt vom Land und wohnt bis jetzt auf einem Bauernhof bei ihren Eltern in einer strukturschwachen Region. Nach Abschluss der Realschule nimmt die siebzehnjährige mit Zustimmung ihrer Eltern eine Stelle als Haushaltsgehilfin in Frankfurt an. Dort mietet sie eine kleine 1-Zi.-Wohnung und kauft sich Arbeitskleidung für 300 € sowie eine Monatsfahrkarte, um mit öffentlichen Verkehrsmitteln zu ihrer Arbeitsstätte zu gelangen. Bereits nach drei Monaten erwirbt sie einen Motorroller für 2.000 €, weil sie die langen Fahrzeiten mit dem Bus nicht mehr in Kauf nehmen will. Obwohl Sandy harte Arbeit gewohnt ist und ihre Eltern sie zunächst eindringlich bitten und später ihr sogar verbieten, das Beschäftigungsverhältnis aufzugeben, kündigt Sandy den Arbeitsvertrag. Wie beurteilen Sie die Gültigkeit der abgeschlossenen Rechtsgeschäfte?

5 Ercan ist 14 Jahre alt und will sich einen MP3-Player neuester Generation kaufen. Das Gerät kostet 198,00 €. Die Verkäuferin im Elektrofachmarkt fragt ihn, woher er das Geld habe. Wahrheitsgemäß antwortet Ercan, dass er nebenher arbeitet und 50,00 € von seiner Oma bekommen hat. Aber die Verkäuferin glaubt ihm nicht und schickt ihn weg. Beurteilen Sie das Verhalten der Verkäuferin.

Rechtsgeschäfte

2 Rechtsgeschäfte

Wie werden Rechtsgeschäfte abgeschlossen?

■ SITUATION

Ein Tag im Leben des Herrn Schmidt:

7:00 Heute Morgen verlässt Herr Schmidt seine Wohnung und geht zur nächsten U-Bahn-Haltestelle, um mit öffentlichen Verkehrsmitteln zur Arbeit zu fahren. Am Fahrkartenautomat wählt er sein Reiseziel und wirft den angezeigten Fahrpreis in Form von Münzen in den Automaten, der anschließend einen Fahrschein ausdruckt.

8:00 Kaum im Unternehmen angekommen, klingelt schon das Telefon. Am Apparat ist ein wichtiger Lieferant, der Herrn Schmidt einen äußerst günstigen Sonderposten Winterkleidung im Wert von 200.000 € anbietet. Herr Schmidt sagt in seiner Funktion als Einkaufsleiter sofort zu.

14:30 Am Nachmittag kommt eine Mitarbeiterin der Buchhaltung zu Herrn Schmidt, weil ihr eine Rechnung über 100 Paar Sportschuhe von einem langjährigen Lieferanten zugegangen ist, aber keine Bestellung vorliegt. Herr Schmidt überprüft den Sachverhalt und stellt fest, dass die Artikel bereits vor drei Wochen im Lager eingetroffen sind und die Falschlieferung aus Nachlässigkeit eines Mitarbeiters beim Wareneingang nicht reklamiert wurde.

18:00 Nach einem anstrengenden Arbeitstag kauft Herr Schmidt auf dem Rückweg noch ein paar Lebensmittel in einem Selbstbedienungsladen ein. Dort entnimmt er die Produkte aus dem Regal und legt sie an der Kasse auf das Band. Die Mitarbeiterin des Geschäftes tippt die Preise der Waren in die Kasse und rechnet mit Herrn Schmidt den Endbetrag ab. Außer einer höflichen Begrüßung und Verabschiedung findet kein Gespräch zwischen den Beteiligten statt.

21:00 Am Abend denkt Herr Schmidt wiederholt über ein attraktives Stellenangebot eines Konkurrenzunternehmens nach und entschließt sich, sein bisheriges Arbeitsverhältnis aufzulösen. Das von ihm verfasste Kündigungsschreiben sendet er jedoch am nächsten Tag nicht ab, weil ihm über Nacht noch einige Bedenken gekommen sind.

1. Prüfen Sie den Informationsteil zu diesem Kapitel und entscheiden Sie, ob bei den jeweiligen Sachverhalten ein Rechtsgeschäft zustande gekommen ist. Begründen Sie Ihre Meinung.
2. Beschreiben Sie aufgrund Ihrer beruflichen Tätigkeit bzw. privaten Erfahrungen den Abschluss von Verträgen, die unter Ihrer Mitwirkung zustande gekommen sind.

■ INFORMATION

2.1 Zustandekommen und Arten der Rechtsgeschäfte

Rechtsgeschäfte sind **Handlungen**, mit denen eine bestimmte **rechtliche Wirkung** erzielt werden soll.

> **Beispiele:**
> - Rechte werden begründet *(Abschluss eines Ausbildungsvertrages)*,
> - Rechte werden übertragen *(Erteilung einer Vollmacht)*,
> - Rechte werden aufgehoben *(Kündigung eines Arbeitsverhältnisses)*.

■ Zustandekommen von Rechtsgeschäften

Damit ein **Rechtsgeschäft** zustande kommt, müssen eine oder mehrere **Willenserklärungen** abgegeben werden. Dies kann auf verschiedene Arten erfolgen.

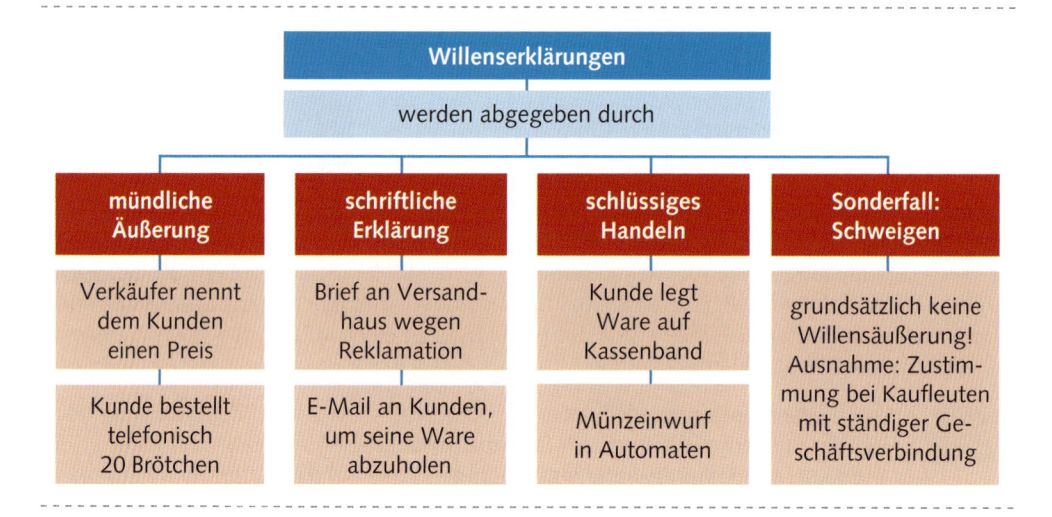

Willenserklärungen werden abgegeben durch:

mündliche Äußerung	schriftliche Erklärung	schlüssiges Handeln	Sonderfall: Schweigen
Verkäufer nennt dem Kunden einen Preis	Brief an Versandhaus wegen Reklamation	Kunde legt Ware auf Kassenband	grundsätzlich keine Willensäußerung! Ausnahme: Zustimmung bei Kaufleuten mit ständiger Geschäftsverbindung
Kunde bestellt telefonisch 20 Brötchen	E-Mail an Kunden, um seine Ware abzuholen	Münzeinwurf in Automaten	

■ Arten von Rechtsgeschäften

Wenn nur **eine** Person eine Willenserklärung abgibt, spricht man von einem **einseitigen Rechtsgeschäft**. Solche Rechtsgeschäfte werden bereits mit der Abgabe der Willenserklärung wirksam. Ein Beispiel für ein **nicht empfangsbedürftiges Rechtsgeschäft** ist das Testament. Es ist bereits gültig, auch wenn die darin aufgeführten Erben noch nichts davon wissen. Im Gegensatz dazu werden **empfangsbedürftige Rechtsgeschäfte** erst wirksam, wenn die Willenserklärung den Empfänger erreicht hat. So wird z. B. die Kündigung eines Mitarbeiters erst wirksam, wenn sie ihm entweder persönlich übergeben wurde oder in seinem Briefkasten liegt.

Geben **mehrere** Personen eine Willenserklärung ab, spricht man von einem **mehrseitigen Rechtsgeschäft**. Alle **Verträge** zählen zu den mehrseitigen Rechtsgeschäften. Sie kommen durch **übereinstimmende** Willenserklärungen von mindestens zwei Personen zustande. Diese Willenserklärungen bezeichnet man als **Antrag** und **Annahme**.

Vertragsfreiheit und ihre Grenzen

LF 3

Ergeben sich aus einem Vertrag nur für eine Person Verpflichtungen, spricht man von **einem einseitig verpflichtenden Vertrag** *(Schenkung)*; übernehmen mehrere Personen Verpflichtungen, dann liegt ein **mehrseitig verpflichtender Vertrag** vor *(Kaufvertrag, Mietvertrag, Arbeitsvertrag)*.

» Beispiel: Zustandekommen eines Arbeitsvertrags

Personalchef:			Bewerber:
„Ihre Bewerbung hat uns überzeugt. Wir möchten Sie einstellen!" → Antrag	**Arbeitsvertrag**	← Annahme	„Ja, ich nehme gerne die Stelle als Verkäufer in Ihrer Filiale an!"

■ AKTION

Entscheiden Sie, ob in den folgenden Fällen ein Rechtsgeschäft zustande kommt. Begründen Sie Ihre Lösung und bestimmen Sie die Art des Rechtsgeschäfts.

1. Herbert Bergmann, Seniorchef einer kleinen Einzelhandelskette, schreibt handschriftlich ein Testament, in dem er seinen jüngsten Sohn, Stefan Bergmann, als Erben seines Unternehmens bestimmt. Das Schriftstück bewahrt er im Tresor des Unternehmens auf. Seinen Sohn informiert er noch nicht über den Inhalt des Testaments.

2. Nach dem Tod seines Vaters übernimmt Stefan Bergmann die Leitung des Unternehmens. Leider muss er den Leiter des Finanz- und Rechnungswesens entlassen, weil dieser die neue Geschäftspolitik nicht mittragen wollte.

3. Die offene Stelle möchte Stefan Bergmann mit einem Mitarbeiter eines Konkurrenzunternehmens besetzen. Ein entsprechendes Angebot mit einem Jahresgehalt von 60.000 € wurde dem Wunschkandidaten bereits schriftlich zugesandt. Dieser zeigte auch großes Interesse an der neuen Aufgabe. Seine Gehaltsvorstellung liegt aber bei 65.000 € jährlich.

4. Der junge und dynamische Firmenchef strebt an, die Marktposition des Einzelhandelsunternehmens auszubauen. In einem Vorgespräch kann er den Direktor seiner Hausbank von seiner Geschäftsstrategie überzeugen. Das Kreditinstitut stellt ihm daraufhin Finanzmittel in Höhe von 2.000.000 € zu einem Zinssatz von 6 % bereit.

2.2 Vertragsfreiheit und ihre Grenzen

Wo die Freiheit nicht grenzenlos ist! Welche Vorschriften sind bei der Gestaltung von Verträgen zu beachten?

■ SITUATION

Herr Pasulke bereist mit seinem Verkaufswagen Krämermärkte in ganz Deutschland. Sein Sortiment besteht hauptsächlich aus Glas- und Keramikwaren, die er aus Fernost importiert. Auf dem Neuburger Martinimarkt bietet er als Schnäppchen eine 28-teilige Trinkglasserie aus Bleikristall mit farbigen Gravuren zu 79,00 € an.

LF 3 — Rechtsgeschäfte

Ein Kunde, der nur sehr gebrochen deutsch spricht, zeigt Interesse für die Gläser. Herr Pasulke bedauert, er könne sie ihm nicht verkaufen, da er die Gläser für einen anderen Kunden zurückgelegt hätte.

Kurze Zeit später kommt eine sehr gut gekleidete Dame, die ebenfalls an den Gläsern großen Gefallen zeigt. Herr Pasulke verkauft sie an die Kundin und gewährt auf den Verkaufspreis 3 % Sofortrabatt.

Anschließend füllt er seinen Verkaufsstand mit neuen Gläsern auf und bietet sie nun zu 99,95 € an.

> Beurteilen Sie das Verhalten von Herrn Pasulke.

■ INFORMATION

Die **Vertragsfreiheit**, die sich aus dem grundgesetzlich garantierten Recht auf freie Persönlichkeitsentfaltung ableitet, besteht aus der:

Abschluss-freiheit (mit wem?)	Jeder hat die freie Wahl, ob überhaupt und mit wem ein Vertrag abgeschlossen werden soll.
	Ausnahmen: In einigen Bereichen sind Unternehmen gesetzlich verpflichtet Verträge abzuschließen. So müssen z. B. Apotheken rezeptpflichtige Arzneimittel an jeden Kunden aushändigen. Sparkassen sind verpflichtet von jedem Kunden Geld anzunehmen und ein Konto für ihn zu eröffnen. Krankenkassen müssen jeden Beitrittswilligen aufnehmen.
Gestaltungs-freiheit (worüber?)	Die Vertragspartner können den Inhalt des Vertrages grundsätzlich nach eigenen Vorstellungen und Wünschen gestalten.
	Ausnahme: Gesetzliche Verbote sind zu beachten. Es ist z. B. nicht möglich in einem Arbeitsvertrag auf Urlaub zu verzichten oder einem Auszubildenden bei schlechten Schulleistungen keine Ausbildungsvergütung zu bezahlen.
Formfreiheit (wie?)	Die Form ist in den meisten Fällen frei wählbar.
	Ausnahme: Bei einigen Verträgen ist Schriftform vorgesehen, z. B. bei Ausbildungsverträgen und Arbeitsverträgen.

■ AKTION

Prüfen Sie, ob die folgenden Sachverhalte mit dem Grundsatz der Vertragsfreiheit vereinbar sind.

1 Pressemitteilung:

Eine Hamburger Privatbank sucht sich ihre Kunden offensichtlich sehr genau aus. Immer wieder kommt es zu Beschwerden von Schwarzafrikanern und anderen Dunkelhäutigen, denen man eine Kontoeröffnung versagte. Allerdings hatte der Generalkonsul eines westafrikanischen Staates keine Schwierigkeiten bei der Bank ein Konto zu eröffnen, wie er bei einem Empfang der Handelskammer betonte.

2 Eine Gruppe von Touristen kehrt in eine Berghütte ein. Beim Anblick der Speisekarte wundern sich die Wanderer, dass sich die an den Nebentischen sitzenden Waldarbeiter überhaupt die teuren Getränke und Speiseangebote leisten können. Später stellt sich heraus, dass der Wirt den einheimischen Arbeitern wesentlich weniger Geld in Rechnung gestellt hatte als den Urlaubern.

2.3 Formvorschriften für Rechtsgeschäfte

Vertrag leider ungültig! Warum schreibt der Gesetzgeber die Form bestimmter Rechtsgeschäfte vor?

■ SITUATION

Nach deutschem Recht sind grundsätzlich alle Rechtsgeschäfte formlos gültig. Selbst Käufe und Verkäufe im Gegenwert von mehreren Millionen Euro werden im Aktien- und Devisenhandel mündlich abgeschlossen. Es gilt das gesprochene Wort.

Suchen Sie im Informationsteil und in Ihrer Gesetzessammlung Ausnahmen vom Grundsatz der Formfreiheit und erstellen Sie eine Übersicht nach folgendem Muster:

Beispiele für Rechtsgeschäfte mit Formzwang	Gesetzlich vorgeschriebene Form	Angabe der Rechtsquelle

■ INFORMATION

Grundsätzlich ist der Abschluss von Rechtsgeschäften an keine bestimmte Form gebunden. So sind mündlich abgeschlossene Kaufverträge in vollem Umfang gültig. Der Gesetzgeber hat allerdings auch Einschränkungen vorgenommen.

Für **bestimmte Rechtsgeschäfte** schreiben **Gesetze** eine bestimmte **Form** vor (§ 126 ff. BGB).

Form	Merkmale	Beispiele
Schriftform (§ 126 BGB)	Schriftlich abgefasstes Dokument mit eigenhändiger Unterschrift.	Berufsausbildungsvertrag, Arbeitsvertrag, eigenhändiges Testament.
elektronische Form (§ 126a BGB)	Ersatz für Schriftform, sofern kein gesetzliches Verbot vorliegt. Der Aussteller muss der Erklärung seinen Namen hinzufügen und das elektronische Dokument mit einer qualifizierten elektronischen Signatur (bestimmte Ziffernfolge) nach dem Signaturgesetz versehen.	Elektronische Steuererklärung
Textform (§ 126b BGB)	Schriftlich abgefasstes Dokument ohne eigenhändige Unterschrift. Das Dokument muss lesbar und auf einem dauerhaften Medium gespeichert sein. Es genügt z. B. der Hinweis, dass die Erklärung automatisch gefertigt wurde oder eine gebräuchliche Grußformel. Als Träger für diese Dokumente zählen neben Papier auch E-Mails und SMS-Mitteilungen.	Ausübung des Widerrufsrechts bei Verbraucherverträgen, Gehaltsabrechnungen, Nebenkostenabrechnungen, Bußgeldbescheide.

Rechtsgeschäfte

Form	Merkmale	Beispiele
Öffentliche Beglaubigung (§ 129 BGB)	Ein Notar bestätigt die Echtheit der Unterschriften der Vertragsparteien auf einem Schriftstück.	Schriftliche Anmeldung und Antrag zur Eintragung in das Handelsregister, in das Grundbuch oder Vereinsregister.
Notarielle Beurkundung (§ 128 BGB)	Der Vertragsinhalt wird von einem Notar formuliert, den Vertragspartnern vorgelesen, von ihnen genehmigt und von ihnen und dem Notar unterschrieben. Der Notar bestätigt sowohl die Echtheit der Unterschriften als auch den Inhalt des Schriftstücks.	Kauf eines Grundstücks, Ehevertrag, Antrag auf Annahme als Kind („Adoption").

■ AKTION

Begründen Sie, ob die folgenden Rechtsgeschäfte der gesetzlich vorgeschriebenen Form entsprechen und damit gültig sind:

1 Mehrere Lehrer und Vertreter von Ausbildungsunternehmen einer kaufmännischen Schule gründen durch einen schriftlichen Vertrag einen Förderverein.

2 Ein geistig voll zurechnungsfähiger Rentner kann wegen Lähmungserscheinungen in der Hand nur noch sehr mühsam selbst Schriftstücke abfassen. Er diktiert deshalb seinem Enkel den Inhalt seines Testaments. Dieser gibt die Angaben in den PC ein, druckt die letztwillige Verfügung aus und übergibt das Dokument seinem Großvater, der es eigenhändig unterschreibt.

3 Der Einkaufsleiter eines bundesweit arbeitenden Elektrofachgeschäftes bestellt telefonisch bei einem Computerhersteller 5.000 PCs im Wert von 4 Mio. €.

4 Zur Erweiterung der Parkflächen kauft ein Supermarkt ein benachbartes Grundstück. Mit dem Eigentümer, der wenige Wochen später verstirbt, wurde vorab ein schriftlicher Kaufvertrag geschlossen. Die Erben sind zerstritten und wollen das Grundstück nicht mehr verkaufen.

5 Die Neuburger Wohnbau-GmbH verschickt an über 500 Mieter die jährliche Heizkostenabrechnung mit einem pauschalen maschinellen Anschreibeverfahren ohne persönliche Anrede und Unterschrift.

6
> Amtsgericht Neuburg
> 88888 Neuburg
>
> Betr.: Anmeldung eines Vereins
>
> Sehr geehrte Damen und Herren,
>
> als Vorstandsmitglied des Vereins „Neuburger Musikanten e.V.", der in das Vereinsregister eingetragen werden soll, überreichen wir die Satzung und eine Abschrift des Gründungsprotokolls über die Bestellung der Vorstandsmitglieder und melden den Verein unter dem oben bezeichneten Namen zur Eintragung in das Vereinsregister an.
>
> Für den Vorstand
>
> *Tobias Schuster*

2.4 Nichtigkeit von Rechtsgeschäften

Null und nichtig! Welche Rechtsgeschäfte sind von vornherein ungültig?

■ SITUATION

Vor vierzehn Tagen wurden bei einem Einbruch auf dem Freigelände des ProDomo Baumarkts Waren und Transportgeräte im Wert von über 100.000 € gestohlen. Unter anderem nahmen die Diebe auch einen Elektrohubwagen mit. Heute Morgen erhielt Geschäftsführer Kolb von der Polizei die Mitteilung, dass die Diebe gefasst wurden und der Kopf der Bande, Ralf Richter, ein umfassendes Geständnis abgelegt hat. Demnach wurde der Hubwagen an die Sanitärgroßhandlung Sanitas in der Nachbarstadt verkauft. Sofort ruft Herr Kolb dort an. Es meldet sich eine Frau Wolf:

Wolf: „Sanitas GmbH, Wolf, guten Tag, was kann ich für Sie tun?"

Kolb: „Guten Tag, mein Name ist Kolb, ich möchte gerne mit Ihrem Geschäftsführer sprechen."

Wolf: „Worum geht es denn, Herr Kolb?"

Kolb: „Das sage ich dann schon Ihrem Chef! Bitte verbinden Sie mich. Es ist dringend!"

Wolf: „Gerne, ich verbinde mit Herrn Ulmer."

Ulmer: „Ulmer, guten Tag Herr Kolb. Wie kann ich Ihnen helfen?"

Kolb: „Ich bin der Geschäftsführer vom ProDomo Baumarkt in Neuburg. Ich glaube, dass Sie einen elektrischen Hubwagen im Einsatz haben, der eigentlich uns gehört."

Ulmer: „Wie kommen Sie denn auf so was, Herr Kollege?"

Kolb: „Ihnen wurde doch vor einer Woche so ein gebrauchter Hubwagen von einem Herrn Richter angeboten und Sie haben ihn auch gekauft."

Ulmer: „Das stimmt, aber wieso wissen Sie das?"

Kolb: „Weil eben dieser Herr Richter unter anderem diesen Hubwagen vor vierzehn Tagen bei uns gestohlen hat!"

Ulmer: „Jetzt erinnere ich mich, da stand was in der Zeitung."

Kolb: „Genau. Herr Richter und seine Kumpane wurden verhaftet und haben alles gestanden. Also wir holen dann morgen den Hubwagen bei Ihnen ab!"

Ulmer: „Moment, Herr Kolb, so geht es aber nicht!"

Kolb: „Doch, doch, bis morgen, auf Wiedersehen."

Herr Kolb rechnet mit Schwierigkeiten, wenn er morgen zur Sanitas GmbH fährt. Daher bittet er Sie die rechtliche Lage zu prüfen. Vor allem sollten Sie klären, ob ein gültiger Kaufvertrag zwischen Herrn Richter und der Sanitas GmbH zustande kam.

Teilen Sie Herrn Kolb das Ergebnis Ihrer Prüfung des Sachverhalts in einer Aktennotiz mit.

Rechtsgeschäfte

■ INFORMATION

Sind **Rechtsgeschäfte** mit den in der folgenden Tabelle aufgeführten Mängeln behaftet, so sind sie **nichtig**, d.h. von vornherein ungültig.

Nichtigkeits-gründe	Wesen des Rechtsgeschäfts	Beispiele	Gesetzliche Regelungen im BGB
Geschäfts-unfähigkeit	Willenserklärungen von Personen vor Vollendung des 7. Lebensjahres.	Ein sechsjähriger Junge kauft eine Spielekonsole.	§ 104 Nr. 1 § 105 Abs. 1
	Willenserklärungen von Geisteskranken.	Ein Geisteskranker mietet einen PKW an.	§ 104 Nr. 2 § 105 Abs. 1
	Willenserklärungen von Personen, die sich im Zustand der Bewusstlosigkeit oder vorübergehenden Störung der Geistestätigkeit befinden.	Eine unter starkem Medikamenteneinfluss stehende Frau schließt ein Zeitschriftenabonnement ab.	§ 105 Abs. 2
Schein-geschäft	Einverständnis wird nur zum Schein abgegeben; die mit dem Rechtsgeschäft verbundenen Folgen sollen gar nicht eintreten.	Beim Notar lässt der Käufer eines Hauses anstatt des tatsächlichen Kaufpreises von 750.000 € nur 500.000 € eintragen, um die Grunderwerbsteuer zu mindern.	§ 117
Scherz-erklärung	Mangelnde Ernstlichkeit.	Der Filialleiter eines Supermarktes „kündigt" einer unfreundlichen Bedienung, um einen verärgerten Kunden zu besänftigen.	§ 118
Formverstoß	Gesetzlich vorgeschriebene Vertragsform wird nicht eingehalten.	Nur mündlich abgeschlossener Ausbildungsvertrag.	§ 125
Gesetzliches Verbot	Verstoß gegen gesetzliche Verbote.	Preisabsprache mehrerer Hersteller; Handel mit Rauschgift.	§ 134
Sitten-widrigkeit	Verstoß gegen die „guten Sitten", d.h. gegen das Anstandsgefühl aller „billig und gerecht Denkenden".	Verkauf von Diebesgut; auf Bestechung abzielende Handlungen; Eheversprechen eines Verheirateten.	§ 138 Abs. 1
	Wucher Voraussetzungen: › Ausnutzen einer Zwangslage und/oder Unerfahrenheit › mangelndes Urteilsvermögen und/oder Willensschwäche einer Person › ausgesprochenes Missverhältnis zwischen Leistung und Gegenleistung.	Eine vor kurzem angekommene Aussiedlerfamilie nimmt bei einem Kreditvermittler ein Darlehen mit einem Jahreszinssatz von 40 %. Werbung in einer Computerzeitung: „Schützen Sie sich vor gefährlichen Strahlen mit unseren Strahlenschutzbändern für nur 69,90 €." Es handelt sich um Pappstreifen, die mit Alufolie umwickelt sind.	§ 138 Abs. 2

Nichtigkeit von Rechtsgeschäften

AKTION

1 Der vierzehnjährige Timo kauft sich für 10 € zwei Horrorfilme, die nur für Erwachsene freigegeben sind. Den Kaufpreis bezahlt er von seinem Taschengeld. Der Vater ist empört.

Begründen Sie, ob er das Geld vom Verkäufer zurückverlangen kann.

2 Begründen Sie, ob die folgenden Rechtsgeschäfte nichtig sind:

a) Ein offensichtlich unter Alkohol stehender Mann kauft eine Designerlederjacke für 2.500,00 €.

b) Der Vermieter eines Luxusappartements teilt seinem Mieter mit, dass er die Monatsmiete um 150 % erhöhen muss.

c) Ein Geschäftsmann hat für sein Büro Schreib- und Büroartikel für 125,00 € gekauft. Er bittet die Kassiererin um Ausstellung einer zusätzlichen Quittung über 250,00 €.

d) Ein siebzehnjähriges Mädchen kauft für eine Party zur Feier ihrer Volljährigkeit zwei Flaschen Wodka.

e) Ein neunzehnjähriger Auszubildender möchte nach einem Streit mit seinem Ausbildungsleiter das Ausbildungsverhältnis beenden und sendet an ihn die folgende SMS: „Kündige zum Monatsende!"

3 Bei einer Razzia der Polizei in einer Diskothek wird ein Drogendealer festgenommen, der an Besucher der Diskothek Ecstasy-Tabletten verkauft hatte. Bei der verhafteten Person entdeckten die Fahnder neben verschiedenen Drogen auch große Mengen Bargeld. Erörtern Sie, ob die Drogenkonsumenten den Kaufpreis für die Tabletten zurückverlangen können. Welche praktischen Probleme treten hierbei auf?

4 Sandra Vollmer, gelernte Erzieherin, will nach zehn Jahren Babypause wieder arbeiten. Da sie sich schon immer für gesunde Ernährung interessiert hat, eröffnet sie ein kleines Lebensmittelgeschäft mit Bio-Produkten. Bald muss sie feststellen, dass ohne ein Angebot an tiefgekühlten Produkten der Umsatz zum Fortbestand des Ladens nicht ausreicht. Daher nimmt sie gerne das Angebot eines im Internet gefundenen Lieferanten an, der ihr eine Kühleinrichtung im Wert von 50.000 € anbietet. Kurz nach der Lieferung stellt sich heraus, dass der Wert der Anlage höchstens ein Drittel des Kaufpreises beträgt.

Klären Sie diesen Sachverhalt und erläutern Sie, ob zwischen Frau Vollmer und dem Lieferanten ein rechtswirksamer Kaufvertrag zustande gekommen ist.

Prüfen Sie die Voraussetzungen des § 138, Abs. 2 BGB.

Beachten Sie dabei, dass die aktuelle Rechtsprechung davon ausgeht, dass ein auffälliges Missverhältnis zwischen Leistung und Gegenleistung besteht, wenn der Wert der Leistung (hier: Kaufpreis) den der Gegenleistung (hier: Lieferung der Kühlgeräte) um mindestens 100 % übersteigt.

2.5 Anfechtbarkeit von Rechtsgeschäften

Irren ist menschlich! Aber wie wirkt sich der Irrtum eines Vertragspartners auf die Gültigkeit abgeschlossener Rechtsgeschäfte aus?

■ SITUATION

Herr Jürgens bestellt per Fax beim Baumarkt ProDomo 5 Säcke Zement. Am nächsten Tag werden 50 Säcke angeliefert.
Herr Jürgens ist empört und ruft sofort im Baumarkt an. Dort teilt man ihm mit, er habe auf dem Fax aber 50 Säcke bestellt.
Wie sich im Laufe des Gesprächs herausstellt, hat sich Herr Jürgens beim Schreiben des Faxbriefes bei der bestellten Menge vertippt.

1. Muss Herr Jürgens die 50 Säcke abnehmen (§§ 119 I, 121, 142 I BGB)?
2. Wenn der Baumarkt 45 Säcke zurücknehmen muss, wer kommt für dafür anfallende Kosten auf (§ 122 BGB)?
3. Welche weiteren Anfechtungsgründe werden im BGB genannt (§§ 119, 123 BGB)?

■ INFORMATION

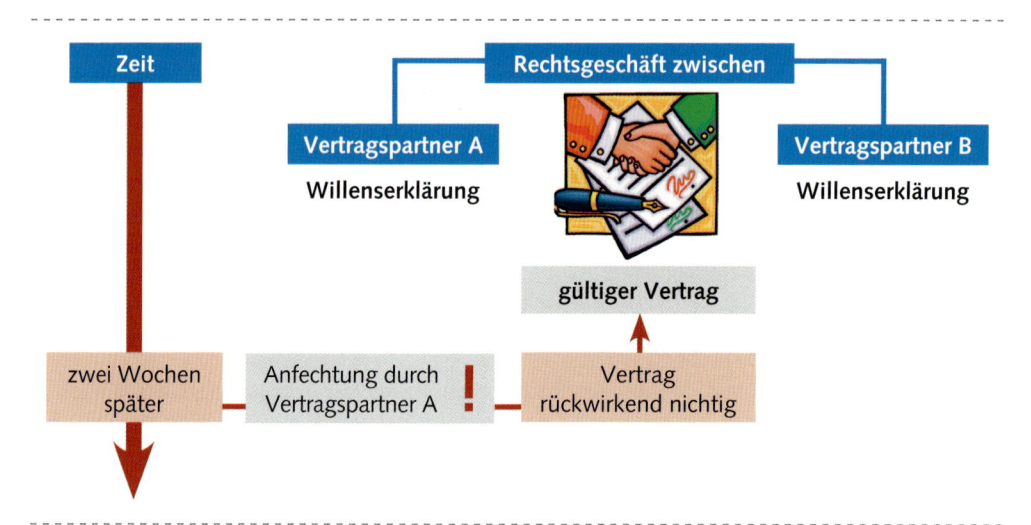

Anfechtbarkeit bedeutet: Ein gültig zustande gekommenes Rechtsgeschäft wird aus im Gesetz genannten Gründen durch Anfechtung **rückwirkend nichtig**, d. h. unwirksam (§ 142 BGB).
Solange es zu keiner Anfechtung kommt, bleibt das Rechtsgeschäft gültig.

■ Anfechtungsgründe

Das BGB nennt drei Gründe, um ein Rechtsgeschäft anfechten zu können: Irrtum, arglistige Täuschung und widerrechtliche Drohung.

Anfechtbarkeit von Rechtsgeschäften

Ein **Irrtum** liegt vor, wenn die **tatsächliche** Erklärung mit der eigentlich **beabsichtigten** Erklärung **nicht** übereinstimmt (§§ 119, 120 BGB). Man unterscheidet:

Erklärungsirrtum →
Was der Erklärende sagt, entspricht nicht dem, was er sagen wollte.

» **Beispiel:** Die Reparaturrechnung für eine Waschmaschine lautet über 19,90 €, obwohl es 199,00 € heißen müsste.

Übermittlungsirrtum →
Eine Erklärung wird von einer beauftragten Person oder Institution falsch übermittelt.

» **Beispiel:** Ein Möbelhaus informiert einen Kunden, dass sein Schlafzimmer in zwei Tagen geliefert wird. In Wirklichkeit handelt es sich um zwei Wochen.

Eigenschaftsirrtum →
Der Erklärende irrt sich über eine wesentliche Eigenschaft einer Person oder einer Sache.

» **Beispiel:**
› Ein Möbelhaus stellt einen Fahrer ein. Es stellt sich später heraus, dass er keinen Führerschein mehr besitzt.
› Ein Antiquitätenhändler verkauft einen Schrank aus der Barockzeit. Nach zwei Wochen stellt sich heraus, dass es sich nur um eine gekonnte Imitation handelt. Weder Verkäufer noch Käufer war dies beim Verkauf bekannt.

Inhaltsirrtum →
Der Erklärende irrt sich über den Sinn und die Bedeutung seiner Erklärung.

» **Beispiel:** Ein Kunde möchte bei einem Mobilfunkanbieter ein Pre-Paid-Handy kaufen, unterschreibt aber einen Zweijahresvertrag.

> **Hinweis:** Kein Anfechtungsgrund wegen Irrtums besteht beim sogenannten Motivirrtum. Wenn z. B. jemand Aktien kauft in der Annahme, dass der Kurs steigt und dies dann nicht der Fall ist, kann er den Kauf der Aktien bei seiner Bank nicht anfechten.

Bei einer **arglistigen Täuschung** werden von einem Vertragspartner bewusst Tatsachen verschwiegen oder falsche Tatsachen behauptet, die der andere Vertragspartner nicht als solche erkennt.

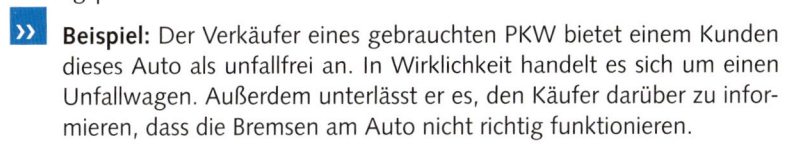

» **Beispiel:** Der Verkäufer eines gebrauchten PKW bietet einem Kunden dieses Auto als unfallfrei an. In Wirklichkeit handelt es sich um einen Unfallwagen. Außerdem unterlässt er es, den Käufer darüber zu informieren, dass die Bremsen am Auto nicht richtig funktionieren.

Eine **widerrechtliche Drohung** hat zum Ziel, dass durch Ausübung psychischen Drucks oder körperlichen Zwangs ein Vertragspartner zur Abgabe einer Willenserklärung gezwungen wird, die er sonst nicht abgegeben hätte.

» **Beispiel:** Ein Buchhalter droht seinem Chef das Finanzamt über Schwarzgeldeinzahlungen im Ausland zu informieren, falls er sein Gehalt nicht um 50 % erhöht.

Anfechtungsfrist

Eine **Anfechtung** ist nur innerhalb der gesetzlich vorgeschriebenen **Anfechtungsfrist** möglich. Bei Irrtum muss sie unverzüglich nach Entdeckung erfolgen (§ 121 BGB). Bei arglistiger Täuschung und widerrechtlicher Drohung muss sie innerhalb Jahresfrist nach Entdeckung bzw. Beendigung der Zwangslage erfolgen (§ 124 BGB). Eine Anfechtung ist nicht mehr möglich, wenn seit der Abgabe der Willenserklärung zehn Jahre vergangen sind.

AKTION

1. Der Inhaber eines bekannten Autohauses verkauft sein Unternehmen an einen Interessenten für 2 Mio. €. Kurze Zeit später stellt der neue Eigentümer fest, dass ihm der Verkäufer verschwiegen hatte, dass ihm bereits vor Vertragsabschluss vom Automobilhersteller im Zuge der Bereinigung des Vertriebsnetzes die Händlerlizenz entzogen wurde. Kann der Käufer sich von dem Vertrag lösen?

2. Frank Reichenberg pachtet langfristig in der Fußgängerzone einer Kleinstadt ein Fachgeschäft für Papier- und Schreibwaren. Als sich nach wenigen Monaten die erhofften Umsätze nicht einstellen, will er den Pachtvertrag mit der Begründung anfechten, dass er sich hinsichtlich der zu erwartenden Geschäftsentwicklung geirrt habe. Beurteilen Sie, ob Herr Reichenberg aus diesem Grund den Pachtvertrag anfechten kann.

3. Der Kunde Stefan Zwick schuldet dem Elektroeinzelhändler Gerhard Sieber noch 1.000 € aus dem Verkauf eines LCD-Plasmafernsehers. Nachdem mehrere Mahnschreiben erfolglos blieben, droht Sieber dem Schuldner mit gerichtlichen Schritten, um seine Forderung einzutreiben. Wie ist die Rechtslage?

4. Die Kinderwelt GmbH mietet auf der Neuburger Gewerbeausstellung 100 m² für einen Ausstellungsstand. Bereits im Vorfeld investiert das Spielwarengeschäft 2.000 € in die Werbung sowie 8.000 € für die Aufbauten. Durch die Teilnahme an der Messe erwartet die Kinderwelt einen zusätzlichen Gewinn in der Größenordnung von 10.000 €. Kurz vor Beginn der Veranstaltung unterrichtet der Organisator die Kinderwelt, dass er wegen Irrtums den Mietvertrag anfechtet und dem Spielwarengeschäft deshalb keine Standfläche auf der Messe zur Verfügung steht. Kann die Kinderwelt GmbH von dem Vermieter Schadenersatz verlangen und gegebenenfalls in welcher Höhe? Lesen Sie hierzu den § 122 BGB.

5. Frau Hambusch hat sich für die Stelle einer Kassiererin im Supermarkt Manz beworben. Herr Manz will sie einstellen und fragt sie nach etwaigen Vorstrafen. Obwohl Frau Hambusch mehrfach wegen Diebstahls vorbestraft ist, verneint sie die Frage. Nach dem Abschluss des Arbeitsvertrages erfährt Herr Manz von den Vorstrafen seiner neuen Kassiererin. – Kann der Arbeitsvertrag von Herrn Manz angefochten werden?

6. Begründen Sie, warum die folgenden Rechtsgeschäfte anfechtbar sind:
    a) Einzelhändler Rall wird von einem Vertreter genötigt monatlich bei diesem Waren im Wert von mindestens 2.000,00 € zu bestellen. Tut er dies nicht, will der Handelsvertreter Frau Rall darüber informieren, dass ihr Mann ein Verhältnis mit seiner Verkäuferin Sandra hat.
    b) Tobias bestellt bei einer Versandbuchhandlung den neuesten Thriller seines Lieblingsautors. Beim Ausfüllen des Bestellscheins verschreibt er sich bei der Artikelnummer und erhält eine Woche später keinen Thriller, sondern den Reiseführer „Wanderwege an der Weser".
    c) Durch Unkenntnis einer Aushilfskraft wird eine echte Perlenkette, die ein Schmuckhändler für 8.000,00 € eingekauft hatte, durch die Aushilfskraft mit 49,00 € ausgezeichnet und zu diesem Preis an eine langjährige Stammkundin verkauft.
    d) In der Zentrale der Omnia-Discount Märkte werden auf Grund eines Tippfehlers für Weihnachten statt 17.000 Plastikweihnachtsbäumen 71.000 bestellt.

Allgemeine Geschäftsbedingungen

2.6 Allgemeine Geschäftsbedingungen

Vorsicht Kleingedrucktes! Wie wird der Verbraucher vor unangemessenen Vertragsbestandteilen geschützt?

■ SITUATION

Herr Kunze ist stolzer Besitzer einer neuen Eigentumswohnung, die in sechs Wochen bezugsfertig ist. Rechtzeitig informiert er sich bei mehreren Einrichtungshäusern über die Anschaffung einer Einbauküche. Letztlich hat ihn die individuelle Beratung der Wohnwelt GmbH überzeugt und er entschließt sich, dort die Küche zu kaufen. Vor Abschluss des Kaufvertrags weist ihn der freundliche Verkäufer noch auf die Allgemeinen Geschäftsbedingungen (AGB) des Möbelhauses hin, die sich auf der Rückseite des Kaufvertrages befinden.

Herr Kunze überfliegt die dort abgedruckten Bestimmungen und erklärt durch seine Unterschrift sein Einverständnis mit diesen ergänzenden Vertragsbestandteilen. Der Verkäufer sichert dem Kunden im Gespräch zu, dass die Küche voraussichtlich in drei Wochen geliefert und installiert wird. Sechs Wochen später – zum Einzugstermin von Herrn Kunze – wurde trotz mehrerer Rückfragen die Küche immer noch nicht geliefert.

Als Herr Kunze der Neuburger Wohnwelt GmbH mit rechtlichen Schritten droht, verweist der zuständige Sachbearbeiter auf folgende Vorschrift in den AGB, die Herr Kunze schließlich schriftlich akzeptiert habe:

> „Eine Überschreitung des vereinbarten Liefertermins um bis zu drei Monate ist bei individuell geplanten und angefertigten Einrichtungsgegenständen wie Einbauküchen und Einbauschränken möglich und berechtigt den Käufer nicht zum Rücktritt vom Kaufvertrag oder sonstigen Schadensersatzansprüchen."

1. Prüfen Sie, ob die AGB der Wohnwelt GmbH Bestandteil des Kaufvertrags mit Herrn Kunze wurden.
2. Muss Herr Kunze die lange Lieferzeit der Einbauküche akzeptieren?
3. Welchen Zweck erfüllen die Bestimmungen zu den Allgemeinen Geschäftsbedingungen in den §§ 305–310 BGB?

INFORMATION

Täglich werden in Deutschland unzählige **Rechtsgeschäfte** abgeschlossen. Im Einzelhandel sind dies z. B. viele tausend **Kaufverträge**. Es ist aber nicht möglich für jeden dieser Verträge die Bedingungen zwischen Verkäufer und Käufer immer wieder neu auszuhandeln. Deshalb haben viele Kaufleute **Allgemeine Geschäftsbedingungen (AGB)** formuliert, die dann für **alle Verträge**, die sie abschließen, **gültig** sind. AGB helfen besonders bei komplizierten Verträgen *(Mobilfunkverträge, Versicherungsverträge)* im Falle von Rechtsstreitigkeiten für Klarheit zu sorgen.

Die **gesetzlichen Regelungen** zu den **AGB** sollen denjenigen Vertragspartner, der die AGB eines anderen Vertragspartners akzeptiert, vor Einschränkungen und Benachteiligungen **schützen**.

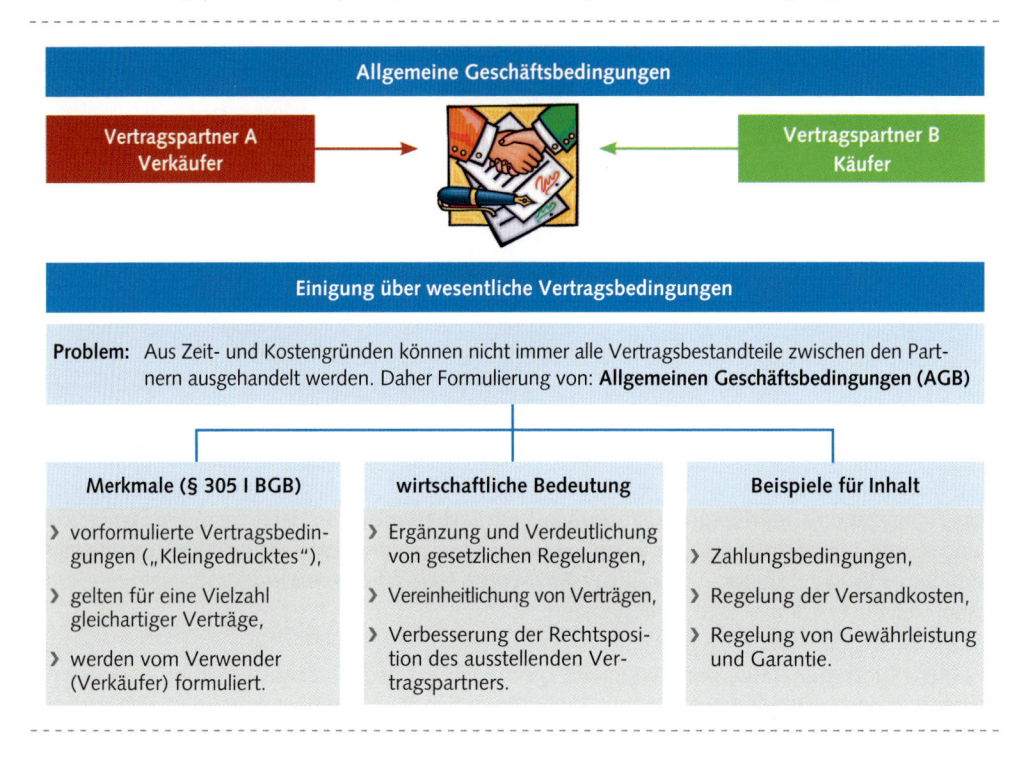

Allgemeine Geschäftsbedingungen

Vertragspartner A — Verkäufer → ← **Vertragspartner B** — Käufer

Einigung über wesentliche Vertragsbedingungen

Problem: Aus Zeit- und Kostengründen können nicht immer alle Vertragsbestandteile zwischen den Partnern ausgehandelt werden. Daher Formulierung von: **Allgemeinen Geschäftsbedingungen (AGB)**

Merkmale (§ 305 I BGB)	wirtschaftliche Bedeutung	Beispiele für Inhalt
› vorformulierte Vertragsbedingungen („Kleingedrucktes"),	› Ergänzung und Verdeutlichung von gesetzlichen Regelungen,	› Zahlungsbedingungen,
› gelten für eine Vielzahl gleichartiger Verträge,	› Vereinheitlichung von Verträgen,	› Regelung der Versandkosten,
› werden vom Verwender (Verkäufer) formuliert.	› Verbesserung der Rechtsposition des ausstellenden Vertragspartners.	› Regelung von Gewährleistung und Garantie.

■ Voraussetzungen für Allgemeine Geschäftsbedingungen als Vertragsbestandteil

Allgemeine Geschäftsbedingungen werden nur dann mit **Verbrauchern** ein gültiger Bestandteil eines Vertrags, wenn

auf sie ausdrücklich hingewiesen wird,	→	„Wir danken für Ihren Auftrag, den wir aufgrund unserer Allgemeinen Geschäftsbedingungen ausführen werden".
es möglich ist, in zumutbarer Weise Kenntnis davon zu nehmen,	→	Das sogenannte „Kleingedruckte" muss lesbar sein. In einem Geschäft werden sie gut sichtbar ausgehängt.
der Vertragspartner mit ihnen einverstanden ist.	→	Durch die Unterschrift auf einem Kaufvertrag werden sie akzeptiert.

Allgemeine Geschäftsbedingungen

> **Hinweis:** Selbstverständlich wird kein Unternehmen gezwungen Allgemeine Geschäftsbedingungen zu formulieren. Gerade in vielen kleinen Einzelhandelsgeschäften existieren sie nicht. Hier gelten dann die Bestimmungen des BGB, die im Falle von Unklarheiten und Rechtsstreitigkeiten völlig ausreichen.

■ Allgemeine Regelungen zum Schutz vor Benachteiligung

Bestimmungen in den AGB, die so ungewöhnlich sind, dass der Vertragspartner damit nicht rechnen konnte, sind ungültig (überraschende Klauseln, § 305c BGB).

>> **Beispiel:** Eine Klausel, die vorsieht, dass ein Verbraucher mit dem Kauf eines CD-Players zugleich fünf Jahre lang monatlich drei CDs des Verkäufers abnehmen muss, wird nicht Vertragsbestandteil.

Persönliche Vereinbarungen zwischen den Vertragspartnern haben immer den Vorrang vor den AGB (Vorrang der Individualabrede, § 305b BGB).

>> **Beispiel:** Den AGB der Wohnwelt GmbH ist zu entnehmen, dass alle Einrichtungsgegenstände an Kunden im Einzugsbereich von 30 km ohne Berechnung von Transportkosten ausgeliefert werden. Vereinbaren die Vertragsparteien im Kaufvertrag, dass die Wohnwelt GmbH dem Kunden die Möbel auch bis zu einer Entfernung von 300 km frei Haus liefert, so hat die persönliche Absprache Vorrang vor den Bestimmungen der AGB.

Bestimmungen in den AGB sind unwirksam, wenn der Vertragspartner entgegen dem Grundsatz von „Treu und Glauben" unangemessen benachteiligt wird (unangemessene Benachteiligung, § 307 BGB).

>> **Beispiel:** Herr Müller kauft in dem Uhren- und Schmuckfachgeschäft Bessler eine preislich stark herabgesetzte Herrenarmbanduhr, die bereits nach vier Wochen nicht mehr funktioniert. Eine Reklamation von Herrn Müller wird von Herrn Bessler mit Hinweis auf die AGB zurückgewiesen, weil diese einen Ausschluss aller Gewährleistungsansprüche des Käufers auf preislich reduzierte Ware vorsehen.

> **Hinweis:**
> › Was sind „Klauseln"? Klauseln sind Bestandteile in einem Vertrag.
> › Was heißt eigentlich „unangemessen"? Dies bedeutet, dass eine Bestimmung wesentlich von einer gesetzlichen Regelung abweicht oder nicht klar und verständlich ist.
> › Was bedeutet „Treu und Glauben"? Dies ist ein Rechtsgrundsatz im deutschen Recht und bezeichnet das Verhalten eines ehrlich und anständig handelnden Menschen.

■ Unwirksame Bestandteile der AGB gegenüber Verbrauchern

Neben den allgemeinen Schutzrechten sind bestimmte **Vertragsklauseln** gegenüber **Verbrauchern** entweder **verboten** und damit **nichtig** (Klauselverbote ohne Wertungsmöglichkeit, § 309 BGB), oder sie sind **zuerst** rechtsgültig und erst nach einer **Überprüfung** des entsprechenden Falles **rechtsunwirksam** (Klauselverbote mit Wertungsmöglichkeit, § 308 BGB). Unter **Wertungsmöglichkeit** versteht man, dass auf dem Klageweg die Ungültigkeit der Klausel festgestellt werden kann. Wird dies nicht getan, dann bleiben die entsprechenden Bestandteile der AGB rechtsgültig.

» Beispiele für unwirksame Bestimmungen in den AGB **ohne** Wertungsmöglichkeit:

Auszüge aus den AGB eines Küchenstudios	Unwirksam, weil
„Wir behalten uns Preiserhöhungen bei allen Lieferungen vor."	› Preiserhöhungen innerhalb von vier Monaten nach Vertragsabschluss unzulässig sind (§ 309 Nr. 1 BGB). Erfolgt trotzdem eine Erhöhung während dieser Zeit, muss der Kunde diese nicht bezahlen.
„Mangelhafte Ware kann nur beim Hersteller reklamiert werden."	› der Ausschluss von Ansprüchen bei mangelhafter Ware unter Verweis auf einen Dritten (§ 309 Nr. 8b, BGB) erfolgt. Vertragspartner des Kunden ist aber das Küchenstudio und nicht der Hersteller.
„Gewährleistungsansprüche können nur 6 Monate nach dem Kauf geltend gemacht werden."	› eine unzulässige Verkürzung der gesetzlichen Gewährleistungsfrist vorliegt (§ 309 Nr. 8b, BGB).
„Mängel werden von uns nur beseitigt, wenn der Kaufpreis vollständig bezahlt wurde!"	› der Verkäufer die Beseitigung eines Mangels nicht von der vollständigen Bezahlung des Kaufpreises abhängig machen darf (§ 309 Nr. 8b, BGB).

» Beispiele für unwirksame Bestimmungen in den AGB **mit** Wertungsmöglichkeit:

Auszüge aus den AGB eines Küchenstudios	Unwirksam, weil
„Muss die Ware von uns beschafft werden, erfolgt die Lieferung so bald als möglich."	› ein unverbindlicher Liefertermin genannt wurde; ebenso ist die Vereinbarung unangemessen langer Lieferfristen unzulässig (§ 308 Nr. 1, BGB).
„Der Kaufvertrag kommt nach vier Wochen zustande."	› sich der Verkäufer eine unangemessen lange Frist zur Annahme eines Angebots bzw. einer Bestellung vorbehält (§ 308 Nr. 1, BGB).
„Wir behalten es uns vor ohne Nennung eines Grundes vom Vertrag zurückzutreten."	› kein sachlicher Grund für den Rücktritt vom Vertrag vorliegt (§ 308 Nr. 3, BGB).
„Wir behalten uns Änderungen bei der Farbwahl der Arbeitsplatten vor."	› der Verkäufer ohne Zustimmung des Kunden unzumutbar vom Vertragsinhalt abweicht (§ 308 Nr. 4, BGB).

■ Allgemeine Geschäftsbedingungen bei Online-Shops

Die Zahl der Online-Shops nimmt auch im Einzelhandel ständig zu. Beim Abschluss von Kaufverträgen mit Verbrauchern (B2C-Geschäfte) ist zu beachten, dass es nicht genügt nur auf die **AGB** zu **verweisen**. Vielmehr ist es erforderlich, dass das elektronische Bestellformular mit einem extra **Link** zu den AGB des Shopanbieters versehen ist.

Allgemeine Geschäftsbedingungen

■ AKTION

Prüfen Sie anhand der Vorschriften des BGB, ob folgende Bestimmungen in den Allgemeinen Geschäftsbedingungen des Einrichtungshauses Wohnwelt GmbH wirksam sind:

1 Vertragsabschluss

Der Käufer ist an die Bestellung (Vertragsangebot) drei Monate gebunden.

Mit Ablauf dieser Frist kommt der Vertrag zustande, wenn der Verkäufer das Vertragsangebot nicht vorher schriftlich abgelehnt hat.

2 Preise

Die Preise sind Festpreise einschließlich Umsatzsteuer und verstehen sich ohne jeden Abzug.

Preiserhöhungen nach Vertragsabschluss für Einrichtungsgegenstände, die noch nicht angeliefert wurden, gehen zu Lasten des Käufers.

3 Änderungsvorbehalt

Serienmäßig hergestellte Möbel werden nach Muster oder Abbildung verkauft.

Es besteht kein Anspruch auf Lieferung der Ausstellungsstücke, es sei denn, dass bei Vertragsabschluss eine anderweitige Verfügung getroffen wurde.

Handelsübliche und zumutbare Farb- und Maserungsabweichungen bei Naturmaterialien (z. B. Holz, Stein, Leder) bleiben vorbehalten.

Ebenso bleiben Abweichungen bei Textilien (Möbel- und Dekorationsstoffen) vorbehalten hinsichtlich auch größerer Abweichungen in der Ausführung gegenüber Stoffmustern, insbesondere im Farbton.

Die angegebenen Maßdaten der zu liefernden Einrichtungsgegenstände sind annähernd. Für Abweichungen übernimmt der Verkäufer keine Garantie.

4 Lieferfrist

Falls der Verkäufer die vereinbarte Lieferfrist nicht einhalten kann, hat der Käufer eine angemessene Nachlieferfrist – beginnend vom Tage des Eingangs der schriftlichen Inverzugsetzung durch den Käufer oder im Fall kalendermäßig bestimmter Lieferfrist mit deren Ablauf – zu gewähren. Liefert der Verkäufer bis zum Ablauf der gesetzten Nachlieferfrist nicht, kann der Käufer vom Vertrag zurücktreten.

4.1 Die gesetzlichen Bestimmungen in Bezug auf Schadenersatz wegen Nichterfüllung bleiben unberührt.

5 Gewährleistung

5.1 Als Gewährleistung kann der Käufer grundsätzlich zunächst nur Nachbesserung verlangen.

5.2 Der Verkäufer kann, statt nachzubessern, eine Ersatzsache liefern.

5.3 Grundsätzlich kann der Käufer mögliche Gewährleistungsansprüche nur gegen den Hersteller der Einrichtungsgegenstände geltend machen.

5.4 Gewährleistungsansprüche verjähren vier Monate nach Übergabe.

3 Kaufvertrag beim Warenverkauf

3.1 Zustandekommen eines Kaufvertrags

Bestellen ohne Angebot — geht das denn?

■ **SITUATION**

Im Supermarkt Manz steht die Kundin Corinna Lindberg an der Käsetheke.

Erste Verkaufssituation	Zweite Verkaufssituation
Frau Lindberg: „Guten Morgen Sandra, heute bitte 200 g Käseaufschnitt!"	Verkäuferin Sandra: „Guten Morgen Frau Lindberg! Heute haben wir jungen Gouda im Angebot. 100 g nur 79 Cent!"
Verkäuferin Sandra: „Gerne, Frau Lindberg. Ich schneide wie immer besonders dünne Scheiben!"	Frau Lindberg: „Da nehme ich 200 g. Bitte schneiden Sie dünne Scheiben!"

1. Klären Sie, wie in den beiden Verkaufssituationen der Kaufvertrag zustande gekommen ist.
2. Welche der beiden Verkaufssituationen ist in der Praxis der Regelfall? Erläutern Sie, warum dies so ist.

Zustandekommen eines Kaufvertrags

■ Abschluss des Kaufvertrags

Für den **Abschluss** von Kaufverträgen gelten die im Kapitel 2 genannten Grundsätze zu Rechtsgeschäften. Insbesondere muss eine **Einigung** zwischen dem **Verkäufer** und **Käufer** durch **zwei übereinstimmende Willenserklärungen** gegeben sein. Die zuerst abgegebene Willenserklärung wird als **Antrag** bezeichnet. Die zweite, zustimmende Willenserklärung, heißt **Annahme**. Mit Annahme eines Antrags ist ein Vertrag rechtswirksam abgeschlossen.

Wenn der **Antrag** zum Abschluss eines Kaufvertrages vom **Verkäufer** ausgeht, wird er in der kaufmännischen Praxis als **Angebot** und die **Annahme** durch den **Käufer** als **Bestellung** bezeichnet. Eine **Bestellung** liegt ebenfalls vor, wenn der Antrag vom Käufer ausgeht. Die **Annahme** durch den **Verkäufer** erfolgt in diesem Fall durch eine **Bestellungsannahme** (Auftragsbestätigung).

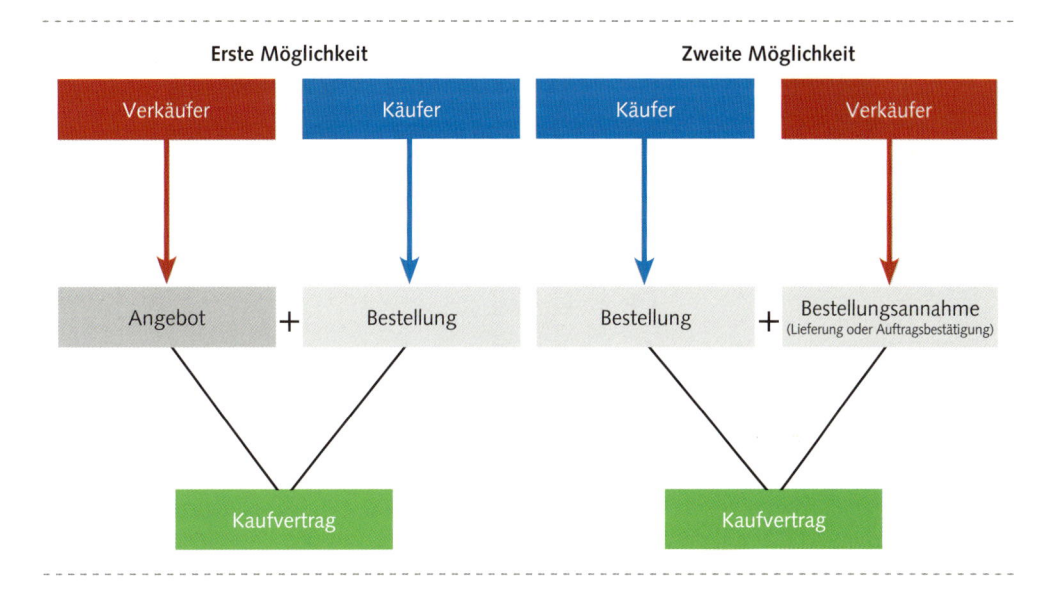

Erste Möglichkeit: Verkäufer → Angebot + Käufer → Bestellung = Kaufvertrag

Zweite Möglichkeit: Käufer → Bestellung + Verkäufer → Bestellungsannahme (Lieferung oder Auftragsbestätigung) = Kaufvertrag

Bedeutung der Willenserklärungen beim Kaufvertrag

Anfrage	→	Sie dient dazu, einen Überblick über das Sortiment bzw. Lieferprogramm eines oder mehrerer Anbieter zu bekommen. Anfragen sind rechtlich immer unverbindlich.
Angebot	→	Rechtlich bindender Antrag eines Verkäufers an einen bestimmten Käufer, eine Ware zu bestimmten Bedingungen zu verkaufen. Der Verkäufer kann die Verbindlichkeit entweder teilweise („solange Vorrat reicht") einschränken oder ganz („freibleibend") ausschließen. Man nennt dies Freizeichnungsklauseln.
Bestellung	→	Bindende Verpflichtung eines Käufers, Ware zu festgelegten Bedingungen zu erwerben.
Bestellungsannahme	→	Bestätigung eines Verkäufers gegenüber einem Käufer, dass er dessen Bestellung erhalten hat.

Keine Angebote im rechtlichen Sinne, sondern sogenannte **Anpreisungen** sind:
> Anzeigen in Zeitungen,
> Kataloge und Preislisten,
> Plakate und Handzettel,
> Anpreisungen in elektronischen Medien (Internet)

Aufforderung an die Allgemeinheit zur Abgabe eines Antrags (Bestellung).

Anmerkung: Die Warenpräsentation in Regalen, Truhen, Schütten usw., wie sie in Selbstbedienungsgeschäften die Regel ist, stellt rechtlich ebenfalls nur eine Aufforderung zur Abgabe eines Antrags dar. Folglich macht erst der Kunde, indem er z. B. seine Ware an einer Kasse auf das Band legt, einen Antrag.

Kaufverträge können auf viele Arten zustande kommen:

Käufer → ① Anfrage (= kein Angebot) → **Verkäufer**
Käufer ← ② rechtsverbindliches Angebot (= Antrag) ← **Verkäufer**
Käufer → ③ Bestellung entsprechend dem Angebot (= Annahme) → **Verkäufer**

↓

Kaufvertrag ② + ③

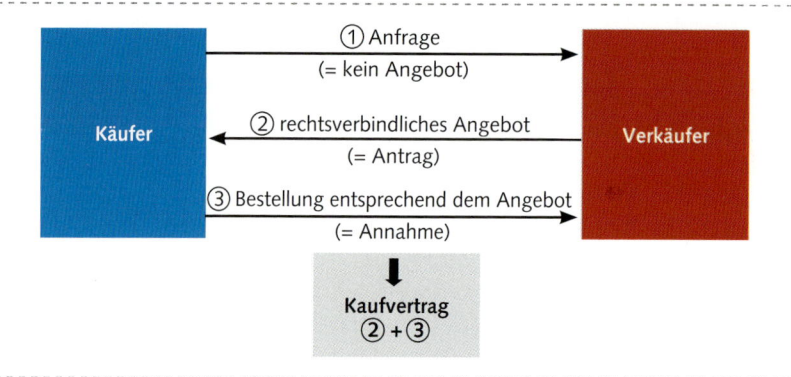

Abb. 1

>> **Beispiel:** Die Auszubildende Stefanie Müller benötigt einen PC mit Flachbildschirm, Drucker und Standardsoftware. Da sie dafür höchstens nur 1.000 € ausgeben möchte, nimmt sie über das Internet Kontakt mit der Multi-Vision GmbH (Anfrage) auf und bittet um ein konkretes und schriftliches Angebot. Das Unternehmen sendet Stefanie daraufhin unverzüglich ein Angebotsschreiben mit genauen Artikelbezeichnungen, Leistungs- und Preisangaben zu den einzelnen Geräten im Rahmen ihrer Preisvorstellungen (Antrag). Bestellt Stefanie Müller entsprechend den Angaben der Multi-Vision GmbH (Annahme), kommt ein Kaufvertrag zustande (Abb. 1).

Käufer ← ① Katalogangebot (= kein rechtsverbindliches Angebot) ← **Verkäufer**
Käufer → ② Bestellung entspr. Katalogangebot (= Antrag) → **Verkäufer**
Käufer ← ③ Lieferung oder Auftragsbestätigung entspr. der Bestellung (= Annahme) ← **Verkäufer**

↓

Kaufvertrag ② + ③

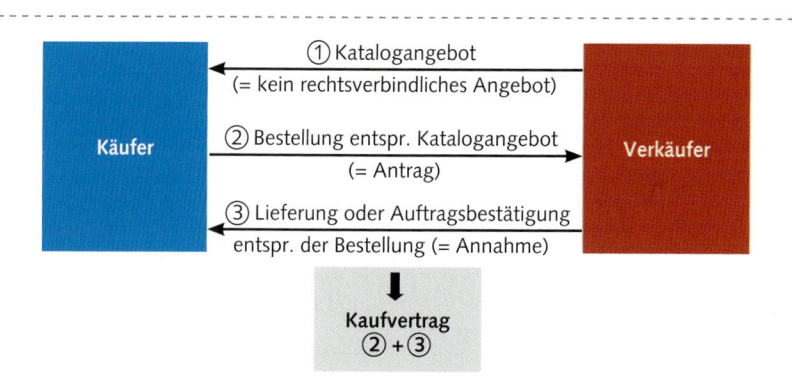

Abb. 2

Zustandekommen eines Kaufvertrags

LF 3

> **Beispiel:** Bestellt Stefanie Müller den PC auf der Grundlage eines Katalogs der Multi-Vision GmbH (Bestellung), so kommt erst durch die Auftragsbestätigung oder Lieferung der Multi-Vision GmbH (Annahme) ein Kaufvertrag zustande, weil die Katalogangaben sich an die Allgemeinheit richten (Abb. 2).

```
                    ① Angebot mit Freizeichnungsklausel
                 ←─────────────────────────────────────
                    (= eingeschränktes/unverbindliches Angebot)

                              ② Bestellung
    Käufer       ─────────────────────────────────────→    Verkäufer
                              (= Antrag)

                    ③ Lieferung oder Auftragsbestätigung
                 ←─────────────────────────────────────
                    entspr. der Bestellung (= Annahme)

                                    ↓
                              Kaufvertrag
                                ② + ③
```

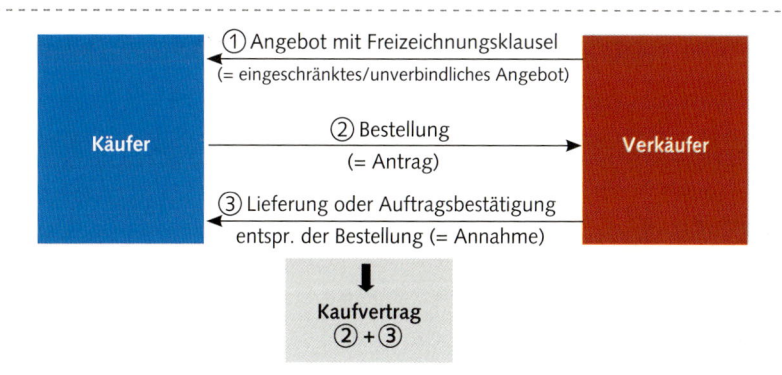

Abb. 3

> **Beispiel:** Die Multi-Vision GmbH bietet Stefanie den PC einschließlich Monitor, Drucker, Software zu einem Setpreis von 990,00 € an, allerdings mit dem Zusatz „… bieten wir Ihnen unverbindlich an: …". Dadurch schließt der Anbieter jegliche Bindung an sein Angebot aus. Bestellt Stefanie (Antrag) entsprechend den Angebotsbedingungen, so kommt erst durch die Lieferung oder eine Auftragsbestätigung der Multi-Vision GmbH (Annahme) der Kaufvertrag zustande (Abb. 3).

■ AKTION

1 Wie kommt in den folgenden Fällen der Kaufvertrag zustande?
   a) Frau Lohmann lässt sich im Textil-Markt mehrere Blusen vorlegen. Nach langem Überlegen entscheidet sie sich für eine weiße Seidenbluse von Mondi mit den Worten: „So was habe ich schon lange gesucht, die nehme ich!"
   b) Frank bestellt im Online-Shop der Firma Compex Farbpatronen sowie CD-Rohlinge zu einem Preis von 125,00 €. Er erhält die Ware schon einen Tag später mit DHL.
   c) Das Versandhaus Pro-Arte inseriert im Magazin Frau und Haus: „Noch heute bestellen! Nur solange Vorrat reicht!"

2 Herr Polt, Sportwart des Neuburger Alpenvereins, bestellt für Mitglieder aus dem aktuellen Katalog der Alpin-Sports AG 20 Trekking-Rucksäcke, Artikel-Nr. 58679, zum Listenpreis von 48,50 €. In ihrem Antwortschreiben bedankt sich die Alpin-Sports AG für die Bestellung und drückt ihr Bedauern aus, dass es sich bei dem gewünschten Artikel um ein Auslaufmodell handle, das nicht mehr lieferbar sei. Gleichzeitig bietet der Rucksackhersteller Herrn Polt das verbesserte Nachfolgemodell zu einem geringfügig höheren Preis von 49,95 € an. Herr Polt bestellt daraufhin die angebotenen Rucksäcke, allerdings zum ursprünglich vorgesehenen Preis von 48,50 € je Stück. Beurteilen Sie die Rechtslage.

3.2 Verpflichtungs- und Erfüllungsgeschäft am Beispiel des Kaufvertrags

Wer Rechte hat, der hat auch Pflichten!

■ SITUATION

Carolin Hildenbrandt schließt mit dem Einrichtungshaus Wohnwelt GmbH folgenden Kaufvertrag:

WOHNWELT GMBH NEUBURG					
Kaufvertrag und Auftragsbestätigung		Nr. 22456		Auftragsdatum 25-05-20..	
Name *Hildenbrandt, Carolin*						
Straße *Einsteinstraße 17*		Lieferanschrift *wie Besteller*			
PLZ *88888*	Ort *Neuburg*	Lieferung nach Fertigstellung ca. *Mitte Juli*			
Tel. *07654 2345* Ich/Wir bestelle/n zu den umseitig genannten Verkaufs- und Lieferbedingungen:					
Artikel-Nr. *07342*	Menge *1*	Modell *La Fleur*		Gegenstand *Frisiertisch mit Spiegel Esche natur*	Preis *799,– Euro*
Zahlung bar ☐		bei Warenerhalt bar ☒ Scheck ☐			
Besteller *Carolin Hildenbrandt*		Berater *Hofmeister*			
WOHNEN IN SEINER SCHÖNSTEN FORM					

1. Welche Pflichten gehen die Vertragspartner durch den Abschluss des Kaufvertrags ein (Verpflichtungsgeschäft)?
2. Welche konkreten Handlungen nehmen das Möbelhaus als Verkäufer und Frau Hildenbrandt als Käuferin vor, um den Verpflichtungen aus dem Kaufvertrag nachzukommen (Erfüllungsgeschäft)?
3. Bei dem Kaufgegenstand handelt es sich um ein Ausstellungsstück, dessen Produktion vom Hersteller eingestellt wurde. Der Berater von Frau Hildenbrandt unterlässt es, seine Kollegen vom Verkauf des Möbelstücks zu informieren mit der Folge, dass ein anderer Mitarbeiter den gleichen Frisiertisch kurze Zeit später an einen anderen interessierten Kunden veräußert.
   a) Welcher Vertrag ist gültig?
   b) Welche Probleme ergeben sich in Bezug auf das Erfüllungsgeschäft?

■ INFORMATION

■ Rechte und Pflichten der Kaufvertragspartner

Durch den Abschluss eines Kaufvertrages verpflichten sich Käufer und Verkäufer, die eingegangenen Verpflichtungen ordnungsgemäß zu erfüllen. Ein Kaufvertrag besteht somit aus **zwei** Rechtsgeschäften: **Verpflichtungsgeschäft** und **Erfüllungsgeschäft**.

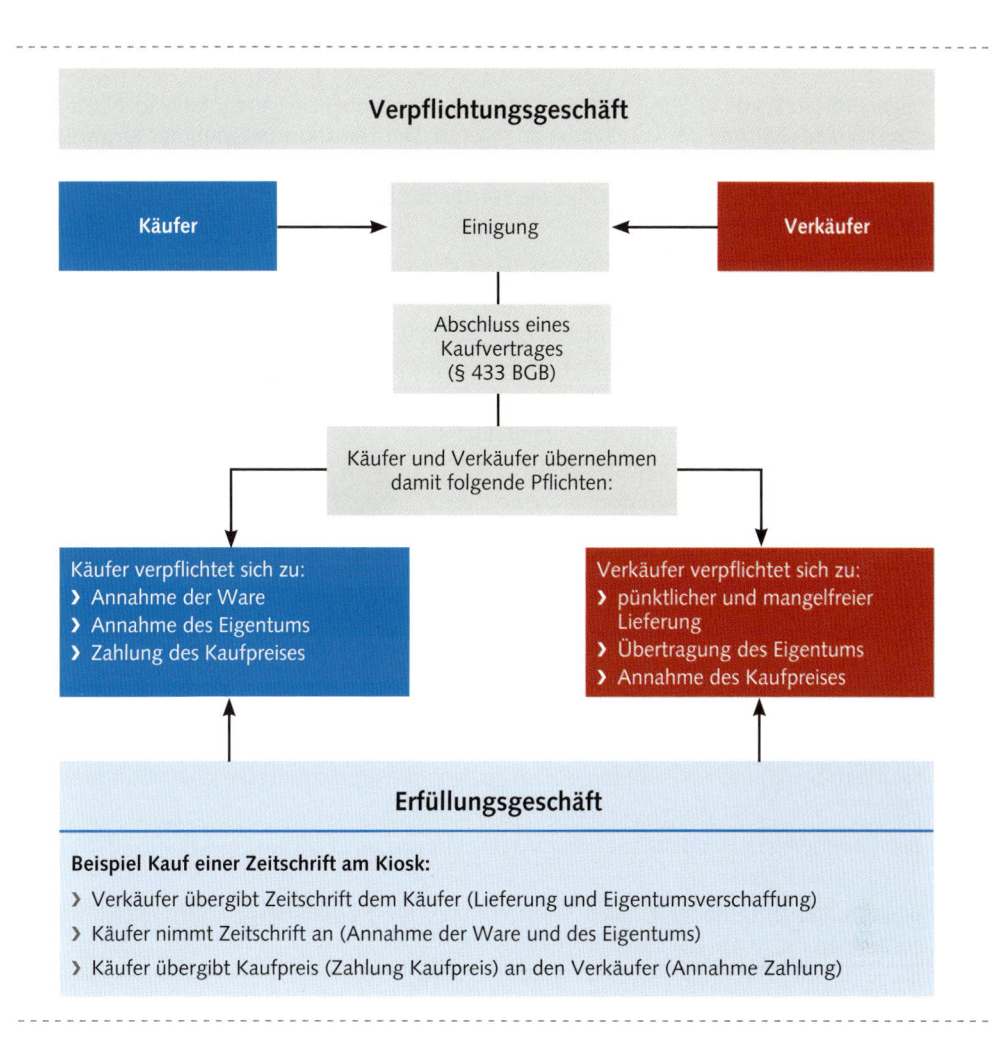

Verpflichtungs- und Erfüllungsgeschäft am Beispiel des Kaufvertrags

Verpflichtungsgeschäft

Käufer → Einigung ← **Verkäufer**

Abschluss eines Kaufvertrages (§ 433 BGB)

Käufer und Verkäufer übernehmen damit folgende Pflichten:

Käufer verpflichtet sich zu:
> Annahme der Ware
> Annahme des Eigentums
> Zahlung des Kaufpreises

Verkäufer verpflichtet sich zu:
> pünktlicher und mangelfreier Lieferung
> Übertragung des Eigentums
> Annahme des Kaufpreises

Erfüllungsgeschäft

Beispiel Kauf einer Zeitschrift am Kiosk:
> Verkäufer übergibt Zeitschrift dem Käufer (Lieferung und Eigentumsverschaffung)
> Käufer nimmt Zeitschrift an (Annahme der Ware und des Eigentums)
> Käufer übergibt Kaufpreis (Zahlung Kaufpreis) an den Verkäufer (Annahme Zahlung)

Verpflichtungs- und **Erfüllungsgeschäft** sind voneinander **unabhängige Rechtsgeschäfte**. In vielen Fällen folgen sie zeitlich unmittelbar aufeinander *(Warenkauf in Geschäft)*, aber es können auch erhebliche Zeiträume zwischen Verpflichtung und Erfüllung bestehen *(Kauf eines Sportwagens mit zwei Jahren Lieferzeit)*.

Widerrufsrecht bei Verbraucherverträgen

Im Rahmen des ambulanten Handels sind die Vorschriften des § 312 BGB bei sogenannten **Haustürgeschäften** zu beachten. Dabei handelt es sich um den Abschluss von Kaufverträgen am Arbeitsplatz, im Bereich der Privatwohnung sowie im Rahmen von Freizeitveranstaltungen (Kaffeefahrt), auf Märkten oder in öffentlichen Verkehrsmitteln. Da aufgrund des Überraschungsmoments und der kurzen Überlegungsfrist eine mögliche Benachteiligung des Kunden erwartet werden kann, hat der Gesetzgeber für diese Fälle ein Widerrufsrecht vorgesehen. Dieses Recht muss innerhalb von zwei Wochen in Textform der erworbenen Sache wahrgenommen werden (§ 355 BGB).

LF 3

Kaufvertrag beim Warenverkauf

■ AKTION ■

1 Ilse Sander bestellt am 18. April beim Versandhaus Lutz GmbH ein Damenfahrrad. Nach einer Woche wird das Fahrrad bei Frau Sander angeliefert. Der Transportunternehmer lässt sich den Empfang des Fahrrads bestätigen und übergibt Frau Sander die Rechnung über den vereinbarten Kaufpreis in Höhe von 790,00 €, die von der Bestellerin fristgerecht am 29. April durch Überweisung beglichen wird.

Bestimmen und erläutern Sie auf der Grundlage des vorgegebenen Sachverhalts den Unterschied zwischen Verpflichtungs- und Erfüllungsgeschäft.

2 Bei Flugreisen kommt es gelegentlich vor, dass Flüge überbucht sind, d.h., die Fluggesellschaft hat vorab mehr Tickets für einen Flug verkauft, als Sitzplätze vorhanden sind. Damit möchte die Fluggesellschaft kurzfristige Rücktritte von Passagieren auffangen.

Welche rechtlichen Probleme können durch diese Geschäftspraktik auf die Fluggesellschaft zukommen?

3 Entscheiden Sie, welche der folgenden Aussagen zum Verpflichtungs- bzw. Erfüllungsgeschäft falsch sind:

a) Verpflichtungsgeschäfte müssen stets schriftlich abgeschlossen werden.

b) Beim Verpflichtungsgeschäft werden die Rechte und Pflichten der Vertragspartner vereinbart.

c) Kaufverträge können in Ausnahmefällen auch ohne Verpflichtungsgeschäft Gültigkeit besitzen.

d) Beim zweiseitigen Handelskauf fallen Verpflichtungs- und Erfüllungsgeschäft zeitlich nicht immer zusammen.

e) Beim Verbrauchsgüterkauf fallen Verpflichtungs- und Erfüllungsgeschäft zeitlich immer zusammen.

f) Erfüllungsgeschäfte sind einseitige Rechtsgeschäfte.

4 Eine Kundin kauft in der Boutique LaModa einen Hosenanzug zu 399,00 €. Sie bezahlt bar und nimmt ihn mit.

Erläutern Sie die drei Rechtsgeschäfte, die bei diesem Kauf stattgefunden haben.

Besitz und Eigentum

4 Besitz und Eigentum

Mein Haus, mein Auto, mein Boot! Gehört rechtlich eine Sache immer demjenigen, der sie gerade besitzt?

■ SITUATION

Alltag im Lebensmitteleinzelhandel: Armin Klein schiebt seinen Einkaufswagen durch den Supermarkt Manz KG und überlegt sich, welche Lebensmittel er noch einkaufen muss. Beim Gang durch die Regalreihen entdeckt er auch ein Sonderangebot eines bekannten Champagnerherstellers, von dem er zwei Flaschen für besondere Anlässe in seinen Wagen legt. An der Kasse legt er die Waren auf das Band. Die Kassiererin erfasst die Artikel und Herr Klein packt die bereits registrierten Produkte in seine Einkaufstasche. Schließlich nennt die Verkäuferin dem Kunden noch den zu zahlenden Gesamtbetrag, den Herr Klein bar entrichtet.

1. Entscheiden Sie in den folgenden Fällen, wer Eigentümer und wer Besitzer ist (§§ 854, 929 BGB):
   Fall 1: Die Waren befinden sich noch im Regal des Supermarktes Manz KG.
   Fall 2: Die gewünschten Artikel liegen im Einkaufswagen von Herrn Klein.
   Fall 3: Herr Klein bezahlt die Waren an der Kasse und packt sie in seine Einkaufstasche.
2. Der von Herrn Klein erworbene Champagner wurde seitens des Herstellers unter Eigentumsvorbehalt (§ 455 BGB) geliefert und von der Manz KG noch nicht bezahlt. Wurde Herr Klein dennoch Eigentümer des Champagners (§ 932 BGB)?
3. Wie wäre der Sachverhalt 2 zu beurteilen, wenn der Champagner von einer gestohlenen Lastwagenlieferung stammte (§ 935 BGB)?

■ INFORMATION

■ Rechtliche Unterschiede zwischen Besitz und Eigentum

Wer etwas kaufen oder verkaufen möchte, muss dazu auch berechtigt sein. Deshalb unterscheidet man im Kaufvertragsrecht zwischen **Besitz** und **Eigentum**. Nur der Eigentümer einer Sache kann über sie verfügen und sie z. B. verkaufen, vermieten, verschenken oder auch vernichten (In der Umgangsprache sagt man: „Er hat das Recht dazu!").

Der **Eigentümer** hat somit die **rechtliche Herrschaft** über eine Sache (§ 903 BGB). Sie gehört ihm. In den meisten Fällen ist der Eigentümer einer Sache auch ihr Besitzer. **Besitzer** heißt, dass man die Sache „hat", d. h. man übt die **tatsächliche Herrschaft** darüber aus. Es ist auch möglich, dass der Eigentümer nicht Besitzer ist, weil er die Sache einer anderen Person überlassen hat. Er bleibt aber Eigentümer. Die andere Person ist dann als Nutzer der Sache Besitzer ohne Eigentümer zu sein.

>> **Beispiel:** Jens Martinen aus Lindau ist stolzer Eigentümer einer Segelyacht. Fast jedes Wochenende nutzt er zu einem Segeltörn auf dem Bodensee. Er ist sowohl Besitzer als auch Eigentümer des Schiffes. Vermietet er es nun für eine Woche an seinen Arbeitskollegen Peter Petersen, so bleibt Herr Martinen Eigentümer und Herr Petersen wird Besitzer, da er das Boot tatsächlich hat und nutzt.

■ Eigentumsübertragung an beweglichen Sachen

An **beweglichen** Sachen erfolgt die **Eigentumsübertragung** in zwei Schritten.

Erster Schritt: Verkäufer und Käufer sind sich beide einig, dass das Eigentum übergehen soll (zwei übereinstimmende Willenserklärungen).

Zweiter Schritt: Übergabe der Ware an den Käufer.

Der Erwerb des Eigentums ist unabhängig davon, ob die Ware zum Zeitpunkt der Übergabe bereits bezahlt ist oder nicht.

>> **Beispiel:** Herbert Frey stößt bei seinem Einkaufsbummel durch die Innenstadt bei einem Antiquitätenhändler auf ein interessantes Möbelstück aus der Biedermeierzeit. Nach kurzen Verhandlungen einigt er sich preislich mit dem Händler Baumann und erwirbt das attraktive Mobiliar. Da Herr Frey mit öffentlichen Verkehrsmitteln angereist war, will er den Kaufgegenstand erst am nächsten Tag abholen. Antiquitätenhändler Baumann ist weiterhin Besitzer (weil das Möbelstück in seinem Geschäft steht), aber auch weiterhin Eigentümer, weil die Sache noch nicht übergeben wurde.

Mit dem Abschluss des Kaufvertrages hat sich Herr Baumann aber verpflichtet, seine Verpflichtungen zu erfüllen, d. h. den Kaufgegenstand an den Käufer zu übergeben. Wenn Herr Frey am nächsten Tag das bezahlte Möbelstück abholt, geht es in seinen Besitz und sein Eigentum über.

Für den Fall, dass sich die Ware bereits beim Kunden befindet, genügt zur Eigentumsübertragung die Einigung. Eine Übergabe ist ja nicht möglich (§ 929 BGB). Im Einzelhandel kommen solche Fälle immer wieder vor.

Besitz und Eigentum

> **Beispiel:** Eine Mutter nimmt in einem Kinderfachgeschäft mehrere Kleidungsstücke für ihre zweijährige Tochter zur Ansicht mit. Die passenden Artikel behält und bezahlt sie, den Rest bringt sie zurück.

■ Gutgläubiger Eigentumserwerb

Wenn der **Käufer** eines Gegenstandes den **Verkäufer** für den **rechtmäßigen** Eigentümer hält (er ist dann „im guten Glauben"), wird er auch dann **Eigentümer**, wenn dieser **Gegenstand** dem **Verkäufer** gar **nicht** gehört (§ 932 BGB). Diese auf den ersten Blick befremdliche Regelung erleichtert aber in der Praxis erheblich den Abschluss von Verträgen. Dank dieser Rechtsvorschrift im BGB muss man als Käufer nicht jedes Mal prüfen, ob der Verkäufer über die Sache, die man erwerben möchte, auch die rechtliche Verfügungsgewalt (Eigentum) hat.

Der **Käufer** ist allerdings dann **nicht** im guten Glauben, wenn ihm bekannt oder infolge grober Fahrlässigkeit unbekannt ist, dass die Sache dem Verkäufer nicht gehört. In diesem Fall wird kein Eigentum erworben.

> **Beispiel:** Sandra hat ihre Ausbildung im Einzelhandel erfolgreich abgeschlossen und möchte ihre Schulbücher, die sie von der Schule geliehen hat, an Jana, ihre Kollegin im ersten Ausbildungsjahr, verkaufen. Jana wird nicht Eigentümerin, denn anhand des Schulstempels in den Büchern sieht sie, dass Sandra nicht die Eigentümerin ist.

Ein **gutgläubiger Eigentumserwerb** ist an **gestohlenen** Gegenständen **nicht** möglich. Wer über gestohlene Gegenstände verfügt, ist immer nur Besitzer und nie Eigentümer.

■ Eigentumsvorbehalt

Nicht nur im Einzelhandel ist es weit verbreitete Geschäftspraxis, Waren unter Einräumung eines Zahlungsziels zu liefern. Um sicherzustellen, dass der Kunde auch den Kaufpreis entrichtet, wird häufig ein Eigentumsvorbehalt wie unter Punkt 4 der folgenden Geschäftsbedingungen eines Einrichtungshauses vereinbart:

> **Beispiel:** Auszug aus den Geschäftsbedingungen der Wohnwelt GmbH

...
1. Zahlbar ohne jeden Abzug.
2. Bei mangelhafter Lieferung hat der Käufer die Rechte nach dem BGB; Herabsetzung des Kaufpreises kann jedoch nicht verlangt werden.
3. Soweit Ware wegen Produktionseinstellung oder Produktionsänderung durch Deckungskauf nicht mehr beschaffbar ist, können wir innerhalb einer Frist von drei Wochen ab Datum Kaufbestätigung/Rechnung zurücktreten.
4. Die Ware bleibt bis zur vollständigen Bezahlung unser Eigentum.
...

Durch den Eigentumsvorbehalt (§ 449 BGB) wird der **Käufer** nur **Besitzer** der Sache und der **Verkäufer bleibt Eigentümer**, bis der Kaufpreis vollständig bezahlt wurde. Falls der Kunde nicht bezahlt, hat der Veräußerer jederzeit das Recht auf Herausgabe der Ware.

Besitz und Eigentum

Erlöschen des Eigentumsvorbehalts	
Gründe	**Beispiele**
› Weiterveräußerung an einen gutgläubigen Dritten (§ 932 BGB)	Wenn der gesetzliche Vertreter vor Abschluss des Rechtsgeschäfts seine Zustimmung erteilt (Einwilligung), dann ist das Rechtsgeschäft sofort voll wirksam (§ 107 BGB).
› Verarbeitung (§ 950 BGB)	Die für einen Kindergarten von Bastel-Mayer gelieferten Rundhölzer sind bereits für Spiele in den Gruppen zersägt und bemalt worden.
› Verbrauch	Familie Ulrich hat das von der Brennstoff-GmbH gelieferte Heizöl bereits verfeuert.
› Zerstörung	Körbers neuer Fernseher (Ratenkauf) fällt beim Umräumen aus der Schrankwand.
› Feste Verbindung mit einer unbeweglichen Sache (§ 946 BGB)	Heimwerker Pantini hat die vom Hornberg-Baumarkt bezogenen Fliesen in seiner neuen Heimsauna verlegt.

■ AKTION

1 Simone Bruderek kauft auf dem Flohmarkt eine auffallend schöne Taschenuhr. Der Händler betont, dass er die Uhr aus einem Nachlass erworben habe. Später stellt sich heraus, dass die Uhr bei einem Einbruch gestohlen wurde.

Wie ist die Rechtslage?

2 Konstruieren Sie selbst einen Fall, mit dem Sie einem Laien den „gutgläubigen Eigentumserwerb" erklären können.

3 Der Heimwerker Ferdinand Wagner benötigt für einen Anbau seines Hauses Baumaterial (Ziegelsteine, Zement, Sand) und Handwerkszeug (Kelle, Kübel, Eimer, Wasserwaage). Beides kauft er bei der All-Bau GmbH & Co. Das Werkzeug bezahlt Herr Wagner bar und nimmt es sofort mit, die Baustoffe werden auf Rechnung erworben und am nächsten Tag angeliefert. In den Allgemeinen Geschäftsbedingungen (AGB) der All-Bau GmbH & Co. ist vermerkt, dass der Baufachmarkt bis zur vollständigen Bezahlung Eigentümer der Ware bleibt.

a) Entscheiden und begründen Sie, wer nach dem Einkauf von Ferdinand Wagner Eigentümer bzw. Besitzer des Werkzeugs und der Baustoffe ist.

b) Ändern sich die Eigentums- oder Besitzverhältnisse, wenn die Baustoffe bei Herrn Wagner angeliefert und auf seinem Grundstück abgeladen werden?

c) Warum eignet sich der in den AGB vereinbarte Eigentumsvorbehalt nicht zur Absicherung von Kaufpreisforderungen beim Verkauf von Baumaterialien?

4 Beurteilen Sie, ob die folgenden Aussagen richtig oder falsch sind:

a) Eigentumsvorbehalt bedeutet, dass ein Käufer erst Besitzer der von ihm erworbenen Ware wird, wenn er sie vollständig bezahlt hat.

Anforderungen beim Kassieren

LF 3

b) Einzelhändler Müller kauft bei seinem Lieferanten Schmidt Ware, die dieser unter Eigentumsvorbehalt liefert. Müller verkauft die noch nicht bezahlte Ware an seinen Kunden Maier. Da Einzelhändler Müller nicht bezahlt, fordert Lieferant Schmidt die Ware vom Kunden Maier zurück.

c) Wenn ein Käufer mehr als die Hälfte des Kaufpreises bezahlt hat, erlischt ein Eigentumsvorbehalt.

d) Ein Eigentumsvorbehalt erlischt durch die vollständige Zahlung des Kaufpreises.

5 Lesen Sie nochmals die Aufgabe zur Situation „Nichtigkeit von Rechtsgeschäften" auf Seite 367. Wie beurteilen Sie jetzt den Fall?

5 Servicebereich Kasse

5.1 Anforderungen beim Kassieren

Die Kasse – mehr als nur Geldverkehr!

■ SITUATION

Janina arbeitet seit kurzem an einer Supermarktkasse. Heute trifft sie sich an ihrem freien Tag mit ihrer besten Freundin Simone.

Simone: „Na Janina, du hast ja wirklich einen schlauen Job bekommen. Du sitzt bequem, ziehst Ware über einen Scanner, musst auch nichts rechnen, denn die Kasse gibt dir auch noch das Rückgeld an."

Janina: „Da täuschst du dich aber, ich bin abends ganz schön erledigt. Ich habe mir das auch einfacher vorgestellt!"

Welche der Anforderungen an eine Kassierkraft führen zu physischen und psychischen Belastungen? Zeichnen Sie dazu eine Mindmap.

■ INFORMATION

Um ein reibungsloses Kassieren zu gewährleisten, sind eine Reihe von **Anforderungen** vom Kassenpersonal zu erfüllen, wie sie in der umseitigen Abbildung dargestellt sind.

Für alle Betriebsformen des Handels gilt:

Der Kassenbereich ist ein „Aushängeschild" des Geschäfts. Nach dem Kassiervorgang verlässt der Kunde i. d. R. das Geschäft. Es hängt entscheidend vom Verhalten des Kassenpersonals ab, ob es beim Kunden zu einer **positiven Nachwirkung** kommt, denn man sollte immer daran denken: **Nach dem Kauf ist vor dem Kauf!**

Servicebereich Kasse

Anforderungsprofil an eine Kassierkraft

- ehrlich
- zuverlässig
- vertrauenswürdig
- technisches Verständnis
- belastbar
- selbstständig

- freundlich
- aufmerksam
- konzentriert
- gute Umgangsformen
- merkfähig
- flink

■ Möglichkeiten zur Kassierung des Kaufpreises

Beim **Kassieren** des Kaufpreises gibt es grundsätzlich **drei** Möglichkeiten:

Einzelkassierung	Das Kassieren ist eine Aufgabe des Verkaufspersonals. Es nimmt die Zahlung entgegen und schreibt den Kunden eine Quittung aus oder überreicht ihnen den von der Kasse ausgeworfenen Kassenbon. Diese Kassierform findet sich häufig noch in kleinen und mittleren Geschäften.
Sammelkassierung	Hier wickeln mehrere Abteilungen oder Bereiche ihre Einnahmen über eine Kasse ab. Man findet diese häufig in großen Fachgeschäften und in den einzelnen Abteilungen der Waren- und Kaufhäuser. Das Verkaufspersonal nimmt in diesen Fällen keine Zahlungen an, begleitet aber den Kunden wenn möglich zur Sammelkasse.
Zentralkassierung	In Betriebsformen mit Selbstbedienung wird – meist an mehreren Kassen – zentral kassiert. Der Kunde bringt die Ware selbst dorthin und bezahlt. Das Inkasso nehmen speziell für diesen Zweck eingesetzte Kassierkräfte vor.

■ Kassieren in Selbstbedienungssystemen der Großbetriebe

In den **Großbetriebsformen** des Handels *(Fachmarkt, Verbrauchermarkt, Discounter)* kommen Groß-Kassenanlagen zum Einsatz, die ausschließlich dem Kassiervorgang dienen.

Für das **Kassierpersonal** bedeutet dies vor allem ein schnelles und zügiges Arbeiten, damit lange und für die Kunden ärgerliche Wartezeiten an den Kassen vermieden werden.

Anforderungen beim Kassieren

LF 3

■ Kassieren in mittleren und kleineren Betrieben

Bei mittleren und kleineren Einzelhandelsgeschäften übernimmt die **Kasse** meist mehrere **Funktionen**. So ist sie nicht nur **Kassierplatz**, sondern oft auch der **Ort**, an dem die Waren **verpackt** werden. Die **Kasse** dient außerdem als **Informationspunkt** für Kundenfragen und ist in vielen Fällen auch der Anlaufpunkt für **Beschwerden und Reklamationen**.

■ Arbeitsrisiken an der Kasse

Besonders in Selbstbedienungsläden ist das **Kassenpersonal** einer Reihe von körperlichen und seelischen **Belastungen** ausgesetzt. Die Arbeitsabläufe liegen fest und zeichnen sich durch ständige Wiederholung aus. Dazu wird das Arbeitstempo entscheidend durch die Länge der Warteschlange sowie das Verhalten der Kunden und Kundinnen vorgegeben.

Körperliche Risiken

Mediziner haben festgestellt, dass Kassenpersonal besonders häufig über Schmerzen in den Armen, im Rücken oder in den Händen klagt. Immer gleiche Bewegungen können auf Dauer zu **Haltungsproblemen** und **Verschleißerkrankungen** führen.

Deshalb sind **ergonomisch** gestaltete **Kassenarbeitsplätze** von besonderer Bedeutung.

Arbeitsfläche und Stuhl müssenw aufeinander abgestimmt, die Stühle müssen körpergerecht gestaltet sein und ein ermüdungsfreies und entspanntes Sitzen ermöglichen; außerdem ist auf eine ausreichende Beinfreiheit zu achten. Mehrseitenscanner erleichtern die Arbeit, da man die Artikel nicht nach dem Strichcode ausrichten muss.

Seelische Risiken

Neben den körperlichen Belastungen kann das Kassenpersonal in erheblichem Maß **psychischen Belastungen** ausgesetzt sein. So herrscht in Stoßzeiten ein enormer **Zeitdruck**. Zeitverzögerungen können eintreten, wenn z. B. Kunden Probleme bei der Geldübergabe haben oder zu langsam einpacken. Dadurch wird eine zügige Abfertigung blockiert und die Kassierkräfte sind häufig den Aggressionen der Kunden ausgeliefert und müssen aber auch in solchen Situationen ruhig und freundlich bleiben.

Servicebereich Kasse

■ AKTION

1. Zeigen Sie an zwei Merkmalen den Unterschied zwischen Einzel- und Zentralkassierung.

2. Welche zusätzlichen Funktionen übernehmen Kassen häufig in kleineren Betrieben und wie wirkt sich dies auf das Kassenpersonal aus?

   Listen Sie die Funktionen auf.

3. Nennen Sie typische Risiken, denen Kassierkräfte insbesondere in Selbstbedienungsgeschäften ausgesetzt sind.

4. Entwerfen Sie für Ihr Unternehmen ein Infoblatt zum Thema: „So halten Sie sich an der Kasse gesund!" Die folgenden Begriffe helfen Ihnen bei der Formulierung:

   Kassenstuhl – Warenbewegung – Körperhaltung – Arbeitspausen – Positives Denken.

   Informieren Sie sich zusätzlich bei Institutionen, die Ihnen zur Lösung dieser Aufgabe entsprechende Auskünfte geben können. Nutzen Sie auch das Internet.

5. Nennen Sie fünf Stichworte, wie man in einem SB-Geschäft als Kassierkraft bei den Kunden einen nachhaltig positiven Eindruck erzeugt.

5.2 Kassensysteme

„Was kostet denn der Malkasten?"
Fehlende Preise – Ärger programmiert!

■ SITUATION

Bei Omnia-Discount am Gründonnerstag: Alle Kassen geöffnet und trotzdem Schlangen ohne Ende. Endlich ist Frau Müller mit ihrem völlig überladenen Einkaufswagen und zwei nervenden Kindern am Check-out bei Aynur angelangt. Frau Müller legt ihre Ostereinkäufe auf das Band, ist beinahe schon fertig, da fehlt beim Malkasten für den Kleinsten das Preisetikett.

Frau Müller: „Am Regal ist ein Schild, da steht 3,99 € drauf".

Aynur: „Das kann ich leider so nicht eingeben, da muss ich erst die Kollegin in der Schreibwarenabteilung anrufen, dass sie mir die Artikelnummer durchgibt."

Frau Müller: „Glauben Sie vielleicht, ich will euch betrügen?"

Nach drei Minuten hat Aynur endlich die Artikelnummer in Erfahrung bringen können und Frau Müller verlässt wütend und mit noch mehr nervenden Kindern den Markt.

> 1. Warum konnte Aynur nicht einfach den Preis für den Malkasten eintippen?
> 2. Wie können solche Situationen verhindert werden?
> 3. Beschreiben Sie, wie Sie in Ihrem Ausbildungsbetrieb Verkaufsdaten erfassen. Vergleichen Sie mit Ihren Mitschülerinnen und Mitschülern.

Kassensysteme

LF 3

■ INFORMATION

Im Einzelhandel ist, trotz der immer weiter vordringenden Computerisierung durch **Warenwirtschaftssysteme**, noch eine Vielzahl von unterschiedlichen **Kassensystemen** im Einsatz.

Diese reichen bei kleinen Geschäften von der einfachen **Kassenschublade** mit Taschenrechner über mechanische, elektrische und elektronische **Registrierkassen** bis zu **Datenkassen**, die an ein Rechnersystem angeschlossen sind und eine Vielzahl von Analysen und Auswertungen für den Einzelhändler ermöglichen.

> **Warenwirtschaft – Warenwirtschaftssystem – Kassen**
>
> Unter Warenwirtschaft versteht der Einzelhändler alle Tätigkeiten, die mit der Beschaffung, der Lagerung und dem Verkauf der Waren verbunden sind. Zur Verwaltung der dabei anfallenden Geschäftsprozesse dienen sogenannte Warenwirtschaftssysteme (WWS), die computergesteuert alle Waren- und Datenbewegungen, die im Einzelhandelsbetrieb anfallen, steuern und überwachen. Der Einsatz von Datenkassen ist eine Voraussetzung, damit die für betriebliche Entscheidungen notwendigen Informationen aus dem Verkauf gewonnen werden können.

■ Datenkassen

Bei **elektronischen Datenkassen** werden die Artikeldaten optisch-elektronisch **(Scanning)** erfasst.

Beim Lesen eines Strichcodes durch den Scanner wird lediglich die Nummer des Artikels erkannt. Die für den Kassiervorgang wichtigen Daten des Artikels, wie Preis- und Artikelbezeichnung, werden anhand dieser Nummer aus dem Rechnersystem, das diese und weitere Daten des Artikels wie in einer Warenkartei verwaltet, gelesen und in die Kasse übertragen.

Dieses Verfahren wird als „**Price-Look-Up" (PLU)-Verfahren** bezeichnet. Preisänderungen können so schnell und problemlos vorgenommen werden. Bei großen Filialunternehmen erhalten die Filialen z. B. Preisänderungen über Satellit in das Rechnersystem überspielt.

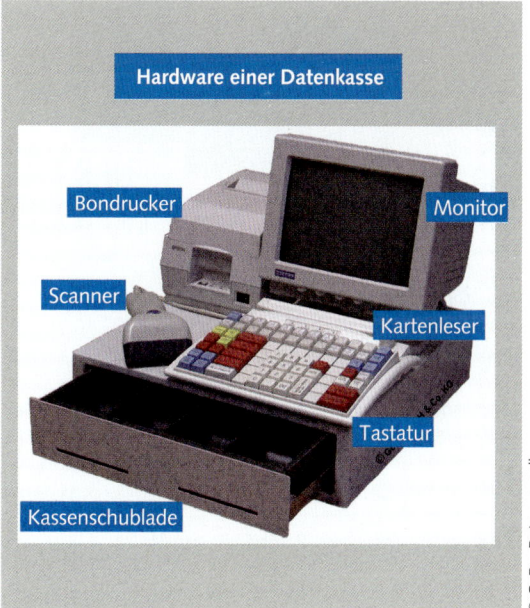

Hardware einer Datenkasse
Bondrucker, Monitor, Scanner, Kartenleser, Tastatur, Kassenschublade
© GeDv, Datenv. gesell.

Lesevorgang beim Scannen

Im Einzelhandel sind unterschiedliche **Scannersysteme** im Einsatz. **Mobile Scanner** *(Lesepistole)* erleichtern die Dateneingabe z. B. bei schweren und sperrigen Waren *(Möbel-, Baumarkt)*.

Servicebereich Kasse

Stationäre Scanner werden vornehmlich im Lebensmittelhandel eingesetzt. Die Ware wird von der Kassiererin dabei über ein Sichtfenster geführt. Im Kassendisplay erscheinen Artikelbezeichnung und Preis.

Der Scanner **liest** den **Balkencode**, indem er diesen mithilfe eines Laserstrahles auf helle und dunkle Flächen hin abtastet. Je nach Breite der dunklen Balken, die kein Licht reflektieren, und der hellen Flächen, die Licht reflektieren, wird die verschlüsselte Nummer, die die Balken darstellen, erkannt und in eine Ziffernfolge umgewandelt. Diese Ziffernfolge entspricht der Artikelnummer, unter der im zentralen Datenverarbeitungssystem des Unternehmens alle anderen Artikeldaten gespeichert und verwaltet werden.

Die Kassiererin erfährt durch Aufleuchten von Signallampen und/oder durch einen Signalton, ob der Artikel registriert wurde. Gelingt die Eingabe über den Scanner nicht *(defekter oder verschmutzter Balkencode)*, dann kann die Artikelnummer auch über die Tastatur von Hand eingegeben werden.

Elektronische Verkaufsdatenerfassung

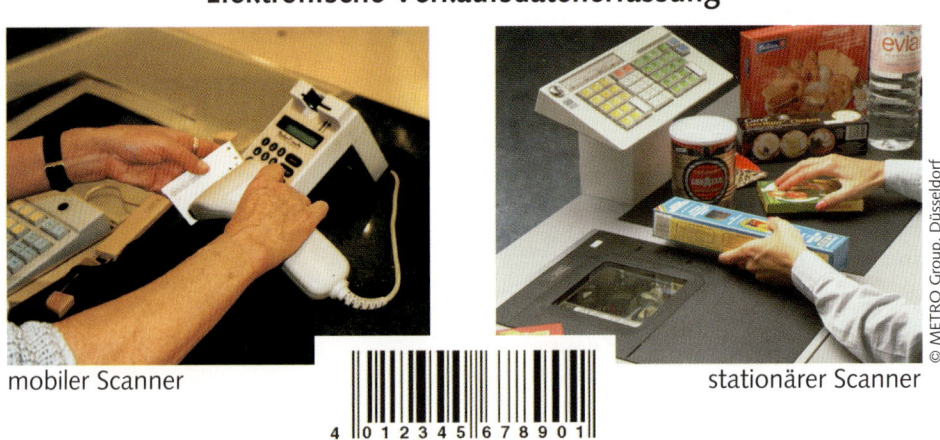

mobiler Scanner — stationärer Scanner

© METRO Group, Düsseldorf

Einsatzmöglichkeiten

Moderne Datenkassen verfügen über eine Vielzahl von Funktionen, die je nach Verkaufssituation benötigt werden.

› **Erfassung der gescannten Artikel**	→ Kasse identifiziert den Artikel über PLU-Verfahren
› **Preiseingabe bzw. Preisänderung**	→ Über die Tastatur können Preise manuell eingegeben werden *(Preisauszeichnung und eingescannter Preis stimmen nicht überein)*.
› **Rabatt**	→ Diese Funktion dient zur Preisreduzierung.
› **Reklamation**	→ Bei Warenrückgabe.
› **Bar/Karte**	→ Zur Beendigung des Verkaufsvorganges wird je nach Zahlungsart die entsprechende Funktion aufgerufen.

Kassensysteme

Registrierung und Kassenbon

Die folgende Abbildung zeigt die **Informationen**, die bei der **Registrierung** eines Artikels am **Kassenbildschirm** angezeigt werden. Nach Beendigung der Registrierung wird für den Kunden der **Kassenbon** ausgedruckt.

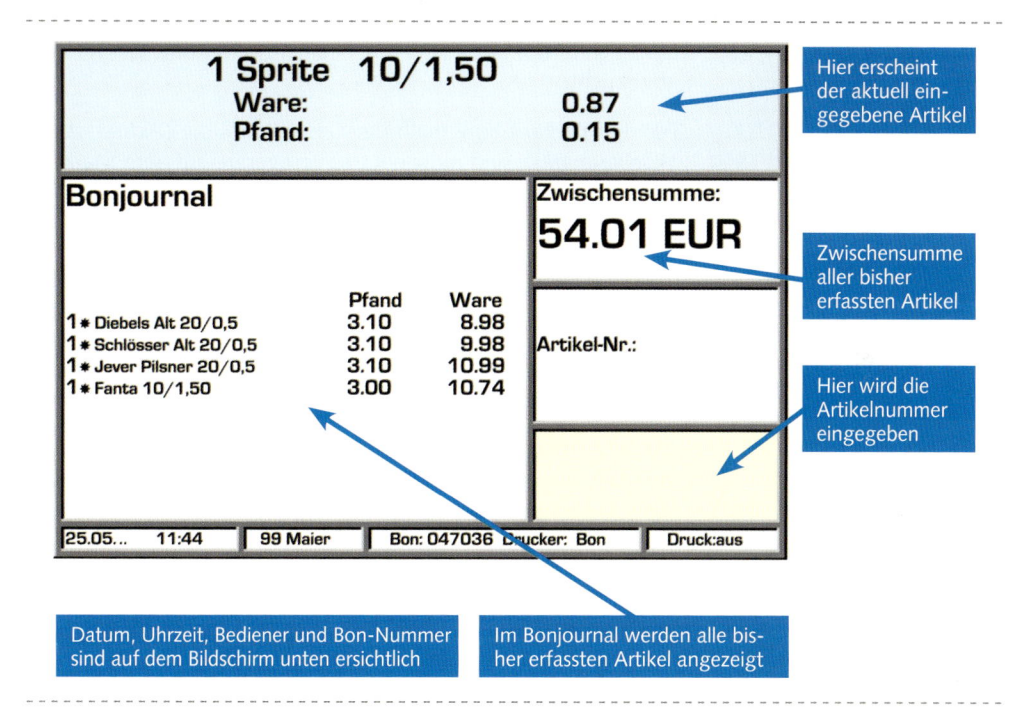

```
1 Sprite  10/1,50
     Ware:              0.87
     Pfand:             0.15
```

Bonjournal

	Pfand	Ware
1 * Diebels Alt 20/0,5	3.10	8.98
1 * Schlösser Alt 20/0,5	3.10	9.98
1 * Jever Pilsner 20/0,5	3.10	10.99
1 * Fanta 10/1,50	3.00	10.74

Zwischensumme: **54.01 EUR**

Artikel-Nr.:

25.05... 11:44   99 Maier   Bon: 047036   Drucker: Bon   Druck:aus

- Hier erscheint der aktuell eingegebene Artikel
- Zwischensumme aller bisher erfassten Artikel
- Hier wird die Artikelnummer eingegeben
- Datum, Uhrzeit, Bediener und Bon-Nummer sind auf dem Bildschirm unten ersichtlich
- Im Bonjournal werden alle bisher erfassten Artikel angezeigt

■ Peripheriegeräte

Moderne **Datenkassen** bieten die Möglichkeit, eine Reihe von **Zusatzgeräten** anzuschließen.

Datenwaagen

Beim Verkauf von gewichtsabhängigen und/oder offenen Waren *(Fleisch- und Wurstwaren, Obst und Gemüse)*, müssen vor dem Kassieren zuerst **Barcodes** erstellt werden. Dies erfolgt mit modernen **elektronischen Datenwaagen**. Alle notwendigen Artikelinformationen sind aus dem Datenspeicher der Waage abrufbar.

Selbstbedienungswaagen werden immer weniger installiert, da durch missbräuchliche Verwendung (Warenmanipulation) erhebliche finanzielle Verluste entstehen können. Daher wächst die Bedeutung der **Checkout-Waagen**, die im Kassentisch integriert sind und wie die **Thekenwaagen** ausschließlich vom Verkaufspersonal bedient werden.

Kartenlesegeräte

In vielen Einzelhandelsgeschäften ist die bargeldlose Zahlung *(Bankkarte, Kreditkarte, Kundenkarte)* möglich. Der Zahlungsvorgang erfolgt durch Einstecken der entsprechenden Karte in das **Kartenlesegerät**.

Der Rechnungsbetrag wird anschließend vom Konto des Kunden abgebucht.

Für den Verkauf außerhalb der Geschäftsräume *(Aktionsstand, Wochenmarkt)*, sind mobile Kartenlesegeräte auf dem Markt.

Bondrucker

```
        „Gut & Fein"
        Haushaltswaren
Marktplatz 1 * 88888 Neuburg

09    Kochtopf           79,00
04    Besteck            29,90

#     Summe             108,90
19 % USt. auf 91,51      17,39

01.06. ..   18:07   16345    1
    Es bediente Sie Frau Kessler
    Vielen Dank für Ihren Einkauf!

** Kein Umtausch ohne Bon **
```

Als **Beleg** für die erfolgte Zahlung erhält der Kunde einen **Kassenbon** ausgedruckt.

Die dort enthaltenen Informationen sind nicht nur für den Kunden von Bedeutung, sondern sie können auch Rückschlüsse auf das Kaufverhalten der Kunden ermöglichen.

Dafür ist allerdings Voraussetzung, dass jeder einzelne Bon elektronisch aufbewahrt wird.

■ Datenverbund

In einem geschlossenen **Warenwirtschaftssystem** sind alle **Geräte** miteinander **vernetzt**. Alle Daten aus den Kassensystemen und den an sie angeschlossenen Peripheriegeräten werden an den Zentralrechner übermittelt. Er liefert die benötigten Informationen, damit z. B. die Geschäftsleitung schnelle und gut fundierte Entscheidungen treffen kann.

> **Beispiel:** System-Konfiguration eines Filial-Supermarktes

Der Filialrechner erhält von einer übergeordneten EDV-Anlage (Host) in der Unternehmenszentrale über Datenfernübertragung die Stammdaten *(Artikeldaten, Preise)*.

Die übergeordnete EDV-Anlage holt ihrerseits vom Filialrechner die Umsatzzahlen zur Auswertung. Im Büro werden die Regaletiketten mit einem Laserdrucker erstellt. Für die Artikelerfassung von nicht über die Zentrale gelieferten Waren ist ein Strichcodeleser angeschlossen.

Ein Waagen- und Kassenverbund mit Scanning und Check-out-Waage ist für den Abverkauf mit dem Filialrechner verbunden.

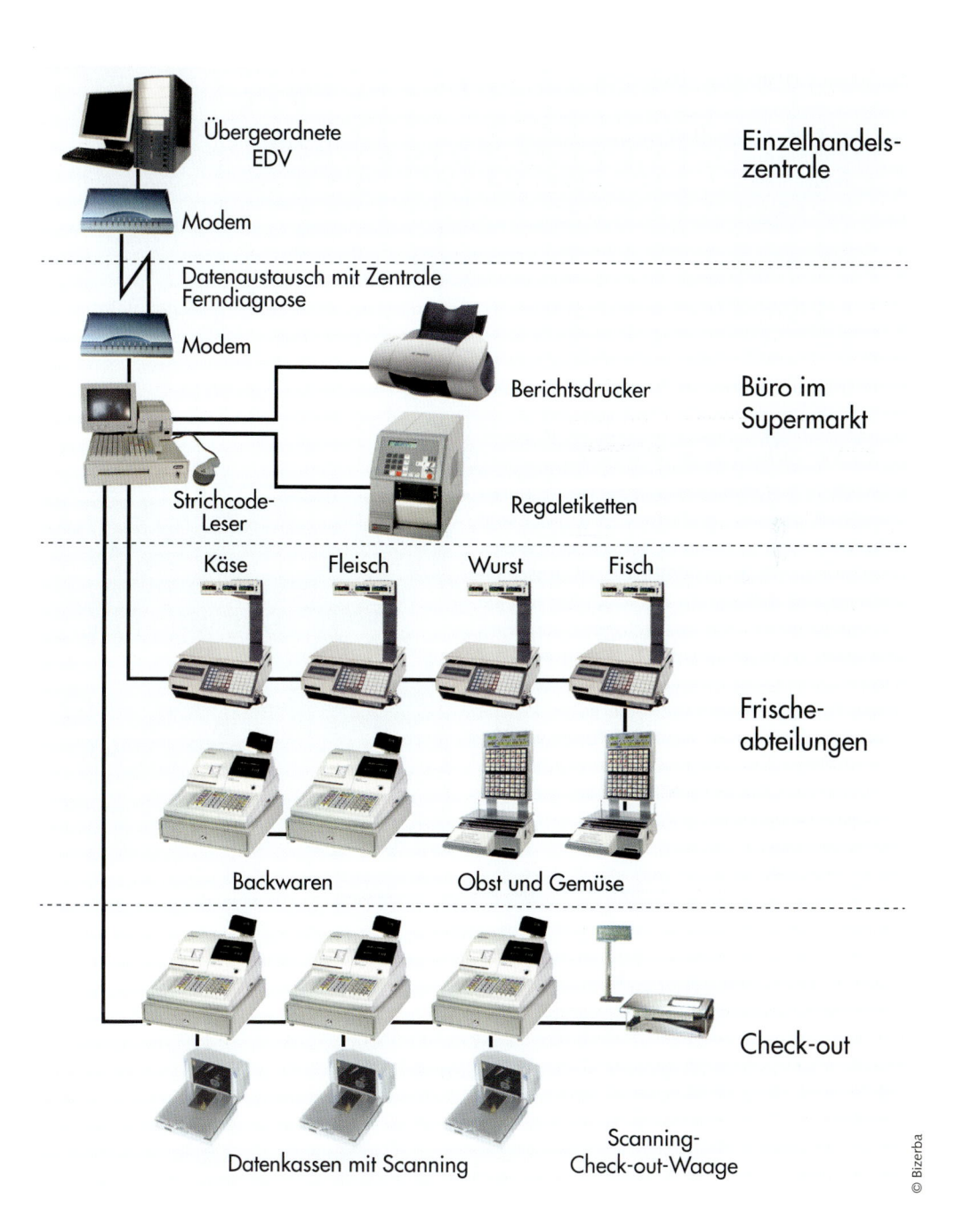

Kassensysteme

Übergeordnete EDV — Einzelhandelszentrale
Modem

Datenaustausch mit Zentrale
Ferndiagnose

Modem
Berichtsdrucker — Büro im Supermarkt
Strichcode-Leser
Regaletiketten

Käse Fleisch Wurst Fisch — Frischeabteilungen

Backwaren Obst und Gemüse

Datenkassen mit Scanning Scanning-Check-out-Waage — Check-out

© Bizerba

■ AKTION

1. Beschreiben Sie das in Ihrem Ausbildungsbetrieb installierte Kassensystem.
2. Führen Sie zum Thema „Kassensysteme im Einzelhandel" eine Internetrecherche durch. Sie suchen dabei nach einem Kassensystem für ein kleines Fachgeschäft. Entscheiden Sie sich für ein System und beschreiben Sie es anhand von sechs Leistungsmerkmalen.

Servicebereich Kasse

3 Aus den Neuburger Nachrichten:

> ...Wegen eines 30-minütigen Stromausfalls in der Neuburger Innenstadt ging in vielen Geschäften nichts mehr. Weder konnten Wurst und Käse abgewogen werden noch irgend etwas an den Kassen bezahlt werden. Verärgerte Kunden meinten, so viel Elektronik müsse doch nicht sein. Warum, fragte eine besonders erboste Kundin in einem Supermarkt, werden denn die Preise der Waren nur als unverständliche Striche angegeben, die nur der Computer lesen kann?

a) Was wäre die Folge, wenn dem Wunsch der verärgerten Kunden entsprochen würde?
b) Welchen Fehler macht die Kundin?

4 Warum sind stationäre Scanner an der Kasse in einem Baumarkt ungeeignet?

5 Die Abbildung zeigt eine Selbstzahlerkasse (Self-Scanning). In den USA sind bereits über 50.000 solcher Kassen im Einsatz.

Auch in Deutschland werden sie in immer mehr Märkten eingeführt. Der Kunde zieht seine Artikel über einen 360-Grad-Scanner. Dadurch werden die Preise erfasst. Anschließend legt der Kunde die Produkte in eine Warentüte, die automatisch gewogen wird. Weicht das Gewicht der Tüte von dem der gescannten Waren ab, erhält ein Mitarbeiter am Informationsschalter eine automatische Meldung. Bezahlen kann der Kunde wie gewohnt bar oder mit Bank- oder Kreditkarte. Diskutieren Sie in der Klasse über mögliche Auswirkungen für das Kassen- und Verkaufspersonal sowie für die Kunden.

© METRO Group, Düsseldorf

5.3 Kassenorganisation

Kasse stets verkaufsbereit! So bindet man Kunden!

■ SITUATION

Pünktlich um 8:00 Uhr öffnet Frau Brioni ihren Gemüseladen. Von Beginn an läuft heute leider vieles schief. Die ersten zwei Kunden bezahlen jeweils mit einem Hundert-Euroschein. Eine Kundin verlangt eine Quittung und ein alter Stammkunde hat seine Tragetasche vergessen. Alle Kunden erhalten zwar wie immer frische Ware, verlassen aber trotzdem ziemlich verärgert das Geschäft.

Nennen Sie mögliche Gründe für die Verärgerung der Kunden.

Kassenorganisation

LF 3

■ INFORMATION

■ Kassenvorbereitung vor Geschäftsbeginn

Damit eine rasche und zügige Abwicklung des Zahlungsvorganges sichergestellt ist, muss die **Kasse** vor Öffnung des Ladens **„verkaufsbereit"** sein.

Wechselgeld

Bevor sich der Mitarbeiter an der Kasse anmeldet, ist zu überprüfen, ob ausreichend Wechselgeld im Kassenschieber (Kassenschublade) vorhanden ist. In vielen Geschäften sind dies 200 €, die in einer vorgegebenen Stückelung in den Kassenschieber einsortiert werden.

» **Beispiel:** Einteilung eines Kassenschiebers

10,00 Scheine		2,00	1,00	5,00 Scheine	
		Leergutbons			
0,50	0,20	0,10	0,05	0,02	0,01
50,00/100,00 Scheine			20,00 Scheine		
Stornos/EC-Belege					

Kassenausstattung

Vor Arbeitsbeginn muss gewährleistet sein, dass am Kassenplatz ein reibungsloses, geordnetes und fehlerfreies Arbeiten möglich ist. Dabei ist z. B. zu klären:

› Sind die Listen für Stückpreise bei Obst und Gemüse oder für Sonderangebote auf dem aktuellen Stand?
› Liegt genügend Verpackungsmaterial *(Tragetaschen, Packpapier)* bereit?
› Stimmt das aktuelle Datum und sind Bonrolle und Kontrollstreifen richtig eingelegt?
› Ist der Bonaufdruck leserlich und sind genügend Kassenrollen vorhanden?
› Funktionieren Schreibgeräte und liegen Stempel und Stempelkissen bereit?
› Sind das Transportband und die Scannerfläche sauber?

■ Anforderungen an das Kassenpersonal

Das Kassenpersonal hat unmittelbaren Kontakt zu den Kunden. Daher wird das Bild vom Unternehmen bei den Kunden entscheidend dadurch geprägt, wie sie das Verhalten des Personals ihnen gegenüber empfinden.

Im Kassenbereich reagieren Kunden besonders sensibel, da sie sich hier von ihrem Geld trennen müssen.

Freundlichkeit

Freundliches Verhalten ist nicht allgemein definierbar. Grundsätzlich gilt: Man soll sich so verhalten und benehmen, wie man es selbst von anderen Mitmenschen erwartet!

>> **Beispiel: Verhaltensleitlinien** einer Supermarktkette für die Kassenmitarbeiter

> **Der Kunde ist die wichtigste Person in unserem Unternehmen.**
> **Er ist kein Störenfried im Markt, sondern Sinn und Zweck unserer Arbeit!**
>
> Begrüßen bzw. verabschieden Sie den Kunden mit einem Gruß, z. B. „Guten Tag" oder „Auf Wiedersehen". Halten Sie auch dabei mit dem Kunden einen kurzen Blickkontakt.
>
> Seien Sie höflich, indem Sie „bitte" und „danke" sagen.
>
> Lächeln Sie, aber nur wenn es nach Ihrem Wesen und Ihrer Meinung angebracht ist. Gekünsteltes Lächeln kann missverstanden werden.
>
> Ungeschickte Redewendungen, wie z. B.: „Das geht mich nichts an!", sollten Sie unterlassen.
>
> Beschuldigungen gegenüber dem Kunden sind zu unterlassen, auch wenn Sie das Gefühl haben, er sei im Unrecht. Lassen Sie sich nicht vom Kunden provozieren, bleiben Sie stets höflich und zuvorkommend. Lassen Sie sich auch grundsätzlich nie mit Kunden auf Diskussionen ein.
>
> Seien Sie zuvorkommend und hilfsbereit. Wenn Kunden mit Ihnen reden wollen – und der Betrieb an der Kasse dies zulässt –, sollten Sie positiv reagieren.
>
> Führen Sie im Beisein von Kunden keine Gespräche mit Kollegen.
>
> Nehmen Sie Ihre Kunden ernst und geben Sie ihnen das Gefühl, sich um sie zu bemühen und während des Kassierens nur für sie da zu sein!

Sauberkeit

Der **Servicebereich Kasse** kann maßgeblich zu einem positiven Bild des Kunden vom Geschäft beitragen. Kassenmitarbeiter sollten daher stets auf ihre **persönliche Erscheinung** achten.

Dabei ist zu beachten:

- saubere und geschlossene Arbeitskleidung,
- Namensschild lesbar anbringen,
- saubere und gepflegte Hände,
- gepflegte Haare und dezentes Make-up.

Auch am **Kassenarbeitsplatz** ist Sauberkeit oberstes Gebot:

- Flecken und Feuchtigkeit auf dem Transportband beseitigen,
- sauberes und aufgeräumtes Kassenumfeld,
- keine Ware an der Kasse,
- liegen gebliebene Kassenbons zerreißen und entsorgen.

Kassenorganisation

LF 3

■ Kassenanweisungen beim Kassiervorgang

Jeder Einzelhändler stellt, bezogen auf die Eigenheiten seines jeweiligen Geschäftes sowie des vorhandenen Kassensystems *(manuelle oder gescannte Preiseingabe)*, **Kassieranweisungen** zusammen.

Die Einhaltung dieser Regeln und Vorschriften sichert die an der Kasse Tätigen doppelt ab:

Erstens werden Fehler vermieden und es wird dem Verhalten betrügerischer Kunden vorgebeugt. Zweitens werden die Personen an der Kasse selbst vor dem Verdacht des Betrugs oder der Unterschlagung geschützt.

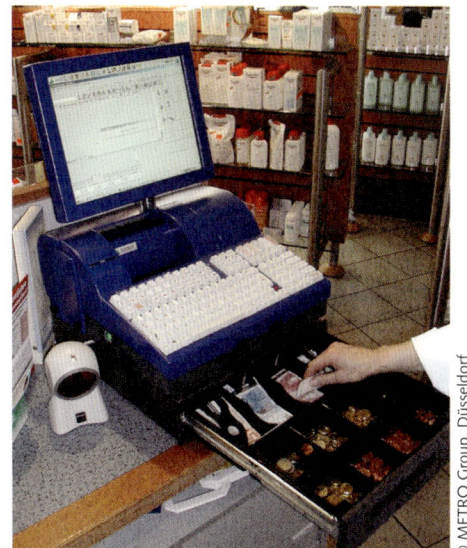

Allgemeine Regeln

Damit es zu keinen Missverständnissen kommt, sind die folgenden **Regeln** für das Kassenpersonal von großer Bedeutung:

› Einkäufe für sich selbst, Familienangehörige oder Freunde dürfen nicht selbst kassiert werden.
› Privatgeld darf nicht mit an die Kasse genommen werden.
› Geldgeschenke *(Trinkgeld)* von Kunden sind grundsätzlich nicht zulässig.
› Kleine Restbeträge *(Kunde verzichtet auf Herausgabe von 1 oder 2 Cent)*, dürfen nicht registriert werden, sondern werden als Kassendifferenz in die Kassenschublade gelegt (Centkasse).
› Es ist darauf zu achten, dass alle zu registrierenden Artikel auf das Laufband bzw. den Kassentisch gelegt werden.
› Bei fehlender Preisauszeichnung nicht den Preis nach Angaben des Kunden registrieren, sondern durch Kollegen ermitteln lassen *(Preisauskunft über Lautsprecher)*.

Kassieranweisung

In vielen Unternehmen existieren **schriftliche Kassieranweisungen**, die für das Kassenpersonal verbindlich sind.

>> **Beispiel** für eine Kassieranweisung mit Bargeld in einem Textilfachmarkt:

**Beachten Sie stets den Grundsatz:
Erst Zahlung abwickeln, dann Ware und Bon aushändigen!**

› Bei codierten Artikeln: Erfassen Sie den Artikel mit dem Scanner; wenn dies nicht erfolgt, tippen Sie die Codenummer ein. Beachten Sie: Grundsätzlich sind alle Artikel sortenrein über den Strichcode zu erfassen.
› Bei nicht codierten Artikeln: Erfassen Sie den Artikel durch Eintippen des Verkaufspreises laut Auszeichnung und drücken Sie die entsprechende Warengruppen- oder Lagertaste.

> Sagen Sie dem Kunden den Kaufbetrag laut und deutlich an.
> Nehmen Sie die Zahlungsmittel des Kunden entgegen, legen Sie sie auf die Zahlplatte und sagen Sie den Geldwert an.
> Rückgeld vorzählen.
> Zahlungsmittel des Kunden erst in die Kassenschublade legen, wenn das Rückgeld angenommen worden ist.
> Kassenschublade schließen und Ware mit Kassenbon übergeben.
> Freundliche Verabschiedung des Kunden.

■ Sonderfälle an der Kasse

Außer den reinen Bezahlvorgängen ergeben sich an der Kasse weitere Situationen, die das Kassenpersonal sachkundig und überlegt lösen muss.

Verkauf an Kinder und Jugendliche

Besonders für Kassenmitarbeiter in SB-Geschäften des Lebensmitteleinzelhandels ist es sehr wichtig, die Bestimmungen des **Jugendschutzgesetzes** zu kennen. Es ist generell verboten, alkoholische Getränke sowie Lebensmittel, die Alkohol in nicht geringfügigen Mengen enthalten, an Jugendliche unter 18 Jahren zu verkaufen *(Schnaps, Weinbrand, alkoholhaltige Pralinen)*. Ab 16 Jahren ist der Verkauf von leicht alkoholischen Getränken *(Bier, Wein, Sekt)* gestattet. Tabakwaren dürfen nur an Volljährige verkauft werden.

Bei Zweifeln am angegebenen Alter sollte man sich den Personalausweis oder Führerschein zeigen lassen. Schriftliche Bestätigungen der Eltern, die den Kauf gestatten, dürfen nicht akzeptiert werden!

Gutscheine ausstellen

Kassenorganisation

In fast allen Einzelhandelsgeschäften ist es möglich, einen Gutschein zu kaufen. Meist handelt es sich um einen **Geschenkgutschein**, den der Empfänger beim Einkauf im ausgebenden Geschäft in Zahlung geben kann.

Der **Verkauf** eines Gutscheins stellt für das Unternehmen einen **Umsatzerlös** dar. Beim Verkauf wird an der Kasse die Geldeinnahme als „Gutscheinverkauf" registriert.

Gutscheine einlösen

Wenn ein Kunde an der Kasse einen **Gutschein** einlösen möchte, ist darauf zu achten, dass er **entwertet** wird. Bei der Kassenabrechnung ist die Einlösung des Gutscheins zu berücksichtigen, da ja bereits bei seinem Ausstellen der Betrag als Einnahme verbucht wurde. Liegt der Kaufbetrag über dem Wert des Gutscheins, muss der Kunde die Differenz begleichen.

Warengutscheine

Neben Geschenkgutscheinen erhalten Kunden bei **Warenrückgaben**, sofern sie den Kaufpreis nicht erstattet bekommen, einen **Warengutschein**. Auf diesem Gutschein bekommt der Kunde den Gegenwert der Ware gutgeschrieben und kann ihn bei einem späteren Einkauf wie Bargeld an der Kasse beim Bezahlen verwenden.

Personalkauf

Zum **Personalkauf** zählt nicht nur der in vielen Fällen rabattbegünstigte Einkauf für **Mitarbeiter** und deren **Angehörige**, sondern auch der reguläre Einkauf im eigenen Betrieb. Damit kein falscher Verdacht entsteht, sind die von den Unternehmen aufgestellten **Richtlinien** unbedingt einzuhalten.

> **Beispiele:** Auszug aus den Regelungen für den Personalkauf eines großen Lebensmittelfilialisten:

> Die Ware und der Kassenbon müssen der Marktleitung zur Kontrolle vorgelegt und der Kassenbon unterschrieben werden. Zweite Unterschrift von Kassenkraft muss vorhanden sein.
> Der Personaleinkauf darf nicht vom einkaufenden Mitarbeiter kassiert oder abgewogen werden.
> Der Pausenverzehr muss sofort bezahlt werden. Bon und Ware muss von Kassenkraft und Marktleitung abgezeichnet werden.

Kassenöffnung ohne Warenverkauf

Ist es erforderlich, die Kasse ohne erfolgten Kaufvorgang zu öffnen, ist meist die Kassenaufsicht oder die Marktleitung zu verständigen. Es wird ein sogenannter **Nullbon** erstellt, den die Aufsichtsperson unterschreibt.

Stornos

Ist es erforderlich, Registriervorgänge rückgängig zu machen *(Doppelbuchung, Tippfehler, Kunde hat nicht genügend Geld)*, muss ebenfalls die Kassenaufsicht informiert werden, die den Stornierungsvorgang durchführt **(Stornoschlüssel)** und bestätigt.

Kunde hat zu wenig Geld

Kann ein Kunde nicht alle von ihm ausgesuchten Artikel bezahlen, werden so viele Artikel von der Marktleitung bzw. der Kassenaufsicht storniert, bis das Geld ausreicht. Hat der Kunde überhaupt kein Geld, sind alle Artikel zu stornieren.

Verlassen der Kasse

Ist es notwendig, die Kasse zu verlassen, meldet man dies der Kassenaufsicht.

Dabei ist zu beachten:

- ordnungsgemäße Abmeldung an der Kasse und Sichern der Kasse (Pausenfunktion),
- Kassenschlüssel mitnehmen und Geldschublade abschließen,
- Kassendurchgang und Zigarettenverkaufseinrichtung sichern.

■ AKTION

1 Es ist Freitag, 18:30 Uhr. Vor den drei Kassen im Supermarkt Manz haben sich lange Schlangen gebildet. Viele Kunden reagieren mürrisch und genervt.

    a) Beschreiben Sie drei Verhaltensweisen, wie das Kassenpersonal diese für Kunden unerfreuliche Situation positiv gestalten kann.

    b) Herr Manz gibt seiner Auszubildenden Leonie den Auftrag, drei Verbesserungsvorschläge auszuarbeiten, wie lange Wartezeiten an den Kassen zu verkürzen sind. Was könnte Leonie vorschlagen?

2 Simulieren Sie in einem Rollenspiel das Kassieren in einer kleinen Boutique. Benutzen Sie Ihren Taschenrechner als „Registrierkasse".

3 Wie verhalten Sie sich in folgenden Situationen?

    a) Ein Kunde möchte einen Zweihundert-Euro-Schein, ohne etwas zu kaufen, wechseln.

    b) Sie haben versehentlich einen Artikel zweimal gescannt.

    c) Eine Kollegin tätigt bei Ihnen einen Personalkauf.

    d) Einem zwölfjährigen Jungen, dessen Mutter Stammkundin ist und täglich zum Einkauf kommt, fehlen 50 Cent zum Kauf eines Feuerzeuges.

4 Beurteilen Sie das Verhalten des Kassenpersonals:

    a) Eine Kassiererin erkundigt sich beim Kunden nach dem Preis der zu registrierenden Ware, da die Preisauszeichnung fehlt.

    b) Einem Kassenmitarbeiter ist das Wechselgeld ausgegangen. Da es sein Kunde besonders eilig hat, wechselt er aus seiner eigenen Geldbörse.

    c) Eine Kassiererin registriert für einen Pullover 10 € zu viel. Da die Kundin noch eine Hose gekauft hat, reduziert sie dort den Preis um 10 €.

5 Die Textil-Markt GmbH gewährt Mitarbeitern 20 % Personalrabatt für Eigenbedarf und für deren Familienangehörige 10 %. Abteilungsleiterin Fiebig kauft für sich 2 Jeans zu je 89,00 € sowie 5 T-Shirts zu je 7,00 €. Für ihren Mann kauft sie 1 Oberhemd zu 49,00 € und eine Krawatte zu 29,00 €. Für ihre Freundin kauft sie zum Geburtstag eine Seidenbluse zu 82,00 €. Mit welchem Betrag wird das Mitarbeiterkonto von Frau Fiebig belastet?

6 Entwerfen und gestalten Sie einen Geschenkgutschein für Ihren Ausbildungsbetrieb.

Barzahlung

6 Zahlungsarten beim Warenverkauf

6.1 Barzahlung

Bargeld lacht! – Warum eigentlich?

■ SITUATION

Bernd Heller von Action & Fun konnte einem Kunden ein Surfbrett zu 1.800,00 € verkaufen. Einen so hohen Bargeldbetrag hat der Kunde, der Herrn Heller nicht bekannt ist, nicht dabei. Herr Heller bietet die Bezahlung mit einer Bankkarte an, der Kunde lehnt aber ab. Er möchte stattdessen den Betrag überweisen und bittet um Ausstellung einer Rechnung.

> Wie soll sich Herr Heller Ihrer Ansicht nach verhalten?

■ INFORMATION

Barzahlung bedeutet die Übergabe von **Münzen** und/oder **Banknoten** vom Zahlungspflichtigen an den Zahlungsempfänger. Sie hat im Einzelhandel nach wie vor eine große Bedeutung, denn ca. zwei Drittel aller Zahlungsvorgänge werden immer noch bar abgewickelt. In den nächsten Jahren wird die Bedeutung von Bargeld allerdings weiter zurückgehen. Bargeldlose Zahlungen werden dann eine immer größere Rolle spielen *(Kartenzahlungen, Cyber-Cash bei E-Commerce)*.

■ Zahlungsnachweis Kassenbon und Quittung

Jeder Kunde hat einen Rechtsanspruch auf einen Zahlungsnachweis (§ 368 BGB). Meistens erhält er als Beweis für die Bezahlung seiner Waren einen maschinell erstellten **Kassenbon** oder vereinzelt auch noch einen von Hand ausgefüllten **Kassenzettel**.

Spielwarentreff – Neuburg
Ihr Fachgeschäft für Spielwaren aller Art
Königstraße 14 88888 **Neuburg** Tel.: 15837

Anzahl	Artikelbezeichnung	Einzelpreis €	Gesamtpreis €
1	Bobby-Car rot	30,00	30,00
1	Ringwurf-spiel	12,95	12,95

Im Kaufpreis sind
19 % MWSt. enthalten Summe: **42,95**
Dieser Kassenbeleg gilt als Kauf- und Garantienachweis.
Bei Irrtum oder Umtausch innerhalb 8 Tage bitte vorlegen.

Verkäufer/in:	Datum:
Mollner	12. 04. …

**Drokos Drogeriemärkte
Filiale Neuburg**

Samana Waschlotion	3,98 €
Supra Tabs	4,99 €
Comfort Tissue	2,98 €
Air-Fresh Lemon	7,89 €
Servietten, weiß	8,85 €
SUMME:	28,69 €

USt. 19 % = 4,58

BAR: 30,70 €
ZURÜCK: 2,01 €

03.05. …   10:17   788887 –908

Vielen Dank für Ihren Einkauf!

Wünscht ein Kunde zusätzlich zum Kassenbon eine **Quittung**, benötigt er diese meist als Nachweis für das Finanzamt. Bis zu einem Betrag von 100,00 € reicht als Nachweis der Kassenbon aus. Erst bei Summen darüber wird ein separates Quittungsformular ausgefüllt oder ein spezieller Ausdruck angefertigt. An jeder Kasse sollte ein durchgestempelter Quittungsblock vorhanden sein.

>> **Beispiel:** Der Auszubildende Michael Maier kauft für eine Schaufensterdekoration Material in der Bastelstube Neuburg. Sein Chef benötigt dafür eine Quittung.

Das **Quittungsformular** muss enthalten:

1. Betrag in Ziffern und Buchstaben
2. Name des Einzahlers
3. Die „für"-Zeile (Zahlungsgrund) muss die korrekte Artikelbezeichnung enthalten oder den Vermerk „Ware laut Kassenbon".
4. Empfangsbestätigung
5. Ausstellungsort und -tag
6. Name und Anschrift des Zahlungsempfängers (Stempel) und Unterschrift.

■ Vor- und Nachteile der Barzahlung

Barzahlung bedeutet für den Einzelhändler, dass er sich im Normalfall **Mahnungen** wegen verspäteter Zahlung oder weil Konten kein Guthaben aufweisen, **ersparen** kann. Aber Barzahlung bringt auch erhebliche **Risiken** mit sich: Falschgeld, Diebstahl/Raub und Verluste beim Umgang, z. B. durch falsches Herausgeben. Außerdem erfordert Barzahlung einen hohen **Arbeitsaufwand**: Bargeld muss sortiert, gerollt, gezählt und zur Bank transportiert werden. Deshalb sind viele Einzelhändler bemüht, Bargeldumsätze zugunsten anderer Zahlungsarten zu reduzieren.

Falschgeldproblematik

Mit Geld ist stets sorgfältig umzugehen. **Falschgeld** wird nicht ersetzt! Deshalb sollte man sich bei der Entgegennahme von Geld immer davon überzeugen, ob es auch wirklich echt ist, und sich gerade entgegengenommenes Geld bewusst ansehen. Dabei kann folgendes **Prüfschema** hilfreich sein.

1. Sichtprüfung

Bei der Sichtprüfung, die schnell und unauffällig durchgeführt werden kann, sollte man die Scheine nach den folgenden drei Merkmalen betrachten:

Hologramm	→	In jeden Schein ist ein Hologramm (dreidimensional wirkende Abbildung) eingearbeitet. Bei Nennwerten bis 20 € handelt es sich um einen eingesetzten Folienstreifen, der die Wertzahl bzw. das €-Symbol zeigt. Bei größeren Nennwerten zeigen, je nach Betrachtungswinkel, die Hologramme die Wertzahl oder das Architekturmotiv des Scheins.
Perlglanz	→	Bei den Noten von 5 bis 20 € ist mittig auf der Rückseite ein Perlglanzstreifen aufgedruckt, der bei leichtem Kippen der Note das €-Symbol und die Wertzahl zeigt.

Barzahlung

OVI-Effekt	→	Bei den 50- bis 500-€-Noten verändert sich die große Wertzahl auf der Rückseite rechts unten je nach Betrachtungswinkel im Farbton von violett nach braun (OVI = Optically Variable Ink).

2. Oberfläche der Noten fühlen

Ein prüfender Daumenstrich über die Notenoberfläche ist unbemerkt und schnell vorzunehmen. Das Prüfkriterium sind reliefartige Druckbereiche der Banknoten. Dazu zählt z. B. auf der Vorderseite der Schriftzug „© BCE ECB EZB EKT EKP 2017" sowie die große Wertzahl über dem Architekturmotiv.

3. Durchsichtsprüfung

Die dritte Möglichkeit, Banknoten auf ihre Echtheit zu überprüfen, besteht darin, die Noten gegen das Licht zu halten oder auf eine Glasplatte zu legen. Dabei sind drei weitere Sicherheitsmerkmale zu identifizieren.

Sicherheitsfaden	→	In der Mitte der Banknoten ist durchgängig ein metallbeschichteter Plastikfaden eingearbeitet.
Wasserzeichen	→	Im bildfreien Teil aller Euro-Banknoten ist bei Durchsicht ein Wasserzeichen vom Gebäude und eines von der Wertangabe zu sehen.
Durchsichtsregister	→	Neben der Europaflagge sind auf der Vorder- und Rückseite bei allen Euro-Banknoten Zeichenelemente angebracht, die sich erst in der Durchsicht zueinander ergänzen und die Zahl des Banknotenwertes ergeben.

4. Technische Hilfsmittel

Legt man die Banknote unter eine UV-Lampe, erkennt man die Echtheit der Note daran, dass sie unter dem ultravioletten Licht dunkel bleibt. Bestimmte Elemente, wie die Europasterne oder das Brückenmotiv, leuchten unter dem UV-Licht, weil sie mit einer fluoreszierenden Farbe gedruckt wurden. Auch mit einer Lupe kann die Echtheit überprüft werden. Bei genauem Hinsehen zeigt sich, dass einige grafische Elemente, wie z. B. Linien, in Wirklichkeit aus einer Aneinanderreihung von Buchstaben oder Zahlen in Mikroschrift bestehen.

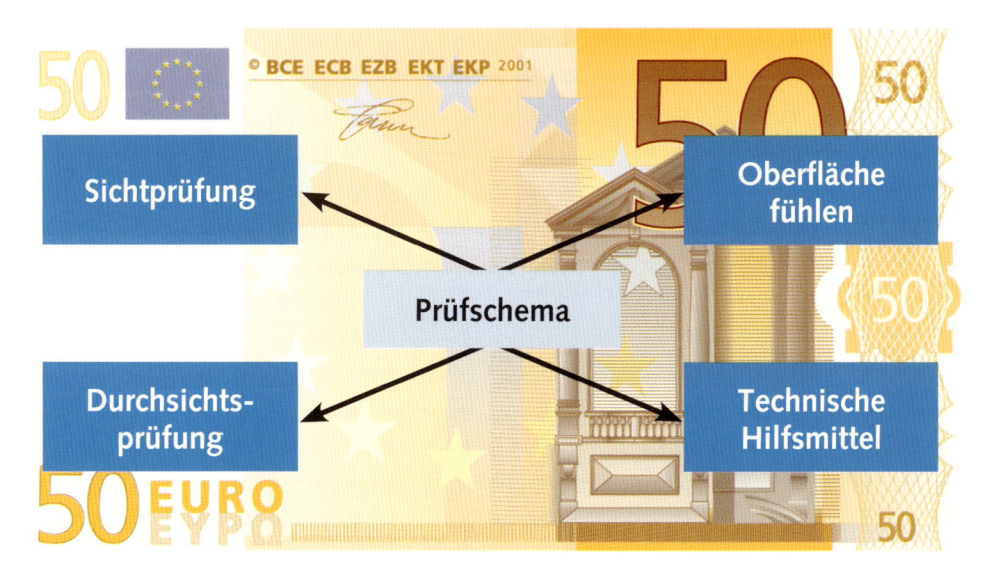

Verhalten an der Kasse

Um sicherzugehen, dass kein Falschgeld angenommen wird, sollte man sich nie auf ein einziges Sicherheitsmerkmal verlassen, sondern immer mehrere überprüfen. Hat man **Geld** als **falsch** erkannt, muss die **Polizei** informiert werden, auch wenn der Kunde sich entschuldigt und einen plausiblen Grund nennen kann, wie er in den Besitz der Banknote gekommen ist. Hat er ein reines Gewissen, passiert ihm nichts, und seine Auskünfte sind u. U. für die Polizei beim Verfolgen von Spuren wichtig.

Falsche Noten dürfen auf keinen Fall wieder an den Kunden zurückgegeben werden. Auch dann nicht, wenn einem der Kunde persönlich gut bekannt ist. Man kann sich durch solches Verhalten sogar strafbar machen.

■ AKTION

1. Besorgen Sie sich einen Quittungsvordruck und stellen Sie eine Quittung Ihres Unternehmens für eine dort erbrachte Leistung von 356,50 € aus.
2. Bringen Sie Kassenquittungen aus Ihren Ausbildungsbetrieben mit in den Unterricht und vergleichen Sie diese.
3. Welche Vor- bzw. Nachteile sehen Sie in der Bargeldzahlung für einen Einzelhändler?
4. Untersuchen Sie anhand von mindestens drei Merkmalen einen 20-Euro-Schein auf seine Echtheit. Beschreiben Sie die Sicherheitsmerkmale.
5. Warum ist es verboten, Falschgeld an Kunden zurückzugeben?

6.2 Bargeldlose Zahlung mit Überweisung und Lastschrift

Schnell, sicher und bequem! Zahlen ohne Bargeld!

■ SITUATION

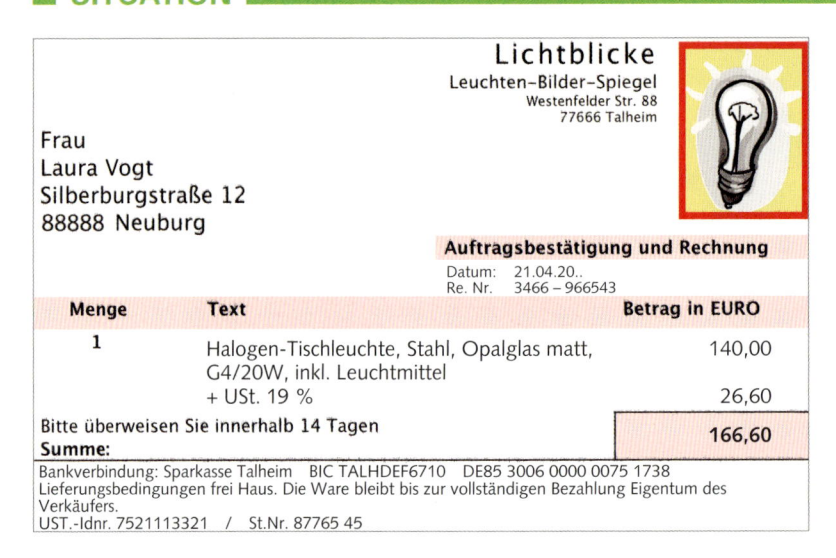

Lichtblicke
Leuchten-Bilder-Spiegel
Westenfelder Str. 88
77666 Talheim

Frau
Laura Vogt
Silberburgstraße 12
88888 Neuburg

Auftragsbestätigung und Rechnung

Datum: 21.04.20..
Re. Nr. 3466 – 966543

Menge	Text	Betrag in EURO
1	Halogen-Tischleuchte, Stahl, Opalglas matt, G4/20W, inkl. Leuchtmittel	140,00
	+ USt. 19 %	26,60
Bitte überweisen Sie innerhalb 14 Tagen Summe:		**166,60**

Bankverbindung: Sparkasse Talheim   BIC TALHDEF6710   DE85 3006 0000 0075 1738
Lieferungsbedingungen frei Haus. Die Ware bleibt bis zur vollständigen Bezahlung Eigentum des Verkäufers.
USt.-Idnr. 7521113321   /   St.Nr. 87765 45

Bargeldlose Zahlung mit Überweisung und Lastschrift

LF 3

Laura Vogt kauft sich im Leuchtenstudio „Lichtblicke" für ihren Schreibtisch eine neue Lampe. Da ihre Eltern mit dem Inhaber befreundet sind, ist ein Kauf auf Rechnung kein Problem.

Laura überweist den Rechnungsbetrag wenige Tage nach dem Kauf von ihrem Konto bei der Neuburger Bank.

> Führen Sie die Überweisung auf der Grundlage der nebenstehenden Rechnung durch. Besorgen Sie sich dazu einen banküblichen Überweisungsvordruck oder per Online-Banking.

■ INFORMATION

Voraussetzung für die Durchführung des **bargeldlosen Zahlungsverkehrs** ist, dass sowohl Schuldner (Zahlungspflichtiger) als auch Gläubiger (Zahlungsempfänger) ein Konto bei einem Kreditinstitut *(Bank, Sparkasse)* haben. Es erfolgt eine Umbuchung von Geldbeträgen von einem Konto auf ein anderes.

In einigen Branchen des Einzelhandels ist es möglich, Ware auf Rechnung zu kaufen. Dies bedeutet, dass der Einzelhändler dem Kunden viel Vertrauen entgegenbringt, da er u. U. die Ware aushändigt, ohne den Kaufbetrag kassiert zu haben. Eine **Überweisung** ist die Weisung eines Kontoinhabers (Schuldners) an seine Bank, einen bestimmten Betrag vom eigenen Konto auf das Konto eines Gläubigers zu übertragen.

■ Zahlung durch SEPA (Single Euro Payments Area)

Mit SEPA werden einheitliche Verfahren und Standards in Europa eingeführt, mit denen **Überweisungen, Lastschriften** und **Kartenzahlungen** genau so effizient, kostengünstig und sicher abgewickelt werden können wie nationale Zahlungen.

Eine wichtige Neuerung für Bankkunden ist die maximal **34-stellige IBAN** (International Bank Account Number), welche die Angabe der Kontonummer ersetzt. Hierdurch kann jedes Konto in Europa eindeutig identifiziert werden. Die **deutsche IBAN** besteht aus **22 Stellen**. Bei grenzüberschreitenden SEPA-Zahlungen genügt die alleinige Angabe der IBAN.

BIC (auch als Swift-Code bezeichnet) ist eine **international gültige Bankleitzahl** mit **acht** oder **elf** Stellen. Die ersten vier Stellen bezeichnen die Bank. Darauf folgen die Länderkennung und eine zweistellige Orts-/Regionalangabe. Die letzten drei Stellen können frei bleiben oder für Filialbezeichnungen genutzt werden.

IBAN
Land: 2 Stellen (z. B. Deutschland: DE)
Bankleitzahl: 8 Stellen
DE85 3006 0010 0123 4567 89
Kontonummer: 10 Stellen
Prüfziffer: 2 Stellen

BIC
Bankbezeichnung: 4 Stellen (z. B. Deutsche Bundesbank: MARK)
Orts-/Regionalangabe: 2 Stellen (z. B. FF für Frankfurt am Main)
MARKDEFFXXX
Filialbezeichnung: wahlweise 3 Stellen
Land: 2 Stellen

Deutsche Bundesbank, Januar 2013

© Coloures-Pic – Fotolia.com

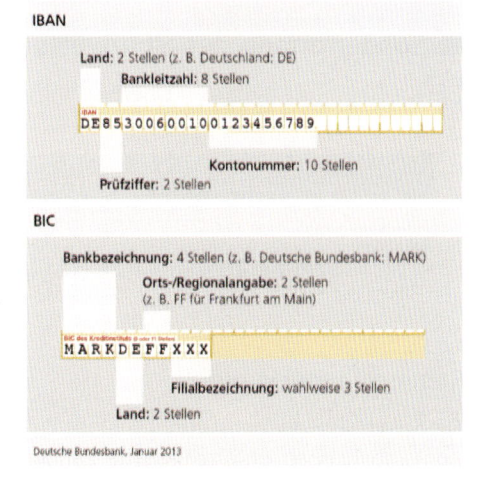

Ablauf der Zahlung durch Überweisung

Bargeldlose Zahlungen mithilfe von Überweisungen erfolgen durch Umbuchung eines Geldbetrages von einem Konto auf ein anderes durch Vermittlung eines Kreditinstitutes.

Der Zahler erteilt seinem kontoführenden Geldinstitut den Auftrag, zu Lasten seines Kontos einen bestimmten Geldbetrag dem Konto des Zahlungsempfängers gutzuschreiben.

Für die SEPA-Überweisung verwendet er dazu ein meist zweiteiliges Formular (Überweisungsauftrag) im Durchschreibeverfahren. Das Formular besteht aus

› dem eigentlichen Überweisungsauftrag (Buchungsbeleg für das Geldinstitut) und
› der Quittung (Durchschlag für den Zahler).

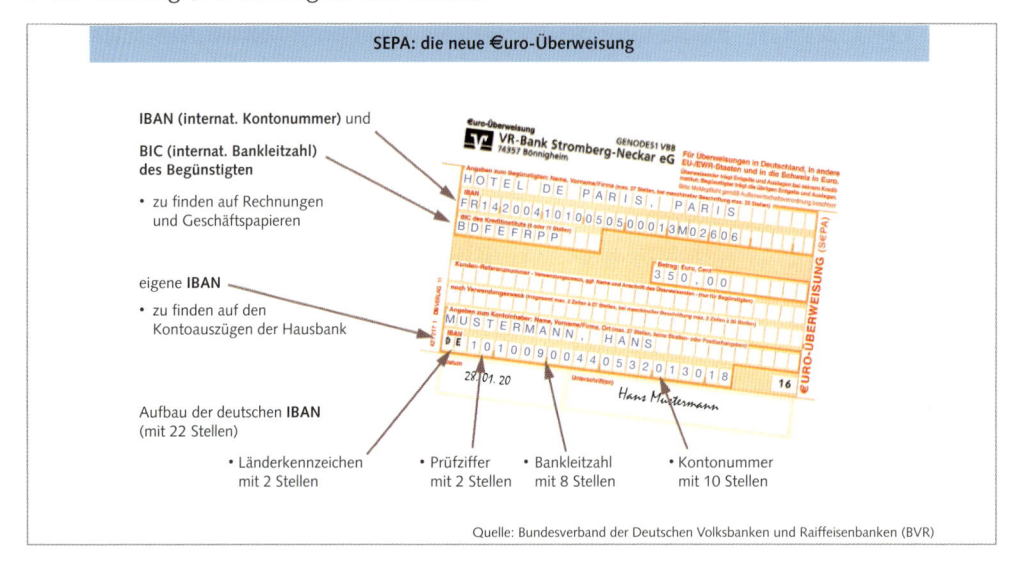

SEPA: die neue €uro-Überweisung

- IBAN (internat. Kontonummer) und BIC (internat. Bankleitzahl) des Begünstigten
  - zu finden auf Rechnungen und Geschäftspapieren
- eigene IBAN
  - zu finden auf den Kontoauszügen der Hausbank
- Aufbau der deutschen IBAN (mit 22 Stellen)
  - Länderkennzeichen mit 2 Stellen
  - Prüfziffer mit 2 Stellen
  - Bankleitzahl mit 8 Stellen
  - Kontonummer mit 10 Stellen

Quelle: Bundesverband der Deutschen Volksbanken und Raiffeisenbanken (BVR)

Die Banken stellen ihren Kunden einheitliche, elektronisch lesbare Vordrucke zur Verfügung. Üblicher ist es aber heute, mithilfe von **Terminals** oder **Online-Banking** Überweisungen aufzugeben.

Dem Zahlungsempfänger wird die Gutschrift auf seinem Kontoauszug angezeigt.

Sonderformen des Überweisungsverkehrs

Die Kreditinstitute bieten im Überweisungsverkehr Sonderformen an.

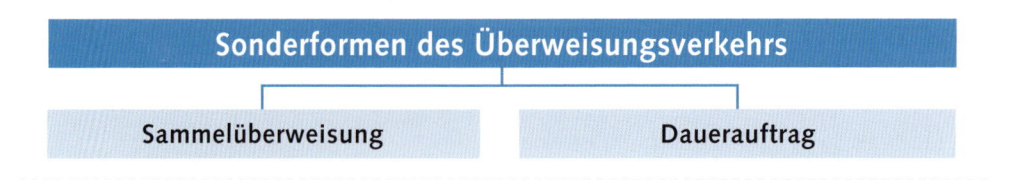

Sonderformen des Überweisungsverkehrs
- Sammelüberweisung
- Dauerauftrag

Sammelüberweisung

Die Sammelüberweisung ermöglicht die Zusammenfassung mehrerer Einzelüberweisungen eines Kontoinhabers an unterschiedliche Zahlungsempfänger. Mit einer **SEPA-Sammelüberweisung**

Bargeldlose Zahlung mit Überweisung und Lastschrift

kann mit einer einzigen Datei, die Überweisungen an unterschiedliche Banken im SEPA-Raum enthält, ein Konto pauschal belastet werden. So spart dieses Verfahren Arbeit und Zeit sowie Geld, da die Buchungsgebühr nur für einen Posten erhoben wird.

SEPA unterstützt die bisher bekannte **beleghafte Form** der Sammelüberweisung nicht mehr.

Dauerauftrag

Der **SEPA-Dauerauftrag** ist geeignet für Zahlungen, die **regelmäßig wiederkehren** und **in ihrer Höhe gleich sind** (z. B. Miete, Zins- und Tilgungszahlungen, Ratenzahlungen).

Der Zahlungspflichtige beauftragt sein Geldinstitut, regelmäßig zu einem bestimmten Termin einen feststehenden Betrag auf das Konto des Zahlungsempfängers zu überweisen. Der Dauerauftrag kann jederzeit vom Auftraggeber widerrufen werden.

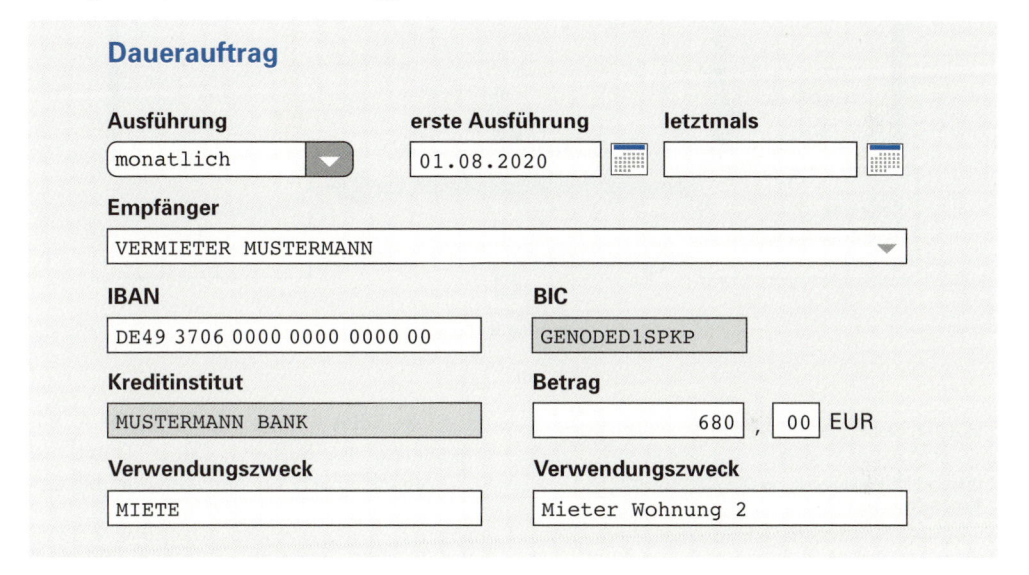

Dauerauftrag

Ausführung	erste Ausführung	letztmals
monatlich	01.08.2020	

Empfänger: VERMIETER MUSTERMANN

IBAN: DE49 3706 0000 0000 0000 00
BIC: GENODED1SPKP

Kreditinstitut: MUSTERMANN BANK
Betrag: 680,00 EUR

Verwendungszweck: MIETE
Verwendungszweck: Mieter Wohnung 2

■ Lastschriftverfahren

Das Lastschriftverfahren bietet sich an, wenn Zahlungen mit **unterschiedlichen** Beträgen regelmäßig oder unregelmäßig geleistet werden müssen (z. B. Telefongebühren, Strom- und Wasserabrechnung).

Die SEPA-Verordnung hat auch zu Neuerungen im Lastschriftverkehr geführt. Dank einheitlicher Standards können mit SEPA-Lastschriften in allen Teilnehmerländern Forderungen in Euro auch grenzüberschreitend eingezogen werden.

Es können grundsätzlich zwei Formen des SEPA-Lastschriftverfahrens unterschieden werden:

SEPA-Lastschriftverfahren
- SEPA-Basislastschrift
- SEPA-Firmenlastschrift

Zahlungsarten beim Warenverkauf

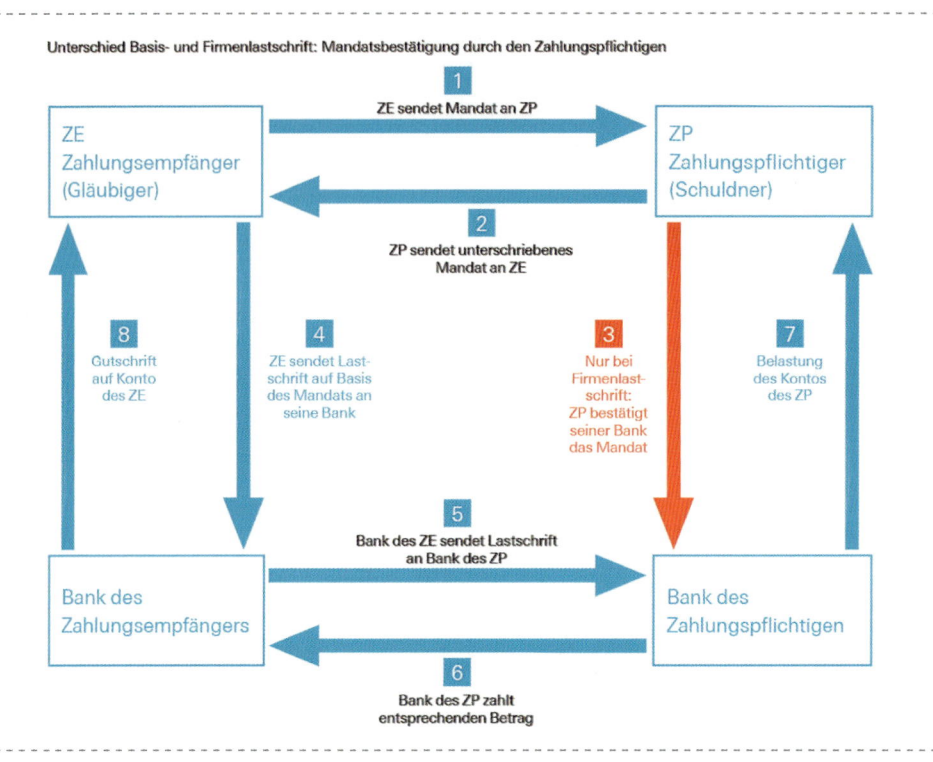

Unterschied Basis- und Firmenlastschrift: Mandatsbestätigung durch den Zahlungspflichtigen

1. ZE sendet Mandat an ZP
2. ZP sendet unterschriebenes Mandat an ZE
3. Nur bei Firmenlastschrift: ZP bestätigt seiner Bank das Mandat
4. ZE sendet Lastschrift auf Basis des Mandats an seine Bank
5. Bank des ZE sendet Lastschrift an Bank des ZP
6. Bank des ZP zahlt entsprechenden Betrag
7. Belastung des Kontos des ZP
8. Gutschrift auf Konto des ZE

- ZE Zahlungsempfänger (Gläubiger)
- ZP Zahlungspflichtiger (Schuldner)
- Bank des Zahlungsempfängers
- Bank des Zahlungspflichtigen

MUSTER GMBH, ROSENWEG 2, 00000 IRGENDWO

Gläubiger-Identifikationsnummer DE99ZZZ05678901234
Mandatsreferenz 987543CB2

SEPA-Lastschriftmandat

Ich ermächtige die Muster GmbH, Zahlungen von meinem Konto mittels Lastschrift einzuziehen. Zugleich weise ich mein Kreditinstitut an, die von der Muster GmbH auf mein Konto gezogenen Lastschriften einzulösen.

Hinweis: Ich kann innerhalb von acht Wochen, beginnend mit dem Belastungsdatum, die Erstattung des belasteten Betrages verlangen. Es gelten dabei die mit meinem Kreditinstitut vereinbarten Bedingungen.

_____
Vorname und Name (Kontoinhaber)
_____
Straße und Hausnummer
_____
Postleitzahl und Ort
_____ _ _ _ _ _ _ _ _ | _ _ _
Kreditinstitut (Name und BIC)

DE _ _ | _ _ _ _ | _ _ _ _ | _ _ _ _ | _ _ _ _ | _ _
IBAN

_____
Datum, Ort und Unterschrift

Die **SEPA-Firmenlastschrift** (SEPA Business to Business Direct Debit) ist ausschließlich für den Verkehr mit Geschäftskunden vorgesehen.

Bei dem neuen europäischen Zahlungsinstrument wird zur Kennzeichnung des Kontos und des Zahlungsempfängers neben IBAN und BIC eine sogenannte **Gläubigeridentifikationsnummer** benötigt, die von der Deutschen Bundesbank an Lastschrifteinreicher vergeben wird.

Voraussetzung für den Einzug von Lastschriften mit einem **festen Fälligkeitsdatum** ist das **Lastschriftmandat**.

Bargeldlose Zahlung mit Überweisung und Lastschrift

Darunter versteht man

- die **Zustimmung des Zahlers** gegenüber dem Zahlungsempfänger zum Einzug fälliger Forderungen und
- die **Weisung an die Bank/Zahlstelle** zur Belastung seines Kontos.

SEPA-Basislastschriften **mit** einem **gültigen Mandat** können bis zu **8 Wochen** nach Belastung ohne Angabe von Gründen zurückgegeben werden, **ohne gültiges Mandat** sogar bis zu **13 Monaten**. Der belastete Betrag wird dem Konto des Zahlers gebührenfrei wieder gutgeschrieben.

■ AKTION

1 Welches Risiko übernimmt ein Einzelhändler, wenn er die Bezahlung mit einer Lastschrift akzeptiert?

2 Warum ist der Dauerauftrag nur in wenigen Fällen für Bezahlvorgänge im Einzelhandel geeignet?

3 Die Wohnwelt GmbH bezieht Pflanzen für eine Sonderdekoration vom Gartenfachmarkt Grünland. Überprüfen und begleichen Sie die nebenstehende Rechnung sofort nach Erhalt durch Überweisung mit einem banküblichen Überweisungsformular.

Bankverbindung der Wohnwelt GmbH: Neuburger Bank, DE85 3100 6100 0012 0120 01.

GRÜNLAND
Samen - Pflanzen - Gartenbedarf
Aurenzstraße 10, 88455 Koblach

Grünland GmbH, Aurenzstraße 10, 88455 Koblach

Wohnwelt GmbH
Am Parksee 1
88888 Neuburg

Koblach, 26. April 20..

Rechnung Nr. 2345789 / Auftrag 45667 / Kundennr.: 66 554332

Artikel	Menge	Preis/Stück	Gesamtpreis
Zierbananen	5	5,70 €	28,50 €
Topfchrysanthemen	6	1,25 €	75,00 €
Gartenbambus	10	8,50 €	85,00 €
Terracotta Pflanzkübel	10	3,75 €	37,50 €
Florakron Pflanzenerde	50	2,25 €	112,50 €
Zwischensumme:			**338,50 €**
- 10 % Rabatt			30,85 €
			307,65 €
+ Versandkosten			25,00 €
			332,65 €
+ 19 % USt			63,20 €
			395,85 €

Zahlungsbedingungen:
Zahlbar innerhalb 10 Tagen mit 2 % Skonto oder 30 Tage ohne Abzug

4 Welche bargeldlose Zahlungsweise sollte bei den folgenden Zahlungsvorgängen gewählt werden? Begründen Sie Ihre Entscheidung.

> Oliver schließt mit der DeltaFon einen Handyvertrag ab,
> Kirsten will von ihrer Ausbildungsvergütung monatlich 100 € auf ihrem Sparbuch anlegen,
> Ariane möchte monatlich das Geld, das sich am Monatsende noch auf ihrem Konto befindet, auf ihr Sparbuch übertragen,
> Leon kauft ein Wasserbett, das er in 24 Monatsraten zu jeweils 98 € abbezahlt,
> Arianes Mutter bestellte beim Online-Shop Zubando ein Kleid und Schuhe auf Rechnung.

5 Zur Begleichung von drei Rechnungen ausländischer Lieferanten mit €uro-Überweisungen benötigt die Buchhaltung Ihres Unternehmens u.a. die BIC-Nummer.

Sie erhalten den Auftrag für folgende Banken diese Nummer zu finden:

a) UBS AG, Zürich

b) Bank of China, Peking

c) Crédit Agricole, Paris.

6.3 Bargeldlose Zahlung mit kartengesteuerten Zahlungssystemen

„Die Freiheit nehm ich mir und zahle mit meinem guten Namen!"

■ SITUATION

In der Zentrale der Textil-Markt GmbH diskutiert die Geschäftsleitung darüber, ob neben Barzahlung und Zahlung mit Bankkarte künftig auch eine Bezahlung mit Kreditkarten angeboten werden soll.

Außerdem will man die Einführung einer hauseigenen Kundenkarte prüfen.

Sie erhalten als Assistent(in) der Geschäftsleitung den Auftrag, die Vor- und Nachteile dieser Bezahlformen für das Unternehmen kurz zusammenzufassen.

Bargeldlose Zahlung mit kartengesteuerten Zahlungssystemen

■ INFORMATION

Die Zahl der Käufer, die an den Kassen des Einzelhandels mit Bargeld zahlen, nimmt stetig ab. Gleichzeitig wächst die Zahl der Kunden, die mit **Zahlungskarten** („Plastikgeld") zahlen. Mehr als jeder vierte Euro gelangt über **Kartensysteme** in die Kassen des Einzelhandels.

Neben den **Bankkarten** (VR-Bankcard, Sparkassencard) sind vor allem **Kredit-** und **Kundenkarten** von Bedeutung.

All diesen Karten ist **gemeinsam**, dass auf ihnen bestimmte Daten gespeichert sind (Name des Karteninhabers, Kontonummer, Kartennummer, Verfügungsrahmen).

Bar oder mit Karte?
Umsatzanteil nach Zahlungsart im stationären Einzelhandel in Deutschland

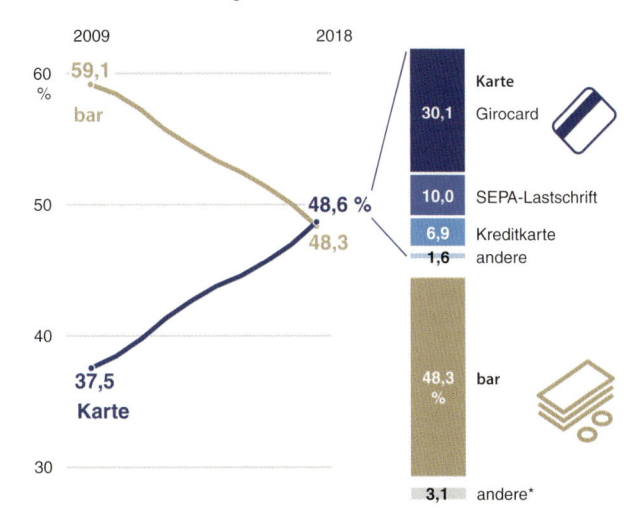

2009: bar 59,1 %, Karte 37,5 %
2018: Karte 48,6 %, bar 48,3 %, andere* 3,1 %

Karte (48,6 %) Aufteilung:
- Girocard: 30,1
- SEPA-Lastschrift: 10,0
- Kreditkarte: 6,9
- andere: 1,6

Studie mit 435 Unternehmen mit rund 85 000 Betrieben aus 35 Branchen des Handels mit einem Bruttoumsatz in Höhe von rund 275 Milliarden Euro

Quelle: EHI *Rechnungen, Finanzkäufe, Gutscheine © Globus 13229

Diese sind teilweise in Klarschrift auf der Karte lesbar und zusätzlich auf einem Chip und/oder Magnetstreifen codiert.

Weitere gemeinsame **Merkmale** von Zahlungskarten sind:

› sie bieten dem Händler erhöhte Sicherheit vor Falschgeld, Diebstahl und Überfall,
› sie senken seinen Bargeldbestand und reduzieren Kassenfehlbeträge,
› sie vereinfachen den Kassiervorgang und die Kassenabrechnung,
› sie benötigen eine entsprechende technische Ausstattung.

Zur Abwicklung und Verrechnung der bargeldlosen Zahlungen wird ein Netzbetreiber benötigt. Netzbetreiber sind z. B. Easycash, Telecash und Cardprocess. Diese Netzbetreiber arbeiten mit den Banken und Sparkassen zusammen und statten den Einzelhändler mit den zur Zahlungsabwicklung notwendigen Kartenterminals aus.

■ Bezahlung am POS mit einer Debitkarte

Mit einer **Debitkarte** *(Bankkarte, Sparkassenkarte)*, die fast jeder Kontoinhaber besitzt, können Bankgeschäfte an Bankterminals getätigt werden *(Geldabhebungen, Zahlungsaufträge ausführen, Kontoauszug erstellen)*. Im **Einzelhandel** dienen diese Karten zum **bargeldlosen Bezahlen** am **POS** (Point of Sale = Ort des Verkaufs und der Zahlung). Der englische Begriff „debit" bezeichnet einen Schuldposten. Bei diesen Karten werden die Umsätze zeitnah vom Konto des Käufers abgebucht, d.h. jeder Einkauf wird sofort dem Girokonto belastet.

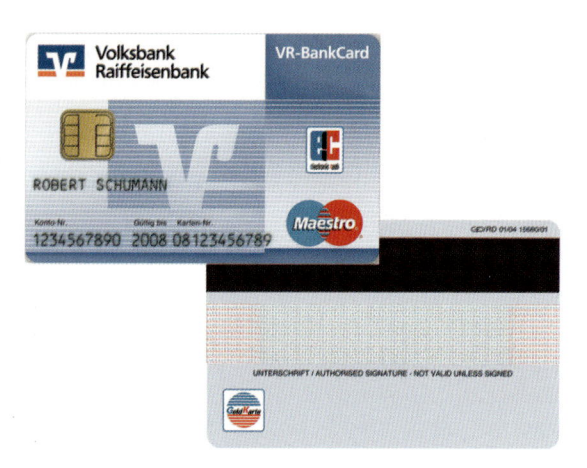

Neben Namen, Konto- und Kartennummer können sich auf der Vor- und Rückseite sogenannte **Akzeptanzlogos** befinden, die über die Verwendungsmöglichkeiten der Karte informieren.

Das bekannteste Akzeptanzlogo ist das **Maestro-Zeichen**. Es findet sich auf nahezu jeder Debitkarte, als Logo auf Geldautomaten und an vielen Eingangstüren und Schaufenstern von Einzelhandelsgeschäften. Das Maestro-Symbol steht für eine **bargeldlose Zahlungsfunktion** auf einer Debitkarte. Mit Maestro kann man in vielen Ländern der Welt in Geschäften, Restaurants oder an Tankstellen bargeldlos bezahlen oder Geld am Automaten abheben. Insgesamt gibt es über 11 Millionen Akzeptanzstellen, die Maestro akzeptieren. Voraussetzung dafür ist, dass das akzeptierende Unternehmen am Electronic-Cash-Zahlungssystem teilnimmt.

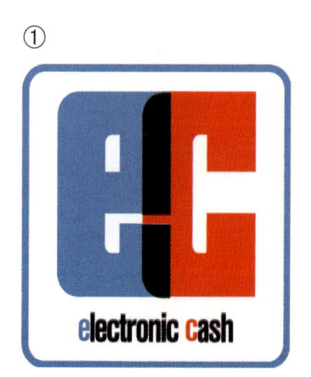

Im Einzelhandel ist das **Electronic Cash** Akzeptanzlogo (1) weitverbreitet. Für den Kunden signalisiert es, dass man hier mit einer Debitkarte bezahlen kann.

Im Zuge der Vereinheitlichung des europäischen Zahlungsraumes wird das EC-Logo in nächster Zeit durch das **girocard-Akzeptanzlogo** (2) abgelöst. Für einheimische Kunden ändert sich nichts, aber für ausländische Kunden wird die Bezahlung erleichtert.

Bargeldlose Zahlung mit kartengesteuerten Zahlungssystemen

Electronic Cash (Online-Verfahren)

Die Kunden bezahlen mit ihrer DebitKarte unter Eingabe ihrer **PIN** (persönliche Identifikationsnummer, umgangssprachlich „Geheimnummer"). Voraussetzung für dieses Verfahren ist der Anschluss an das Datennetz der Banken. Die Kosten pro Anfrage betragen 0,3 % vom Umsatz bzw. mindestens 0,08 €. Der durchschnittliche Zahlungsbetrag beträgt ca. 56 € (Quelle: Volksbanken, Raiffeisenbanken).

> **Beispiel:** Ein Kunde kauft bei Uhren-Bessler eine Armbanduhr für 398 €. Da er nicht mehr genug Bargeld zur Verfügung hat, tätigt er den Kauf bargeldlos mit seiner ec-Karte, da Herr Bessler diese Zahlungsmöglichkeit anbietet.

Der **Zahlungsvorgang** bei den kartengesteuerten Zahlungssystemen läuft bei allen POS-Stellen des Handels gleich ab:

› Eingabe des Zahlungsbetrags durch den Verkäufer in die Kasse.
› Käufer steckt Karte in den Kartenleser (= Terminal).
› Bestätigung des Zahlungsbetrags durch den Käufer.
› Eingabe der PIN (= Beweis als rechtmäßiger Karten- u. Konteninhaber).
› Überprüfung direkt, d.h. online, beim zuständigen Autorisierungssystem (Rechenzentrum) der kontoführenden Bank. Dabei wird geprüft, ob die PIN korrekt, die Karte nicht gesperrt ist und ob eine Kontendeckung vorhanden ist. Ist dies der Fall, erfolgt eine Autorisierung des Betrages durch die Bank, d.h. sie garantiert für die Einlösung.
› Bestätigung der Ordnungsmäßigkeit durch Vermerk auf dem Terminal „Zahlung erfolgt".
› Ausdruck der Quittung mit allen für den Kunden notwendigen Informationen.

Die **Abbuchung** erfolgt am gleichen Tag oder ein bis zwei Tage später vom Girokonto des Kunden. Nach dem Datenabgleich der beteiligten Banken erhält der **Händler** eine **Gutschrift** oft sogar am gleichen Tag auf seinem Konto.

Electronic Cash (Offline-Verfahren)

Der **Zahlvorgang** läuft ähnlich wie beim normalen Electronic Cash ab. Nur wird hier nicht der Magnetstreifen, sondern der **Chip** genutzt. Dieser wird mit einem vom jeweiligen Kreditinstitut festgelegten Geldbetrag als **Verfügungsrahmen** (Limit) geladen; meist sind dies 500 bis 1.000 € pro Woche. Bei einem Bezahlvorgang gibt der Kunde seine PIN ein. Das Händlerterminal prüft im Chip den noch zur Verfügung stehenden Rahmen und bucht dann den Kaufbetrag ab. Die **Prüfung** des Verfügungsrahmens erfolgt im Regelfall **offline**.

Ist der im Chip gespeicherte Betrag allerdings aufgebraucht oder seit der letzten Verbindung mehr Zeit als von der Bank erlaubt vergangen, baut das Terminal automatisch eine Online-Verbindung auf und autorisiert den Umsatz. Damit wird diese Zahlung als normale Electronic-Cash-Zahlung ausgeführt und der Verfügungsrahmen im Chip bei positiver Autorisierung wieder aufgefüllt.

Dieses **Zahlungsverfahren** verbindet die **Vorteile** der Electronic-Cash-Zahlungsgarantie mit den entfallenden oder verringerten Kommunikationskosten des Händlers.

Lastschriftverfahren

Beim **elektronischen Lastschriftverfahren** (ELV) ist keine Eingabe einer PIN erforderlich. Die Kunden **unterzeichnen** lediglich den **Zahlungsbeleg**. Aufgrund der in der Karte gespeicherten Informationen wird ein Lastschriftbeleg erstellt, der wie eine normale Einzugsermächtigung über die Bank eingezogen wird. Bei diesem **Offline-Lastschrift-Verfahren** fallen nur geringe Kosten an und daher wird es von vielen Einzelhändlern bevorzugt. Allerdings ist das ELV-Verfahren erheblich risikoreicher als das PIN-Verfahren (keine Zahlungsgarantie!). Bei einer **Nichteinlösung** der Lastschrift wegen fehlender Deckung des Kontos, fallen für den Händler Gebühren für die Rücklastschrift an und es muss von ihm ein aufwendiges Mahn- und Klageverfahren eingeleitet werden.

> ProDomo Neuburg
> Vielen Dank für Ihren Einkauf
> Terminalnummer 520 22175
> Kartenzahlung
> ec-Lastschrift
> € 199,95
> Datum 12.10.2020 17:49 Uhr
> Kto. 704 704 40 / 112 117
> Karte 1 gültig bis 12/18
>
> Hiermit ermächtige ich den o.g. Unternehmer, den ausgewiesenen Betrag zulasten meines angegebenen Kontos durch Lastschrift einzuziehen.
>
> BEI NICHTEINLÖSUNG ODER WIDERSPRUCH IST MEIN KREDITINSTITUT BERECHTIGT, DEM O.G. UNTERNEHMER AUF ANFORDERUNG NAME UND ANSCHRIFT MITZUTEILEN:
>
> UNTERSCHRIFT: *Gabi Klee*

> KUNO ist ein freiwilliges System der Polizeibehörden und des Einzelhandels, mit dem Ziel, Betrugsfälle im kartengestützten Zahlungsverkehr zu reduzieren. Dies geschieht in Zusammenarbeit der Polizei aller Bundesländer mit Unternehmen des Einzelhandels und deren Netzbetreibern über einen zentralen Sperrdienst mit einer zentralen Sperrdatei.
> Quelle: https://www.kuno-sperrdienst.de

■ Bezahlung mit Geldkartenfunktion

Eine Bankkarte mit Geldkartenfunktion, auch als **„elektronisches Portemonnaie"** bezeichnet, funktioniert ähnlich wie eine Telefonkarte, kann aber an speziellen Ladeterminals der Hausbank bis zu maximal 200 € immer wieder aufgeladen werden.

Die Zahlung mit einer Geldkarte geschieht durch Einführung in das Händlerterminal, wobei der fällige Betrag vom Chipguthaben abgebucht und auf das Händlerterminal gutgeschrieben wird. Mit dieser Karte sollen auch kleine Beträge bargeldlos auf rentable Weise bezahlt werden können.

Mit **„girogo"** soll das Bezahlen in Zukunft noch einfacher und schneller erfolgen. Die Zahlung erfolgt über den Chip auf der Bankkarte. Dabei wird die Karte einfach vor ein Bezahlterminal gehalten. Die Daten werden per Funk übertragen. PIN-Eingabe oder Unterschrift sind nicht mehr nötig. Allerdings ist dieses berührungslose Bezahlen auf höchstens 20,00 € je Zahlungsvorgang beschränkt.

Bargeldlose Zahlung mit kartengesteuerten Zahlungssystemen

■ Bezahlung mit Kreditkarte

Kreditkarten sind ein **weltweit gültiges Zahlungsmittel**. Sie werden von Kreditorganisationen und Banken kostenlos oder gegen eine Jahresgebühr herausgegeben. Mit Kreditkarten können bei allen Vertragsunternehmen der Kartenorganisation (Akzeptanzstellen) bargeldlos Leistungen bezahlt werden *(Handel, Hotel und Restaurant, Tankstelle, Reisebüro, Flughafen, Autovermietung)*. **Vier** Unternehmen teilen sich den Kreditkartenmarkt in Europa. Eine Karte von **MasterCard** oder **Visa** erhält man über Sparkassen oder Banken. Diese arbeiten mit den Kreditkartenorganisationen zusammen. Wer sich für eine Karte von **Diners Club** oder **American Express** entscheidet, erhält sie direkt von diesen speziellen Kreditkartenorganisationen. Die mit den Karten vorgenommenen **Zahlungen** werden dem Inhaber am **Monatsende** in einer Summe belastet oder es wird mit dem Kreditkartenunternehmen eine monatliche Rückzahlung der getätigten Umsätze in Raten vereinbart. Für den **Einzelhändler** spielt es keine Rolle, wie die Vertragsgestaltung zwischen Kreditkartenorganisation und Karteninhaber erfolgt. Er erhält sein Geld über die Kreditkartenorganisation. Welche Karte Einzelhändler akzeptieren, ist für die Kunden am Eingang oder an der Kasse durch entsprechende **Akzeptanzaufkleber** zu erkennen.

Viele Einzelhändler akzeptieren allerdings keine Kreditkarte; die Kreditkartenunternehmen verlangen von ihren Vertragspartnern eine mehrprozentige Provision des Verkaufspreises *(0,6 bis 0,9 % bei Lebensmittelgeschäften, 3 bis 6 % in der Textil- und Schmuckbranche)*. Außerdem dauert es längere Zeit, bis die Verkaufserlöse vergütet werden. Bei Online-Abwicklung erfolgt die Gutschrift oft aber schon am nächsten Tag.

Abb. Akzeptanzlogos für Kreditkarten

Vor- und Nachteile bei Bezahlung mit Kreditkarten			
+ für den Karteninhaber	**–**	**+ für den Einzelhändler**	**–**
› weltweit gültig › einfache und bequeme Zahlung › begrenzte Haftung bei Kartenverlust › Kreditrahmen	› Jahresgebühr › gilt nur bei Vertragsunternehmen › Neigung zu Spontankäufen	› Umsatzsteigerung › Zahlungssicherheit › Imagegewinn › Spontankäufe	› Kosten durch Servicegebühren und Einstiegsinvestition › Verwaltungsaufwand und keine sofortige Gutschrift

Zahlungsweg bei Bezahlung mit Kreditkarte

> **Beispiel:** Das Ehepaar Henning besucht für mehrere Tage München. In der Sendlinger Straße kauft sich Frau Henning bei Juwelier Gruber eine Perlenkette zu 1.998 €. Da das Juweliergeschäft alle bekannten Kreditkarten akzeptiert, kann Frau Henning mit ihrer Visa-Karte bezahlen. Am Monatsende wird ihr der Betrag auf dem Konto der Neuburger Bank belastet.

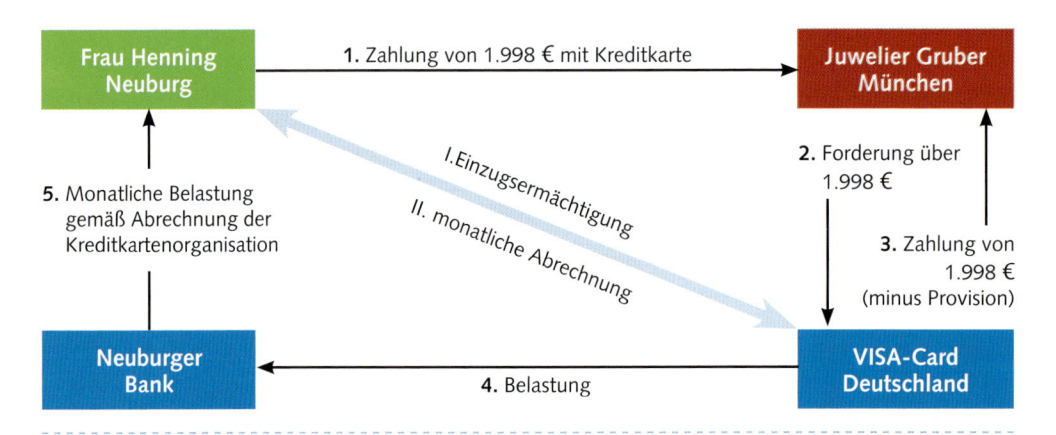

Frau Henning Neuburg — 1. Zahlung von 1.998 € mit Kreditkarte → **Juwelier Gruber München**

I. Einzugsermächtigung
II. monatliche Abrechnung

5. Monatliche Belastung gemäß Abrechnung der Kreditkartenorganisation

2. Forderung über 1.998 €

3. Zahlung von 1.998 € (minus Provision)

Neuburger Bank ← 4. Belastung — **VISA-Card Deutschland**

■ Bezahlung mit Kundenkarte

Im Gegensatz zu den Kreditkarten berechtigen **Kundenkarten** nur zu **bargeldlosen Zahlungen** im **ausgebenden Unternehmen**. Die kassentechnische Abwicklung erfolgt bei Benutzung einer Kundenkarte ähnlich wie bei den übrigen Zahlungskarten. Der Kunde unterschreibt einen Rechnungsbeleg, erhält eine Durchschrift und der Kaufbetrag wird monatlich von seinem Konto abgebucht.

Da Kundenkarten für das ausgebende Unternehmen in erster Linie ein Instrument zur langfristigen Kundenpflege und Kundenbindung sind, werden neben der Zahlungsfunktion oft eine Reihe zusätzlicher Serviceleistungen angeboten.

> **Beispiel:** Inhaber der Breuninger Card erhalten monatlich eine Rechnung mit artikelgenauer Auflistung ihrer Käufe, die auf Wunsch auch online abrufbar ist. Der Kunde kann selbst entscheiden, wie er diese Rechnung bezahlen will (Lastschrifteinzug, Überweisung, Bareinzahlung an einer Kasse des Unternehmens).

Zum Geburtstag bekommt der Karteninhaber einen persönlichen Geburtstagsgutschein. Ausgewählte Artikel erhält man exklusiv mit Preisvorteilen. Karteninhaber können alle ausgesuchten Artikel als Auswahl bis zu zehn Tage nach Hause nehmen.

Bargeldlose Zahlung mit kartengesteuerten Zahlungssystemen

Neben den Kundenkarten mit Zahlungsfunktion existieren auch **Kundenkarten**, die als **Rabatt- und Bonuskarten** Verwendung finden. Sie dienen nicht nur der Kundenbindung, sondern sollen auch dazu betragen, die von vielen Kunden betriebene Preisfeilscherei zu unterbinden.

Sie profitieren sofort!
— **3% Bonus** in Form eines Bonusschecks für alle getätigten Einkäufe (auch auf reduzierte Ware)
— **7% Geburtstagsrabatt** zusätzlich auf alle Teile Ihres Geburtstagseinkaufs
— **Geld-zurück-Garantie**
— **Info-Service** über Top-Angebote und Top-Veranstaltungen.
— **Keine Zahlungsfunktion**

Oberpaur VORTEILSKARTE

>> **Beispiel:** Die „Vorteilskarte" eines mittelständischen Textilkaufhauses ohne Zahlungsfunktion:

Ab einem Kauf im Wert von 5 € werden 3 % des Kaufpreises als Bonus einem Kundenkonto gutgeschrieben. Alle drei Monate erhält der Kunde vom Modehaus per Post einen entsprechenden Warengutschein, den er beim nächsten Kauf an der Kasse einlöst.

■ Zahlungskarten im Überblick

Verfahren/ Eigenschaften	Electronic Cash online	Electronic Cash offline	Geldkarte (elektr. Geldbörse)	EC-Lastschrift (online)	ELV (EC-Lastschriftverfahren)	Kreditkarte
Karte	BankCard/ Sparkassen-Card	BankCard/ Sparkassen-Card	BankCard/ Sparkassen-Card	BankCard/ Sparkassen-Card	BankCard/ Sparkassen-Card	je nach Händlerentscheidung
Unterschrift	nein	nein	nein	ja	ja	ja
Geheimzahl (PIN)	ja	ja	nein	nein	nein	auf Wunsch
Online > Sperrabfrage > Autorisierung am Konto	ja ja	bei Bedarf bei Bedarf	nein nein	ja	nein nein	ja ja
Zahlungsgarantie	ja	ja	ja	nein	nein	ja
Kosten	0,3 % vom Umsatz mind. 0,08 €	0,3 % vom Umsatz mind. 0,08 €	0,3 % vom Umsatz mind. 0,01 €	0,04 € für Sperrabfrage	keine	zwischen 2 und 5 % vom Umsatz
Risiko des Einzelhändlers	nein	nein	nein	mittel	hoch	nein

Kassieranweisungen für Bezahlung mithilfe elektronischer Systeme

Beim Bezahlen mit Bank-, Kredit- oder Kundenkarten sind besondere Grundsätze zu beachten, die sich in den einzelnen Unternehmen nur unwesentlich unterscheiden. Nachdem der Kunde die Karte vorgelegt hat, muss Folgendes geprüft werden:

- Ist die Karte noch gültig?
- Ist die Karte unterschrieben?
- Stimmt der Vorname auf der Karte mit dem Geschlecht des Kunden überein?

Bezahlen mit EC-Cash

Je nachdem, welches Verfahren Anwendung findet, muss der **EC-Cash-Beleg** auf der Rückseite vom Kunden unterschrieben werden (ohne PIN-Eingabe). Auf dem Beleg findet sich dann der Vermerk „Unterschrift umseitig". Die Unterschrift des Kunden auf dem ersten EC-Cash-Beleg ist vom Mitarbeiter an der Kasse mit der Unterschrift auf der Karte zu vergleichen.

Mit PIN-Eingabe erhält der Beleg den Vermerk „Zahlung erfolgt" und es ist keine Unterschrift zu leisten. In beiden Fällen erhält der Kunde den zweiten Beleg zusammen mit dem Kassenbon und der Bankkarte ausgehändigt.

Bezahlen mit Kunden- und Kreditkarte

Bei beiden Kartensystemen leistet der Kunde eine Unterschrift ohne PIN-Eingabe (bei Kreditkarten soll allerdings demnächst die PIN-Eingabe verpflichtend werden). Durch die Unterschrift erteilt der Kunde eine einmalige Einzugsermächtigung über den zu zahlenden Betrag.

Besondere Verhaltensweisen des Kassenpersonals

Es ist unbedingt darauf zu achten, dass dem Kunden vor seiner Unterschrift der zu zahlende Preis auf dem Unterschriftsbeleg gezeigt wird. Er kann somit die registrierte Summe mit der auf dem Zahlungsbeleg vergleichen. Äußert er keine Bedenken, hat er den zu zahlenden Preis akzeptiert. Die unterschriebenen Belege sind wie Bargeld zu behandeln und müssen in der Kassenschublade aufbewahrt werden.

Bargeldlose Zahlung mit kartengesteuerten Zahlungssystemen — LF 3

Übersicht über die Zahlungsformen beim Onlinekauf

	Ablauf	Käufer		Verkäufer	
		Vorteile	Nachteile	Vorteile	Nachteile
Zahlung per Rechnung	Käufer bestellt und erhält die Ware. Der Käufer bezahlt die Rechnung.	kein Risiko, da Zahlung erst nach Erhalt der Ware	–	beliebt bei den Kunden – geringe Abbruchquote	hohes Risiko (Kunde zahlt nicht oder zu spät)
Zahlung per Lastschrift	Käufer bestellt und gibt Kontodaten an. Betrag wird abgebucht.	schnell und bequem	Angabe der Kontodaten	geringes Risiko	Konto nicht gedeckt oder falsche Daten
Zahlung per Kreditkarte	Käufer bestellt und gibt Kreditkartendaten an. Abbuchung vom Konto.	schnell und bequem	Angabe der Kreditkartendaten	geringes Risiko	Gebühren pro Buchung
Zahlung per Nachnahme	Käufer bestellt und bezahlt die Ware beim Paketboten.	kein Risiko	Nachnahmegebühr	geringes Risiko, signalisiert Sicherheit	Kunde nimmt Paket nicht an
Zahlung per Vorkasse	Käufer bestellt und überweist den Betrag. Verkäufer verschickt nach Zahlungseingang.	eventueller Preisnachlass	hohes Risiko, da Zahlung erfolgt, bevor die Ware kommt	kein Risiko, da Zahlung erfolgt, bevor die Ware versendet wird	beim Kunden sehr unbeliebt
Zahlung per PayPal	Paypal speichert E-Geld und ist ein Zwischenhändler. Bei PayPal registrieren und Konto freischalten. Überweisungen per Mail: vom Konto auf PayPal und von dort aus zum Verkäufer, der es in echtes Geld tauschen kann.	einfach und unkompliziert, keine Bankdaten beim Onlineshop, Verschlüsselung, Käuferschutz	keine Zinsen, keine Garantien (Angaben der Nutzer und Abschluss des Geschäfts)	beliebt bei den Kunden international	keine Garantien (Angaben der Nutzer und Abschluss des Geschäfts), Gebühren

Zahlungsarten beim Warenverkauf

AKTION

1. Erläutern Sie den Unterschied zwischen Geldkarte und Bankkarte.

2. Sie kaufen in einer Buchhandlung einen Roman für 29,90 € und bezahlen mit Ihrer Sparkassen-Card. Sie müssen keine Unterschrift leisten. Beschreiben Sie kurz den Ablauf des gesamten Zahlungsvorgangs.

3. Warum benutzen viele Einzelhändler das ELV-Lastschriftverfahren? Nennen Sie drei Gründe.

4. Erstellen Sie eine Tabelle nach folgendem Muster:

Vor- und Nachteile von Electronic Cash		
	Vorteile	Nachteile
Kunde		
Einzelhändler		

Ordnen Sie die folgenden Aussagen dieser Tabelle zu:

- kundenfreundlich; bequeme Zahlung
- hohe Investitionskosten
- positives Image
- Gefahr, mehr als geplant einzukaufen
- keine zusätzlichen Kartengebühren
- Gebühren für Netzanschluss
- Zahlungsgarantie der Banken
- Probleme bei Ausfall der Elektronik
- schnelle Gutschrift des Gegenwertes
- bei Verlust Schadensrisiko

5. Warum lehnen manche Einzelhandelsgeschäfte die Bezahlung mit Kreditkarte ab?

6. In Ihrem Ausbildungsbetrieb hat man sich trotz einiger Bedenken dafür entschieden künftig Kreditkarten als Zahlungsmöglichkeit zu akzeptieren. Sie erhalten den Auftrag sich über die Angebote für Händler zu informieren. Nutzen Sie dazu die Webseiten der vier großen Anbieter Mastercard, Visa, Diners Club und American Express. Entscheiden Sie sich für einen Anbieter und begründen Sie diese Wahl in einem kurzen Statement.

7. Welche Schlussfolgerungen können Sie aus der unten aufgeführten wöchentlichen Umsatzauswertung der Textilabteilung im Warenhaus Merkur in Neuburg ziehen?

Merkur Fil. NB Umsatzauswertung Woche 12		
Zahlungsart	Umsatz	Kunden
Barverkäufe	60.000,00 €	480
EC-Cash	33.000,00 €	220
Kreditkarte	18.000,00 €	80
Gesamtumsatz	111.000,00 €	780

8. Beschreiben und interpretieren Sie das nebenstehende Schaubild.

9. Erläutern Sie verschiedene Zahlungsformen beim Onlinekauf.

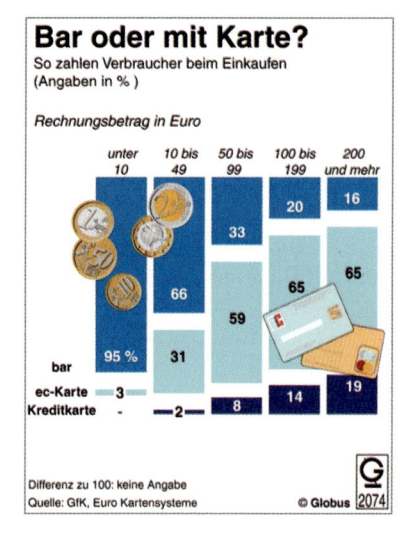

Bar oder mit Karte?
So zahlen Verbraucher beim Einkaufen (Angaben in %)

Rechnungsbetrag in Euro

	unter 10	10 bis 49	50 bis 99	100 bis 199	200 und mehr
bar	95	66	59	20	16
ec-Karte	3	31	33	65	65
Kreditkarte	–	2	8	14	19

Differenz zu 100: keine Angabe
Quelle: GfK, Euro Kartensysteme
© Globus 2074

Dreisatz mit geradem Verhältnis

LF 3

7 Dreisatz

1-2-3, Dreisatz ist keine Hexerei

Angebot der Woche im Getränkemarkt „Oase":
› Schloss-Pils, 20 x 0,5-Liter-Flaschen, Kasten ohne Pfand 10,00 €.
› Schloss-Pils, Sixpack zu 3,35 €.
Kostet 1 Flasche Schloss-Pils bei beiden Angeboten gleich viel?

Bei der Dreisatzrechnung wird aus mindestens drei bekannten Größen eine vierte unbekannte Größe errechnet. Dies erfolgt in drei Rechenschritten, daher der Name dieser Rechenart. Nahezu alle Rechenverfahren, die in der kaufmännischen Praxis Anwendung finden, bauen auf der Dreisatzrechnung auf.

7.1 Dreisatz mit geradem Verhältnis

■ SITUATION

Frau Reber kauft im Supermarkt Manz 1.750 g Hähnchenbrustfilet.

Wie viel € muss sie an der Kasse bezahlen, wenn 1 kg Hähnchenbrustfilet 7,95 € kostet?

■ INFORMATION

Bei einem Dreisatz mit geradem Verhältnis verändern (vermehren bzw. vermindern) sich die Größen im gleichen Maß (*je höher das Gewicht, desto höher der Preis*).

Lösung:

1 Bedingungssatz:	mehr ↓	1.000 g Hähnchenbrustfilet kosten 7,95 €	mehr ↓
2 Fragesatz:		1.750 g Hähnchenbrustfilet kosten x €	
3 Bruchsatz:		$x = \dfrac{7{,}95\,€ \cdot 1.750\,g}{1.000\,g} = \underline{\underline{13{,}91\,€}}$	

Lösungsschritte

1. Die gegebenen Größen so aufschreiben, dass die gesuchte Größe (€) rechts steht.
2. Gleiche Benennungen stehen untereinander (Maße).
3. Bei der Aufstellung des Bruchsatzes ist zu beachten:
   1. Satz: Preis für 1.000 g ≙ 7,95 € → diesen Wert immer auf den Bruchstrich.
   2. Satz: Preis für 1 g ≙ 1.000 mal weniger → unter den Bruchstrich.
   3. Satz: Preis für 1.750 g ≙ 1.750 mal mehr → auf den Bruchstrich.
4. Die Werte auf dem Bruchstrich multiplizieren, dann durch den Wert im Nenner dividieren. Wenn möglich kürzen.

! Wird beim Berechnen für 1 Einheit dividiert, dann liegt ein gerades Verhältnis vor.

Dreisatz

■ AKTION

1 Verdeutlichen Sie den Merksatz „Ein Dreisatz mit geradem Verhältnis kann beschrieben werden durch: je mehr – desto mehr, bzw. je weniger – desto weniger" anhand selbstgewählter Beispiele.

2 Laura erzielte in ihrer Abteilung im Monat Mai einen Umsatz von 48.600,00 €. Dafür erhielt sie 250,00 € Provision. Im Juni verringerte sich wegen Krankheit ihr Umsatz um 4.600,00 €. Wie viel Provision wird sie dieses Mal erhalten?

3 Die Neuburger Omnia-Märkte werden dreimal in der Woche vom 180 km entfernten Warenverteilzentrum mit Waren beliefert. Bisher benötigte der LKW für diese Strecke 3 Stunden. Wie lange braucht der LKW jetzt, wenn er wegen einer Umleitung zusätzlich 40 km fahren muss?

4 In der Werbeagentur Media-Arts arbeiten 16 Mitarbeiterinnen und Mitarbeiter. Wegen eines Großauftrages des wichtigsten Kunden müssten alle 2 Stunden länger pro Tag arbeiten, als die tariflich vereinbarten 8 Stunden. Wie viele Arbeitskräfte müssen zusätzlich eingestellt werden, um Überstunden zu vermeiden?

5 Das Neuburger Feinkostgeschäft La Deliziosa röstet seinen Kaffee noch selbst. Aus 60 kg Santos-Premium können 52 kg Röstkaffee gewonnen werden. Wie viel kg Röstkaffee ergeben 780 kg Rohkaffee?

6 Das Warenhaus Merkur vergrößerte seine Verkaufsfläche in der Uhren- und Schmuckabteilung von 232 m² auf 302 m². Im letzten Jahr erzielte die Abteilung einen Umsatz von 408.900,00 €. Um wie viel € muss der Umsatz steigen, wenn pro m² die gleiche Flächenproduktivität erzielt werden soll?

7 Für die Italienische Woche bezog die Lebensmittelabteilung des Warenhauses Merkur 1.400 l Chianti und bezahlte dafür 2.240,00 €. Können die dringend benötigten 280 l nachbestellt werden, wenn noch 500,00 € für zusätzliche Einkäufe zur Verfügung stehen?

8 Der Börsenkurs der Merkur AG Aktie beträgt zz. 39,00 €. Der Vorstand informierte auf einer Pressekonferenz, dass der Umsatz von ca. 2,6 Milliarden € im Vorjahr in diesem Jahr um voraussichtlich 300 Millionen € niedriger ausfallen wird. Analysten befürchten nun einen Kursverlust im Verhältnis zum Umsatz. Auf welchen Wert sinkt demnach der Kurs der Merkur Aktien?

9 Die Talkshow „Nur die Wahrheit zählt" hat im Durchschnitt 1,6 Millionen Zuschauer. Aufgrund dieser Zahlen verkauft der Sender TELE 7 eine Werbeminute für 24.000,00 €. Durch einen Moderatorenwechsel will man nun 1 Million Zuschauer mehr gewinnen. Welchen Minutenpreis wird der Sender nun für Werbetreibende verlangen?

10 Der Getränkegroßhandel Oase verkauft in der Woche (6 Tage) im Durchschnitt 1.680 Kästen Mineralwasser der Marke „Fontanis" an seine Kunden. Wegen eines Leitungsschadens kann die Fontanis GmbH vorerst nicht mehr liefern. Wie viele Tage reicht der Lagervorrat von 980 Kästen?

11 Das Reiseunternehmen Easy-Tours bietet an:
› 2 Wochen Mallorca, alles inklusiv, 679,00 €,
› 8 Tage Mallorca, Flug, Hotel und Vollpension nur 398,00 €!

Welches Angebot ist für den Kunden günstiger kalkuliert?

12 Bei Torsten Sander, Auszubildender bei All-Bau, möchte ein Kunde Farbe zum Streichen seiner neuen Wohnung kaufen. Mit einem Eimer Innenfarbe kann man ca. 66 m² streichen. Wie

Dreisatz mit ungeradem Verhältnis

viele Eimer Farbe soll Torsten anhand des ihm vorgelegten Wohnungsgrundrisses verkaufen, wenn die Raumhöhe 2,50 m beträgt und für Fenster und Türen 10 m² abzuziehen sind?.

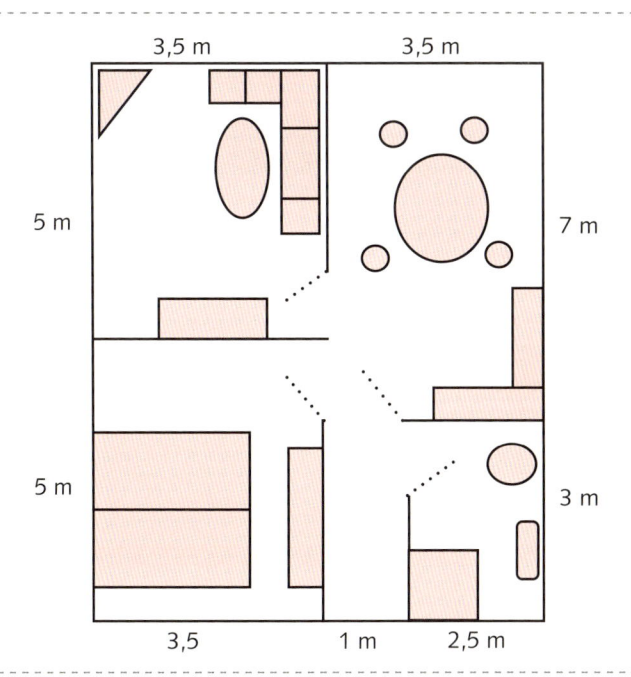

13 Die Weinhandlung Oppenheimer bietet in einer Sonderaktion chilenischen Chardonnay zu 3,95 € je 0,7-l-Flasche an. Das Schlosshotel kauft 4 Kisten zu je 12 Flaschen. Eine Woche später werden 3 weitere Kisten zum Aktionspreis bestellt. Welchen Preis muss das Hotel für diese 3 Kisten bezahlen?

14 Der Herrenausstatter Mann-o-Mann wirbt bisher mit einem 30-Sekunden-Spot bei Radio-Neuburg und zahlt dafür 600,00 €. Welche Kosten entstehen ihm, wenn er künftig dreimal zu je 12 Sekunden wirbt?

7.2 Dreisatz mit ungeradem Verhältnis

■ SITUATION

Für die Vorbereitungen der letztjährigen Aktion „Heiße Preise – Sommerreise" haben 3 Mitarbeiterinnen des Textil-Markts 42 Stunden benötigt. Der Geschäftsleitung war dies zu lange und sie will nun kurz vor der diesjährigen Aktion 7 Mitarbeiter dafür abstellen.

Wie lange werden sie für diese Arbeiten benötigen?

■ INFORMATION

Bei einem Dreisatz mit ungeradem Verhältnis verändern (vermehren bzw. vermindern) sich die Größen in umgekehrter Weise (*je mehr Mitarbeiter, desto weniger Zeit wird benötigt*).

Lösung:

1 Bedingungssatz:	mehr ↓	3 Mitarbeiterinnen benötigen 42 Stunden
2 Fragesatz:		7 Mitarbeiterinnen benötigen x Stunden
3 Bruchsatz:		$x = \dfrac{42 \cdot 3}{7} = 18$ Stunden

(weniger ↓)

Lösungsschritte

1. Die gegebenen Größen so aufschreiben, dass die gesuchte Größe (Stunden) rechts steht.
2. Gleiche Benennungen stehen untereinander.
3. Bei der Aufstellung des Bruchsatzes ist zu beachten:
   1. Satz: Zeit für 3 Mitarbeiter ≙ 42 Stunden → diesen Wert immer auf den Bruchstrich.
   2. Satz: Zeit für 1 Mitarbeiter ≙ 3 mal mehr → auf den Bruchstrich.
   3. Satz: Satz: Zeit für 7 Mitarbeiter ≙ 7 mal weniger → unter den Bruchstrich.
4. Die Werte auf dem Bruchstrich multiplizieren, dann durch den Wert im Nenner dividieren. Wenn möglich kürzen.

! Wird beim Berechnen für 1 Einheit multipliziert, dann liegt ein ungerades Verhältnis vor.

■ AKTION

1 Verdeutlichen Sie den Merksatz „Ein Dreisatz mit ungeradem Verhältnis kann beschrieben werden durch: „je mehr – desto weniger bzw. je weniger – desto mehr" anhand selbstgewählter Beispiele.

2 Das Warenhaus Merkur plant für die Umgestaltung der Neuburger Filiale 20 Tage und will dabei 10 Verkaufskräfte einsetzen. Wegen Krankheit und eines Fehlers bei der Personalplanung stehen aber für dieses Projekt nur 5 Mitarbeiter zur Verfügung. Nach wie viel Tagen kann jetzt die Umbaumaßnahme abgeschlossen werden?

3 Optiker Bessler möchte seine Schaufenster mit neuem Stoff ausspannen. Bisher benötigte er 12,50 m bei einer Stoffbreite von 90 cm. Nun will er sich für ein günstigeres Angebot entscheiden, allerdings beträgt die Stoffbreite in diesem Fall 1,40 m. Wie viel Meter Stoff werden jetzt benötigt?

4 Der Neuburger Handels- und Gewerbeverein plant einen kleinen Einkaufsführer für alle Haushalte. Bisher wollen sich 32 Einzelhändler daran beteiligen. Sie müssten anteilige Kosten in Höhe von 724,80 € übernehmen. Auf welchen Betrag würden die Kosten sinken, wenn sich alle 128 Mitglieder daran beteiligten?

5 Verena Busse erhielt zur Hochzeit von ihren Kollegen 6 wertvolle Weingläser zum Stückpreis von 22,00 €. Sie möchte aber lieber mehr Gläser und tauscht sie bei Haushaltwaren Offermann gegen eine Importware zum Stückpreis von 5,50 € um. Wie viele dieser Gläser erhält sie?

6 Bei einem täglichen Verbrauch von ca. 900 Blatt Kopierpapier reicht in der Neuburger Berufsschule der Papiervorrat noch 60 Tage. Wie lange reicht derselbe Vorrat, wenn der Tagesbedarf um 150 Blatt gesenkt wird?

7 Franca (1. Ausbildungsjahr) möchte nach der Ausbildung ein eigenes Auto. Da sie bereits 3.000,00 € angespart hat, will sie 30 Monate lang je 50,00 € sparen. Wie viele Monate früher könnte sich Franca das Auto kaufen, wenn sie monatlich 75,00 € zurücklegen könnte?

Dreisatz mit ungeradem Verhältnis

8 Jede der 6 Talkshows von TELE 7 hat durchschnittlich 840.000 Zuschauer. Es ist geplant, 2 weitere Talkshows zu senden. Wie viele Zuschauer hat dann jede Sendung im Durchschnitt, wenn die Gesamtzahl der Seher gleich bleibt?

9 Die durchschnittliche Klassenstärke in den 42 Klassen der Neuburger Berufsschule beträgt 24 Schüler. Wegen Lehrermangels muss im neuen Schuljahr die Klassenzahl um 6 reduziert werden. Berechnen Sie die neue Klassenstärke!

10 Das Erdgeschoss im Multi-Vision Fachmarkt erhielt gestern einen neuen Bodenbelag, der von 10 Fachkräften in 8 Stunden verlegt wurde. Für den ersten Stock stehen heute nur 4 Fachkräfte zur Verfügung. Wie lange benötigen sie, wenn sie gleich schnell arbeiten?

11 Der Heizölvorrat soll für 210 Tage reichen, wenn täglich 75 Liter verbraucht werden. Wegen einer Kältewelle steigt der durchschnittliche Verbrauch um 15 Liter. Für wie viel Tage reicht nun der Heizölvorrat?

12 Zur Regalpflege sind bei den Neuburger Omnia Discountmärkten 4 Mitarbeiter ständig beschäftigt.

Sie arbeiten 37,5 Stunden in der Woche und verursachen pro Mitarbeiter Personalkosten (einschl. Zusatzkosten) von 2.080,00 € im Monat.

a) Künftig soll die Regalpflege von einer Fremdfirma übernommen werden. Wie viele Mitarbeiter dieses Unternehmens müssen eingesetzt werden, wenn – gleiche Leistung je Stunde vorausgesetzt – deren Wochenarbeitszeit 25 Stunden beträgt?

b) Ermitteln Sie die Kostenersparnis für die Omnia Geschäftsleitung, wenn die Fremdfirma für ihre Mitarbeiter einen Stundenlohn von 12,00 € in Rechnung stellt.

13 Aynur arbeitet an der Frischfleischtheke. Nach Ladenschluss um 20.00 Uhr benötigt sie zusammen mit ihren 4 Kollegen und Kolleginnen im Durchschnitt 36 Minuten zum Auf- und Abräumen der Waren sowie zum Säubern der Theken. Heute müssen 2 Kolleginnen direkt nach Ladenschluss nach Hause. Wann wird Aynur heute voraussichtlich den Laden verlassen können?

14 Damit bei Ladenöffnung um 8.00 Uhr alles zum Verkauf vorbereitet ist, beginnen die 7 Mitarbeiter der Frischeabteilungen im Supermarkt Manz um 7.00 Uhr. Herr Manz möchte am Ostersamstag bereits um 7.30 Uhr öffnen und stellt zwei weitere Mitarbeiter zu Vorbereitungsarbeiten ab. Sind die Abteilungen rechtzeitig verkaufsbereit, wenn sie mit ihrer Arbeit 15 Minuten früher als sonst beginnen?

15 Der alte Lieferwagen von Feinkost Deliziosa verbrauchte auf 100 km durchschnittlich 7,5 Liter Diesel. Eine Tankfüllung reichte für 850 km.

Der neue Lieferwagen verbraucht durchschnittlich einen Liter weniger auf 100 km. Für wie viel km reicht nun eine Tankfüllung?

8 Durchschnittsrechnen

Durchschnittswerte erleichtern Entscheidungen

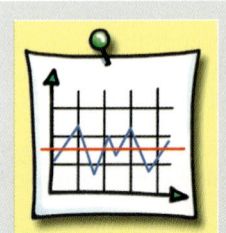

Letztes Jahr kamen in das Textilfachgeschäft Hesser-Moden an den vier Samstagen vor Weihnachten durchschnittlich 65 Kunden. Mithilfe von verstärkten Werbemaßnahmen wollte Frau Hesser dieses Jahr die durchschnittliche Kundenzahl um 15 steigern. Es liegen ihr folgende Zahlen vor:

1. Samstag: 60 Kunden, 2. Samstag: 90 Kunden,
3. Samstag: 120 Kunden, 4. Samstag: 90 Kunden.
– Hat Frau Hesser ihr Ziel erreicht?

Bei der Durchschnittsrechnung wird aus mehreren Werten ein Mittelwert (= Durchschnittswert) berechnet. Im Einzelhandel sind Durchschnittswerte von großer Bedeutung, da sie durch Vergleich mit anderen Durchschnittswerten wichtige betriebswirtschaftliche Rückschlüsse zulassen.

8.1 Einfacher Durchschnitt

■ SITUATION

In der Neuburger Filiale der Textil-Markt GmbH werden täglich die durchschnittlichen Umsätze des Verkaufspersonals festgehalten. Wer von den Verkaufsmitarbeitern immer wieder deutlich unter dem Durchschnittsumsatz liegt, wird von der Geschäftsführung zu einem Gespräch gebeten. In der Abteilung „Young-Fashion" wurden heute folgende Umsätze erzielt:

Verkäuferin	Umsatz/€
Katja Huppert	1.250,00
Miriam Falcone	1.480,00
Eva Karamanlis	875,00
Maria Jovic	1.050,00
Laura Vogt	845,00

Wie hoch ist der durchschnittliche Umsatz je Verkäuferin?

■ INFORMATION

Lösung:

Verkäuferin	Umsatz/€
Katja Huppert	1.250,00
Miriam Falcone	1.480,00
Eva Karamanlis	875,00
Maria Jovic	1.050,00
Laura Vogt	845,00

1

2 5.500,00 : 5 = 1.100,00 € **4**

3

Der Durchschnittsumsatz einer Verkäuferin beträgt <u>1.100,00 €</u>.

Einfacher Durchschnitt

LF 3

> **Lösungsschritte**
> 1. Aufstellen der Einzelwerte.
> 2. Einzelwerte addieren.
> 3. Anzahl der Einzelwerte ermitteln.
> 4. Summe der Einzelwerte durch Anzahl der Einzelwerte dividieren.

$$\text{Einfacher Durchschnitt} = \frac{\text{Summe der Einzelwerte}}{\text{Anzahl der Einzelwerte}}$$

■ AKTION

1 Die Fachzeitschrift „Handelspraxis" veröffentlicht in ihrer aktuellen Ausgabe folgende Zahlen zum Thema „Lagerumschlag in ausgewählten Branchen":

Blumenfachgeschäfte	18,0
Lebensmitteleinzelhandel	15,2
Tabakwareneinzelhandel	9,2
Reformhäuser	8,2
Bürofachhandel	6,0
Möbeleinzelhandel	3,0
Spielwareneinzelhandel	2,5
Textileinzelhandel	2,3
Sportartikeleinzelhandel	2,0
Musikfachgeschäfte	1,9
Schuheinzelhandel	1,7
Juweliere	1,0

Ermitteln Sie den durchschnittlichen Lagerumschlag auf Grundlage dieser Branchenzahlen (auf 2 Stellen nach dem Komma runden).

2 Das Warenwirtschaftssystem der Textil-Markt GmbH zeigt folgende Monatsendbestände in der Warengruppe Jeans. Berechnen Sie den durchschnittlichen Lagerbestand für die Frühjahr/Sommer-Saison (Jan.– Jun.), die Herbst/Winter-Saison (Jul.–Dez.) sowie für das gesamte Jahr. Welche Schlussfolgerungen können aus dem Ergebnis gezogen werden?

TEXTIL-MARKT GmbH		Warengruppe Jeans				Jahresanfangsbestand: 30.000,00 €					
Monatsendbestand in Tsd. EUR	Jan	Feb	Mär	Apr	Mai	Jun	Jul	Aug	Sep	Okt	Nov	Dez
	35	40	36	32	24	25	30	33	26	22	24	33

3 Der Controller der Möbelhauskette Allnatura möchte die Entwicklung in den drei größten der insgesamt 15 Filialen vergleichen.

a) Er ermittelt dazu folgende Zahlen:
- › Umsatz gesamt je Filiale in den Berichtsjahren
- › Durchschnittsumsatz je Filiale in den Berichtsjahren
- › Gesamtumsatz der drei Filialen je Jahr
- › Durchschnittsumsatz der drei Filialen je Jahr
- › Gesamtumsatz der drei Filialen in den Berichtsjahren
- › Durchschnittsumsatz der drei Filialen in den Berichtsjahren
- › Durchschnittliche Kundenzahl bezogen auf alle Filialen in den Berichtsjahren
- › Durchschnittliche Kundenzahl bezogen auf jede Filiale in den Berichtsjahren

b) Welche Rückschlüsse kann der Controller aufgrund der Zahlen ziehen?

c) Besteht zwischen der Zahl der Reklamationen und der Umsatzentwicklung ein Zusammenhang?

Ausdruck aus dem Warenwirtschaftssystem der ALLNATURA:

ALLNATURA		Filiale Stuttgart	Filiale Hamburg	Filiale München
Umsatz	2015	12.450.000 €	24.200.000 €	18.200.000 €
Umsatz	2016	10.260.000 €	24.800.000 €	14.600.000 €
Umsatz	2017	9.330.000 €	24.400.000 €	16.800.000 €
Kundenzahl	2015	22.800	44.200	36.400
Kundenzahl	2016	19.500	48.000	30.200
Kundenzahl	2017	16.800	52.400	38.600
Reklamationen	2015	650	1.080	820
Reklamationen	2016	820	860	1.240
Reklamationen	2017	960	640	760

4 Seit mehreren Jahren besucht das Ehepaar Pasulke mit einem Verkaufsstand für Textilien den Martini-Markt in Neuburg. In den vergangenen Jahren mussten folgende Standgebühren bezahlt werden. Gleichzeitig wurden diese Umsätze erzielt:

Jahr	Standgebühr €	Umsätze €
2011	225,00	12.560,00
2012	260,00	14.350,00
2013	290,00	12.200,00
2014	345,00	10.760,00
2015	370,00	16.560,00
2016	385,00	18.780,00
2017	400,00	20.560,00

a) Wie hoch sind die durchschnittlichen Standgebühren?

b) Wie hoch ist der jährliche Durchschnittsumsatz?

c) Wie hoch ist der Durchschnittsumsatz je m² Präsentationsfläche, wenn bis zum Jahr 2012 sechs m² und ab 2013 zwölf m² zur Verfügung stehen?
Beurteilen Sie die Vergrößerung der Verkaufsfläche.

5 Aus den Fahrtenbüchern der 16 LKW der Wohnwelt GmbH sind folgende Zahlen zu entnehmen:

Woche 28	Mo	Di	Mi	Do	Fr
Fahrleistung/km	5.315	3.560	4.165	4.720	6.920
Verbrauch/Liter	805	545	688	696	975

a) Wie viele km fährt jeder LKW durchschnittlich pro Woche und Tag?

b) Wie hoch ist der durchschnittliche Treibstoffverbrauch pro Tag?

c) Wie hoch ist der Treibstoffverbrauch je 100 km?

6 Die Computerabteilung des Multi-Vision Fachmarkts erzielte im 1. Halbjahr folgende Umsätze (in Tsd. EUR):

Januar: 210, Februar: 300, März: 240, April: 320, Mai: 260, Juni: 350.

Gewogener Durchschnitt

a) Ermitteln Sie den Durchschnittsumsatz.
b) Zeigen Sie den Umsatzverlauf mithilfe eines Liniendiagramms. Welche Schlussfolgerungen können Sie daraus ziehen?

7 Bestimmen Sie in Ihrer Klasse die Durchschnittsgröße, das Durchschnittsgewicht und das Durchschnittsalter der Mitschülerinnen und Mitschüler. Differenzieren Sie auch nach Geschlechtern. Ermitteln Sie zu den jeweiligen Durchschnittswerten auch die Spannweite (s. Aufgabe 6).

Präsentieren Sie die Ergebnisse mithilfe geeigneter Schaubilder.

8 Ermitteln Sie anhand der folgenden statistischen Angaben die durchschnittliche Wochenarbeitszeit eines Berufstätigen in West- und Ostdeutschland. Interpretieren Sie das Ergebnis.

Durchschnittliche geleistete Arbeitsstunden je Woche		
	Westdeutschland	Ostdeutschland
Selbstständige	49,8	49,0
Beamte	38,3	40,2
Angestellte	35,1	37,5
Arbeiter	34,4	37,7

9 Die Geschäftsleitung des All-Bau Baumarkts möchte 1/3 des Durchschnittspreises der Fertigmenüs übernehmen, die den Mitarbeitern von der Firma Menü-Express angeboten werden. Menü-Express bietet an: Standard-Menü zu 3,10 €, Tages-Menü zu 4,15 €, Vegetarisches Menü zu 5,50 €, Exquisit-Menü zu 6,85 €. Wie hoch ist der Essenzuschuss der All-Bau pro Mahlzeit?

8.2 Gewogener Durchschnitt

SITUATION

Im Supermarkt Manz wird wie jedes Jahr zu Weihnachten eine eigens von Herrn Manz zusammengestellte Gebäckmischung zum Verkauf angeboten.
Herr Manz verwendet dazu 20 kg Lebkuchen zu 3,75 € je kg, 5 kg Zimtsterne zu 12,00 € je kg, 40 kg Spritzgebäck zu 3,00 € je kg und 15 kg Spekulatius zu 7,00 € je kg.

Was kostet 1 kg dieser Mischung?

INFORMATION

Lösung:

Sorte	Menge	Preis je Einheit (kg)	Gesamtpreis
Lebkuchen	20 kg	3,75 €	75,00 €
Zimtsterne	5 kg	12,00 €	60,00 €
Spritzgebäck	40 kg	3,00 €	120,00 €
Spekulatius	15 kg	7,00 €	105,00 €
Gesamte Menge →	80 kg	Gesamtwert der Mischung →	360,00 €

80 kg kosten 360,00 €
1 kg x €

$$x = \frac{360 \cdot 1}{80} = 4{,}50\ €$$

Durchschnittsrechnen

> **Lösungsschritte**
> 1. Die jeweiligen Sorten mit Mengen und Preis in eine Tabelle eintragen.
> 2. Gesamtpreis jeder Sorte ermitteln (Menge Einzelsorte · Preis je Einheit).
> 3. Gesamtmenge und Gesamtwert der Mischung berechnen.
> 4. Mischungspreis der gesuchten Einheit mit Dreisatz berechnen.

$$\text{Gewogener Durchschnitt} = \frac{\text{Gesamtwert}}{\text{Gesamtmenge}}$$

■ AKTION

1 Zur Herstellung ihrer beliebten Bonbonmischung „Formula One" mischt die „Süße Ecke" im Warenhaus Merkur folgende Sorten:
20 kg Eisbonbons zu 9,00 €/kg, 15 kg Zitronenbonbons zu 4,50 €/kg, 10 kg Schokobonbons zu 10,05 €/kg, 5 kg Pfefferminzbonbons zu 3,00 € je 500 g sowie 10 kg Fruchtgummis zu 4,50 € je 2,5-kg-Packung. Was kostet eine Packung zu 250 g?

2 Bei der Inventur im All-Bau Baumarkt sind auch die Bestände an Blumen- und Gartenerde aufzunehmen und zu bewerten. Zum 31.12. lagert der Baumarkt 140 Beutel (1 Beutel = 20 kg). Steuerrechtlich ist eine Bewertung zum Durchschnittspreis erlaubt.
Die Erde wurde im Lauf des Jahres zu folgenden Preisen eingekauft:

15. Januar: 500 kg, Preis je kg	0,15 €
20. März: 800 kg, Preis je kg	0,25 €
02. Juli: 1.200 kg, Preis je kg	0,35 €
20. September: 800 kg, Preis je kg	0,20 €
10. Dezember: 600 kg, Preis je kg	0,15 €

a) Ermitteln Sie den durchschnittlichen Einkaufspreis je kg mithilfe des einfachen und des gewogenen Durchschnitts.
b) Wie ist der unterschiedliche Preis zu erklären?
c) Mit welchem Einkaufswert wird die am 31.12. festgestellte Menge Blumen- und Gartenerde für die Bilanz bewertet?

3 Herr Sanwald verkauft als selbstständiger Handelsvertreter Uhren für die Firma Titanium. Er erhielt aufgrund seiner Abschlüsse in den Monaten Januar bis einschließlich Mai pro Monat 2.100,00 € als Provision, im Juni bis einschließlich August 2.160,00 € und in den übrigen Monaten des Jahres 2.250,00 € pro Monat. Welches gewogene durchschnittliche Monatseinkommen hat Herr Sanwald erhalten?

4 Die Neckartal-Winzergenossenschaft gewährt je nach Abnahmemenge unterschiedlich hohe Preisnachlässe an ihre Kunden. Danach richtet sich auch der Gewinn, der beim Verkauf einer Flasche Wein erzielt wird. Im Juni erzielte die Genossenschaft folgende Absatzzahlen bei Trollinger-Qualitätswein:

Datum	Menge/Flaschen	Gewinn/Flasche	Kunden
02.06.	140	1,25 €	Feinkost Albrecht
06.06.	680	0,75 €	Merkur-Warenhaus AG
14.06.	50	1,85 €	Gourmet-Gastro GmbH
25.06.	875	0,55 €	Omnia-Discount
30.06.	10	2,65 €	Hotel Alte Post

Errechnen Sie den durchschnittlichen Gewinn, den die Winzergenossenschaft beim Verkauf einer Flasche Rotwein erzielt.

Gewogener Durchschnitt

5 Eine Erhebung zur Feststellung der häufigsten Preislagen in den 128 Filialen der Textil-Markt GmbH ergab folgendes Ergebnis:

Preislage	Häufigkeit	Preislage	Häufigkeit
3,95 €	30	99,90 €	165
9,95 €	90	199,00 €	215
19,95 €	125	299,00 €	165
39,90 €	280	399,00 €	95
69,90 €	175	–	–

Berechnen Sie die Durchschnittspreislage.

6 Die Berolina-Versicherungs-AG beschäftigt in der Neuburger Bezirksdirektion insgesamt 30 Mitarbeiterinnen und Mitarbeiter. Von diesen beziehen:

13 Angestellte ein Monatsgehalt von je   1.800,00 €
10 Außendienstmitarbeiter ein Monatsgehalt von je   2.225,00 €
5 Angestellte ein Monatsgehalt von je   3.450,00 €
2 Angestellte ein Monatsgehalt von je   4.800,00 €

Berechnen Sie das durchschnittliche Monatsgehalt eines Angestellten nach dem einfachen und dem gewogenen Durchschnitt.

7 Der bayrische Textilhersteller Bavaria verkaufte letztes Jahr von seinem Damen-Dirndl Modell Rosi folgende Stückzahlen:

- 225 Stück mit 15,00 € Gewinn je Kleid an den Facheinzelhandel
- 185 Stück mit 10,00 € Gewinn je Kleid an den Versandhandel
- 52 Stück mit 8,50 € Gewinn je Kleid an den Großhandel
- 45 Stück mit 25,00 € Gewinn je Kleid über das eigene Internet-Angebot
- 36 Stück ohne Gewinn je Kleid im Fabrikverkauf vor dem Sommerschlussverkauf
- 70 Stück mit 8,50 € Verlust je Stück während des Sommerschlussverkaufs.

Welchen durchschnittlichen Gewinn erzielte die Firma Bavaria bei diesem Modell?

8 Die Neuburgtäler Weinkellerei plant Herstellung und Vertrieb eines Glühweins in 1-Liter-Flaschen. Dazu verwendet sie 24.000 l Tafelwein, der zu 158,00 € je hl bezogen wurde. Zur Farbverbesserung werden 4.000 l italienischer Rotwein zu 1,06 € je l zugesetzt sowie zum Süßen 1/15 der Gesamtmischung Glucosesirup zu 60,00 € je hl. Der Preis der zum Aromatisieren notwendigen Kräuter und Essenzen beträgt 750,00 €. Was kostet die Herstellung von 1 Liter Glühwein, wenn an Personal- und sonstigen Kosten noch insgesamt 5.000,00 € zu berücksichtigen sind?

9 Der All-Bau Baumarkt hat die Produkte eines Werkzeug-Lieferanten ausgelistet. Die noch vorhandenen Restbestände sollen in einer Schütte vor der Kassenzone zu einem Einheitspreis angeboten werden.

Legen Sie für die nachstehenden Produkte einen kundenfreundlichen Durchschnittspreis fest.

Werkzeug	Menge	jetziger Preis/Stück
Schraubenzieher	50	1,49 €
Bohrerset	25	2,99 €
Hammer	15	2,29 €
Kneifzange	8	1,75 €

9 Prozentrechnen

■ SITUATION

Die Merkur Warenhaus AG bildet bundesweit 1.500 Auszubildende aus. Davon haben 150 dieses Jahr in der Berufsschule einen Preis oder eine Belobigung erhalten.

> 150 Auszubildende der Textil-Markt GmbH schnitten ebenso erfolgreich ab. Dieses Unternehmen bildet in Deutschland ca. 600 junge Menschen aus. Interpretieren Sie diese Angaben.

Damit ein sinnvoller Vergleich von absoluten Zahlen möglich ist, bezieht man die zu vergleichenden Zahlenangaben auf eine gemeinsame Grundzahl. Als Basis dient i. d. R. die Zahl 100. Somit ist die Prozentrechnung eine Vergleichsrechnung, bei der unterschiedliche Zahlen ins Verhältnis zur Zahl 100 gesetzt werden.

Der Name „Prozent" leitet sich aus dem Lateinischen von dem Wort „pro centum" ab und bedeutet „vom Hundert" oder „Hundertstel". Das mathematische Zeichen für Prozent ist %. Dieses Symbol stellt in Verbindung mit einem Zahlenwert die Anzahl der hundertsten Teile von einem gegebenen Wert dar.

Ob im Alltag oder in der kaufmännischen Praxis, viele Problemstellungen werden mithilfe der Prozentrechnung gelöst. Im Einzelhandel gehören u.a. dazu: Berechnung von Preisabzügen, Kalkulation der Verkaufspreise, Ermittlung von Versicherungsbeiträgen, Ermittlung von Vergleichszahlen zur Beurteilung der wirtschaftlichen Situation des Unternehmens.

9.1 Einführung in die Prozentrechnung

■ INFORMATION

Neben der Vergleichsgröße 100 kommen in der Prozentrechnung 3 weitere Größen vor:

20 %	von 800,00 €	sind 160,00 €
↑	↑	↑
Prozentsatz	Grundwert	Prozentwert
Diese Zahl gibt das Verhältnis zur Vergleichszahl 100 an *(20 Hundertstel).*	Dies ist der Vergleichswert mit 100; daher ist er immer 100 %.	Diese Zahl wird aus dem Grundwert mithilfe des Prozentsatzes berechnet.
Zeichen: **p**	Zeichen: **G**	Zeichen: **W**

Um die gesuchte Größe berechnen zu können, müssen von den 3 Größen 2 bekannt sein. Die Lösung der Aufgaben erfolgt mithilfe des Dreisatzes oder den daraus abgeleiteten Prozentformeln.

Berechnung des Prozentwertes

LF 3

9.2 Berechnung des Prozentwertes

■ SITUATION

Frank möchte sich von Hatusonics die neueste digitale Spiegelreflexkamera kaufen. Der örtliche Händler bietet sie für 680,00 € an. Im Internet findet Frank ein um 15 % günstigeres Angebot.

> Wie viel Geld kann Frank sparen?

■ INFORMATION

Lösung:

gegeben: **G** = 680,00 € und **p** = 15 %; gesucht: **W**

1 Bedingungssatz: 100 % ≙ 680,00 €
2 Fragesatz: 15 % ≙ x €

3 Bruchsatz: $x = \dfrac{680,00 \cdot 15}{100} = \underline{\underline{102,00\,€}}$

4 Formel für Prozentwert $= \dfrac{\text{Grundwert} \cdot \text{Prozentsatz}}{100}$ kurz: $W = \dfrac{G \cdot p}{100}$

Lösungsschritte

1. Die gegebenen Größen so aufschreiben, dass die gesuchte Größe (€) rechts steht.
2. Gleiche Benennungen stehen untereinander!
3. Bruchsatz aufstellen und ausrechnen.
4. Aus dem Bruchsatz die entsprechende Prozentformel ableiten.

> **Hinweis:** Wenn Sie bei Ihrem Taschenrechner mit der Prozenttaste arbeiten, dann bedeutet dies nichts anders als „Prozentsatz geteilt durch 100"!

■ AKTION

1 Der Warenhauskonzern Merkur schließt wegen erheblicher Umsatzrückgänge 18 % seiner insgesamt 150 Filialen. In wie vielen Filialen können die Kunden künftig einkaufen?

2 Der Süßwarenhersteller Ferario feiert 100-jähriges Bestehen. Deshalb wird zum Jubiläum die 125-g-Packung Bussies zum gleichen Preis, aber mit 20 % mehr Inhalt für 6 Wochen angeboten. Wie viel g wiegt jetzt eine Packung?

3 Rechenaufgabe aus dem Einstellungstest der Merkur Warenhaus AG: „Bei einem Sprung aus 4.000 m Höhe öffnet sich ein Fallschirm nach 68 % der Wegstrecke.
 a) Wie viele Meter legte der Springer im freien Fall zurück?
 b) In welcher Höhe öffnet sich sein Fallschirm?

4 Die Wohnwelt GmbH zahlt zum tariflich vereinbarten Grundgehalt Provision für den erzielten Umsatz. Verkaufsleiter Wichmann nimmt die Berechnung für folgende Mitarbeiter vor:

Name	Grundgehalt/€	Umsatz/€	Provisionssatz/%	Provision/€
Hoffmeister	3.080,00	85.000,00	2,00	?
Binder	2.875,00	68.980,00	1,85	?
Angellini	1.800,00	72.550,00	1,50	?
Obermann	3.845,00	125.880,00	2,25	?
Scherer	1.470,00	65.900,00	1,85	?

a) Berechnen Sie die Höhe der Provision mithilfe der Prozenttaste Ihres Taschenrechners für jeden Mitarbeiter sowie die von der Wohnwelt insgesamt zu zahlende Provision.

b) 🖥 Lösen Sie diese Aufgabe mit einem Tabellenkalkulationsprogramm und weisen Sie in einer zusätzlichen Spalte das steuerpflichtige Bruttoentgelt der Mitarbeiter (Grundgehalt plus Provision) aus.

5 Zwischen dem Arbeitgeberverband und der Gewerkschaft ver.di wurde für das nächste Jahr im neuen Tarifvertrag eine Gehaltserhöhung von 3,4 % vereinbart.

Ermitteln Sie die neuen Gehälter der Mitarbeiter aus der Aufgabe 4 mithilfe Ihres Taschenrechners in einem Rechengang. Wie viel € muss die Wohnwelt nun mehr bezahlen?

6 Das Neuburger Sportfachgeschäft Action & Fun GmbH ließ sich drei Angebote für Tourenräder unterbreiten:

	Fa. Herakles	Radial AG	Far-East Import
Einkaufspreis/St.	475,00 €	412,00 €	389,00 €
Rabatt	15 %	7,5 %	–
Skonto	3 %	1 %	2 %
Frachtkosten/St.	25,00 €	5 % vom Eink.-Preis	–
Einstandspreis	?	?	?

Um wie viel € ist das niedrigste Angebot gegenüber dem höchsten günstiger?

7 Um die Aufmerksamkeit des Verkaufspersonals bei Ladendiebstählen zu erhöhen, hat die Geschäftsleitung des Merkur Warenhauses folgende Regelung beschlossen:

Von jedem sichergestellten Diebesgut erhält der Verkäufer 5 % vom Verkaufswert. Für den Wert, der über 1.000 € liegt, werden zusätzlich 2 % Bonus gewährt.

Folgende Waren wurden heute vom Verkaufspersonal sichergestellt:

gestohlene Gegenstände	Verkaufswert
Goldkette	2.800,00 €
Digitale Fotokamera	1.500,00 €
Parfüm	85,00 €
Geldbeutel	129,00 €
Armbanduhr	1.488,00 €

Welcher Betrag wird jeweils für die sichergestellten Waren vergütet?

Berechnung des Prozentsatzes

LF 3

8 Der skandinavische Möbelkonzern KILA erzielt in Deutschland einen Jahresumsatz von 2.680.000.000 €. Davon entfallen 60 % auf das Möbelsortiment und 35 % auf das sogenannte Satellitensortiment (*Haushaltswaren, Textilien, Leuchten, Bilder, Teppiche*). Die hauseigenen Gastronomiebetriebe sind mit 5 % am Gesamtumsatz beteiligt.

   a) Errechnen Sie den Umsatz der einzelnen Unternehmensbereiche in €.

   b) Wie viel € Umsatz werden im Möbelsortiment von den einzelnen Produktgruppen erzielt, wenn sich folgende Umsatz-Verteilung ergibt:

   Wohnmöbel 30 %, Schlafzimmer 22 %, junges Wohnen 20 %, Küchen 18 % und Büromöbel 10 %?

   c) Stellen Sie die Umsatzverteilung grafisch dar.

9 Frau Hesser kauft beim Großhandelsunternehmen Handelshof AG für eine Modenschau 20 Flaschen Sekt, die Flasche zu 4,95 € sowie 10 Blumensträuße, den Strauß zu 7,85 €. Die Artikel sind ohne Mehrwertsteuer ausgezeichnet. Wie viel Mehrwertsteuer sind jeweils zu zahlen?

10 Die Multi-Vision AG bietet ein Flachbild-TV-Gerät mit eingebautem DVD-Player zu 2.198,00 € an. Herr Gerber will bar bezahlen und besteht auf 5 % Rabatt, die er auch erhält. Frau Körber interessiert sich für das gleiche Gerät. Sie nimmt die Teilzahlungsmöglichkeiten der Multi-Vision in Anspruch. Wie viel teurer kommt sie das Fernsehgerät gegenüber Herrn Gerber, wenn sie eine Anzahlung von 398,00 € leistet und 6 Monatsraten zu je 330,00 € fällig werden?

11 Die Batterien von Jasmins tragbarem CD-Player haben eine durchschnittliche Lebensdauer von 8 Stunden. Ihr Freund Alex besorgt ihr neue Batterien, die eine um 25 % verbesserte Leistung aufweisen. Wie viele Stunden kann Jasmin jetzt länger Musik hören?

9.3 Berechnung des Prozentsatzes

■ SITUATION

Frau Frohwein hat heute eine Einbauküche für 13.000,00 € verkauft. Dafür wird ihr eine Provision von 390,00 € gutgeschrieben.

Wie viel Prozent Provision wurden von der Wohnwelt GmbH gewährt?

■ INFORMATION

Lösung:

gegeben: **G** = 13.000,00 € und **W** = 390,00 €; gesucht: **p**

Prozentrechnen

1 Bedingungssatz: 13.000,00 € % ≙ 100 %
2 Fragesatz: 390,00 € ≙ x %

3 Bruchsatz: $x = \dfrac{100 \cdot 390{,}00}{13.000{,}00} = \underline{\underline{3\,\%}}$

4 Formel für Prozentsatz $= \dfrac{100 \cdot \text{Prozentwert}}{\text{Grundwert}}$ kurz: $p = \dfrac{100 \cdot W}{G}$

Lösungsschritte

1. Die gegebenen Größen so aufschreiben, dass die gesuchte Größe (%) rechts steht.
2. Gleiche Benennungen stehen untereinander.
3. Bruchsatz aufstellen und ausrechnen.
4. Aus dem Bruchsatz die entsprechende Prozentformel ableiten.

■ AKTION

1 Um wie viel Prozent reduziert die Schreibwarenhandlung Reinbach einen Füller der Firma Cormoran, dessen Verkaufspreis bisher 145,00 € betrug und der nun zu 116,00 € angeboten wird?

2 Von den 188 Beschäftigten im Warenhaus Merkur sind am 1. August 36 in Urlaub. Wie viel Prozent der Mitarbeiter fehlen?

3 Viele Kunden kommen in Özlem Aktans Lebensmittelgeschäft wegen des stets frischen Obst- und Gemüseangebots. Deshalb ärgert sich Frau Aktan besonders, dass bei der letzten Lieferung von 120 bestellten Melonen jede sechste angefault oder beschädigt ist. Wie viel Prozent der gelieferten Melonen kann Frau Aktan nicht mehr verkaufen?

4 Die W1KE bekommt ihre Klassenarbeit zum Thema Prozentrechnen zurück. Die 28 Schülerinnen und Schüler haben folgende Noten erhalten:

Note	1	2	3	4	5	6
Schülerzahl	3	6	10	4	5	0

a) Wie viel Prozent der Schüler haben eine bessere Leistung als 4 erzielt?
b) Wie viel Prozent der Schüler haben die Note 5 erhalten?
c) Erstellen Sie eine solche Übersicht mit Noten aus Ihrer eigenen Klasse, und werten Sie die Angaben nach drei Gesichtspunkten aus.

5 Die Buchhandlung Libri bestellte vom neuen Bestseller des Erfolgsautors Roman Rolando 375 Exemplare und erhält anstelle eines Mengenrabatts 30 Exemplare zusätzlich ohne Berechnung (Draufgabe).
a) Welchem Rabattsatz entspricht diese Draufgabe?
b) Wie hoch ist der Rabattsatz, wenn 375 Exemplare geliefert werden, aber nur 345 berechnet werden (Dreingabe)?

6 Bernd Heller, Inhaber des Sportfachgeschäfts Action & Fun, möchte wissen, wie sich seine im Geschäft investierten 250.000,00 € verzinst haben. Im letzten Jahr erzielte er einen Gewinn von 18.750,00 €. Außerdem interessiert ihn, wie viel Prozent Gewinn er von 100 € Umsatz (Verkaufserlöse) erwirtschaftet. Seine Verkaufserlöse betrugen im letzten Jahr 1.250.000,00 €.

Berechnung des Prozentsatzes

7 Im Auftrag des Neuburger Handels- und Gewerbevereins erstellte das Marktforschungsinstitut Media-Data eine Studie über die Einzelhandelsstruktur in Neuburg. Hier einige Ergebnisse:

Branche	Zahl der Betriebe	Jahresumsatz/€	Zahl der Beschäftigten	Verkaufsfläche/m²
Lebensmittel	28	18.755.900,00	175	5.245
Textil	15	12.560.000,00	162	2.980
Schuhe	5	4.375.000,00	34	415
Sport	3	3.225.900,00	18	390
Möbel	4	45.800.500,00	325	28.500
Unterhaltungselektronik	5	7.830.450,00	45	2.550
Uhren/Schmuck	6	5.245.600,00	22	335
Optiker	4	4.860.000,00	18	318
Drogerien	12	9.145.800,00	78	1.680

a) Rechnen Sie die absoluten Zahlenangaben in Prozentsätze um. Interpretieren Sie die Ergebnisse.

b) Errechnen Sie den Umsatz je m² Verkaufsfläche und je Beschäftigten.

c) Stellen Sie zwei von Ihnen ausgewählte Angaben grafisch dar.

8 In der Mercator Berufsschule wird zu Beginn des neuen Schuljahres der Schulsprecher bzw. die Schulsprecherin gewählt. Es kandidieren:

Franca Conti, W1KE, Katharina von Granzow WG 12/3; Georgios Panakis, BFW-2/1 und Marius Dorn, W2KE. Von den abgegebenen 836 Stimmen waren 749 gültig.

a) Wie viel Prozent der Stimmen waren ungültig?

b) Die Auszählung brachte folgendes Ergebnis: Franca 256 Stimmen, Marius 226 Stimmen, Georgios 169 Stimmen und Katharina 98 Stimmen. Rechnen Sie die Stimmen in Prozente um.

c) Stellen Sie das Ergebnis in einem Kreisdiagramm dar.

9 Herr Jordan möchte sein Badezimmer neu fliesen. Die zu fliesende Fläche beträgt 12,8 m². Im All-Bau Baumarkt wählt er Fliesen mit einer Kantenlänge von 20 cm. Der Verkäufer empfiehlt ihm ein Paket Fliesen (20 Stück) als Verschnitt mit einzukalkulieren. Berechnen Sie den Verschnitt in Prozent.

10 In der Neuburger Zeitung veröffentlicht die Stadtverwaltung das Ergebnis einer Geschwindigkeitsmessung in der Innenstadt.

Straße	Zahl	über 10 km/h	über 20 km/h	über 30 km/h
Willy-Brandt-Ring (70 km/h)	180	32	14	8
Königsallee (50 km/h)	140	28	8	2
Berliner Platz (30 km/h)	80	18	7	1

Vergleichen Sie die Ergebnisse der drei Messstellen. In welcher Straße wird am häufigsten die zulässige Geschwindigkeit überschritten?

11 Dieses Jahr haben 84 Schülerinnen und Schüler an der Mercator Berufsschule in Neuburg die Prüfungen zum Kaufmann/Kauffrau im Einzelhandel bestanden. 12 Schülerinnen und Schüler wollen weiter zur Schule gehen und die Fachhochschulreife erwerben, 32 bleiben in ihren bisherigen Ausbildungsbetrieben und der Rest wechselt in andere Unternehmen. Bestimmen Sie die jeweiligen Prozentsätze.

12 Die Bevölkerung von Neuburg beträgt ca. 68.000 Personen. Davon sind 42.160 erwerbstätig.

a) Wie viel Prozent sind nicht erwerbstätig?

b) 17.560 Personen arbeiten außerhalb Neuburgs. Wie hoch ist der Prozentsatz der Pendler?

c) Neuburg bietet 28.400 Arbeitsplätze. Wie viel Prozent beträgt der Anteil der „Einpendler"?

d) Wie hoch ist die Arbeitslosigkeit in der Stadt, wenn 2.124 Neuburger Männer und Frauen ohne Arbeit sind?

13 Die folgende Statistik zeigt, wofür die privaten Haushalte ihr Geld ausgeben:

	Verwendungszweck (Auswahl)	monatliche Ausgaben/€
1	Nahrungsmittel, Getränke, Tabakwaren	283,00
2	Bekleidung und Schuhe	111,00
3	Wohnen, Energie	9,00
4	Innenausstattung, Haushaltsgeräte	142,00
5	Gesundheitspflege	74,00
6	Verkehr	278,00
7	Nachrichtenübermittlung	51,00
8	Freizeit, Unterhaltung	240,00
9	Bildung	11,00
10	Sonstiges	180,00

a) Ordnen Sie die Ausgaben in absteigender Reihenfolge.

b) Berechnen Sie die Prozentanteile.

c) Erstellen Sie eine passende Grafik.

14 Markus Braun muss die ihm vorliegenden Zahlen der besseren Vergleichbarkeit wegen in Prozentangaben umrechnen. Da er diese Zahlen künftig monatlich der Geschäftsleitung vorlegen muss, will er eine Tabelle mit dem Tabellenkalkulationsprogramm erstellen.

Rheinbach GmbH		Gesamt-Umsatzvergleich für Monat: September					
Warengruppe		Umsatz aktuell in €	Anteil in %	Umsatz Vorjahr €	Anteil	Veränderung	
						in €	in %
22	Papierwaren	19.850,00	?	17.885,00	?	?	?
34	Ordnungsmittel	14.450,00	?	16.125,00	?	?	?
48	Schreibgeräte	22.555,00	?	22.000,00	?	?	?
55	Bürobedarf	24.780,00	?	21.795,00	?	?	?
61	Schulbedarf	35.745,00	?	31.450,00	?	?	?
88	Zeitschriften	15.965,00	?	17.650,00	?	?	?

Berechnung des Grundwertes

9.4 Berechnung des Grundwertes

■ SITUATION

Das Versandhaus „PUR-NATUR" verschickte im vergangenen Jahr 23,2 % seiner Pakete an Kunden im europäischen Ausland. Dies entspricht 161.936 Paketen.

Wie viele Pakete haben im letzen Jahr das Versandunternehmen verlassen?

■ INFORMATION

Lösung:

gegeben: **p** = 23,2 % und **W** = 161.936 Pakete; gesucht: **G**

1 Bedingungssatz: 23,2 % ≙ 161.936 Pakete
2 Fragesatz: 100 % ≙   x Pakete

3 Bruchsatz: $x = \dfrac{161.936 \cdot 100}{23,2} = \underline{698.000 \text{ Pakete}}$

4 Formel für Grundwert $= \dfrac{\text{Prozentwert} \cdot 100}{\text{Prozentsatz}}$ kurz: $G = \dfrac{W \cdot 100}{p}$

Lösungsschritte

1. Die gegebenen Größen so aufschreiben, dass die gesuchte Größe (Pakete) rechts steht.
2. Gleiche Benennungen stehen untereinander.
3. Bruchsatz aufstellen und ausrechnen.
4. Aus dem Bruchsatz die entsprechende Prozentformel ableiten.

■ AKTION

1 Frau Manzini erhält für einen Verbesserungsvorschlag eine Prämie von 50,00 €. Das entspricht 5 % ihres Gehaltes. Wie viel verdient sie?

2 Bei der Premiere von Mozarts Zauberflöte im Neuburger Stadttheater erwarben 588 Besucher ihre Karte im Vorverkauf. Die restlichen 30 % der Plätze wurden an der Abendkasse frei verkauft.
   a) Wie viele Zuschauer verfolgten die Premiere?
   b) Wie viele Karten konnten an der Abendkasse gekauft werden?

3 Der Euro-Oil Konzern möchte ca. 22 % seines Tankstellennetzes in Europa schließen. Dies bedeutet das Aus für 352 Tankstellen. Wie viele Tankstellen umfasst das Netz gegenwärtig?

4 Die Aktionäre der Warenhaus Merkur AG erhalten für das abgelaufene Geschäftsjahr eine Dividende von 8 % ≙ 24.800.000 €. Wie hoch ist das Grundkapital des Unternehmens?

5 In den alten Bundesländern betrug die Arbeitslosenquote im Monat März 8 % (≙ 2.760.000 Personen) und in den neuen Bundesländern 19 % (≙ 1.510.000 Personen). Wie viele Arbeitnehmer gab es im März in der Bundesrepublik, die einen Arbeitsplatz hatten?

Prozentrechnen

6 Graf Friedrich von Hohenglems muss zur Erhaltung seines Schlosses einen Teil seiner wertvollen Porzellan- und Münzsammlung verkaufen. Das Auktionshaus Kurtenbach erhielt dafür eine Provision von 7.920,00 €. Das entspricht dem üblichen Provisionssatz von 3 %. Wie hoch war der Verkaufserlös der Auktion?

7 Bei der Verteilung des Jahresgewinns der Umbach OHG erhalten der Gesellschafter Martin Umbach 8.200,00 €, sein Bruder Holger Umbach 6.400,00 € und ihr Partner Göran Kirtay 5.600,00 €. Wie hoch ist die jeweilige Kapitaleinlage der Gesellschafter, wenn jeder zuerst 4 % seines Kapitals als Verzinsung erhielt und jeder vom verbleibenden Restgewinn 1.200,00 € bekam?

8 Um Kosten zu sparen beziehen die Neuburger Obst- und Gemüsehändler gemeinsam während der Spargelsaison ihren Spargel von einem Produzenten. Die tägliche Lieferung wird nach einem einvernehmlich ausgehandelten Schlüssel verteilt.

Frau Aktan erhält 8 %, Frische-Pur 20 %, Gärtner Bramm 12 % und die Fischhalle 18 %. Den Rest von 105 kg übernimmt der Gartenbaubetrieb Rombach. Wie viel kg erhalten die Gemüsehändler und wie viel wurde insgesamt geliefert?

9 Herrn Orloff sind die Unterhaltskosten für seinen Rambolini Sportwagen zu hoch und er bietet ihn für 10.010,00 € im Internet an. Dies sind 22 % dessen, was er vor 5 Jahren für den Wagen bezahlte. Wie hoch war der Neupreis?

9.5 Prozentrechnung vom vermehrten Grundwert (auf Hundert)

■ SITUATION

Die Neuburger Bürger-Bräu Brauerei kann nach der Modernisierung ihrer Abfüllanlage die Abfüllleistung um 23,5 % auf jetzt täglich 266.760 Flaschen steigern.

Wie viel Flaschen Bier wurden bisher täglich abgefüllt?

■ INFORMATION

100 % | 23,5 %

Bisherige Abfüllleistung → Grundwert → 100 % | Produktionssteigerung um 23,5 %

vermehrter Grundwert (G_+) = 123,5 % = 266.760 Flaschen

Lösung:

gegeben: vermehrter Grundwert (G_+); Prozentsatz (p), gesucht: G

1 Bedingungssatz: 123,5 % ≙ 266.760 Flaschen
2 Fragesatz: 100 % ≙ x Flaschen

3 Bruchsatz: $x = \dfrac{266.760 \cdot 100}{123,5} = \underline{\underline{216.000 \text{ Flaschen}}}$

4 Formel für reinen Grundwert: $= \dfrac{\text{vermehrter Grundwert} \cdot 100}{100 + \text{Prozentsatz}}$ kurz: $G = \dfrac{G_+ \cdot 100}{100 + p}$

Prozentrechnung vom vermehrten Grundwert (auf Hundert)

LF 3

Lösungsschritte

1. Die gegebenen Größen so aufschreiben, dass der vermehrte Grundwert (Flaschen) rechts steht!
2. Gleiche Benennungen stehen untereinander.
3. Bruchsatz aufstellen und ausrechnen.
4. Aus dem Bruchsatz die entsprechende Prozentformel ableiten.

! Der gegebene Grundwert liegt **über** 100 %, daher → Prozentrechnung **auf** Hundert.

■ AKTION

1 Wegen höherer Rohstoffpreise steigt der Preis für 1 kg Kaffee um 15 % auf jetzt 4,69 €.
   a) Was kostete bisher 1 kg Kaffee?
   b) Wie viel Cent beträgt die Preiserhöhung?

2 Die Wohnwelt GmbH bietet eine Ledergarnitur zu folgenden Zahlungsvereinbarungen an:
   Anzahlung: 222,00 €.
   Rest in 10 gleichen Monatsraten zu 255,00 €.
   Im Teilzahlungspreis ist ein Zuschlag von 12 % auf den Barpreis enthalten.
   a) Wie lautet der Auszeichnungspreis der Ledergarnitur?
   b) Wie viel € hätte der Kunde gespart, wenn er bei Barzahlung 3 % Skonto erhalten hätte?

3 Herr Manz kauft für seinen Supermarkt einen neuen Transporter zu 24.128,00 € einschließlich 19 % Umsatzsteuer. Berechnen Sie den Umsatzsteueranteil und den Nettopreis des Lieferwagens.

4 Herr Henning, Inhaber eines Spielwarenfachgeschäfts, hatte vor drei Jahren zur Vergrößerung seiner Verkaufsfläche Räume angemietet. Im Mietvertrag wurde eine jährliche der Marktsituation entsprechende Mieterhöhung vereinbart. Gegenwärtig beträgt die monatliche Miete 1.497,60 €. Das sind $6^{2}/_{3}$ % mehr als im Jahr zuvor. Im zweiten Jahr seit der Anmietung der Räume betrug die Mietsteigerung gegenüber dem ersten Jahr 8 %. Welchen Betrag zahlte Herr Henning im ersten Jahr?

5 Der Import holländischer Hähnchen ist bei Omnia-Discount in diesem Monat um 5 % auf 26.355 Stück gestiegen. Wie viele Hähnchen wurden mehr importiert?

6 Die Stadtverwaltung Neuburg lädt jedes Jahr ihre neu Zugezogenen zu einem Empfang in die Stadthalle ein. Dieses Jahr hat sich die Bevölkerung um 2,8 % auf 68.876 erhöht. Mit wie viel Gästen ist zu rechnen, wenn aus der Erfahrung ca. 70 % der neuen Einwohner der Einladung folgen?

7 Laura Vogt erhält nun im dritten Ausbildungsjahr eine Ausbildungsvergütung von 640,00 €, nachdem eine Erhöhung um 2,8 % vorgenommen wurde. Ihre Freundin Jennifer ist im letzten Ausbildungsjahr als Damenschneiderin. Sie erhielt eine Erhöhung ihrer Ausbildungsvergütung um 5,4 % auf 306,00 €.
   a) Wie hoch waren die Ausbildungsvergütungen vor der Erhöhung?
   b) Wie viel Prozent verdient Laura jetzt mehr gegenüber ihrer Freundin?

8 Die Neuburger Verkehrsbetriebe haben ihre Tarife erhöht:
   Kurzstrecke: Erhöhung um 5 % auf jetzt 2,25 €.
   10er-Karte: Erhöhung um 7,5 % auf 20,00 €.
   3-Tages-Netzkarte: Erhöhung um 12,5 % auf 25 €.
   Was kosteten die Karten vor der Erhöhung?

9 Durch die erhebliche Erhöhung der Preise für Benzin- und Dieselkraftstoffe stiegen die Kosten der Warenzustellung an Kunden für das Versandhaus Born gegenüber dem Vorjahr um 22 % auf 2.233.942,00 €.

a) Wie viel € betrugen die Kosten letztes Jahr?

b) Um wie viel € stiegen sie?

9.6 Prozentrechnung vom verminderten Grundwert (im Hundert)

■ SITUATION

Die Omnia-Discount-Gruppe musste wegen starker Ertragseinbußen eine Vielzahl von Filialen schließen und Mitarbeiter entlassen. Gegenüber dem Vorjahr verringerte sich daher die Zahl der Mitarbeiter um 6 % auf 33.840.

> Wie viel Mitarbeiter wurden vor den Filialschließungen beschäftigt?

■ INFORMATION

100 % = Zahl der Mitarbeiter vor Entlassungen → Grundwert

verminderter Grundwert (G_-) = 94 % = 33.840 Mitarbeiter	6 % Entlass.
94 %	6 %

Lösung:

gegeben: verminderter Grundwert (G_-); Prozentsatz (p), gesucht: G

1 Bedingungssatz: 94 % ≙ 33.840 Mitarbeiter
2 Fragesatz: 100 % ≙   x Mitarbeiter

3 Bruchsatz: $x = \dfrac{33.840 \cdot 100}{94} = \underline{\underline{36.000 \text{ Mitarbeiter}}}$

4 Formel für reinen Grundwert $= \dfrac{\text{verminderter Grundwert} \cdot 100}{100 - \text{Prozentsatz}}$ kurz: $G = \dfrac{G_- \cdot 100}{100 - p}$

Lösungsschritte

1. Die gegebenen Größen so aufschreiben, dass der verminderte Grundwert (Mitarbeiter) rechts steht.
2. Gleiche Benennungen stehen untereinander.
3. Bruchsatz aufstellen und ausrechnen.
4. Aus dem Bruchsatz die entsprechende Prozentformel ableiten.

! Der gegebene Grundwert liegt **unter** 100 %, daher → Prozentrechnung **im** Hundert.

■ AKTION

1 Das Neuburger City-Center wurde im letzten Jahr umgebaut und erweitert. Daher fand in vielen Geschäften ein 14-tägiger Räumungsverkauf statt. Es reduzierten:

Prozentrechnung vom verminderten Grundwert (im Hundert)

LF 3

> City-Moden um 10 %, Umsatz während des Räumungsverkaufs   68.000,00 €,
> Schuh-Oase um 15 %, Umsatz während des Räumungsverkaufs   25.000,00 €,
> Spielparadies um 20 %, Umsatz während des Räumungsverkaufs 32.000,00 €,
> Drokos-Parfümerie um 5 %, Umsatz während des Räumungsverkaufs 88.000,00 €.

a) Wie viel Prozent beträgt die durchschnittliche Preissenkung der Geschäfte?
b) Wie viel € beträgt die Preissenkung bei den einzelnen Firmen gegenüber den regulären Preisen (nur ganze € berücksichtigen)?

2 Ein wertvoller Kaschmirmantel wird in der Boutique La Moda mit einem Preisnachlass von 12,5 % für 1.298,00 € verkauft. Wie lautete der ursprüngliche Verkaufspreis?

3 Aufgrund eines zu milden Winters verläuft der Verkauf von Skistiefeln bei Action & Fun GmbH sehr schleppend. Deshalb wurde der Preis um 20 % reduziert. Da auch im Februar kein Schnee in den Bergen fiel, erfolgte eine zweite Reduzierung um 30 %. Das Paar Skistiefel wird jetzt zu 147,00 € angeboten.

a) Wie viel € betrug der ursprünglich kalkulierte Verkaufspreis?
b) Um wie viel Prozent wurden die Stiefel insgesamt günstiger?

4 Özlem Aktan reklamiert bei ihrem Gemüsegroßhändler eine zum Teil verdorbene Lieferung Tomaten. Großhändler Santini gewährt daher einen Nachlass von 25 %. Özlem Aktan überweist unter Abzug von 2 % Skonto die Rechnung in Höhe von 234,22 €. Über welchen Betrag wurde die Rechnung vom Großhändler ursprünglich ausgestellt?

5 Seit der Einführung von Kopierkarten sind die Kopierkosten in der Neuburger Berufsschule um 22 % auf monatlich 585,00 € gesunken. Wie hoch waren die Kopierkosten vor der Einführung der Kopierkarten?

6 Herr Bessler hat für sein Uhren- und Juweliergeschäft eine Alarmanlage installieren lassen. Sie wurde bisher zu 60 % vom Anschaffungswert abgeschrieben. In der Bilanz wird die Anlage nun mit 8.000,00 € bewertet.

a) Was kostete die Anlage ursprünglich?
b) Zu wie viel Prozent kann eine neue Anlage aus den Abschreibungsbeträgen finanziert werden, wenn dafür jetzt 28.500,00 € aufzuwenden sind?

7 Seit kurzem ist Neuburg an das ICE-Netz der Deutschen Bahn angeschlossen. Dadurch verkürzt sich die Fahrzeit nach Berlin um 18 % und dauert jetzt noch 164 Minuten. Um wie viele Minuten ist der Reisende nun früher in Berlin?

8 Die Textil-Markt GmbH hat für die Frühjahr-Sommersaison 100 Leinenblusen geordert. Der Abverkauf verlief wegen der schlechten Witterung bisher sehr schleppend und beträgt Ende April erst 25 %. Daher wurden die Preise um 20 % reduziert. Im Juni beträgt der Bestand noch 20 Stück, der mit einem weiteren Nachlass von 10 % zu 54,00 € verkauft werden soll.

a) Zu welchem Verkaufspreis war eine Bluse ursprünglich kalkuliert worden?
b) Welcher Umsatz wurde mit den bisher verkauften Blusen erzielt?
c) Wie hoch wird der gesamte Umsatzverlust sein, wenn alle Blusen verkauft werden?

9 Welche Rechnungs- und Skontibeträge liegen folgenden Überweisungsbeträgen für Lieferantenrechnungen zugrunde? Rechnen Sie ohne Taschenrechner.

	Skonto	Überweisungsbetrag
a)	3 %	775,03 €
b)	2 %	318,50 €
c)	4 %	1.630,08 €
d)	1,5 %	96,53 €

9.7 Aufgaben aus der gesamten Prozentrechnung

1 Auszug aus dem Angebot der Eur-O-Mod Düsseldorf an Hesser Moden in Neuburg:

> „... Bügel-BH, 80 % Polyamid, 20 % Elasthan, Preis pro Stück 14,95 €. Bei Abnahme von mehr als 25 Stück gewähren wir einen Mengenrabatt von 15 %. Ab Auftragswert über 1.000,00 € gehen die Verpackungs- und Transportkosten zu unseren Lasten, sonst berechnen wir 1,75 % vom Warenwert. Bei Vorauskasse durch Beilage eines Verrechnungsschecks gewähren wir 4 % Skonto ...".

Es werden 30 Büstenhalter bestellt und ein Scheck über 381,23 € beigelegt. Überprüfen Sie den Scheckbetrag.

2 Andrea fährt mit öffentlichen Verkehrsmitteln zu ihrer Ausbildungsstelle. Die Monatskarte kostet 35,00 €. Würde sie eine Jahreskarte kaufen, müsste sie dafür 395,00 € bezahlen. Wie viel Prozent könnte sie damit sparen?

3 Der Umsatz der Kinder-Welt war im Juni um 6 ²/₃ % höher als im Mai, im Juli aber um 5 % niedriger als im Juni. Berechnen Sie die Umsätze von Mai und Juni, wenn der Juli-Umsatz 46.075,00 € betrug.

4 Beim Braten verliert frisches Qualitäts-Fleisch ca. 12,5 % seines ursprünglichen Gewichtes. Wie viel kg Fleisch muss der Küchenchef des Kreuzfahrtschiffes „Blue Sea" einkaufen, um 500 Steaks mit einem Gewicht von 150 g nach dem Braten servieren zu können?

5 Die folgende Tabelle gibt einen Überblick über den Getränkeverbrauch je Einwohner in Deutschland (in Liter):

Getränk	2007	2017
a) alkoholhaltige Getränke		
insgesamt	172,7	154,4
Bier	142,0	125,5
Wein	18,4	19,0
Spirituosen	7,3	5,8
b) alkoholfreie Getränke		
insgesamt	213,1	252,4
Wasser	86,0	106,0
Erfrischungsgetränke	88,8	105,9
Fruchtsäfte	38,3	40,5
c) sonstige alkoholfreie Getränke		
insgesamt	292,3	243,3
Bohnenkaffee	180,2	158,7
Schwarzer Tee	25,2	28,0
Milch	79,4	81,7

Interpretieren Sie die Veränderungen zwischen 2007 und 2017 insgesamt sowie auf die einzelnen Getränke bezogen mithilfe von Prozentzahlen.

Aufgaben aus der gesamten Prozentrechnung

6 Die Neuburger Mercator-Schule führt auch dieses Jahr wieder ihren Wintersporttag durch. Es nehmen 1.350 Schülerinnen und Schüler teil. Zum Schlittenfahren haben sich ⅕ der Schüler gemeldet. Die neue Eishalle wird von 175 Schülerinnen und Schülern aufgesucht. Die meisten, nämlich 30 %, wollen an einer Rundwanderung durch die verschneiten Wälder der Umgebung teilnehmen. Zum ersten Mal wird auch eine Skiausfahrt in ein ca. 150 km entferntes Skigebiet angeboten. Da diese Ausfahrt mit 12,00 € für den Bus und 16,00 € für den Tagesskipass vielen zu teuer ist, nutzen nur 14 % der Schüler dieses Wintervergnügen.

a) Wie viele Schüler nehmen an der Skiausfahrt teil?
b) Welchem Prozentanteil der teilnehmenden Schüler entsprechen die 175 Besucher der Eishalle?
c) Um wie viel Prozent ist die Skiausfahrt teurer als der Besuch der Eishalle, wenn die Busse für die Eishalle 997,50 € kosten und jeder Schüler einen Eintrittspreis von 2,30 € zu entrichten hat?
d) Welchen Betrag stellt der Förderverein der Schule zur Verfügung, wenn er durch einen Zuschuss die Kosten für die Skifahrer um 20 % senken will?

7 In Neuburg stieg die Zahl der erfassten Ladendiebstähle gegenüber dem Vorjahr um 12 % auf 672 Fälle.

a) Wie viele Ladendiebstähle wurden im Vorjahr erfasst?
b) Die Dunkelziffer beträgt bei Ladendiebstahl ca. 90 %. Wie viele Ladendiebstähle hat es demnach dieses Jahr in Neuburger Geschäften tatsächlich gegeben?

8 Der Haushaltsplan der Stadt Neuburg weist für die Schulsporthallen in diesem Jahr folgende Ausgaben auf:

Ausgabeposition	Betrag/€	Prozent
Unterhalt der Gebäude	?	5,8
Personalausgaben	660.000,00	?
Gerätekauf und -wartung	50.000,00	?
Abschreibung	?	15
Finanzierungskosten	?	28
Sonstige Ausgaben	70.000,00	?

a) Berechnen Sie die fehlenden Werte in der Tabelle.
b) Durch Veranstaltungen und Miete der Vereine wurden im laufenden Jahr 180.000,00 € eingenommen. Wie groß ist der monatliche Zuschuss der Stadt für die Sporthallen und wie viel Prozent der Ausgaben werden durch die Einnahmen gedeckt?
c) Mit welchen Einnahmen hatte die Stadtverwaltung in der Finanzplanung gerechnet, wenn die tatsächlichen Einnahmen um 12,5 % unter den erwarteten Einnahmen liegen?

10 Zinsrechnen

■ SITUATION

Schon lange ärgert sich Laura, dass sie auf ihrem Sparkonto nur so wenig Zinsen erhält. Deshalb will sie 2.000,00 € für eine längere Zeit zinsgünstig anlegen. Die Neuburger Bank bietet ihr bei einer Anlagedauer von 4 Jahren einen Festzins von 4,0 % p.a. (p.a. → „pro anno" = pro Jahr) an.

Über welche Summe kann Laura nach den 4 Jahren verfügen?

Wenn man jemandem für einen bestimmten Zeitraum Geld zur Verfügung stellt, muss nach Ablauf dieser Zeit nicht nur das Geld zurückgezahlt werden, sondern dem Geldgeber ist für die Überlassung eine Nutzungsgebühr zu entrichten. Dieser für das überlassene Geld zu zahlende Preis wird als Zins bezeichnet. Wer anderen Geld überlässt, erhält dafür eine Zinsgutschrift (Habenzinsen), wer von anderen Geld erhält, wird mit Zinsen belastet (Sollzinsen).

10.1 Einführung in die Zinsrechnung

■ INFORMATION

Die Zinsrechnung ist eine Rechenart, die auf der Prozentrechnung basiert und um die Rechengröße „Zeit" erweitert ist.

Rechengrößen bei der Zinsrechnung			
Kapital (K)	**Zinssatz (p)[1]**	**Zinsen (Z)**	**Zeit (t)[2]**
Der dem Geldleiher (Schuldner) vom Geldgeber (Gläubiger) überlassene Geldbetrag. Beachte: Je größer dieser Geldbetrag, desto mehr Zinsen müssen bezahlt werden bzw. erhält man.	Er gibt an, wie viel Prozent in 1 Jahr für 100,00 € ge- oder bezahlt werden müssen. Beachte: Je höher der Zinssatz, desto größer die Belastung bzw. die Gutschrift.	Die zu zahlende Nutzungsgebühr für die Kapitalüberlassung in €.	Zeitraum für die Überlassung des Kapitals in Jahren, Monaten oder Tagen. Beachte: Je länger das Kapital zur Verfügung gestellt wird, desto höher die Zinszahlungen bzw. Zinsgutschriften.
↓	↓	↓	
Grundwert	Prozentsatz	Prozentwert	
Entsprechende Größen in der Prozentrechnung			

---

[1] Der Zinssatz wird auch als Zinsfuß bezeichnet. Auf Lateinisch heißt der Fuß „pes", daher das „p".
[2] vom Lateinischen Wort „tempus" = Zeit, daher das „t".

Berechnen der Zinsen mithilfe der allgemeinen Zinsformel (Jahres-, Monats-, Tageszinsen)

LF 3

10.2 Berechnen der Zinsen mithilfe der allgemeinen Zinsformel (Jahres-, Monats-, Tageszinsen)

■ SITUATION

Herr Henning möchte sein Spielwarengeschäft erweitern und benötigt dazu noch 60.000,00 €. Seine Hausbank bietet ihm ein Darlehen in dieser Höhe zu einem Zinssatz von 8 % bei einer Laufzeit von 4 Jahren an.

> Wie viel Zinsen hat Herr Henning für diesen Kredit an die Bank zu zahlen?

■ INFORMATION

■ Berechnung der Jahreszinsen

Die zur Berechnung der Zinsen verwendete Formel lässt sich aus der Lösung der Aufgabe mithilfe des zusammengesetzten Dreisatzes ableiten.

Lösung:

Gegeben:	Kapital (K)	→	60.000,00 €
	Zinssatz (p)	→	8 %
	Zeit (t)	→	4 Jahre
Gesucht:	Zinsen (Z)	→	x €

1 Bedingungssatz: Für 100,00 € sind in 1 Jahr 8,00 € Zinsen zu zahlen.
2 Fragesatz: Für 60.000,00 € sind in 4 Jahren x € Zinsen zu zahlen.
3 Bruchsatz: $x = \dfrac{8{,}00 \cdot 60.000{,}00 \cdot 4}{100 \cdot 1} = \underline{\underline{19.200{,}00\ \text{€}}}$

Lösungsschritte	Durch Umstellung erhält man die allgemeine Zinsformel:
1. Bedingungssatz und Fragesatz aufstellen. 2. Den zusammengesetzten Dreisatz in einzelne Dreisätze mit geradem Verhältnis aufteilen (je mehr Euro/Jahre, desto mehr Zinsen).	$\text{Jahreszinsen} = \dfrac{\text{Kapital} \cdot \text{Zinssatz} \cdot \text{Zeit (Jahre)}}{100 \cdot 1}$ kurz: $Z = \dfrac{K \cdot p \cdot t}{100}$

■ Berechnung der *Monats- und Tageszinsen*

In der Praxis fallen Zinszahlungen bzw. Zinsaufwendungen sehr oft für Zeiträume unter einem Jahr an (*Sollzinsen beim Kontokorrentkredit, Zinsbelastung beim Lieferantenkredit*).

Daher sind bei kurzfristigen und taggenauen Berechnungen zwei weitere Zinsformeln von großer Bedeutung:

Zinsrechnen

$$\text{Monatszinsen} = \frac{\text{Kapital} \cdot \text{Zinssatz} \cdot \text{Monate}}{100 \cdot 12} \quad \text{kurz:} \quad Z = \frac{K \cdot p \cdot t}{100 \cdot 12}$$

$$\text{Tageszinsen} = \frac{\text{Kapital} \cdot \text{Zinssatz} \cdot \text{Tage}}{100 \cdot 360} \quad \text{kurz:} \quad Z = \frac{K \cdot p \cdot t}{100 \cdot 360}$$

Beachte: Bei der kaufmännischen Zinsrechnung hat 1 Jahr 360 Tage.

■ AKTION

1 Für die folgenden Kapitalien sind die Jahreszinsen mit der allgemeinen Zinsformel zu berechnen:

	Kapital	Zinssatz	Zeit
a)	6.500,00 €	9 %	4 Jahre
b)	4.110,00 €	4 %	2½ Jahre
c)	125.450,00 €	12 %	3⅓ Jahre

	Kapital	Zinssatz	Zeit
d)	48,50 €	2 %	1,25 Jahre
e)	8.640,00 €	14,5 %	2,5 Jahre
f)	27.213,00 €	5¼ %	6⅔ Jahre

2 Bei der Neuburger Bank haben mehrere Unternehmen Geld aufgenommen. Über welchen Betrag lauten die Rückzahlungen einschließlich der Zinsen?

	Darlehenssumme	Laufzeit	Zinssatz
a)	12.500,00 €	3 Jahre	8,5 %
b)	21.450,00 €	4½ Jahre	14,0 %
c)	650.000,00 €	8 Jahre	9,0 %

3 Die Pro-Forma GmbH schuldet ihrem Hauptlieferanten, der Medi-Soft AG, 240.000,00 €. Eine Rückzahlung ist aufgrund der finanziellen Situation nicht möglich, daher berechnet die Medi-Soft AG Verzugszinsen in Höhe von 9,5 %.

a) Wie viel € betragen die Verzugszinsen nach 2 Jahren?

b) Nach 2 Jahren kommt es zu einer Teilzahlung von 160.000,00 €. Wie viel Verzugszinsen sind nach 4 Jahren insgesamt aufgelaufen?

4 Die Textil-Markt GmbH benötigt zur Sanierung ihrer Tiefgarage ein Darlehen in Höhe von 60.000,00 €. Die Sparkasse Neuburg bietet bei einer Laufzeit von 4 Jahren einen Zinssatz von 7,5 %. Welcher Betrag steht der Textil-Markt GmbH tatsächlich zur Verfügung, wenn die Sparkasse die gesamten Zinsen im Voraus von der Darlehenssumme abzieht?

5 Bei der Wohnwelt GmbH wird jeden Monat eine Liste ausgedruckt, die über Kunden, die im Zahlungsrückstand sind, Auskunft gibt. Wie viel Verzugszinsen fallen bei den jeweiligen Kunden an, wenn ein Zinssatz von 10,5 % zugrunde gelegt wird?

Kunde	im Rückstand seit	Betrag
Otto, Gerd	2 Monaten	4.450,00 €
Paschulke, Florian	9 Monaten	1.875,00 €
Herter, Doris	14 Monaten	488,00 €
Erikkson, Jens	7 Monaten	2.757,00 €

Berechnen der Zinsen mithilfe der allgemeinen Zinsformel (Jahres-, Monats-, Tageszinsen)

LF 3

6 Die Textura-Soft KG bietet ihren Kunden ein neues Kassensystem zu folgenden Bedingungen an:

Kassenterminal einschließlich Scanner: 6.240,00 €,

Anzahlung: 20 %, Restzahlung nach 6 Monaten einschließlich 6,5 % Zinsen.
Welchen Betrag muss ein Kunde nach diesen Bedingungen als Restzahlung (einschließlich Zinsen) leisten?

7 Herrn Bessler bietet sich wegen der Geschäftsauflösung eines Mitbewerbers die Möglichkeit Diamant-Schmuck kurzfristig zu erwerben. Deshalb benötigt er einen Kredit in Höhe von 57.600,00 € für einen Zeitraum von 9 Monaten. Es liegen ihm folgende Angebote Neuburger Kreditinstitute vor:

Neuburger Bank:	7,75 % Zinsen p.a.
Sparkasse Neuburg:	6,0 % Zinsen p.a., Bearbeitungsgebühr 1,25 % aus der Kreditsumme.
Landesbank:	Auszahlung: Kreditsumme, Rückzahlung nach 9 Monaten 61.800,00 €.

Für welches Angebot sollte sich Herr Bessler entscheiden?

8 Die durchschnittliche Kapitalbindung bei Elektrogroßgeräten beträgt bei der Multi-Vision AG 2.196.000,00 €. Wie viel Lagerzinsen fallen bei dieser Warengruppe für 3 Monate an, wenn der Lagerhaltungskostensatz 14 % beträgt?

9 Die Kundenkonten der Mitglieder des Einkaufsverbandes Euro-Sport werden bei einem Guthaben mit 1,5 % verzinst und bei Verbindlichkeiten mit 8,5 % belastet. Berechnen Sie die jeweils fälligen Zinsen bei folgenden Kunden:

Unternehmen	Guthaben	Zeit/Tage	Verbindlichkeit	Zeit/Tage
Sporthaus Zimmer	4.780,00 €	25	15.345,00 €	18
Action & Fun	2.880,00 €	8	6.990,00 €	35
Surf-Shop Ries	436,00 €	45	854,00 €	125

10 Herr Manz hat durch den Verkauf eines Aktienpakets 50.000,00 € auf seinem Konto gutgeschrieben bekommen. Er legt es als Festgeld für 100 Tage zu 4,25 % bei seiner Bank an. Nach 30 Tagen verlangt das Finanzamt eine Steuernachzahlung von 15.000,00 €. Herr Manz kann die benötigte Summe von seiner Festgeldanlage abziehen, muss sich aber nun mit einer Verzinsung des noch angelegten Kapitals von nur noch 3 % abfinden.

Wie viel Zinsen erhält er nach 100 Tagen gutgeschrieben (ohne Zinseszinsrechnung)?

11 Laura möchte sich einen neuen Computer mit Drucker und Scanner kaufen. Im Internet findet sie ein Komplettangebot der EuroCom zu 2.200,00 €. Da ihr Barzahlung nicht möglich ist, vergleicht sie zwei Angebote:

1. EuroCom bietet: 11 Monatsraten zu 190,00 € sowie eine Schlussrate zu 260,00 €.

2. Kleinkredit der Sparkasse Neuburg mit einer Laufzeit von 18 Monaten. Es werden monatlich 0,4 % Zinsen für den gesamten Kreditbetrag sowie 2,00 % einmalige Bearbeitungsgebühr berechnet.

   a) Wie groß ist die Ersparnis bei der Entscheidung für das günstigere Angebot?

   b) Wie viel Prozent liegt jedes der Angebote über dem Barpreis?

10.3 Tageszinsen mit Zinstageberechnung

■ SITUATION

Herr Henning kommt unverschuldet in Zahlungsschwierigkeiten und benötigt einen Überbrückungskredit. Seine Hausbank stellt ihm daher kurzfristig am 26. März diesen Jahres 25.000,00 € zu 9,5 % zur Verfügung, die am 31. Dezember diesen Jahres zurückgezahlt werden sollen.

> Für wie viele Tage muss Herr Henning Zinsen bezahlen, und über welchen Betrag lautet die Rückzahlungssumme einschließlich Zinsen?

■ INFORMATION

Lösung:

a) **Zinstageberechnung:**

März:	→ 26. bis 30. =	4 Tage
April bis Dezember:	→ 9 · 30 Tage =	270 Tage
Es sind Zinsen zu zahlen für		274 Tage

b) **Berechnung der Zinsen mit der Tageszinsformel:**

$$z = \frac{k \cdot p \cdot t}{100 \cdot 360} \quad \rightarrow \quad z = \frac{25.000,00\,€ \cdot 9,5 \cdot 274}{100 \cdot 360} = 1.807,64\,€$$

Am 31. 12. sind 26.807,64 € zurückzuzahlen.

Beachte: In Deutschland finden drei Methoden zur Berechnung der Zinstage Anwendung.

	Methode		
	deutsche Methode (kaufm. Zinsrechnung)	französische Methode (Eurozinsmethode)	englische Methode
Jahr	360 Tage	360 Tage	365 (366) Tage
Monat	Jeder Monat hat 30 Zinstage	taggenaue Ermittlung	taggenaue Ermittlung
Anwendung	› bei ein- und zweiseitigen Handelsgeschäften › Spar- und Sichteinlagen sowie Darlehen bei Banken	› bei kurzfristigen Geldanlagen (Tagegelder)	› im bürgerlichen Rechtsverkehr › Behörden (Finanzamt) › langfristige Anlagen am Kapitalmarkt (Anleihen)

Tageszinsen mit Zinstageberechnung

LF 3

In der kaufmännischen Praxis werden die Zinstage nach der **deutschen Zinsberechnungsmethode** berechnet. Dabei ist zu beachten:

› Ist der Fälligkeitstag der 28. bzw. bei Schaltjahr der 29. Februar, dann wird mit 28 (29) Tagen gerechnet. Geht die Verzinsung über den Februar hinaus, wird er mit 30 Tagen gezählt.
› Bei der Berechnung der Zinstage wird der 1. Tag nicht, der letzte aber mitgezählt.

» Beispiel:

Laufzeit eines Darlehens vom 6. Januar bis zum 2. August.

Januar:	→ 6. bis 30.	=	24 Tage
Februar bis Juli:	→ 6 · 30 Tage	=	180 Tage
August:	→ 1. und 2.	=	2 Tage
Laufzeit:	→	=	206 Tage

▐ AKTION

1 Berechnen Sie die Zinstage nach der deutschen Methode (= kaufmännische Zinsrechnung):
   a) 05.03. – 20.11.   b) 27.05. – 03.08.   c) 01.12. – 31.05.   d) 13.04. – 27.07.
   e) 09.11. – 12.12. n.J.   f) 28.02. – 31.10.   g) 04.02. – 15.01. n.J.   h) 01.03. – 08.05.

2 Die Merkur AG legt 2.500.000,00 € bei der Interconti-Bank vom 18. Juli bis zum Jahresende an und erhält dafür 5,25 % Zins. Wie hoch ist das Bankguthaben zum Bilanzstichtag am 31. Dezember?

3 Die Wohnwelt GmbH lieferte am 15. März ein Ledersofa an Herrn Rummel. Es wurde Zahlung mit Überweisung vereinbart. Die Rechnung ging Herrn Rummel am 16. März zu. Die Zahlungsbedingung lautet: Zahlbar sofort ohne Abzüge. Am 27. April hat Herr Rummel immer noch nicht bezahlt und er erhält eine Mahnung über den Rechnungsbetrag von 1.600,00 € zuzüglich Verzugszinsen. Wie viel € betragen die in Rechnung gestellten Verzugszinsen bei einem Zinssatz von 8 %?

4 Der Einkaufsverband Euro-Sport gewährt seinem Mitglied Action & Fun 2,5 % Skonto für eine Bestellung von 4.575,00 €. Damit Geschäftsführer Heller Skonto ausnutzen kann, überzieht er sein Geschäftskonto für 22 Tage und muss dafür 12,5 % Zinsen bezahlen. Wie viel € betragen die angefallenen Sollzinsen?

5 Malermeister Jonda bleibt trotz mehrfacher Mahnungen des Neuburger Finanzamtes eine Steuernachzahlung von 5.600,00 € schuldig. Wie viel € Verzugszinsen kann das Finanzamt für die Zeit vom 3. April bis zum 8. Juli (taggenaue Ermittlung) bei einem Zinssatz von 8,5 % verlangen?

6 Die Diskothek Blue Angel befindet sich mit folgenden Beträgen bei ihrem Getränkegroßhandel Oase im Zahlungsverzug: seit 21. März mit 1.400,00 €, seit 15. Mai mit 850,00 € und seit 8. Juni mit 2.250,00 €. Die Geschäftsbedingungen des Großhandels sehen Verzugszinsen von 8 % vor. An Gebühren für die erfolgte Mahnung werden pauschal 15,00 € in Rechnung gestellt. Welchen Betrag muss die Diskothek einschließlich Verzugszinsen und Mahngebühren am 1. Juli bezahlen?

7 Ronny Rieger, Gesellschafter der Manz KG, hat während des Geschäftsjahres folgende Privatentnahmen vom Geschäftskonto vorgenommen:

Am 1. Februar 660,00 € und am 4. Oktober 1.550,00 €. Um wie viel € wird der Gewinnanteil des Gesellschafters Rieger zum Geschäftsjahresende am 31. Dezember gekürzt, wenn Privatentnahmen mit 7,5 % laut Gesellschaftervertrag zu verzinsen sind?

11 Kassenabrechnung

■ SITUATION

Herr Gerhard kauft im Uhren- und Schmuckfachgeschäft Bessler für seine Frau zu deren Geburtstag eine Uhr zu 398,00 € und bezahlt sie bar. Einen Tag später bringt Herr Gerhard die Uhr wieder zurück, weil sie seiner Frau nicht gefällt und erhält als langjähriger Stammkunde den Kaufbetrag von Herrn Bessler bar ausbezahlt.

> Wie wirkt sich dieser Geschäftsvorgang auf den Kassen- und Warenbestand des Schmuckgeschäftes aus?

■ INFORMATION

Als **Nachweis** einer Zahlung an der Kasse erhält jeder Kunde einen **Zahlungsbeleg** *(Bon, Kassenzettel, Quittung)*. Auch der Einzelhändler lässt sich die Zu- und Abgänge in der Kasse belegen (Kassenbericht).

■ Zugänge und Abgänge verändern das Vermögen

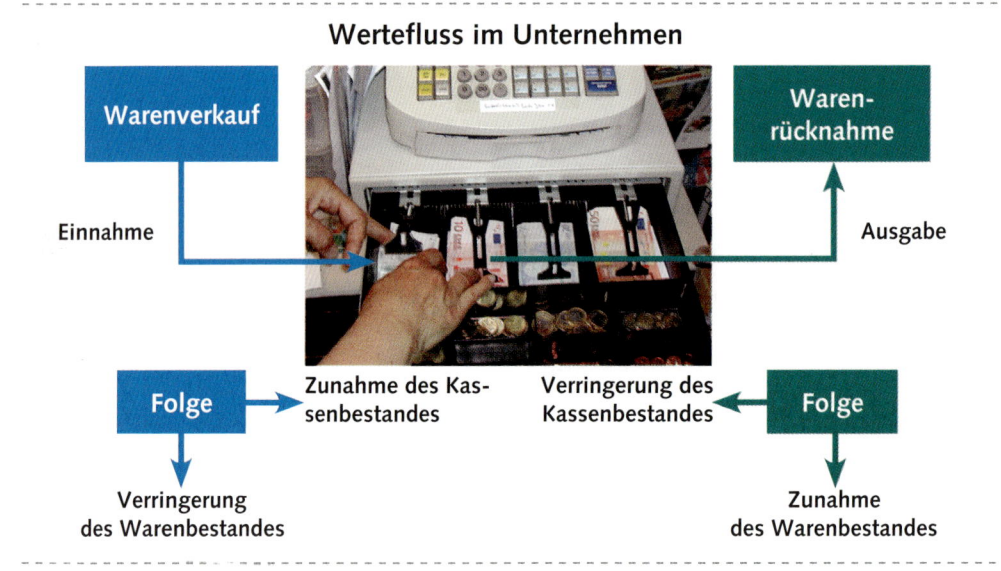

Wertefluss im Unternehmen

Warenverkauf		Warenrücknahme
Einnahme		Ausgabe
Folge → Zunahme des Kassenbestandes	Verringerung des Kassenbestandes ← Folge
Verringerung des Warenbestandes		Zunahme des Warenbestandes

Jede **Registrierung** an der Kasse führt zu einer **Veränderung** der Geldbestände des Unternehmens und damit des Vermögens eines Einzelhändlers. Es sind aber auch andere Bereiche in seinem Unternehmen betroffen, wie z. B. der Warenbestand.

Lösung zur Eingangssituation:
Der Verkauf der Uhr erhöhte einerseits den Kassenbestand, aber andererseits verringerte sich der Bestand an Uhren sowohl mengen- als auch wertmäßig.

Durch die Warenrückgabe verringerte sich der Kassenbestand um 398,00 € und der Warenbestand nahm mengen- und wertmäßig wieder zu. Solche Vorgänge bezeichnet man als **Geschäftsvorfälle**, die zu Veränderungen der Werteströme *(Geld-, Warenstrom)* im Unternehmen führen.

Bedeutung von Belegen

11.1 Bedeutung von Belegen

■ SITUATION

Der Auszubildende Tim Frank erhält von seinem Chef 20,00 € zum Kauf von Blumen für einen Geschäftsfreund zu dessen Geburtstag. Er erhält nach der Zahlung einen Kassenbon.

> Welche Bedeutung hat dieser Beleg für Tim und für seinen Chef?

■ INFORMATION

■ Kunden und Belege

Jeder **Geschäftsvorfall** ist aufgrund gesetzlicher Vorschriften zu **dokumentieren** (Buchführung). Dazu dienen **Belege**, die z. T. auch an der Kasse ausgestellt werden.
Für den Kunden ist der Beleg der Nachweis einer geleisteten Zahlung.

Lösung zur Eingangssituation:
Mit dem Kassenzettel des Blumengeschäfts weist der Auszubildende nach, dass er den Strauß im angegebenen Geschäft gekauft und bezahlt hat. Der Beleg ist aber für den Chef noch von weiterer Bedeutung. Er hat die Blumen ja nicht privat, sondern aus geschäftlichen Gründen gekauft (*Kontaktpflege zu Kunden*). Diese Ausgabe kann er beim Finanzamt geltend machen und dadurch Steuern sparen. Das Finanzamt verlangt natürlich entsprechende Beweise für solche Aufwendungen. Dazu dienen die Belege.
Die weiteren Beispiele verdeutlichen, welche Bedeutung ein solcher Nachweis für die Kunden noch haben kann.

> **Beispiele:**

> Eine Lehrerin kauft in einem Bastelgeschäft Material für ihre Schüler und lässt sich für den Betrag eine Quittung ausstellen. Beim nächsten Elternabend weist sie anhand dieser Quittung ihre Auslagen nach und kassiert von den Eltern den entsprechenden Anteil.
> Ein Kunde kauft bei einem Discounter ein Fernsehgerät für 199,00 €. Der Kassenbeleg dient hier auch als Nachweis, dass das Gerät in diesem Geschäft gekauft wurde. Bei eventuellen Reklamationen innerhalb der Gewährleistungsfrist ist dies von großer Bedeutung.

■ Einzelhändler und Belege

Für den Einzelhändler sind die **Belege** das **Bindeglied** zwischen den einzelnen **Geschäftsvorfällen** und der **Buchführung**.

> **Hinweis: Buchführung – Wozu?**
>
> Aufgabe der Buchführung ist es, alle Geschäftsvorfälle, die in einem Unternehmen anfallen, lückenlos, geordnet und nachprüfbar zu erfassen. Die Buchführung hält fest, was in einem bestimmten Zeitraum an Geld „reinkommt" oder „rausgeht". Geschäftsvorfälle, die mit Geldzahlungen zusammenhängen, erfolgen an der Kasse oder ergeben sich durch Gutschriften oder Belastungen auf Bankkonten.
> Mithilfe der Buchführung werden alle diese Vorgänge aufgezeichnet. Würde der Einzelhändler darauf verzichten, hätte er bald die Übersicht über seine Vermögenslage verloren und könnte so nicht feststellen, ob er sein Vermögen vermehrt (Gewinn) oder vermindert (Verlust) hat.

Belege müssen aufgrund **gesetzlicher Vorschriften** erstellt werden, um Handelsgeschäfte (*Warenverkauf an Kunden, Wareneinkauf beim Lieferanten*) und innerbetriebliche Vorgänge (*private Geldentnahme*) zu dokumentieren.

Belegarten im Kassenbereich	
Einnahmebelege	Ausgabebelege
› Kassenkontrollstreifen › Kopien manuell erstellter Kassenzettel › Kopien von Quittungen › Kassenberichte › Lieferscheine (Verkauf auf Rechnung) › Kopien von Kartenzahlungen › Privateinlage	› Bareinzahlung bei der Bank › Gutschriften für Warenrückgabe › Privatentnahme

11.2 Belegarten

■ SITUATION

Doreen ist Auszubildende im Pro Media Fachmarkt und führt gerade mit einer Kundin eine heftige Diskussion. Diese möchte ein elektronisches Diktiergerät zurückgeben, hat aber keinen Kassenzettel, sondern nur eine Einkaufstüte des Pro Media Marktes dabei. Die Kundin meint, das würde doch als Beweis für den Kauf ausreichen.

> Beurteilen Sie diese Situation. Wie verhalten Sie sich im Betrieb in solchen Fällen?

■ INFORMATION

■ Kassenbon und Kassenzettel

```
         PRO MEDIA
       TV-HIFI-Elektro
       Berliner Landstr. 146
         88888 Neuburg
..............................
3030142
Mediom-Notebook 400        1.499,00 €

         Total              1.499,00 €

         PRO MEDIA

Inkl. 19,00 % USt.           239,34 €
Netto-Warenwert            1.259,66 €

   Vielen Dank für Ihren Einkauf!
..............................
22357 MO33 123  5425  20.02.20..  16:57
```

Ein **Kassenbon** ist der Nachweis für den Kunden, dass er die Ware bezahlt hat.

Die Summe aller Kassenbons ergibt den Umsatzerlös (Tageslosung) und wird auf dem Kassenbericht ausgewiesen.

Zusätzlich gibt es bei vielen Kassen als zusätzlichen Beleg den Kassenkontrollstreifen.

Wünscht ein Kunde einen detaillierten Beleg, so wird eine Quittung mit den gewünschten Angaben erstellt und dem Kassenbon angeheftet.

>> **Beispiel:** Im Fachgeschäft WollStoff kauft Schneidermeisterin Stefanie Manz Stoff und Zubehör für ihr Atelier. Sie bittet um Ausstellung eines Kassenzettels als Beleg für das Finanzamt.

Der **Kassenzettel** ist eine Sonderform der Quittung und wird in zweifacher Ausfertigung erstellt. Das Original (schwarz) erhält der Kunde, die Kopie (rot) verbleibt als Beleg im Geschäft.

Belegarten

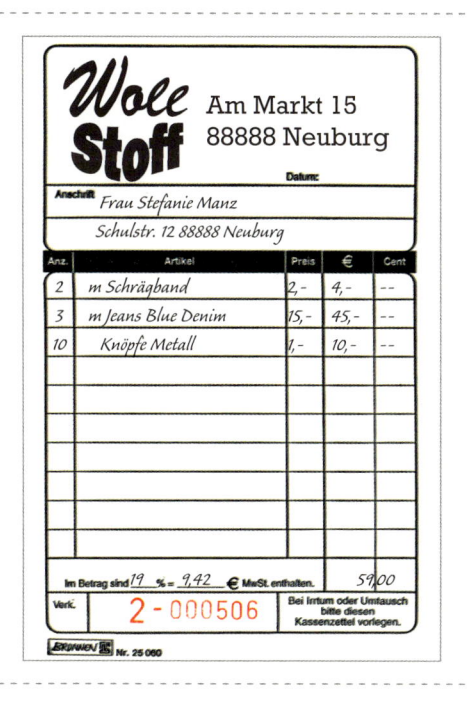

■ Lieferschein und Rechnung

Wenn Kunden es wünschen, erhalten Sie einen **Lieferschein** bzw. eine **Rechnung**. Dabei ist es unerheblich, ob die Ware sofort bezahlt wurde oder ein Rechnungskauf vorliegt.

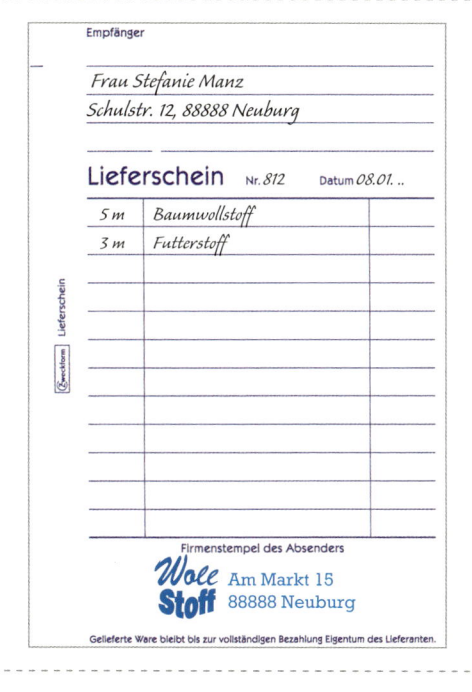

Ein Rechnungskauf wird in den meisten Fällen allerdings nur bekannten und guten Kunden gewährt, da der Einzelhändler den Kaufbetrag erst später erhält.
Die Abbildung zeigt in der Praxis weit verbreitete Vordrucke, die schnell und ohne großen Aufwand von Hand ausgestellt werden können.

Kassensysteme verfügen über die Möglichkeit, solche Belege auf einem angeschlossenen Drucker zu erstellen. Bei Verwendung eines computergestützten Warenwirtschaftssystems sind die Daten wichtiger Kunden im Programm bereits hinterlegt.
Dazu zählen nicht nur Name und Adresse, sondern auch z. B. Sonderkonditionen *(Rabatte, Skonti)*, die an diese Kunden beim Kauf gewährt werden.

> **Beispiel:** Der Vorsitzende des Neuburger Tennisclubs, Herr Dr. Schmitt-Ballerstedt, kauft im Fachmarkt ProDomo für das Sommerfest des Vereins Waren im Wert von 713,28 € und bezahlt diese an der Kasse mit seiner Bankkarte. Für den Schatzmeister des Vereins benötigt er über den Kauf eine Rechnung.

ProDomo

Der freundliche Fachmarkt für Heim & Garten
Boschstraße 15, 88888 Neuburg
Fon: 07889 37295 / Fax: 07889 37290
e-mail: info@prodomo.de / www.prodomo.de

ProDomo GmbH • Boschstr. 15 • 77777 Neuburg

Tennisclub Neuburg
Herrn Dr. Schmitt-Ballerstedt
Panoramastraße 104
88888 Neuburg

RECHNUNG

Rechnungs-Nr. 2678993	Rechnungs-Datum 15.05.20..
Kunden-Nr. 45478892	Zahlung bis 15.06.20..

Menge	Artikel-Nr.	Artikelbezeichnung	Einzelpreis	Gesamtpreis
1	302210	Partyzelt 3 x 3 m	62,45	62,45
2	302212	Marktschirm 2,5 m	45,45	90,90
10	302218	Festzeltgarnitur Tisch mit Bank	36,20	362,00
1	81212	Terrassenstrahler f. Flüssiggas	212,49	212,49
19,00 % USt. enthalten (116,21 €)		Summe Artikel		727,84
		abzgl. 2 % Skonto bei Sofortzahlung		14,56
		zu zahlender Betrag in EUR		**713,28**

■ AKTION

1 Erläutern Sie die Bedeutung von Belegen für
a) den Einzelhändler und
b) für seine Kunden.

Umsatzsteuer beim Warenverkauf

LF 3

2 Geben Sie je zwei Beispiele für Belege, die im Kassenbereich anfallen. Unterscheiden Sie nach Einnahme- und Ausgabebelegen.

3 Die Büro-Express GmbH verkauft einen Schreibtisch auf Rechnung. Erstellen Sie mithilfe Ihres in der Schule verwendeten Textprogramms eine Rechnung (Muster siehe vorstehende Seite). Folgende Angaben sind zu beachten:

Lieferant	Büro-Express GmbH, Willy-Brandt-Straße 45, 97666 Frankenbach
Käufer	Herr Walter Rauscher, Lessingweg 4, 88888 Neuburg
Artikel	Schreibtisch „Carino-Office" Buche-Dekor, höhenverstellbar, Bruttoverkaufspreis 318,00 €.
Zahlung	Innerhalb 30 Tagen netto Kasse auf das Konto 776 442 der Sparkasse Frankenbach, BLZ 777 55 35

11.3 Umsatzsteuer beim Warenverkauf

■ SITUATION

```
       PRO MEDIA
       TV-HIFI-Elektro
       Berliner Landstr. 146
       88888 Neuburg
..............................
3030142
Mediom-Notebook 400        1.499,00 €

Total                      1.499,00 €

       PRO MEDIA
..............................
Inkl. 19,00 % USt.           239,34 €
Netto-Warenwert            1.259,66 €
     Vielen Dank für Ihren Einkauf!
..............................
22357 MO33 123  5425  20.02.20..  16:57
```

Herr Schmitt freut sich über den Kauf eines Notebooks für seinen Handelsbetrieb. Obwohl er an der Kasse von PRO MEDIA 1.499,00 € bezahlt hat, kostet ihn das Gerät tatsächlich nur 1.292,24 €. Hätte er den Rechner privat gekauft, wäre der ganze Betrag „auf seine Kosten" gegangen. Für seinen Handelsbetrieb bekommt er aber die Umsatzsteuer in Höhe von 239,34 € vom Finanzamt zurückerstattet.

Im Hinblick auf die Umsatzsteuer ist es ein Unterschied, ob Herr Schmitt das Notebook als Privatperson kauft oder geschäftlich für seinen Einzelhandel.

■ INFORMATION

Das Ziel jedes Einzelhändlers ist es, durch den Warenverkauf möglichst hohe Umsätze zu erzielen. Damit sollen nicht nur alle anfallenden Kosten gedeckt werden, sondern der Händler möchte auch etwas verdienen (Gewinn erzielen). Auch der Staat „verdient" beim Warenverkauf mit, denn er erhebt auf jeden Verkauf eine Steuer, die Umsatzsteuer.

■ Bedeutung der Umsatzsteuer

Die im Geschäft angebotene Ware hat oftmals schon mehrere Produktions- bzw. Unternehmensstufen durchlaufen, bis sie ins Verkaufsregal des Einzelhandelsgeschäftes gelangt ist.

Der **Mehrwert**, den ein Produkt auf den einzelnen Unternehmensstufen erfährt, wird deutlich durch den von Stufe zu Stufe steigenden Preis. Aus dieser **Wertschöpfung** möchte auch der Staat seinen Nutzen ziehen. Dies erreicht er durch Erhebung der Umsatzsteuer (Mehrwertsteuer), die auf alle Umsätze fällig wird, die ein Unternehmen im Inland tätigt.

Kassenabrechnung

» Beispiel: Wertschöpfungskette Grüner Tee

Wirtschaftsstufe	Unternehmen	Bearbeitung	Wertschöpfung
Urerzeuger	Teeplantage	Tee wird angebaut und geerntet.	
Weiterverarbeiter	Deutsches Tee-Kontor AG	Tee wird weiter verarbeitet.	
Großhändler	Handels AG	Tee wird in kleineren Einheiten verpackt und vertrieben.	
Einzelhändler	Naturkost-Treff	Tee wird an den Endverbraucher verkauft.	

Beim Verkauf von Waren muss der Einzelhändler dem Käufer (Endverbraucher) die Umsatzsteuer in Rechnung stellen.

■ Steuerhöhe und Steuersatz

Grundlage der **Steuerhöhe** bei der **Umsatzsteuer** ist neben dem **Preis** die **Art** der verkauften Ware und damit der anzuwendende Steuersatz.

Die Höhe der fälligen Steuer hängt vom jeweils aktuell geltenden **Steuersatz** ab, der seit dem 1.1.2007 für jeden steuerpflichtigen Umsatz **19 %** beträgt.

Für bestimmte Umsätze gibt es einen **ermäßigten Steuersatz** von aktuell **7 %**, beispielsweise für Nahrungsmittel (Genussmittel 19 %), Pflanzen, Bücher, Zeitschriften sowie für lebende Tiere.

■ Steuerträger

Die Umsatzsteuer **muss** allein der **Endverbraucher** tragen, d. h. nur er wird damit belastet. Der einzelne Unternehmer oder Händler führt nur die Umsatzsteuer für den von ihm geschaffenen Mehrwert in der Wertschöpfungskette an das Finanzamt ab.

```
      Naturkost-Treff
   Heilbronner Straße 16
       88888 Neuburg
Datum:
25/05/20..
Teeprodukte
China Sencha
100g Pack            € 5,20
Gesamt               € 5,20
7 % USt.             € 0,34

      Viele Dank für Ihren
            Einkauf

Bed 1                   #01
Zeit: 09:15 NO.001690
```

» Beispiel: Kassenbon

Die Rechnung des Naturkost-Treffs an einen privaten Kunden weist eine Umsatzsteuer in Höhe von 0,34 € auf und muss vom Naturkost-Treff an das Finanzamt abgeführt werden.

! Hinweis: Beim Verkauf an Endverbraucher ist der Ausweis der Umsatzsteuer nicht vorgeschrieben, es genügt die Angabe des Verkaufspreises einschließlich Umsatzsteuer. Verkauft der Einzelhändler an Gewerbetreibende, dann muss er den Umsatzsteuerbetrag gesondert auf der Rechnung ausweisen (Ausnahme: Kleinbetragsrechnungen bis 250,00 €).

Kassenkontrolle und Kassenabrechnung **LF 3**

■ AKTION

1 Beschreiben Sie die Wertschöpfungskette von 1 Liter pasteurisierter und homogenisierter Tütenmilch.

2 Frau Müller kaufte im Supermarkt Manz zwei Packungen Nudeln, ein Alpenveilchen, eine Flasche Cognac, eine Fernsehzeitschrift und zehn Eier. Welcher Umsatzsteuersatz gilt für die einzelnen Artikel?

3 Sie haben bei der Internetbuchhandlung Libroweb Bücher zu einem Gesamtpreis von 88,00 € bestellt. Auf der Rechnung wird ein Umsatzsteuerbetrag von 5,67 € ausgewiesen. Überprüfen Sie auf die Richtigkeit.

11.4 Kassenkontrolle und Kassenabrechnung

■ SITUATION

Soeben hat Laura Vogt eine Kundin zu Ende bedient, die bei ihr im Textil-Markt eine Feinstrumpfhose für 7,75 € gekauft hat. An der Abteilungskasse kassiert sie und gibt 2,25 € Wechselgeld heraus. Sie schließt die Kassenschublade und wartet, bis die Kundin sich verabschiedet hat. Die schaut aber in ihre Geldbörse und sagt in einem aufgebrachten Ton:

Kundin: „Wieso 2,25 €, ich bekomme 92,25 €, denn ich habe Ihnen doch einen Hunderter gegeben!"

Laura: „Tut mir leid, da müssen Sie sich getäuscht haben, ich habe einen Zehn-Euro-Schein in die Kasse gelegt. Da bin ich mir absolut sicher."

1. Hat Laura einen Fehler beim Kassieren gemacht?
2. Wie kann diese Situation für alle Beteiligten zufriedenstellend geklärt werden?

■ INFORMATION

Kassenkontrollen sind bei Nutzung eines Warenwirtschaftssystems jederzeit möglich. Die Geschäftsleitung kann zu jeder Tageszeit den aktuellen Bargeldbestand kontrollieren und steuern. So kann es z. B. bei sehr hohen Umsätzen angebracht sein, mehrmals am Tag Bargeld bei der Bank einzuzahlen oder von Geldtransportunternehmen abholen zu lassen. Außerdem ist eine Leistungskontrolle des Kassenpersonals möglich (*Kassierzeit je Kunde, Anzahl der Stornos*).

Bei Wechsel des Kassenpersonals und beim Tagesabschluss wird automatisch ein **Kassenbericht** erstellt. Eine ordnungsmäßige Kassenführung erfordert, dass Kasseneingänge und -ausgänge derart aufgezeichnet werden, dass es jederzeit möglich ist, den Sollbestand mit dem Ist-Bestand der Geschäftskasse auf die Richtigkeit nachzuprüfen („Kassensturzfähigkeit" der Aufzeichnungen).

Kassensturz

Beim **Kassensturz** handelt es sich um eine **nicht angekündigte** Kassenkontrolle. Sie findet zur **Überprüfung** des Kassenpersonals statt. Damit sollen eventuelle Kassendifferenzen wegen falschen Kassierens oder Diebstahl bzw. Unterschlagung aufgeklärt werden. Auch bei **Reklamationen** von Kunden (*angeblich falsches Wechselgeld*) findet ein Kassensturz zur Aufklärung möglicher Differenzen statt.

Tageskassenbericht

Bevor der **Kassenbericht** erstellt wird, zählt der Kassenmitarbeiter den vorgeschriebenen Betrag an Wechselgeld in die Kassenschublade. Das Wechselgeld ist der Anfangsbestand für den nächsten Arbeitstag. Das noch vorhandene restliche Geld ist die Bareinnahme, die auch als **Tageslosung** bezeichnet wird.

Der Einzelhändler kann dabei seine Umsätze einzeln dokumentieren (*Kopien der Kassenzettel, Kontrollstreifen*) oder durch den Abgleich von Kassenanfangs- und Kassenendbestand, unter Hinzurechnung der aus der Kasse geleisteten Zahlungen, rechnerisch ermitteln. In diesem Fall ist die Erstellung eines täglichen Kassenberichts notwendig. Dabei ist darauf zu achten, dass die Belege über die im Laufe eines Geschäftstages erfolgten sonstigen Einnahmen und Ausgaben ordnungsgemäß gesammelt werden (*Erstellung eines Eigenbelegs über eine Privatentnahme aus der Kasse*).

Die folgende Übersicht zeigt die beiden möglichen Verfahren zur Ermittlung der **Tageslosung**.

Verfahren zur Ermittlung der Tageslosung

Ohne Aufzeichnung einzelner Verkäufe (indirekt)

  Endbestand bei Geschäftsschluss
+ Auszahlung (lt. Beleg)
− Anfangsbestand
− Einzahlungen (lt. Belege)

= Tageslosung inkl. USt.

Jeder Verkaufsvorgang wird dokumentiert (direkt)

  Anfangsbestand
+ Tageslosung lt. Aufzeichnung
+ Einzahlungen (lt. Belege)
− Auszahlung (lt. Belege)

= Soll-Endbestand
− Ist-Endbestand bei Geschäftsschluss

= Überschuss bzw. Fehlbetrag

Bei **computergestützten Datenkassen** wird die **Tageslosung** automatisch ermittelt.

Der Soll-Ist-Abgleich erfolgt durch Vergleich der im Warenwirtschaftssystem angezeigten Umsätze und des vom Mitarbeiter an der Kasse ermittelten Geldbetrages, der in das System zum Abgleich eingegeben wird.

Kassenkontrolle und Kassenabrechnung

LF 3

>> **Beispiel:** Ausdruck eines Kassentagesberichts einer Supermarktfiliale

Pos		Kasse 1	Kasse 2	Kasse 3	Kasse 4	Pos	Summe	Summe
10	Zählwerkumsatz	7.904,05 €	5.250,73 €	3.710,88 €	4.864,88 €	10	21.730,54 €	
11	– Leergut	80,30 €		115,36 €		11	195,66 €	
12	– Storno / Gutschr.	60,60 €	5,90 €		69,88 €	12	136,38 €	
13	SOLL - UMSATZ	7.763,15 €	5.244,83 €	3.595,52 €	4.795,00 €	13		21.398,50 €
	Bareinnahme in EUR	7.563,88 €	4.968,15 €	3.040,11 €	4.426,30 €			19.998,44 €
	EC-Cash	200,80 €	276,14 €	456,28 €	368,71 €			1.301,93 €
14	VK Rechnung					14		
15	VK Geschenk-Gutschein					15		
16	Sonstige Ausgaben			99,75 €		16		99,75 €
17	IST-UMSATZ	7.764,68 €	5.244,29 €	3.596,14 €	4.795,01 €	17	21.400,12 €	
18	Kassendiff. +	1,53 €	– €	0,62 €	0,01 €	18		2,16 €
19	Kassendiff. –	– €	0,54 €	– €	– €	19		0,54 €
20	Kundenzahl	188	109	102	235	20		634
				Einzahlung				19.998,44 €
				EC-Cash				1.301,93 €
				Centkasse				3,95 €
				Abstimmungssumme				21.400,12 €

■ AKTION

1 Im Warenhaus Merkur wird in den Abteilungen Damen- und Herrenbekleidung, Young-Fashion sowie Kinderbekleidung bei allen Verkäufen auch erfasst, wer den Verkauf durchgeführt hat. Welche Erkenntnisse kann die Geschäftsleitung dadurch gewinnen?

2 Der Kassenbericht der Kasse 4 der Neuburger Omnia-Filiale enthält folgende Werte:

Gesamtumsatz		6.346,17 €	
Zahl der Kunden		398	
Zahl der Artikel		2289	
		Zeit in Std.	
Registrierzeit	59 %	05:19 →	Erfassen von Preisen
Kassierzeit	34 %	03:02 →	reine Kassierzeit
Totzeit	8 %	00:42 →	keine Kassiervorgänge
Anwesenheit der Kassiererin	90 %	09:03	
Kasse geschlossen	10 %	00:45	
Betriebszeit	100 %	09:00	

Berechnen Sie folgende Werte:

a) Durchschnittsumsatz je Stunde b) Durchschnittspreis je Artikel
c) Durchschnittsumsatz je Kunde d) Zahl der je Minute registrierten Artikel

3 An einem Sonderverkaufsstand während der Italienischen Woche im Warenhaus Merkur wurden heute 294 Packungen Espressokaffee zu je 9,98 € das kg verkauft. Morgens befanden sich 150,00 € Wechselgeld in der Kasse. Bei der Abrechnung wird ein Kassenbestand von 2.748,00 € festgestellt.
Wie hoch hätte die Tageseinnahme sein müssen und wie viel Prozent vom Umsatz beträgt die Kassendifferenz?

11.5 Kasse und Warenwirtschaftssystem

■ SITUATION

Frau May, Inhaberin eines kleinen Spezialgeschäfts für Naturkostwaren, ärgert sich schon lange darüber, dass sie zwar am Ende eines Tages ihren Umsatz kennt, aber keine Informationen darüber hat, was gut oder schlecht „läuft". Auch kann sie nur grob abschätzen, ob Sonderangebote und Aktionen sich positiv auf ihren Umsatz auswirken. In der Fachzeitschrift „Handelsmarketing" weckt ein Artikel über computergestützte Warenwirtschaftssysteme für Kleinbetriebe ihr Interesse.

■ INFORMATION

Bei jedem Verkaufsvorgang an einer Datenkasse werden Daten erfasst, die für den Einzelhändler wichtige Basisinformationen liefern. Sie helfen ihm dabei, seine unternehmerischen Entscheidungen zu planen, durchzuführen und auf Wirksamkeit hin zu überprüfen.

■ Grundlagen der computergestützten Warenwirtschaft

Begriff und Aufgaben der Warenwirtschaft

Unter **Warenwirtschaft** versteht der Einzelhändler alle die Tätigkeiten, die mit der Beschaffung, der Lagerung und dem Verkauf der Handelswaren verbunden sind.

Jeder Artikel des Sortiments soll in der richtigen Menge, der richtigen Kombination, am richtigen Ort und zum richtigen Zeitpunkt für die Kunden verfügbar sein **(Warenfluss)**.

Ein solches **Warenwirtschaftssystem (WWS)** stellt die warenbezogenen Geschäftsprozesse eines Handelsunternehmens durch Daten dar **(Informationsfluss)**.

> **Beispiel:**
>
> › Sache → Sportschuhe, Größe 44, Marke Vicki, Modell Road-Runner
> › Vorgang → Verkauf von einem Paar zu 99,00 €
> › Person → Verkäufer Tim Frank

Durch einen solchen alltäglichen Verkaufsvorgang werden mit Unterstützung eines Warenwirtschaftssystems wichtige Informationen gewonnen.

> **Beispiel:**
>
> › In Größe 44 sind von diesem Modell nur noch zwei Paar vorhanden, daher ist eine Nachbestellung erforderlich.
> › Durch den Verkauf erhöht Tim seinen Umsatz um 99,00 € und überschreitet die Umsatzvorgabe der Woche bereits am Donnerstag.

Kasse und Warenwirtschaftssystem

Formen eines Warenwirtschaftssystems

Je nach dem Grad der Datenverknüpfung in den einzelnen Unternehmensbereichen werden verschiedene Formen eines Warenwirtschaftssystems unterschieden:

Offenes Warenwirtschaftssystem	Die Daten werden in den einzelnen Abteilungen unabhängig voneinander mit DV-Unterstützung oder manuell erfasst. Es besteht keine Kommunikation zwischen den Abteilungen.
Geschlossenes Warenwirtschaftssystem	Alle Warenvorgänge werden von der Bestellung beim Lieferanten, über den Wareneingang, die Lagerung und den Verkauf an die Kunden erfasst. Die Daten werden zentral verwaltet, aktualisiert und stehen allen Abteilungen des Unternehmens zur Verfügung.
Integriertes Warenwirtschaftssystem	Verbindung mit Informationssystemen außerhalb des Unternehmens, z. B. mit Lieferanten, Logistikdienstleistern, Verrechnungsstellen von Einkaufsverbänden und Banken.

Daten- und Informationsfluss in einem geschlossenen Warenwirtschaftssystem

Ein **Warenwirtschaftssystem** ist aus Systembausteinen (Module) aufgebaut. Jedes dieser Module bildet einen Unternehmensbereich bzw. eine Tätigkeit als Teil eines EDV-Systems ab.

In diesem System fließen **Daten- und Informationsströme,** auf die jederzeit zugegriffen werden kann, um die für eine optimale Steuerung des Betriebsgeschehens notwendigen Entscheidungen treffen zu können.

Abb. Kreislaufmodell eines Warenwirtschaftssystems

Datenarten

In einem Warenwirtschaftssystem setzen sich die gewünschten Informationen aus verschiedenen **Datenarten** zusammen:

Stammdaten bilden die Grundlage eines geschlossenen bzw. integrierten Warenwirtschaftssystems.

Sie sind als Stammdatensatz im DV-System hinterlegt und stehen bei allen Geschäftsvorgängen zur Verfügung.

Bestandsdaten: Sie können sich aufgrund betrieblicher Vorgänge ständig ändern. Beispiel: Lagerbestand 25 Kisten

Bewegungsdaten: Sie verändern Stammdaten und/oder Bestandsdaten. Beispiel: Warenverkauf 5 kg „Jona-Gold".

Stammdaten: Basisdaten, die nicht oder nur selten geändert werden müssen. Beispiel: Artikelbezeichnung „Jona-Gold"

Abb. Datenarten in einem Warenwirtschaftssystem

Wichtige Stammdaten		
Betriebsstamm	→	Daten zum Betrieb *(Anschrift, Abteilungen, Warengruppen)*
Artikelstamm	→	Daten zu den angebotenen Artikeln *(Artikelnummer, -bezeichnung, Lieferant, Einkaufs- und Verkaufspreis)*
Lieferantenstamm	→	Daten für die Beschaffung *(Name, Anschrift, Ansprechpartner, Konditionen)*
Kundenstamm	→	Daten zu Stammkunden *(Kundennummer, Name, Anschrift, Preislage, Umsätze)*
Mitarbeiterstamm	→	Daten zum Personal *(Name, Anschrift, Alter, Familienstand, Gehalt, Provision, Qualifikation)*

Die **Bestandsdaten** geben eine mengen- und wertmäßige Auskunft über die Artikel des Warensortiments. Durch Geschäftsvorfälle (Wareneingang, Verkauf, Rücksendungen an Lieferanten) unterliegen sie laufend Änderungen.

Stamm- und Bestandsdaten werden durch **Bewegungsdaten** verändert. Sie werden auch als Änderungsdaten bezeichnet.

Zur Steuerung und Kontrolle des Unternehmens sind besonders die Daten von Bedeutung, die aufgrund von Wareneingängen und Abverkäufen entstehen. Diese Daten ergeben sich auf zwei verschiedene Arten:

› **Daten entstehen durch Erfassung** → Eingabe von Wareneingängen, Erfassen der Warenverkäufe am POS mit Scannertechnik.

› **Daten ergeben sich durch Auswertung** → Keine Erfassung erforderlich, sondern das System stellt sie aufgrund der vom Benutzer formulierten Fragestellung zur Verfügung *(Gesamtumsatz zwischen 9:00 und 12:00 Uhr)*.

Kasse und Warenwirtschaftssystem

» **Beispiel:** Die Bildschirmmaske „Artikel-Auskunft" des Warenwirtschaftssystems der Textil-Markt GmbH zeigt alle drei Datenarten:

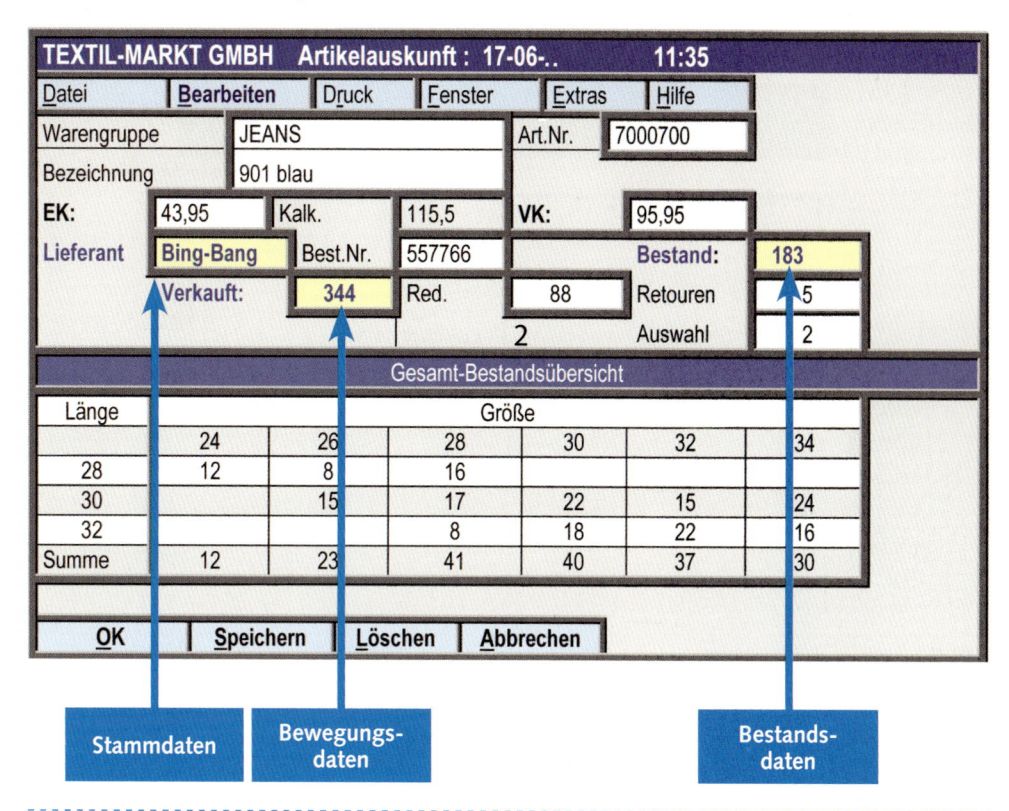

TEXTIL-MARKT GMBH	Artikelauskunft: 17-06-..			11:35	
Datei	Bearbeiten	Druck	Fenster	Extras	Hilfe
Warengruppe	JEANS		Art.Nr.	7000700	
Bezeichnung	901 blau				
EK: 43,95	Kalk.	115,5	VK:	95,95	
Lieferant Bing-Bang	Best.Nr.	557766		Bestand:	183
Verkauft:	344	Red.	88	Retouren	5
			2	Auswahl	2

Gesamt-Bestandsübersicht

Länge	Größe					
	24	26	28	30	32	34
28	12	8	16			
30		15	17	22	15	24
32			8	18	22	16
Summe	12	23	41	40	37	30

OK | Speichern | Löschen | Abbrechen

Stammdaten — **Bewegungsdaten** — **Bestandsdaten**

■ AKTION

1 Erklären Sie den wesentlichen Unterschied zwischen offenen und geschlossenen Warenwirtschaftssystemen.

2 Durch welche Daten werden Waren Ihres Ausbildungsbetriebes identifiziert?

3 Schildern Sie betriebliche Situationen, bei denen es zu Änderungen von Stammdaten kommt.

4 Welche wichtigen Entscheidungen wird der Einzelhändler trotz EDV-Unterstützung auch künftig ohne den Computer treffen müssen?

5 Frau van Laak möchte Stammkunden ihrer Boutique La Moda noch besser betreuen und plant, mithilfe ihres Warenwirtschaftssystems eine Kundendatenbank aufzubauen.

   a) Welche kundenspezifischen Informationen müssen als Kundenstammdaten angelegt werden?

   b) Was muss dabei stets beachtet werden?

Verkaufsdatenerfassung

Beim Verkauf einer Ware werden nicht nur die Daten zu diesem Artikel, sondern auch Daten zum Kunden und zum Verkäufer erfasst und gespeichert.

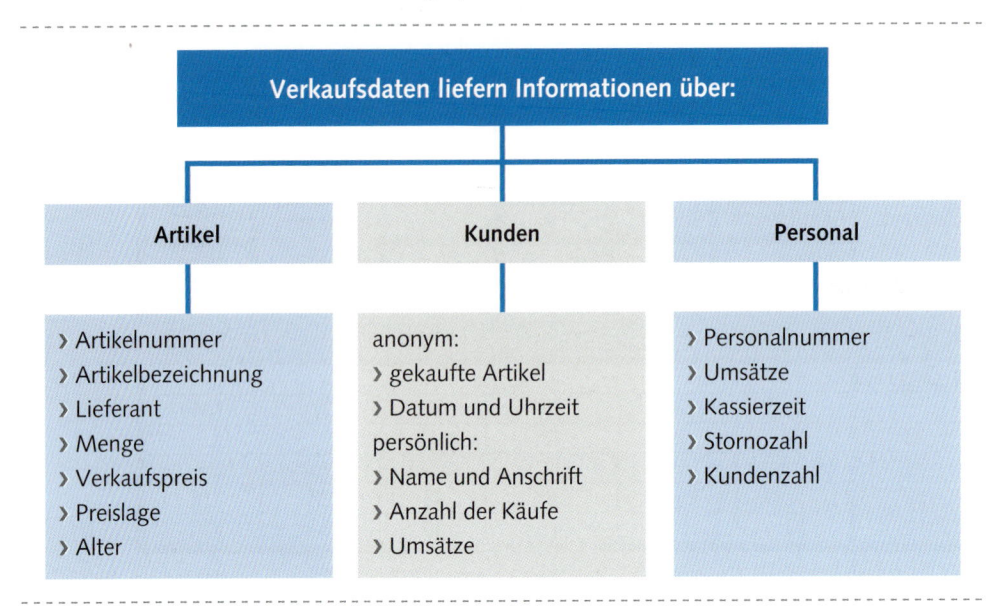

Verkaufsdaten liefern Informationen über:

Artikel
- Artikelnummer
- Artikelbezeichnung
- Lieferant
- Menge
- Verkaufspreis
- Preislage
- Alter

Kunden
anonym:
- gekaufte Artikel
- Datum und Uhrzeit

persönlich:
- Name und Anschrift
- Anzahl der Käufe
- Umsätze

Personal
- Personalnummer
- Umsätze
- Kassierzeit
- Stornozahl
- Kundenzahl

Die Daten, mit denen die Waren an der Kasse identifiziert werden können, müssen in einer maschinenlesbaren Form vorliegen.

Codierungs- und Nummerierungssysteme

Damit das Warenwirtschaftssystem die notwendigen Daten im Hauptspeicher finden kann, wird der Artikel über eine Nummer identifiziert. Diese Nummern werden entweder von den Herstellern der Waren vergeben (**GTIN-Nummern**, früher EAN-Nummern) oder dies geschieht betriebsintern (**Identnummern**). Die **Codierung** erfolgt in den meisten Fällen durch einen **Balkencode** (engl. = Barcode), bei dem die Artikeldaten durch senkrechte Striche („Zebrastreifen") codiert werden.

> **Hinweis:** Der Begriff „EAN" wird nach und nach verschwinden und durch die neue Bezeichnung „GTIN" ersetzt. Die „Global Trade Item Number" wird von GS1-Germany (Köln) vergeben. Über 130.000 Unternehmen nutzen in Deutschland die Dienste von GS1.

Nummerierung durch Hersteller mit GTIN (Global Trade Item Number)

Über eine weltweit einmalige 8- bzw. 13-stellige **GTIN-Nummer** können eine Vielzahl von Informationen abgerufen werden, die im Rahmen warenwirtschaftlicher Auswertungen beim Wareneingang, im Lager oder an der Kasse von größter Bedeutung sind. Neben dem seit vielen Jahren eingeführten Strichcode soll künftig ein besonders kleiner linearer Strichcode (**GS1 Data-Bar**) auch Zusatzinformationen wie Gewicht oder Mindesthaltbarkeitsdatum auf kleinstem Raum verschlüsseln können.

Kasse und Warenwirtschaftssystem

Aufbau einer GTIN-Nummer

Internationale Artikelnummer (GTIN-13)		
Basisnummer	individuelle Artikelnummer	Prüfziffer
40 12345	12345	6

Bedeutung der 13 Nummern

1) 1.– 2. Stelle	Länderkennzeichen	→	40–44 Deutschland, 00–13 USA, Kanada, 49 Japan
2) 3.– 7. Stelle	Herstellernummer	→	Cormoran GmbH Leipzig
3) 8.– 12. Stelle	individuelle Artikelnummer des Herstellers	→	Schulfüller „Basic"
4) Prüfziffer	Kontrollzahl, die die Richtigkeit der GTIN-Nummer garantiert		

Die **Basisnummer** wird auch als **GLN** (Globale Lokationsnummer) bezeichnet. Sie ist Voraussetzung für die Teilnahme an der internationalen Artikelnummerierung.

>> **Beispiel:** Die Abbildung zeigt vereinfacht, wie beim Einkauf einer Flasche Sekt dieser Artikel über die GTIN-Nummer identifiziert wird. Anhand der gescannten Nummer wird in einer PLU-Datei der zugehörige Preis ermittelt. Erwünschte Zusatzinformationen (Text-Beschreibung der Ware) können ebenfalls mit der GTIN-Nummer abgefragt werden.

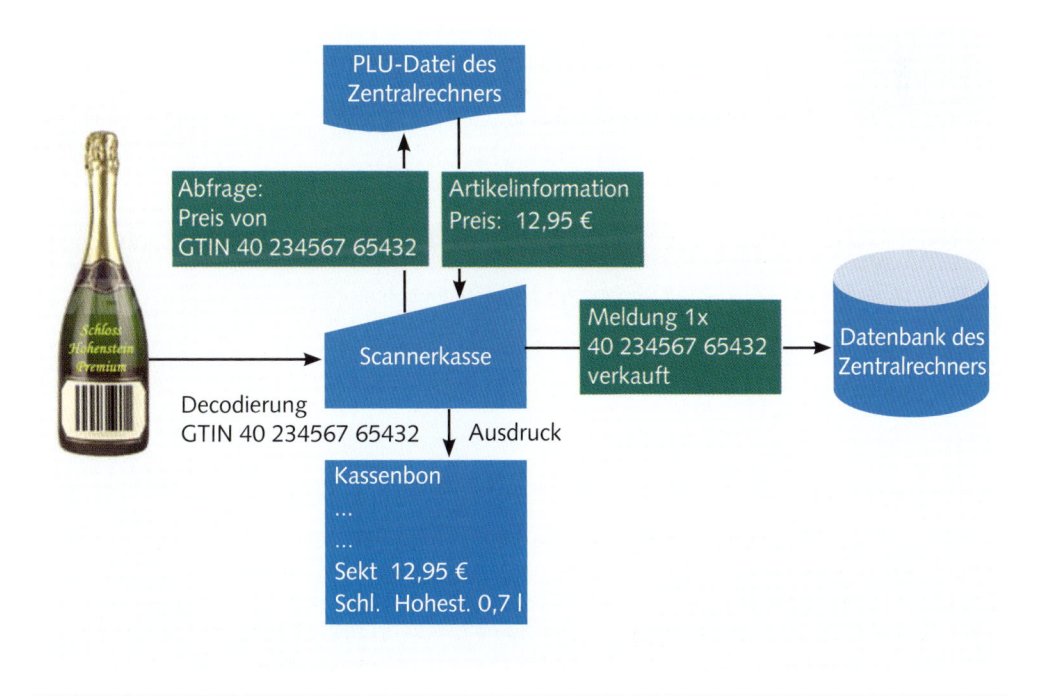

Betriebseigene Identnummernsysteme

Diese Nummern werden vom System fortlaufend vergeben. Eine **Identnummer** identifiziert eindeutig den ihr zugeordneten Artikel. Diese Nummern sind gewissermaßen der „Schlüssel", der die Informationen über diesen Artikel erschließt.

Auch bei internen Artikelnummern ist es möglich, sich am System der Internationalen Artikelnummerierung zu orientieren. Dafür sind die Vorziffern 20 bis 29 reserviert. Danach folgt eine interne 10-stellige Nummer **(Instore-Auszeichnung)**.

Neben der Balkencodierung ist eine Codierung in **OCR-Schrift** (**O**ptical **C**haracter **R**ecognition) möglich. Diese Codierung in Klarschrift hat den Vorteil, sowohl von Maschinen, als auch von Menschen gelesen werden zu können. Auch eine Kombination aus Strich- und OCR-Code ist in der Praxis anzutreffen.

TEXTIL-MARKT
Herrenhemd   Gr. 42–43
255 077   blau
2479999   **39,95 €**

MODEZENTRUM
AC 227866543897662 BG
Herrenhemd blau
Größe: 40-41
Preis: 69,50 €   21

■ AKTION

Länderquiz: In Ihrem Warensortiment sind Artikel aus der ganzen Welt. Nur, wer kennt schon die Bedeutung aller Ländervorziffern auf dem GTIN-Code?

Finden Sie heraus, aus welchem Land die Waren kommen.

Ziffer	Hinweis auf das Land
69	Absatzmarkt der Zukunft und mit noch günstigen Lohnkosten
76	Käse und Uhren sind Markenprodukte dieses Landes
73	Heimat des Elchs und eines unmöglichen Möbelhauses
90	Sachertorte und Jagertee, zwei Länder-Spezialitäten, die es in sich haben
50	Rollende Steine und Pilzköpfe haben Popgeschichte geschrieben
49	Land der aufgehenden Sonne und elektronischer Wunderdinge
01	Dort sind viele Geschäfte rund um die Uhr geöffnet
60	Wenn bei uns tiefster Winter herrscht, kommt von dort frisches Obst
80	Deutsche Fußballer verdienen dort im Süden gern ihr Geld

Kasse und Warenwirtschaftssystem

■ Verkaufsdatenauswertung

Die **Auswertung** der in einem Warenwirtschaftssystem gespeicherten **Daten** stellt für den Einzelhändler eines der wichtigsten **Hilfsmittel** zur Beurteilung seiner wirtschaftlichen Lage dar. Der Einzelhändler kann daraus Schlussfolgerungen, z. B. für die Sortimentsgestaltung oder die Platzierung und Präsentation seiner Waren, ziehen.

> **Beispiel:** Durch Bon-Analysen erhält man wichtige Erkenntnisse über das Kundenverhalten (Schnäppchenjäger bei Aktionen, Verbundkäufe, Einfluss von Ladenfunk-Werbung). So fand man beim amerikanischen Lebensmittelriesen Wal-Mart heraus, dass Bierdosen am besten neben Babywindeln zu platzieren sind. Offenbar werden abends bevorzugt junge Väter zum Einkaufen geschickt, die für den trockenen Nachwuchs und die feuchte Kehle gleichermaßen vorsorgen.

Die folgende Abbildung zeigt im Überblick, welche Auswertungen durch ein computergestütztes Warenwirtschaftssystem möglich sind.

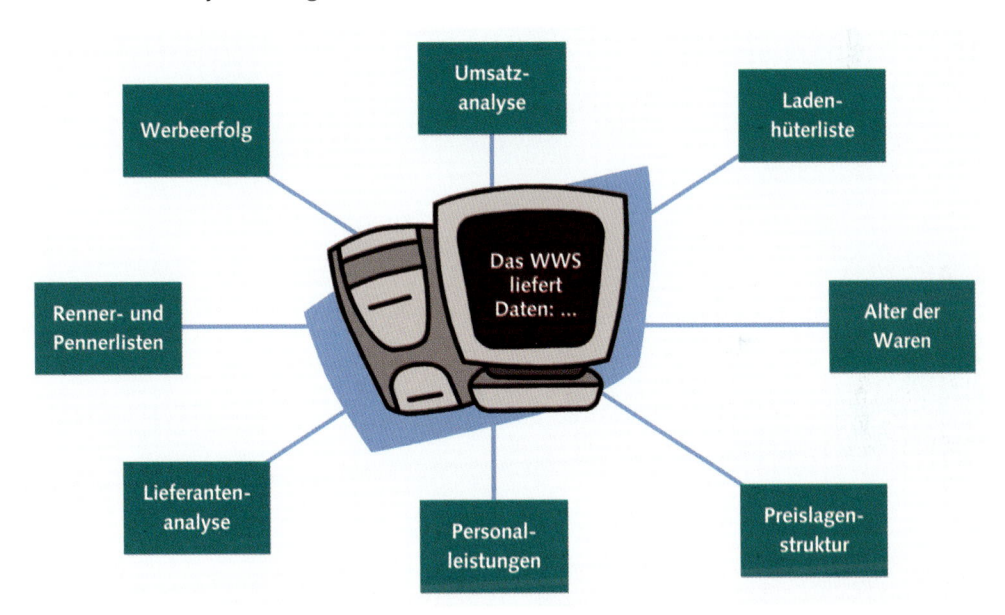

Das WWS liefert Daten:
- Umsatzanalyse
- Ladenhüterliste
- Werbeerfolg
- Alter der Waren
- Renner- und Pennerlisten
- Preislagenstruktur
- Lieferantenanalyse
- Personalleistungen

■ AKTION

1 Wie können Informationen aus Verkaufsdatenanalysen einen Einzelhändler bei der Planung des Wareneinkaufs und zur Beurteilung von Personalleistungen unterstützen? Zeigen Sie dies an drei Beispielen.

2 Sammeln Sie in Ihren Ausbildungsbetrieben von Kunden liegengelassene Kassenbons. Versuchen Sie selbst in Gruppenarbeit eine Bonanalyse vorzunehmen.

3 Verdeutlichen Sie an einem Beispiel, wie ein Einzelhändler durch die Auswertung von Verkaufsdaten die Warenplatzierung verbessern kann.

Kundenorientiertes Verkaufen

Lernfeld 2
Verkaufsgespräche kundenorientiert führen

Inhalte

1. Kommunikation mit den Kunden
2. Training der Verkaufstätigkeit
3. Warenkundliche Grundlagen
4. Kontaktaufnahme
5. Bedarfsermittlung
6. Kundenerwartungen und Kaufmotive
7. Warenvorlage
8. Verkaufsargumentation
9. Kundenservice
10. Preisargumentation
11. Ergänzungs- und Zusatzangebote

1 Kommunikation mit den Kunden

Botschaft angekommen oder Missverständnis?

■ SITUATION

Apotheker: „Für Sie empfehle ich jetzt zum Winteranfang das dispersive Regulationsextrakt Novosanmirantolixcental. Ihre depressive Biophase wird durch dieses Premiumprodukt extraminiert und Sie erleben eine progressive Aktivierungsphase mit einem sensibilisierten, ökogesteuerten und nachhaltigen Vandalismus!"

Kundin: „Eigentlich wollte ich nur was gegen Schnupfen!"

> Beurteilen Sie diese Beratung. Was macht der Apotheker falsch und welche Wirkung hat sein Verhalten wohl auf die Kundin?

■ INFORMATION

1.1 Kommunikationsmodell

Im **Mittelpunkt** der **Kommunikation** zwischen Verkäufer und Kunde steht das **Verkaufsgespräch**. Dabei kommt es zu einem **Informationsaustausch** der Beteiligten mit dem Ziel eines gegenseitigen Verständnisses.

Bei diesem Informationsaustausch wird zwischen **Inhalts- und Beziehungsaussagen** unterschieden. Das bedeutet: Nicht immer wird das Gesagte (Inhaltsaussage) auch so verstanden, wie es gemeint ist (Beziehungsaussage). Wenn z. B. ein Kunde vom Verkäufer nur mit „Bitte?" begrüßt wird, dann denkt der Kunde vielleicht, dass der Verkäufer kein Interesse an ihm hat oder, dass er schlecht gelaunt ist. Dabei wollte der Verkäufer nur schnell zur Bedarfsermittlung kommen.

Kommunikation läuft auf zwei **Ebenen** ab. Einmal durch **Sprache** (verbale Kommunikation) und durch **körpersprachliche** Signale (nonverbale Kommunikation). Der Zusammenhang beim Ablauf von Kommunikation lässt sich in einem einfachen **Modell** darstellen.

Sprache im Verkauf

LF 2

Das einfache Kommunikationsmodell

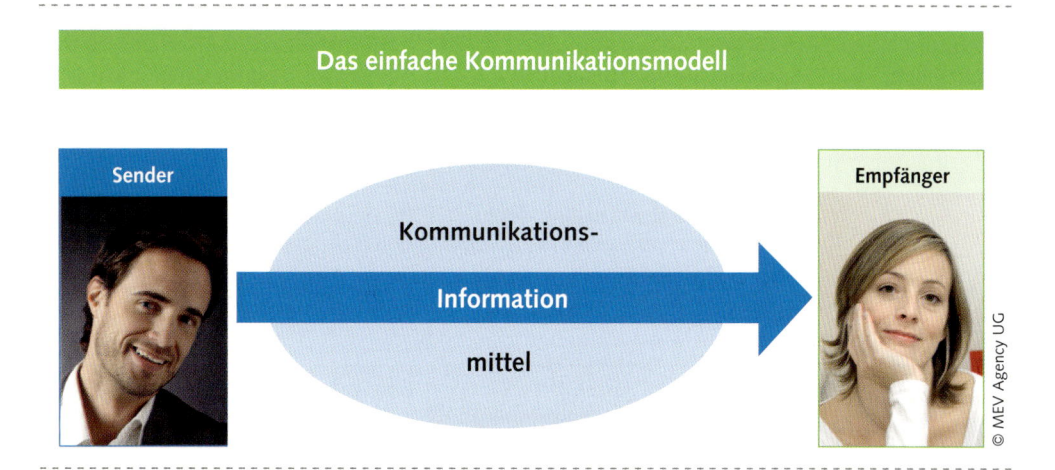

Sender → Kommunikations-Information-mittel → **Empfänger**

Der **Sender** übermittelt seine Informationen über ein Kommunikationsmittel an den **Empfänger**. Das sieht im Modell recht einfach aus. In Wirklichkeit kann der Vorgang durch unterschiedliche Einflüsse jedoch gestört oder verhindert werden.

>> Beispiele:

Kommunikation: Florian (Sender) schickt einen Liebesbrief mit der Post (Kommunikationsmittel) an Lisa (Empfänger).	
Störung durch das Kommunikationsmittel:	Durch einen Unfall des Postautos wird der Postsack mit dem Brief vernichtet. Lisa bekommt den Brief nicht.
Störung durch den Empfänger:	Der Liebesbrief kommt bei Lisa an, aber sie hat sich inzwischen in Oliver verknallt. Deshalb verweigert sie die Annahme des Briefes.
Störung durch den Sender:	Florian hat den Liebesbrief an Lisa geschrieben, kann aber Lisas Adresse nicht mehr finden. Er kann Lisa nicht erreichen.

Nahezu bei jedem **Verkaufsgespräch** setzt man **Sprache** als notwendiges **Mittel** zur **Verständigung** ein.

Bei der Verkaufsberatung der Kunden tritt der **Verkäufer** als **Sender** auf. Damit es zu keinen **Kommunikationsstörungen** kommt, sind Fehler beim Sprechen zu vermeiden. Dabei hilft eine gut trainierte Sprache.

1.2 Sprache im Verkauf

Wenn Sie mit Ihrer Sprache Erfolge im Verkauf erzielen wollen, müssen Sie die Anforderungen der einzelnen **Einflussfelder** berücksichtigen:

Kommunikation mit den Kunden

Einflussfeld	Anforderungen	Wirkung
Wortschatz	**Sprechen Sie verständlich!** (keine Überhäufung mit Fachausdrücken, keine Verwendung von Begriffen, die Ihr Zuhörer nicht versteht)	Ihr Gesprächspartner fühlt sich angesprochen und versteht Sie. Das ist die Voraussetzung dafür, dass auch er sich verstanden fühlt.
	Sprechen Sie abwechslungsreich! (nicht immer dieselben Ausdrücke und Formulierungen)	Ihr Gesprächspartner wird interessiert und nicht gelangweilt.
Satzbau	**Bilden Sie kurze Sätze!** (keine Satzungetüme verwenden)	Ihre Sprache ist überschaubar. Sie machen weniger Sprechfehler. Ihr Zuhörer kann besser folgen.
	Bilden Sie vollständige Sätze! (nicht mit Wort- und Satzfetzen um sich werfen)	Sie wirken konzentrierter und können besser überzeugen.
Aussprache, Lautstärke	**Sprechen Sie die Laute deutlich aus!** (nicht nuscheln und Laute verschlucken)	Ihr Gesprächspartner kann Sie akustisch gut verstehen, auch wenn Nebengeräusche vorhanden sind.
	Gehen Sie von mittlerer Lautstärke aus! (nicht flüstern oder brüllen)	
Betonung, Sprechtempo	**Betonen Sie wichtige Punkte und gute Argumente!** (nicht monoton sprechen, nicht leiern)	Sie lenken die Aufmerksamkeit auf die wesentlichen Punkte und halten das Interesse wach.
	Sprechen Sie nicht zu schnell und legen Sie wirkungsvolle Pausen ein! (kein Eiltempo vorlegen, nicht ohne Pause sprechen)	Ihr Gesprächspartner kann Ihnen folgen und fühlt sich nicht überfahren. Sie selbst haben Zeit zum Luftholen und Überlegen.
Mimik, Gestik	**Machen Sie ein interessiertes, freundliches Gesicht und achten Sie auf Ihre Haltung!** (keine abweisende Miene aufsetzen und den Körper nicht zu lässig halten)	Die nichtsprachlichen Elemente unterstützen Ihre Sprache. Ihr Zuhörer fühlt sich angesprochen, wenn Ihre Mimik und Gestik Entgegenkommen signalisiert.

Sprache im Verkauf

■ Fehler beim Sprechen

Häufige **Fehler** sind: undeutliches, zu leises, einsilbiges oder zu schnelles Sprechen, ein zu großer „Wortschwall" oder zu viele Fachbegriffe („Fachchinesisch"). Auch „Äh"-Pausen und Füllwörter wie „ne" oder „halt" verschlechtern Ihre Sprachwirkung.

Berücksichtigen Sie auch den Bildungsstand und die Fachkenntnisse Ihres Gesprächspartners. Gehen Sie ein auf seine Erwartungen, Stimmungen und Sprechgewohnheiten (Mundart), unterbrechen Sie nicht voreilig und hören (und sehen) Sie gut hin.

Denn auch Mimik und Gestik geben wichtige Informationen (vgl. Körpersprache).

Beim Warenverkauf ist die **Sprache** das wichtigste „**Verkaufsinstrument**" neben der Ware selbst. Schenken Sie deshalb Ihrer Sprache besondere Aufmerksamkeit!

■ Körpersprache in der Kommunikation

Im linken Bild signalisiert der Darsteller mit seiner offenen Körperhaltung Zuwendung, Interesse und Offenheit für den Gesprächspartner. Rechts hingegen zeigt er Ablehnung, Unsicherheit und Verschlossenheit.

Abb. offene Körperhaltung   Abb. geschlossene Körperhaltung

Die Körpersprache vermittelt sich, meist unbewusst, durch körperlichen Ausdruck (Körperhaltung, Blick), Mimik und Gestik. Sie teilt uns Empfindungen, Stimmungslagen und innere Einstellungen des Kommunikationspartners mit.

Verbale Sprache und Körpersprache verbinden sich und senden eine Botschaft an den Empfänger. Diese ist umso überzeugender, je besser beide Ausdrucksmittel miteinander verknüpft werden.

Körpersprache kann wichtige Aufgaben übernehmen:

› Sie ersetzt Sprache und übermittelt Bedeutung
  (Hand am Kopf: „Wie blöd von mir!").
› Sie zeigt an, wie Sprache zu verstehen ist
  (eine ernsthafte Aussage wird z. B. durch ein Augenzwinkern in Frage gestellt).
› Sie steuert den Handlungsablauf
  (die Reihenfolge der Redner wird z. B. durch Handzeichen geregelt).
› Sie dient der Selbstdarstellung
  (durch eigenwillige Gesten beim Reden).
› Sie manipuliert das Verhalten von anderen
  (Körper drückt Zuneigung, Macht oder Abscheu aus).
› Sie unterstützt das gesprochene Wort
  (Hände unterstreichen eine wichtige Aussage).

Versuchen Sie, **körpersprachliche Signale** immer in Verbindung mit der Person Ihres Gesprächspartners zu sehen. Sein Auftreten, seine Mimik und Gestik, seine Haltung verraten Ihnen etwas über seine Sicherheit, Gelassenheit, Offenheit, kurz über seine Persönlichkeit.

Überprüfen Sie körpersprachliche Aussagen zunächst an sich selbst. Unterstützen Sie Ihr gesprochenes Wort mithilfe Ihrer Körpersprache und Sie werden merken, dass man Sie besser versteht und Sie überzeugender wirken.

■ AKTION

1 Elektrohändler Heinze bietet Frau Geyer telefonisch ein Fernsehgerät an. Notieren Sie je eine Störung dieser Kommunikationssituation, die durch den Sender, den Empfänger und durch das Kommunikationsmittel verursacht werden kann.

Verfahren Sie ebenso in der folgenden Situation:

Verkäufer Emsig informiert per Lautsprecheranlage des Kaufhauses über die aktuellen Sonderangebote.

2 Schreiben Sie Fachbegriffe aus Ihrem Fach- oder Interessengebiet mit ein paar Sätzen so um, dass sie jeder Laie verstehen kann.

>> **Beispiele:**

Playback (Show-Business)   Ausrüstung (Textilien)
Flambieren (Kochen)   Inventur (Rechnungswesen)
Schiedsrichterball (Sport)   Saum (Bekleidung)
Tageslosung (Rechnungswesen)   Antrag (Kauf)
Salmonellen (Lebensmittel)   Quarz (Uhrwerk)

3 Lesen Sie eine Kurzgeschichte oder einen Zeitungsartikel laut vor. Bemühen Sie sich um fehlerfreies Lesen und um eine klare, deutliche Aussprache. Kontrollieren Sie Ihre Leistung durch Aufzeichnung auf Ton- oder Videokassette.

4 Beschreiben Sie aus dem Kopf Ihren täglichen Weg zum Arbeitsplatz oder zur Schule. Nehmen Sie nach mehreren Übungen Ihre Beschreibung auf. Überprüfen Sie beim Abspielen Ihre Beschreibung:

  a) Ist sie akustisch klar und deutlich?
  b) Sind die Sätze vollständig?

Sprache im Verkauf

c) Haben Sie im Zusammenhang und ohne große Unterbrechungen gesprochen?
d) Ist der Inhalt verständlich, d.h., könnte ein Fremder den Weg nach Ihrer Beschreibung finden?

5 Lesen Sie den folgenden Satz sechsmal laut vor:

<u>Schauen</u> <u>Sie</u> sich bitte <u>den</u> <u>neuen</u> <u>Komfort-Sessel</u> mit <u>Lederbezug</u> an!

Betonen Sie jeweils nur eines der unterstrichenen Wörter. Stellen Sie fest, wie sich der Sinn des Satzes durch die unterschiedliche Betonung ändert.

6 Falten Sie ein Blatt Papier der Größe DIN A4 und klappen Sie es wieder auf, sodass sich ein Muster wie in der Abbildung ergibt.

Setzen Sie sich mit dem Rücken zur Lerngruppe/Klasse und erklären Sie den Teilnehmern nur mit Worten, wie diese ihr Papier falten müssen, damit das gleiche Muster herauskommt. Vergleichen Sie die Ergebnisse mit Ihrer Vorlage.

Abb. Faltmuster

7 Eine Gruppe von Schülern bereitet kleine Zettel mit Begriffen aus den vorhergehenden Unterrichtsstunden in verschiedenen Fächern vor. Jeder der anderen zieht einen Zettel. Seine Aufgabe ist es, den Begriff so zu umschreiben, dass die anderen möglichst schnell raten, um welchen Begriff es sich handelt. Der aufgeschriebene Begriff darf natürlich nicht verwendet werden.

>> **Beispiel:**

Auf dem Zettel steht „Kaufmotiv". Der Schüler umschreibt das mit „Beweggrund, etwas zu kaufen".
Alternative Spielidee:
Zusätzlich zu den Ratebegriffen werden „Tabu-Begriffe" gewählt, die zur Beschreibung

>> **Beispiel:**

Zum Begriff „Kaufmotiv" werden als „Tabu-Begriffe" „Kaufen" und „Grund" formuliert.

8 Erläutern Sie einem Partner oder der ganzen Klasse bzw. Lerngruppe
  › die Bedienung der Weckfunktion Ihres Handys,
  › die Zubereitung Ihres Lieblingsessens,
  › den Ablauf einer Flugreise,
  › den Vorgang bei Anmeldung eines Motorrades.

Gehen Sie auf Einwände und Zwischenfragen ein. Bitten Sie Ihre Zuhörer um Kritik und um Verbesserungsvorschläge.

9 Nehmen Sie eine Darstellung (wie bei Übung 8) auf Video- oder Tonkassette auf. Prüfen Sie arbeitsteilig beim Abspielen, ob alle Einflussfelder der Sprache angemessen berücksichtigt wurden.

10 Untersuchen Sie in Partnerarbeit den Redetext!

a) Beschreiben Sie die mangelhaften sprachlichen Eigenschaften dieser Rede.
b) Übersetzen Sie die Rede in klare und verständliche Sprache.
c) Tragen Sie die Rede in der alten und in der neuen Fassung vor der Klasse oder Lerngruppe vor.
d) Beobachten Sie die Wirkung der unterschiedlichen Fassungen auf die Zuhörer.

> Meine sehr verehrten, äh, Damen und Herren, ich begrüße Sie hier als, äh, Gewinner des Preisausschreibens der Bong-Bong-Kaufring AG, und Sie alle, wie Sie hier, äh, anwesend sind, kennen das schon „klassisch" zu nennende Sprichwort, welches besagt, dass das Volumen eines Exemplares der Knolle solanum tuberosum in umgekehrt proportionaler Relation zur, äh, Gehirnmasse des es produzierenden agrarökonomischen Individuums steht, und ich erlaube mir die Anmerkung, dass, äh, bei näherer Betrachtung dieses weise Wort auch auf Sie, unsere, äh, geschätzten Kunden, in aller Bescheidenheit zu beziehen ist, und dafür erbitte ich Ihren Applaus!

11 Schreiben Sie auf, wie sich eine offene und eine geschlossene Körperhaltung darstellen und welche Wirkung sie beim Betrachter haben können.

12 Viele Redewendungen oder Sprichwörter beziehen sich auf die Körpersprache.

> **Beispiel:** „Die Nase rümpfen"

Notieren Sie drei weitere Redewendungen und erklären Sie ihre Bedeutung in der Klasse/Gruppe.

13 Betrachten Sie diese vier Bilder. Welche Empfindung zeigt die Verkäuferin dabei durch den jeweiligen Gesichtsausdruck?

Sprache im Verkauf

14 Geben Sie Ihrer Klasse bzw. Lerngruppe folgende Mitteilungen nur über körperliche Signale:

a) Ich weiß nicht.
b) Er ist verrückt!
c) Ich freue mich auf Dich!
d) Lass mich doch in Ruhe!
e) Nicht jetzt!
f) Prima Leistung!
g) Ich habe ernste Zweifel.
h) Ich bin total fertig!
i) Bitte folgt mir.

15 Verstärken Sie die Wirkung des folgenden Textes durch den Einsatz von Körpersprache. Tragen Sie den Text in der Klasse vor und zeichnen Sie mit einer Kamera auf:

> Ich habe einen Freund/
> der ist so groß wie ein Baum/
> mit Schultern so breit wie ein Kleiderschrank/
> der baut begeistert Flugzeugmodelle/
> kleine/mittlere/und große/
> Des Sonntags nimmt er seine Kinder bei der Hand/
> seine Modelle unter den Arm/
> und geht hinaus vor die Stadt/
> Dort lässt er seine Flugzeuge steigen/
> die kleinen heben leicht vom Boden ab/
> machen einen Hupfer und setzen wieder auf/
> die mittleren steigen schräg hoch/
> wenden ein paar Mal/
> und gleiten elegant zur Erde zurück/
> die großen/
> rasanten/
> steigen steil hoch/
> kreisen in der Luft/
> und stürzen im Sturzflug zur Erde zurück/
> und zerschellen/
> das ist bitter/
> sehr bitter/
> Aber mein Freund macht sich nichts daraus/
> er sammelt die Trümmer wieder auf/
> nimmt seine Kinder bei der Hand/
> und geht nach Hause/
> Dort baut er neue/
> viel schönere Flugzeugmodelle.

2 Training der Verkaufstätigkeit

It's Showtime! Mit Rollenspielen verkaufen lernen

■ SITUATION

Herr Keller, Klassenlehrer der W1KE, will heute seine Schülerinnen und Schüler mit Rollenspielen vertraut machen. Im Lehrerzimmer diskutiert er mit Kolleginnen und Kollegen, was er geplant hat:

Herr Keller: „Also, ich habe mir das so vorgestellt: Zuerst losen wir einen Schüler aus, der das Klassenzimmer verlassen muss. Dann erkläre ich der Klasse, was sie als Gruppe tun soll. Ich dachte, wir spielen Busfahrt morgens um 7.00 Uhr zur Schule. Die Klasse spielt die Fahrgäste und der Schüler, den wir rausschicken, wäre dann der Busfahrer, was er aber nicht weiß. Der Schüler kommt zurück ins Zimmer und sieht, wie die Klasse die Situation spielt. Er hat nun die Aufgabe, durch genaues Beobachten herauszufinden, welche Rolle er eigentlich in dieser Situation spielen müsste. Hat er die Lösung gefunden, nimmt er einfach am Rollenspiel teil. Was meint ihr, klappt das?"

Frau Lang: „Da bin ich sicher, Kollege Keller. Nehmen Sie den Luigi, der ist ein cleveres Bürschchen! Nach 2 Minuten weiß er, welche Rolle er zu spielen hat. Viel Erfolg!"

> Bitten Sie Ihre Lehrerin bzw. Ihren Lehrer, mit Ihnen ein Rollenspiel nach dem beschriebenen Muster durchzuführen.

■ INFORMATION

Verkaufstraining ist das planmäßige **Üben** der **Kommunikations-** und **Verkaufstechniken** mit dem Ziel, Ihre Leistungsfähigkeit im Verkauf laufend zu verbessern.

Durch das laufende Anwenden Ihrer zuvor erworbenen Fachkenntnisse in praktischen Übungen erlangen Sie am Ende Ihrer Ausbildung die Handlungsfähigkeit, die Sie benötigen, Verkaufsgespräche professionell zu führen.

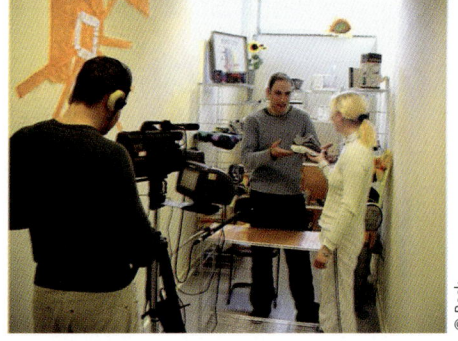

Abb. Auszubildende beim Verkaufstraining

Training mit Rollenspielen   LF 2

2.1 Training mit Rollenspielen

Das Verkaufsgespräch vollzieht sich immer als Kommunikationsprozess zwischen Verkäufer und mindestens einem Kunden. Deshalb erfolgt das Training häufig mit der Methode des Rollenspiels. In der Verkäuferrolle probieren Sie neue Techniken und Verhaltensmuster aus und beobachten Ihre Wirkung auf die Kunden.

>> **Beispiel:**

Rolle des Verkäufers

Sie sind Auszubildender in der gut sortierten Weinhandlung Bacchus. Im Geschäft warten 4 Kunden auf Bedienung. Ein älterer Herr ist an der Reihe.
> Begrüßen Sie Ihren Kunden.
> Ermitteln Sie den Kaufwunsch.
> Achten Sie auf angemessene Sprache und Körpersprache.

Rolle des Kunden

> Sie sind 59 Jahre alt und freundlicher Rechtsanwalt.
> Sie sind zum 60. Geburtstag eines Kollegen eingeladen.
> Sie benötigen ein Geschenk.
> Sie wissen, der Kollege ist Weinkenner und bevorzugt trockene Weine.

■ Rollenspielverlauf

Information:

Die Rolleninhaber werden bestimmt und über die Spielsituation oder Problemstellung informiert (z. B. durch Rollenkarten). Die Mitschüler bekommen Beobachtungsaufgaben.

Vorbereitung:

Die Akteure des Rollenspiels bereiten ihren Auftritt vor. Der Verkäufer plant die Rahmenbedingungen (Herrichten der Kulisse, Ware bereitstellen, Absprache mit Technik), dann seine Spielrolle, also die Begrüßung, die Eröffnungsfrage und die weitere Fragetechnik bis zur Feststellung des Kundenbedarfs. Der Kunde versetzt sich in die Situation des Anwalts und plant angemessenes Kundenverhalten. Die Mitschüler planen die Reflexionsphase, d. h., sie bestimmen Beurteilungsmerkmale und fertigen dazu einen Beobachtungsbogen an.

Durchführung:

Das Rollenspiel wird umgesetzt und zwecks anschließender Reflexion mit einer Kamera aufgezeichnet.

Reflexion:

Direkt nach dem Spiel oder in einer späteren Feedback-Phase (sofern das Rollenspiel auch von anderen Mitschülern durchgeführt wird) wird das Rollenverhalten, hier insbesondere das des Verkäufers, von allen Beteiligten analysiert und den Darstellern eine Rückmeldung gegeben.

Die Methode des Rollenspiels bietet Ihnen den Vorteil, einzelne Elemente der Verkaufshandlung in Ihren Wirkungszusammenhang zu bringen. Sie erkennen, welche Techniken Ihre Verkaufsbemühungen fördern und welches Verhalten Sie besser vermeiden. Durch aktives Üben haben Sie Erfolge und werden immer sicherer.

2.2 Medieneinsatz

Ein wesentlicher Aspekt des Verkaufstrainings ist die **Reflexion**. Die Aufzeichnung der Spielszenen mit Kamera und Mikrofon ermöglicht Ihnen die **Analyse** des eigenen, Ihnen häufig nicht bewussten **Verhaltens**. Ihre Mitschüler helfen Ihnen bei der Analyse, geben Auskunft über die Wirkung des Verkäufers und machen Verbesserungsvorschläge. Allerdings müssen Sie Kamera und Mikrofon auch akzeptieren und Ihre Widerstände gegen diese Medien abbauen. Dazu eignen sich folgende kleine Übungen:

> Kurzvorstellung der eigenen Person *(Name, Wohnort, Interessen, Ausbildungsbetrieb)*
> Kurzvorstellung des Ausbildungsbetriebes oder des Vereins
> Kurzvorstellung eines Sortiments oder Artikels
> Sprechübungen, Körpersprache

Schon nach wenigen kurzen Trainings werden Sie feststellen, dass Ihnen die Medienarbeit nichts mehr ausmacht, und nach 2 bis 3 Wochen sind Sie ein „alter Hase".

© topvectors – stock.adobe.com

2.3 Feedback

Die Methode des Rollenspiels endet nicht mit dem Ausschalten der Kamera, sondern mit einer systematischen **Nachbereitung**. Sie haben jetzt die Chance, aus konkreten Handlungen zu lernen und Ihre Verkäuferpersönlichkeit weiterzuentwickeln. Ziel von Feedback ist es, dass die Rollenspieler

> sich ihrer Verhaltensweisen bewusst werden,
> einschätzen lernen, wie ihr Verhalten wirkt,
> und sehen, was sie bei anderen auslösen.

Alle Beteiligten geben den Darstellern, insbesondere dem Verkäufer, eine angemessene **Rückmeldung** unter Beachtung folgender Regeln:

Feedbackgeber	Feedbacknehmer
> Verletzen Sie nicht das Selbstwertgefühl des anderen. > Machen Sie deutlich, dass Sie sich irren können. > Reflektieren Sie konkrete Einzelheiten. > Beschränken Sie sich auf das Wesentliche. > Machen Sie Verbesserungsvorschläge.	> Öffnen Sie sich für das Feedback. > Verteidigen Sie sich nicht, sondern hören Sie erst zu. > Seien Sie dankbar für ein faires Feedback. > Prüfen Sie, was Ihnen weiterhilft.

Beobachtungsbogen

Nachdem Sie mit dem Verkaufstraining und dem Feedback positive Erfahrungen gemacht haben, empfiehlt es sich, mithilfe ausgewählter Kriterien einen **Beobachtungsbogen** zu entwickeln, mit dessen Hilfe ein Verkaufsrollenspiel von allen Beteiligten bewertet werden kann.

2.4 Beobachtungsbogen

Beurteilungsmerkmal des Rollenspiels …	+ +	+	o	–	– –
1. Kommunikationstechnik	○	○	○	○	○
angemessene Sprache	○	○	○	○	○
korrekter Satzbau	○	○	○	○	○
vollständige Sätze	○	○	○	○	○
Körpersprache	○	○	○	○	○
Freundlichkeit	○	○	○	○	○
…	○	○	○	○	○
…	○	○	○	○	○
…	○	○	○	○	○
2. Verkaufstechnik	○	○	○	○	○
Kundenorientierung	○	○	○	○	○
Kontaktaufnahme/Begrüßung	○	○	○	○	○
Blickkontakt	○	○	○	○	○
zielorientierte Fragetechnik (W-Fragen)	○	○	○	○	○
…	○	○	○	○	○
…	○	○	○	○	○
…	○	○	○	○	○

Abb. Beobachtungsbogen

Der Beobachtungsbogen kann entsprechend Ihren Bedürfnissen eingegrenzt oder erweitert werden.

■ AKTION

1 Machen Sie sich mit den Medien zur Bild- und Tonaufzeichnung an Ihrer Schule vertraut, indem Sie die Gebrauchsanleitung der Geräte *(Kamera)* studieren. Üben Sie die Nutzung der Geräte *(Aufzeichnen des Unterrichts mit der Kamera)*. Trainieren Sie das Wechseln des Datenträgers, das Ein- und Ausblenden des Bildes, die Eingabe von Datum und Zeit und die Nutzung des Zooms.

2 Um die Scheu vor dem eigenen Videobild abzubauen, sollten Sie kurze Übungen durchführen und mit der Kamera aufzeichnen. Geben Sie den Darstellern anschließend ein kurzes, die positiven Aspekte betonendes Feedback.

a) Stellen Sie typische Szenen aus dem Alltag pantomimisch dar. Ihre Mitschüler sollen während der Betrachtung erraten, welche Situation Sie gespielt haben.

b) Stellen Sie Ihre Person kurz vor *(Name, Wohnung, Interessen, Wünsche)*.

c) Lesen Sie eine Stellenanzeige aus der Tageszeitung laut vor.

d) Lesen Sie eine kurze Nachricht in der Tageszeitung. Berichten Sie in freier Rede über den gelesenen Sachverhalt.

3 Im Ausbildungsbetrieb oder als Kunde haben Sie schon öfters gute und weniger gute Verkaufsgespräche beobachtet. Imitieren Sie im Rollenspiel eine kurze Verkaufssituation. Betonen Sie dabei, was Ihnen bemerkenswert erschien. Zeichnen Sie Ihr Rollenspiel auf und führen Sie ein Feedback durch.

4 Führen Sie ein Bewerbungsgespräch als Rollenspiel durch und fertigen Sie eine Videoaufnahme an. Betrachten Sie die Aufzeichnung zunächst ohne Ton. Geben Sie Hinweise, wie die Wirkung zu verbessern wäre. Beachten Sie bei der Planung die folgende Pressemitteilung.

Körpersprache entscheidend für Karriere

München. Die Körpersprache der Bewerber wird von Personalchefs als wichtiges Kriterium bei der Beurteilung eines Kandidaten angesehen. Das geht aus einer Umfrage der Zeitschrift „Freundin" hervor. Dabei ergab sich, dass die Körpersprache Frauen oft schwächer erscheinen lässt, als sie es seien, schreibt die Illustrierte.

So müssten Verlegenheitsgesten, wie das Spielen mit den Haaren und dem Schmuck, beim Gespräch mit dem neuen Chef vermieden werden. Auch superhohe Pumps sollten beim Vorstellungsgespräch im Schrank bleiben, weil die kurzen Trippelschritte Frauen schwach erscheinen ließen. Ein zögerlicher und gehemmter Auftritt wird von den Chefs ebenso negativ beurteilt wie betont lässiges Benehmen, schreibt das Blatt. Eine Personalchefin gibt in der Illustrierten den Rat: „Immer ehrlich auftreten, für die Bewerbung keine Rolle übernehmen."
(AP)

Bedeutung des Warenwissens für die Verkaufsberatung

3 Warenkundliche Grundlagen

3.1 Bedeutung des Warenwissens für die Verkaufsberatung

Warenqualität und Kundennutzen

■ **SITUATION**

> Eine wunderbare DVD – 12 cm Durchmesser – ein exakt zentriertes Mittelloch – das Ganze nicht einmal 20 g Gewicht – und schauen Sie nur, die hübschen Reflexe, wenn das Licht einfällt!

Versetzen Sie sich in die Situation des Kunden und drücken Sie aus, was er wohl gerade denkt.

■ **INFORMATION**

Die meisten Kundinnen und Kunden erwarten insbesondere bei erklärungsbedürftigen Artikeln eine **fachkundige** Verkaufsberatung.

Fundierte **Warenkenntnisse** erleichtern die Beratungstätigkeit und unterstützen die Kunden bei ihrer Kaufentscheidung.

Warenkenntnisse unterstützen:
Bedarfsermittlung und Warenpräsentation
Umgang mit den Kunden
Warendemonstration und Verkaufsargumentation
Glaubwürdigkeit und Fachkompetenz

Warenkundliche Grundlagen

■ Nutzeneigenschaften von Waren

Wenn ein Kunde sich für eine Ware interessiert, dann steht sehr oft nicht der konkrete Artikel im **Mittelpunkt** seines **Kaufinteresses**, sondern vielmehr der **Nutzen**, den sich der Käufer von dieser Ware verspricht.

Jede **Ware** dient letztlich dazu **Kundenbedürfnisse** durch einen **Grund-** und **Zusatznutzen** zu erfüllen.

Nutzeneigenschaften

Grundnutzen (Gebrauchswert)	Zusatznutzen (Geltungswert)
feststellbare, nützliche Gebrauchseigenschaften	persönliche Wertschätzung für eine Ware
Verwendungszweck Gebrauchsfähigkeit Haltbarkeit Strapazierfähigkeit	Design Marke Image Mode Prestige

Abb. Grund- und Zusatznutzen einer Ware

Bei der **Verkaufsargumentation** sollte beachtet werden, dass der Kunde die Nutzenarten meist nicht getrennt wahrnimmt. Für den Verkäufer ist es daher wichtig herauszufinden, welche Nutzenart für die Kaufentscheidung die Wichtigere ist.

Mit diesem Wissen kann der Verkäufer seine Verkaufsargumentation „passgenau" führen und so den Kaufwünschen des Kunden bestmöglich entsprechen (vgl. Kap. 6 Kundenerwartungen und Kaufmotive).

■ Qualitätsmerkmale von Waren

Jeder hat schon mal in einem Geschäft Sätze wie diese gehört: „Die Qualität ist wirklich gut" oder „das ist echte Qualitätsware!" Was ist jedoch unter „Qualität" zu verstehen? Dem Begriff nach bedeutet **Qualität** eigentlich nur **Beschaffenheit**. Diese wird von den jeweiligen Eigenschaften der Ware bestimmt (bügelarmes Hemd, wasserdichte Schuhe).

Ob eine Ware eine „gute" oder „schlechte" Qualität aufweist, hängt zwar von den nachprüfbaren Eigenschaften ab, aber auch zu einem erheblichen Teil davon, welche Ansprüche ein Kunde an eine Ware stellt.

Bedeutung des Warenwissens für die Verkaufsberatung

LF 2

> **Beispiel:** Eine besonders gesundheitsbewusste Kundin kauft lediglich Lebensmittel aus biologischem Anbau. Für sie ist nur dies „gute Qualität", obwohl viele Experten sagen, dass es keine eindeutigen Beweise dafür gäbe, dass diese Produkte gegenüber konventionell angebauten Erzeugnissen in gesundheitlicher Hinsicht besser wären.

Qualitätskennzeichnung

Da es nicht leicht ist Qualität beim Einkauf zu erkennen, geben viele **Hersteller** einige **Hilfestellungen**, indem sie ihre Waren oft freiwilligen **Qualitätsprüfungen** aussetzen. Der Verbraucher kann dies an den dabei vergebenen **Zeichen** erkennen.

Gütezeichen

Gütezeichen dürfen in Deutschland nur vom **Deutschen Institut für Gütesicherung und Kennzeichnung e. V.** (RAL) vergeben werden. Die Qualitätskriterien werden mit Herstellern, Verbraucherverbänden, Behörden und Prüfinstituten festgelegt. Waren, die ein entsprechendes Gütezeichen tragen, werden laufend nach diesen Kriterien überwacht.

> **Beispiele:**

Das internationale Wollsekretariat garantiert, dass es sich um Wolle handelt, die ausschließlich durch Schur gewonnen wurde und noch nicht in anderen Textilerzeugnissen enthalten war.	Das CMA-Gütezeichen (Centrale Marketing-Gesellschaft der deutschen Agrarwirtschaft) kennzeichnet deutsche Agrarerzeugnisse, die strengen Qualitätskontrollen unterliegen (sensorische und mikrobiologische Kontrollen).	Das DGM-Zeichen (Deutsche Gütegemeinschaft für Möbel) garantiert Langlebigkeit, Sicherheit, einwandfreie Funktion und Umwelt- und Gesundheitsverträglichkeit.

Herkunftszeichen

Herkunftszeichen geben gegenüber dem Verbraucher Auskunft über die Herkunft der Ware.

> **Beispiele:**

Warenkundliche Grundlagen

Testzeichen

Eine besondere Bedeutung haben **Testzeichen** zur Qualitätsbeurteilung, da hier ein direkter Vergleich mit ähnlichen Produkten vorgenommen wird. Dies erleichtert die Kaufentscheidung der Kunden. Das bekannteste Testzeichen ist das Zeichen der **Stiftung Warentest**. Diese führt als unabhängige Institution Warentests durch und vergibt ihr Qualitätsurteil nach dem Schulnotenprinzip. Für viele Kaufinteressierte sind die Beurteilungen der Stiftung Warentest ein wichtiger Gesichtspunkt beim Treffen einer Kaufentscheidung.

Pflegekennzeichnung

Die Verwendung von **Pflegesymbolen** bei Textilien ist freiwillig. Bei Beachtung der Hinweise sollte das Textilerzeugnis keinen Schaden nehmen.

»» Beispiele:

Kochwäsche bis 95 °C	bügeln bis 200 °C	nicht im Trockner trocknen	nicht chemisch reinigen

Schutz- und Prüfzeichen

Diese Zeichen können solche Waren erhalten, die bestimmten **Sicherheitsbestimmungen** genügen oder die ein **Prüfverfahren** bestanden haben.

»» Beispiele:

GS	Das GS-Zeichen (geprüfte Sicherheit) wird nach deutschem Recht auf einem Produkt oder seiner Verpackung angebracht, wenn eine zugelassene Stelle (TÜV) festgestellt hat, dass die vorgeschriebenen sicherheitstechnischen Anforderungen erfüllt sind.
VDE	Dieses Zeichen wird vom VDE (Verband der Elektrotechnik, Elektronik, Informationstechnik e.V.) für solche Waren vergeben, die den vom VDE aufgestellten Sicherheitsvorschriften entsprechen (elektrische Geräte).

Bedeutung des Warenwissens für die Verkaufsberatung

„gefühlte" Qualität

Qualitätsvorstellungen werden von Konsumenten sehr unterschiedlich wahrgenommen und bewertet. Oft sind es nicht die nachprüfbaren Qualitätsmerkmale, die eine Ware als „gut" oder „schlecht" erscheinen lassen, sondern die **persönlichen Einstellungen** einer Ware gegenüber. Diese ergibt sich z. B. aus der bisherigen Erfahrung mit dieser bzw. ähnlicher Ware und der geplanten Verwendung.

Ein Verkäufer sollte das akzeptieren und seine Verkaufsberatung darauf abstimmen.

>> **Beispiele:**

Die italienische Espressomaschine „Maurini" wird in den Farben Lila und Orange als Sonderangebot für 99,00 € angeboten. Unter 20 vergleichbaren Modellen erzielte sie beim letzten Warentest das beste Ergebnis mit der Note „sehr gut (1,3)". Trotz dieses eindeutigen Qualitätsurteils äußern sich Verbraucherinnen sehr unterschiedlich zu diesem Produkt:

Sofie Sandberg (24): „Superpreis, ein tolles Design und erst die Farben! Die Maschine passt in Orange optimal in meine kleine Küche! Und dann auch noch eine echte „Maurini", die Marke ist zurzeit total angesagt!"

Claudia Bruhns (46): „Farbige Haushaltsgeräte sind doch nur modischer Schnickschnack! Testergebnis hin oder her, ich kaufe nur in Weiß und außerdem traue ich Sachen aus dem Ausland nicht!"

Helga Opitz (71 Jahre): „Ich lehne Kaffeemaschinen in jeder Form ab! Kaffee muss doch von Hand gebrüht werden. Ich glaube, die jungen Leute wissen gar nicht, wie eine gute Tasse Kaffee wirklich schmeckt!"

Hier wird dieselbe Ware von drei Personen unterschiedlich bewertet. Ob sie gekauft wird oder nicht, hängt davon ab, von welchem Verwendungszweck die drei Verbraucherinnen ausgehen und welchen Nutzen sie damit verbinden.

>> **Beispiel:** Die Nutzung verschafft dem Kunden gesellschaftliche Anerkennung *(Wohnungseinrichtung mit Designer-Möbeln, Kauf von fair gehandelten Produkten).*

Da sich heutzutage die Geschmacksvorstellungen und damit auch Konsumgewohnheiten sehr schnell ändern, bilden sich auch immer wieder neue Vorstellungen zum Qualitätsbegriff. Was bei Kunden heute als „Superqualität" gilt, kann morgen für sie schon der „totale Schrott" sein, auch wenn die Ware objektiv gesehen allen Ansprüchen an Verarbeitung, Beschaffenheit oder Leistung genügt.

Nachhaltigkeit

Umwelt

Ökonomie — **Nachhaltigkeit** — **Soziales**

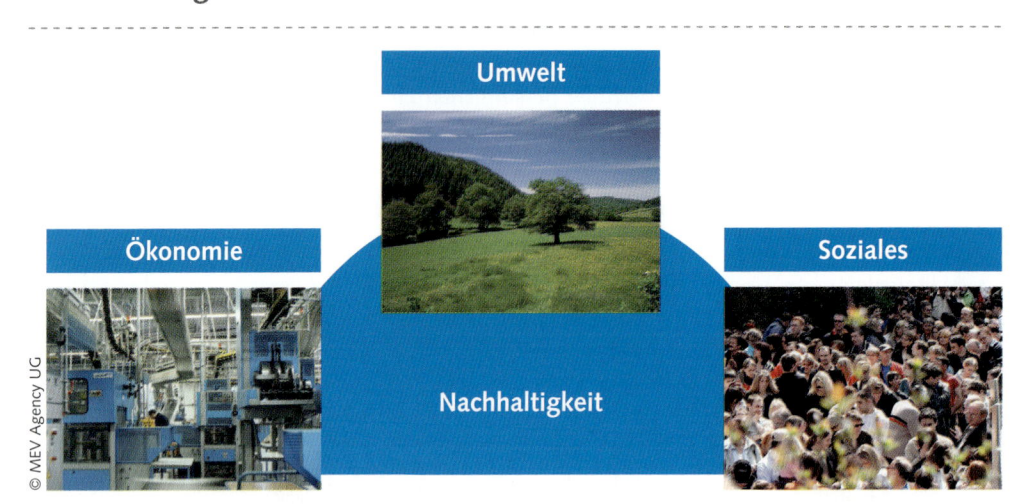

Das Prinzip **Nachhaltigkeit** steht für die althergebrachte Regel in der Forstwirtschaft: „Nicht mehr ernten, als nachwächst!"

Das **„magische Dreieck"** der Nachhaltigkeit besagt: ökologisches Gleichgewicht, ökonomische Sicherheit und soziale Gerechtigkeit sollen gleichrangig angestrebt werden. Auf den **Konsum** übertragen heißt dies: Wenn die Menschheit verantwortungsvoll produziert und konsumiert, kann sie die Welt so an Kinder und Enkel weitergeben, wie man sie selbst vorfinden möchte.

Der **Handel** nimmt hierbei eine **besondere Stellung** als Bindeglied zwischen den Produzenten und den Konsumenten ein. Er entscheidet, ob und welche Produkte aus nachhaltiger Wirtschaft in das Sortiment aufgenommen werden.

Umweltverträglichkeit von Waren

Alle Waren, die heute auf dem Markt sind, belasten die Umwelt mehr oder weniger durch Herstellung, Bereitstellung, Ge- oder Verbrauch und Entsorgung, wie es die Beispiele in der Tabelle verdeutlichen:

Umweltbelastungen	
bei **Rohstoffgewinnung und Produktion** durch	bei **Beschaffung und Bereitstellung** durch
› Überfischen der Meere › Abholzung von Tropenwäldern › Chlorbleichung von Zellstoff/Papier	› lange Transportwege (Äpfel aus Chile) › überhöhte Lagerbestände (Verderb) › aufwändige Warenpräsentation
bei **Gebrauch und Verbrauch** durch	bei **Beseitigung oder Entsorgung** durch
› Geräuschemission von Rasenmähern › Wasserverschmutzung durch hohen Reinigungsmitteleinsatz › Benutzung von Elektrogeräten mit hohem Energieverbrauch	› Quecksilber und Cadmium in verbrauchten Akkus › Einwegverpackungen › Verbrennung von Müll und Abfällen

Bedeutung des Warenwissens für die Verkaufsberatung

LF 2

Der **Einzelhandel** hat, wenn es um den **Umweltschutz** geht, eine **Schlüsselstellung** inne. Durch Einwirkung auf die Kunden einerseits, auf die Hersteller andererseits und durch umweltbewussten Umgang mit der Ware und ihrer Verpackung kann der Einzelhandel wichtige aktive Vorkehrungen treffen, z. B.

- Auslistung von wenig umweltverträglichen Produkten *(hochkonzentrierte Lacke, cadmiumhaltige Haushaltswaren)*,
- Anbieten von umweltfreundlichen Verpackungsmaterialien *(Stoffbeutel oder Papiertüten statt Plastiktüten)*,
- Aufstellen von Abfallsammlern zur Rückführung und Wiederverwertung *(Recycling)*,
- Förderung von umweltschonenden Waren *(Herausstellen von Waren mit dem „Umweltengel")*.

Die Mitarbeiter im Einzelhandel wie auch die Kunden sehen der Ware nicht an, welche Aspekte der Nachhaltigkeit sie erfüllt. Deshalb nutzen alle am Markt Beteiligten Kennzeichen (auch Label oder Logo genannt) und einschlägige Informationsquellen, um den besonderen Zusatznutzen, z. B. den der Recyclingfähigkeit oder Schadstoffarmut, herauszustellen oder herauszufinden.

Hinter einigen Logos und Bezeichnungen wie „aus kontrolliertem Anbau" oder „ohne Spritzmittel" verbergen sich Mogelpackungen, die das ökologische Bewusstsein der Verbraucher ausnutzen.

Zum Glück gibt es Verbraucherschutzverbände und Medien *(„Stiftung Warentest", „Öko-Test")*, die anmahnen, wenn für eine Ware mit trügerischen Zeichen oder Formulierungen geworben wird.

Umweltzeichen

Das **Bio-Siegel** ist das bundeseinheitliche Dachzeichen für Erzeugnisse aus dem ökologischen Landbau. Es steht für die kontrollierte Erzeugung und Produktion von Bio-Ware. Es hat die klare Aussage: „Wo bio drauf steht, ist auch bio drin." Die Vergabe des Bio-Siegels richtet sich nach den Kriterien der EG-Öko-Verordnung. Diese Verordnung schreibt u. a. vor: Verbot der Bestrahlung, Verbot gentechnisch veränderter Organismen, Verzicht auf chemischen Pflanzenschutz, artgerechte Tierhaltung sowie ökologische Futtermittel ohne Zusatz von Antibiotika.

Der **Öko-Tex Standard** 100 ist ein Öko-Label für Textil- und Bekleidungserzeugnisse. Das Zeichen garantiert, dass bestimmte Grenzwerte hautbedenklicher Substanzen nicht überschritten werden. So soll z. B. garantiert werden, dass im textilen Erzeugnis keine krebserregenden Farbstoffe enthalten sind.

495

Über 11.000 Produkte tragen in der Zwischenzeit das nationale Umweltzeichen **„Blauer Engel"**. Es wird vom Deutschen Institut für Gütesicherung und Kennzeichnung e. V. (RAL) nach strengen Kriterien vergeben. Der Grund für die Vergabe ist auf dem Zeichen anzugeben *(Umweltzeichen weil … schadstoffarm, … aus 100 % Altpapier, … weil langlebig und recyclinggerecht)*. Die Kennzeichnung ist freiwillig.

Das **Europäische Umweltzeichen** ist bisher hauptsächlich bei Personal-Computern, Schuhen, Textilien und Weißer Ware *(Kühlschränke, Waschmaschinen)* zu finden. Es wird an Produkte verliehen, die in ihrer Gesamtheit umweltverträglich sind (Herstellung, Vertrieb, Verwendung, Entsorgung).

Für Hersteller und Händler bietet das Europäische Umweltzeichen die Chance, ihre Produkte nach europaweit einheitlichen Kriterien auf ihre Umweltverträglichkeit prüfen zu lassen bzw. mit Produkten, die mit dem Europäischen Umweltzeichen ausgezeichnet sind, europaweit zu werben.

Sozialverträglichkeit von Waren

Eine nachhaltige Entwicklung schließt die Beachtung der „sozialen Dimension" stets ein. Immer mehr Kunden stellen die Frage der sozialen Gerechtigkeit im Hinblick auf das Wohlstandsgefälle zwischen Nord und Süd oder nach der Einhaltung sozialer Standards bei der Produktion. Sie achten auf

- Einhaltung der Menschenrechte
- Arbeitsbedingungen und Lohngerechtigkeit
- Kinderarbeit
- Frauenausbeutung und Zwangsarbeit
- Faire Handelsbedingungen

Der Einzelhandel weiß um das Interesse dieser wachsenden Käuferschicht und ist zunehmend bemüht, der Kundschaft **fair produzierte** und **fair gehandelte Waren** anzubieten.

Vor über 20 Jahren startete der gemeinnützige Verein **Transfair e. V.** seine Arbeit mit dem Ziel, benachteiligte Arbeiter und Bauern und ihre Familien in Afrika, Asien und Lateinamerika zu fördern und ihre Lebens- und Arbeitsbedingungen zu verbessern. Der Verein vergibt sein Siegel für Produkte, die zu festgelegten fairen Bedingungen gehandelt werden, und kontrolliert deren Einhaltung regelmäßig. Siegelträger sind Kaffee, Tee, Kakao, Schokolade, Honig, Bonbons und Fruchtsäfte.

Bedeutung des Warenwissens für die Verkaufsberatung

RUGMARK ist eine Initiative zur Abschaffung der illegalen Kinderarbeit in der Teppichproduktion. Das unabhängige Siegel wird für Teppiche aus Indien, Nepal und Pakistan vergeben, die ohne Kinderarbeit angefertigt werden. RUGMARK wird von Produzenten, dem Teppichhandel und Hilfsorganisationen weltweit getragen. Die Hilfswerke Brot für die Welt, Misereor, terre des hommes und Unicef begleiten die Initiative.

Kampagne für saubere Kleidung

Die **Kampagne für saubere Kleidung** (engl. Clean Clothes Campaign) gibt es in zahlreichen europäischen Ländern. Sie will mit ihrer Arbeit dazu beitragen, dass sich die **Arbeitsbedingungen** in der **Bekleidungsindustrie** weltweit verbessern.

Große Textilanbieter, wie Adidas, C&A, H&M, Karstadt und andere, sollen nicht nur für Stoffe, Design und Verarbeitung ihrer Produkte, sondern auch für die ethische Qualität, sprich die Arbeitsbedingungen der Näherinnen, Sorge tragen.

Letztlich besteht das Ziel darin, dass durch aufgeklärtes „lokales" Konsumentenverhalten „global" bessere Verhältnisse für Menschen und Natur nachhaltig durchgesetzt werden.

Ab September 2019 soll der „Grüne Knopf" als erstes staatliches Siegel fair und ökologisch produzierte Kleidung sichtbar machen.

■ AKTION

1 Jeder Kunde hat es schon mal in einem Verkaufsgespräch gehört: „Das ist eine gute Qualität!" Eine solche Äußerung besagt sehr wenig. Qualität ist zudem ein vielschichtiger Begriff und beschreibt je nach Ware ganz unterschiedliche Eigenschaften. Wenden Sie Ihre Kenntnisse über den Qualitätsbegriff an folgender Aufgabenstellung an, indem Sie zu den aufgeführten Waren jeweils mindestens vier Qualitätsaspekte beschreiben.

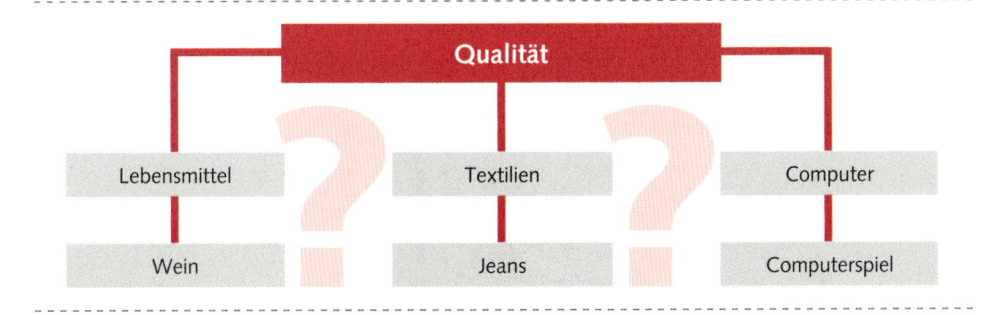

Qualität
- Lebensmittel
- Textilien
- Computer
- Wein
- Jeans
- Computerspiel

LF 2   Warenkundliche Grundlagen

2 Beschreiben Sie Nutzen und mögliche Zusatznutzen bei folgenden Waren:

Goldbarren; Champagner; Staubsauger; Taschenstempel; H-Milch; Pralinen in weihnachtlicher Geschenkpackung; Notizblock aus Recyclingpapier; Modellkleid aus Paris; handgemachte Nudeln; runderneuerte Reifen; Filtertüten für Kaffee oder Tee; Roggenschrot aus ökologischem Anbau; Mikrowellenherd; Schokolade aus fairem Handel; Systemkamera, Kompaktkamera, Einwegkamera; Druckgrafik (begrenzte Auflage, vom Künstler handsigniert).

3 Stellen Sie eine Auswahl von Artikeln Ihres Ausbildungssortiments zusammen, die unter dem Gesichtspunkt

a) der Umweltverträglichkeit

b) der Sozialverträglichkeit

gebildet wird.

4 In Ihrem Ausbildungsbetrieb will man nicht nur umweltbedenkliche Waren aus dem Sortiment nehmen, sondern auch das gesamte Unternehmen soll sich als besonders umweltfreundlich den Kunden präsentieren. Entwickeln Sie Maßnahmen und Aktivitäten zu folgenden Bereichen: – Verpackung, – Kantine, – Ausbildung, – Entsorgung, – Werbung, – Dekoration, – Beratung, – Energie, – Fuhrpark.

5 Kunde: „Ich suche ein Oberhemd ohne alle Beimischungen, in dem ich mich so richtig wohl fühle!"

Verkäufer: „Dann empfehle ich Ihnen ein Hemd aus 100 % Baumwolle. Baumwolle ist saugfähig und luftdurchlässig.

Mit diesem Material bleibt Ihre Haut immer angenehm trocken.

Durch die moderne Ausrüstung lässt sich das Hemd außerdem leicht waschen und bügeln."

a) Wie beurteilen Sie diese Empfehlung in Kenntnis der folgenden Abbildung?

b) Muss ein Verkäufer mehr wissen, als er in den wenigen Augenblicken eines Beratungsgesprächs „unterbringen" kann? Muss er alles sagen, was er weiß – auch Nachteiliges?

---

100 % Baumwolle
• natürlich   • gesund   • hautfreundlich

Das kann folgende Zusammensetzung bedeuten:

73 % Baumwolle und

8 % Farbstoffe
0,3 % optische Aufheller

14 % Harnstoff-Formaldehydharz
2,7 % Weichmacher
2 % Polyacryl

gelten als Allergie auslösend

gelten als Krebs auslösend bzw. fördernd

Erwerb von Warenkenntnissen

3.2 Erwerb von Warenkenntnissen

Warenkundliches Wissen wirkt Wunder!

■ SITITUATION

Dieses Spitzengerät ist unser bestes Stück!

Was, Ihr bestes Stück? Die Stiftung Warentest hat dieses Gerät mit „mangelhaft" bewertet!

1. Warum konnte der Verkäufer kein Vertrauensverhältnis zu diesem Kunden aufbauen?
2. Wie wird der Kunde wahrscheinlich reagieren?

■ INFORMATION

Wollen Sie Ihre Kunden gut beraten, müssen Sie Ihre Waren genau kennen. Warenkenntnisse verleihen Ihnen Überzeugungskraft und innere Sicherheit.

Sie können aber erst dann von einer Ware überzeugt sein, wenn Sie sich mit ihr ausgiebig beschäftigt haben und ihre Qualitäten selbst kennen.

■ Beschaffung warenkundlicher Informationen

Wer sich über die Waren seines Sortiments informieren will, hat folgende Möglichkeiten:

Prüfung der Ware beim Wareneingang, im Lager und Verkaufsraum

Auf diese Weise erhält man einen Überblick über das Sortiment des Betriebes und bekommt Informationen zum Material, Gebrauch und zu speziellen Wareneigenschaften.

Nur durch umfassende Warenkenntnisse ist es möglich, dem Kunden seine Artikel so zu präsentieren, dass der damit verbundene Kundennutzen deutlich wird.

Möglichkeiten der Warenprüfung	
Textilien	Lesen der Angaben auf Waren- und Pflegeetikett, Knitterprobe und u. U. Waschprobe.
Lebensmittel	Verkostung, Geruchstest, Frischeprüfung.
Elektrogeräte	Funktionsprobe durch Testen aller Bedienungsmöglichkeiten, Dauerfunktionstest über einen oder mehrere Tage.

Fachzeitschriften und Fachbücher

Wer sich umfassend über Waren informieren möchte, muss häufig auf **Fachliteratur** zurückgreifen.

Für nahezu jede Branche gibt es entsprechende **Fachzeitschriften** *(Lebensmittelzeitung, Textilwirtschaft, Schuhmarkt, Möbelmarkt)* sowie **Fachbücher**, die besonders umfassend informieren.

Auch die **Fachverbände** geben regelmäßig Informationsmaterial und Mitteilungen heraus. Adressen können über die Industrie- und Handelskammern bzw. die Innungen in Erfahrung gebracht werden.

Abb. Fachbuch für Lebensmittelwarenkunde aus dem Verlag Europa-Lehrmittel

Studium von Prospekten, Gebrauchsanleitungen und Beschreibungen

Dadurch erhält man Informationen, die nicht unbedingt aus der Ware selbst ersichtlich sind. Mitunter sind dies besonders wichtige Informationsquellen. Die Hersteller liefern so die Grundlage für viele Verkaufsargumente.

Erwerb von Warenkenntnissen

LF 2

> **Beispiel:** Gebrauchsanleitung für einen Handrasenmäher (Quelle: Gardena AG, Ulm)

D

GARDENA Handrasenmäher
4000 SM / 5000 SM / 6000 SM

Willkommen im Garten GARDENA...

Bitte lesen Sie die Gebrauchsanweisung sorgfältig und beachten Sie deren Hinweise. Machen Sie sich anhand dieser Gebrauchsanweisung mit dem Handrasenmäher, dem richtigen Gebrauch sowie den Sicherheitshinweisen vertraut.

Aus Sicherheitsgründen dürfen Kinder und Jugendliche unter 16 Jahren sowie Personen, die nicht mit dieser Gebrauchsanweisung vertraut sind, diesen Handrasenmäher nicht benutzen.

→ Bitte bewahren Sie diese Gebrauchsanweisung sorgfältig auf.

1. Einsatzgebiet Ihres GARDENA Handrasenmähers

Bestimmung

Die GARDENA Handrasenmäher sind für die private Benutzung im Haus- und Hobbygarten bestimmt und nicht dafür vorgesehen, in öffentlichen Parks, Sportstätten, an Straßen und in der Land- und Forstwirtschaft eingesetzt zu werden.

Die Einhaltung der von GARDENA beigefügten Gebrauchsanweisung ist Voraussetzung für den ordnungsgemäßen Gebrauch des Handrasenmähers.

Zu beachten

Wegen körperlicher Gefährdung darf der GARDENA Handrasenmäher nicht eingesetzt werden zum Schneiden von Rankgewächsen oder Rasen auf Dachbepflanzungen oder in Balkonkästen.

2. Für Ihre Sicherheit

Prüfungen vor jeder Benutzung:

Vor der Benutzung ist stets eine Prüfung vorzunehmen, um festzustellen, dass Muttern, Bolzen und Arbeitswerkzeuge nicht abgenutzt oder beschädigt sind. Die abgenutzten oder beschädigten Messer sind satzweise zu ersetzen.

Die Fläche, auf der der Handrasenmäher benutzt werden soll, ist vorher zu untersuchen. Steine, Holzstücke, Drähte und andere Fremdkörper sind zu entfernen.
Gegenstände, die das Schneidwerkzeug erfasst, könnten unkontrolliert herausgeschleudert werden.

Verwendung/ Verantwortung

Benutzen Sie den Handrasenmäher nicht, während Personen, besonders Kinder, oder Tiere in unmittelbarer Nähe sind.
Der Benutzer ist für Schäden verantwortlich.

Beim Mähen muss festes Schuhwerk mit rutschfesten griffigen Sohlen getragen werden.

Beachten Sie, dass die umlaufende Messerwalze zu Verletzungen führen kann.

Nutzen und Auswerten von Warentestergebnissen

Die **Verbraucherverbände** und die **Stiftung Warentest** testen Waren und auch Dienstleistungen. Da sie unabhängig sind, ist ihr Urteil objektiver als die Darstellung in Firmenprospekten. Das **Testurteil** „Gut" oder „Sehr gut" eines Testinstitutes wird immer häufiger als **Verkaufsargument** eingesetzt. Schlechte Urteile der Stiftung Warentest führen vielfach dazu, dass die getesteten Waren verändert, nicht mehr hergestellt oder vom Handel ausgelistet werden.

> **Beispiel:** Sonnenschutzmittel im Test (Quelle: Stiftung Warentest)

Sonnenschutzmittel

	Lichtschutzfaktor	Inhalt in ml/Mittlerer Preis in Euro ca.	Preis für 100 ml in Euro ca.	EINHALTUNG DES LICHT-SCHUTZFAKTORS 40%	FEUCHTIGKEITS-ANREICHERUNG 30%	ENTNAHME 10%	ANWENDUNGS-HINWEISE 10%	WÄRME-/KÄLTE-BESTÄNDIGKEIT 10%	test-QUALITÄTS-URTEIL
LOTIONEN									
Rossmann/Sun Ozon Feuchtigkeits-Sonnenmilch	15	200/2,55	1,30	++	++	+	++	++	SEHR GUT (1,3)
Müller/Sun Ozon Feuchtigkeits-Sonnenmilch	15	200/2,55	1,30	Gleich mit Rossmann/Sun Ozon Feuchtigkeits-Sonnenmilch					SEHR GUT (1,3)
L'Oréal Solar Expertise Pflege-Milch	15	150/9,00	6,00	++	++	O	O	++	GUT (1,6)
Piz Buin Sahara tested in Sun UVA-UVB Lotion	15	200/16,90	8,45	++	O	O	++	++	GUT (1,8)
Lancaster Sun Care Tanning Lotion	15	200/25,00	12,50	++	++	+	−*)	++	BEFRIEDIG. (2,6)
Annemarie Börlind Natural Beauty Sonnen-Milch	20	200/12,90	6,45	−*)	+	+	⊖	++	MANGELH. (5,0)
Avon Bronze All Round Protection Sonnenlotion	20	200/12,50	6,25	−*)	+	⊖	⊖	++	MANGELH. (5,0)
dm/Sun Dance Sonnenmilch 1)	20	200/2,95	1,50	−*)	++	O	++	++	MANGELH. (5,0)
Tiroler Nussöl Sonnen Milch 2)	15	Nicht mehr im Angebot		−*)	+	+	⊖	++	MANGELH. (5,0)
SPRAYS									
L'Oréal Solar Expertise Pflege-Spray	20	150/11,00	7,35	++	++	+	O	++	SEHR GUT (1,3)
Lierac Solaire Bronzage contrôlé Spray lacté	18	150/15,50	10,35	++	++	+	⊖	++	SEHR GUT (1,4)
Clarins Spray Solaire Bronzage Sécurité	15	150/23,50	15,65	++	O	+	⊖	++	GUT (2,0)
Ladival Sonnenspray 3)	20	100/7,90	7,90	++	O	++	⊖	++	GUT (2,1)
Yves Rocher Prevention Soleil Sonnenschutzmilch Spray	15	100/12,50	12,50	++	O	+	−*)	++	BEFRIEDIG. (3,2)
Lavera Naturkosmetik Sun sensitiv Family Sun-Spray	15	200/14,80	7,40	−*)	+	+	−	++	MANGELH. (5,0)

Bewertungsschlüssel der Prüfergebnisse:
++ = Sehr gut (0,5–1,5), + = Gut (1,6–2,5),
O = Befriedigend (2,6–3,5), ⊖ = Ausreichend (3,6–4,5),
− = Mangelhaft (4,6–5,5).
Bei gleicher Note Reihenfolge nach Alphabet.

*) Führt zur Abwertung.
1) Laut Anbieter Parfüm- und Verpackungsänderung.
2) Laut Anbieter jetzt mit geänderter Verpackung und Rezeptur.

3) Laut Anbieter Produktname geändert: Ladival Sport Sonnenspray 20.
Anbieter siehe Seite 100.

Erwerb von Warenkenntnissen

Informationen aus dem Internet

Das **Internet** bietet rund um die Uhr und bequem von zu Hause aus Informationsmöglichkeiten zur Vertiefung der Warenkenntnisse. Der große **Vorteil** liegt in der Aktualität des Informationsangebotes, der **Nachteil** in einer oft einseitigen, auf das anbietende Unternehmen bezogenen, Darstellung.

>> **Beispiel:** Warenkundliche Informationen eines Wollfachgeschäfts auf dessen Webseite

Woll Stoff
Das Fachgeschäft für alles rund ums Stricken und Nähen
Hauptstraße 45 in 74369 Löchgau
Telefon: 07143 22882
E-Mail: kontakt@wollstoff.de

Wolle | Patchworkstoffe | Zubehör | Tipps | Warenkunde

Warenkunde

A B C D E F G H I J K L M N O P Q R S T U V W X Y Z

Schurwolle | finden

Unter **Schurwolle** oder **Reine Schurwolle** versteht man Wolle, die von einem lebenden Tier durch Schur gewonnen wird. Die Angabe „Schurwolle" garantiert, dass es sich nicht um ein wiederverwendetes, also aus Alttextilien hergestelltes Recyclingprodukt wie Reißwolle oder um die aus den Fellen geschlachteter oder verendeter Tiere gewonnene Wolle handelt.
Schurwolle ist das ideale Material für einen Winterpulli. Sie wärmt und nimmt viel Feuchtigkeit auf.
Eine **Strickanleitung** für einen Norwegerpullover finden Sie unter **Tipps**.

Messen und Verkaufsausstellungen

Auf **Messen** und **Verkaufsausstellungen** werden Waren und Dienstleistungen besonders anschaulich vorgestellt.

Als Verkaufsberater sollte man jede Gelegenheit nutzen, Neuheiten kennenzulernen sowie mit Herstellern und Lieferanten persönlich ins Gespräch zu kommen.

Weiterbildung in Kursen und Schulen

Lehrgänge oder **Schulungen** sind oft der beste Weg, sich in kurzer Zeit intensiv mit einem Gebiet auseinanderzusetzen. Die **Bildungseinrichtungen** der Kammern sowie der Einzelhandels-Fachverbände bieten ein umfangreiches Bildungsangebot. In vielen Fällen finanziert der Arbeitgeber den Besuch solcher Lehrgänge.

Von Kunden lernen

Im **Gespräch** mit fachkundigen und/oder kritischen **Kunden** kann man – gerade als Berufsanfänger – eine Menge Wissenswertes über Waren erfahren. Wenn man weiß, was Kunden gut finden und was sie kritisieren, lässt sich das Verkaufsgespräch nicht nur leichter führen, sondern man verbessert zudem den Kontakt zum Kunden.

Eigene Erfahrungen nutzen

Viele Waren hat man schon selbst gekauft und benutzt. Die eigene Erfahrung im Umgang mit diesen Artikeln kann für die Verkaufsargumentation sehr hilfreich sein.

>> **Beispiele:** Kleidung, Schuhe, Spielwaren, Unterhaltungselektronik, Sport- und Freizeitartikel.

■ Warenbeschreibungsbogen

Das erworbene **Warenwissen** muss in eine **kundenorientierte** Sprache umgesetzt werden. Ein Kunde wird nur dann mit der Beratung zufrieden sein, wenn es dem Verkäufer gelingt, den **Warennutzen** für den Kunden zu verdeutlichen. Ein wichtiges **Werkzeug** dafür ist der **Warenbeschreibungsbogen**.

Vom Warenmerkmal zum Warennutzen

Mit dem Warenbeschreibungsbogen wird eine **Argumentationsstruktur** für Beratungsverkäufe erstellt. Dadurch lernt man die Ware nicht nur besser kennen, sondern man kann systematisch die Umsetzung der Wareneigenschaften in eine kundenorientierte Sprache einüben. Dazu dient eine **Drei-Spalten-Matrix** nach folgendem Muster:

Warenmerkmal	Warenvorteil	Warennutzen
Leitfrage: Welches sind die qualitätsbestimmenden Merkmale und Eigenschaften des nachgefragten Artikels?	**Leitfrage:** Welche Vorteile ergeben sich aus den warenspezifischen Merkmalen?	**Leitfrage:** Worin besteht der Nutzen der Ware für den Kunden?

Eine **Verkaufsargumentation** sollte wann immer möglich als „**Merkmal-Vorteil-Nutzen**"-Kette formuliert werden. Dabei ist zu beachten, dass der **Nutzen**, den das Produkt oder die Dienstleistung bietet, persönlich im sogenannten „Sie-Stil" formuliert wird. Bei dieser Art der Argumentation versetzt sich der Verkäufer in die Problemsituation des Kunden und argumentiert aus dessen Sicht (vgl. Kap. ■■).

>> **Beispiele** für **Nutzenformulierungen** aus der Kosmetikbranche:

Merkmal	Vorteil	Nutzen
Dieses neue 24-Stunden-Deo enthält einen ganz neuen Wirkstoff. ★	Er ist nicht nur geruchshemmend, sondern beseitigt bereits vorhandenen Geruch. ★	Sie fühlen sich den ganzen Tag sicher und frisch.

Erwerb von Warenkenntnissen

Dies ist eine Tagespflege für besonders empfindliche Haut.	★	Die Lotion bildet sofort auf der Haut einen Film, der bis in die Tiefe eindringt.	★	Ihre Haut erhält schon kurz nach dem Auftragen ein samtiges Aussehen.
Der Tiegel ist aus satiniertem Glas.	★	So ist das Produkt besonders gut gegen Temperaturschwankungen geschützt und braucht daher weniger Konservierungsstoffe.	★	Sie können es bis zum letzten Rest einwandfrei und ohne Qualitätsverlust entnehmen.

Checkliste zur Warenbeschreibung

Die **Checkliste** beschreibt die Waren stichwortartig. Je nach Branche können unterschiedliche Merkmale der Artikel untersucht werden.

Warenbeschreibungsbogen		
Merkmale	Erläuterung	Beispiel
1. Bezeichnung der Ware	Handelsübliche Warenbezeichnung, Markenname, Modell, Warenart.	Herren-Trekkingrad der Marke „Road-Race".
2. Herkunft der Ware	Hersteller, Vertreiber, Herkunftsland.	„Biker's In(n)", Fahrradvertrieb mit Sitz in Mannheim und 10 Filialen.
3. Rohstoffe und Produktionsverfahren	Natürlich, synthetisch, handgemacht, unbehandelt, ökologischer Anbau.	Aluminiumrahmen, Ledersattel.
4. Beschreibung der Ware	Technische Daten, Form, Farbe, Geruch, Geschmack.	Reiserad, ausgestattet mit hydraulischer Felgenbremse, Halogenscheinwerfern mit Standlicht sowie 14-Gang-Nabenschaltung, Gewicht: 16,9 kg.
5. Klassifizierung und Standardisierung	Sorte, Typ, DIN-Normen, Handelsklassen, Güte- und Prüfzeichen.	28-Zoll-Rahmen, Herren, Rahmenhöhen: 52, 54, 58 und 62.
6. Gebrauchs- und Verbrauchseigenschaften	Wann, wie, wozu, wie oft ist die Ware zu benutzen? Ist sie modisch und liegt im Trend? Welche Vorteile/welchen Nutzen bietet der Gebrauch bzw. Verbrauch dieser Ware?	Primär für Einsatz in der freien Natur gedacht, aber auch für die Stadt geeignet; sportliche Rahmengeometrie und leicht nach vorne geneigte Sitzposition; 28-Zoll-Laufräder mit einer mittelbreiten Bereifung; Nabenschaltung mit 14 Gängen; Gepäckträger am Heck.
7. Aspekte der Nachhaltigkeit	Gesundheitsverträglichkeit der Ware; Ausmaß der Umweltbelastung durch Produktion, Nutzung und Entsorgung der Ware; Sozialverträglichkeit der Ware.	Hoher Sitzkomfort durch Ledersattel mit Geleinlage; Satteldesign verhindert Probleme im Bereich des Schambeins; Rücknahmegarantie des Herstellers.
8. Gebrauchshinweise und Verwendungsvorschriften	Gebrauchsanleitung, Rezepte, Pflegehinweise, Sicherheitsvorschriften.	Aufbauanleitung, Hinweise zur Pflege und Wartung der Schaltung und der Bremsen.

Warenkundliche Grundlagen

9. Verpackung der Ware	Art, Funktion, Recycling.	Versand erfolgt in stabilem Spezialkarton mit Schutzpolsterung.
10. Vertriebswege und Verkaufsformen	Typische Vertriebswege für diese Ware bzw. Präsentation in speziellen Verkaufsformen.	Verkauf in eigenen Fahrrad-Shops und über den unternehmenseigenen Versandhandel.
11. Warenpflege und Lagerfähigkeit	Anforderungen an Warenpflege und Lagerhaltung; Mindesthaltbarkeit	Keine besonderen Anforderungen.
12. Serviceleistungen	Finanzierung, Garantie, Lieferung frei Haus, Aufstellung und Montage.	Ratenzahlung, 2 Jahre Garantie auf alle Komponenten, 10 Jahre Garantie gegen Rahmenbruch, Lieferung nach Hause zu 5,00 € Versandkosten.
13. Ergänzungen und Alternativangebote	Zubehör, Ergänzungsangebote, Ausweichangebote.	Helme, Bekleidung, Handschuhe, Brillen.
14. Preis der Ware	Mengenrabatt, Barzahlungsnachlass, Sonderangebote	Bei Bankeinzug und Vorkasse 3 % Nachlass, Zahlung mit Kreditkarte möglich, Nachnahme 10,00 €.

Nutzenprofil der Ware

Das **Nutzenprofil** einer Ware besteht aus der **Umsetzung** der **Warenmerkmale** in eine **kundenorientierte** Warenbeschreibung.

Aus den Warenmerkmalen wird ein möglichst passgenaues Nutzenprofil erstellt, das im Idealfall deckungsgleich zu den Kaufmotiven des Kunden ist.

>> **Beispiel:** Herr Müller wünscht ein Trekkingrad.

Im Gespräch hat der Verkäufer folgende **Kaufmotive** identifiziert: Sicherheit, leichte Handhabung und attraktives Aussehen.

Aus den Produktmerkmalen, wie sie zum Teil im Warenbeschreibungsbogen festgehalten wurden, wählt er die passenden aus und **„übersetzt"** in eine kundenorientierte Argumentation.

Verkäufer: „Das Modell Road-Race kommt Ihren Vorstellungen am nächsten:

Sicherheit → Eine spezielle Schweißtechnik sorgt für überdurchschnittliche Stabilität des Rahmens. Damit fahren Sie problemlos auch in unebenem Gelände. Dank der hydraulischen Felgenbremsen können Sie in gefährlichen Situationen extrem schnell stoppen, wobei die über Sensoren gesteuerte Bremslastverteilung Sie vor Stürzen schützt, da ein abruptes Bremsen vermieden wird.

Sie sagten, dass Sie oft erst abends zum Radfahren kommen. Da bietet die helle Halogenbeleuchtung mit Standlichtfunktion Ihnen maximale Sicherheit. Für andere Verkehrsteilnehmer sind Sie auch wegen der reflektierenden Reifen im Dunkeln gut zu erkennen.

Handhabung → Wenn ich Sie richtig verstanden habe, dann legen Sie besonderen Wert auf eine leichte Handhabung. Mit der neuen 14-Gang-Nabenschaltung sind Sie die Sorge los, am Straßenrand, womöglich noch bei Kälte und Regen, eine abgesprungene Kette wieder aufzuziehen.

Erwerb von Warenkenntnissen

LF 2

| Aussehen | → | Und wie Sie schon sagten, ein Fahrrad soll auch was hermachen. Schauen Sie doch mal in den Katalog: Bei diesem Modell können Sie nicht nur unter 20 verschiedenen Farbkombinationen wählen, sondern Sie können auch eine Farbgebung nach Ihren Wünschen bestellen." |

■ AKTION

1 Warum müssen Sie bei der Kundenberatung und im Verkauf Ihr Angebot genau kennen? Nennen Sie wenigstens 5 Punkte mit Begründung.

2 Entwickeln Sie für Ihre Branche ein Warenbeschreibungs-Formular, das Sie zukünftig immer nutzen können, um sich Kenntnisse über die Waren Ihres Sortiments anzueignen.

3 Wählen Sie eine Ware Ihres Ausbildungssortiments und listen Sie zu allen Punkten des Warenbeschreibungsbogens mögliche Kundenfragen auf.

4 Fertigen Sie ein Wandplakat an, das für Kunden vorteilhafte Produktmerkmale zeigt, die sich aus dem Herstellungsverfahren, der Handhabung und der Gestaltung (Design) einer Ware Ihrer Wahl ergeben.

5 Speziell im Lebensmittelhandel ist ein Trend zum Kauf von Waren zu bemerken, die in der näheren Umgebung der Konsumenten produziert werden.
 a) Suchen Sie mindestens 5 solcher Produkte mit regionaler Herkunft aus und präsentieren Sie diese Artikel in einem Kurzreferat vor der Klasse.
 b) Besuchen Sie einen solchen Regionalanbieter, der in der Nähe Ihrer Ausbildungsberufsschule seinen Produktionsstandort hat, und vereinbaren Sie eine Betriebsbesichtigung.

6 Schreiben Sie für ein Alltagsprodukt, das Sie in den Unterricht mitbringen, eine leicht verständliche Bedienungsanleitung *(MP4-Player, Handy, Taschenrechner, Digitalkamera)*. Lassen Sie Mitschüler das Produkt genau nach dem Wortlaut Ihrer Bedienungsanleitung in Betrieb nehmen und benutzen.

7 Bringen Sie aus Ihrem Ausbildungsbetrieb Fachzeitschriften zu Ihrem Ausbildungssortiment mit in die Schule. Wählen Sie einen Beitrag aus, der Produktmerkmale eines Artikels näher beschreibt, und fertigen Sie daraus eine kurze Zusammenfassung, die Sie vor der Klasse präsentieren.

8 Das SB-Warenhaus Kaufwelt wird von vielen Stammkunden aufgesucht, deren Kaufverhalten dem Verkaufspersonal gut bekannt ist.

Entwickeln Sie Nutzenprofile zu je zwei Artikeln Ihrer Wahl aus den Warenbereichen Lebensmittel, Textilien sowie Drogerie und Kosmetik, die auf die Ansprüche der unten beschriebenen Kunden zugeschnitten sind.

Monika Raabe, 33 Jahre, Grundschullehrerin:
Sie kauft vor allem Artikel, die die Gesundheit fördern, und legt viel Wert auf die Umweltverträglichkeit der Waren

Thomas Kling, 28 Jahre, Programmierer:
Thomas bevorzugt Artikel, die ihm Arbeits- und Zeitersparnis bringen. Der Preis spielt bei seinen Kaufüberlegungen keine besondere Rolle.

Martha Alber, 76 Jahre, alleinstehende Rentnerin:

Frau Alber hat nur eine kleine Rente und muss sehr sparsam mit ihrem Geld umgehen. Sie ist leicht gehbehindert und wohnt in einem Wohnblock im 5. Stock.

9 Projekt: Schokolade

Führen Sie einen Warentest in der Klasse am Beispiel von Tafelschokolade durch. Dazu beschaffen Sie sich mehrere Sorten *(Vollmilchschokolade, gefüllte Schokoladen)* und vergleichen sie anhand eines von Ihnen entwickelten Kriterienkatalogs, der mindestens vier Beurteilungsmerkmale umfasst.

Bewerten Sie die einzelnen Produkte nach dem Schulnotensystem.

Überprüfen Sie Ihre Ergebnisse anschließend durch eine Blindverkostung, bei der die Testpersonen die Schokolade mit dem besten und dem schlechtesten Testergebnis herausfinden müssen.

4 Kontaktaufnahme

Achtung Kunde!

■ **SITUATION**

Beschreiben und beurteilen Sie die dargestellte Situation.

Kundenansprüche und Anbietformen

LF 2

■ INFORMATION

Wenn ein Kunde das Geschäft betritt, beginnt für Sie eine wichtige Phase des Verkaufsgespräches. Sie kennen die meisten Ihrer Kunden nicht. Kunden unterscheiden sich z. B. durch Alter, Geschlecht oder Niveau. Sie müssen sich vorurteilslos auf einen Menschen einstellen, ihn akzeptieren und auch noch versuchen, ihn zu verstehen. Ihre persönlichen Eindrücke müssen Sie dabei in den Hintergrund stellen.

Der Erfolg von Geschäftsbeziehungen zwischen Kunden und Verkaufspersonal hängt vom jeweiligen Kontakt der Partner ab. Sie müssen also alles unternehmen, um Ihren Kunden die Kontaktaufnahme zu erleichtern.

4.1 Kundenansprüche und Anbietformen

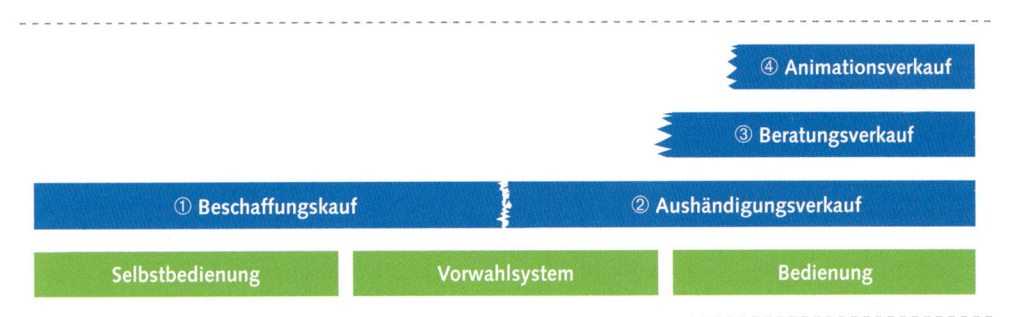

		④ Animationsverkauf
		③ Beratungsverkauf
① Beschaffungskauf		② Aushändigungsverkauf
Selbstbedienung	Vorwahlsystem	Bedienung

Wie Sie **Kontakt** mit den **Kunden** aufnehmen, hängt von der **Anbietform** des **Einzelhandelsbetriebes** und von den **Ansprüchen** der **Kunden** ab. Diese können sich von Einkauf zu Einkauf unterscheiden.

■ Kundenansprüche bestimmen die Verkäuferaktivität

① Beschaffungskauf	Keine Aktivität des Verkaufspersonals. Der Kunde entnimmt die Ware aus dem Warenträger. Es kommt zu keinem Verkaufsgespräch.
② Aushändigungsverkauf	Die Aktivität des Verkaufspersonals beschränkt sich auf die Übergabe der Ware an den Kunden, der genau weiß, was er möchte. Die Bedeutung des Gesprächs liegt nicht in der Beratung, sondern in einem freundlichen Umgang mit dem Kunden.
③ Beratungsverkauf	Das Verkaufsgespräch ist wichtig, da es sich meist um erklärungsbedürftige Waren handelt.
④ Animationsverkauf	Er spielt bei Kunden eine wichtige Rolle, für die vor allem modische Aspekte eine wichtige Kaufentscheidung spielen. Im Mittelpunkt der Beratung stehen daher nicht die Warenmerkmale, sondern es ist Aufgabe des Verkaufspersonals den Kunden zum Kauf anzuregen, ihn „in (Kauf)Stimmung zu bringen" (= animieren). Dies geschieht vor allem durch die Verdeutlichung des Nutzens für solche Kunden *(Aufmerksamkeit erzielen, von anderen abheben und zeigen, dass man sich was leisten kann)*.

Kontaktaufnahme

»» Beispiel: Gabi Klee wird am nächsten Wochenende in den Urlaub fahren. Am Samstag vorher erledigt sie folgende Einkäufe:

① Beschaffungskauf

Im Drogeriemarkt Rotmann entnimmt sie dem Regal mit den Sonnenschutzmitteln das Gel „Tan-Master", 250 ml, Schutzfaktor 12, das sie schon öfter gekauft hat. Sie erwartet weder Ansprache noch Beratung.

② Aushändigungsverkauf

Im Textilhaus Wollenweber lässt sie sich den Sport-BH „Ganetex", weiß, in ihrer Größe heraussuchen. Da sie das Modell kennt, erwartet sie eine Aushändigung ohne Beratung.

③ Beratungsverkauf

Im Fachgeschäft Bollmann lässt sich Gabi Schalenkoffer zeigen, da sie gehört hat, dass diese sich für die Flugreise am besten eignen. Nach ausführlicher Beratung entscheidet sie sich für das Modell „Kambolik 801" in Grün mit Rollen und Ziffernschloss.

④ Animationsverkauf

Gabi betritt schließlich die Boutique Esprit, um sich etwas Besonderes für den Urlaub zu gönnen. Sie hat noch keine konkreten Vorstellungen und erwartet von der Inhaberin aktuelle Anregungen für etwas Modisches, das ihr gefällt. Ein kurzer naturfarbener Strandrock mit passendem Top findet ihre Begeisterung.

■ Kontaktaufnahme bei Selbstbedienung

Bei der **Selbstbedienung** erwarten Kunden **keine** Kontaktaufnahme durch das Personal. Sie wollen selbstständig und ungestört Waren aussuchen.

Falls der Kunde **Informationen** benötigt („Wo finde ich denn Zitronen?"), sollte man zur Stelle sein und z. B. Einräumarbeiten sofort unterbrechen. Wenn es offensichtlich ist, dass Kunden nicht zurechtkommen *(Senioren, Kinder)*, dann empfiehlt es sich diese anzusprechen und Hilfe anzubieten.

Kundenansprüche und Anbietformen

LF 2

In vielen Fällen kommt es bei der **Selbstbedienung** erst an der **Kasse** zum ersten **Kontakt** mit dem Verkaufspersonal.

Dessen Verhalten ist hierbei von besonderer Bedeutung (vgl. LF 3; Kap. 1.2). Es muss das **Ziel** sein eine **positive Beziehung** zum Kunden aufzubauen, auch wenn die Begegnung nur wenige Minuten oder gar Sekunden dauert. Betriebe aus Branchen, in denen die Selbstbedienung vorherrscht *(Discounter, Baumärkte, Elektrofachmärkte)*, unterscheiden sich kaum hinsichtlich ihres Sortiments.

Wer hier eine langfristige **Kundenbindung** erreichen möchte, tut gut daran eine **positive Verkäufer-Kundenbeziehung** zu fördern und zu festigen.

© Wincor Nixdorf, Paderborn

■ Kontaktaufnahme bei Vorwahl

Das **Vorwahlsystem** hat sich auch dort durchgesetzt, wo **beratungsbedürftige** Artikel angeboten werden. Es erlaubt dem Kunden sich sowohl **selbstständig** umzuschauen, als auch bei Bedarf **Kontakt** zum **Verkäufer** aufzunehmen. Meist wollen sich die Kunden aber zuerst ungestört umsehen.

Die **Kunden** erwarten bzw. benötigen jedoch eine **Beratung** durch das Verkaufspersonal, wenn sie

© METRO Group, Düsseldorf

> sich im Warenangebot nicht zurechtfinden,
> keine geeignete Ware *(Farbe, Größe, Modell)* finden,
> mit der Ware nicht allein umgehen können *(Handy, Navigationsgerät)*,
> keine Kaufentscheidung treffen wollen oder können,
> kein Zubehör finden *(Staubsaugerbeutel, Pflegemittel)*,
> Unterstützung benötigen, da die Ware abgemessen oder gewogen werden muss *(Kleiderstoff)*,
> Informationen benötigen, da die Ware erklärungsbedürftig ist *(Digitalkamera)*.

Die **Kundenansprache** beim **Vorwahlsystem** hängt davon ab, in welcher **Situation** sich der **Kunde** befindet.

Kontaktaufnahme

Kundensituation	Verkäuferreaktion
Kunde spricht den Verkäufer direkt an: „Ich suche Duschköpfe, können Sie mir mal was zeigen?"	„Aber gerne! Die finden Sie in unserem Badeparadies!" Der Verkäufer begleitet den Kunden in die entsprechende Abteilung.
Kunde sucht den Kontakt durch Blicke oder geht auf den Verkäufer zu.	„Was kann ich für Sie tun?"; „Ich helfe Ihnen gerne!" Der Verkäufer zeigt durch eine zugewandte Körperhaltung, dass er für den Kunden da ist.
Kunde beschäftigt sich bereits mit der Ware; z. B. betrachtet er sie, hält sie in der Hand, probiert sie aus, liest Informationen wie Pflegehinweise oder Produktinformationen auf der Verpackung.	Allgemein: „Das ist unser Spitzenmodell!"; „Ziehen Sie die Jacke doch mal an!" Hinweise auf bestimmte Wareneigenschaften: „Die Bedienung ist ganz einfach, schauen Sie mal!" „Dieses Modell bekam bei der Stiftung Warentest als Einziges ein Sehr gut!"

Beachten Sie körpersprachliche Signale des Kunden, die besagen: „Hallo Verkäufer, ich brauche deine Hilfe!" Solche Kunden
- blicken suchend umher,
- probieren, vergleichen und prüfen Waren,
- kratzen sich am Kopf, halten Finger an Nase und Kinn,
- zucken mit den Schultern oder machen ein ratloses Gesicht

■ Kontaktaufnahme bei Bedienung (Vollbedienung)

Bei **Vollbedienung** ist es für den Kunden **nicht** möglich, ohne Verkaufsmitarbeiter an die Ware zu gelangen.

© Kaufhof AG, Köln

Dies ergibt sich aus **zwei** Gründen:
1. Die Ware darf aufgrund gesetzlicher Vorschriften nur in Bedienung angeboten und verkauft werden *(offene Lebensmittel, bestimmte Pflanzenschutzmittel)*.
2. Es handelt sich um hochwertige, wertvolle oder erklärungsbedürftige Waren *(Schmuck, Uhren, hochwertige Schreibgeräte, Einrichtungsgegenstände)*.

Kundenansprüche und Anbietformen

LF 2

Positive und nachhaltige Beziehung aufbauen

Nirgends sonst kommt es zu einer so **intensiven** Verkäufer-Kunden-Beziehung wie bei der **Bedienung**. Von der **Begrüßung** bis zur **Verabschiedung** kann eine Beratung viel **Zeit** in Anspruch nehmen *(Kauf eines Hochzeitkleides, Beratung beim Kauf einer Einbauküche)*. Damit das Beratungsgespräch für alle Beteiligten zufriedenstellend verläuft, muss schon in der K**ontaktphase** eine **positive** Beziehung zum Kunden aufgebaut werden. Die Beachtung der folgenden **drei Schritte** hilft dabei:

Erster Schritt: Ich nehme so schnell wie möglich Kontakt zum Kunden auf.

Kunden ärgern sich sehr, wenn das Verkaufspersonal sie warten lässt und z. B. in aller Ruhe Waren einräumt oder sich unterhält, ohne dass die Kunden beachtet werden.

Zweiter Schritt: Ich begrüße den Kunden.

Man kommt dem Kunden freundlich entgegen und nickt ihm freundlich zu.

Kunden, die einem persönlich bekannt sind, spricht man mit Namen an, z. B. „Guten Morgen Frau Ulmer!" – „Grüß Gott Herr Hofer!" – „Hallo Tanja!"

Kennt man den Namen nicht, spricht man die Kunden nur mit der für die Tageszeit üblichen Grußformel an *(„Guten Morgen, bitte sehr?")*. Verlegenheitsformulierungen wie „junge Frau", „mein Herr" oder „Frau äh, äh" sind zu unterlassen.

Bei Aushändigungsverkäufen in Bedienungsbereichen *(Fleisch, Wurst, Käse, Backwaren)* sollten Formulierungen wie „Was darf es denn sein?" oder „der Nächste bitte!" unbedingt vermieden werden! Hier genügen oft schon ein fragender Blick und ein freundliches „bitte?"

Dritter Schritt: Ich trage dazu bei, dass sich die Kunden bei uns wohlfühlen.

Wartenden, älteren, erschöpften oder behinderten Kunden bietet man – sofern möglich – einen Platz an. Begleitpersonen der Kunden können in die Beratung mit einbezogen werden. Kinder der Kunden werden beschäftigt, damit die Eltern in Ruhe einkaufen können.

Eine positive „Wohlfühlstimmung" des Kunden kann in jedem Einzelhandelsgeschäft erzeugt werden. Wird diese Stimmung nicht auch durch eine besonders attraktive Warenpräsentation oder ein einzigartiges Sortiment mit geschaffen, dann nimmt die Bedeutung des Verkaufspersonals entsprechend zu.

> Unabhängig von der Bedienungsform gelten folgende Grundregeln bei der Kontaktaufnahme:
> - Wer sich nur umschauen will, wird vom Verkaufspersonal nicht bedrängt. Man sollte aber signalisieren, dass man auf Wunsch gerne berät.
> - Blickkontakt, ein freundliches Lächeln, eine entspannte Körperhaltung und gelegentliches Kopfnicken beim Zuhören (= aktives Zuhören) wirken sich positiv auf den Kontakt zum Kunden aus.
> - Zwischen Verkäufer und Kunde muss der richtige Gesprächabstand eingehalten werden. Richtig bedeutet hier, dass sich der Kunde nicht unwohl oder gar belästigt fühlt. Wenn es zum Kunden keine enge Beziehung gibt (Bekannter, Freund, Familienangehöriger), dann sollte eine Distanz von ca. 60 cm bis 1,20 m gewahrt werden.

AKTION

1 Was unternehmen Sie, wenn ein Stammkunde Ihr Geschäft betritt? Formulieren Sie je ein Beispiel für Beschaffungskauf, Aushändigungskauf, Beratungsverkauf, Animationsverkauf aus Ihrem Einsatz- oder Erfahrungsbereich!

2 Wie verhalten Sie sich gegenüber Kunden, die sich in Ihrem Geschäft nur umsehen wollen? Notieren Sie ein Beispiel!

3 Wie sprechen Sie Kunden an, die sich mit der Ware aus Ihrem Ausbildungssortiment beschäftigen? Formulieren Sie fünf Beispiele, wie Sie Kunden über die Ware ansprechen können!

4 Wie unterscheidet sich in der Regel die Kontaktaufnahme zwischen Kunde/Kundin und Verkaufspersonal bei einem

a) Beschaffungskauf (Selbstbedienung),
b) Beratungskauf (Bedienung),
c) Animationskauf (Vorwahlsystem)?

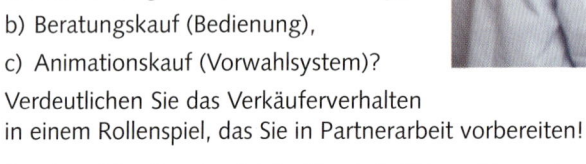

Verdeutlichen Sie das Verkäuferverhalten in einem Rollenspiel, das Sie in Partnerarbeit vorbereiten!

5 Durch welche Signale gibt der Kunde bei Vorwahl zu erkennen, dass er angesprochen werden möchte? Führen Sie Ihrer Klasse fünf typische Beispiele vor!

6 Demonstrieren Sie in Rollenspielen die richtige Kontaktaufnahme zu Ihren Kunden:

a) Ein junges Mädchen betritt ein Jeansgeschäft (Vorwahlsystem). Zwei Verkäufer stehen hinter einem Verkaufsregal und unterhalten sich.
b) Eine Frau mit zwei kleinen Kindern betritt ein Wollfachgeschäft (Bedienung). Die Verkäuferin sieht die Kundin eintreten.
c) Eine Dame besucht ein Feinkostgeschäft (Bedienung). Die beiden Verkäuferinnen dekorieren gerade die Schinkentheke.
d) Ein Kunde hält sich im Supermarkt (Selbstbedienung) schon seit längerer Zeit vor dem Regal mit den Parfüms auf.

7 Zeigen Sie in einem Rollenspiel asiatische Höflichkeit!

Situation: Sie arbeiten in der deutschen Filiale einer exklusiven japanischen Textilkaufhauskette. Wie in Japan üblich, werden auch in Deutschland die Kunden beim Betreten des Hauses von speziellem Empfangspersonal begrüßt.

Ihre Aufgabe: Sie begrüßen eine Kundin/einen Kunden und fragen nach den Wünschen. Sie begleiten die Kundin/den Kunden in die entsprechende Abteilung und übergeben sie/ihn an das dortige Verkaufspersonal.

Bedenken Sie bei der Durchführung dieses Rollenspiels: Die Direktion erwartet ein besonders höfliches Verhalten, wie es in Japan üblich ist!

Bedarfsermittlung beim Beratungsverkauf

LF 2

5 Bedarfsermittlung

Wissen Kunden eigentlich nie, was sie wollen?

■ SITUATION

Mittags in der Kantine des Warenhauses Merkur. Sina und Maria, beide Auszubildende im ersten Jahr, treffen sich zum Mittagessen. Sina wundert sich, dass Maria ziemlich unfreundlich und gestresst wirkt.

Sina: „Sag mal, Maria, was ist denn los? So kenne ich Dich gar nicht."

Maria: „Du, ich kann Dir sagen, heute sind nur Kunden unterwegs, die nicht wissen, was sie wollen und mir das Leben schwer machen!"

Sina: „Also, ich habe da keine Probleme!"

Maria: „Du hast gut reden! In Deinem Backshop ist das alles viel einfacher! Da wissen die Kunden doch, was sie wollen. Aber bei mir in der DOB!"

Sina: „Wie versuchst Du denn herauszufinden, was die Kunden für Wünsche haben?"

Maria: „Ich frag 'ne Menge. Nach der Form, der Farbe, dem Preis, dem Hersteller usw. Die meisten Kunden gucken aber nur verwundert und drucksen herum!"

Sina: „Hast Du schon mal versucht, gleich zu Anfang des Gesprächs Ware zu zeigen?"

Maria: „Eigentlich nicht, ich muss doch erst wissen, was ich zeigen soll, oder?"

> Beurteilen Sie Marias Verhalten.

■ INFORMATION

Nach der Begrüßung und Kontaktaufnahme mit dem Kunden erfolgt in einer weiteren Phase des Verkaufsvorgangs die **Ermittlung** des **Kundenwunsches**. Dabei muss es das Ziel sein, möglichst viel vom Kunden darüber in Erfahrung zu bringen, wozu er die Ware nutzen und verwenden möchte. Dazu dienen **Fragen** an den Kunden.

Allerdings bedeutet dies nicht, den Kunden mit Fragen derart zu überhäufen, dass dieser sich wie in einem Verhör vorkommt.

5.1 Bedarfsermittlung beim Beratungsverkauf

■ Positive Gesprächsatmosphäre durch Vertrauensauslöser

Vertrauensauslöser sind verkaufsfördernde Formulierungen des Verkaufspersonals nach der Kontaktaufnahme und der Nennung des Kaufwunsches. Sie lösen bei den Kunden positive und angenehme Empfindungen aus, die für das weitere Verkaufsgespräch von großer Bedeutung sind, denn sie signalisieren: Hier bemüht man sich, das Richtige zu finden, und man geht auf die Kundenwünsche und -probleme ein.

> **Beispiele:** „Da finden wir bestimmt was Passendes für Sie!"
> „Bei Brettspielen können wir Ihnen eine außergewöhnlich reichhaltige Auswahl bieten!"
> „Auf solche Wünsche haben wir uns besonders spezialisiert!"

■ Durch Fragen im Verkaufsgespräch führen und es lenken

Um möglichst schnell die notwendigen Informationen über die vom Kunden gewünschte Ware oder Dienstleistung zu erkunden, benutzen erfolgreiche Verkäufer spezielle **Fragetechniken**. Dabei ist zwischen **Frageabsicht** und **Frageform** zu unterscheiden.

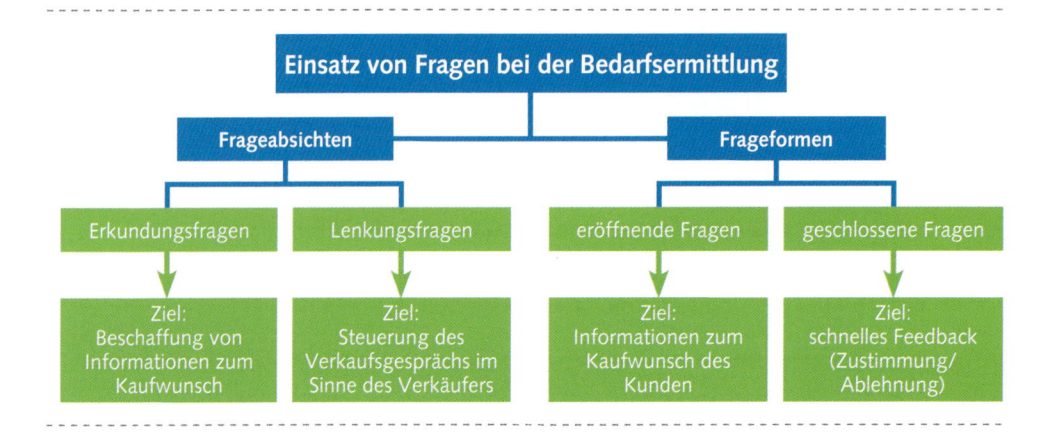

Einsatz von Fragen bei der Bedarfsermittlung

- **Frageabsichten**
  - Erkundungsfragen — Ziel: Beschaffung von Informationen zum Kaufwunsch
  - Lenkungsfragen — Ziel: Steuerung des Verkaufsgesprächs im Sinne des Verkäufers
- **Frageformen**
  - eröffnende Fragen — Ziel: Informationen zum Kaufwunsch des Kunden
  - geschlossene Fragen — Ziel: schnelles Feedback (Zustimmung/Ablehnung)

Eröffnende und geschlossene Fragen

Ein Sprichwort besagt: **„Die beste Antwort der erhält, der seine Fragen richtig stellt."**

Auf ein Verkaufsgespräch übertragen bedeutet dies: Fragen sind an die Kunden so zu formulieren, dass sich der Verkäufer durch die Antworten besonders gut auf die Kunden einstellen kann. Kunden empfinden es als angenehm, wenn sie erkennen, dass sich der Verkaufsberater in ihre Lage versetzen kann. Damit wird Vertrauen geschaffen und die Käufer werden ermuntert, über ihre Einkaufswünsche zu sprechen.

Das folgende **Gespräch** zwischen Verkäuferin und Kundin ist ein **Beispiel** dafür, wie man durch **falsche** Fragetechnik Kunden **verlieren** kann.

> **Beispiel A:** Im Textilgeschäft begrüßt eine Verkäuferin (V) ihre Kundin (K) und verbindet damit die Frage:

V: „Kann ich Ihnen helfen?"
K: „Ich suche einen Rock."
V: „Haben Sie schon bestimmte Vorstellungen?"
K: „Nein, ich weiß nicht!"
V: „Möchten Sie einen einfarbigen Rock?"
K: „Nein, eigentlich nicht!"

Bedarfsermittlung beim Beratungsverkauf

LF 2

V: „Soll es etwas Buntes sein?"
K: „Das kommt darauf an!"
V: „Möchten Sie denn etwas Sportliches?"
K: „Sportlich, ... nicht direkt."
V: „Möchten Sie einen eleganten Rock?"
K: „Nein, zu elegant soll er auch nicht sein!"
V: (zeigt Kundin einen Wickelrock) „Wäre dieser das Richtige?"
K: „Nein, der gefällt mir nicht."
V: „Wie wäre es mit einem Faltenrock?"
K: „Ach, Faltenröcke mag ich nicht. Wissen Sie, ich überlege es mir noch einmal."
V: „Gut, auf Wiedersehen."
K: „Auf Wiedersehen!"

In diesem Beispiel formuliert die Verkäuferin acht Fragen, für welche die Kundin noch gar nicht „reif" war. Die Fragen dieser Verkäuferin sind schlechte Grundlagen für die Ermittlung des Kundenwunsches. Sie beginnen mit einem Verb (Tätigkeitswort) und zwingen die Kunden, mit „Ja" oder „Nein" zu antworten (Entscheidungsfragen). Diese Antworten helfen Ihnen bei der Wunschermittlung kaum weiter.

Sehen Sie sich die Fragen genauer an! Auf alle Fragen kann die Kundin nur mit „Ja" oder „Nein" antworten. Wenn das nicht geht, wie in unserem Beispiel, weicht sie aus. Antworten wie „eigentlich nicht" helfen der Verkäuferin nicht weiter.

Im zweiten **Verkaufsgespräch** wird die **Fragetechnik** so eingesetzt, dass es zu einer **erfolgreichen** Verkaufshandlung kommt.

» Beispiel B:

V: „Wie kann ich Ihnen helfen?"
K: „Ich suche einen Rock."
V: „Zu welcher Gelegenheit möchten Sie den Rock tragen?"
K: „Ich brauche ihn für die tägliche Arbeit im Büro!"
V: „Und worauf legen Sie Wert?"
K: „Er soll ziemlich neutral aussehen".
V: (zeigt Kundin einen hellroten Rock) „Diesen Rock können Sie zu allen Gelegenheiten tragen. Er ist knitterarm und Sie können ihn selbst waschen."
K: „Ja, so etwas Ähnliches habe ich mir vorgestellt."

Durch eröffnende Fragen, die mit einem **Fragewort** (wie, wozu, welche, wann usw.) eingeleitet werden, erhalten Sie sehr schnell konkrete Informationen, die Sie brauchen, um Ihren Kunden geeignete Waren anbieten zu können. Je früher der Kunde Ware oder Anschauungsmaterial sieht, desto schneller und leichter kann er eine Kaufentscheidung treffen.

W-Fragen sind der Schlüssel zum Kundenwunsch

5.2 Arten der Bedarfsermittlung

Der **Bedarf** der Kunden kann auf **zwei** Arten ermittelt werden.

Bedarfsermittlung	
Direkt	**Indirekt**
Eröffnende (offene) Fragen veranlassen den Kunden über seine Kaufabsichten nachzudenken und dem Verkäufer mitzuteilen, für welche Gelegenheit und für welchen Einsatzbereich die Ware bestimmt ist.	Nach nur wenigen, orientierenden Fragen legt der Verkäufer Ware als „Testangebot" dem Kunden vor. Dieser äußerst sich verbal und/oder nonverbal dazu und lässt somit Rückschlüsse auf seine Kaufwünsche zu.
» Beispiel: K: „Ich brauche einen neuen Anzug!" V: „Zu welcher Gelegenheit wollen Sie den Anzug tragen?" K: „Hauptsächlich zu festlichen Anlässen." **oder** K: „Bei Ihnen gibt es doch Geschenkkörbe!" V: „Für wen ist er denn bestimmt?" K: „Für unseren Chef, der wird sechzig Jahre alt."	**» Beispiel:** K: „Ich brauche einen Mantel." V: „Einen Wintermantel?" K: „Oh ja, ich habe nur einen Übergangsmantel aus sehr leichtem Material." V: „Hier (die Verkäuferin nimmt einen Mantel vom Ständer) das neueste Modell von Montana in der jetzt aktuellen Dreiviertel-Länge mit Lederapplikation." K: „Ja, so was habe ich mir vorgestellt, darf ich mal probieren?"

■ Direkte Bedarfsermittlung

Sinnvolle Anwendung im Verkaufsgespräch

Die **direkte** Bedarfsermittlung **empfiehlt** sich immer dann, wenn der Verkäufer beim Kunden ein **besonderes** Problem erkennt, das meist nur durch eine intensive **Beratung** gelöst werden kann.

> **Beispiel:** Ein Kunde interessiert sich in einem Fotofachgeschäft für Digitalkameras. Da er sich offensichtlich damit nicht auskennt, stellt der Verkäufer mehrere Fragen, die ihm ein klares Bild darüber verschaffen, was der Kunde eigentlich für Vorstellungen hat:
> - Was möchten Sie hauptsächlich fotografieren?
> - Worauf legen Sie besonderen Wert?
> - Was ist Ihnen nicht so wichtig?
> - Welche Erfahrung haben Sie bisher mit Fotografieren?

Fehler bei der direkten Bedarfsermittlung

Normalerweise gibt es keine falschen Fragen, sondern nur falsche Antworten. Nicht so bei Fragestellungen im Verkaufsgespräch. Hier können **„falsche"** Fragen zu **negativen** Kundenreaktionen führen.

Arten der Bedarfsermittlung

Frageart	Beispiel	Falsch, denn ...
Fragen, die dem Kunden eine Antwort in den Mund legen	„So etwas wollten Sie doch schon immer mal haben, oder?"	der Kunde erkennt sehr schnell, dass ihm etwas eingeredet werden soll. Das kann zu Widerstand und Trotzreaktionen führen
Geschlossene Fragen	„Gefällt Ihnen die Farbe?"	da die Antwort nur „Ja" oder „Nein" sein kann, ist u. U. ein Gespräch sehr schnell zu Ende.
Entscheidungsfragen	„Wollen Sie den Drucker mit einer oder mehreren Farbpatronen?" „Wie viel soll es denn kosten?"	der Kunde muss sich in einer Phase des Verkaufsgesprächs entscheiden, in der er noch gar nicht die Besonderheiten der Ware (Argumentationsphase) kennengelernt hat.
Fragen nach der Größe	„Ist 42 richtig für Sie?" „Welche Schuhgröße haben Sie denn?"	bei Textilien und Schuhen sollte ein professioneller Verkäufer seinen Kunden die passende Größe zuordnen können.

■ Indirekte Bedarfsermittlung

Viele Kunden mögen es nicht besonders, dass man ihnen viele Fragen stellt, weil sie sich dann ausgefragt vorkommen. Bei der **indirekten Bedarfsermittlung** „kommt man schnell zur Sache". Dabei ist aber zu beachten, dass vom Verkäufer nicht wahllos ein Artikel nach dem anderen vorgelegt wird.

Wenn die **Warenvorlage** als Testangebot beim Kunden auf eine **positive** Reaktion stößt, erscheint der Verkäufer als besonders kompetent, da er sofort das Richtige präsentierte.

❯❯ Beispiel:

K: „Guten Tag, ich suche eine Kaffeemaschine."
V: „Kennen Sie schon die neue AromaPlus von Brauner mit dem Schnell-Brühsystem?"
K: „Das hört sich interessant an. Was bedeutet das?"
V: „Mit dem Aroma-Controller im Deckel der Kaffeemaschine regeln Sie den Kaffeegeschmack nach Ihren persönlichen Vorlieben, von mild bis kräftig, aber immer mit vollem Aroma."
K: „Das ist prima, denn mein Mann liebt den Kaffee eher kräftig und ich bevorzuge ihn mild. Wie sind denn da die Preise?"

Stößt das **Angebot** auf **Ablehnung**, erhält der Verkäufer Hinweise darauf, was der Kunde nicht möchte. Eine solche **Negativauswahl** hilft ebenfalls weiter, die gewünschte Ware vorzulegen.

Testangebote kundenorientiert präsentieren

Wenn ein Verkäufer seinem Kunden ein erstes oder auch zweites Testangebot unterbreitet, trifft er zwangsläufig eine **Vorauswahl** für den Kunden, **ohne** in den meisten Fällen dessen genauen **Bedarf** zu kennen. So könnte der Eindruck beim Kunden entstehen, der Verkäufer wolle durch die Vorauswahl ihn in seiner Entscheidungsfreiheit beschränken.

Um dies zu vermeiden, sind die **Testangebote** so zu **formulieren,** dass zwar ein möglicher **Nutzen** bereits angesprochen wird, aber es dennoch für den Kunden zu keiner zu frühen Festlegung auf bestimmte Waren kommt.

Dies erreicht man durch sogenannte **„Wenn-dann-Formulierungen".** Im **„Wenn-Teil"** wird ein möglicher **Kundenbedarf** formuliert und im **„Dann-Teil"** werden die dazu passenden **Warenmerkmale** genannt.

> **Beispiel:** Kundin sucht einen Espresso-Kaffeeautomat

V: „**Wenn** Sie Wert auf einfache und problemlose Reinigung legen, **dann** empfehle ich eine Maschine von Zakussi. Hier sind alle Kaffeevollautomaten mit der herausnehmbaren Brühgruppe ausgestattet. Dies ermöglicht eine einfache tägliche Reinigung des Geräteinnenraums und der Brühgruppe."

Besonderheiten beim Aushändigungsverkauf

Bei Waren, die dem **täglichen Bedarf** zuzuordnen sind *(Milchprodukte, Brot-und Backwaren, Zigaretten, Zeitungen, Zeitschriften),* sowie bei **Markenartikeln** ist eine Bedarfsermittlung meist nicht notwendig. In diesen Fällen äußern die Kunden ihren Kaufwunsch sehr klar und eindeutig, weil sie genau wissen, was sie kaufen möchten.

> **Beispiel:** Am Bahnhofskiosk: „Bitte eine Packung Marlboro, ein Schinkensandwich und noch den ‚Stern'!"

■ Bedarfsermittlung – Das Wichtigste auf einen Blick

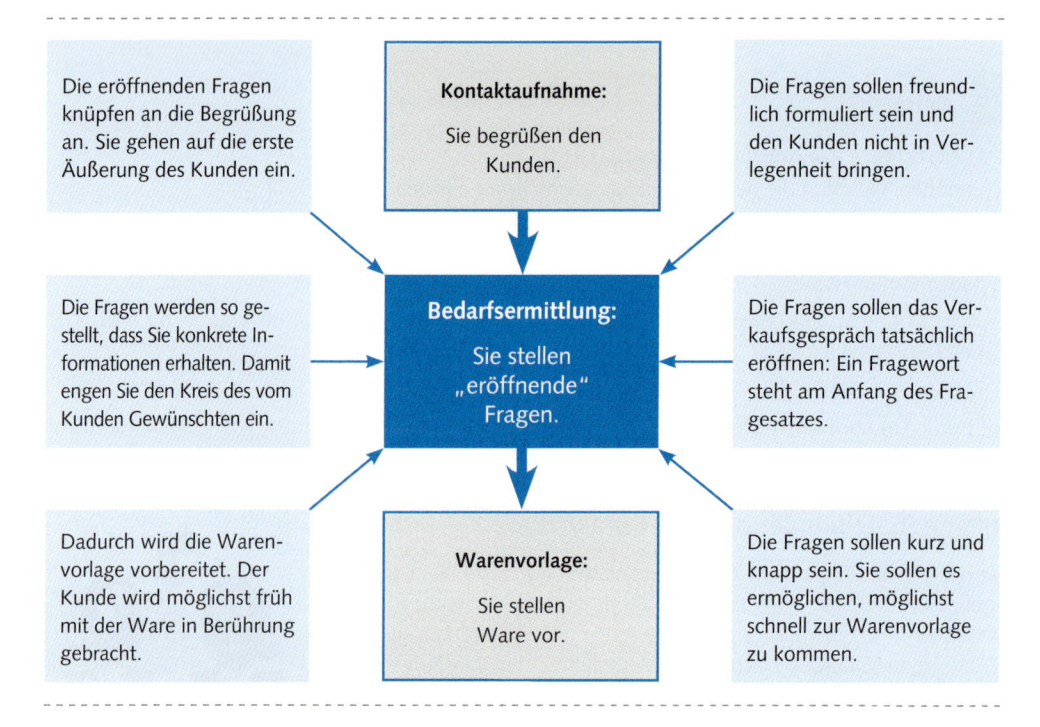

Kontaktaufnahme: Sie begrüßen den Kunden.

Die eröffnenden Fragen knüpfen an die Begrüßung an. Sie gehen auf die erste Äußerung des Kunden ein.

Die Fragen sollen freundlich formuliert sein und den Kunden nicht in Verlegenheit bringen.

Bedarfsermittlung: Sie stellen „eröffnende" Fragen.

Die Fragen werden so gestellt, dass Sie konkrete Informationen erhalten. Damit engen Sie den Kreis des vom Kunden Gewünschten ein.

Die Fragen sollen das Verkaufsgespräch tatsächlich eröffnen: Ein Fragewort steht am Anfang des Fragesatzes.

Warenvorlage: Sie stellen Ware vor.

Dadurch wird die Warenvorlage vorbereitet. Der Kunde wird möglichst früh mit der Ware in Berührung gebracht.

Die Fragen sollen kurz und knapp sein. Sie sollen es ermöglichen, möglichst schnell zur Warenvorlage zu kommen.

Arten der Bedarfsermittlung

■ AKTION

1 Erklären Sie den Unterschied von Entscheidungsfragen und eröffnenden Fragen an einem von Ihnen gewählten Beispiel.

2 Untersuchen Sie die Ermittlung des Kundenwunsches in diesem Verkaufsgespräch:

Eine Kundin betritt das Geschäft. Eine Verkäuferin geht lächelnd auf sie zu und begrüßt sie freundlich:

V: „Guten Tag, kann ich Ihnen helfen?"

K: „Guten Tag, ich suche ein paar Schuhe."

V: „Ja gern! Haben Sie an etwas Bestimmtes gedacht?"

K: „Eigentlich noch nicht. Ich wollte mich nur einmal umsehen, was Sie so da haben."

V: „Möchten Sie denn lieber einen eleganten Schuh oder darf er etwas sportlich gearbeitet sein?"

K: „Das weiß ich noch nicht so genau, er muss mir nur gefallen."

V: „Soll er denn eine bestimmte Farbe haben?"

K: „Ich weiß nicht. Ich müsste mir die Schuhe erst einmal ansehen."

V: „Möchten Sie einen Schuh mit Ledersohle?"

K: „Das kommt darauf an . . ."

a) Notieren Sie die Fehler der Verkäuferin.

b) Wie hätten Sie den Wunsch der Kundin erfragt? Schreiben Sie das Verkaufsgespräch so auf, wie Sie es geführt hätten.

3 Erarbeiten Sie je drei eröffnende Fragen für folgende Kundenwünsche:

a) „Ich schaue nach einem Fahrrad!"

b) „Also, mein Neffe will einen Ball."

c) „Haben Sie gute Füllfederhalter da?"

d) „Ich brauche eine Schachtel Pralinen."

4 Üben Sie in Partnerarbeit die Ermittlung des Kundenwunsches an folgenden Beispielen:

a) Ein älterer Herr sucht eine Stehlampe.

b) Eine junge Dame wünscht eine Tischdecke.

c) Ein Jugendlicher will ein Sweatshirt kaufen.

d) Eine ältere Dame möchte sich über DVD-Player informieren.

e) Ein etwa 18-jähriges Mädchen möchte Zierfische kaufen.

f) Ein ca. 30-jähriger Mann interessiert sich für einen PC.

g) Eine Stammkundin fragt nach Sherry.

5 Erläutern Sie den Unterschied zwischen direkter und indirekter Bedarfsermittlung.

6 Ermitteln Sie zu den folgenden Kundenäußerungen durch mindestens zwei Fragen den Verwendungszweck von Waren, die Sie in Ihrem Ausbildungssortiment führen. Orientieren Sie sich am folgenden Beispiel:

Kundenäußerung	Direkte Bedarfsermittlung	Indirekte Bedarfsermittlung
„Ich suche für meine Enkelin ein Kuscheltier."	„Wie alt ist Ihre Enkelin?"	„Wenn Sie etwas suchen, was aus dem Fernsehen bekannt ist, dann wäre Taps, der Tiger, genau richtig!"

7 Laura hat sich entschlossen, in der städtischen Musikschule Keyboard spielen zu lernen. Sie sind Verkaufsberater im Musikfachgeschäft Pro-Musica.

Formulieren Sie drei verkaufsfördernde Vertrauensauslöser.

8 Rollenspiel

Ausgangssituation: Eine etwa 20-jährige Frau steht in einem Elektronikfachmarkt vor dem Verkaufsregal mit schnurlosen Telefonen.

Spielanweisung Verkäufer:	Spielanweisung Kundin:
Sie nehmen situationsgerecht Kontakt auf und ermitteln mit offenen Fragen den Kundenbedarf.	Sie antworten auf die Fragen des Verkäufers und lassen sich verschiedene Modelle zeigen.

9 Zur indirekten Bedarfsermittlung gehört das Anbieten von Testangeboten. Besonders erfolgversprechend ist es, wenn man *Kundenbedarf* und *Warenmerkmale* passend kombiniert (*„Wie Sie gerade sagten, werden Sie bei Ihren Wanderungen im Urlaub auch immer wieder auf steinigen Untergrund treffen. Da empfehle ich Ihnen diesen leichten und flachen Wanderschuh mit einer sehr festen Sohle, die eine hohe Trittsicherheit gewährleistet"*).

a) Kombinieren Sie anhand der folgenden Übersicht Kundenbedarf und Warenmerkmal:

Ware	Herrenanzug
Kundenbedarf	› für die Berufstätigkeit › für die Freizeit › für eine Urlaubsreise › für festliche Anlässe
Warenmerkmale	› Material (Wolle, Baumwolle, Leinen, Seide usw.) › Herstellungsverfahren › Pflegeeigenschaften (reinigen, waschbar usw.) › Aussehen (hochmodisch, zeitlos, konservativ usw.)

b) Entwickeln Sie zu folgenden Waren ein passendes Schema „Kundenbedarf und Warenmerkmal": Stuhl, Kleid, Leuchte, Sportschuh, Krawatte.

c) Unterbreiten Sie Kunden Testangebote mit den unter a) und b) genannten Waren und benutzen Sie dabei „Wenn-dann"-Formulierungen.

Einflüsse auf die Kaufmotive

LF 2

6 Kundenerwartungen und Kaufmotive

„Kommissar" Verkäufer: Was ist das Motiv?

■ **SITUATION**

Ich brauche eine neue Uhr ...

... weil die alte ungenau geht!

... weil ich mir mal was gönnen möchte!

... weil eine neue Uhr mein Selbstwertgefühl hebt!

... weil mein Kollege mit einer neuen Uhr aufgefallen ist!

Abb. Der Eisbergeffekt

> Was soll durch den „Eisbergeffekt" verdeutlicht werden?

■ **INFORMATION**

Niemand tut etwas, ohne damit irgendeinen Nutzen anzustreben. Diese Erkenntnis trifft auch für den Kauf von Waren und Dienstleistungen zu. Dieser Nutzen kann sowohl im **Gebrauchswert** einer Ware liegen *(Funkuhr mit genauer Uhrzeit)* als auch im **Geltungswert** *(Nobelmarke)*.

Die **Beweggründe**, sich für eine Ware zu interessieren und sie gegebenenfalls auch zu erwerben, bezeichnet man als **Kaufmotive**.

6.1 Einflüsse auf die Kaufmotive

Der **Verstand** und die **Gefühle** sind unterschiedliche **Antriebskräfte** des Menschen, und manchmal liegen sie im Streit miteinander. Man hat deshalb versucht, die Kaufmotive aufzuteilen in rationale (verstandesmäßige) und emotionale (gefühlsmäßige) Kaufgründe.

Kundenerwartungen und Kaufmotive

Rationale (verstandesmäßige) Kaufmotive	Emotionale (gefühlsmäßige) Kaufmotive
Geldersparnis	Genusserleben
Zeitersparnis	Prestigedenken
Wunsch nach Qualität	Nachahmungstrieb
Gesundheitsbewusstsein	Verschwendungssucht
Umweltbewusstsein	Neugier
Verantwortung gegenüber Angehörigen	Gefühlsüberschwang

» Beispiel: Ein kaufmännischer Angestellter (33 Jahre) schwärmt für rasante Sportwagen und ist begeistert von dem Modell Carat GT 3000. Allerdings ist er verheiratet und hat zwei kleine Kinder, die mehr Platz benötigen, als der Sportwagen bietet. Er fühlt sich gegenüber seiner Familie verantwortlich und weiß, dass schnelles Fahren das persönliche Risiko erhöht. Außerdem sagt ihm sein Verstand, dass schnelles Fahren die Umwelt belastet. Nach längerem Überlegen und nach einem Gespräch mit seiner Frau entscheidet er sich für den Carat-Kombi 2000. Er tröstet sich damit, dass der Preis des Kombi um mehr als 4.000 € niedriger ist, und dass auch Benzinverbrauch und Versicherung günstiger sind.

In diesem Beispiel vermischen sich Gefühle und Begeisterung, Rücksicht auf die Familie, Sachkenntnisse und persönliche Werte, Nutzen- und Preisüberlegungen. Zum Kauf einer Ware führt meistens nicht nur ein einziges Motiv. Fast immer sind es mehrere Motive, die ein **„Motivbündel"** bilden.

» Beispiel: Wenn Jugendliche Bekleidung und Schuhe kaufen, dann oft weniger aus Bequemlichkeit oder der Qualität wegen, sondern der Kauf erfüllt wichtige jugendliche Grundbedürfnisse, wie z. B. die Anerkennung und Integration in der Clique, oder es wird über den Kauf die eigene Persönlichkeit „definiert".

Antriebskräfte
Gefühle
persönliche Werte
Einstellungen

sozialer Status
Alter, Bildung
Familie, Freundeskreis
Beruf, Wohnort

Kaufmotive

Informationsstand
Produktinformationen
Bekanntheitsgrad
Werbung, Tests

verfügbare Mittel
Einkommen
Ersparnisse
Kreditaufnahme

Abb. Einflussgrößen auf die Kaufmotive

Entwicklung der Kundenerwartungen

Durch den **Eisbergeffekt** ergeben sich **Probleme** für den **Verkauf**. Das Verkaufspersonal muss auf Kaufmotive eingehen, die die Kunden nicht ausdrücklich nennen. Das ist nur möglich durch die gründliche Beobachtung der Kunden und durch die Kenntnis aktueller Entwicklungen bei den Kundenansprüchen.

6.2 Entwicklung der Kundenerwartungen

Wie haben sich die Kundenerwartungen und -ansprüche in den letzten Jahren entwickelt und wie wird es weitergehen? Das untersuchen Markt- und Konsumforscher in Unternehmen und Instituten.

Die Konsumforscher haben in den letzten Jahren eine Entwicklung festgestellt, von der sie sicher sind, dass sie sich in der Zukunft fortsetzen wird. Es handelt sich um die **„Polarisierung"** der Konsumentenansprüche. Früher hatte die Mehrheit der Konsumenten ein mittleres (und unteres) Anspruchsniveau. Jetzt verschieben sich die Ansprüche von der Mitte zu den Extremen (Polen).

■ Versorgungskäufe

Einkaufen auf dem unteren Anspruchsniveau bedeutet **Basisversorgung** („nur das Notwendige"), bei der die Kunden hauptsächlich auf den Preis schauen. Diese Kunden wollen (oder müssen!) einfache und preiswerte Artikel für ihren Lebensunterhalt kaufen. Es handelt sich um **Versorgungskäufe**.

Dieser **Versorgungshandel** wird hauptsächlich von großen **Filialisten** betrieben und ist durch die **Discountstrategie** gekennzeichnet.

Abb. Versorgungskauf beim Discounter

■ Erlebniskäufe

Einkaufen auf einem **hohen Anspruchsniveau** bedeutet, dass die **Kunden** sich etwas **leisten** wollen und außerdem Unterhaltung beim Einkaufen suchen. Sie verlangen hohe Qualität und eine persönliche Bestätigung durch die Waren, mit denen sie ihren Lebensstil ausdrücken können.

Eine **spannend** gestaltete **Einkaufssituation** soll zu einem **Erlebnis** werden nach dem Motto: „Alles, außer langweilig!" Im Trend liegt eine Kombination von Einkauf und Unterhaltung, also eine Kombination von Handels- und Dienstleistungen. Diese Kombination finden die Kunden in besonders ausgeprägter Form in den sogenannten **„Urban Entertain-**

Abb. Weihnachtsdekoration im CentrO Oberhausen

ment Centers" (UEC). Hierbei werden Angebote vorwiegend erlebnisorientierter Einzelhandelsgeschäfte mit Unterhaltungs- und Gastronomieangeboten räumlich zusammengefasst.

■ Der „gespaltene" Konsument

Versorgungskäufer und **Erlebniskäufer** sind **nicht** immer **verschiedene** Personen. Natürlich können sich Menschen mit hohem Einkommen mehr Erlebniskäufe leisten als solche, die sich ihr Geld genau einteilen müssen. Aber bei einer immer größeren Zahl von **Kunden** wechselt deren Kaufverhalten von Situation zu Situation. Diese Kunden nennt man „gespalten", da sie beim Einkaufen gewissermaßen „zwei Gesichter" zeigen. Die Konsumforscher bezeichnen solche Kunden als **„hybride Kunden"** (hybrid = gemischt), d. h. sie zeichnen sich gleichzeitig durch ein sparsames als auch durch ein verschwenderisches Kaufverhalten aus.

Morgens Discounter und nachmittags shoppen in der Designerboutique!

Für eine wachsende Zahl an Kunden steht mal der Preis an erster Stelle, mal die Einkaufsatmosphäre; ein weiteres Mal die Bequemlichkeit oder das besondere Image der Einkaufsstätte. Sogenannte hybride Kunden decken zum Beispiel ihren täglichen Bedarf bei Discountern, tätigen aber gleichzeitig Versorgungs- und Impulskäufe an Tankstellenshops zu hohen Preisen. Der moderne Kunde ist anspruchsvoll, aufgeklärt und selbstbewusst. Außerdem vereint er immer häufiger gegensätzliche Verhaltensmuster: Heute Schnäppchenmarkt, morgen Luxus-Shopping.

METRO Group

Hybrides Kundenverhalten

Die Vorlieben und das Konsumverhalten des so genannten hybriden Kunden wechseln situativ: morgens Fitnessfrühstück, mittags Fastfood und abends das beste Restaurant der Stadt.

Gesundheit ist Trumpf
- Frei von Chemie
- Gesund, frisch
- Keine Gewissensbisse
- Fitness

Es lebe die Fertigkost
- Frei von Konventionen
- Keine Verpflichtungen
- Schnell und unkompliziert
- Preiswert

Champagner, Hummer & Co.
- Kenntnis von Etikette und Etiketten
- Demonstration von Kenner- und Könnerschaft
- Teuer

© metrogroup.de (Zukunftsbranche Handel)

Entwicklung der Kundenerwartungen

Für das **Verkaufspersonal** ergeben sich aus dieser Entwicklung entsprechende **Folgen**.

Im **Versorgungshandel** sind die Ansprüche an die Verkaufskenntnisse des Personals nur gering.

Im **Erlebnishandel** werden dagegen ziemlich hohe Anforderungen gestellt. Wer hier als Verkaufsberater tätig ist, der muss nicht nur über ein erstklassiges Fachwissen verfügen, sondern auch kundenorientiert beraten können.

> **Beispiel: Vom Shuttle Service bis zum Glas Champagner – ein Einkaufserlebnis der besonderen Art!**

Einkaufen, wie man es sonst nur aus Prominentenkreisen kennt, bietet das Fashion- und Lifestyle Unternehmen Breuninger in seinem Stuttgart Flagship Store. Der Breuninger „Special Service" bietet dem Kunden die Möglichkeit vor seinem Besuch eine „persönliche Kollektion" auf Basis von Konfektionsgröße, Stilvorlieben und Farbwünschen zusammenstellen zu lassen. Nachdem ein Termin vereinbart wurde, kann man sich entweder vom Breuninger Shuttle Service in einer Stuttgarter Nobelmarke abholen und nach dem Einkauf wieder nach Hause bringen lassen, oder man kommt mit dem eigenen Fahrzeug, für das selbstverständlich ein reservierter Parkplatz zur Verfügung steht. Die speziell geschulten Berater empfangen den Kunden in einer exklusiven privaten Atmosphäre, wo dieser bei Espresso und Champagner aus den aktuellen Kollektionen der renommiertesten Modeschöpfer wählen kann. Nach dem Einkauf wird man dann persönlich an seinem Fahrzeug verabschiedet.

Vergleich zwischen	
Versorgungshandel	**Erlebnishandel**
› niedriges Preisniveau	› hohes Preisniveau
› Selbstbedienung	› Beratung, Bedienung, Animation
› kaum Service; anonym	› vielfältige Serviceleistungen; persönlich
› einfaches Ladenlokal	› anregende Einkaufsatmosphäre
› Sonderangebote und Niedrigpreis-Artikel	› wechselnde Angebote mit Anregungs- und Erlebnischarakter
› hier verkaufen heißt: den Weg zur Ware weisen, Selbstbedienung ermöglichen, Ware aushändigen	› hier verkaufen heißt: beraten, animieren, Ware in Szene setzen
› hier einkaufen heißt: preisorientiertes Beschaffen, um den Bedarf zu decken; sich mit Sachen **versorgen**.	› hier einkaufen heißt: erlebnis- und freizeitorientiertes Shopping; Unterhaltung und Spannung beim Einkauf **erleben**.

■ AKTION

1 Wählen Sie drei Artikel aus Ihrem Ausbildungssortiment. Geben Sie für jeden Artikel vier mögliche Kaufmotive an. Erläutern Sie, wodurch die einzelnen Kaufmotive beeinflusst werden!

2 Bereiten Sie einen Stichwortzettel vor zum Thema: „Warum ich über die Kaufmotive und Ansprüche meiner Kunden informiert sein muss!" Geben Sie die vorbereitete Stellungnahme vor der Klasse oder Gruppe ab!

3 Nennen Sie in den folgenden Fällen je ein Motiv und ein entsprechendes Argument, mit dem der Einkauf rationalisiert werden kann:

a) Ein Hobbyfußballer kauft sich teure Fußballstiefel, obwohl er bereits zwei Paar besitzt.

b) Eine Hausfrau kauft bei einem fliegenden Händler einen Gemüsehobel für 15 €, mit dem man Gemüse und Salate sehr dekorativ schneiden kann.

c) Ein junger Mann mit einer Vorliebe für Süßigkeiten kauft sich drei Packungen Pralinen „Ferrara Mocher" aus dem Sonderangebot im Supermarkt.

d) Eine sportlich orientierte Autofahrerin erwirbt Breitreifen mit Alu-Sportfelgen für ihren Wagen.

4 Erklären Sie an Ihrem eigenen Einkaufsverhalten, was ein „gespaltener Konsument" ist.

5 Stellen Sie am Beispiel Ihrer Ausbildungsbranche dar, welche Tätigkeiten bei der Kundenbetreuung im Versorgungshandel und im Erlebnishandel vom Verkaufspersonal gefordert werden.

7 Warenvorlage

Reden ist Silber – Zeigen ist Gold

■ SITUATION

Verkäuferin: „Fühlen Sie doch mal, wie angenehm sich der Stoff anfühlt, und die Zebraoptik ist in dieser Saison topmodisch. Sie haben sicher auch bemerkt, wie leicht dieses Kleid ist."

Wodurch weckt die Verkäuferin das Interesse der Kundin an der Ware?

Vier Regeln für eine wirkungsvolle Warenvorlage

■ INFORMATION

Die **Warenvorlage** schließt sich beim Beratungskauf an die Bedarfsermittlung an. Mit der Vorlage der Ware tritt der **Verkaufsvorgang** in eine **entscheidende** Phase.

Jetzt zeigt sich, ob es dem Verkaufspersonal gelungen ist, unter Berücksichtigung der Kaufmotive und der Nutzenerwartung ihrer Kundinnen und Kunden die passenden Artikel aus dem Sortiment zu zeigen.

Eine **geschickte** Warendarbietung:

› verkürzt die Verkaufshandlung,
› erzeugt Aufmerksamkeit und Interesse beim Kunden,
› intensiviert den Besitzwunsch.

Dabei ist stets die folgende **Grundregel** für eine **wirkungsvolle** Warenvorlage zu beachten:

› möglichst viele Sinnesorgane des Kunden bei der Vorlage ansprechen,
› Besonderheiten der Ware wirkungsvoll und anschaulich herausstellen,
› Waren wenn möglich vom Kunden ausprobieren *(technische Geräte)* oder anprobieren *(Textilien, Schuhe, Uhren, Schmuck)* lassen.

7.1 Vier Regeln für eine wirkungsvolle Warenvorlage

Reden ist Silber – Zeigen ist Gold!

Zeitpunkt der Warenvorlage

Wer etwas einkaufen möchte, der sucht Gegenstände, die er anschauen, anfassen und erfassen kann. Deshalb sind Kunden mehr an der Ware selbst interessiert als an langen und wortreichen Erklärungen. Für die Warenvorlage heißt das: Hinweise und Vorreden vermeiden oder nur ganz kurz halten. Die Kunden möglichst schnell mit der Ware in Kontakt bringen.

Alle guten Dinge sind drei!

Menge der gezeigten Artikel

Menschen haben nur ein beschränktes Aufnahmevermögen. Dies gilt besonders für Kunden, die sich nach Ware umsehen. Deshalb muss bei der Warenvorlage das Angebot überschaubar gehalten werden. Die Erfahrung zeigt: Drei Artikel kann eine Kundin oder ein Kunde überblicken, einschätzen und gegeneinander abwägen. Auch das Verkaufspersonal behält bei drei Artikeln die Übersicht.

Warenvorlage

Die goldene Mitte, eine gute Wahl!

Preislage der gezeigten Artikel

Jeder Kunde hat eine bestimmte Erwartung hinsichtlich des Preisniveaus seiner Einkäufe. Dieser Erwartung muss in etwa entsprochen werden, um Enttäuschungen zu vermeiden. Deshalb ist es meistens richtig, bei einer mittleren Preislage zu beginnen. Diese Ausgangslage ermöglicht es, je nach der Kundenreaktion, auf Waren in einer höheren oder niedrigeren Preislage auszuweichen.

Besonderheiten überzeugen!

Besonderheiten der Waren

Die Ware wird immer so gezeigt, dass ihre Besonderheiten für den Kunden deutlich werden.

>> **Beispiele:**
> - Uhren und Schmuck zeigt man auf einer dunklen Samtunterlage,
> - die Qualität von Lautsprecherboxen wird durch Abspielen einer CD verdeutlicht,
> - eine Krawatte wird am passenden Hemd wirkungsvoll zur Geltung gebracht.

7.2 Kunden bei der Warendarbietung aktiv beteiligen

Zu einer guten **Warenvorlage** bzw. **Warenvorführung** gehört es, den **Kunden** wenn möglich in die Präsentationsphase mit **einzubeziehen**.

Durch den unmittelbaren Kontakt wird der Kaufwunsch verstärkt.

Integration der Kunden bei der Warendarbietung

Beispiel Textilien: anfassen und anprobieren

Beispiel Unterhaltungselektronik: ausprobieren und bedienen

© METRO Group, Düsseldorf

7.3 Sinne der Kunden ansprechen

Bei der **Vorlage** der Waren sollten möglichst **viele Sinne** der Kunden angesprochen werden. Je mehr Sinne eingeschaltet sind, umso intensiver ist das Erleben!

sehen	Über 80 % der Eindrücke wird durch das Auge **(Sehsinn)** aufgenommen.
	» **Beispiele:** modischer Schnitt einer Jacke, auffälliges Design eines Sessels, ansprechende Form einer Vase.
hören	Angenehme „Töne" für das Ohr **(Hörsinn)** fördern die Kaufbereitschaft.
	» **Beispiele:** Sound einer HiFi-Anlage, leises Arbeitsgeräusch eines Staubsaugers, feiner Klang geschliffener Gläser.
fühlen	Durch den **Tastsinn** „begreift" der Kunde im doppelten Sinn.
	» **Beispiele:** Sitzkomfort eines Sofas, Griffgefühl bei Nordic-Walking-Stöcken.
riechen/ schmecken	Der **Geruchssinn** kann angenehme Eindrücke hervorrufen.
	» **Beispiele:** Aroma eines exotischen Gewürzes, Duft eines Parfüms, Geruch einer Lederhandtasche.
	Aber auch negative Eindrücke sind möglich.
	» **Beispiele:** Strenger Geruch von Käse und Fisch, ätzender Geruch bei importierten Billigwaren.
	Der **Geschmackssinn** wird vor allem bei Verkostungen angesprochen.
	» **Beispiele:** Wein, Käse, Wurst, Brot, Süßwaren.

» **Beispiele:** Ansprechen mehrerer Sinne bei einer bestimmten Ware.

sehen	Anschauen der Kamera, Blick auf das Display	Anblick des Designs und der Technik	Aussehen des Spielzeugs
hören	Geräusch beim Auslösen und Zoomen	Funktionsgeräusch beim Füllen der Flasche	–
fühlen	einfache Betätigung der Bedienungselemente, handlich	Betätigung der Bedienungselemente	Streicheln des Fells, Kuscheln
riechen/schmecken	–	Probieren des frisch gesprudelten Wassers	Eigengeruch des Spieltieres

LF 2

Warenvorlage

■ AKTION

1 Begründen Sie folgende Verkaufsstrategien schriftlich:

a) Ich bringe den Kunden schnell mit der Ware in Kontakt.

b) Ich lege meinem Kunden in der Regel ca. drei Angebote vor.

c) Ich beginne beim Warenangebot in der mittleren Preisklasse.

d) Ich behandle meine Ware im Verkaufsgespräch so, dass ihr Wert zur Geltung kommt.

e) Ich versuche während des Verkaufsgespräches, mehrere Sinne meiner Kunden anzusprechen.

2 Beurteilen Sie folgendes Verkaufsgespräch in einem Elektrofachgeschäft.

V: „Was soll es denn sein?"

K: „Ich brauche einen Föhn."

V: (entnimmt aus einem Regal einen Föhn) „Diesen Föhn kann ich Ihnen empfehlen. Ein Markengerät, bei dem wir noch nie Reklamationen hatten. Er ist sehr gut verarbeitet und auch sehr formschön."

K: „Was kostet dieser Föhn?"

V: „69 €."

K: „Das ist aber teuer!"

V: „Qualität hat ihren Preis. Ich kann Ihnen aber auch billigere Geräte zeigen."

K: „Ja?"

V: (holt einen zweiten Föhn) „Dieser Föhn kostet 19 €. Sie können ihn natürlich nicht mit den anderen Geräten vergleichen. Er hat nur 300 Watt."

K: „Der gefällt mir nicht. Ich überlege es mir noch einmal."

a) Welche Fehler macht dieser Verkäufer? Notieren Sie die Mängel.

b) Welches Verhalten empfehlen Sie dem Verkäufer? Schreiben Sie Ihren Vorschlag auf.

3 Üben Sie die Warenvorlage mit Artikeln, die jeder mit sich führt oder die in der Schule vorrätig sind: Motorradhelme, Armbanduhren, Schultaschen, Jacken, Handys.

a) Notieren Sie zunächst, auf welche Weise Sie möglichst viele Sinne ansprechen können.

b) Bilden Sie Zweiergruppen und legen Sie Ihrem Partner die Ware fachgerecht vor. Wechseln Sie anschließend die Rollen.

c) Führen Sie die Warenvorlage in der Klasse vor.

4 **Projekt:** Schlemmen im Klassenzimmer

Planen Sie ein Büffet für Käse, Wurst, Obst oder Salate, das besonders ansprechend gestaltet werden soll. Verteilen Sie die Vorbereitungen auf einzelne Gruppen und verwöhnen Sie gegenseitig Ihre Sinne.

Verkaufsargumentation

5 Wählen Sie Artikel aus, deren Wirkung auf den Kunden bei der Vorlage durch die Verwendung der folgenden Adjektive gesteigert wird:

- apart
- adrett
- brav
- blumig
- bezaubernd
- cool
- duftig
- dezent
- exklusiv
- erotisch
- feminin
- herb
- lässig
- nobel
- optimal
- rassig
- scharf
- zierlich

8 Verkaufsargumentation

Merkmal – Vorteil – Nutzen

■ SITUATION

> Ein Supergerät in Top-Ausstattung:
> 110 cm Breitbild LCD Bildschirm mit 6,2 Millionen Pixel Auflösung, integriertes DVB-Empfangsteil, HD ready, Bild im Bild-Funktion, Auto 16:9, Zoom Mode, Wiedergabe von Blu-ray Discs möglich, PC-Input und USB-Fotoanzeige, Mega-Text mit 2000-Seiten-Speicher, Virtual-Dolby-Surround-Sound, Automatische Senderprogrammierung, Kindersicherung, ...

1. Informieren Sie sich über die vom Verkäufer gebrauchten Fachbegriffe und argumentieren Sie dem Kunden gegenüber zuerst warenbezogen. Nutzen Sie zur Recherche auch das Internet.
2. Verbessern Sie die Argumentation durch eine kundenbezogene Argumentation im Sie-Stil.

Verkaufsargumentation

■ INFORMATION

Der Verkäufer in der Zeichnung hat den Kunden mit technischen Daten überhäuft und offensichtlich überfordert. Es ist dem Verkäufer nicht gelungen, die Vorteile, die das angebotene Fernsehgerät bietet, seinem Kunden deutlich zu machen, um so den Entscheidungsprozess des Kunden zu erleichtern.

Kunden kaufen Waren wegen des Nutzens, den sie aus ihnen ziehen. Deshalb sind Warenmerkmale in Argumente zu verwandeln, aus denen die Kunden den Nutzen erkennen können.

8.1 Warenwissen kundenorientiert anwenden

■ Kenntnis der Kaufmotive erleichtert die Argumentation

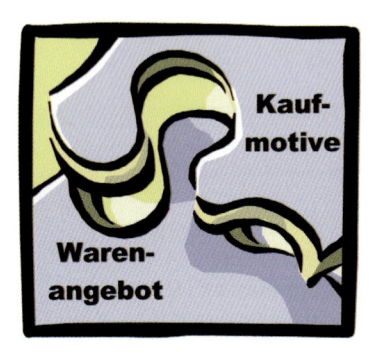

Die **Verkaufsargumentation** wird umso erfolgreicher sein, je besser die **Kaufmotive** des Kunden erkannt wurden und in die Argumentation mit eingebunden sind, denn Kunden kaufen eigentlich nicht Waren oder Dienstleistungen, sondern den damit verbundenen Nutzen.

Für viele Kunden ist das, was sie kaufen wollen, nur Mittel zum Zweck. Warenmerkmale, wie Herstellung, Verarbeitung und Material, sind für sie zweitrangig.

>> Beispiele:

Kunden kaufen ...	Sie wollen aber möglicherweise ...
Lebensmittel	› Gaumenkitzel › Genuss › Gesundheit
Kosmetika	› jugendliches Aussehen › Anerkennung › Erfolg bei partnerschaftlichen Beziehungen
Bücher	› Bildung › Unterhaltung › volle Bücherregale zu Hause
Elektrogeräte	› Bequemlichkeit › Sicherheit › Statussymbole

Warenwissen kundenorientiert anwenden

LF 2

■ Ansatzpunkte für die Verkaufsargumentation

Für eine gekonnte **Argumentation** ist es wichtig, zu den **Hauptmerkmalen** der Ware den jeweiligen **Kundennutzen** zu kennen. Das setzt voraus, dass der Verkäufer ein umfangreiches Warenwissen besitzt. Gerade bei **Marktneuheiten** ist es von großer Bedeutung, dass schon von Herstellerseite nicht nur Produktbeschreibungen, sondern auch Kundennutzen-Argumentationen mitgeliefert werden.

Tipp: Bei neuen Artikeln im Sortiment sollte man sich die wichtigsten Merkmale aus Lieferantensicht mit Kundennutzen erläutern lassen.

Themenbereiche der Verkaufsargumentation

Ein Problem für den Verkäufer besteht darin herauszufinden, **was** für den Kunden an der Ware wichtig und interessant ist.

Es sind vor allem **vier** Themenbereiche, aus denen die Argumente abgeleitet werden können.

Themenbereich	Beispiele
Warenmerkmale	Das Service hat eine zeitlose Formgebung, die man auch in vielen Jahren noch sehen kann. Es wird als 16- oder 22-teiliges Tafelservice angeboten und ist spülmaschinenfest.
Preis der Ware	Der Preis mag hoch erscheinen, aber das Service wird in einer limitierten und von den Designern handsignierten Auflage angeboten und ist somit etwas ganz Besonderes.

535

Verwendung	Das Service kann sowohl für den Alltag als auch für festliche Anlässe verwendet werden.
Serviceangebote	Für dieses Speiseservice gibt es eine 10-jährige Nachkaufgarantie.

Für eine **erfolgreiche** Beratung im Verkauf ist es sehr wichtig zu wissen, welche Themenbereiche für den Kunden wichtig sind. Wer z. B. exklusive Artikel schätzt, ist erfahrungsgemäß am Preis oder der Pflege der Ware weniger interessiert.

8.2 Regeln für die Verkaufsargumentation

Bei der **Argumentation** im **Verkaufsgespräch** sollten die folgenden **sechs Regeln** stets Beachtung finden.

■ Kunden für sich gewinnen

Auch im Verkaufsgespräch gilt: Nicht nur, **was** gesagt wird, ist wichtig. Ebenso wichtig ist, **wie** es gesagt wird. Für eine erfolgversprechende Verkaufsargumentation sollten folgende allgemeine **Verhaltensregeln** beachtet werden:

> am Kunden Interesse zeigen und ihm freundlich begegnen,

> Verzicht auf lange Vorträge; die Ware durch kurze Ausführungen erläutern,

> mit verständlichen Begriffen und anschaulichen Erklärungen argumentieren,

> durch Hilfestellung und Informationsangebote den Kunden bei seiner Entscheidung unterstützen.

■ Nutzenbezogen, nicht warenbezogen argumentieren

Bei einer ausschließlich **warenbezogenen** Argumentation, deren Grundlage Warenmerkmale sind, wird die Ware ohne direkten Bezug zum Kunden erläutert. Die Kundenansprüche können so nicht deutlich gemacht werden.

> **Beispiel:** Warenbezogene Verkaufsargumentation für Sportunterwäsche aus Mikrofaser: „Diese Unterwäsche besteht aus Tactel, einem ultrafeinen Mikrofasergewebe aus Polyamid, das bei Funktionsunterwäsche Verwendung findet."

Wird eine **nutzenbezogene** Argumentationsweise benutzt, dann werden die Warenmerkmale mit den Kundenansprüchen in Beziehung gebracht.

> **Beispiel:** Nutzenbezogene Verkaufsargumentation für Sportunterwäsche aus Mikrofaser: „Diese Unterwäsche besteht aus Tactel. Das hochelastische und leichte Material verleiht Bewegungsfreiheit und zeichnet sich durch eine perfekte Passform aus. Das Gewebe ist wasserdampfdurchlässig und hält dadurch die Haut beim Schwitzen trocken."

Regeln für die Verkaufsargumentation

■ Kundenbezogen im Sie-Stil formulieren

Mit dem **Sie-Stil** wird eine **kundenbezogene** Sprache bezeichnet. Der Kunde wird direkt angesprochen; es wird eine unmittelbare **Beziehung** zwischen ihm und der Ware hergestellt.

Fast jede **Nutzungseigenschaft** von Waren lässt sich durch den Sie-Stil in eine **kundenbezogene** Formulierung übertragen.

Am Beispiel eines Bügeleisens soll dieses verdeutlicht werden. Aus den Warenmerkmalen werden zunächst Nutzungseigenschaften abgeleitet und diese dann durch den Sie-Stil in kundenbezogene Verkaufsargumente umgewandelt.

>> **Beispiel:** Dampfbügeleisen Sowenta „Profi 100":

Warenmerkmale	Nutzungseigenschaften	Kundenbezogene Verkaufsargumente
Geringes Gewicht	Das Bügeleisen ist leicht und lässt sich mühelos lange Zeit benutzen.	„Das Gewicht dieses Bügeleisens belastet Sie kaum. Sie können längere Zeit bügeln, ohne dass Ihnen der Arm weh tut."
Leistung 2.400 Watt	Durch die hohe Leistung ist das Bügeleisen schnell funktionsfähig.	„Sie sparen Zeit durch eine extrem kurze Aufheizzeit."
Extra-Dampfstoß-Funktion	Mit dem Dampfstoß kann eine höhere Dampfmenge auf das Textil aufgebracht werden.	„Mit der Extra-Dampfstoß-Funktion können Sie problemlos Bügelfalten bei Hosen fixieren."
Elektronische Temperaturkontrolle mit LED-Anzeige	Die Kontrollleuchte zeigt an, ob die vorgewählte Temperatur erreicht ist.	„Mit der elektronischen Temperaturkontrolle mit LED-Anzeige verhindern Sie zu heißes Bügeln bei empfindlichen Stoffen."

→ **Kundenorientierung** →

■ Durch Vorteilsformulierungen den Kundennutzen steigern

Zusätzlich zu Sie-Formulierungen, die den Kunden unmittelbar ansprechen, erhöhen sogenannte **Vorteilsformulierungen** den Kundennutzen. Der Kunde „sieht" gewissermaßen durch die Argumentation des Verkäufers, welche Vorteile ihm Gebrauch oder Verbrauch der Ware bringen.

>> **Beispiele** für **Vorteilsformulierungen:**

> „Durch die Pflegewirkung der Lotion halten Sie Ihre Haut rein."
> „Dieser Blouson ist aus atmungsaktivem Material. Dadurch schwitzen Sie erheblich weniger, denn Ihre Körperfeuchtigkeit wird nach außen transportiert."
> „Das VDE-Prüfzeichen garantiert Ihnen eine einwandfreie technische Betriebssicherheit."
> „Die Energiesparlampe von Marso hat 5 Jahre Garantie und ihre 20 Watt liefern die gleiche Helligkeit wie eine herkömmliche Glühbirne mit 100 Watt. Das bedeutet für Sie eine erhebliche Energieeinsparung und senkt Ihre Stromkosten!"

Verkaufsargumentation

Die **Wirkung** der Vorteilsformulierungen lässt sich noch steigern, wenn die Formulierungen in einer **positiven** Form erfolgen (Ist ein Glas halb voll oder halb leer?).

> **Beispiel:**
> - „In diesem Anzug sehen Sie wirklich gut aus!"
> - „Ein Memory-Spiel fördert die Konzentrationsfähigkeit Ihres Kindes."
> - „Durch den Einbau der Solaranlage leisten Sie einen nachhaltigen Beitrag zum Klimaschutz."

■ Auf das Kundenproblem eingehen

Ein Kunde sucht ein Sakko und erklärt der Verkäuferin, dass er es für eine 14-tägige Busreise durch Spanien und Portugal benötigt. Die **Argumente** müssen nun so ausgewählt werden, dass sie sich auf das **Einkaufsproblem** des Kunden beziehen.

Falsch, weil **kein** Bezug zum **Einkaufsproblem**:	**Richtig**, denn der **Kundenanspruch** wird **erkannt** und in der Argumentation aufgegriffen:
„Dieses Sakko ist von Paolo Umberto, ein edles Markenprodukt im aktuellen Blazer-Stil. Das Material ist voll waschbar und Sie können zwischen drei verschiedenen Dessins wählen."	„Für Ihre Reise ist dieses Sakko von Paolo Umberto genau richtig. Es ist bequem geschnitten und luftig. Durch den Polyesteranteil knittert es nicht so schnell, was ja beim Transport im Koffer wichtig ist. Da sehen Sie abends im Hotel immer gut gekleidet aus!"

■ Ware in die Argumentation mit einbeziehen

Bei der Argumentation im Verkauf darf man nie vergessen, dass es um Ware geht, also etwas, das Kunden anfassen, fühlen, an- und ausprobieren können. Deshalb müssen Verkaufsargumente auch so eingesetzt werden, dass die Ware zu den Kunden „sprechen" kann.

> **Beispiele:**
> - „Setzen Sie sich doch mal auf diesen Sessel und fühlen Sie, wie bequem man darin sitzt und wie angenehm weich das Material ist."
> - „Probieren Sie den Taschenschirm ruhig aus. Sie werden sehen, wie schnell und einfach er zusammengelegt werden kann."

Regeln für die Verkaufsargumentation

Die **Verkaufsargumentation** wird durch den gezielten **Einsatz** von **Fragen** an die Kunden wirkungsvoll unterstützt.

Zur Klärung von Sachverhalten dienen **Kontrollfragen** (Bestätigungsfragen), die vor allem zur Beschleunigung des Verkaufsvorganges führen sollen. Außerdem kann sich der Verkäufer davon überzeugen, dass er den Kunden richtig verstanden hat.

» **Beispiele:**
- „Ich habe Sie doch richtig verstanden, Sie suchen ein Sakko, das leicht und knitterarm ist?"
- „Gefallen Ihnen solche, sehr modischen Uhren?"

Mit Fragen zur **Lenkung** des Verkaufsgesprächs **(Suggestivfragen)** will der Verkäufer in der Argumentationsphase seinen Kunden beeinflussen. Die Antwort ist bereits mehr oder weniger in der Frage enthalten, denn Suggestivfragen lassen eine bestimmte Antwort erwarten.

Da solche Fragen manipulativer Natur sind, sollte man sie nur sehr dosiert einsetzen, denn es ist damit zu rechnen, dass viele Kunden auf solche Manipulationsversuche mit Ablehnung reagieren. Das Ende des Verkaufsgespräches ist u.U. schneller gekommen, als es dem Verkäufer lieb ist.

» **Beispiele:**
- „Sie wollen doch sicher auf der Hochzeit Eindruck machen?"
- „Meinen Sie nicht auch, dass man heutzutage für die Umwelt gar nicht genug tun kann? Da kommt doch nur das Energiesparmodell infrage, oder?"
- „Wollen Sie nicht lieber die Premium-Ausführung nehmen? Da haben Sie alles schon eingebaut und brauchen nichts zusätzlich zu kaufen."

■ **AKTION**

1 Auf welche Problematik bei der Verkaufsargumentation soll in der im Bild dargestellten Situation hingewiesen werden?

Machen Sie einen verbesserten Formulierungsvorschlag.

LF 2

Verkaufsargumentation

2 Übersetzen Sie die folgenden Angebote in den Sie-Stil. Gehen Sie in drei Stufen vor wie bei dem Beispiel „Bügeleisen Sowenta Profi 100".

  a) Bodenstaubsauger Klar-O-mat electronic

  Elektronische Saugregulierung (stufenlos); hohe Saugleistung (900 Watt); Staubbeutel mit großem Fassungsvermögen; 6 m Kabellänge; automatische Kabelaufwicklung; flexibler Schlauch mit vier verschiedenen Düsen; leichte Beweglichkeit durch Rollen; erhältlich in vier verschiedenen Farben.

  b) Herrenhemd City exquisit

  Angenehme Trageigenschaft (100 % Baumwolle); vielseitig verwendbar (mit und ohne Krawatte); Formbeständigkeit durch Einlagen an Kragen und Manschetten; knitterarm; vollwaschbar bis 60 °C; mit der Herrenbekleidung des „City-Programms" gut kombinierbar.

  c) Städtetour zum Wochenende mit der Bahn

  Kurze Reisezeit unabhängig vom Wetter; freie Fahrt auf der Schiene (Umgehung des Wochenendverkehrs auf der Straße); bequemes Reisen (reservierter Platz, Speisewagen, Gepäckaufgabe); Verbindung direkt in das Zentrum der Städte; keine Parkplatzsuche; Hotelzimmer ist gebucht; Programmvorschlag und Theaterbuchungen auf Wunsch; Beitrag zur Energieeinsparung, Vermeidung von Umweltverschmutzung; Preisvorteil gegenüber normaler Rückfahrkarte.

3 Wählen Sie zwei Waren aus Ihrer Branche oder Ihrem Interessenbereich. Sammeln Sie zunächst die wichtigsten Daten und Merkmale. Übertragen Sie diese mit zwei Schritten in kundenbezogene Verkaufsargumente.

4 Formulieren Sie als freie Rede im Sie-Stil:

  a) eine Anleitung zur Zubereitung von Spiegeleiern,

  b) ein Rezept zur Herstellung von Obstsalat,

  c) eine Gebrauchsanweisung für ein Haarfärbe- oder Tönungsmittel,

  d) einen Hinweis zum Laden einer Heftzange mit Klammern.

5 Sprechen Sie nach mehreren Übungen Ihre Anweisungen auf Band. Überprüfen Sie selbst, ob Sie sich bereits flüssig im Sie-Stil ausdrücken können. Gehen Sie die Aufzeichnung gemeinsam in der Gruppe durch. Welche Formulierungen lassen sich noch verbessern? Akzeptieren Sie Vorschläge und Anregungen. Nehmen Sie eine verbesserte Fassung auf.

6 Wählen Sie eine Ware aus Ihrem Ausbildungssortiment und stellen Sie diese in der Klasse oder Gruppe vor. Formulieren Sie kundenbezogen einmal mit der Anrede in der zweiten Person (Sie/Ihr), einmal mit der Anrede in der dritten Person (ihr/euer). Vergleichen Sie die Wirkung.

7 Setzen Sie die im Bild dargestellte Situation in ein Rollenspiel um und führen Sie das Gespräch durch eine Problemlösung für die Kundin zu einem erfolgreichen Abschluss.

> Eine sehr gute Qualität und sehr solide verarbeitet. Sie können den Mantel sogar selbst in der Waschmaschine waschen!

Regeln für die Verkaufsargumentation

8 Welche Nutzungseigenschaften müssen Sie bei folgenden Waren (Sitzgruppe, Obst, Freizeithose, Wintermantel, Blu-ray-Player) hervorheben? Nennen Sie mindestens drei Verkaufsargumente

a) für einen gesundheits- und umweltorientierten Kunden,

b) für einen Kunden, der besonders preisbewusst ist,

c) für einen Kunden, der auf repräsentative Wirkung Wert legt.

9 Wählen Sie 3 Warenarten aus Ihrem Ausbildungssortiment. Listen Sie dazu passende Serviceleistungen auf. Formulieren Sie anschließend zu jeder aufgelisteten Serviceleistung ein Verkaufsargument im Sie-Stil.

10 Dies ist die Produktbeschreibung des Herstellers für einen 4-Scheiben-Toaster:

Scheiben-Toaster TP-485 chrom/schwarz, Preis 64,99 €

> Brötchen-Röstaufsatz
> Stopp-Funktion
> Auftaufunktion
> Krümelschublade
> Chrom/Metall im Nostalgie-Design
> Brotscheibenzentrierung
> Kabelaufwicklung
> 1.650 Watt

Bilden Sie mithilfe dieser Warenmerkmale drei Merkmal-Vorteil-Nutzen-Ketten.

11 Rollenspiel: Meine erste Wohnung

Kundenanspruch: Sie beziehen Ihre erste Wohnung. Allerdings haben Sie nur ein einziges Zimmer zur Verfügung. Sie erwarten vom Einrichtungsberater der Wohnwelt GmbH Vorschläge, wie Sie diesen einen Raum sinnvoll möblieren und nutzen können.

Verkäuferrolle: Sie machen dem Kunden im Sie-Stil Einrichtungsvorschläge. Die folgenden Stichworte sollen Ihnen helfen, solche Verkaufsargumente zu finden, die dem Kundenanspruch entsprechen: – Farbgebung des Raumes, – Einteilung in Bereiche, – offene Regale, – Hochbett, – Bettsofa, – Möbel auf Rollen, – Spiegel.

12 Versuchen Sie zu den folgenden, nicht ganz ernst zu nehmenden Vorschlägen, Verkaufsargumente im Sie-Stil mit einer Vorteilsformulierung zu entwickeln.

a) Kühlschrank mit Gefrierfach für Bewohner der Arktis.

b) Kiste Rotwein für den Vorsitzenden der Anti-Alkoholiker-Liga.

c) Ratgeberbuch „Babypflege – richtig gemacht" für einen 70-jährigen Mann.

9 Kundenservice

9.1 Bedeutung der Serviceleistungen im Einzelhandel

Von der Servicewüste zur Dienstleistungsoase?

■ SITUATION

Servicewüste Deutschland?

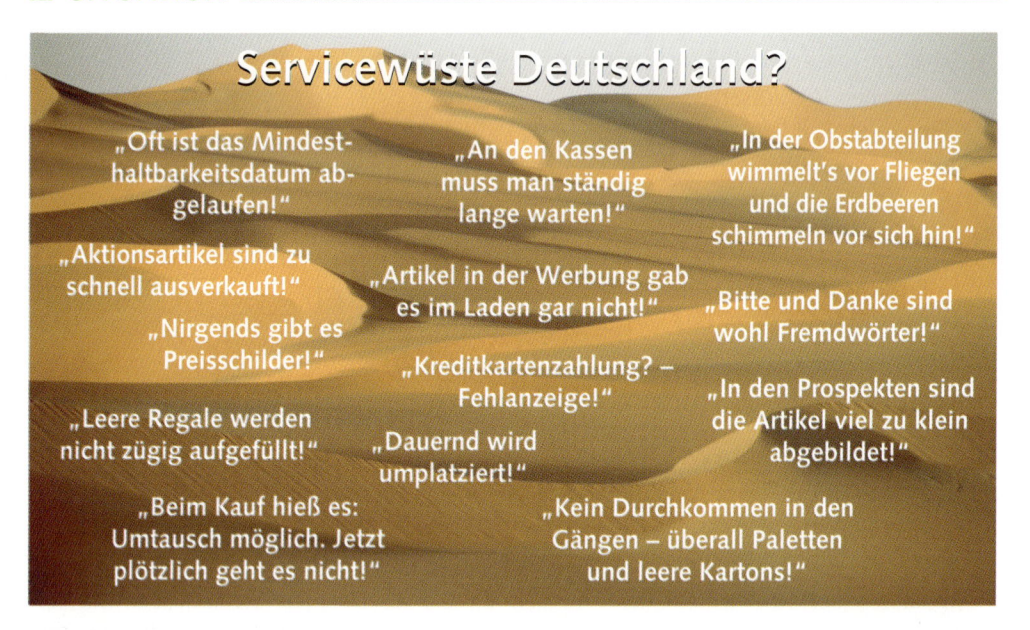

„Oft ist das Mindesthaltbarkeitsdatum abgelaufen!"

„An den Kassen muss man ständig lange warten!"

„In der Obstabteilung wimmelt's vor Fliegen und die Erdbeeren schimmeln vor sich hin!"

„Aktionsartikel sind zu schnell ausverkauft!"

„Artikel in der Werbung gab es im Laden gar nicht!"

„Bitte und Danke sind wohl Fremdwörter!"

„Nirgends gibt es Preisschilder!"

„Kreditkartenzahlung? – Fehlanzeige!"

„In den Prospekten sind die Artikel viel zu klein abgebildet!"

„Leere Regale werden nicht zügig aufgefüllt!"

„Dauernd wird umplatziert!"

„Beim Kauf hieß es: Umtausch möglich. Jetzt plötzlich geht es nicht!"

„Kein Durchkommen in den Gängen – überall Paletten und leere Kartons!"

Untersuchungen von Marktforschungsinstituten belegen: Viele Kunden sind in Deutschland mit den Leistungen des Einzelhandels unzufrieden.

1. Auf welche Bereiche eines Einzelhandelsgeschäftes beziehen sich die kritischen Anmerkungen der Kunden?
2. Halten Sie diese Kundenäußerungen für übertrieben? Berichten Sie über eigene Erfahrungen als Kunde bzw. Kundin.
3. Zeigen Sie Möglichkeiten auf, wie Missstände im Kundendienstbereich zu mildern oder zu beseitigen sind.

■ INFORMATION

Befindet sich ein Kunde in Deutschland tatsächlich in einer „Servicewüste" oder zeigt sich in der Kritik die als typisch deutsch geltende Einstellung, über alles zu meckern und sich negativ zu äußern? Tatsache ist, manchen Einzelhandelsbetrieben gelingt es nicht richtig, ihre Serviceleistungen den Kunden als besondere Dienstleistung bewusst zu machen.

Bedeutung der Serviceleistungen im Einzelhandel

■ Begriff und Bedeutung von Serviceleistungen

Serviceleistungen sind Dienstleistungen, die einem Kunden vor, während oder nach dem Kauf einer Ware kostenlos oder kostenpflichtig angeboten werden.

Da Waren und Sortimente immer ähnlicher werden, bieten Serviceleistungen eine Chance für den Handel, sich zu profilieren und von den Mitbewerbern abzusetzen.

■ Zielsetzungen von Serviceleistungen für den Einzelhändler

Mit seinem „Servicepaket" verfolgt ein Einzelhändler vor allem längerfristige Ziele, die sich nicht sofort in Euro und Cent beziffern lassen:

› bisherige Kunden – vor allem Stammkunden will man stärker an das Unternehmen binden,
› es sollen neue Kunden gewonnen werden,
› durch Serviceangebote dokumentiert man Kundenorientierung und die eigene Leistungskraft,
› Erhöhung der allgemeinen Kundenfrequenz,
› Entwicklung von Merkmalen, die für das Unternehmen eine Alleinstellung am Markt bedeuten,
› Verringerung von Preisdruck und Preiswettbewerb.

■ Umsetzung des Serviceangebots durch das Verkaufspersonal

Wie diese Ziele durch das Verkaufspersonal in das alltägliche Verkaufsgeschehen umgesetzt werden sollten, verdeutlicht die folgende Übersicht.

Kundenorientierte Umsetzung des Servicegedankens		
Maßnahme	Beschreibung	Beispiele
Vertrauen aufbauen!	Sie bemühen sich um ein besonderes Vertrauensverhältnis Ihres Kunden zu „seiner" Einkaufsstätte.	› Geburtstagsgrüße übermitteln, › zu Sonderaktionen einladen, › Kundenzeitung zusenden, › Reklamationen und Umtausch kulant regeln.
Mehrwert schaffen!	Sie machen auf eine anschauliche Weise deutlich, dass Sie Ihrem Kunden mehr als nur „nackte" Waren anbieten.	› Servicescheck ausstellen, › Einbauservice anbieten, › Entsorgung von Altgeräten anbieten, › Nachkaufgarantie gewähren.
Kompetenz zeigen!	Sie halten sich fachlich fit und zeigen Ihre Fähigkeiten in einer kompetenten kundenbezogenen Beratung und Betreuung.	› Fachkompetent und ehrlich beraten, › Kundenwünsche ernst nehmen, › Kundeninteressen vertreten, › Kundenbetreuung nach dem Kauf einplanen.

Kundenservice

9.2 Vielfalt der Serviceleistungen

Wir bieten mehr als nur den Verkauf von Waren!

■ SITUATION

Unser Abhol-Service für Sie

- Abhol-Termin spart Zeit
- Miettransporter kostengünstig
- Einlade-Helfer erwarten Sie
- Kein Müll belastet Sie
- Die Hotline hilft weiter
- Leihwerkzeug kostenlos

Das Einrichtungshaus Wohnwelt bietet eine Reihe von Serviceleistungen für Möbel-Selbstabholer. Verdeutlichen und erläutern Sie diese Serviceangebote in einem Rollenspiel als Verkaufsberater einem Kunden gegenüber.

■ INFORMATION

Einzelhandelsunternehmen bieten sehr viele und unterschiedliche **Serviceleistungen** an. **Art** und **Umfang** dieses Leistungsangebotes hängen im Wesentlichen von der Art der angebotenen Waren und der Geschäftspolitik ab. Grundsätzlich unterscheidet man:

warenbezogene Serviceleistungen	Sie stehen in Verbindung mit dem Angebot bzw. dem Kauf einer Ware *(Änderungsservice, Reparaturservice)*.
warenunabhängige Serviceleistungen	Sie sind kundenbezogen und nicht an den Erwerb einer Ware gebunden *(Parkplätze, Wickelraum)*.

Vielfalt der Serviceleistungen

LF 2

Das **Serviceangebot** sollte stets an den **Bedürfnissen** der **Kunden** ausgerichtet sein und deren Zufriedenheit mit dem Geschäft erhöhen.

Dabei orientiert sich der Einzelhandel vor allem an **vier Bedürfniskategorien** der Kunden, für die er passende Kundendienstangebote entwickelt und anbietet.

■ Serviceleistung Information

In den meisten Einzelhandelsgeschäften findet man heutzutage die **Verkaufsform** der **Vorwahl** oder **Selbstbedienung**. Im Gegensatz zur Vollbedienung steht dabei kein Verkaufsberater von der Begrüßung bis zur Verabschiedung zur Verfügung. Um hier dem Informationsbedürfnis der Kunden Rechnung zu tragen, bieten sich eine Reihe darauf abzielender Kundendienstangebote an.

Empfang und Begrüßung

Jeder Kunde freut sich darüber, wenn er schon beim Betreten des Geschäftes wahrgenommen wird, und außerdem die Möglichkeit hat, sich sofort mit Fragen an das Personal zu wenden.

Deshalb ist es sinnvoll, im **Eingangsbereich** eine **Infotheke** zu platzieren, die mit besonders kompetentem Personal besetzt ist.

Ein freundliches Lächeln oder die fachkundige Beantwortung einer Frage werden vom Kunden als positiv und kundenorientiert empfunden und tragen zur Schaffung einer angenehmen Kaufatmosphäre bei.

Sortiments- und Produktinformationen

Damit sich Kunden besonders in größeren Einzelhandelsbetrieben problemlos zurechtfinden, gibt es in vielen Geschäften „**Wegweiser**" zu den einzelnen Abteilungen bzw. Warengruppen.

Auch an den **Waren** selbst finden sich häufig **Produktinformationen**. Dies ist besonders bei Selbstbedienung wichtig und wird von den Kunden als eine hilfreiche Serviceleistung empfunden.

545

Beispiele:

Pflanzenfachmarkt	Möbelfachmarkt
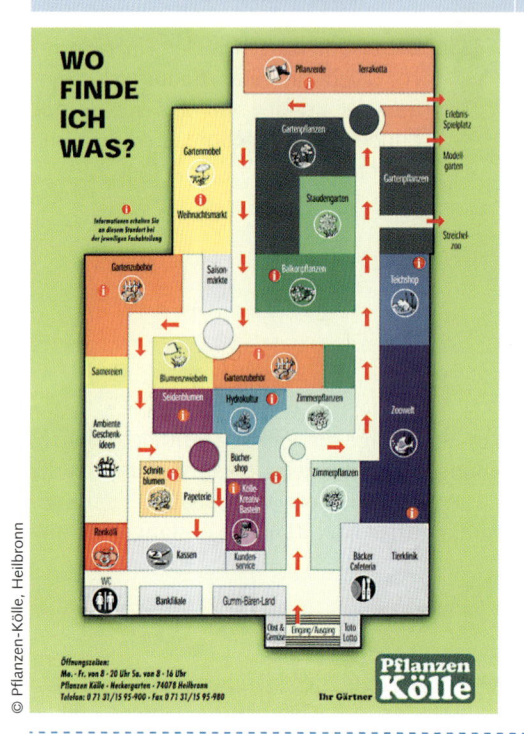 WO FINDE ICH WAS? (Lageplan Pflanzen-Kölle, Heilbronn)	**Möbel-Treff** — **Produktinformation: Ledersofa "Sigma" 499,- €** Art.Nr.: 282554378- 34452 **Gestell:** - Massivholz, Hartfaserplatte, Sperrholz **Sitzpolster:** - hochelastisches Polyether (Kaltschaum) 33 kg/m3 **Armlehngestell:** - Polyether 23 kg/m3, Polyesterwattierung **Bezug:** - durchgefärbtes Narbenleder Rind, geprägt und pigmentiert. **Pflegehinweis:** - Leder mit Staubsauger behandeln. - Vor langer und starker Sonneneinstrahlung schützen. **Wir empfehlen: PROCLEAN Lederpflegeset**

© Pflanzen-Kölle, Heilbronn

Beratung

In vielen Branchen spielt die Beratung – unabhängig von der Verkaufsform – eine bedeutsame Rolle. Ob es zu einem erfolgreichen Kaufabschluss kommt, hängt maßgeblich von der Beratungsleistung des Verkaufspersonals ab. Untersuchungen belegen, dass über 75 % der Kaufentscheidungen erst im Geschäft getroffen werden.

Die **Beratungsleistung** sollte sich nicht nur auf das vom Kunden ins Auge gefasste Produkt richten, sondern die gesamten Serviceangebote des Unternehmens können als zusätzliche Verkaufsargumente genutzt werden. Die **Nutzungseigenschaften** der **Serviceleistung** müssen dabei für den Kunden erkennbar sein; die Formulierung soll kundenbezogen und im Sie-Stil erfolgen.

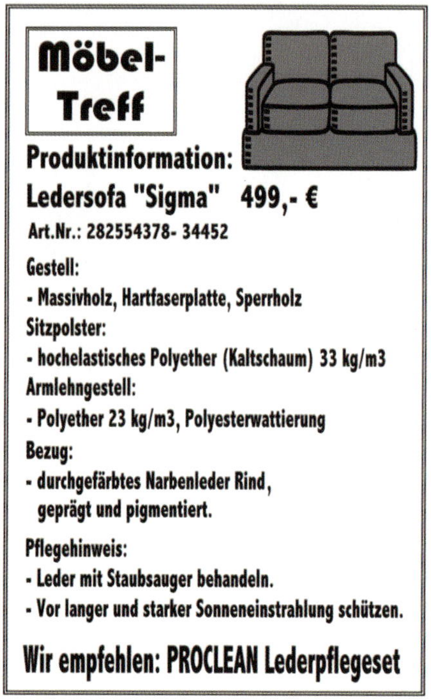

© METRO Group, Düsseldorf

Vielfalt der Serviceleistungen

» Beispiele:

Situation 1:	
Ware:	Kleiderschrank
Kundensituation:	Selbstabholung und Aufbau sind aus Zeitmangel nicht möglich.
Serviceangebote:	Zustellung und Aufbau
Verkaufsargumente:	„Unser Kundendienst übernimmt die Zustellung und den Aufbau gerne für Sie. So sparen Sie nicht nur Zeit, sondern können auch sicher sein, dass der Schrank fachgerecht montiert und aufgebaut wird."
Situation 2:	
Ware:	Bilderbuch
Kundensituation:	Eine ältere, gehbehinderte Kundin benötigt dringend ein Buch für ihren Enkel, der morgen Geburtstag hat.
Serviceangebote:	Geschenkverpackung und Versand.
Verkaufsargumente:	„Wir verpacken für Sie das Buch gerne als Geschenk und übernehmen auch den Versand, damit das Geschenk noch rechtzeitig zum Geburtstag Ihres Enkels eintrifft."

■ Serviceleistung Bequemlichkeit

Kunden schätzen beim Einkauf Zusatzleistungen, die ihrem Wunsch nach einem problemlosen, einfachen und bequemen Einkauf entsprechen.

Angebote, die den **Aufenthalt** im Geschäft **angenehm** gestalten, sind ebenfalls eine vorzügliche Möglichkeit, sich am Markt als kundenorientiertes Unternehmen aufzustellen.

» Beispiele:

> Verpackungsservice *(Geschenke)*,
> Geschenkvorschläge und Geschenktische *(Hochzeitstisch)*,
> Kundengarderobe, Fundbüro,
> Kinderbetreuung *(Spielecke, eigener Kindergarten mit Fachpersonal)*,
> Warte- und Ruhezonen *(Sitzgelegenheiten mit Zeitschriften)*,
> Beratung zu Hause *(Küchenplanung, Gardinen, Tapeten)*,
> telefonische Bestellmöglichkeit,
> Auswahllieferung *(Kleidung, Schuhe, Teppiche)*,
> Lieferung, Installation und Montage *(Einrichtungsgegenstände, Großgeräte)*.

■ Serviceleistung Sicherheit

Kunden sind vor, während und nach dem Kauf einer Ware oft unsicher, ob die erworbene Ware auch das Richtige ist und ihren Nutzenvorstellungen entspricht. Gerade beim Kauf von Artikeln, die einen erheblichen finanziellen Aufwand erfordern *(technische Geräte, Einrichtungsgegenstände, Uhren-Schmuck usw.)*, möchten sie Fehleinkäufe vermeiden.

Technischer Service

Kunden wollen sicher sein, dass sie sich auch nach dem Kauf bei eventuell auftretenden Problemen an ihren Händler wenden können.

>> **Beispiele:**

> **Reparaturservice:**
> Er dient dazu, Mängel und Funktionsstörungen an technischen Geräten zu beseitigen. Ein kundenfreundliches Verhalten *(Abholung, Zustellung, Stellung von Ersatzgeräten)* trägt gerade in solchen Situationen positiv zum Serviceimage bei.

> **Reinigung und Wartung:**
> Hier bietet der Einzelhändler spezielle Dienste an, wenn Produkte eine regelmäßige Pflege und Wartung erfordern *(Vermietung eines Teppichreinigungsgerätes, Reinigung einer Espressomaschine)*.

Unternehmenseigene Garantieversprechen

Der Handel versucht Kaufbarrieren durch unternehmensbezogene **Garantieleistungen** abzubauen (Hinweis: Diese dürfen **nicht mit der gesetzlichen Gewährleistung** oder einer darüber hinausgehenden Herstellergarantie verwechselt werden!). Sie werden nur dann wirksam, wenn das, was versprochen wird, nicht eingehalten wird.

Beispiele für Garantieleistungen	
Versprechen	**Umfang der Garantie und Leistung bei Nichteinhaltung**
Fünf Jahre Garantie auf alle elektro- und motorbetriebenen Geräte	Übernahme der Kosten für Fehlerbeseitigung einschließlich Arbeits- und Materialkosten.
Frischegarantie	Der Kunde erhält 3 € für jeden Artikel mit abgelaufenem Mindesthaltbarkeitsdatum. Dieser Betrag wird auch bei nichtverkaufsfähiger Ware *(SB-Käse mit Schimmel)* gewährt, auch wenn das MHD noch nicht abgelaufen ist.
Angebotsgarantie	Sollte ein beworbenes Produkt nicht vorrätig sein, so wird es nachbestellt oder für gleichwertigen Ersatz gesorgt.
Schnelligkeit an Kasse und Bedienungstheke	Beträgt die Wartezeit an der Kasse/Bedienungstheke länger als fünf Minuten und sind nicht alle Kassen/Bedienungswaagen besetzt, erhält der Kunde 3 € ausbezahlt.
Geld-zurück-Garantie	Dem Kunden wird innerhalb einer bestimmten Frist die Sicherheit gegeben, das Produkt in jedem Fall gegen Geldauszahlung zurückbringen zu können.

Vielfalt der Serviceleistungen

LF 2

Umtauschgarantie	Verpackte Ware wird auch ohne Kassenzettel umgetauscht.
Tiefpreisgarantie	Wenn der Kunde innerhalb von fünf Tagen nach dem Kauf nachweist, dass die gekaufte Ware bei gleicher Leistung woanders günstiger zu bekommen ist, erhält er sie zum selben Preis. Zusätzlich wird ihm ein Vertrauensnachlass von 10 % gewährt.
Dauerpreisgarantie	Die Preise gelten für alle im Unternehmen erhältlichen Produkte und werden mindestens alle vier Monate nicht erhöht.
Fehlbongarantie	Sollte ein in der EDV gespeicherter Preis nicht stimmen, erhält der Kunde eine Vergütung oder zahlt nur den für ihn günstigeren Preis.

■ Serviceleistung Bezahlung

Um dem Kunden größere finanzielle Spielräume zu eröffnen, werden im Verkaufsgespräch auch zahlungsbezogene Dienstleistungen angeboten. Dazu zählen u. a.:

Kartenzahlung	Bezahlung mit Bankkarte, Kreditkarte oder Kundenkarte.
Finanzkauf	Finanzierung über eine Partnerbank des Einzelhändlers.
Mietkauf	Gegen eine monatliche Miete nutzt der Kunde das Produkt. Nach Ablauf der Mietzeit kann er es zurückgeben oder gegen Anrechnung der Mietzahlungen käuflich erwerben *(Musikinstrumente)*.
Sonderkonditionen	Gewährung eines Zahlungszieles *(Heute kaufen, nach sechs Monaten erst bezahlen)*.

■ AKTION

1 Sie haben den Auftrag erhalten, für Ihr Geschäft eine Infotheke einzurichten. Listen Sie auf, welche Informationen die Kunden dort erhalten können.

2 Gestalten Sie ein Plakat für den Eingangsbereich Ihres Ausbildungsbetriebes bzw. Ihrer Ausbildungsabteilung, das die Kunden darüber informiert, wo sie die gewünschten Waren finden.

3 Stellen Sie ein komplettes Serviceangebot für vier der zwölf angeführten Waren zusammen:
- Fernsehgerät
- Zierfische
- Käsespezialitäten
- Jogging-Schuhe
- Handarbeitsartikel
- Gardinen
- Tennisausrüstung
- Personal Computer
- Porzellanservice
- Rasenmäher
- Schlafzimmermöbel
- Silberschmuck

4 Trainieren Sie den Einbau von Verkaufsargumenten mit Serviceleistungen in das Verkaufsgespräch. Benutzen Sie dazu ein Beispiel aus der Aufgabe 3. Üben Sie wechselweise mit einem Partner.

5 Einer Kundin passt keine der angebotenen Konfektionsgrößen. Das ausgesuchte Kleid ist zu weit geschnitten. Bauen Sie die mögliche Serviceleistung so in Ihr Verkaufsgespräch ein, dass die Kundin dem Kauf zustimmt. Üben Sie das Gespräch im Rollenspiel ein.

6 **Rollenspiel:** Sie betreuen den Kundenservice eines großen Verbrauchermarktes. Auf die folgenden Kundensituationen reagieren Sie angemessen und bieten eine Lösung, bei der Sie sowohl das Interesse des Kunden als auch das Ihres Unternehmens berücksichtigen. Diskutieren und beurteilen Sie in der Klasse die vorgestellten Lösungsmöglichkeiten.

Kundensituation	Hinweis
Ein Kunde möchte einen Artikel zurückgeben und das Geld zurückerhalten.	Non-Food-Artikel, Wiederverkauf ist möglich
Eine Kundin möchte einen Artikel umtauschen und durch einen anderen ersetzt haben.	Der gewünschte neue Artikel ist nicht mehr vorhanden (Aktionsware).
Einer Kundin ist die Glaskanne ihrer Kaffeemaschine zerbrochen.	Ein Ersatz ist sofort möglich.
Eine Kundin möchte zu ihrer Küchenmaschine Zusatzgeräte erwerben.	Die Artikel müssen beim Hersteller beschafft werden.
Ein Kunde reklamiert verschimmeltes Toastbrot.	Die Beschwerde ist berechtigt.
Eine Kundin akzeptiert nicht den Preis eines Artikels auf dem Kassenbon, da die Ware am Regal mit einem niedrigeren Preis ausgezeichnet sei.	1. Die Kundin hat Recht. 2. Die Kundin war im Irrtum.

7 Führen Sie einen Erkundungsgang in Einzelhandelsbetrieben mit unterschiedlicher Betriebsform durch.

a) Berichten Sie, welche Serviceleistungen dort den Einkauf erleichtern.

b) Stellen Sie einen Zusammenhang zwischen Betriebsform und Zahl und Art der angebotenen Serviceleistungen dar und berichten Sie vor der Klasse.

8 Welche Probleme sehen Sie für ein Einzelhandelsgeschäft, das einen Reparaturservice anbietet?

9 Das Warenhaus Merkur möchte seine Serviceangebote verbessern. Sie erhalten als Assistent/-in der Geschäftsleitung den Auftrag, einen Maßnahmenkatalog für entsprechende Serviceleistungen für folgende Abteilungen zu entwickeln:

› Damen- und Herrenbekleidung,
› Sportabteilung,
› Haushaltswaren,
› Uhren und Schmuck,
› Buchabteilung.

Ordnen Sie Ihre Vorschläge nach den Kennzeichen „warenbezogene Serviceleistungen" und „warenunabhängige Serviceleistungen" und leiten Sie aus den vorgeschlagenen Serviceleistungen Verkaufsargumente ab.

Ware, Preis und Wert

10 Preisargumentation

10.1 Ware, Preis und Wert

Ich will doch nicht den ganzen Laden kaufen!

■ SITUATION

In der Schreibwarenabteilung eines Warenhauses:

Kunde: „Was kostet denn dieser Füller?"
Verkäuferin: „389,00 €."
Kunde: „389,00 € für einen Füller? Also ich glaube, das überlege ich mir noch einmal!"
Verkäuferin: „Natürlich, wir haben dieses Modell immer im Angebot!"
Kunde: „Vielen Dank, auf Wiedersehen!"

1. Beurteilen Sie die Preisnennung der Verkäuferin.
2. Wie kommt es, dass ein und derselbe Artikel für einen Kunden als teuer, für einen anderen Kunden als preiswert empfunden wird?
3. Formulieren Sie eine verkaufsaktive Preisnennung durch die Verkäuferin.

■ INFORMATION

■ Preis und Warenwert

Im **Preis** spiegelt sich der in **Geld** ausgedrückte **Wert** einer **Ware**. Oft scheint einem Kunden der Preis in keinem angemessenen Verhältnis zum Warenwert zu stehen. Dann ist die Preis-Leistungs-Waage zu Ungunsten der Ware geneigt. Das Ziel eines erfolgreichen Verkaufsberaters muss es sein, den Kunden im Gespräch davon zu überzeugen, dass die Ware ihren Preis „wert" ist.

Preisargumentation

Man spricht in diesem Zusammenhang von einem guten **„Preis-Leistungs-Verhältnis"**. Aufgabe des Verkäufers ist es, die Leistungen der Ware als so interessant und für den Kunden nützlich anzubieten, dass sich die Waage in Bewegung setzt. Das Ziel ist eine Gleichsetzung von Warenwert und Preis durch den Kunden.

■ Richtiger Zeitpunkt der Preisnennung

Beispiel A: K: „Wie viel kostet dieser Schlafanzug?"

V: „49 €."

K: „Oh, ist das teuer! Ich überlege es mir noch einmal. Auf Wiedersehen!"

V: „Auf Wiedersehen!"

Beispiel B: K: „Wie teuer ist dieser Schlafanzug?"

V: „Fassen Sie ihn doch bitte einmal an. Sie werden merken, wie weich und hautsympathisch er ist. Er kostet 49 €. Diesen Schlafanzug können Sie auch als Hausanzug tragen. Sie werden sich in diesem Schlafanzug wohl fühlen, da das Material sehr elastisch und bequem ist."

K: „Sie haben Recht! Der trägt sich bestimmt sehr gut, und er ist sehr kuschelig. Das gefällt mir!"

Im ersten Verkaufsgespräch wurde der Preis isoliert genannt. Der Kundin erschien der Preis für den Schlafanzug zu hoch. Die Verkäuferin im zweiten Verkaufsgespräch hat sich richtig verhalten. Sie hat den Preis des Schlafanzuges mit den Nutzungseigenschaften in Verbindung gebracht. Die Kundin konnte erkennen, welche Nutzungsvorteile ihr die Ware bietet. Der Preis schien ihr deshalb gerechtfertigt. Nennen Sie den Preis erst dann, wenn der Kunde mit dem Nutzen einer Ware vertraut ist.

Diese **Preisrückstellungstaktik** kann allerdings Kunden auch misstrauisch machen („Warum will er mir den Preis nicht nennen?"). Hier ist ein feines Gespür des Verkäufers für den richtigen Zeitpunkt gefragt. Wenn aus den Kundenäußerungen zu entnehmen ist, dass vor allem preisgünstige Ware von Interesse ist, sollten Sie den Preis zusammen mit der Warenvorlage nennen. In diesem Fall ist der **Preis** eines der **Hauptverkaufsargumente**.

Beispiel A: K: „Was haben Sie denn heute an Käse im Angebot?"

V: „Als Sonderangebot zu 99 Cent je 100 Gramm haben wir diese Woche einen sehr würzigen Emmentaler."

Kunden kaufen Waren, keine Preise! Wenn sie nicht ausreichend über die Vorzüge informiert wurden, lassen sie erkennen, dass ihnen der Preis unangemessen erscheint.

Diesen **Vorbehalt** sprechen sie oft nicht direkt aus, sondern umschreiben ihn z. B. durch folgende Formulierungen: „Ich muss das noch mit meinem Mann besprechen"; „Ich überlege mir es nochmals in Ruhe"; „Ich weiß nicht recht."

Führung des Preisgesprächs

In solchen Fällen kann es sein, dass der Verkäufer bei der Preisnennung Fehler gemacht hat. Wie Sie dies vermeiden können, zeigen die folgenden Grundsätze und Methoden.

10.2 Führung des Preisgesprächs

Der Preis ist selbstverständlicher Bestandteil eines Verkaufsgesprächs. In der Phase der Preisnennung und Preisbegründung kommt es darauf an, dass es dem Verkäufer gelingt, seine eigene Überzeugung von der „Preiswürdigkeit" seines Angebotes auf den Kunden zu übertragen.

■ Art der Preisnennung

Die Art, wie der Preis während des Verkaufsgesprächs genannt wird, entscheidet maßgeblich darüber, ob der geforderte Preis beim Kunden durchgesetzt werden kann.

Positivformulierungen verwenden

Die Begriffe „teuer" und „billig" sollte man im Verkaufsgespräch vermeiden.

Statt „teuer":

› Für diese Matratze müssen Sie etwas mehr anlegen. Es ist eine robuste Federkern-Bandscheibenmatratze, die mit einer Rosshaar- und Schafwollabdeckung ummantelt ist. Sie schonen damit Ihren Rücken und tun etwas für Ihre Gesundheit.
› Dieser Wein kostet etwas mehr. Dafür wird Ihnen ein französisches Spitzenprodukt geboten, das aus besonders sorgfältig gelesenen Trauben gewonnen wurde.
› Diese Bohrmaschine ist ein Markengerät in Profiqualität. Sie besitzt ein abschaltbares Schlagwerk. Die dosierbare Steuer-Elektronik ermöglicht Ihnen punktgenaues Anbohren und Schrauben in Rechts- und Linkslauf. Wenn Sie mit dieser Maschine arbeiten, werden Sie es nicht bereuen, ein paar Euro mehr ausgegeben zu haben.

Statt „billig":

› Durch die Verwendung von Plastikmaterial sind die Gartenstühle deutlich preiswerter.
› Zum Einkochen können Sie ohne Weiteres Birnen der Handelsklasse II benutzen. Dabei sparen Sie Geld.
› Diese Werkzeugkästen sind besonders preisgünstig. Wir haben eine große Stückzahl eingekauft und geben den Preisvorteil an Sie weiter.

Preise mit Kundennutzen kombinieren

Bei der **„Sandwich- oder Hamburgermethode"** wird der Preis nicht „nackt" genannt, sondern „verpackt", indem dem Kunden zuerst Produktvorteile, dann der Preis und danach wieder Produktvorteile genannt werden.

Achten Sie dabei darauf, dass erst nach der Preisnennung die entscheidenden Verkaufsargumente formuliert werden. So rücken Sie den Preis gegenüber dem Produktnutzen in den Hintergrund.

Preisargumentation

Preisnennung mit der Sandwichmethode

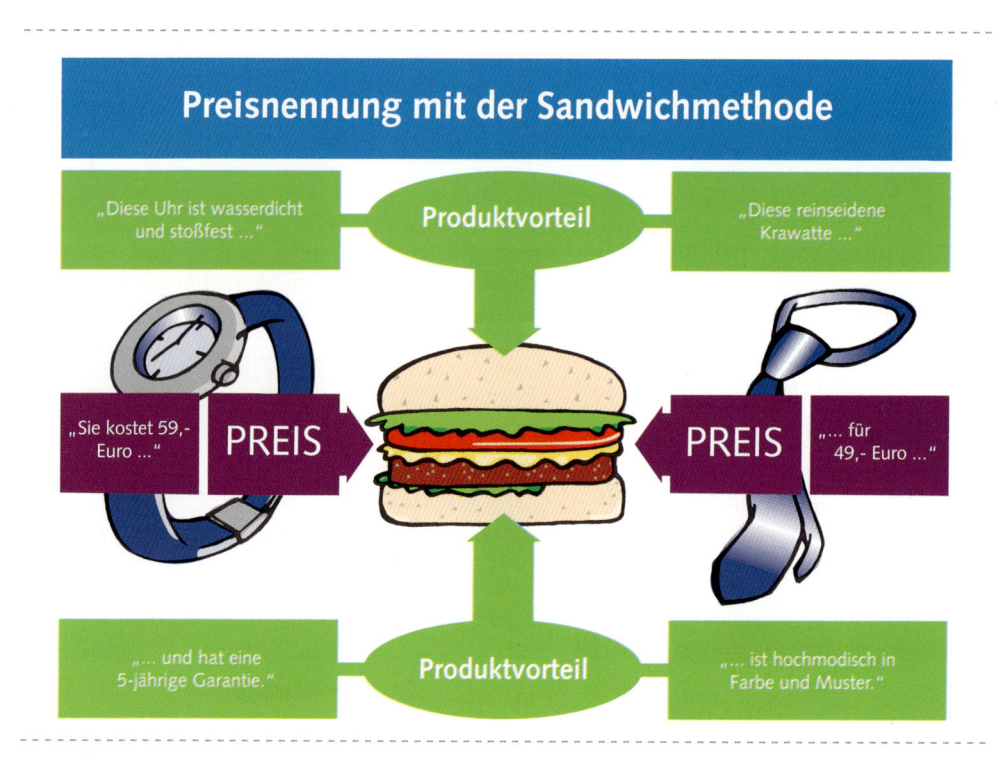

Produktvorteil
- „Diese Uhr ist wasserdicht und stoßfest …"
- „Diese reinseidene Krawatte …"

„Sie kostet 59,- Euro …" **PREIS** ← → **PREIS** „… für 49,- Euro …"

Produktvorteil
- „… und hat eine 5-jährige Garantie."
- „… ist hochmodisch in Farbe und Muster."

Preis-Einwände widerlegen

Häufig richten sich Einwände gegen den zu hohen Preis einer Ware. Sagen Sie Ihren Kunden, dass Waren mit einem niedrigeren Preis auch einen geringeren Nutzen und damit Nachteile mit sich bringen können *(geringere Haltbarkeit, mangelnde Sicherheit, weniger Komfort)*.

>> **Beispiel:** „Sie haben Recht, der Preis von 295 € erscheint auf den ersten Blick recht hoch. Diese Handkreissäge mit Führungssystem ersetzt Ihnen aber mehrere Werkzeuge. Sie können z. B. extrem dünne Abschnitte bei Türen und Brettern ausrissfrei vornehmen. Sie können präzise Lichtausschnitte aus Türen, Platten und Verkleidungen sägen. Außerdem können Sie das Gerät als Winkel-, Gehrungs- und Schattenfugensäge verwenden. Als Handwerker müssen Sie sich auf Ihre Geräte verlassen können. Diese Handkreissäge ist für den Profi-Einsatz geeignet, sehr sorgfältig verarbeitet und wartungsfrei. Diese Vorteile bieten Ihnen einfachere Geräte nicht!"

Preis als Ausdruck des Lebensstils

Immer mehr Menschen sind bereit, für die Darstellung ihrer Person und ihres Lebensstils mehr Geld auszugeben. Aus der Preislage der Ware ziehen die Kunden einen Zusatznutzen, der sich auf Prestige und Geltung bezieht. Für solche Kunden kann der hohe Preis eines repräsentativen Artikels zum schlagenden Verkaufsargument werden.

Führung des Preisgesprächs

Er signalisiert den Kunden:

„Ich kaufe etwas Besonderes, Wertvolles, Repräsentatives."

„Ich gönne mir etwas, was sich nicht jeder leisten kann."

Wenn Sie erkennen, dass bei Kunden als treibendes Kaufmotiv soziale Anerkennung und der Wunsch nach Aufwertung im Vordergrund stehen, dann können Sie bei der Preisnennung darauf Bezug nehmen.

> **Beispiel:** „Dieser exklusive Ledermantel kostet 1.598 €. Er ist ein repräsentatives Einzelstück, das sich nicht jeder leisten kann."

Der Preis als Qualitätsmaßstab?

Weil die meisten Kunden (und manche Verkäufer) nur spärliche Warenkenntnisse haben, sind sie häufig geneigt, die Güte einer Ware an ihrem Preis zu messen.

Gerade qualitätsbewusste Käufer sind oft risikoscheu („Qualität hat ihren Preis"). Hier sind Sie mit Ihren Warenkenntnissen und Ihrer Beratung gefordert. Ihre Empfehlung ist dem Kunden besonders wichtig und hilfreich, da der Preis nur ein unzuverlässiger Maßstab für „Qualität" ist.

Psychologische Preissenkungen

Mit der Methode der **psychologischen Preissenkung** wird versucht, den Preis geringer erscheinen zu lassen, als er es tatsächlich ist. Man sollte diese Methoden jedoch nur sehr überlegt einsetzen, da viele Kunden den „Trick" durchschauen und darauf u.U. verärgert reagieren.

Methode	Erläuterung	Beispiel
Zahlen-verkleinerung	Große Zahlen werden kleiner dargestellt.	Statt: „Das Gerät kostet 2.500 €", sagt man: „Das Gerät kostet zwei-fünf."
Abspeckungs-methode	Soweit möglich, wird Zubehör gesondert berechnet.	„Das Basismodell kostet 198 €. Für 45 € zusätzlich erhalten Sie …".
Vergleichs-methode	Die Ware wird mit einer teureren verglichen oder mit anderen alltäglichen Ausgaben.	„Im Vergleich zur Kamera von Onsy, die 200 € mehr kostet, haben Sie bei diesem Modell eine nahezu identische Grundausstattung." „Wenn Sie das Gemüse aus ökologischem Anbau nehmen, zahlen Sie schon etwas mehr. Aber das ist im Schnitt nicht mehr als der Preis für 1 Liter Milch."

AKTION

1. Ermitteln Sie für bestimmte Warenarten Ihres Ausbildungssortiments, wo die Grenzen zwischen niedrigem, mittlerem und hohem Preisniveau liegen.

2. Beschreiben Sie je einen Artikel mit niedrigem und hohem Preis unter Vermeidung der Begriffe „billig" und „teuer".

3. Warum hängt die preisliche Einschätzung einer Ware durch den Kunden sehr wesentlich vom Verkaufsgespräch ab? Halten Sie die wichtigen Gründe schriftlich fest.

4. Nennen Sie Beispiele und Gründe dafür, dass die Qualität einer Ware nicht in jedem Fall von ihrem Preis bestimmt wird.

5. Beurteilen Sie die folgenden Preisnennungen:

    K: „In Ihrem Schaufenster habe ich eine tolle weiße Bluse mit Stickereien gesehen. Was kostet sie?"

    V: „Diese Bluse ist wirklich sehr schick! Sie kostet aber 89 €."

    K: „Was kosten bei Ihnen einfache Gummistiefel in der Größe 44?"

    V: „Die ganz billigen Stiefel kosten 12,90 €."

    Ermitteln Sie die Fehler und erarbeiten Sie in Partnerarbeit Alternativen. Führen Sie die Ergebnisse in Rollenspielen vor.

6. a) Welche Probleme ergeben sich im Verkaufsgespräch, wenn folgende Fragen gestellt werden?
    - „Wie viel wollen Sie denn ausgeben?"
    - „Haben Sie sich eine bestimmte Preislage vorgestellt?"

    b) In welchen Fällen sind solche Fragen dennoch angebracht?

7. Finden Sie drei Beispiele für exklusive und besonders teure Artikel Ihres Ausbildungsbetriebes. Listen Sie drei Argumente auf, die den hohen Preis rechtfertigen.

8. Präsentieren Sie in der Rolle des Verkäufers in einem Kundengespräch die Methode der psychologischen Preissenkung anhand eines Beispiels aus Ihrem Ausbildungssortiment.

9. **Rollenspiel**

    Kunde: Sie beginnen das Gespräch sofort mit der Frage nach dem Preis.

    Verkäufer: Vor der Preisnennung bauen Sie den Produktwert auf.

    Wählen Sie einen Artikel aus Ihrem Ausbildungssortiment.

10. Stellen Sie eine Liste mit 10 Artikeln Ihres Ausbildungssortiments auf, bei denen Sie die Preisnennung nach der Sandwichmethode vornehmen.

Ergänzungs- und Zusatzangebote

LF 2

11 Ergänzungs- und Zusatzangebote

Bilderrahmen ja, Haken nein, so ein Pech!

■ SITUATION

Es ist 18:30 Uhr am Samstagabend. Torsten ist im Stress. Er hat seiner Freundin Nina zugesagt, zwei Poster zu rahmen und sie im Flur ihrer Wohnung aufzuhängen. Am Sonntagnachmittag kommt Nina von einem Seminar zurück.

Im UFO-Bildershop zeigt eine Verkäuferin Torsten tolle Rahmen: Größe stimmt, Farbe passt, Design top! Torsten kauft zwei Stück, fährt nach Hause und zieht sich noch die Bundesliga-Ergebnisse rein. Dann schnappt er seinen Werkzeugkoffer, schwingt sich in den Wagen und fährt los.

Im Flur von Ninas Wohnung packt Torsten die Rahmen aus. Doch wo sind die passenden Haken? Keine beigepackt und im Werkzeugkoffer hat er so etwas auch nicht. Läden sind schon dicht. So ein Mist!

> Warum konnte Torsten in diese für ihn recht peinliche Situation kommen?

■ INFORMATION

Die Verkäuferin, welche die Bilderrahmen verkaufte, hat Torsten in Verlegenheit gebracht. Sie hat ihn nicht darauf hingewiesen, dass er Haken zum Aufhängen der Rahmen benötigt. Sie hätte ihm ein entsprechendes **Zusatzangebot** machen müssen. Dies blieb aus und nun kann er Ninas Wunsch nicht mehr erfüllen.

> **Hinweis:** Zwischen „Ergänzungsangebot" und „Zusatzangebot" kann nicht immer genau unterschieden werden. Im Allgemeinen versteht man unter **Ergänzungsangeboten** Artikel, die die Nutzung eines anderen Artikels erst ermöglichen und damit **funktionsnotwendig** sind, während es sich bei **Zusatzangeboten** meist um **werterhaltende** bzw. **wertsteigernde** Artikel, bezogen auf einen anderen gekauften Artikel, handelt.

Ergänzungs- und Zusatzangebote

11.1 Bedeutung von Ergänzungs- und Zusatzangeboten

Die Kunden erwarten von Ihnen Problemlösungen. Es gibt Waren, die erst durch bestimmte Ergänzungen funktionsfähig und sinnvoll verwendbar sind (Digitalkamera mit Speicherkarte). Es ist Ihre Aufgabe, die Kunden auf solche Zusatzartikel aufmerksam zu machen. Durch Ergänzungsangebote helfen Sie Ihren Kunden und steigern Ihren Umsatz.

11.2 Für Ergänzungs- und Zusatzangebote geeignete Artikel

Ergänzungen machen den Hauptkauf erst vollständig. Ohne das zusätzliche Angebot können Kunden mit dem Hauptartikel weniger oder nichts anfangen.

Lassen Sie Ihre Fantasie spielen. Es gibt nur wenige Waren, bei denen Ergänzungen nicht möglich sind. Das sind meistens Waren von geringem Wert, die aber selbst als Ergänzung geeignet sind. Für Ihre Kunden einsichtige Zusatzangebote können Sie aber nur anbieten, wenn Sie Warenkenntnisse besitzen und einen Überblick über Ihr Sortiment haben.

Beachten Sie: Da Zusatzangebote den Hauptkauf ergänzen, sollten sie natürlich auch weniger als der Hauptkauf kosten. Es wäre z. B. völlig verfehlt einer Kundin, die eine Bluse kaufen möchte, auch gleich ein passendes Kostüm dazu anzubieten.

Notwendige Ergänzungen vervollständigen den Hauptkauf	Sinnvolle Ergänzungen erhöhen den Nutzen des Hauptkaufs
Weltempfänger – Batterien	Mantel – Schal
Wolle – Stricknadel	Auto – Schonbezüge
Wandregal – Schrauben, Dübel	Rasenmäher – Grasfang
Kaffeemaschine – Filtertüten	Braten – Gewürze
Stövchen – Teelichter	Schuhe – Pflegemittel

funktionsnotwendig | werterhaltend/wertsteigernd

11.3 Richtiger Zeitpunkt für zusätzliche Angebote

Der richtige Zeitpunkt ergibt sich in der Regel aus der jeweiligen Verkaufssituation. Die Erfahrung und das Einfühlungsvermögen bestimmen, wann ein Ergänzungsangebot gemacht wird. Grundsätzlich sollten Zusatzangebote jedoch unterbreitet werden, nachdem sich die Kunden zum Hauptkauf entschlossen haben, jedoch bevor sie bezahlt haben.

Präsentation der Ergänzungs- und Zusatzangebote

LF 2

11.4 Präsentation der Ergänzungs- und Zusatzangebote

Bei der Empfehlung von Ergänzungsangeboten ist das „Wie" oft entscheidender als das „Was".

Vermeiden Sie allgemeine Formulierungen:	Machen Sie stattdessen konkrete Vorschläge:
„Darf es sonst noch etwas sein?"	„Zu dieser Wolle benötigen Sie die passenden Stricknadeln. Darf ich sie Ihnen gleich einpacken?"
„Haben Sie sonst noch einen Wunsch?"	„Wenn Sie Ihren Rasen in einem Arbeitsgang mähen und vom Gras befreien wollen, dann hilft Ihnen der passende Grasfang. Während Sie den Rasen mähen, wird das geschnittene Gras gleich im Grasfang gesammelt und transportiert."
„Wir haben auch noch preiswerte Angebote!"	„Sie können den festlichen Charakter Ihres neuen Service noch besser betonen: Stellen Sie zwei Leuchter aus unserem Angebot dazu. So verschönern Sie Ihren gedeckten Tisch!"

Viele Hersteller kommen mit **Komplettangeboten** (Verbundangebote) auf den Markt. Sie wollen damit den Kunden eine alles umfassende **Problemlösung** verkaufen und außerdem verhindern, dass die Kunden etwas vergessen *(Computer einschließlich Monitor, Drucker und Softwarepaket)*. Häufig handelt es sich dabei um Angebote, die für Anfänger in dem entsprechenden Verwendungsbereich gedacht sind *(Malkoffer mit Künstlerfarben, Pinsel, Leinwand)*. Besonders im Spielwaren- und Hobbybereich spielen solche **Startpackungen** eine wichtige Rolle.

》 **Beispiel:** Startpackung „Circus Monolino" von Märklin für Kinder ab fünf Jahre. Zu einem Preis von unter hundert Euro ist dies ein preisgünstiger Einstieg in die Welt der Modelleisenbahn; komplett mit Zug, Schienen, Transformator und Fahrgerät.

Dort wo es **keine** Komplettangebote von Herstellerseite gibt, sollte der **Einzelhändler** seine Chancen nutzen und selbst solche **Warensets** zusammenstellen. Dies führt einerseits zu mehr Umsatz, andererseits, wenn dazu noch ein attraktiver Gesamtpreis für das „Paket" geboten wird, fördern solche Angebote vor allem auch die Kundenbindung.

Ergänzungs- und Zusatzangebote

> **Beispiel:** In einem Fotofachgeschäft bietet man den Kunden eine Gesamtlösung im Bereich digitale Fotografie als Set an.

Kamera
+ Ladegerät
+ Speicherkarte
+ Tasche
+ Software

© Nikon GmbH, Düsseldorf

AKTION

1 Welche der vorgestellten Zusatzangebote sind notwendige, welche sinnvolle Ergänzungen des Hauptkaufs?

Hauptkauf:	Ergänzungen:
a) Schuhe	Pflegemittel, Socken, Einlegesohlen, Schuhspanner
b) PC-Drucker	Tonerkartusche, Papier, Reinigungsmittel, Kabel
c) Bohrmaschine	Sortiment Holz- und Steinbohrer, Kabeltrommel, Schraubbits
d) Besteck	Besteckkoffer, Spülmittel, Gabelbänkchen, Serviettenringe
e) Hemd	Krawatte, Ersatzknöpfe, Manschettenknöpfe
f) Gitarre	Ersatz-Saiten, Plektron, Hülle, Stimmgerät

2 Schreiben Sie zu jeder Ware drei Ergänzungen auf. Erklären Sie, wie Ihre Zusatzangebote den Nutzen erweitern.

a) Kamera
b) Kostüm (DOB)
c) Kostüm (Fasching)
d) Kaffeeservice
e) Langlaufski
f) Schwingschleifer
g) Kiste Sekt
h) Grillkoteletts

3 Listen Sie fünf Waren aus Ihrem Ausbildungssortiment auf, zu denen Sie mit Erfolg Ergänzungsangebote unterbreiten können. Notieren Sie hinter der Ware jeweils die Zusatzartikel.

Präsentation der Ergänzungs- und Zusatzangebote

LF 2

4 Erarbeiten Sie ein Verkaufsgespräch mit Zusatzangebot. Zeigen Sie Ihrer Klasse im Rollenspiel, wie Sie Ergänzungen anbieten.

5 Verändern Sie das Käuferverhalten in Ihrem Rollenspiel:

a) Der Kunde steht Zusatzangeboten sehr aufgeschlossen gegenüber.

b) Der Kunde hat eine recht ablehnende Einstellung gegenüber Zusatzangeboten.

Wie verändert sich der Ablauf der Kundenberatung?

6 Zusatzangebote können während des Hauptkaufs oder nach dem Hauptkauf erfolgen.

a) Welcher Zeitpunkt ist bei folgenden Artikeln sinnvoll?

Schuhpflegemittel – Kamerastativ – Batterien für MP3-Player – Krawatte zu Hemd.

Begründen Sie Ihre Entscheidung.

b) Stellen Sie in einem Rollenspiel beide Möglichkeiten für Zusatzverkäufe dar.

7 Das Warenhaus Merkur präsentiert sein Warenangebot auf sechs Etagen:

Vierte Etage	Feinkostabteilung, Restaurant, Reisebüro, Kunden-Center.
Dritte Etage	Damenwäsche und Dessous, Stoffe, Kurzwaren, Gardinen, Bett- und Tischwäsche, Frottierwaren.
Zweite Etage	Damenbekleidung mit Designer-Shops, Junge Damenmode, Damenschuhe.
Erste Etage	Mode für den Mann mit Designer-Shops, Junge Mode für den Herrn, Herrenwäsche und Herrenschuhe.
Erdgeschoss	Parfümerie, Lederwaren, Strümpfe, Accessoires, Bücher.
Untergeschoss	Süßwaren, Schreib- und Papierwaren, Haushaltswaren.

Die Geschäftsleitung hat festgestellt, dass in allen Abteilungen zu wenige Zusatzverkäufe getätigt werden. Daher hat sie die Aktion „Singles sind out, Pärchen sind in!" ins Leben gerufen. Ziel ist es mindestens bei jedem dritten Verkauf einen Zusatz- bzw. Ergänzungsartikel mit zu verkaufen.

Außerdem soll geprüft werden, bei welchen Warengruppen es möglich ist von vornherein Kombinationsangebote den Kunden vorzuschlagen.

Bilden Sie für jede Etage eine Gruppe und machen Sie mindestens zwei Vorschläge, bei welchen der dort angebotenen Artikel ein Zusatzangebot gemacht werden könnte. Erarbeiten Sie zusätzlich einen Vorschlag für ein Kombinationsangebot auf Ihrer Etage.

Entwickeln Sie dazu schriftlich entsprechende Formulierungsvorschläge für die Verkäufer.

12 Verabschiedung des Kunden

„Ein guter Schluss ziert alles!"

■ SITUATION

> also tschüss...

> Bitte beehren Sie uns bald wieder!

> Auf Wiedersehen und vielen Dank für Ihren Besuch!

Beurteilen sie die dargestellten Beispiele für die Verabschiedung eines Verkäufers von seinen Kunden?

■ INFORMATION

Die dritte Verabschiedung der obigen Abbildung lädt alle Kunden ein wiederzukommen – selbst wenn sie nichts gekauft haben.

Zeigen Sie Ihren Kunden, dass Sie für ihre Probleme Verständnis haben. Viele Kunden werden nach ihrer Kaufentscheidung vom Verkaufspersonal allein gelassen. Das ist falsch! So schnell können Sie das Verkaufsgespräch nicht abbrechen, denn Ihre Kunden befinden sich noch als Gast im Geschäft.

Oft entscheidet der letzte Eindruck darüber, ob die Kunden als Kaufinteressenten wiederkommen.

12.1 Zwischen Kaufentscheidung und Zahlung

Bei **Beratungsverkäufen** im **Bedienungs-** und **Vorwahlsystem** kommt es häufig vor, dass das **Verkaufspersonal** seine Kunden auf dem Weg zur Kasse begleitet.

Zwischen Kaufentscheidung und Zahlung

Diese **Zeit** sollten Verkäufer **nutzen**, um mit den Kunden ein Gespräch über die gekaufte Ware zu führen.

So kann dabei nicht nur eine nochmalige **Bestätigung** oder **Kaufentscheidung** erfolgen, sondern es können auch auf die gekaufte Ware bezogene **Besonderheiten** angesprochen werden.

>> **Beispiel:** Verkäufer trägt für den Kunden in einem Elektromarkt einen Kaffeevollautomaten zur Kasse.

    Verk.:   „Mit der Expressa Nova haben Sie wirklich genau das für Ihren Zweck richtige Modell gefunden!"

    Kunde: „Ja, ich glaube auch. Aber was mache ich eigentlich, wenn die Maschine mal am Wochenende einen Defekt hat?"

    Verk.:   „Kein Problem, ich gebe Ihnen gleich noch eine Liste mit Reparaturbetrieben aus unserer Region mit, die einen Wochenendnotdienst anbieten."

    Kunde: „Das hört sich gut an, nochmals vielen Dank für Ihre Beratung!"

■ Kassieren des Kaufpreises

Hinweise zum Kassieren finden Sie im Lernfeld 3 (Kassenorganisation). Beachten Sie bitte auch die speziellen Anweisungen in Ihrem Ausbildungsbetrieb.

■ Einpacken der Ware

Bei den meisten Einkäufen wird die Ware von den Kunden mitgenommen, Ware muss deshalb so **verpackt** werden, dass sie **problemlos** transportiert werden kann.

Ein besonderer Fall ist die Verpackung beim Kauf von Geschenken. Eine **Geschenkverpackung** sollte die Gabe aufwerten und als etwas Besonderes erscheinen lassen.

Je nach Warenart bieten sich sehr unterschiedliche Verpackungsmöglichkeiten an.

■ Zustellen der Ware

Bei Bestimmten Artikeln (*Elektrogroßgeräte, Möbel, Bad- und Sanitäreinrichtungen*) wird die Ware nach dem Kauf den Kunden zugestellt. Dies geschieht meist mit firmeneigenen Fahrzeugen des Verkäufers.

12.2 Verabschiedung

Zur freundlichen Verabschiedung gehört ein Dank an die Kunden. Es ist nicht selbstverständlich, dass sie gerade dieses Geschäft für ihren Einkauf gewählt haben.

Kunden, die gerade persönlich bekannt sind, können erwarten, dass sie mit ihrem Namen angesprochen werden.

Die **Verabschiedung** der Kunden sollte bei ihnen stets zu einer positiven Nachwirkung führen, denn denken Sie daran:

Nach dem Kauf ist vor dem Kauf!

■ AKTION

1 Beschreiben Sie, wie Sie in Ihrem Ausbildungsbetrieb den Kunden nach der Kaufentscheidung behilflich sein können.

2 Erkundigen Sie sich nach den Kassiervorschriften in Ihrem Ausbildungsbetrieb und formulieren Sie dazu eine Handlungsanweisung.

3 Wählen Sie eine Ware aus Ihrem Ausbildungssortiment und schreiben Sie auf, welche Hilfen Sie Ihren Kunden vor der Verabschiedung geben können.

4 Vervollständigen Sie die folgenden Aussagen zur Verabschiedung in einem Fachgeschäft durch Einsetzen der passenden Begriffe. Aber aufgepasst! Nicht alle unten aufgeführten passen.

Oft endet das Kundengespräch nach dem Kassiervorgang ? Auch der Kunde hat es dann manchmal ? Das Verkaufspersonal sollte in der Regel aber solange warten, bis der Kunde seine Sachen ? hat und im Begriff ist, das Geschäft zu verlassen. Verabschieden Sie sich ? von Ihrem Kunden, das bedeutet mit ? und ? Die Verabschiedung hat ? Einfluss, darauf, wie der Kunde den Gesamtaufenthalt im Geschäft im Nachhinein beurteilt.

allmählich, eilig, aktiv, keinerlei, abrupt, eingepackt, untätig, Blickkontakt, bezahlt, Ehrerbietung

5 Trainieren Sie die Phase zwischen Kaufentscheidung und Zahlakt an einem Beispiel (z. B. aus Arbeitsaufgabe 3). Führen Sie im Rollenspiel vor, wie Sie eine Kundin oder einen Kunden behandeln.

Kundenorientiertes Verkaufen

Lernfeld 4
Waren präsentieren

Inhalte

1. Warenkennzeichnung
2. Ladenbau und Ladengestaltung
3. Vorbereitung der Ware für die Präsentation
4. Präsentationsmöglichkeiten
5. Visual Merchandising

1 Warenkennzeichnung

100% Polyester, E 621, XXL, ®, 500 GB, DIN A4 ...? Waren kennen mithilfe der Warenkennzeichnung!

■ SITUATION

Lebensmittelkauf:

Die fünf wichtigsten Informationen für Konsumenten

Reihung durch befragte Personen von 1 bis 5, wobei 1 das Wichtigste ist

Rangfolge nach Punkten

1. Mindesthaltbarkeit — 400
2. Verwendung gentechnisch veränderter Organismen — 331
3. Angabe der Zutaten — 265
4. Herkunft des Produkts — 214
5. Zusatzstoffe — 190

Quelle: VKI-Erhebung per Fragebogen im Internet und persönlich in Supermärkten, n = 1.018, Erhebungszeitraum November / Dezember 1998
Foto: MEV · Grafik: Der Auer

Mithilfe eines Internetfragebogens und durch persönliche Befragung in Supermärkten hat der Verein für Konsumenteninformation (Österreich) eine Untersuchung durchgeführt, die darüber Auskunft geben soll, auf welche Informationen bei Lebensmitteln die Verbraucher besonderen Wert legen.

1. Beurteilen Sie das Ergebnis.
2. Informieren Sie Ihre Mitschüler über die Eigenschaften einer Ware Ihres Ausbildungssortiments mithilfe von mindestens fünf Warenkennzeichnungen.

■ INFORMATION

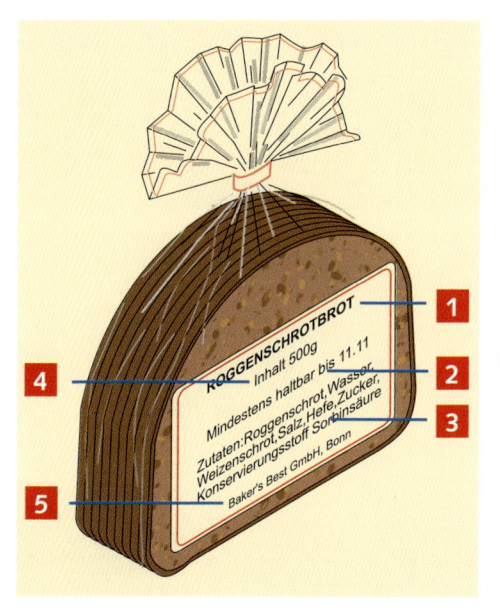

Die **Kennzeichnung** von **Waren** dient sowohl dem Verkäufer als Information bei der Beratung als auch dem Verbraucher beim Kauf von Waren in Selbstbedienung. Zum **Schutze** des Konsumenten (*Inhaltsstoffe*), für eine richtige **Lagerung** (*Haltbarkeit*) und **Verwendung** (*Warnhinweise*) verlangt der Gesetzgeber von Herstellern und Händlern die Waren des Sortiments wahrheitsgemäß zu kennzeichnen.

>> **Beispiel:** Kennzeichnung verpackter Lebensmittel nach der Lebensmittelkennzeichnungsverordnung

1. Verkehrsbezeichnung = Warenname
2. Mindesthaltbarkeitsdatum
3. Zutatenliste
4. Menge
5. Hersteller oder Vertreiber

Kennzeichnung zur Lagerhaltung und zur Sicherheit

LF 4

1.1 Kennzeichnung zur Lagerhaltung und zur Sicherheit

Da Lebensmittel nur beschränkt haltbar sind, müssen Hersteller die Händler und Verbraucher darüber informieren, wie lange eine Ware bei sachgemäßer Lagerung ohne nennenswerten Qualitätsverlust mindestens haltbar ist. Dieser Zeitpunkt wird als **Mindesthaltbarkeitsdatum** (MHD) bezeichnet *(mindestens haltbar bis 03.2020)*.

Bei leicht verderblichen Lebensmitteln *(Hackfleisch, Frischgeflügel)* ist ein **Verbrauchsdatum** *(verbrauchen bis spätestens 06-10-20)* anzugeben.

Bei Waren, die **gefährliche Inhaltsstoffe** enthalten, warnen **Symbole** auf der Ware bzw. der Verpackung vor diesen Gefahren.

» Beispiele:

 Warnung vor giftigen Stoffen	 Warnung vor feuergefährlichen Stoffen	 Warnung vor explosionsgefährlichen Stoffen	 Warnung vor reizenden oder gesundheitsschädlichen Stoffen

1.2 Preisauszeichnung und Etikettierung

Zur Angabe von Endpreisen ist nach der **Preisangabenverordnung** (PAngV) jeder verpflichtet, der Waren und/oder Dienstleistungen anbietet oder hierfür mit Preisen wirbt.

■ Preisauszeichnungspflicht

Die Preise müssen die Umsatzsteuer und eventuelle sonstige Preisbestandteile *(Pfandbetrag bei Mehrwegflaschen)* enthalten.

Vorgeschrieben ist die Angabe eines **Grundpreises**, d. h. Angabe des Verkaufspreises plus Preis je Maß- oder Gewichtseinheit *(1 Kilogramm, 1 Liter, 1 Meter)*. Die Grundpreisauszeichnung gilt für Food wie Non-Food-Artikel.

Ausnahmen gelten für lose Waren, bei denen die Angabe des Preises je Maßeinheit genügt *(1 kg, Bund, Stück)*, sowie bei Waren, deren Nenngewicht oder -menge weniger als 10 g/10 ml beträgt oder Waren, die verschiedenartige Erzeugnisse enthalten, die nicht miteinander vermischt sind.

» Beispiele:

PRIMA Taschentücher 6 x 10 ST	Handschuhe „Arctic"
1,25 €	**29,95 €**
2,08 € je 100 Stück	100 % reine Wolle
Grundpreisangabe Non-Food	**keine Grundpreisangabe notwendig**

Warenkennzeichnung

Die Preisauszeichnung muss bei allen Waren vorgenommen werden, die in Schaufenstern oder im Verkaufsraum sichtbar ausgestellt sind oder vom Kunden direkt entnommen werden können.

Das Preisschild kann direkt an der Ware, aber auch am Warenträger *(Regal, Ständer, Gondel)* angebracht sein.

Abb. Möglichkeiten der Preisauszeichnung

Mit **elektronischen Preisauszeichnungssystemen,** die drahtlos über Funk gesteuert werden, sind Preisänderungen problemlos möglich.

So können z. B. zur gleichen Zeit in allen Filialen eines Großunternehmens die Preise geändert werden.

Abb. elektronische Preisauszeichnung an Regalschiene

Keine Auszeichnungspflicht besteht bei Sammlerstücken, Antiquitäten und Kunstgegenständen sowie Blumen, die direkt aus dem Treibhaus verkauft werden.

Waren, die nach Prospekten, Katalogen oder auf Bildschirmen (E-Commerce) angeboten werden, sind dadurch auszuzeichnen, dass die Preise unmittelbar bei den Abbildungen oder Warenbeschreibungen angegeben werden.

Preisauszeichnung

am Warenträger
- übersichtlich
- schnell auszuwechseln
- kostengünstig

an der Ware
- zeit- und kostenaufwendig
- Zusatzfunktionen möglich

Preisauszeichnung und Etikettierung

LF 4

■ Warencodierung durch Etiketten

In vielen Fällen werden Waren mit Etiketten versehen, weil dabei Zusatzfunktionen genutzt werden können.

Grundfunktion	Preisangabe	Vorgeschrieben durch Preisangaben-Verordnung	Für Kunden erkennbar
	Grundpreis Güteklasse		
Zusatzfunktionen	Informationen für Kunden		
	Werbung		
	Informationen für das Personal (verschlüsselt)		Für Kunden nicht erkennbar (bzw. nicht direkt erkennbar)
	Diebstahlschutz		
	Erfassung von Warenbewegungen (Warenwirtschaft)	Erfordert RFID-Technik (Smart-Tags)	
	Erfassung von Verkaufsdaten (Marketing)		

Die meisten Waren sind mit Codes versehen, die von entsprechenden Geräten gelesen werden können. Dies ermöglicht eine artikelgenaue Erfassung für das Warenwirtschaftssystem. Je nach Ware oder Branche werden dabei verschiedene Etiketten und die entsprechenden Scanner eingesetzt.

Balkencode - Etikett
wird erfasst durch

Stationären Scanner   Mobilen Scanner   Strichcode-Lesestift

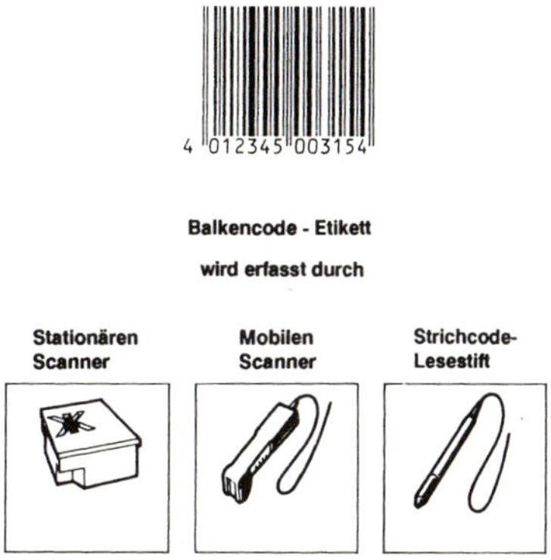

Abb. Maschinenlesbare Etiketten und deren Erfassungsgeräte

RFID-Technologie

Moderne Technik ermöglicht mittlerweile Etiketten, die ihre Informationen über mehrere Meter zu den Erfassungsgeräten übertragen. Diese **Smart-Tags** sind durch **R**adiofrequenz-Technik zu **Id**entifikationszwecken (**RFID**) in der Lage, viele neue Funktionen zu erfüllen.

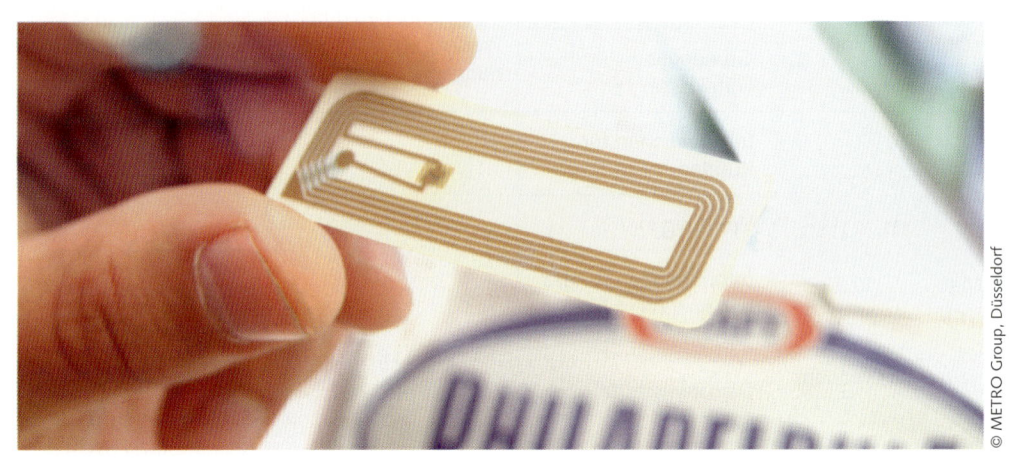

Abb. RFID-Technik in einem Smart-Tag

Smart-Tags mit RFID-Technik dienen

› dem Preisaufruf (durch die entsprechenden Kassen),
› der Diebstahlsicherung (nicht deaktivierte Etiketten lösen Alarm an der elektronischen Schleuse aus),
› der Wareneingangs- und Warenausgangserfassung im Rahmen von Warenwirtschaftssystemen,
› der automatischen Benachrichtigung, wenn der Meldebestand unterschritten wird,
› der Warenerfassung bei der Inventur,
› dem Aufruf von Informationen zum Zwecke der Warenpräsentation und der Kundenansprache.

Beispiel: Wie die RFID-Technik die Warenpräsentation und die Kundenansprache unterstützen kann, soll an diesem Beispiel deutlich werden:

Frau Bergmann besucht das FUTURE-Kaufhaus. Sie sucht sich einen Pullover aus, der ihr gut gefällt. Dieser trägt ein Smart-Tag. Frau Bergmann begibt sich in eine Kabine zur Anprobe. Dort erkennt ein Lesegerät die Ware und sendet über Bildschirm und Lautsprecher Informationen:

„Liebe Kundin, mit diesem eleganten Pullover sind Sie jederzeit modisch und korrekt gekleidet. Durch sieben Farbvarianten finden Sie das Modell, welches am besten zu Ihrem Typ passt. Sie können diesen Pullover besonders gut mit unseren Street-Hosen kombinieren. Wenn Sie Lust zur Anprobe haben, finden Sie die Street-Hosen gleich neben der Rolltreppe.

Übrigens: Durch das Mischgewebe ist dieser Pullover relativ unempfindlich. Sie können ihn natürlich auch in der Maschine waschen.

Wir wünschen Ihnen viel Freude mit dem Pullover von FUTURE!"

Warenkennzeichnung mithilfe von Marken

Wenn Frau Bergmann bei der Zahlung ihre Kundenkarte vorlegt, können auch ihre Einkaufsgewohnheiten erfasst werden. Das FUTURE-Kaufhaus erfährt dann, welche Ware sie kauft, welche Größe sie trägt, wann sie ihre Einkäufe tätigt und wie sie bezahlt. Dabei würden Warendaten mit Kundendaten verknüpft. Diese Verknüpfung ist umstritten und ruft die Datenschützer auf den Plan.

1.3 Warenkennzeichnung mithilfe von Marken

Marken sind Kennzeichen für Waren eines Unternehmens und dienen zur Unterscheidung von Waren anderer Unternehmen.

Bei der **Warenpräsentation** spielt die „**Markierung**" einer Ware eine wichtige Rolle, denn eine große Kundengruppe bevorzugt den Kauf von **Markenartikeln**. Diese erkennt sie durch ihr bekannten Namen, Zeichen, Symbole oder Bilder.

Im **Textileinzelhandel** wird dies z. B. durch das **Markenshop-Konzept** verwirklicht. Nicht die Waren- oder Artikelgruppe wird präsentiert (Hosen, Jacken, Hemden, Pullis), sondern das gesamte Angebot eines bestimmten Markenherstellers.

Wer Artikel im **SB-Bereich** markenorientiert präsentiert, erhält häufig eine werbliche Unterstützung durch den Hersteller. Diese geschieht vor allem durch die Bereitstellung von **Display-Material**. Es reicht von einfachen Pappdisplays bis zu hochwertigen Warenträgern.

Der Kunde erkennt sofort den beworbenen **Markenartikel**. Dadurch profitieren sowohl der Hersteller, der die Art und den Aufbau der Präsentation bestimmen kann, und der Händler, der zusätzliche Umsätze erzielt, z. B. durch eine attraktive Zweitplatzierung.

Abb. Markenshop in Textilkaufhaus

Abb. Markendisplay in einem Supermarkt

LF 4

Warenkennzeichnung

■ AKTION

1 Warum werden Waren mit dem Preis ausgezeichnet? Nennen Sie mehrere Gründe.

2 Welche Angaben schreibt die Preisangaben-Verordnung jeweils vor?
- sechs abgepackte Äpfel
- Strumpfhose
- Stuhl aus dem 18. Jahrhundert
- Laptop
- 0,75-l-Flasche Rotwein
- Stiefmütterchen ab Freiland

3 Errechnen Sie jeweils den Grundpreis:
- 150 g Keks: 1,89 € (Preis pro kg)
- 0,75 l Wein: 4,99 € (Preis pro l)
- 15 × 15 cm-Fliese 1,48 € (Preis pro m²)

4 Für Bier, Milch, Limonade, Mineralwasser, Zucker, Schokolade oder Kakao gibt es aufgrund einer EU-Richtlinie nahezu keine vorgegebenen Füllmengen (Wein und Spirituosen sind ausgenommen). Wie argumentieren Sie einem Kunden gegenüber, der diese Regelung für ausgesprochen verbraucherfeindlich hält?

5 Warum ist es in vielen Fällen sinnvoll, Etiketten mit zusätzlichen Funktionen zu verbinden? Erläutern Sie dies an drei Beispielen.

6 Untersuchen Sie die Etiketten. Welche Informationen können die Kunden und das Personal entnehmen? Fertigen Sie eine Übersicht an.

7 Welche Arten von Etiketten werden in Ihrem Ausbildungsbetrieb eingesetzt?

8 Entwerfen Sie in der Lerngruppe ein Display für die Präsentation von Schreibgeräten *(Schulfüller, Kugel- und Faserschreiber)*.

Bauen Sie es anschließend aus Pappe oder anderen in Ihrer Schule zur Verfügung stehenden Materialien nach.

Ladenbau und Ladengestaltung

2 Ladenbau und Ladengestaltung

■ SITUATION

1. Welche Absicht verfolgen die Ladenbauer mit der in den Abbildungen dargestellten Gestaltung der Verkaufsflächen?
2. Führen Sie einen Stadtgang durch und dokumentieren Sie die Außen- und Innengestaltung unterschiedlicher Betriebsformen.

■ INFORMATION

Bei der **Ladengestaltung** ist zu beachten, dass die Ladenarchitektur, die Wahl der Farben und Materialien so aufeinander abgestimmt sein müssen, dass sie zur Kundenzielgruppe des Geschäftes passen und auf das Sortiment abgestimmt sind. So wird sicher niemand in der Filiale eines großen Discounters aufwändige Warendarbietungen oder Sitzecken für Kunden mit Zeitschriften und Getränken erwarten.

Ein Kunde muss daher immer erkennen, wofür ein Unternehmen steht *(Luxus oder Discount)*, d.h. Sortiment und Ladeneinrichtung müssen stimmig sein.

Außerdem soll der Kunde durch Ladenbaumaßnahmen die Möglichkeit erhalten, sich auch ohne Beratung in den Verkaufsräumen zurechtzufinden, d.h. die gesuchte Ware schnell zu finden und problemlos aus den Warenträgern entnehmen zu können.

2.1 Gestaltung der Außenfront und der Verkaufsräume

■ Fassade

Die **Ladenfront** (Fassade) muss so gestaltet sein, dass Kunden schnell und sicher erkennen können, um welches Geschäft es sich handelt. Dies geschieht durch Schilder, Leuchtschriften oder Bemalung der Fassade. Es gibt auch Läden, die sich durch besondere Ideen abheben. Ein Fahrrad an der Fassade zeigt an: Hier gibt es Fahrräder und Zubehör.

Besonders leicht haben es die Filialbetriebe, weil ihre Logos fast jedem Menschen bekannt sind, wie die folgenden Abbildungen zeigen.

Abb. Filialbetriebe von Handelsunternehmen

Die **Gestaltung** der **Fassade** soll außerdem den **„Charakter"** des Geschäfts verkörpern. Man kann auch sagen: Die Fassade ist das „Gesicht" des Unternehmens.

>> **Beispiel:** Ein weltweit bekanntes Uhren- und Schmuckunternehmen unterstreicht die Exklusivität seiner Waren durch die luxuriöse Gestaltung der Fassade mit Marmor und Gold.

Gestaltung der Außenfront und der Verkaufsräume

■ Eingangsbereich

Der **Eingangsbereich** soll die Kunden einladen, das Geschäft zu betreten. Ungünstig sind deshalb Stufen, schwere Türen oder enge Zugänge. Beim Bau der Läden wird darauf geachtet, dass ebenerdige Eingänge den Zugang erleichtern und für Behinderte möglich machen.

Viele Eingänge stehen fast das ganze Jahr über offen und laden Kunden ein. Wo das nicht möglich ist, können Türen mit einem Sensor ausgerüstet werden, der für die automatische Öffnung sorgt.

Bei einigen Läden kann man kaum erkennen, wo der Bereich des Geschäfts eigentlich beginnt: Das Pflaster des Bürgersteiges ist in den Laden hineingezogen, die Warenauslagen beginnen schon vor dem Eingang. Die Kunden müssen nicht bewusst ein Geschäft betreten, sondern sie werden in die Verkaufszone gelenkt.

Abb. Eingangsbereich eines Warenhauses

■ Ladeneinrichtung

Die **Ladeneinrichtung** (Fachbegriff: **Store Design**) wird durch **Innenarchitekten** und **Ladenbauunternehmen** geplant und gestaltet. Für Wände, Decken und Fußböden werden dem Sortiment angepasste Materialien und Farben ausgewählt.

Eine besondere Rolle spielt auch die **Ausleuchtung** der **Verkaufsräume**. Spezielle **Lichtdesigner** rücken die Waren „ins rechte Licht". So kann man z. B. durch Punktstrahler (Akzentbeleuchtung) auf bestimmte Artikel aufmerksam machen. Eine andere Möglichkeit ist, dass man durch einheitliche Grundbeleuchtung für das ganze Geschäft eine angenehme Kaufatmosphäre schafft.

> **Beispiel:** Ladengestaltung in einem Uhren- und Schmuckgeschäft

Der fensterlose Verkaufsraum ist in einem hellen und warmen Grundton gehalten. Kräftige Farben der Wandelemente bilden markante Akzente und richten die Aufmerksamkeit der Kunden auf die ebenfalls farblich gestalteten Warenträger. Neben der hellen Grundausleuchtung, die an Tageslicht erinnert, werden durch Strahler die einzelnen Verkaufstheken besonders hervorgehoben. Die von innen beleuchteten Vitrinen heben die dort präsentierten Artikel besonders hervor. Die Farbe des Fußbodens wirkt beruhigend und lenkt die Kunden nicht ab.

■ Standort und Nachbarschaft

Der **Standort** und die **Nachbarschaft** des Geschäfts sind bei der Ladengestaltung ebenfalls zu beachten. So richtet sich z. B. die Größe der Verkaufsräume auch nach dem Standort. Aufgrund der hohen Mieten in **Citylagen**, fallen dort die Verkaufsflächen meist kleiner aus, als wenn man in einem **Wohngebiet** oder am **Stadtrand** sein Geschäft hat. Die Größe der Verkaufsfläche beeinflusst in erheblichem Maß die Ladengestaltung.

Bei einer hohen **Kundenfrequenz** ist es z. B. erforderlich, dass mehrere Kunden gleichzeitig beraten werden können. Daher sind in einem solchen Fall mehrere Verkaufstheken notwendig.

Auch die Größe des **Einzugsgebiets** wirkt sich auf die Ladenplanung und -gestaltung aus. Wenn die Kunden von weit her kommen, benötigen sie i. d. R. Parkmöglichkeiten. Da diese in den Innenstädten nur schwer zu finden sind, wird häufig ein Standort gewählt, der gut mit dem Pkw erreichbar ist.

Manche Läden passen gut zueinander und wirken gemeinsam besonders anziehend auf Kunden, z. B. Geschäfte für Textilien, Schuhe und Sportbekleidung in den Innenstädten oder Fachmärkte für Bau, Garten und Möbel am Stadtrand.

Abb. Beispiel für positive Nachbarschaft

Es gibt aber auch Fälle, bei denen **Nachbarschaft** störend wirkt. Ein exklusives Schmuckgeschäft passt sicher nicht zwischen einen Fischladen und einen Anbieter von Restposten.

Gestaltung der Außenfront und der Verkaufsräume

LF 4

■ AKTION

1 Erläutern und begründen Sie, woran man Filialbetriebe großer Handelsunternehmen sofort erkennt.

2 Wodurch unterscheiden sich Eingänge von Läden und Wohnungen? Nennen Sie Unterschiede und geben Sie den Grund an.

3 Beschreiben Sie ein Geschäft, dessen Eingang Sie für besonders gelungen halten, um Kunden zum Betreten zu bewegen.

4 Listen Sie Bestandteile des Ladenbausystems auf, die in Ihrem Ausbildungsbetrieb vorhanden sind.

5 Beschreiben Sie den Standort und die Nachbarschaft Ihres Ausbildungsbetriebs.

6 Beurteilen Sie die Häufigkeit und die Verteilung der Textil- und Schuhgeschäfte am Standort Milbecker Straße.

Zeichenerklärung:

- ☐ Bekleidungsfachgeschäfte, Boutiquen, Textilkaufhäuser
- ☐ Heimtextilien, Dekoration, Betten, Teppiche
- ☐ Schuhe, Lederwaren
- ☐ Anbieter von Textilien mit nichttextilem Schwerpunkt (z.B. Tchibo, Müller)
- ☐ Sonstige Ladengeschäfte

Abb. Ladengeschäfte im Straßenzug „Milbecker Straße"

2.2 Ladengrundrisse und Verkaufszonen

Wie der **Grundriss** eines Ladens gestaltet wird, hängt von dem Geschäft, dem Sortiment, der Verkaufsform und den Warenträgern ab.

Daraus ergibt sich auch die Einteilung in **Verkaufszonen** mit oder ohne Kontakt des Kunden zu den angebotenen Waren.

>> **Beispiel:** Warenpräsentation mit und ohne Kundenkontakt zur Ware

Verkaufsform: Vollbedienung

Verkaufsform: Vorwahl

■ Verkaufszonen bei Bedienung

Bei der **Verkaufsform Bedienung** kommt es **vor** dem Kauf zu **keinem Kontakt** des Kunden mit der Ware. Bedienung durch das Verkaufspersonal ist angebracht aus Gründen der

› Sicherheit *(Waffen, Pflanzengifte)*,
› Diebstahlsicherung *(Schmuck)*,
› Hygiene *(offene Lebensmittel)*,
› Warenanforderungen *(Blumen)*.

In diesen Fällen gibt es eine Trennung in **Kundenzone** und **Personalzone**. Die Ware befindet sich zum größten Teil in einem Lagerbereich, der von den Kunden nicht eingesehen werden kann.

Nach diesem Prinzip sind z. B. Verkaufskioske und kleine Fachgeschäfte gestaltet.

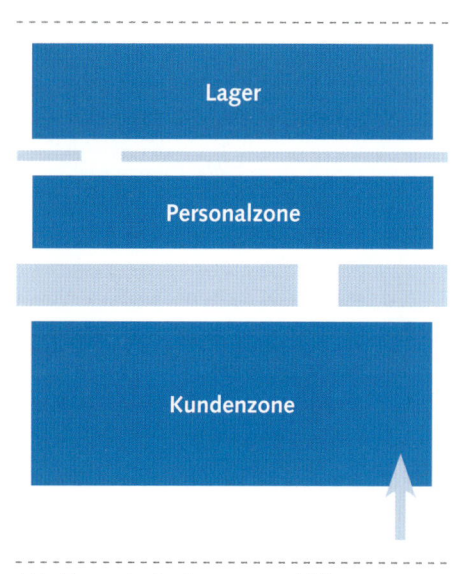

Abb. Zonen im Bedienungsgeschäft

Ladengrundrisse und Verkaufszonen

■ Verkaufszonen bei Selbstbedienung und Vorwahl

Grundlage zur **Verkaufsraumgestaltung** sind **Kundenlaufstudien**. Sie geben Antwort auf die Fragen:

› Wie bewegen sich die Kunden auf der Verkaufsfläche?
› Welches sind ihre Hauptwege?
› Wo informieren sie sich nur und wo kaufen sie?

Kenntnisse über das **Lauf- und Suchverhalten** der Kunden helfen das **Ladenlayout** zu **optimieren** und haben letztlich zum Ziel mehr Warenkontakte zu erzielen und damit den Umsatz zu erhöhen.

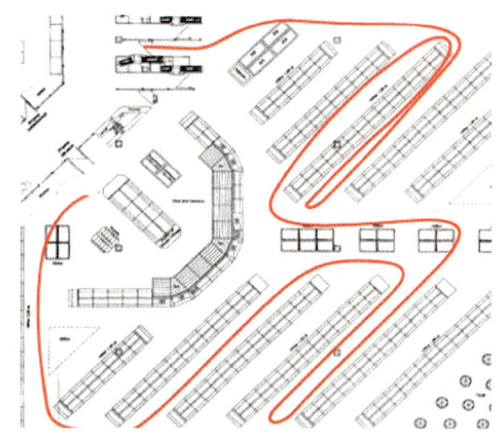

Abb. Auszug aus einer Kundenflussanalyse

Die Beobachter „verfolgen" die Kunden (die es natürlich nicht merken dürfen!) und dokumentieren deren Wege und Aktivitäten oder Kunden werden mit speziellen Kameras ausgestattet.

Die Auswertung dieser Daten führt z. B. zu Umplatzierungen oder einer verbesserten Verteilung des Kundenstroms, um „tote Ecken" zu vermeiden.

Verkaufsaktive Zonen zeichnen sich durch eine hohe Kundenfrequenz mit besonderer Aufmerksamkeit aus, während **verkaufspassive Zonen** von den Kunden selten aufgesucht werden. Die folgende Abbildung zeigt den Kundenlauf und die darauf abgestimmte Warenplatzierung in einem Supermarkt (Erläuterungen siehe nächste Seite).

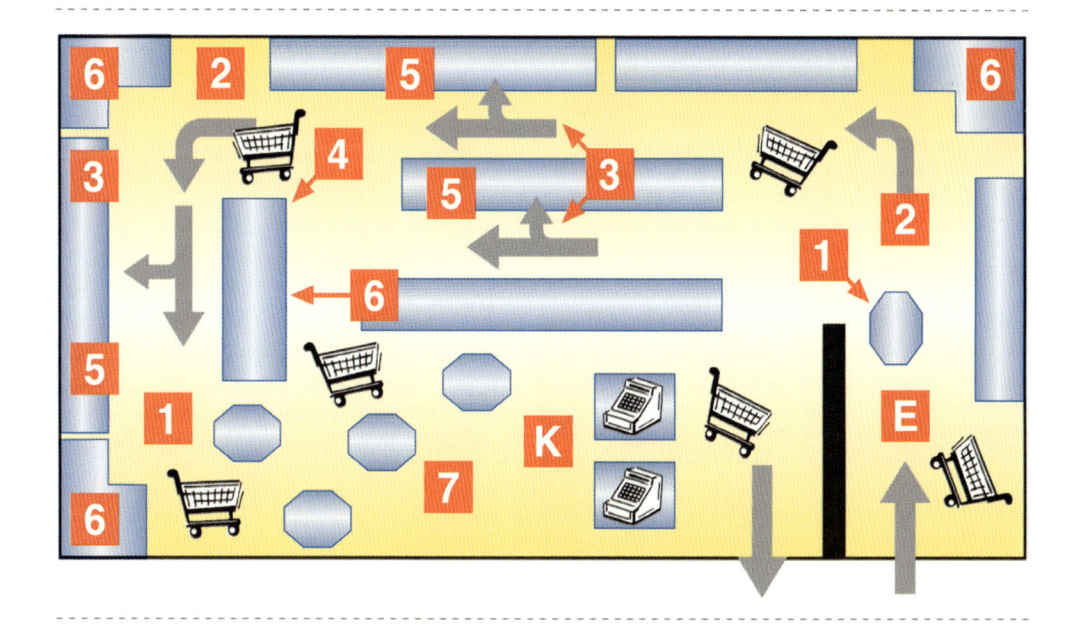

So haben Untersuchungen ergeben, dass Kunden die Eingangszone **(E)** und breite Gänge schnell durchlaufen und deshalb sollen Stopper **(1)** *(Schütten, Gondeln)* den Kunden „bremsen". Über 90 % der Kunden bewegen sich gegen den Uhrzeigersinn **(2)** und haben außerdem einen „Rechtsdrall"**(3)**, d.h. sie bevorzugen Waren auf der rechten Seite der Regale. Besondere Aufmerksamkeit schenken Kunden auch den Stirnseiten der Regale **(4)**.

Die sich daraus ergebenden verkaufsaktiven Zonen **(5)** sind besonders zur Platzierung von Waren mit hohem Deckungsbeitrag geeignet. Dagegen müssen verkaufsschwache Zonen **(6)** durch attraktive Angebote *(Sonderangebote, Aktionsware)* und „Mussartikel" *(Grundnahrungsmittel)* so aufgewertet werden, dass sie ebenfalls eine höhere Kundenfrequenz aufweisen. Die Kassenzone schließlich **(K)** wird langsam durchlaufen, hier werden vor allem Impulsartikel **(7)** angeboten.

Große Kauf- und Warenhäuser bieten ihren Besuchern ein **Kundenleitsystem**, das durch Farbkombinationen, Piktogramme und Schrifttafeln die Orientierung erleichtert.

Bei **mehrgeschossigen** Einzelhandelsunternehmen gilt die Regel: Je weiter eine Verkaufsetage vom Erdgeschoss entfernt ist, desto geringer wird die Kundenfrequenz. Um auch diese Flächen möglichst optimal zu nutzen, sollten hier Artikel platziert werden, die von Kunden gezielt nachgefragt werden *(Unterwäsche im Untergeschoss, hochwertige Damenoberbekleidung für die Frau ab 40 in einem der oberen Geschosse)*.

Abb. Informationstafel zur Orientierung in einem Kaufhaus

■ Neue Entwicklungen im Store Design

Ein zeitgemäßes Shop-Layout verzichtet auf eine Zwangsführung. Die Kunden sollen sich in den Verkaufsräumen wohlfühlen. Dazu dienen z. B. breitere Wege ohne eine Unterscheidung in vermeintlich wichtige Haupt- und unwichtige Nebenwege.

Ladengrundrisse und Verkaufszonen

Die **Begegnung** mit der **Ware** soll **Kaufimpulse** auslösen. Die Kunden sollen bereits im Verkaufsraum die spätere **Nutzung** gedanklich vorwegnehmen können. Dazu wird die Ware in einem **Umfeld** präsentiert, das der späteren Verwendung ähnlich ist.

Das nebenstehende Bild eines Sportfachmarkts verdeutlicht, wie man durch die Gestaltung des Verkaufsraums echtes „Outdoor-Feeling" erzeugen kann.

Die **Erhöhung** der **Kundenzufriedenheit** ist auch bei der Ladengestaltung ein wichtiges Thema. So baut man vermehrt Rolltreppen doppelläufig ein. Damit entfallen die lästigen Umwege, um zu einer anderen Etage zu kommen.

Zur Erhöhung der „Aufenthaltsqualität" werden in die Verkaufsflächen Erholungs- und Verweilzonen *(Sitzgelegenheiten, Bistro)* integriert.

Wenn die Gestaltung des Grundrisses, des Innenraums und der Warenträger von den Ladenbauern aufeinander abgestimmt wird, um eine **einheitliche Gesamtwirkung** zu erzielen, spricht man von **Shop-Layout**. Es gibt immer mehr Läden, die sich durch ein ungewöhnliches und unverwechselbares Shop-Layout von anderen Mitbewerbern abheben.

■ AKTION

1. Nennen Sie Warenarten oder Artikel aus Ihrem Ausbildungssortiment, die für die Platzierung in der Eingangszone, verkaufsstarken Zonen, verkaufsschwachen Zonen, hinteren Randzonen und der Kassenzone geeignet sind.

2. Warum finden sich in großen Betriebsformen *(Warenhäusern, Fachmärkten)* auch Bereiche, die in Personal- und Kundenzonen gegliedert sind? Nennen Sie Gründe.

3. Zeichnen Sie den Grundriss Ihres Ausbildungsbetriebes (in großen Betrieben Ihrer Ausbildungsabteilung) und markieren Sie die jeweiligen Zonen farbig.

Ladenbau und Ladengestaltung

4 Was muss ein gutes Kundenleitsystem in einem großen Kaufhaus leisten? Notieren Sie mindestens fünf Anforderungen.

5 Stellen Sie sich vor, Sie wären Kunde in einem der großen Discounter. Was finden Sie gut, was kritisieren Sie?

6 Untersuchen Sie den Grundriss des SB-Fachgeschäfts. Welche Prinzipien der Kundenführung und der Anordnung von Warenträgern sind dort verwirklicht?

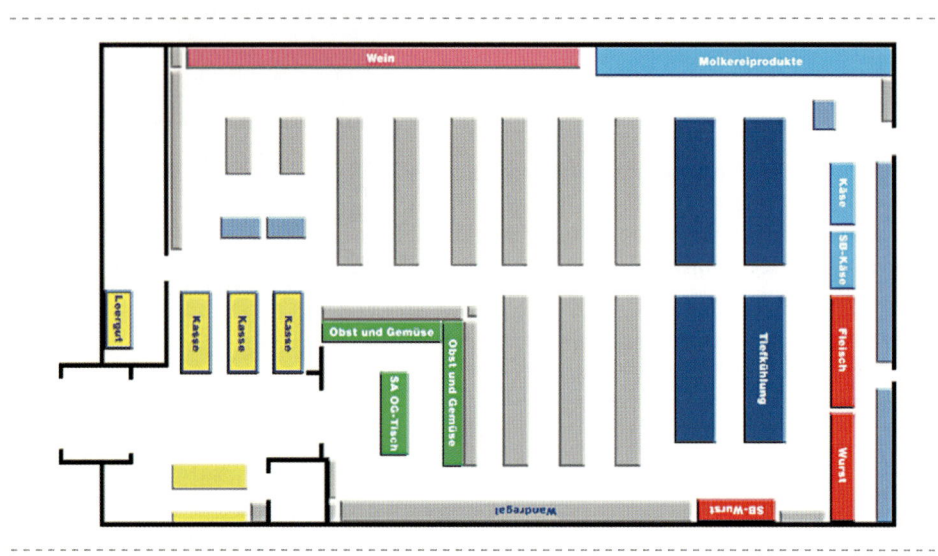

2.3 Warenträger und Platzierung

Wenn Waren eine bestimmte Form der Präsentation erfordern, spricht man von **Präsentationserfordernissen** der Waren. Meistens geht man von diesen Erfordernissen aus und präsentiert Waren auf entsprechenden **Warenträgern**, z. B.:

- Dosen und Flaschen   in Regalen
- Anzüge und Kleider   auf Bügeln in Kleiderständern
- Waschmitteltonnen   auf Paletten
- Schmuckstücke   in Vitrinen
- Schüttgut   in Gondeln
- Wäsche   auf Tischen
- Fleisch   in Kühltresen
- Poster   in Sichthüllen

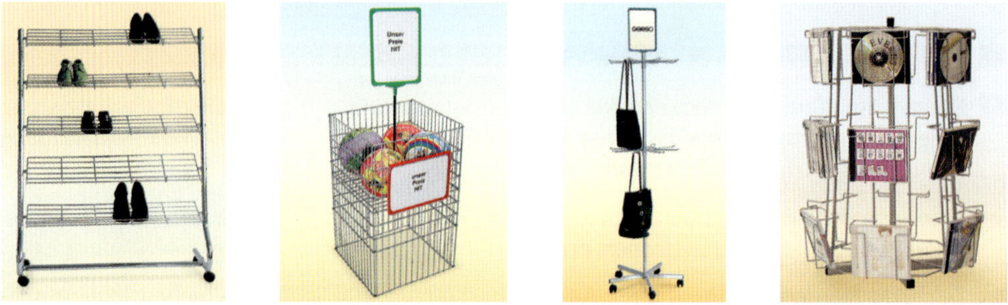

Abb. Verschiedene Warenträger

Warenträger und Platzierung

LF 4

■ Regale – die klassischen Warenträger

Wandregale sind nur von der Vorderseite für den Kunden zugänglich. Daher eignen sie sich besonders für Artikel, die dem Kunden frontal präsentiert werden sollen.

Sie können sehr flexibel gestaltet werden, sodass man Waren sowohl hängend als auch liegend präsentieren kann.

Abb. Wandregal in einem Baumarkt

Mittelregale stehen frei im Verkaufsraum und sind von allen Seiten zugänglich.

Im SB-Bereich dienen sie nicht nur der Warenpräsentation, sondern sie werden auch zur Steuerung des Kundenlaufs eingesetzt.

Abb. Mittelregal mit Stirnseite

Bevorzugte Regalplätze

Untersuchungen belegen, dass Kunden beim Gang durch einen Verkaufsraum öfter nach rechts schauen. Die **Regalseiten rechts** am Kundenstrom sind deshalb besonders verkaufsattraktive Plätze.

Ebenso haben sich die **Stirnseiten** der Regale als besonders verkaufsaktiv erwiesen. Es lohnt sich also hier Waren zu platzieren, auf deren Absatz besonderer Wert gelegt wird.

Oft werden diese Flächen für besondere Aufbauten oder Platzierungen benutzt.

Geht ein Kunde den blauen Weg (Abbildung rechts) entlang, wird er im Regelfall die rot gekennzeichneten Regalplätze besonders wahrnehmen.

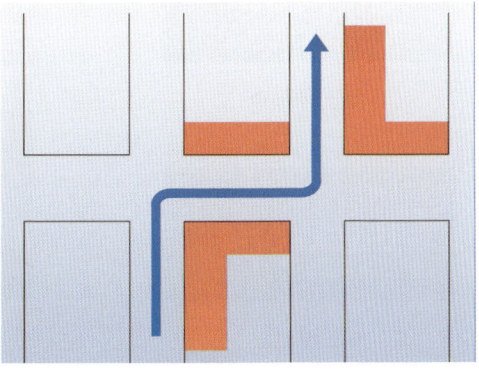

Abb. Bevorzugte Regalplätze

Höhenzonen im Regal

Steht ein Kunde vor dem Regal, bevorzugt er auch hier bestimmte Plätze. Am besten sieht und ergreift er Ware in einer Höhe von 80 bis 170 cm. Deshalb werden diese Ebenen als **Sicht- und Greifzone** bezeichnet. Darunter befindet sich die **Bückzone**, darüber die **Reckzone**. Bück- und Reckzone sind bei Kunden deutlich unbeliebter. Deshalb werden dort „Mussartikel" platziert, die der Kunde geplant kauft oder die weniger Gewinn bringen. In der Bückzone z. B. destilliertes Wasser (hohes Gewicht) und in der Reckzone besonders preiswerte Papiertaschentücher (leichtes Gewicht).

In der Sicht- und Greifzone werden Artikel platziert, die mit einer höheren Gewinnspanne kalkuliert sind, und die Kunden möglichst zu spontanen oder zusätzlichen Käufen anregen.

Damit auch die wirklich besten Plätze erkennbar werden, erfolgen immer wieder in bestimmten Zeiträumen Umplatzierungen. Dabei werden computergestützte **Regaloptimierungsprogramme** eingesetzt, die Markenartikelhersteller für eine optimale Platzierung ihrer Artikel in Warenträgern entwickeln lassen.

Reckzone — über 170 cm
Sichtzone — 120–170 cm
Greifzone — 80–120 cm
Bückzone — 0–80 cm

Abb. Höhenzonen im Regal

Warenträger und Platzierung

Struktur der Platzierung im Regal

Früher hat man häufig Regale einfach eingeräumt, ohne auf bevorzugte Plätze zu achten. Dabei kam oft eine **horizontale Platzierung** heraus. Das bedeutet, dass z. B. alle Fleischkonserven wie ein Band auf einer Regalebene stehen. Deshalb wird diese Form auch **Bandplatzierung** genannt.

Besser ist es, vertikale Blöcke zu bilden, sodass jede Warenart Anteil an guten und weniger guten Plätzen hat: **vertikale Platzierung** oder **Blockplatzierung**.

Bei der vertikalen Platzierung hat jede Warenart Anteil an den besten Plätzen, sodass die Artikel mit dem höchsten Ertrag angemessen platziert werden können. Außerdem wirkt die vertikale Platzierung übersichtlicher und abwechslungsreicher. Kunden werden dadurch wirkungsvoller angesprochen.

Wenn man Band- und Blockplatzierung kombiniert, erhält man die sogenannte **Kreuzblock-Platzierung**. Sie findet bevorzugt dann Anwendung, wenn man eine bestimmte Warengruppe *(Snack-Artikel, Kaffee)* platzieren möchte.

Vertikal platziert man z. B. nach Herstellern *(Jacobs, Melitta, Dallmayr, Idee-Kaffee)* und **horizontal** nach vergleichbaren Artikeln *(ganze Bohne, Pulver, Pads)*. Bei dieser Platzierung hat der Kunde einen besonders guten Überblick über das Angebot hinsichtlich Hersteller *(Marke)* und Auswahl.

Von der horizontalen Platzierung (Bandplatzierung)

| Fleischkonserven |
| Suppenkonserven |
| Obstkonserven |
| Gemüsekonserven |

zur vertikalen Platzierung (Blockplatzierung)

| Fleisch-konserven | Suppen-konserven | Gemüse-konserven | Obst-konserven |

Abb. Von der horizontalen zur vertikalen Platzierung

Welche Art der Platzierung im Regal auch gewählt wird, wichtig ist es, den Kunden beim Einkaufen zu unterstützen (Kundenorientierung).

Dies erreicht man z. B. durch eine Vermeidung von Präsenzlücken, durch aufgeräumte und klar strukturierte Regale, eine gut lesbare Preisauszeichnung, kurze Regalwege um Suchzeiten zu verringern und eine Vorauswahl bei der entsprechenden Warengruppe *(Backzutaten, Büroartikel)*.

Das Einkaufverhalten am Regal kann wissenschaftlich untersucht werden. Mit Kameras, die Kunden vor den Regalen aufnehmen (aus Datenschutzgründen undeutlich), werden Frequenz, Laufrichtung, Verweildauer, Suchzeiten und Kaufrate ermittelt. Aus der Analyse der Daten ermittelt man das Suchverhalten der Kunden am Regal sowie welche Artikel aus dem Regal gekauft wurden. Als Folge dieser Untersuchungen wird dann die Regalbestückung dem Such- und Kaufverhalten der Kunden angepasst. Eine andere Möglichkeit ist die Regaloptimierung über die Auswertung von Kassendaten. Spezielle Computerprogramme entwickeln aufgrund der Abverkäufe eine optimale Regalbeschickung.

Anordnung von Waren

In den Geschäften des Einzelhandels werden Waren in großer Zahl angeboten. Aus Gründen der Übersicht ist das Angebot gegliedert nach Warenarten oder Produktgruppen.

In **Produktgruppen** werden gleichartige Waren verschiedener Marken, Hersteller, Qualitäts- und Preisstufen räumlich zusammen präsentiert, z. B.:

> Bohrmaschinen und Bohrhämmer (Baumarkt)
> Herren-Oberhemden (Textilhaus)
> Brettspiele (Spielwarenfachgeschäft)
> Socken (Warenhaus)
> Nudeln (Supermarkt)
> Bestecke (Fachgeschäft)
> Blasinstrumente (Musikabteilung)

Abb. Produktgruppen mit Hinweisschild

Die entsprechenden Regale können mit Hinweisschildern versehen werden. Dadurch entsteht Übersicht, die Kunden finden sich zurecht, sie haben eine Auswahl und können die verschiedenen Artikel vergleichen.

Warenträger und Platzierung

Eine Anordnung ausschließlich nach Produktgruppen ist zwar übersichtlich, aber langweilig und wenig anregend. Deshalb werden neben den Produktgruppen auch **Anlassgruppen** gebildet. Sie fassen ein Bedarfsbündel zusammen und werden zusammen präsentiert **(Verbundplatzierung)**.

> **Beispiele** für Verbundplatzierung:

› „Packen Sie Ihren Koffer für den Sommerurlaub!" Unter diesem Motto werden Badebekleidung, Sonnencremes, Sonnenbrillen, Badetücher und Reiseführer gemeinsam auf einer Sonderfläche eines Kaufhauses präsentiert.

› „Genießen wie in Bella Italia!"; hier wird alles angeboten, was zu einem typischen italienischen Pastagericht gehört (s. Abb.).

Abb. Verbundplatzierung

Auch bei **Zweitplatzierungen** wird von der systematischen Anordnung abgewichen. Zwar befindet sich ein Teil der Ware an ihrem „richtigen" Platz, ein Teil ist jedoch an einem anderen Ort auffällig platziert, z. B. auf einem Stopper mitten im Gang oder auf einem Platz vor den Kassen.

Zweitplatzierungen bringen ein deutliches Umsatzplus, wenn es einen Anlass gibt, um auf den Artikel besonders hinzuweisen.

Anlässe für Zweitplatzierungen:

› In der Fernsehwerbung wurde auf einen Artikel besonders aufmerksam gemacht.
› Es herrschen extreme Wetterlagen *(Regenschirme, Sonnencremes, Durstlöscher, Türschloss-Enteiser).*
› Eine Grippewelle kündigt sich an *(Papiertaschentücher, Wärmflaschen, Vitamintabletten).*
› Feste und jahreszeitliche Anlässe stehen bevor *(Konfirmations- und Kommunionsgeschenke, Adventskerzen).*

Eine **zielgerichtete Präsentation** erfolgt durch richtige Auswahl der Warenträger und eine geeignete Anordnung.

Ladenbau und Ladengestaltung

Aus der **Anordnung** der **Waren** leiten die Kunden **Eigenschaften** ab. Deshalb kann man durch eine entsprechende Präsentation den Absatz zielgerecht beeinflussen. **Warenstapel** und **-pyramiden** bestehen aus einer großen Zahl von Artikeln und werden bei Sonderangeboten und Aktionen eingesetzt.

Bei den Kunden kann dadurch folgende Gedankenkette ausgelöst werden: „Große Menge → vom Handel günstig eingekauft → deshalb niedriger Angebotspreis!"

Abb. Sonderangebot Knabbergebäck

Eine einfache **Reihung** und **Schichtung** der Ware erfolgt bei Standardsortimenten im Regal. Diese übersichtliche Platzierung vermittelt den Eindruck von Ordnung, Übersicht und Zuverlässigkeit. Deshalb werden Markenartikel vorwiegend auf diese Weise angeboten.

» **Beispiel:** Farben- und Lackregal mit Markenware

Schüttgut in **Gondeln** und **Körben** wirkt wie achtlos hingestellt. Dem Kunden soll der Eindruck vermittelt werden: „Diese Ware ist so preiswert, dass sich noch nicht mal das Einsortieren lohnt!" Als Schüttgut oder in einem Wühltisch werden echte „Preisknüller" oder Kleinartikel angeboten.

» **Beispiel:** Kleinartikel zum Tapezieren, Streichen und Renovieren

Einzeln herausgestellte und besonders dekorierte **Ware** wirkt edel, stilvoll und exklusiv. Solche Platzierungen dienen als Blickfang und Orientierungspunkt. Dafür eignen sich besonders modische und hochwertige Teile des Sortiments.

» **Beispiel:** Damenwesten aus hochwertiger Woll-Seide-Mischung in aktuellen Modefarben

Warenträger und Platzierung

LF 4

Eine besonders häufig im Textilhandel anzutreffende Platzierung ist die Warenpräsentation nach dem **Arena-Prinzip** (Arena = Veranstaltungsort). Dabei wird die Ware aufsteigend präsentiert, sodass der Kunde einen besonders guten Überblick über das Warenangebot hat.

>> **Beispiel:**

Nebenstehende Abbildung:

Auf dem Tisch als **erste Ebene** (1) werden Hemden, Pullis und dazu passende Accessoires dekoriert.

In einer **zweiten Ebene** (2) folgt die Präsentation der Jacken in unterschiedlichen Größen auf Ständern.

Auf der **dritten** und höchsten **Ebene** (3) (Rückwand) werden die Jacken frontal präsentiert. Die großflächigen Plakate dienen dazu den Blick auf die dort dekorierte Ware zu lenken.

© Karstadt, Essen

In Waren- und Kaufhäusern werden manchmal kleinere Abteilungen eingerichtet, die wie ein Laden im Laden wirken **(Shop in the shop)**. Dort können Waren angeboten werden, die sich aus dem sonst angebotenen Sortiment etwas abheben, z. B. Modeschmuck in einem Textilkaufhaus.

Weil viele Kunden sich an bekannten Marken orientieren, werden häufig auch **Markenshops** eingerichtet, in denen nur die Waren eines Herstellers angeboten werden, z. B. Parfümerie und Körperpflege von Adidas oder Herrenbekleidung von s.Oliver.

Abb. Markenshop in einem Warenhaus

© Karstadt, Essen

Ladenbau und Ladengestaltung

■ AKTION

1 Wählen Sie 10 Warenarten aus Ihrem Ausbildungssortiment und notieren Sie diese. Schreiben Sie jeweils dahinter, welche Form der Warenträger am besten zur Präsentation dieser Waren geeignet ist.

2 Nennen Sie mögliche Gründe, weshalb die meisten Kunden einen „Rechtsdrall" haben und weshalb die Kopf- oder Stirnseiten von Regalen bevorzugt wahrgenommen werden.

3 Überprüfen Sie anhand eines Regals in Ihrem Ausbildungsbetrieb, ob die Band- oder Blockplatzierung vorgenommen wurde.

4 Entwerfen Sie einen Vorschlag für eine Blockplatzierung von Süßwaren (Pralinen, Trüffel, Schokolade, Bonbons) in einem Regal mit vier Ebenen und vier Blöcken.

5 a) Nach welchen Gesichtspunkten wurde die Ware auf der Abbildung platziert?
b) Was fällt Ihnen hinsichtlich der Farbwirkung auf?

6 Wie finden Sie Waren in dem Markt, in dem Sie Ihren täglichen Bedarf einkaufen? Beurteilen Sie, ob die Produktgruppen leicht zu finden sind.

7 Warum ist es wichtig, dass die Kunden Vergleiche innerhalb der Produktgruppen vornehmen können? Nennen Sie mehrere Punkte.

8 Wählen Sie einen Anlass und stellen Sie eine interessante Verbundplatzierung zusammen. Zeichnen Sie den Entwurf als Skizze.

9 Stellen Sie fest, ob in Ihrem Ausbildungsbetrieb Zweitplatzierungen vorgenommen werden. Welche Artikel werden an zwei Orten platziert?

10 Wie werden folgende Waren zielgerichtet für die Präsentation angeordnet?

- Hochzeitskleid
- Konserve
- Großpackung Hundefutter
- T-Shirt (sehr preiswert)
- Perlenkette
- Cashmere-Pullover
- Marken-Kaffee
- Bohrer

Nennen Sie jeweils mehrere Stichworte.

11 Weshalb ist es sinnvoll, bekannte Marken in speziellen Shops zu präsentieren? Nennen Sie auch Probleme oder Nachteile dieser gesonderten Präsentation.

Vorbereitung der Ware für die Präsentation

LF 4

3 Vorbereitung der Ware für die Präsentation

■ SITUATION

Aus einem **Handbuch zur Qualitätssicherung** einer großen Supermarktkette:

> **Maßnahmen zur Warenpflege von Obst und Gemüse:**
>
> Obst und Gemüse unterliegt naturbedingt unterschiedlich schnellen Alterungsprozessen. Deshalb müssen die Regale und Theken mehrmals täglich kontrolliert werden. Dabei ist zu beachten:
>
> › Mangelhafte Ware ist konsequent auszusortieren.
> › Ware, die man selbst nicht mehr essen oder kaufen würde, muss aussortiert werden. Ansonsten wird die frische Ware von der alten Ware negativ beeinflusst.
> › Mit Obst- und Gemüseartikeln ist grundsätzlich vorsichtig umzugehen, um Beschädigungen wie Druckstellen und Quetschungen zu vermeiden.
> › Zwiebeln und Knoblauch sind immer trocken zu lagern.
> › Kräutertöpfe (die Pflanzen wachsen noch) dürfen nie zu kühl gelagert werden.
> › In der Obst- und Gemüseabteilung immer auf einen einwandfreien Geruch achten. Jede Abweichung weist auf einen Verderb hin *(faule Kartoffeln, Fruchtfliegen)*.

1. Welche Erfahrungen haben Sie selbst als Kunde beim Kauf von Obst und Gemüse hinsichtlich Warenpflege, Sauberkeit und Hygiene gemacht?
2. Berichten Sie vor der Klasse, welche Maßnahmen in Ihrem Ausbildungsbetrieb zur Warenpflege ergriffen werden.

© Gina Sanders – Fotolia.com

■ INFORMATION

Verstaubte Regale und Waren, verfaultes Obst oder aufgerissene Verpackungen, aus denen u. U. sogar Waren entnommen wurden, sowie Artikel mit abgelaufenem Mindesthaltbarkeitsdatum können dem Geschäft einen beträchtlichen **Imageschaden** zufügen.

Deshalb sind eine regelmäßige und gründliche **Waren- und Regalpflege** keine lästige Arbeit, sondern eine unbedingte Voraussetzung für ein kundenfreundliches Erscheinungsbild des Geschäfts.

3.1 Warenpflege

Wenn der Einzelhändler Ware geliefert bekommt, muss sie meistens nur noch ausgepackt werden. Die überwiegende Zahl der Waren ist verkaufsfertig vorbereitet.

Es gibt aber spezielle Pflegemaßnahmen, die von der jeweiligen Ware abhängen. Hierzu gehören Arbeiten, durch welche die Waren erst in einen verkaufsfertigen Zustand versetzt werden.

› Putzen von Silberschmuck und versilbertem Besteck, Spülen von Gläsern und Porzellan;
› Zusammensetzen zerlegt angelieferter Ware *(Aufstellen von Möbeln, Zusammenbau von Fahrrädern)*;
› Aufstellen und Anschließen von Vorführgeräten *(die übrige Ware kann originalverpackt bleiben)*.

Früher haben die Kaufleute noch viel häufiger Warenpflege betrieben, z. B. Kaffee geröstet, Textilien gebügelt, Speiseöl abgefüllt und spezielle Mischungen von Tee oder anderen Lebensmitteln hergestellt. Einige Spezialgeschäfte tun dies immer noch oder heute wieder. Sie zeigen damit ihren Kunden, dass sie den Umgang mit der Ware im Griff haben, traditionelle Techniken beherrschen und sich auf individuelle Kundenwünsche einstellen können.

Abb. Traditionelle Warenpflege im Einzelhandel

Der Schwerpunkt der Warenpflege liegt heute auf den Tätigkeiten optische Aufbereitung, Sauberhalten und Reinigung sowie Vermeidung von Warenschäden, die eng miteinander in Verbindung stehen.

Warenpflege

Warenschäden entstehen durch	Beispiele
Druck, Stoß, Fall	Druckstellen an Obst, Zerdrücken von Verpackungen, Bruch von Kunststoff- und Glasteilen
Reibung	Abscheuern und Zerkratzen von Oberflächen und Verpackungen
Wärme/Kälte	Vertrocknen und Verderb von Lebensmitteln, Auftauen von Gefriergut/Frostschäden an Kartoffeln
Luftfeuchte (zu hoch/zu niedrig)	Rosten von Eisenteilen, Verklumpen von Zucker und Mehl, Stockigwerden von Textilien/Austrocknen von Käse, Welken von Blumen
Licht	Ausbleichen von Stoffen und Papier, Zerstörung von Wirkstoffen (Öl, Kaffee)
Staub	Verschmutzung von Ware und von Verpackungen
Schädlinge	Fraßschäden (Textilien, Lebensmittel, Holz, Pflanzen)
Schnitt (Messerklinge)	Zerschneiden von Verkaufsverpackungen und von Ware

Warenschäden werden verhindert durch sachgerechte

Warenpflege

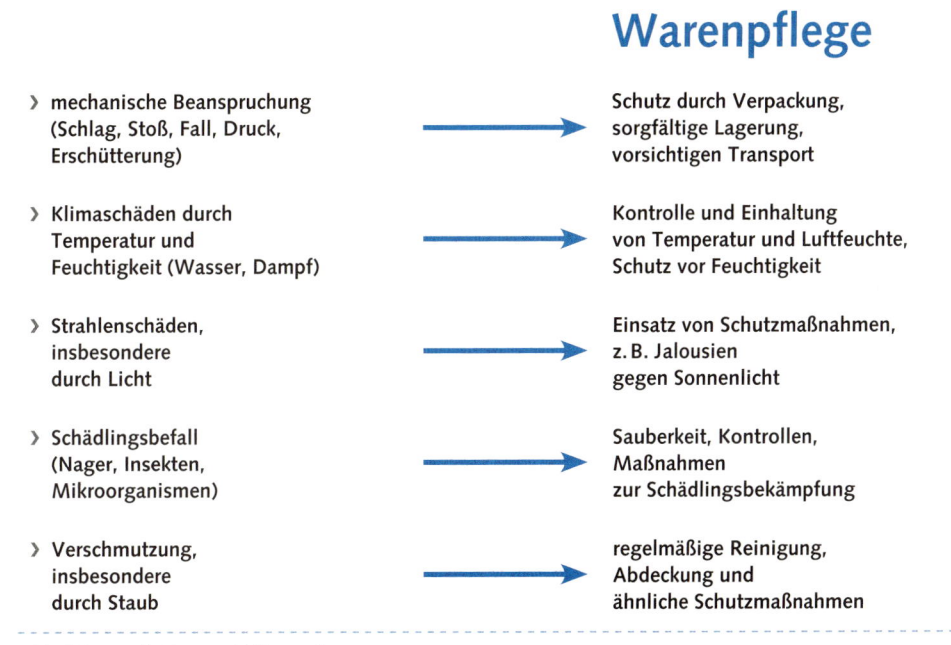

- mechanische Beanspruchung (Schlag, Stoß, Fall, Druck, Erschütterung) → Schutz durch Verpackung, sorgfältige Lagerung, vorsichtigen Transport

- Klimaschäden durch Temperatur und Feuchtigkeit (Wasser, Dampf) → Kontrolle und Einhaltung von Temperatur und Luftfeuchte, Schutz vor Feuchtigkeit

- Strahlenschäden, insbesondere durch Licht → Einsatz von Schutzmaßnahmen, z. B. Jalousien gegen Sonnenlicht

- Schädlingsbefall (Nager, Insekten, Mikroorganismen) → Sauberkeit, Kontrollen, Maßnahmen zur Schädlingsbekämpfung

- Verschmutzung, insbesondere durch Staub → regelmäßige Reinigung, Abdeckung und ähnliche Schutzmaßnahmen

Abb. Warenschäden und Warenpflege

Vorbereitung der Ware für die Präsentation

Die **Sauberhaltung** und **Reinigung** von **Ware** ist von großer Bedeutung für den Erfolg des Einzelhändlers. Verschmutzte, verdreckte oder verstaubte Ware sieht unansehnlich und alt aus. Sie verliert an Wert und stößt Kunden ab.

Achten Sie deshalb auf **Sauberkeit** und **Hygiene** im Allgemeinen und im Besonderen bei

- offenen Lebensmitteln *(Hygienevorschriften, Appetitlichkeit)*,
- Artikeln, die länger im Geschäft oder in der Auslage stehen *(Gläser, Schmuck, Antiquitäten)*,
- lebenden Tieren und Pflanzen *(Präsentation gesunder Ware)*,
- Waren, die anprobiert werden und mit dem Kunden Körperkontakt bekommen *(Badekleidung, Kopfhörer, Sonnenbrillen)*.

■ AKTION

1 Ein Feinkost-Händler beabsichtigt, in seinen Verkaufsräumen Kaffee zu rösten und Tee zu mischen, sodass die Kunden zusehen können.
Beurteilen Sie diese Maßnahme (Vorteile/Nachteile).

2 Nennen Sie drei typische Warenschäden, die in Ihrem Ausbildungsbetrieb auftreten (können). Notieren Sie, was Sie dagegen unternehmen.

3 „Eine verkratzte Packung ist nicht schlimm, wenn die Ware in Ordnung ist!"
Was sagen Sie zu dieser Behauptung?

4 Warum gehört das Sauberhalten von Ware zu den Aufgaben des Verkaufspersonals?
Nennen Sie Gründe.

5 „Waren müssen optisch so aufbereitet werden, dass sie zu den Kunden sprechen!"
Erläutern Sie diese Aufforderung an drei Beispielen aus Ihrem Ausbildungssortiment.

4 Präsentationsmöglichkeiten

„Gut gezeigt ist halb verkauft!"

■ SITUATION

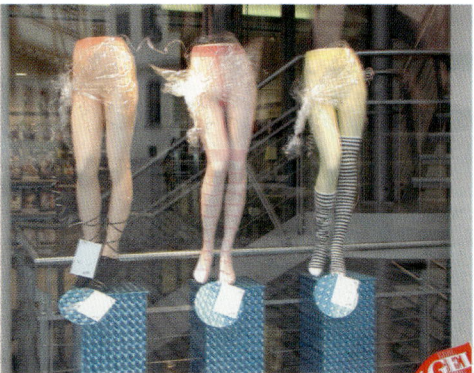

Die Bilder zeigen unterschiedliche Möglichkeiten, Waren im Schaufenster oder im Verkaufsraum zu präsentieren.

1. Welche Funktion erfüllt die Art der Warenpräsentation in den vier Beispielen?
2. Welche Empfindungen werden bei Ihnen beim Betrachten dieser Präsentationen ausgelöst?

■ INFORMATION

Eine **gelungene** Warenpräsentation weckt die **Aufmerksamkeit** der **Kunden**, spricht besonders ihre Augen an und gibt vorentscheidende **Kaufimpulse**. Wenn sich die Kunden bereits durch die Ware positiv angesprochen fühlen, ist ein Verkaufsgespräch leichter zu führen.

Präsentationsmöglichkeiten

Bei der Warenpräsentation wird heute ein erheblicher Aufwand betrieben. Aufwendige Präsentationen bezeichnet man mit Begriffen wie „Inszenierung von **Warenlandschaften**" oder „Vorstellung von **Warenwelten**".

Ein entsprechendes Konzept wird als „**Visual Merchandising**" bezeichnet.

4.1 Präsenter, Displays und Dekorationsmaterial

■ Präsenter

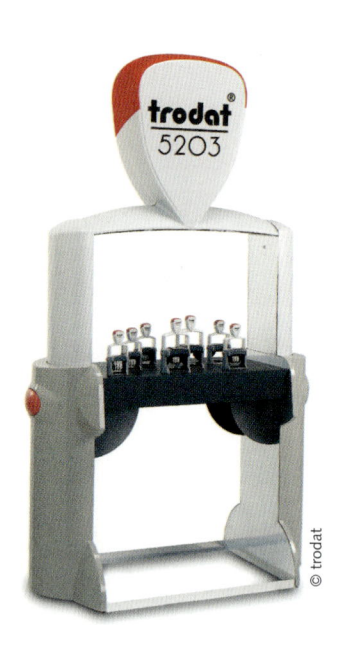

Abb. Präsenter (Beispiele)

Zur Unterstützung einer wirkungsvollen Warenpräsentation bieten viele Hersteller und Lieferanten Präsentationshilfen an. Zur Herausstellung einzelner Artikel gibt es **Warenpräsenter** mit ausgefallenen Ideen. Sie eignen sich besonders als Blickfang im Schaufenster, im Eingangsbereich oder an zentralen Plätzen im Verkaufslokal.

Die Zeitschrift „Stores and Shops" berichtet:

„Da gibt es zum Beispiel Mombo, den tanzenden Kleiderständer, präsentiert auf der letzten EuroShop. Er ist ein Gestell aus Stangen, Gelenken und einem Motor, der ihn zu kreisenden Schulter-Hüftbewegungen veranlasst – stufenlos verstellbar und bis zu 36-mal pro Minute.

Sein jüngst vorgestellter ‚Bruder' namens Market Man hat andere, aber nicht minder verblüffende Qualitäten: Dieser roboterähnliche High-Tech-Präsenter schwenkt nicht nur die Ware und spricht, sondern er gibt darüber hinaus Blinkzeichen und winkt mit einem Plakat."

Der Einsatz solcher Präsenter muss jedoch genau überlegt werden: Erstens entstehen hohe Anschaffungskosten, zweitens muss der Präsenter zur übrigen Einrichtung passen *(Umfeld/Ambiente)* und drittens muss die Kundschaft diesen Blickfang akzeptieren.

Präsenter, Displays und Dekorationsmaterial

■ Figuren

In den Bereichen Bekleidung, Mode, Sport werden als Präsenter häufig Figuren eingesetzt, die in der Umgangssprache als „Schaufensterpuppen" bezeichnet werden. An ihnen können Waren lebensnah präsentiert werden. Figuren gibt es in verschiedenen Formen und Ausführungen:

Ganzkörperfigur	lebensnah, weibliche und männliche Ausführung, verstellbare Gelenke
Ganzkörperfigur	stilisiert – abstrakt, nicht lebensecht, andere Farben, verzerrte Proportionen
Büste	Oberkörper, häufig ohne Kopf und Arme
Torso	Teilkörper, d. h. ohne Gliedmaßen und ohne Kopf

Abb. Figuren (Beispiele)

■ Displays

Viele Hersteller und Lieferanten von Markenartikeln bieten dem Einzelhandel Displays als Präsentationshilfen an. Die meisten Displays bestehen aus Karton- oder Kunststoffteilen, die farbig bedruckt sind. Ein Display weist auf Ware hin oder dient direkt zur Präsentation von Artikeln.

Displays haben mehrere **Vorteile**:

+ Sie sind genau auf diese Artikel zugeschnitten und können auch ohne großen Aufwand an Zeit und Material eingesetzt werden.
+ Sie knüpfen an die übrige Werbung für die Markenartikel an und vermitteln den Kunden einen „Aha-Effekt": Gestern im Fernsehen gezeigt, und heute schon in unserem Geschäft!
+ Sie sind kostengünstig, weil sie unentgeltlich oder gegen einen geringen Betrag geliefert werden.

Allerdings stehen diesen Vorteilen auch **Nachteile** gegenüber:

− Sie werden jedem Einzelhändler angeboten und stehen in vielen Läden. Damit verlieren sie an Aufmerksamkeitswert.
− Sie sind nur auf den Artikel zugeschnitten und passen nicht immer zum Stil des Hauses bzw. zum Umfeld des Verkaufslokals.
− Je mehr Displays eingesetzt werden, umso geringer ist ihre Wirkung.

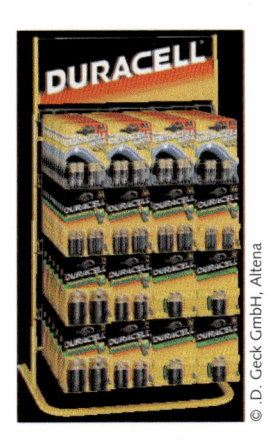

Abb. Displays (Beispiele)

Dekorationsmaterial

Bei den Dekorationsgegenständen sind der Fantasie keine Grenzen gesetzt. Es gibt Gegenstände, Attrappen, Poster und Schilder für alle möglichen Themen und Anlässe. Mit ihnen lassen sich auch die ausgefallensten Ideen umsetzen.

Abb. Dekorationsmaterial (Beispiele)

Präsenter, Displays und Dekorationsmaterial können die Warenpräsentation wirkungsvoll unterstützen. Sie ersetzen jedoch nicht kreative Einfälle und Ideen. Bei dem Einsatz dieser Präsentationshilfen muss deshalb geprüft werden:

› Passen sie zur geplanten Präsentation und zum Umfeld?
› Unterstützen sie die beabsichtigte Wirkung?
› Wie ist der erzielbare Nutzen im Verhältnis zu den entstehenden Kosten einzuschätzen?

Schaufenster und Schaukästen

LF 4

■ AKTION

1 Notieren Sie unterschiedliche Präsenter, die in Ihrem Ausbildungsbetrieb eingesetzt werden.

2 Nennen Sie Displays für Markenartikel, die zurzeit aktuell sind. Welche halten Sie für gut, welche nicht? Nennen Sie Gründe.

3 Weshalb ist es manchmal schwierig, zwischen Warenträger, Präsenter und Display zu unterscheiden?

Erklären Sie dies an einem Beispiel.

4 Stellen Sie sich vor, Sie sollen Schuhe für

› Senioren (Gesundheits- und Wanderschuhe),

› Kids (im Alter von 10 bis 14 Jahren),

› Damen (hochwertige Designer-Schuhe) dekorieren.

Notieren Sie jeweils 10 Deko-Gegenstände, die Sie einsetzen können.

5 Was geschieht, wenn Sie Präsentationshilfen einsetzen, bei denen die drei Fragen (letzter Abschnitt) negativ beantwortet werden müssen? Schreiben Sie zu jeder Frage Stichworte auf.

4.2 Schaufenster und Schaukästen

In Schaufenstern und Schaukästen können Waren präsentiert werden. Die Präsentation soll den Betrachtern einen Anreiz geben, das Geschäft zu betreten.

Deshalb werden Schaufenster genutzt Ideen zu vermitteln, Neuigkeiten vorzustellen und Kaufanregungen zu vermitteln.

In den Einkaufsstraßen und Geschäftszentren der Städte kann kein Geschäft auf eine Warenpräsentation in Schaufenstern verzichten. Hier gilt das Motto „Sehen und Gesehen werden" nicht nur für die Kunden, sondern auch für die Ware.

Wer Waren des täglichen Bedarfs anbietet, kann auf diese Form der Warenpräsentation verzichten. Die Kunden müssen ja nicht besonders motiviert werden, das Geschäft zu betreten. Auch die SB-Märkte am Stadtrand werden von den Kunden mit dem Pkw gezielt angefahren und benötigen keine Warenpräsentation in Schaufenstern.

Damit von Schaufenstern eine animierende Wirkung ausgeht, müssen sie

› Blickfänge bieten *(„Eye-Catcher" oder Aufhänger),*

› Ideen vermitteln *(Thema oder Vorschlag)* und

› regelmäßig neu gestaltet werden *(Wechsel, Aktualität).*

Gestaltungsgrundsätze von Schaufenstern

Da das **Schaufenster** die „**Visitenkarte**" des Einzelhändlers ist, kommt seiner Gestaltung eine besondere Bedeutung zu.

Ein Schaufenster erfüllt vor allem zwei **Aufgaben**:

Erstens soll es dem Betrachter Informationen über das Sortiment, über einzelne Artikel und deren Preise geben.

Zweitens soll das Schaufenster aber auch Emotionen wecken. Ein interessant gestaltetes Schaufenster soll Lust machen in das Geschäft zu kommen.

1. Die Aufmerksamkeitswirkung beachten!

Schaufenster müssen eine bestmögliche **Nah-** und **Fernwirkung** entfalten. Nach der sogenannten „**24-Feet-Regel**" sollten Schaufenster so gestaltet werden, dass Passanten sie aus 24 Feet Entfernung (etwa 7,30 Meter) inhaltlich leicht wahrnehmen können.

Bei der **Nahwirkung** konzentrieren sich die Betrachter auf den unteren Bereich des Schaufensters. Dies ist ein idealer Ort, um Waren zu platzieren.

Aus der **Ferne** nehmen Passanten hauptsächlich farbliche Akzente und die obere Hälfte des Schaufensters wahr. Dort platziert man daher größere Dekorationselemente wie Plakate, Bilder und Schriftzüge.

2. Nicht zu viel Ware zeigen!

Es sollten nur so viele Waren im Schaufenster gezeigt werden, wie die Passanten in etwa 12 bis 15 Sekunden erfassen können. Daher ist es besser die Warenauslage häufiger zu wechseln.

Je exklusiver ein Artikel ist, desto weniger Artikel sollten in einem Schaufenster von ihm gezeigt werden *(Uhren, Schmuck)*. Umgekehrt kann ein Artikel als Massen- oder Ramschware wirken, wenn man ihn zu oft im Fenster auslegt.

3. Preisauszeichnung sicherstellen!

Die **Preisangabenverordnung** muss auf jeden Fall beachtet werden. Jeder Artikel, der im Schaufenster ausgelegt wird, muss ein gut sichtbares und leicht lesbares Preisschild tragen (Ausnahmen siehe PAngV).

Schaufenster und Schaukästen

4. Waren zu Gruppen anordnen und mit Blickfang Aufmerksamkeit erzielen!

Die Waren im Schaufenster sollten so geordnet werden, dass zusammengehörige Artikel einzelne **Gruppen** bilden und von anderen getrennt sind. Dies erleichtert die **Übersicht**.

An einer günstigen Stelle im Schaufenster sollte ein **Blickfang** (Ware oder Dekoration) platziert werden. Er lenkt in besonderem Maße die Aufmerksamkeit auf das Schaufenster.

>> **Beispiele** für einen Blickfang (Eye-Catcher):

- Bildplakat → Landschaft, Themenbild, Informationsbild
- Textplakat → „Der nächste Winter kommt bestimmt!"
- Licht → Effektstrahler, Farbstrahler, Leuchtschrift
- Farbe → Blickfangfarben wie Rot, Orange und Gelb
- Bewegung → Drehscheibe, Wippe, Laufschrift, Video

Die folgende Abbildung zeigt einen **Dekorationsvorschlag** mit **Blickfang** in **symmetrischem** (linkes Bild) und **asymmetrischem** Aufbau (rechtes Bild).

Ein symmetrischer Aufbau ist leichter zu gestalten, wirkt jedoch leicht langweilig.

Der asymmetrische Aufbau mit dem Blickfang oben links entspricht dem natürlichen Blickverhalten der meisten Menschen, die ihre Augen von links nach rechts bewegen.

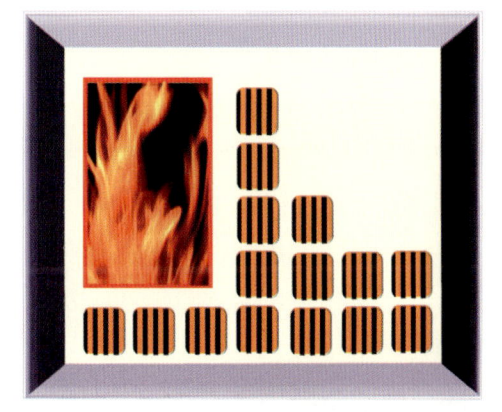

5. Licht gezielt einsetzen!

Um **Spiegelwirkungen** zu vermeiden, muss der Innenraum des Schaufensters stets heller als das Licht vor der Schaufensterscheibe sein.

Da **Licht** für eine erhöhte Aufmerksamkeit sorgt, sollten **Schaufenster** gerade in den Abendstunden beleuchtet sein. Ihre Werbewirkung wird damit über die eigentliche Öffnungszeit verlängert.

Schaufensterarten

Bei einem Fenster mit Rückwand **(Kastenfenster)** kann diese mit in die Dekoration einbezogen werden.

Beim **Durchsichtfenster** haben die Passanten einen ungehinderten Blick in das Ladeninnere. Dadurch können der ganze oder Teile des Verkaufsraums in das Schaufenster einbezogen werden, was die so nach außen wirkende Präsentationsfläche erheblich vergrößert.

Eine dritte bauliche Möglichkeit sind separate **Schaukästen**, die oft vor dem Geschäft auf dem Gehweg platziert sind und als „Stopper" wirken, um so die Aufmerksamkeit auf das Geschäft zu lenken.

| Kastenfenster | Durchsichtfenster | Schaukasten |

Bei der **inhaltlichen Gestaltung** unterscheidet man:

Stapelfenster

Es stellt größere Warenmengen innerhalb einer Warengruppe vor. Stapelfenster eignen sich immer dann, wenn durch eine Massenplatzierung Auswahl oder Preiswürdigkeit signalisiert werden soll. Nachteilig wirkt sich aus, dass bei zu viel Ware die Übersicht verloren gehen kann.

›› **Beispiel:** Große Auswahl an Lebkuchenprodukten

Markenfenster

Die ausgestellten Waren stammen allesamt von einem Hersteller. Im Vordergrund steht das Image der Marke und nicht der einzelne Artikel. Meist werden hier Waren aus einer höheren Preislage präsentiert.

›› **Beispiel**: Parfüm eines bekannten Modedesigners

Schaufenster und Schaukästen

Übersichtsfenster (Sortimentsfenster)

Das Übersichtsfenster gibt einen Überblick über das Sortiment. Nicht die große Auswahl an bestimmen Artikeln soll gezeigt werden, sondern die Vielzahl der Waren- und Artikelgruppen. Da hier eindeutig die Ware selbst im Vordergrund steht, gibt es wenige Möglichkeiten das Fenster interessant und attraktiv zu gestalten.

» **Beispiel**: Fachgeschäft für Tabakwaren

Fantasiefenster (Ideenfenster)

Die Waren und die Dekorationselemente sind meist aufeinander abgestimmt und werden so präsentiert, dass eine bestimmte Situation dargestellt oder eine Geschichte erzählt wird. Dadurch will man die Betrachter vor allem emotional ansprechen.

» **Beispiel**: Plüschtiere in einem Spielwarengeschäft werden wie in einem Zoo präsentiert.

Anlassfenster (Themenfenster)

Die Dekoration und Warenpräsentation nimmt auf bestimmte Anlässe Bezug *(Weihnachten, Valentinstag, Sportereignisse, örtliche Veranstaltungen)*.

In einigen Fällen unterstützen Hersteller bzw. Insitutionen den Einzelhändler mit Dekorationsmaterial, z. B. bei Olympischen Spielen, einer Fußballweltmeisterschaft oder bei Stadtmarketingaktionen.

» **Beispiel**: Süßwarenpräsentation anlässlich einer Stadtmarketingaktion „Venezianische Messe". Die Plakate stellte das städtische Touristikamt zur Verfügung.

Präsentationsmöglichkeiten

■ AKTION

1 Werden in Ihrem Ausbildungsbetrieb Waren in Schaufenstern oder Schaukästen präsentiert? Nennen Sie mehrere Gründe für die Entscheidung.

2 Erinnern Sie sich an ein Schaufenster, das Sie besonders angesprochen hat. Was war der Aufhänger und wie lässt sich das Thema umschreiben?

3 Machen Sie einen Schaufensterbummel und ordnen Sie fünf Schaufenster nach baulicher Art und inhaltlicher Gestaltung ein.

4 „Im Schaufenster zeigen wir möglichst viel von dem, was wir im Sortiment haben!" Nehmen Sie Stellung zu dieser Aussage.

5 Erklären Sie die Begriffe Sortiments- oder Übersichtsfenster, Fantasie- oder Ideenfenster, Themen- oder Anlassfenster an Beispielen aus Ihrem Ausbildungssortiment.

6 Erläutern Sie die Gestaltung des abgebildeten Schaufensters aus den 50er Jahren des vorigen Jahrhunderts. – Untersuchen Sie nach Blickfang, inhaltlicher und baulicher Gestaltung, Artikelauswahl und -menge, Platzierung der Waren.

© METRO Group, Düsseldorf

4.3 Erlebnisangebote

Die Kunden können ihren Bedarf heute in vielen Läden decken. Um sich aus der Menge der Geschäfte herauszuheben, muss sich der Einzelhändler etwas Besonderes einfallen lassen, damit Einkaufen zum Erlebnis wird.

Deshalb versuchen immer mehr Einzelhandelsbetriebe, die Kunden anzusprechen durch ungewöhnliche Ideen, neue Faszinationspunkte, unterhaltsame Aktionen und Erlebnisangebote. Eine besondere Rolle spielt dabei die Art und Weise der Warenpräsentation.

Erlebnisangebote

LF 4

■ Warenlandschaften

Die Ware tritt „in Aktion" und wird auf diese Weise zum anregenden Blickfang. In den meisten Geschäften oder Abteilungen ist eine solche Warenlandschaft als Attraktion zu finden.

Eine Warenlandschaft kombiniert verschiedene Artikel und Dekorationsgegenstände, sie ist scheinbar ungeordnet, aber spannend und anziehend. Damit steht sie im Gegensatz zur Ordnung der anderen Ware, die dem Kunden Übersicht vermittelt und die Orientierung erleichtert.

Abb. Warenlandschaften in einem Jeansgeschäft

>> **Beispiele für Warenlandschaften:**

› Fachgeschäft für Haushaltswaren:
  Ein altmodischer Herd mit Töpfen und Küchenzubehör, dekoriert mit Gemüseattrappen und karierter Schürze, vermittelt Lust am Kochen.
› Camping- und Caravan-Shop:
  Ein geöffnetes Trekking-Zelt mit Schlafsack darin und Rucksack davor, daneben Kocher und andere Ausrüstungsgegenstände, und schon kommt Abenteuerlust auf.
› Fahrrad-Fachhandel:
  Ein Rennrad-Spitzenmodell hängt von der Decke, dekoriert mit Rennzubehör (Trinkflasche, Trikot, Helm) und Siegerkranz. Es vermittelt Rennsportatmosphäre.
› Obst- und Gemüseabteilung:
  Auf einem Karren oder Leiterwagen werden Exoten oder Gemüsesorten zu einer großen Pyramide zusammengestellt und mit aufgeschnittenen Früchten dekoriert. Schon stellt sich Appetit ein.

Erlebnis- und Aktionszonen

Die meisten Menschen wollen heute nicht nur Zuschauer sein, sondern aktiv sein und mitmachen. Diesem Wunsch nach Aktion kommt der Handel durch die Einrichtung von Erlebnis- und Aktionszonen entgegen.

Kundinnen und Kunden sollen durch besondere Attraktionen in Erlebnis- und Aktionszonen zu folgenden Verhaltensweisen bewegt werden:

- stehen bleiben und schauen,
- Interesse zeigen und näher treten,
- aktiv werden oder mitmachen,
- Freude haben und Unterhaltung genießen,
- etwas über das Sortiment oder die Ware erfahren,
- die Einkaufsstätte in positiver Erinnerung behalten.

Auf diese Weise sollen Erlebnis- und Aktionszonen zur Kundentreue oder -werbung und zur Umsatzstabilisierung oder -steigerung beitragen.

Abb. Beispiele für Erlebnis- und Aktionszonen

Erlebnisangebote

Erlebnis- und Aktionszonen fordern die Aktivität oder Beteiligung der Kunden heraus, z. B. durch:
- Verlosungen oder Tombolas,
- Stelzenläufer mit Warenproben oder Werbegeschenken,
- faszinierende Motorräder oder Autos,
- Bungee-Springen, Kletterwand oder andere Extremsportarten,
- Kostüm-, Karaoke- oder Malwettbewerbe mit Preisen,
- Autogrammstunden mit Prominenten.

Selbst wenn die Kunden nicht sofort etwas kaufen, so wirkt doch das Erlebnis nach. Die Kunden erinnern sich gern an dieses Geschäft. Die meisten erzählen es sogar weiter und betreiben auf diese Weise eine positive Mundpropaganda.

■ AKTION

1 Nennen Sie Gründe, weshalb der Einzelhandel auch mit Unterhaltungsveranstaltungen in Konkurrenz steht.

2 Was verstehen Sie unter Faszinationspunkten? Erläutern Sie den Begriff an einem Beispiel.

3 Wie stehen „Produktgruppe" und „Warenlandschaft" zueinander? Lassen sich beide Maßnahmen verbinden?

Klären Sie dies anhand von Beispielen.

4 Welche Erlebnis- und Aktionszonen sind Ihnen von Ihren Einkäufen in Erinnerung geblieben? Listen Sie Eindrücke auf.

5 Wählen Sie einen Anlass:

a) Eröffnung einer neuen Filiale des Music-Store in der Innenstadt,

b) Sommerfest des Conzentra-SB-Marktes im Gewerbegebiet.

Entwerfen Sie einen Plan, wie den Kunden Erlebnis- und Aktionsangebote gemacht werden können, die mit dem Warenangebot in Verbindung stehen.

6 Forschen Sie im Internet nach: Geben Sie bei einer Suchmaschine (z. B. Google) die Begriffe

a) „Warenpräsentation" und „Aktionszonen",

b) „Warenpräsentation" und „Faszinationspunkte",

c) „Warenpräsentation" und „Erlebnisse" ein.

Wer hat die angezeigten Seiten eingestellt (Betreiber), was sind die wichtigsten Aussagen (Botschaft) und was soll damit erreicht werden (Ziel)?

5 Visual Merchandising

■ SITUATION

Mit allen Sinnen

- Visuelle/optische Impulse
- Olfaktorische Impulse
- Haptische/taktile Impulse
- Akustische Impulse
- Gustatorische Impulse

Kunden gewinnen!

Wählen Sie aus Ihrem Ausbildungssortiment drei Waren aus, bei denen mindestens drei Sinne bei der Warenpräsentation angesprochen werden können.

■ INFORMATION

Visual Merchandising hat das Ziel, das Angebot in die Wahrnehmung der Kunden zu bringen als unwiderstehlich, appetitlich, verführerisch, mitreißend, attraktiv und aufregend. Es soll den Betrachter begeistern, ihn auf emotionaler Ebene erreichen, sein Verlangen nach der angebotenen Ware wecken und seine Kauflust anregen.

Eine überzeugende Warenpräsentation setzt Akzente, wirkt wie ein Magnet, zeigt Ideen und vermittelt Anregungen, gibt Entscheidungshilfen und Kaufanstöße. Visual Merchandising soll dem Kunden ein positives Gefühl vermitteln, ihn einladen zum Anfassen, Spüren, Riechen und Zugreifen.

Visual Merchandising

LF 4

Visual Merchandising bedeutet wörtlich „optische Verkaufsförderung", meint aber den Einbezug aller Sinne. Alle Sinne des Menschen können bei der Warenpräsentation durch entsprechende Impulse angesprochen werden.

Eine Kundin berichtet von ihrem Besuch im VM-Warenhaus:

› Die neue Freizeitkleidung sah richtig toll aus. Die T-Shirts gab es in ganz verrückten Farben.
› Die fetzige Musik hat eine gute Stimmung verbreitet. Die Durchsage hat mich auf ein Klasse Sonderangebot aufmerksam gemacht.
› Der Geruch von frischen Brötchen hat meinen Appetit geweckt. Ich brauchte erst mal einen Imbiss.
› Die Probierhäppchen in der Feinkostabteilung waren genau das Richtige. Sie haben köstlich geschmeckt.
› Das Sommerkleid fühlte sich wunderbar weich und geschmeidig an. Ich hätte es am liebsten gleich anbehalten.

■ **Optische Impulse (Sehen)**

Durch Schaufenster, Auslagen und Präsentationen im Geschäft können die Kunden die Ware sehen.

Dabei können Impulse sowohl von der Ware selbst, von ihrer Verpackung und von begleitenden Maßnahmen *(Dekoration, Durchsagen usw.)* ausgehen.

Optische Impulse werden durch den Einsatz von Farben und Bildelementen, durch Displays, Plakate und Dekorationsmaterial verstärkt.

COLOUR SELLS

Abb. Colour sells

Haptische Impulse (Fühlen)

Bei Vorwahl und Selbstbedienung kommen die Kunden mit der Ware in Kontakt, können sie anfassen, anprobieren und fühlen. Sie erhalten **haptische Impulse**: „Greifen bedeutet auch Begreifen!"

>> **Beispiel:** Ausprobieren einer Duschbrause im Baumarkt. Man spürt, wie der Duschkopf in der Hand liegt und wie sich der Wasserstrahl anfühlt.

Auch bei der **Verkaufsraumgestaltung** werden haptische Impulse gegeben. Über die **Hautoberfläche** nimmt der Mensch Temperatur wahr und Luftfeuchtigkeit auf. Ein für die Kunden angenehmes **Raumklima** sichert „Wohlfühlqualität", denn wer möchte schon in Hitze, schwüler Luft oder gar von scheußlichen Gerüchen begleitet shoppen gehen?

Gustatorische Impulse (Schmecken)

Probieraktionen in der Form von Verkostungen sind nur bei Lebens- und Genussmitteln möglich, anders können **gustatorische Impulse** nicht erfolgen. Aber sie sind sehr wirkungsvoll: „Die Liebe geht durch den Magen!"

Die Probierstände stehen in den Märkten meist an den Hauptwegen, sodass viele Kunden daran vorbeikommen.

Der Sinn der **Verkostung** ist natürlich, dass die Kunden die getesteten Produkte kennenlernen und dann später möglichst regelmäßig kaufen.

Akustische Impulse (Hören)

Nur von ganz wenigen Waren gehen unmittelbar akustische Impulse aus: Der Klang einer Musikanlage, die Tonqualität eines Handys oder ein leises Arbeitsgeräusch bei einem Staubsauger oder Föhn. Aber man kann über jede Ware sprechen und sie anpreisen. Dies geschieht in Einzelhandelsgeschäften durch verkaufsfördernde **Lautsprecherdurchsagen**. Viele Kunden, die eine für sie interessante Durchsage hören, weichen vom geplanten Weg durch den Markt ab und suchen die beworbene Ware auf.

>> **Beispiel:** „Verehrte Kunden! Bitte beachten Sie: Unsere frischen Erdbeeren müssen noch vor Geschäftsschluss raus. Das ist Ihre Chance! Drei 500-g-Schalen erhalten Sie für nur zwei Euro!"

Visual Merchandising

In vielen Läden wird auch **Hintergrundmusik** eingesetzt. Sie wird eher unbewusst wahrgenommen, kann jedoch offensichtlich das Kaufverhalten beeinflussen. So haben Untersuchungen ergeben, dass bei einer eher langsamen Musik die Aufenthaltsdauer der Kunden im Laden zunimmt. Schnelle Musik löst einen gegenteiligen Effekt aus.

> **Beispiel:**
>
> Aus der Internetseite des Ladenmusik-Anbieters „Audiochoice":
>
> **Warum Sie Ladenmusik brauchen …**
>
> Gute Hintergrundmusik im Geschäft ist heute entscheidender denn je: Die Kunden sind zufriedener, die Angestellten motivierter! Unabhängige Studien belegen: Die richtige Musik während des Einkaufs fördert das Konsumverhalten der Kunden.
>
> **Was Audiochoice anders macht als andere …**
>
> Audiochoice stellt spezielle, zielgruppengerechte Musikprogramme auf CD/DVD zusammen – ohne Werbung, ohne nervige Moderation. Wichtig für die Musikauswahl: seichte Musik mit einer möglichst hohen Akzeptanzrate …
>
> Ausschlaggebend für den Audiochoice-Ladenmusik-Einsatz ist jedoch die Beliebtheit eines Titels gemessen an den Verkaufszahlen und der Häufigkeit im Hörfunkeinsatz. Mit unseren Preisen sprechen wir auch insbesondere kleine und mittlere Betriebe an. Niemand, aber auch wirklich niemand, soll auf gute Musik verzichten müssen.
>
> **Wie Sie an unsere Tonträger kommen …**
>
> Wenn Sie sich für Audiochoice-Ladenmusik entscheiden, müssen wir nur noch Ihre Zielgruppe kennenlernen: entweder 10–29, 20–49 oder 30–59. Natürlich stellen wir auch individuelle Musikmischungen zusammen – sprechen Sie uns dafür einfach an.
>
> Kurze Zeit nach Ihrer Bestellung erhalten Sie ein Ladenmusik-Basispaket …

Größere Filialunternehmen haben eigene **Ladenradio**-Programme mit einer Mischung aus Musik und Werbung erstellt. Dabei wird gezielt auf das Sortiment und die Sonderangebote hingewiesen. Besonders schnell kann man mit **Durchsagen** reagieren. Sonderangebote und Aktionsverkäufe können so wirkungsvoll bekannt gemacht werden.

Das „sprechende Regal" klingt noch wie Zukunftsmusik, ist aber schon im Einsatz. Dabei werden Einkaufswagen mit Empfänger und Lautsprecher ausgerüstet. Fährt ein Kunde an einer Aktionsware vorbei, empfängt er Hinweise, wie z. B.:

„Damit Ihr Sonnenbad zum Genuss wird, empfehlen wir unser ‚Fun-with-sun'-Programm! Gleich rechts von Ihnen finden Sie die wirkungsvolle Lotion mit drei verschiedenen Schutzfaktoren – passend zu Ihrer Haut. Und hinterher die kühlende und pflegende Après-Lotion. Greifen Sie zu, Ihre Haut wird es Ihnen danken!"

■ Olfaktorische Impulse (Riechen)

Über die Nase werden Duftstoffe aus der Luft aufgenommen. Sie regen die Riechzellen als olfaktorische Reize an. Diese wandeln den Duft in elektrische Signale und geben Impulse an einen Teil des Gehirns, der für die Steuerung von Gefühlen zuständig ist.

Düfte beeinflussen also direkt unsere Emotionen.

Auf diese Tatsache stützen sich die Anbieter von Systemen zur **Raumbeduftung**. Sie verkaufen Apparate und Duftstoffe, mit denen Läden gezielt beduftet werden können.

Marktforscher haben ermittelt, dass sich die Verweildauer von Kunden in bedufteten Verkaufsräumen um ca. 16 % und die Kaufbereitschaft um ca. 15 % erhöht. Dabei setzt man **Aromamischungen** ein, deren Düften ganz bestimmte Wirkungen zugeschrieben werden.

> **Beispiel:** Auszug aus dem Angebot von Düften eines Raumbedufters

Auszug aus unserem Duftsortiment

Scent A1*	Ein frisch abgerundeter Duftcoctail aus wertvollen ätherischen Ölen komponiert. Die verwendeten ätherischen Öle sind in der **Aromatherapie** für ihre **energiebringende und stimulierende Wirkung** bekannt. Inhaltsstoffe u.a.: Limettenöl, Mateöl, Ingweröl, Cardamonöl, Citronenöl, Mandarinenöl, Grapefruit, Basilikumöl	189,-
Scent A2*	Ein frischer „**Gesundheits-Cocktail**" aus der Aromatherapie vermittelt dem Körper ein ganzheitliches Gefühl des Wohlseins. Inhaltsstoffe u.a.: Karottensamenöl, Orangenöl, Basilikumöl, Citronenöl, Selleriesamenöl	189,-
Scent A3*	Diese Komposition ist eine aufwendige Zusammensetzung ätherischer Öle den **Körper und die Sinne zu beruhigen**. Lehnen Sie sich zurück und lassen Sie sich treiben... Inhaltsstoffe: Irisöl, Weihrauchöl, Sandelholzöl, rosenöl, Vetiveröl, Cedernholzöl	199,-

Hören, sehen, riechen! Warenpräsentation des 21. Jahrhunderts im real Future Store der METRO Group

Innovative Technologien unterstützen die ansprechende Präsentation der Waren in der Fischabteilung (Fischmarkt), darunter beispielsweise das Erlebnis Klang. Diese Lautsprecher sind über dem Thekenbereich angebracht und beschallen einen klar abgegrenzten Raum mit Meeresrauschen. Auf dem Boden vor dem Fischmarkt befindet sich ein sogenannter Interaktiver Boden. Dabei handelt es sich um eine Projektion, die auf Bewegung reagiert. Betritt der Kunde den Interaktiven Boden, verändert sich das projizierte Bild. Zum umfassenden Einkaufserlebnis trägt außerdem das Erlebnis Duft bei. An der Fischtheke weht ein Hauch von Kräutern der Provence mit Limone. Der Geruch wird mithilfe ätherischer Öle und naturähnlicher Stoffe erzeugt und über die Klimaanlage in den Verkaufsraum befördert. Eine angenehme und anregende Atmosphäre entsteht

Quelle: www.future-store.org

AKTION

1 Wie können optische Impulse bei der Warenpräsentation gesteigert werden? Erläutern Sie dies an einem Beispiel aus Ihrem Ausbildungssortiment.

2 Welche Bildmotive sind geeignet, um den Anforderungen an Bildelemente zu genügen, wenn sie eingesetzt werden sollen für die Präsentation von

- Autoreifen
- Kochtöpfen
- Bademoden
- Gartengeräten
- Kaminöfen
- Rotweinen

Nennen Sie jeweils ein Bildmotiv und das Ereignis oder Erlebnis, das damit geschaffen wird.

Visual Merchandising

3 Was ist mit dem Spruch „Colour sells" gemeint? Erklären Sie Ihre Interpretation mit Erfahrungen aus der Praxis.

4 Klären Sie für sich, ob die Abb. „Colour sells" ein Bildmotiv zeigt, das als „inhaltliches Ereignis" oder „visuelles Erlebnis" gesehen werden kann. Vergleichen Sie Ihre Ergebnisse in der Lerngruppe.

5 Weshalb kommt das Wort „begreifen" (= verstehen) von „greifen"? Deuten Sie den Zusammenhang für die Warenpräsentation und den Verkauf.

6 Gestalten Sie eine kleine Verkostung von Saft (oder z. B. Käse, Schokolade, Wurst, Keksen). Was bedeutet der Satz: „Das Auge isst mit!"?

7 Wie wird Ladenmusik aus der Sicht des Verkaufspersonals und der Kunden beurteilt? Sammeln Sie Meinungen und stellen Sie das Ergebnis vor.

8 „Wir müssen uns erst mal beschnüffeln." Sammeln Sie ähnliche Sprüche und Ausdrücke, in denen Gefühle in Zusammenhang mit dem Geruchssinn gebracht werden. Wie viele finden Sie?

9 Warenpräsentation und Visual Merchandising sind nur ein Teil der Maßnahmen eines Einzelhändlers, um erfolgreich am Markt bestehen zu können. Ebenso gehören Standort, Sortiment, Preislage, Werbung und Service dazu.

Erstellen Sie eine Tabelle, sodass für die jeweiligen Betriebsformen ein eindeutiger und stimmiger Gesamteindruck bei den Kunden entsteht.

	Exklusives Fachgeschäft	Discounter
Standort, Gebäude, Ladenausstattung	?	?
Sortiment	?	?
Preislage	?	?
Werbung	?	?
Bedienung und Service	?	?
Visual Merchandising	?	?
Warenpräsentation	?	?

Sachwortverzeichnis

Symbole
6 W 191
24-Feet-Regel 600

A
ab Fabrik 249
Abfallgesetz 218
ab Lager 249
Ablauforganisation 105, 113
Ablauf von Tarifverhandlungen 162
Absatzbereich 234
Absatzfunktion 217
Absatzwege 69
Abschlussfreiheit 364
Abschlussgeschäfte 240
Abschlussprüfung 120
Abspeckungsmethode 555
Abteilungsbildung 106
Abweichung von Werbeaussage 307
ab Werk 249
Action 167
AGB 373
AIDA-Regel 167
Aktionssortiment 95
Aktionsware 324
Aktionswerbung 174
Aktionszonen 606
aktive Preispolitik 64
Aktualität 167
akustische Impulse 610
Akzeptanzaufkleber 419
Akzeptanzlogos 416
Alleinwerbung 169
Allgemeine Geschäftsbedingungen 373
allgemeinverbindlich 161
Alterseinkünftegesetz 148
Altersgrenze 138
Altersrente 138
Altersvorsorge 148
ambulanter Handel 72, 80
Amtsgericht 250
Analyse der Gewinnwirkung 194
Anbieter 61
Anfechtbarkeit 370
Anfechtungsfrist 372
Anfrage 241
Angebot 243, 247, 379
Angebotskurve 61

Angebotsmonopol 58, 66
Angebotsoligopol 58
Angebotsüberhang 62
Anhörung 152
Animationsverkauf 509
Anlassfenster 603
Annahme 362, 379
Anpreisung 246
Anpreisungen 380
Antrag 246, 362, 379
Anzeige 180
Arbeitgeberverbände 161
Arbeitsanweisungen 114
Arbeitsförderung 139
Arbeitskampf 162
Arbeitslosengeld 139
Arbeitslosengeld I (ALG I) 140
Arbeitslosengeld II (ALG II) 140
Arbeitslosenversicherung 139
Arbeitsmarkt 56
Arbeitssicherheit 337
Arbeitsunfall 136
Arbeitsvermittlung 139
Arbeitszeit 127
Arena-Prinzip 589
arglistige Täuschung 371
arglistig verschwiegene Mängel 308
Aromamischungen 612
Art des Angebotes 247
Arten der Bedarfsermittlung 518
Arten der Sachmängel 306
Arten der Tarifverträge 161
Artikelstamm 468
asymmetrischer Aufbau 601
Attention 167
audiovisuelle Medien 178
Aufbauorganisation 104
Aufbewahrung 324
Aufgabensynthese 105
Aufmerksamkeit 595
Auftragsbestätigung 253, 379
Ausbildungsbeginn 129
Ausbildungsberufe 117
Ausbildungsbetrieb 117
Ausbildungsordnung 118
Ausbildungsstruktur 118
Ausbildungsvertrag 122
Ausgabe 456
Ausgabebeleg 458
Ausgleichsfunktion 65

Aushändigungsverkauf 509
Ausland 46
Außenfassade 182
Außenwerbung 178
Aussperrung 162
Aussprache 478

B
B2B 278
B2C-Geschäfte 376
Balkencode 394, 470
Bandplatzierung 585
Bankkarten 415
Banknoten 405
Banner 183
Barcode 470
bargeldlose Zahlung 408, 414
Barkauf 259
Barrel 54
Barzahlung 405
Barzahlungsrabatt 201
Basisvorsorge 149
Bausteinprinzip 118
Bedarf 27
Bedarfsermittlung 515
Bedeutung des Betriebsrates 153
Bedienung 88
Bedingungssatz 425
Bedürfnispyramide 27
Bedürfnisse 25
Bedürftigkeit 132
Beendigung des Ausbildungsverhältnisses 124
Beförderungsbedingungen 249
beiderseitiges Monopol 58
beiderseitiges Oligopol 58
Beilage 180
Beitragsbemessungsgrenze 132
Beitragshöhe 132
belästigende Werbung 200
Beleg 457
Beobachtungsbogen 487
Beratung 154
Beratungsfunktion 68
Beratungsverkauf 509, 515
Berufsausbildung 116
Berufsbildungsgesetz (BBiG) 117, 118
Berufsgenossenschaften 136
Berufskrankheit 136

Sachwortverzeichnis

Berufsschule 117, 128
Berufsunfähigkeit 145
Berufsunfähigkeitsversicherung 147
Beschaffenheit 247, 490
Beschaffungsbereich 234
Beschaffungskauf 509
Beschaffungslogistik 292
Beschaffungsmarketing 275
Beschaffungsprozess 228
beschränkte Geschäftsfähigkeit 357
Beschwerde 152
Besitz 385
Bestandsdaten 468
Bestandskontrolle 344
Bestandsoptimierung 341
Bestandsübersicht 344
Bestellhandel 72, 81
Bestellkosten 269
Bestellmenge 280
Bestellmengenplanung 268
Bestellpunkt 264
Bestellpunktverfahren 264
Bestellrhythmusverfahren 265
Bestellung 253, 379
Bestellungsannahme 379
Bestellverfahren 264
Bestellvorschlagslisten 94
Bestellzeitplanung 262
Bestimmungskauf 257
Beteiligungsrechte 152
Betonung 478
betriebliche Mitwirkung 151
Betriebsformen 72
Betriebshierarchie 108
Betriebsratsmitglieder 153
Betriebsstamm 468
Betriebsvereinbarungen 155
Betriebsverfassungsgesetz 152
Betriebsversammlung 155
BetrVG 152
Bevorzugung 57
Bewegungsdaten 299, 468
Bewertungsverfahren 286
Bezahlung 549
Bezugskalkulation 282
Bezugspreis 282
Bezugsquellenermittlung 273
BIC 409
Bilder 188
bildhafte Ausdrücke 187
Bildinformationen 188
Bio-Siegel 495
BIP 50
Blauer Engel 496
Blickfang 601

Blockplatzierung 585
Bondrucker 396
Bonus 248
Börse 57
Bote 357
Boutique 78
Brandbekämpfung 338
Brandschutz 338
Bringschulden 250
Bruchsatz 425
Bückzone 584
Bundesvereinigung der deutschen Arbeitgeberverbände (BDA) 161
Bundling 201
Business-to-Business 278
Büste 597

C

Cardprocess 415
chaotische Lagerplatzordnung 329
Checkout-Waagen 395
Citylagen 576
Codierung 470
colour sells 609
Convenience Store 78
Convenience-Vorteil 217
Corporate Identity 581
Coupon 201
Cross-Docking 324
Cyber-Cash 405

D

Datenarten 468
Datenfluss 293
Datenkassen 393
Datenverbund 396
Datenwaagen 395
Dauerauftrag 410
Dauertiefpreis 201
Debitkarte 416
Deckungskauf 317
Dekorationsmaterial 598
Delkredoregeschäfte 240
Demographischer Wandel 148
Depotgeschäft 238
Desire 167
Deutsche Post AG/DHL 225
Deutsche Rentenversicherung 137
Deutscher Gewerkschaftsbund (DGB) 160
Deutsche Werberat 207
dezentrale Lagerung 324
DIN 254
Direct Mailing 181

Direktbeschaffung 279
direkte Bedarfsermittlung 518
direkter Absatz 70
Direktversicherung 149
Direktwerbung 168, 178, 181
Discounter 75
discountorientierter Fachmarkt 76
Discountpreis 201
Discountsupermarkt 74
Display-Material 571
Displays 597
Dispositiver Faktor 41
Dosenpfand 222
dreijährige Ausbildung 119
Dreisatz 425
Dreisatz mit geradem Verhältnis 425
Dreisatz mit ungeradem Verhältnis 427
Drei-Schichten-Modell 148
DSD 219
duales Ausbildungssystem 116
Duales System 117
Duales System Deutschland GmbH 219
Durchschleusung 325
durchschnittliche Kapitalbindung 346
durchschnittliche Lagerdauer 347
durchschnittlicher Lagerbestand 346
Durchschnittsrechnen 430
Durchsichtfenster 602
Durchsichtsregister 407

E

EAN 470
Easycash 415
E-Commerce 82, 234, 405, 568
ECR 324, 326
EDI 301
Efficient Consumer Response 324
Eigengeschäft 240
Eigenmarken 279
Eigenschaftsirrtum 371
Eigentum 385
Eigentumsübertragung 386
Eigentumsvorbehalt 387
einfacher Durchschnitt 430
einfacher Wirtschaftskreislauf 46
Einführungspreis 201
Einführungswerbung 174

Sachwortverzeichnis

Eingangsbereich 575
Eingangsportal 278
Einkauf auf Messen 280
Einkaufskontore 236
Einkaufs-Kooperationen 279
Einkaufszentren 79
Einkauf zu Hause 279
Einlagerungsprinzipien 327
Einliniensystem 109
Einnahme 456
Einnahmebeleg 458
einseitiger Handelskauf 256
einseitiges Rechtsgeschäft 362
einseitig verpflichtender Vertrag 363
Einsicht 152
Einweg-Getränkeverpackung 222
Einzelhandel in der Gesamtwirtschaft 49
Einzelhandelsumsatz 50
Einzelkassierung 390
Einzelwerbung 168
Einzugsgebiet 576
Einzugsstelle 133
eiserner Bestand 263
Electronic Cash 416
Electronic Cash (Offline-Verfahren) 417
Electronic Cash (Online-Verfahren) 417
elektronische Form 365
elektronische Marktplätze 278
elektronischer Geschäftsverkehr 301
elektronisches Portemonnaie 418
Elementarfaktoren 40
ELV 418
E-Mail-Kopf 255
empfangsbedürftige Rechtsgeschäfte 362
Empfehlungsgeschäfte 240
Endverbraucher 462
Entscheidungsbewertungstabelle 286
Entsorgungslogistik 339
Erfa-Gruppe 240
Erfahrungsaustausch-Gruppe 240
Erfüllungsgeschäft 382
Erfüllungsort 249
ergänzende private Vorsorge 149
Ergänzungs- und Zusatzangebote 557, 562
Erinnerungseffekt 187

Erinnerungswerbung 174
Erklärungsirrtum 371
Erlebnisangebot 604
Erlebnishandel 38, 52, 91, 527
Erlebniskäufe 525
Erlebniszonen 606
Erlöschen des Eigentumsvorbehalts 388
ermäßigter Steuersatz 462
Ersatz vergeblicher Aufwendungen 312
Erste Hilfe 337
erweiterter Wirtschaftskreislauf 46
Erwerbsminderung 145
Erwerbsunfähigkeit 145
ethische Grenzen der Werbung 206
europäische Umweltzeichen 496
EU-Zahlungsverzugsrichtlinie 248
Existenzbedürfnisse 28
Expansionswerbung 174
Expressdienst 225
Expressdienste 294
Externe Bezugsquellenermittlung 277
Eye-Catcher 599, 601

F

Fachgeschäfte 73
Fachmärkte 76
Fachsprache 187
Factory-Outlet-Center 80
Falsche Kennzeichnung 307
Falschgeld 406
Falschgeldproblematik 406
Falschlieferung 307
Fantasiefenster 603
Farbe 186
Fassade 574
Feedback 486
Fehlerhafte Montageanleitung 307
Fehlmengenkosten 271
Fernkauf 259
Fernwirkung 600
feste Verbindung 388
Festplatzsystem 329
Feuerlöscher 338
Fifo-Prinzip 327
Figuren 597
Finanzierung der Sozialversicherungsleistungen 133
firmeneigene Zustellung 224
firmenfremde Zustellung 224

Firmentarifvertrag 161
First in, first out 327
Fischmarkt 59
fixe Kosten 342
Fixkauf 258, 317
Flächenmanagement 239
flexible Organisationsformen 111
FOC 80
Formfreiheit 364
Formverstoß 368
Formvorschriften 365
Fortschrittsfunktion 65
Frageabsichten 516
Frageformen 516
Fragesatz 425
Franchising 237
frei Haus 249
frei Lager 249
Freiplatzsystem 329
freiwillige Ketten 236
Freizeichnungsklauseln 245
Freizeitfunktion 69
Friedenspflicht 162
Friststellung 245
fühlen 610
Full-Service-Kooperation 234, 239
Funktionen 106

G

Ganzkörperfigur 597
Garantie 311
Garantiegeber 311
Garantieleistungen 548
Garantieversprechen 548
Gate-Keeper 231
Gattungskauf 258
Gebot 337
Gebrauchsfunktion 217
Gebrauchtwagenmarkt 56
gefährliche Inhaltsstoffe 567
Gefahrstoffe 339
Gefahrübergang 250
Gegensätze 187
Geldkartenfunktion 418
Geldleistung 137
Geldschulden 250
Geldschuldner 249
Geld- und Kapitalmarkt 56
Gelegenheitspreis 201
Gemeinschaftsanzeige 169
Gemeinschaftswerbung 170
Genehmigung 358
Generalklausel 198
Generationenvertrag 138
Gerichtsstand 250

617

Sachwortverzeichnis

Gesamtbetriebsrat 153
Gesamtsozialversicherungsbeitrag 133
Geschäftsfähigkeit 356
Geschäftsprozesse 228
Geschäftsunfähigkeit 357, 368
Geschenkgutschein 403
Geschenkverpackung 217
geschlossenes Warenwirtschaftssystem 467
Gesetz gegen den unlauteren Wettbewerb 197
Gesetzliche Krankenversicherung (GKV) 134
gesetzlicher Erfüllungsort 249
gesetzliches Verbot 368
gespaltener Konsument 526
Gestaltungsfreiheit 364
Gestaltungsmittel 187
Gestik 478
gestreckte Abschlussprüfung 120
Gesundheitsfonds 135
Gewerkschaften 160
Gewinnwirkung 194
gewogener Durchschnitt 433
Girocard-Akzeptanzlogo 416
Girogo 418
Gleichgewichtspreis 62, 63, 65
GLN 471
globale Lokationsnummer 471
Global Trade Item Number 470
Gondel 588
Greifzone 584
Grenzen der Werbung 196
Großhandel 279
Großraumläden 75
Grundnutzen 230, 490
Grundpreis 567
Grundprinzipien der Sozialversicherung 132
Grundriss 578
Grundsatz der Produktverantwortung 218
Grundvorsorge 149
Grundwert 436, 450
Grüner Knopf 497
Grüner Punkt 219
GTIN-Nummer 470
Günstigkeitsprinzip 155
gustatorische Impulse 610
Güter 31
Gütezeichen 491
gutgläubiger Eigentumserwerb 387
Gutschein 201, 402
GUV 136

H
Habenzinsen 450
Halt 337
Haltbarkeit 566
Handelsfunktionen 68
Handelsketten 236
Handelsmarken 230
Handelsverband Deutschland 161
Handkauf 259
Handlager 323
Handzettel 180
haptische Impulse 610
Haushalt 45
Haustürgeschäfte 383
HDE 161
Heilbehandlung 136
herabgesetzter Preis 201
Herkunftszeichen 491
Herstellermarken 230
Herstellungsprozess 37
Hinterbliebenenrente 137
Hintergrundmusik 611
Hinweise 337
Hochregallager 328
Höchstbestand 264
Hofladen 78
Hologramm 406
Holschulden 249, 250
homogen 57
hören 610
horizontale Kooperation 239
horizontale Platzierung 585
Hybride Kunden 526
Hygiene 594

I
IBAN 409
Ideenfenster 603
Identnummer 470, 472
Identnummernsystem 472
IHK-Prüfung 121
Imageschaden 591
Imagewerbung 174
Immobilienmarkt 56
Importeure 279
indirekte Bedarfsermittlung 519
indirekter Absatz 70
Industrie- und Handelskammer 117
Information 154
Informationsaustausch 476
Informationsfluss 293
Informationsfunktion 65, 216
Inhaltsirrtum 371
Inhaltsstoffe 566
Instanzen 105

Instore-Auszeichnung 472
integriertes Warenwirtschaftssystem 467
Interest 167
International Bank Account Number 409
Interne Bezugsquellenermittlung 276
Inventurdifferenzen 334
irreführende Werbemaßnahmen 199
Istbestände 334
Ist-Zustand 173

J
Jahreszinsen 451
Jugendarbeitsschutz 126
Jugendarbeitsschutzgesetz 127
Jugendschutzgesetz 402
Jugend- und Auszubildendenvertretung (JAV) 155
juristische Personen 355
juristische Personen des öffentlichen Rechts 355
juristische Personen des Privatrechts 355
Just-in-time-Konzepte 324

K
Kampfmaßnahme 162
Kapital 450
kapitalgedeckte Rente 150
Kapitallebensversicherung 150
Kartenlesegeräte 396
Kartensysteme 415
Kassenabrechnung 456, 463
Kassenausstattung 399
Kassenbericht 463
Kassenbon 405, 458
Kassenbonanalyse 194
Kassenorganisation 398
Kassenpersonal 399
Kassensturz 464
Kassensystem 392, 460
Kassenzettel 458
Kassieranweisung 401
Kassieren 389
Kassierpersonal 390
Kastenfenster 602
Katalog-Versandhandel 82
Kaufappelle 187
Kauf auf Abruf 258
Kauf auf Probe 257
Käufermärkte 60
Kauf gegen Vorauszahlung 259
Kaufhaus 73
Kaufimpulse 214, 595

Sachwortverzeichnis

Kaufkraft 27
Kaufmotive 523
Kauf nach Besicht 258
Kauf nach Probe 257
Kaufvertrag 245, 378
Kaufvertragsarten 256
Kauf zur Probe 257
KEP-Dienst 225
KEP-Dienste 294
Kernsortiment 95
Kinderarbeit 127
Klarheit 167
Kleinbetragsrechnung 462
Kollektivwerbung 169
Kombiangebote 201
Kommissionsvertrieb 238
Kommunikation 476
Kommunikationsmodell 476
Kommunikationsprozess 166
Konsumausgaben 50
Konsumgüter 32
Konsumgütermarkt 56
Konsumwelten 92
Kontaktaufnahme 508
Kontor 236
Konventionalstrafe 317
Kooperation 233
Kooperationsformen 233
Körbe 588
Kosten 250
Kostenübernahme 135
Krankengeld 135
Krankenversicherung 134
Krankenversicherungspflicht-
    grenze 134
Kreditfunktion 69
Kreditkarte 419
Kreislaufmodell 45
Kreislaufmodell eines Waren-
    wirtschaftssystems 467
Kreislaufwirtschaftsgesetz 218
Kreuzblock-Platzierung 585
Kulanzumtausch 310
Kulturbedürfnisse 28
Kundenbedürfnisse 490
Kundenbefragung 194
Kundenerwartungen 523
Kundenfrequenz 576
Kundenfrequenzvergleich 194
Kundenkarte 420
Kundenlaufstudien 579
Kundennutzen 535
Kundenorientierung 23
Kundenservice 542
Kundenstamm 468
Kundenzone 578
Kundenzufriedenheit 581

KUNO 418
Kurierdienst 225
Kurierdienste 294

L

Ladeneinrichtung 73, 575
Ladenfront 574
Ladengestaltung 332, 573
Ladengrundriss 578
Ladenhandel 72, 73
Ladenlayout 579
Ladenradio 611
Lagerbestandsarten 263
Lagereinrichtung 328
Lagerfunktion 216
Lagerhaltung 320
Lagerhaltungskosten 269
Lagerkennziffern 345
Lagerkontrolle 343
Lagerlogistik 292
Lagerplan 327
Lagerstatistik 345
Lagerumschlag 346
Lagerumschlagshäufigkeit 346
Lagerzinsen 348
Lagerzinssatz 347
Lastschrift 408
Lastschriftverfahren 411
Lautsprecherdurchsagen 610
Lautstärke 478
Lean Management 111
Lebensmittelsortiment 74
Lebensstandard 148
Leistungsansprüche 132
Leistungsdifferenzierung 66
Leistungserstellung 40
Leitungssysteme 107, 108
Lenkungsfunktion 65
Licht 601
Lichtdesigner 575
Lieferantendatei 276
Lieferantenprofil 287
Lieferantenstamm 468
Lieferbedingungen 248
Lieferkette 326
Lieferschein 459
Lieferungsverzug 314
Lieferzeit 249, 315
Lockvogelangebot 202
Lohn- und Gehaltstarifverträge
    161
Löschdecke 338
Luxusbedürfnisse 28

M

Maestro-Zeichen 416
magisches Dreieck 494

Mahnung 315
Mangelbeseitigung 309
mangelhafte Warenlieferung
    304
Mangel in der Beschaffenheit
    306
Mängelrüge 308
Manipulation 206
Manteltarifverträge 161
Marken 571
Markenartikel 230, 571
Markenfenster 602
markenorientierte Sortimente
    92
Markenshop-Konzept 571
Markenshops 589
Markierung 571
Markt 54, 59, 61
Marktarten 56
Marktautomatismus 65
Märkte im Handel 58
Marktforschungsmaßnahmen
    194
Marktmacht 231
Marktmechanismus 65
Marktpreisbildung 61
Marktübersicht 63
Marktwirtschaft 26
Massenwerbung 168
Matrixorganisation 110
Maximalprinzip 34
MDE 299
Mediaplanung 192
Medieneinsatz 486
Mehrfach-Fachmarkt 76
mehrseitiges Rechtsgeschäft
    362
mehrseitig verpflichtender
    Vertrag 363
Mehrwert 461
Mehrwertsteuer 461
Meldebestand 263
Menge 247
Mengenanpasser 66
Mengenausgleich 68
Mengenpolitik 66
Mengenrabatt 201, 247
Messen 503
MHD 567
Mimik 478
Minderung 311
Mindestalter 127
Mindestbestand 263
Mindestbestellmengen 271
Mindesthaltbarkeitsdatum 567
Mini-Job 139
Minimalkostenkombination 42

Minimalprinzip 34
Mitarbeiterstamm 468
Mitbestimmung 151, 154
Mittelregale 583
Mitwirkung 154
mobile Datenerfassungsgeräte 299
mobile Scanner 393
Monatszinsen 451, 452
Mondpreise 199
Monopol 57
Monopolpreis 66
Montagefehler des Verkäufers 307
Motivirrtum 371
mündliche Äußerung 362
Münzen 405
Mussartikel 584

N
Nachbarschaft 576
Nachbesserung 309
Nacherfüllung 309
Nachfragekurve 61
Nachfragemonopol 58
Nachfrager 61
Nachfrageüberhang 62
Nachfrist 316
nachgelagerte Besteuerung 148
Nachhaltigkeit 230, 494
Nachweis 456
Nahwirkung 600
Naturalrabatt 247
natürliche Personen 355
Netikette 255
Netiquette 255
Neulieferung 309
Neulistung 273
Never out of stock 327
nicht empfangsbedürftiges Rechtsgeschäft 362
nichtig 357
Nichtigkeit 367
Nichtlieferung trotz Fälligkeit 315
Nicht-Rechtzeitig-Lieferung 314
No-Name-Artikel 230
No-Name-Produkte 230
Non-Food-Artikel 75
nonverbale Kommunikation 476
NOS-Ware 327
notarielle Beurkundung 366
Nullbon 403
Nutzeneigenschaften 490
Nutzenprofil der Ware 506

O
obere Preisschwelle 64
Objekten 106
OCR 472
offene Mängel 308
offenes Warenwirtschaftssystem 467
öffentliche Beglaubigung 366
Offline-Lastschrift-Verfahren 418
Offline-Shopping 82
Öffnungsklauseln 157
Ökologische Ziele 20
Ökonomisches Prinzip 34
Ökonomische Ziele 20
Ökoorientierte Sortimente 92
Öko-Tex Standard 495
ölfaktorische Impulse 611
Oligopol 57
Ölpreis 54
Online-Bestellung 234
Online-Order 278
Online-Shop 59
Online-Shops 85, 376
Optical Character Recognition 472
optimale Bestellmenge 269
optimaler Lagerbestand 343
optische Impulse 609
Organigramme 108
Originalität 167
Outdoor-Feeling 581
Outlet 331
OVI = Optically Variable Ink 407
OVI-Effekt 407

P
Paketdienst 225
Paketdienste 294
Palettenregallager 328
PAngV 567, 600
Pausen 127
PayPal 423
Pensionskasse 149
Peripheriegeräte 395
Perlglanz 406
Personalkauf 403
Personalrabatt 247
Personalzone 578
personelle Angelegenheiten 154
persönliche Gründe 63
Pfandkennzeichnung 218
Pflegebedürftigkeitsbegriff 141
Pflegegeld 137, 141
Pflegegrad 141
Pflegekennzeichnung 492

Pflegesymbole 492
Pflegeversicherung 140
Pflichten des Ausbildenden 124
Pflichten des Auszubildenden 124
Pflichtqualifikation 118
Pflichtverletzungen 304
PIN 417
Plakat 182
Plastikgeld 415
Platzkauf 259
Point of Sale 214
Polypol 57, 58, 61, 66
Portal 234
POS (Point of Sale = Ort des Verkaufs und der Zahlung) 214, 416
Präferenzen 66
Präsentationsmöglichkeiten 595
Präsenter 596
Präsenzsortiment 95
Preis 247
Preis-Absatz-Funktion 66
Preisangabenverordnung 567, 600
Preisargumentation 551
Preisauszeichnungspflicht 567
Preisauszeichnungssysteme 568
Preisberechnung 282
Preisbildung 54
Preisbrecher 201
Preise 201
Preis-Einwände 554
Preis-Kompass 201
Preisnachlässe 247
Preisnennung 552
Preisobergrenze 64
preisorientierte Sortimente 92
Preisrückstellungstaktik 552
Preisspielraum 64
Price-Look-Up (PLU)-Verfahren 393
primärer Wirtschaftsbereich 38
Printmedien 178
private Berufsunfähigkeitsversicherung 146
private Krankenversicherung (PKV) 134
private Vorsorge 144
private Vorsorgemaßnahmen 144
Privatkauf 256
Probezeit 124
Probierpreis 201

Sachwortverzeichnis

Probleme der Sozialversicherung 141
Product-Placement 179
Produktgruppen 586
Produktionsfaktoren 40
Produktionsgüter 32
Produktwerbung 175
Profit-Center 110
Projektorganisation 111
Prospekt 180
Prozentrechnung 436
Prozentsatz 436, 450
Prozentwert 436, 450
Prüfverfahren 492
psychologische Preissenkungen 555
Punktmärkte 59

Q
Qualität 247, 490
qualitativer Angebotsvergleich 285
qualitative Reichweite 179
Qualitätsansprüche 230
Qualitätsfunktion 69
Qualitätskennzeichnung 491
quantitativer Angebotsvergleich 273, 281
quantitative Reichweite 179
Quittung 405, 406
Quittungsformular 406

R
Rabatt 247
Rabatte 201
Rack-Jobber 237
Radiofrequenz-Identifikation 301
Randsortiment 95
Ratenkauf 259
Ratensparverträge 150
Rationalisierungsmaßnahmen 42
Rauchverbot 338
Raumbeduftung 612
Raumklima 610
räumliche Gründe 63
räumliche Reichweite 179
Raumüberbrückung 68
Reaktion 57
Rechnung 459
Rechte des Ausbildenden 124
Rechte des Auszubildenden 124
Rechte des Betriebsrates 154
rechtliche Grundtatbestände 354

Rechtsfähigkeit 354
Rechtsgeschäfte 361
Reckzone 584
Recyclingpapier 218
Recyclingquote 222
reduzierter Preis 201
Regal 588
Regallager 328
Regaloptimierungsprogramme 584
Registrierkassen 393
Registrierung 456
Rehabilitationsmaßnahmen 146
Reha-Maßnahmen 146
Reichweite 179
Reime 187
Renner-Penner-Listen 94
Rentenversicherung 137
Rentenzahlung 144
Reservelager 323
Rettung 337
RFID 301, 570
RFID-Technologie 301, 570
riechen 611
Riester-Rente 149
Rohöl 54
Rohstoffmärkte 56
Rollenspiel 485
Rollenspielverlauf 485
Rücknahmepflicht 220
Rücktritt vom Kaufvertrag 311
Rügefristen 308
RUGMARK 497

S
sachliche Gründe 63
Sachziel 20
Saisonsortiment 95
Saisonware 263
Salespromotion 214
Sammelkassierung 390
Sammelüberweisung 410
Sammelwerbung 169
Sandwich- oder Hamburgermethode 553
Satzbau 478
Sauberhaltung 594
Sauberkeit 594
SB-Prinzip 76
SB-Warenhäuser 75
Scannersysteme 393
Schadenersatz 311
Schadenersatz neben der Leistung 311
Schadenersatz statt der Leistung 311

Schaufenster 182, 599
Schaufensterarten 602
Schaukästen 599, 602
Scheingeschäft 368
Schenkung 358
Scherzerklärung 368
Schlechtleistung 304
Schleusenfunktion 324
Schlichtung 162
schlüssiges Handeln 362
schmecken 610
Schrift 186
Schriftform 186, 365
schriftliche Erklärung 362
Schüttgut 588
Schutzfunktion 216
Schutz- und Prüfzeichen 492
schwebend unwirksam 358
Sehen 609
sekundärer Wirtschaftsbereich 38
Selbstbedienung 88, 510
Selbstbedienungs-Einzelhandel 237
Selbstbedienungssystem 75
Selbstbedienungswaagen 395
Selbstbedienungs-Warenhäuser 75
Sensationspreis 201
SEPA 409
SEPA-Basislastschrift 411
SEPA-Firmenlastschrift 411
SEPA-Lastschriftverfahren 411
Servicebereich Kasse 389
Servicefunktion 68
Serviceleistungen 542
serviceorientierter Fachmarkt 76
Servicesupermarkt 74
Servicewüste 542
Shop in Shop 239
Shop in the shop 589
Shop-Layout 581
Shopping Center 79
Sicherheit im Lager 336
Sicherheitsbestand 263
Sicherheitsfaden 407
Sichtprüfung 406
Sicht- und Greifzone 584
Sichtzone 584
Side-Trading 52
Sie-Stil 537
Single Euro Payments Area 409
Sittenwidrigkeit 368
Situationsanalyse 173
Skonto 248

Sachwortverzeichnis

Smart Chip 301
Smart-Tags 570
Sofortkauf 258
Soft Shop 239
Solidaritätsprinzip 132
Sollbestände 334
Soll-Ist-Abgleich 464
Sollzinsen 450
Sonderangebot 202
Sonderfall: Schweigen 362
Sonderrabatt 247
Sonderveranstaltung 202
sonstiger einseitiger Handelskauf 256
Sortiment 90
Sortimentsaufbau 94
Sortimentsbildung 90, 230
Sortimentsdimension 94
Sortimentsfenster 603
Sortimentsfunktion 68
Sortimentsgliederung 93
Sortimentspyramide 94
Sortimentsstruktur 95
soziale Angelegenheiten 154
soziale Höchstlast 133
soziale Sicherung 131
Sozialfall 146
Sozialfunktion 69
Sozialgesetzbuch (SGB) 139
Sozialpartner 160
Sozialstandards 21
Sozialversicherung 131
Sozialverträglichkeit 496
Spartenorganisation 110
Spediteure 226
Spedition 226
Spektralfarben 186
Spezialfachmarkt 76
Spezialgeschäft 73
Spezialgroßhändler 279
Spezifikationskauf 257
Spottpreis 201
Sprache 476
Sprache im Verkauf 477
Sprechtempo 478
Sprungwerbung 175
Staat 46
Stabliniensystem 109
Stadtrand 576
Stammartikel 263
Stammdaten 468
Standardsortiment 588
Standort 98, 576
Standortfaktoren 99
Stapelfenster 602
stationäre Scanner 394
Steckbrief 15

Stellenbeschreibung 112
Stellenbildung 105
Sterbegeld 137
Stetigkeit 167
Steuerhöhe 462
Steuersatz 462
Steuerträger 462
Stiftung Warentest 211, 492, 502
Store Design 575, 580
Stornos 403
Stornoschlüssel 403
Streckengeschäft 236, 279
Streugebiet 191
Streukreis/Zielgruppe 191
Streuweg 191
Streuzeit 191
Stückkauf 258
Superlative 187
Superlativwerbung 202
Supermarkt 74
supply-chain 326
Supply-Chain-Management 326
Swift-Code 409
Symbole 567
symmetrischer Aufbau 601
Systematische Lagerplatzordnung 329

T

Tageskassenbericht 464
Tageslosung 464
Tageszinsen 451, 452
Tarifautonomie 160
Tarifverträge 159
Taschengeld 359
Tausenderpreis 193
Teamorganisation 111
technischer Service 548
Teillieferungskauf 258
Teilmarkt 60
Teil-Selbstbedienung 88
Teilzeitunterricht 128
Telecash 415
Terminkauf 258
tertiärer Wirtschaftsbereich 38
Testangebote 519
Testzeichen 492
Textform 365
Thekenwaagen 395
Themenfenster 603
Tiefstpreis 201
Torso 597
Trading-Down 52
Trading-Up-Maßnahmen 52
Transfair e.V. 496

transparent 57
Transportfunktion 216
Transportverpackung 220, 221
Treuerabatt 201, 247
Typenkauf 258

U

übereinstimmende Willenserklärungen 379
Übermittlungsirrtum 371
Übersichtsfenster 603
Überweisung 408
UEC 79
umlagenfinanzierte Rente 148
Umsatzanalyse 194
Umsatzauswertung 344
Umsatzbericht 344
Umsatzentwicklung 262
Umtausch 310
Umverpackung 220, 221
Umweltbelastungen 494
Umweltschutz 339
Umweltverträglichkeit 494
Umweltzeichen 495
Unfallschutz 338
Unfallversicherung 136
unlautere geschäftliche Handlungen 198
untere Preisschwelle 64
Unternehmen 46
Unternehmensleitbild 17
Unternehmensphilosophie 17
Unterrichtung 152
unvollkommener Markt 57
Urabstimmung 162
Urban Entertainment Centers 79
Urlaub 128
Urlaubsanspruch 128
UWG 197

V

variable Kosten 342
Verantwortlichkeit des Schuldners 316
Verarbeitung 388
verbale Kommunikation 476
Verbot 337
Verbrauch 388
Verbraucherinformation 210
Verbrauchermärkte 75
Verbraucherpolitische Maßnahme 210
Verbraucherschutz 209
Verbraucherzentrale 211
Verbraucherzentrale Bundesverband e.V. 211

Sachwortverzeichnis

Verbrauchsdatum 567
Verbrauchsgüterkauf 256
Verbundgruppen 233
Verbundplatzierung 587
Verbundwerbung 170
ver.di 160
Vereinte Dienstleistungsgewerkschaft 160
vergleichende Werbung 199
Vergleichsmethode 555
Verkäufermärkte 60
Verkaufsaktionen 324
verkaufsaktive Zonen 579
Verkaufsargumentation 490, 533
Verkaufsausstellungen 503
Verkaufsdatenauswertung 473
Verkaufsdatenerfassung 470
Verkaufsförderung 214
Verkaufsform 88
Verkaufsgespräch 476
verkaufspassive Zonen 579
Verkaufsraum 331
Verkaufsraumgestaltung 579, 610
Verkaufstätigkeit 484
Verkaufsverpackung 220, 221, 248
Verkaufszonen 578
Verkaufszonen bei Bedienung 578
Verkaufszonen bei Selbstbedienung und Vorwahl 579
Verkostung 610
Verletztenrente 137
Verpackung 217
Verpackungseinheiten 271
Verpackungsgesetz 339
Verpackungskosten 248
Verpackungsverordnung 218
Verpflichtungsgeschäft 382
Versandkosten 249
Versandverpackung 248
Verschulden 316
Versendungskauf 259
Versicherungsfall 136
Versicherungsjahre 144
Versicherungspflicht 132, 134
Versicherungsprinzip 132
Versicherungsschutz 136
Versorgungshandel 38, 52, 91, 527
Versorgungskäufe 525
Versorgungslücke 144
versteckte Mängel 308
Verteilzentren 325
vertikale Kooperation 236

vertikale Platzierung 585
vertraglicher Erfüllungsort 249
Vertragsfreiheit 363
Vertragshändler 238
Vertragsklauseln 375
Vertrauensauslöser 515
Vertretungsorgan 153
Verzugsschaden 317
virtuelles Warenhaus 82
Visual Merchandising 239, 608
Volkswirtschaft 45
Vollbedienung 512
volle (unbeschränkte) Geschäftsfähigkeit 357
vollkommener Markt 57
Voraussetzungen des Lieferungsverzugs 315
vorrangiges Recht 309
Vorratshaltung 324
Vorsicht 337
Vorwahl 89, 511
Vorwahlsystem 511
VZBV 211

W

Wahlen zum Betriebsrat 153
Wahrheit 167
Waisenrente 138
Ware im Pack 201
Warenannahme 292
Warenbeschaffung 228, 296
Warenbeschreibungsbogen 504
Warenbewegungsstatistik 345
warenbezogene Serviceleistungen 544
Warencodierung 569
Warendarbietung 530
Wareneingang 296, 297
Wareneingangsmodul 299
Wareneingangsschein 298
Wareneinsatz 346
Warenfluss 293
Warengutscheine 403
Warenhäuser 73, 75
Warenkenntnisse 489, 499
Warenkennzeichnung 566, 571
Warenlagerung 296
Warenlandschaften 596
Warenlogistik 292
Warenmerkmal 92, 504
Warennachschub 327
Warennutzen 504
Warenpflege 592, 593
Warenpräsentation 332, 571
Warenpräsenter 596

Warenprüfung 500
Warenpyramiden 588
Warenschäden 593
Warenschulden 249, 250
Warenschuldner 249
Warensicherung 335
Warensicherungssysteme 335
Warenstapel 588
Warentestergebnis 502
Warenträger 582, 583
warenunabhängige Serviceleistungen 544
Waren- und Regalpflege 591
Warenverfügbarkeit 238
Warenverteilzentren 324
Warenvorführung 530
Warenvorlage 528, 530
Warenwelten 596
Warenwert 551
Warenwirtschaft 393, 466
Warenwirtschaftssystem 266, 344
Warenwirtschaftssystem (WWS) 393, 396, 466
Warenzustellung 224
Warnung 337
Wasserzeichen 407
Website 183
Wechselgeld 399
Wegeunfälle 136
Weisungssysteme 108
Weiterveräußerung 388
Werbearten 168, 171
Werbebotschaft 185, 191
Werbebrief 181, 183
Werbeerfolgskontrolle 194
Werbeetat 193
Werbefunktion 217
Werbegeschenk 201
Werbegrundsätze 167
Werbekonstanten 188
Werbemaßnahme 173
Werbemaßnahmen 166
Werbemittel 178, 179, 185
Werbende 166
Werbeobjekt 173, 191
Werbeplan 193
Werbeplanung 191
Werbespot 180
Werbesubjekte 168
Werbeträger 178
Werbetreibende 168
Werbeziele 173, 174
Werbung 166
Wertschöpfung 37, 461
Wertschöpfungskette 37
Wertschöpfungsprozess 37

Sachwortverzeichnis

Wertungsmöglichkeit 375
Wettbewerbsrecht 196
W-Fragen 517
widerrechtliche Drohung 371
Widerruf 245
Widerrufsrecht 383
Wiederverkäuferrabatt 247
Willenserklärungen 362
Wirksamkeit 167
wirtschaftliche Angelegenheiten 154
Wirtschaftlichkeit 167
Wirtschaftsbereich 38
Wirtschaftsbeziehungen 46
Wirtschaftskreislauf 44
Witwenrente 138
Wochenmarkt 59
Wohlfühlqualität 610
Wortschatz 478
Wortschöpfungen 187
Wort- und Sprachspiele 187
WWS 296, 299, 466

Z
Zahlenverkleinerung 555
Zahlung per Kreditkarte 423
Zahlung per Lastschrift 423
Zahlung per Nachnahme 423
Zahlung per PayPal 423
Zahlung per Rechnung 423
Zahlung per Vorkasse 423
Zahlungsarten 405
Zahlungsbedingungen 248
Zahlungsbeleg 456
Zahlungsformen beim Onlinekauf 423
Zebrastreifen 470
Zeit 450
Zeitüberbrückung 68
Zentralkassierung 390
Zentrallager 324
Zerstörung 388
Zielgruppe 176
Zielharmonie 23
Zielkonflikt 23, 269

Ziel- oder Kreditkauf 259
Zinsen 450
Zinsformel 451
Zinsgutschrift 450
Zinsrechnen 450
Zinsrechnung 450
Zinssatz 450
Zinstageberechnung 454
Zugaben 201
Zusatzbeitrag 134
Zusatzkosten 194
Zusatznutzen 230, 490
Zusatzsortiment 95
Zusatzumsatz 194
Zusatzvorsorge 149
Zuteilungsfunktion 65
Zuvermieferung 307
Zuwenigieferung 307
Zweckkauf 317
zweiseitiger Handelskauf 256
Zweitplatzierungen 587
Zwischenprüfung 119